谨以此书献给

为中国水运基础设施建设事业作出贡献的决策者、建设者、管理者

"十四五"时期国家重点出版物出版专项规划项目

Record of
Port and Waterway Engineering
Construction in

China

中国水运工程建设实录

（1978 — 2015）

第三卷·沿海港口与航道工程（下）

中华人民共和国交通运输部

人民交通出版社股份有限公司

北京

内 容 提 要

本书分为发展篇、管理篇、科技篇、开放篇、成就篇，共九卷十三章。内容包括改革开放以来的中国水运事业、水运基础设施建设规划及前期工作、水运工程建设法律法规、水运工程建设与管理、水运工程建设技术标准、水运工程建设科技创新与应用、水运工程建设对外合作与交流、沿海港口与航道工程、内河港口工程、内河航道工程、内河通航建筑物（船闸与升船机）、水运支持保障系统工程、重要水工工程等。

本书集中梳理了改革开放以来我国水运事业的发展历程，特别是水运基础设施建设方面的巨大成就，较为系统地总结了我国水路交通发展的实践经验，具有很强的学术价值和史料价值，可供水运工程建设行业相关人员阅读、学习与查询参考。

图书在版编目（CIP）数据

中国水运工程建设实录：1978—2015／中华人民共和国交通运输部组织编写. — 北京：人民交通出版社股份有限公司，2021.6
　　ISBN 978-7-114-17354-7

　　Ⅰ.①中… Ⅱ.①中… Ⅲ.①航道工程—工程建设—中国—1978—2015 Ⅳ.①U61

中国版本图书馆 CIP 数据核字（2021）第 100900 号

审图号：GS（2021）2063 号

Zhongguo Shuiyun Gongcheng Jianshe Shilu(1978—2015)　　Di-San Juan·Yanhai Gangkou yu Hangdao Gongcheng(Xia)

书　　　　名：	中国水运工程建设实录（1978—2015）　第三卷·沿海港口与航道工程（下）
著　　作　者：	中华人民共和国交通运输部
本卷责任编辑：	崔　建　郭晓旭　周　凯　卢　珊
本卷责任校对：	赵媛媛
责 任 印 制：	张　凯
出 版 发 行：	人民交通出版社股份有限公司
地　　　　址：	（100011）北京市朝阳区安定门外外馆斜街 3 号
网　　　　址：	http://www.ccpcl.com.cn
销 售 电 话：	（010）59757973
总　经　销：	人民交通出版社股份有限公司发行部
经　　　销：	各地新华书店
印　　　刷：	北京印匠彩色印刷有限公司
开　　　本：	787×1092　1/16
印　　　张：	354.75
字　　　数：	6620 千
版　　　次：	2021 年 6 月　第 1 版
印　　　次：	2021 年 6 月　第 1 次印刷
书　　　号：	ISBN 978-7-114-17354-7
定　　　价：	2980.00 元（全九卷）

（有印刷、装订质量问题的图书由本公司负责调换）

组织协调工作委员会

综合编纂工作委员会

参 编 单 位

交通运输部办公厅

交通运输部政策研究室

交通运输部综合规划司

交通运输部人事教育司

交通运输部财务审计司

交通运输部水运局

交通运输部科技司

交通运输部国际合作司

交通运输部海事局

交通运输部救助打捞局

天津市交通运输委员会

河北省交通运输厅

辽宁省交通运输厅

黑龙江省交通运输厅

上海市交通委员会

江苏省交通运输厅

浙江省交通运输厅

安徽省交通运输厅

福建省交通运输厅

江西省交通运输厅

山东省交通运输厅

河南省交通运输厅

湖北省交通运输厅

湖南省交通运输厅

广东省交通运输厅

广西壮族自治区交通运输厅

海南省交通运输厅

重庆市交通局

四川省交通运输厅

贵州省交通运输厅

云南省交通运输厅

陕西省交通运输厅

中国远洋海运集团有限公司

招商局集团有限公司

中国交通建设集团有限公司

交通运输部长江航务管理局

交通运输部珠江航务管理局

交通运输部规划研究院

交通运输部科学研究院

交通运输部水运科学研究院

交通运输部天津水运工程科学研究院

水利部交通运输部国家能源局南京水利科学研究院

人民交通出版社股份有限公司

中国交通通信信息中心

中国船级社

大连海事大学

重庆交通大学

上海海事大学

上海航运交易所

中国引航协会

参 编 人 员

丁军华	丁武雄	于广学	于传见	于金义	于海洋
万东亚	万 宇	万 亨	马兆亮	马进荣	马 良
马绍珍	马格琪	马朝阳	王大鹏	王义青	王文博
王平义	王 东	王目昌	王仙美	王永兴	王吉刚
王吉春	王达川	王 伟	王多银	王庆普	王阳红
王如正	王纪锋	王孝元	王 杨	王 坚	王 岚
王灿强	王 宏	王 坤	王 奇	王欣铭	王建华
王建军	王洪海	王艳欣	王晓明	王 晖	王 敏
王 烽	王 琳	王 辉	王瑞成	王 魁	王 鹏
王 新	王嘉琪	王慧宇	韦世荣	韦华文	韦国维
牙廷周	毛元平	毛亚伟	毛成永	尹海卿	邓 川
邓志刚	邓晓云	邓 强	孔令元	孔 华	孔德峰
石 晨	卢永昌	申 霞	叶建平	叶 智	田红旗
田佐臣	田轶群	田 浩	史超妍	付 广	付向东
付秀忠	付昌辉	付春祥	白雪清	冯小香	冯 玥
边 恒	母德伟	邢 艳	曲春燕	吕春江	吕勇刚
吕海林	朱立俊	朱吉全	朱红俊	朱 昊	朱剑飞
朱晓萌	朱逢立	朱悦鑫	朱 焰	乔 木	仲晓雯
任宏安	任建华	任建毅	任胜平	任 舫	任 超
向 阳	庄明刚	庄儒仲	刘 广	刘广红	刘元方
刘亚平	刘光辉	刘华丽	刘如君	刘孝明	刘 虎
刘国辉	刘明志	刘 岭	刘建纯	刘俊华	刘 洋

刘晓东	刘晓峰	刘润刚	刘雪青	刘常春	刘　祺
刘　颖	刘新勇	刘德荣	闫　军	闫岳峰	关云飞
许贵斌	许　麟	牟凯旋	纪成强	孙卫东	孙小清
孙百顺	孙林云	孙相海	孙洪刚	孙　敏	孙智勇
严　冰	严超虹	杨文武	杨立波	杨　华	杨宇民
杨远航	杨　武	杨国平	杨明昌	杨宝仁	杨建勇
杨树海	杨胜发	杨　艳	杨钱梅	杨　靓	杨　瑾
杨　鹤	杨　蕾	李一兵	李广涛	李天洋	李　云
李中华	李文正	李　玉	李东风	李永刚	李光辉
李　刚	李传光	李兆荣	李秀平	李作良	李　坦
李旺生	李国斌	李　明	李　凯	李佳轩	李金泉
李金海	李定国	李建宇	李建斌	李玲琳	李思玮
李思强	李俊涛	李　航	李　涛	李海涛	李培琪
李雪莲	李　博	李景林	李　锋	李　椿	李　群
李　静	李歌清	李德春	李　毅	李鹤高	李耀倩
李　巍	肖仕宝	肖　刚	肖胜平	肖　富	吴　天
吴凤亮	吴　昊	吴相忠	吴　俊	吴晓敏	吴彬材
吴　颖	吴新顺	吴蔚斌	吴　颜	时荣强	时梓铭
岑仲阳	邱志勇	邱逢埕	邱　梅	何升平	何月甫
何　杰	何国明	何海滨	何继红	何　斌	何静涛
何　睿	余高潮	余　辉	佘小健	邹　鸰	邹德华
应翰海	汪溪子	沈　忱	沈益华	宋伟巍	宋昊通
张子闽	张公振	张凤丽	张　平	张光平	张　伟
张　华	张华庆	张华麟	张　军	张红梅	张远红
张志刚	张志华	张志明	张　兵	张宏军	张　玮
张幸农	张金善	张怡帆	张学文	张宝华	张建林
张俊勇	张俊峰	张娇凤	张晓峰	张　涛	张　婧

张绪进	张越佳	张筱龙	张 鹏	张 黎	张 霞
张 懿	张懿慧	陆永军	陆 彦	陆培东	陈一梅
陈 飞	陈小旭	陈长荣	陈凤权	陈正勇	陈 竹
陈传礼	陈 冰	陈志杰	陈良志	陈 明	陈明栋
陈 佳	陈治政	陈 俊	陈美娥	陈娜妍	陈 勇
陈振钢	陈晓云	陈晓欢	陈晓亮	陈 峻	陈 鹏
陈源华	陈 飚	邵荣顺	范亚祥	范明桥	范海燕
范期锦	茅伯科	林一鹏	林小平	林 鸣	林和平
林鸿怡	林 琴	林 巍	易涌浪	易 纛	罗小峰
罗 冬	罗 军	罗春艳	罗海燕	罗 毅	季荣耀
金宏松	金晓博	金震宇	金 鏐	周大刚	周小玲
周世良	周立伟	周 兰	周永盼	周永富	周发林
周安妮	周欣阳	周 炜	周承芳	周柳言	周炳泉
周 培	周隆瑾	周 朝	庞雪松	郑艺鹏	郑文燕
郑 东	郑冬妮	郑尔惠	郑学文	郑惠明	郑锋勇
孟祥玮	孟德臣	封建明	赵玉玺	赵世青	赵吉东
赵志垒	赵岸贵	赵洪波	赵 晖	赵培雪	赵德招
赵 鑫	郝建利	郝建新	郝晓莹	郝润申	胡亿军
胡文斌	胡玉娟	胡 平	胡亚安	胡华平	胡旭跃
胡旭铭	胡冰洁	胡 军	胡 浩	胡瑞清	柳恩梅
哈志辉	钟 芸	钮建定	俞 晓	逄文昱	饶京川
施海建	姜正林	姜 帅	姜兰英	洪 毅	宣国祥
祝振宇	姚二鹏	姚小松	姚育胜	姚 莉	班 铭
班 新	袁子文	袁 茁	耿宝磊	聂 锋	贾石岩
贾吉河	贾润东	贾 楠	夏云峰	夏 炜	夏炳荣
顾祥奎	柴信众	钱文勋	徐 力	徐 飞	徐子寿
徐业松	徐思思	徐宿东	高万明	高江宁	高军军

高纪兵	高 敏	高 超	高翔成	郭玉起	郭 枫
郭 钧	郭剑勇	郭晓峰	郭 超	唐建新	唐家风
谈建平	陶 伟	陶竞成	桑史良	黄风华	黄东旭
黄召标	黄克艰	黄昌顿	黄明毅	黄 河	黄 莉
黄莉芸	黄 铠	黄维民	黄 超	黄 淼	黄 锦
黄 群	黄 磊	梅 蕾	曹民雄	曹桂榕	曹 辉
曹慕蠡	龚正平	盛 乐	鄂启科	崔乃霞	崔坤成
崔 建	崔 洋	麻旭东	梁 正	梁 桁	梁雪峰
梁雄耀	寇 军	宿大亮	绳露露	彭职隆	董成赞
董 政	董徐飞	董溪涧	蒋龙生	蒋江松	蒋昌波
韩亚楠	韩 庆	韩 俊	韩振英	韩 敏	韩静波
覃规钦	程永舟	程泽坤	焦志斌	储祥虎	童本标
童翠龙	曾光祥	曾 莹	曾 越	谢臣伟	谢殿武
谢耀峰	赖炳超	赖 晶	雷 林	雷 潘	詹永渝
雍清赠	窦运生	窦希萍	蔡正银	蔡光莲	蔡晶晶
廖 原	翟征秋	翟剑峰	樊建华	樊 勇	黎江东
滕爱国	潘军宁	潘 峰	潘展超	薛 扬	薛润泽
薛 淑	薛翠玉	戴广超	戴济群	戴菊明	戴 葳
鞠文昌	鞠银山	魏 巍			

参与咨询的专家

(按姓氏笔画排序)

于胜英　王庆普　仉伯强　边　恒　朱永光　邬　丹
刘凤全　孙国庆　杨　咏　李光灵　李金海　李　锋
吴　澎　何升平　张小文　张华庆　张　鹏　陈明栋
茅伯科　林鸿怡　孟乙民　孟德臣　胡汉湘　胡亚安
洪善祥　徐子寿　曹凤帅　崔坤成　董学博　蒋　千
鞠文昌　檀会春

奋力谱写加快建设交通强国水运篇

习近平总书记强调,经济要发展,国家要强大,交通特别是海运首先要强起来。水运业是经济社会发展的基础性、先导性、战略性行业和服务性产业,是综合交通运输体系的重要组成部分,在支撑经济发展、促进国土开发、优化产业布局、促进对外贸易、维护国家安全等方面发挥着重要作用。

自古以来,水运以其舟楫之利成为十分重要的运输方式。新中国成立后,海运是最先走出去的领域。改革开放40多年来,我国水运业走过了不平凡的发展历程。改革开放初期,沿海港口吞吐能力严重不足,对经济社会发展形成瓶颈制约。之后,港口率先改革开放,依托港口设定经济特区和开放14个沿海港口城市。1983年交通工作会议提出了"有河大家走船,有路大家走车",在放宽搞活方针指引下,水运进入快速发展时期,逐步缓解水路运输"瓶颈"制约,解决了"有没有"的问题。1992年,邓小平同志南方谈话后,交通运输行业加快培育和发展水运市场体系,港口和内河航道建设成绩斐然,船舶运力加快发展,涵盖散货船、油船、集装箱船等主要船型和LNG船等高技术、高附加值船舶,运输全面紧张状况得到缓解,"瓶颈"制约状况得到改善。2001年我国加入世界贸易组织(WTO),水运行业抓住机遇,实现了大发展,高等级航道和港口建设成绩突出,深水泊位大幅增加,吞吐能力显著增强,专业化水平不断提高,基本适应了经济社会发展需要,解决了"够不够"的问题。

党的十八大以来,习近平总书记高度重视水运事业发展,强调经济强国必定是海洋强国、航运强国,强调要努力打造世界一流的智慧港口、绿色港口。推动我国水运事业发展取得历史性成就、发生历史性变革,进入高质量发展的新阶段。截至2020年底,全国内河高等级航道达标里程1.61万公里,长江南京以下12.5

米深水航道全线贯通，黄金水道发挥黄金效益。西江航运干线扩能升级加快推进，通航能力显著增强。沿海港口万吨级及以上泊位数 2530 个。我国水运量、港口货物吞吐量和集装箱吞吐量等指标均稳居世界第一。世界前十的集装箱港口中，我国占据 7 席。运输船队运力跻身世界前列，船舶大型化趋势明显，30 万吨级原油船、40 万吨级铁矿石运输船舶等陆续投入使用。水运科技创新能力大幅跃升，高坝通航、离岸深水港和巨型河口航道整治等建设技术迈入世界先进或领先行列，洋山港四期、青岛港等自动化码头引领全球港口智能化发展。上海国际航运中心基本建成，国际航运网络进一步完善，投资建设运营"一带一路"支点港口成绩斐然，希腊比雷埃夫斯港成为"一带一路"合作旗舰项目，在服务国家重大战略中彰显力量，为畅通国际物流大通道发挥了重要作用。期间涌现出许振超、包起帆等一批行业先锋，生动诠释了新时代奋斗者的深刻内涵，凝聚起新时代交通精神的磅礴伟力。

总的来看，水运对经济社会需求的适应程度经历了由"瓶颈制约"到"初步缓解"再到"总体缓解""基本适应"的历史性变化，并在"基本适应"的基础上向"适度超前"迈进了一大步，探索走出了一条具有中国特色的水运发展道路。这些成绩的取得，根本在于以习近平同志为核心的党中央的坚强领导和习近平新时代中国特色社会主义思想的科学指导，在于发挥了我国社会主义制度集中力量办大事的制度优势，在于坚持人民交通为人民的根本宗旨，在于不断深化改革、扩大开放、创新驱动，解放和发展了水运生产力。

"十四五"时期是我国开启全面建设社会主义现代化国家新征程的第一个五年，是加快建设交通强国的第一个五年，水运业面临加快建设、提升发展能级等重大机遇。要把握新发展阶段、贯彻新发展理念，按照构建新发展格局的要求，充分发挥水运运能大、成本低、能耗小、占地少、污染轻等比较优势，加快补齐内河水运基础设施短板，加快服务功能升级，推进安全绿色智慧发展，提高支撑引领水平，打造安全、便捷、高效、绿色、经济的现代水运体系，更好服务经济社会发展和高水平对外开放，为加快建设交通强国当好先行。要着力加快高等级航道建设，提升航道区段间、干支间标准衔接水平，推进运河连通工程建设，打造与城市、文化、旅游等融合的旅游航道。要着力打造高能级港口枢纽和辐射全球的航运枢纽，推进区域港口高质量协同发展，提升服务现代产业发展、促进国内国际双循环的能力。要着力发展高水平运输，优化运输组织，发展现代物流，改善营商环境，提升客运服务品质，加快构建现代化物流供应链体系。要着力提升智慧运输发展水平，推动5G、区块链、北斗、大数据等现代技术在水运领域的深度应用，推进水运安全绿色发展。要着力提升港航服务国际化水平，提高海运船队国际竞争力，深化国际港航海事合作。要着力完善治理体系，强化法规制度保障、深化行业管理改革，提升治理能力与水平。

潮平岸阔催人进，风起扬帆正当时。写好加快建设交通强国水运篇这篇大文章，使命光荣、责任重大、机遇难得。让我们更加紧密地团结在以习近平同志为核心的党中央周围，砥砺奋进、不懈努力，奋力谱写加快建设交通强国水运篇，为全面建设社会主义现代化国家当好先行。

2021 年 2 月 1 日

前言
Foreword

习近平总书记指出:"中国特色社会主义是全面发展、全面进步的伟大事业,没有社会主义文化繁荣发展,就没有社会主义现代化。要坚定文化自信,推动中华优秀传统文化创造性转化、创新性发展,继承革命文化,发展社会主义先进文化,不断铸就中华文化新辉煌,建设社会主义文化强国。"[1]2017年6月,交通运输部决定编纂《中国水运史(1949—2015)》和《中国水运工程建设实录(1978—2015)》,并印发了交办政研〔2017〕86号文件,明确指出"编纂《中国水运史(1949—2015)》和《中国水运工程建设实录(1978—2015)》是我国交通文化工程的重要内容,也是一项光荣而艰巨的重要历史任务,必须以高度的责任感和使命感抓紧抓好"。三年多来,在承办单位交通运输部水运科学研究院及各参编单位的共同努力下,完成了《中国水运工程建设实录(1978—2015)》(以下简称《实录》)的编纂工作。

《实录》集中梳理了改革开放近40年来我国水运事业,特别是水运基础设施建设方面的历史进程和巨大成就,较为系统地总结了我国水路交通发展的实践经验。改革开放初期的1978年,我国主要港口(不含港、澳、台地区,以下同)的生产性泊位只有735个,其中万吨级泊位133个。经贸快速发展带动港口吞吐量快速增长,港口再次出现严重的"三压"(压船、压车、压货)现象,成为制约国民经济发展的"瓶颈"。经过艰苦努力,到2015年,全国港口生产性泊位达到了31259个,其中万吨级泊位2221个,分别增长了41.5倍和15.7倍,10万吨级以上泊位达到331个,大型化、专业化供给结构明显改善。我国轮驳船达到

---

[1] 习近平在教育文化卫生体育领域专家代表座谈会上的讲话(2020年9月22日),《人民日报》2020年9月23日01版。

16.6万艘,净载重量2.7亿吨,集装箱箱位260万TEU,载客量101.7万客位,海运运力规模跃居世界第三位,形成初具规模的上海国际航运中心和多个区域性航运中心。水路交通对经济社会需求的适应程度经历了由"瓶颈制约""初步缓解""全面缓解"到"基本适应"并迈向高质量发展的历史性变化。特别是2001年我国加入世界贸易组织(WTO)后,经济发展融入全球化,水路国际运输航线通达全球逾100个国家和地区,1000多个港口。2015年,全国港口吞吐量127.5亿吨,是1978年2.8亿吨的45倍,其中外贸吞吐量增长了61倍。港口集装箱吞吐量自改革开放初期由几乎为零起步,到2015年达到2.1亿TEU。2015年,全国已有33个港口(沿海23个、内河10个)货物吞吐量超亿吨,其中10个港口位列世界前20位。集装箱吞吐量世界前20位中,中国占有10席(包括香港特别行政区、台湾地区的港口)。中国已是名副其实的航运大国,水路交通包括水运基础设施建设,许多领域已处于国际领先的位置,这不仅是国家综合实力的重要体现,更是中华民族伟大复兴的重要标志。中国水运发展受到了国际社会的高度关注和称誉,世界银行列专题组织专家进行了"新时代的蓝色航道:中国内河水运发展"(Blue Route for a New Era: Developing Inland Waterways Transport in China)和"中国港口发展回顾"(Retrospective Review of China Port Sector Development)的研究,将中国发展经验介绍给世界。2020年10月13日,世界银行发布研究报告指出,中国目前拥有世界上最繁忙的内河水运体系,2018年中国内河水运货运量已达到37.4亿吨,是欧盟或美国的6倍。报告认为,中国内河水运发展成就,源于持续有力的政策支持、分工明确的管理体制、大量投入的建设资金、与基础设施建设同步进行的船型标准化和航道等级划分、完善的水运教育体系等,值得更多国家学习借鉴。世界银行的报告分析全面,评价中肯,体现了国际社会对中国水运发展的肯定。

《实录》全面翔实地反映了改革开放近40年,中国水运事业的历史性变化和探索中国特色社会主义交通运输发展道路的历程。回望探索发展的历程,我们始终不能忘记敬爱的周恩来总理在1973年2月提出的"三年改变港口面貌""力争1975年基本上改变主要依靠租用外轮的局面"的重要指示,和1975年嘱咐争取到1980年建设250~300个泊位的遗愿;不能忘记1978年3月交通部向国务院呈报的《关于实现交通运输现代化的设想(汇报提纲)》;不能忘记1983年全国交通工作会议提出了"有河大家走船,有路大家走车"的改革方针,坚决冲破计划经济束缚,开放运输市场;不能忘记1990年交通部提出关于发展交通基础设施"三主一支持"❶的规划设想;不能忘记1998年交通部提出实现交通运输现代化"三阶段"的发展战略❷;不能忘记2006—2008年交通部不断探索转变发展方式,提出了发展现代交通业"三个转变"❸和"三个服务"❹的重大决策;不能忘记2014年全国交通运输工作会议提出了"四个交通"❺的理念,推动交通运输科学发展;我们更不能忘记习近平总书记在党的十九大报告中明确指出要加快建设创新型国家,把"交通强国"作为新时代建设现代经济体系重要战略目标之一……这一项项遵循党中央国务院重大战略部署,结合我国交通运输发展实际做出的具有里程碑意义的决策,使交通运输,特别是水路交通铸就了无愧于时代的历史性变化,走出了一条具有中国特色社会主义交通运输发展的道路。

　　改革开放以来水路交通走过的历程可谓爬坡过坎,披荆斩棘,取得的成就来之不易。回答中国水运事业特别是水运基础设施建设为什么能实现历史性的变化,是怎样实现历史性变化的,这就是我们编纂《实录》的初衷。回顾总结水运发展可从多方面阐述,但核心的就是三条:没有社会主义制度的优越性,就不能集中力量办大事、办难事、办成事,就没有水运事业的历史性变化;没有改革开放,就不能调动、发挥各方面积极性,就没有水运行业科学的、持续的发展,就没有水运事业的历史性变化;没有人民群众对发展水运事业的殷切期盼,就没有发展水运事业的力量源泉和动力,也就没有水运事业的历史性变化。最根本的一条就是在党中央国务院坚强领导下,全体交通人特别是水运行业的广大干部职工筚路蓝缕、

---

❶ "三主一支持"是1989年2月27日在全国交通工作会议上正式提出的,从"八五"开始用了几个五年计划实施的交通基础设施建设长远规划。1990年在此基础上,增加"三主",就是公路主骨架、水运主通道、港站主枢纽,"一支持"即交通支持保障系统。

❷ "三阶段"发展战略即第一阶段从"瓶颈制约,全面紧张"走向"两个明显"(交通运输的紧张状况有明显缓解,对国民经济的制约状况有明显改善);第二阶段2020年前从"两个明显",再到"基本适应";第三阶段2040年前从"基本适应"到"基本实现现代化"。

❸ "三个转变"即交通发展由主要依靠基础设施投资建设拉动向建设、养护、管理和运输服务协调拉动转变;由主要依靠增加物质资源消耗向科技进步、行业创新、从业人员素质提高和资源节约环境友好转变;由主要依靠单一运输方式的发展向综合运输体系发展转变。

❹ "三个服务"是交通运输部提出的交通发展要服务国民经济和社会发展全局、服务社会主义新农村建设、服务人民群众安全便捷出行。

❺ "四个交通"是交通运输部综合分析形势任务,立足于交通运输发展的阶段性特征,更好地实现交通运输科学发展,服务好"两个百年目标",由部党组于2014年研究提出的当时和此后一个时期的战略任务,即全面深化改革,集中力量加快推进综合交通、智慧交通、绿色交通、平安交通的发展。

砥砺奋进,水运事业才取得了令世人瞩目和彪炳史册的巨大成就,成为国民经济发展的"先行官"。

《实录》在谋篇布局上紧扣编纂初衷,由五篇十三章及附录构成,力求回答国际、国内社会特别是交通运输行业人士关注的问题,也为今后研究分析改革开放以来,我国水运基础设施建设的历程和规律提供了翔实的资料。《实录》分为九卷,每卷既是《实录》的一部分,又是水运基础设施建设一个相对独立的领域,便于研读分析。

第一卷为"综合",由四篇七章组成。第一篇"发展篇"中的第一章"改革开放以来的中国水运事业",对改革开放以来我国水运事业发展进行了系统回顾总结,分为历史性变化的阶段性特征、发展成就、基本经验和结语四个方面,全面阐述了在探索中国特色社会主义交通发展道路进程中实现了水运事业的历史性变化。第二章为"水运基础设施建设规划及前期工作",重点阐述了四个规划,即1993—1994年编制的《全国水运主通道、港口主枢纽总体布局规划》,2006年编制的《全国沿海港口布局规划》,2007年编制的《全国内河航道与港口布局规划》《国家水上交通安全监管和救助系统布局规划》。这是20世纪80年代交通部提出"三主一支持"规划设想,以及1998年交通部关于实现交通运输现代化"三阶段"设想的交通发展战略,在我国水运事业特别是基础设施建设方面的重要布局规划,指导了改革开放尤其是"八五"之后的水运基础设施建设,体现了交通发展的规划引领作用。重点项目的前期工作作为从规划安排到项目建设的重要转换环节,是水路交通建设可持续发展的保证,也是基础设施建设不可或缺的重要工作。第二篇"管理篇"的第三章"水运工程建设法律法规"和第四章"水运工程建设与管理",阐述了改革开放以来,我国水运工程建设吸收国际先进管理经验,结合我国工程建设实践建立起一套行之有效的法律法规,体现了全面依法治国理念在水运基础设施建设中的实践。第三篇"科技篇"的第五章"水运工程建设技术标准",展示了水运工程主要技术标准的发展,体现了我国水运工程建设的软实力。新中国成立之初,向苏联学习,采用的是"苏标"。历经几代水运建设者的艰苦奋斗,在水运工程实践中逐步形成了完整的中国水运工程标准规范体系,涵盖了水运工程所有领域,标志着中国水运工程标准从'无'到'有',由'弱'变'强'。第六章"水运工程建设科技创新与应用",从水运领域的港口、航道、枢纽、海工、疏浚吹填、地基处理、港口设备、环境保护、综合技术等方面，总结了改革开放近40年来水运工程技术创新与进展，体现了水运基础设施建设践行"科学技术是第一生产力"的理念和水运事业发展中的"亮点"。第四篇"开放篇"的第七章"水运工程建设对外合作与交流"，记载了以企业为主的市场主体在国际水运工程，如港口码头建设、航道疏浚开发和营运管理等方面开展的国际合作与交流，特别是党中央提出"一带一路"倡议之后，水运工程在援建、施工承建、项目总承包以及投资和技术装备等方面取得的业绩，共收录了84个项目，反映了改革开放近40年来水运工程建设领域由"引进来"迈向"走出去"的历史性变化。

第二卷至第五卷为第五篇"成就篇"，包括第八章"沿海港口与航道工程"（第二卷、第三卷）与第九章"内河港口工程"（第四卷、第五卷）。由于沿海港口的航道一般是港口（港区）的公共或专用航道，所以沿海的港口航道工程与港口码头泊位建设合并阐述，但内河航道是公共、公益性水运基础设施，为航道沿线各港口和航行的船舶服务，故对内河航道的工程建设单设一章（第十章）。第八章"沿海港口与航道工程"和第九章"内河港口工程"的最大区别在于收录入书的标准不同，第八章收录的是拥有万吨级泊位的沿海港口，第九章收录的是拥有500吨级泊位的内河港口。根据2015年《全国交通运输统计资料汇编》，港口货物吞吐量1000万吨以上沿海港口和200万吨以上内河港口为规模以上港口，沿海港口39个、内河港口54个，本书全部收录。对规模以下的港口，有万吨级以上泊位的8个沿海港口收录入书，有500吨级以上泊位以及国际河流边境贸易口岸港口等有特别典型意义的53个内河港口也收录入书。这样，第八章"沿海港口与航道工程"共收录港口47个，第九章"内河港口工程"共收录港口107个。第二卷至第五卷对沿海、内河港口的编撰内容，按港口的管理体制及地域位置，分省区市、港口、港区、工程项目四个层面展开。第八章"沿海港口与航道工程"共录入大中小型工程项目1054个（包括1978年和2015年在建项目），万吨级以上泊位1739个。第九章"内河港口工程"共录入工程项目1133个，500吨级以上泊位3028个。由于从20世纪90年代开始的长江口深水航道治理工程和长江南京以下12.5米深水航道整治工程实施完成，长江南京以下港口可接纳5万吨级船舶直接靠泊、10万吨级船舶乘潮或减载靠泊，实现了海港化的功能，故《实录》收录的码头泊位视同海港，按万吨级泊位入书标准收录。此外，长江干线上的水富港是云南进入长江的"北大门",黑龙江、澜沧江边境河流的港口,泊位等级有些达不到500吨级,但这些港口在对外开放、发展边境贸易方面意义重大,也都收录入书。

第六卷为"成就篇"的第十章"内河航道工程",遵循2007年国务院批准的《全国内河航道与港口布局规划》明确的"两横一纵两网十八线"和我国通航河流分布特征设置"节、目"。2015年,我国内河通航里程12.7万千米,其中等级航道6.62万千米,四级以上的航道为2.22万千米,占等级航道的33.5%,故确定通航500吨级船舶的四级及以上航道工程收录入书。此外,对"两横一纵两网十八线"规划以外,一些在区域经济发展中有突出意义的内河航道建设工程,如赤水河等十二条河流的航道建设工程也收录入书。共收录了包括长江口深水航道治理工程、长江南京以下12.5米深水航道整治工程在内的256个项目工程。对"寸水寸金"的内河航道来说,这些工程极大地发挥了基础设施的服务能力,对发展我国水运事业的意义和作用不言而喻。

第七卷为"成就篇"的第十一章"内河通航建筑物(船闸与升船机)"。按我国大江大河(包括运河)水系分布状况以及航道发展"两横一纵两网十八线"的规划与分布设置"节、目"。发展内河航运是水资源综合利用的重要方向,船闸、升船机是内河通航建筑物中较为常见的工程设施。改革开放以来,我国在发展水利事业的同时,通过船闸、升船机建设,极大地改善了航道条件,提高了我国内河航运能力,助推国民经济的发展。第十一章收录改革开放以来,通过能力500吨级及以上船舶的船闸、升船机建设项目;对不在规划河流上或通过能力不够500吨级船舶的船闸、升船机,但对区域经济发展和科技创新有典型意义,如澜沧江景洪水力式升船机也收录入书。第十一章共收录改革开放以来工程项目168个,含220座船闸、9座升船机。

第八卷为"成就篇"的第十二章"水运支持保障系统工程"。水运支持保障系统由海事管理、救助打捞、船舶检验、科技教育、通信导航、船舶引航等构成,是水路运输不可或缺的重要组成部分。改革开放以来,我国在大力发展港口、航道水运基础设施的同时,高度重视支持保障系统建设,不断提高为水运发展的服务能力。第十二章按上述系统构成设置"节、目",共收录工程项目396个。相对港口、航道建设项目,支持系统的中小型项目居多,由于数量较大,在收录入书时对部分项目进行了汇总合并。

第九卷为"成就篇"的第十三章"重要水工工程",收录了六项重大水运工程。改革开放以来,我国的水运工程建设项目多达数千项,奠定了中国在全球的航运大国、交通大国地位,也为我国从航运大国、交通大国向航运强国、交通强国迈进奠定了坚实的基础。第十三章收录的六项工程,建设规模大,科技创新突出,对我国经济社会发展有重大意义,在国际上有重要影响,是我国水运发展辉煌成就的标志性工程。葛洲坝水利枢纽航运工程与长江三峡水利枢纽航运工程,特别是三峡工程的双线连续五级船闸和升船机为当今世界规模最大的内河通航建筑物。长江口深水航道治理工程,建成了12.5米的深水航道,获得了2007年国家科学技术进步奖一等奖,是世界上巨型河口航道治理的成功范例,连同长江南京以下12.5米深水航道整治工程,不仅使长江南京以下港口功能海港化产生巨大的经济社会效益,而且是党中央国务院关于建设长江黄金水道重大决策的基础性工程。上海国际航运中心洋山深水港区工程,不仅标志着我国在外海深水建设港口的技术进步,而且洋山深水港区四期工程自动化集装箱码头建成投产,使我国集装箱码头智能化建设处于世界领先地位。港珠澳大桥岛隧工程是极为复杂的水工工程,取得了一系列技术突破,标志着我国水工工程技术水平处于国际领先的第一方阵,大桥建成通车有力支撑了粤港澳大湾区发展。这六大工程是我国水工工程中的典型,在《实录》第十三章中做了比较细致的阐述。这一卷还有大事记、纪年图表等内容,不仅体现《实录》作为史书的完整性,而且便于读者查阅,比较直观地反映了改革开放以来,我国水运工程建设取得的成就。

　　在交通运输部的领导下,经过三年多的努力,《实录》编纂工作如期完成。编纂这部作为交通文化建设工程的书籍,凝聚了全行业的力量,众多的参编者为之付出了心血和智慧。特别是改革开放初期的文献,由于时间久远、机构变化、人员更迭,很多资料缺失,参编者千方百计,走访老同志,翻阅档案,力求《实录》的完整性、准确性。《实录》综合了改革开放近40年的水运基础设施建设项目,对此我们组织水运工程方面的专家编写了项目模板,并委托上海国际港务(集团)股份有限公司开发了电脑软件;第一次项目综合时,请重庆交通大学河海学院20多位师生进行了系统合成。《实录》编纂过程中,召开了多次专家咨询会、评审会,专家们为《实录》编纂建言献策,助推了编纂工作。交通运输部水运科学研究院承办《实录》

综合编纂工作,组织编写人员全力以赴,深入调查研究,及时解决编纂中存在的专业问题,确保《实录》编纂质量。本着对历史负责、对子孙负责的精神,参加综合编写的同志兢兢业业,按照时间节点的进度要求,完成各自的编写工作。人民交通出版社股份有限公司的编审同志,认真校审,为确保《实录》的出版质量做了大量的工作。最后,我们还要对支持《实录》编纂工作的中国远洋海运集团有限公司、招商局集团有限公司、中国交通建设集团有限公司表示衷心的感谢。

《中国水运史》《中国水运工程建设实录》

编审委员会

2020 年 11 月 10 日

总目录
Contents

I

第二卷　沿海港口与航道工程（上）

五、成就篇（一）

第三卷　沿海港口与航道工程（下）

五、成就篇（二）

第四卷　内河港口工程（上）

五、成就篇（三）

第五卷　内河港口工程（下）

五、成就篇（四）

第六卷　内河航道工程

五、成就篇（五）

第七卷　内河通航建筑物

五、成就篇（六）

第八卷　水运支持保障系统工程

五、成就篇（七）

第九卷　重要水工工程

五、成就篇（八）

《中国水运工程建设实录（1978—2015）》纪年图表

《中国水运工程建设实录（1978—2015）》大事记

附　录

地 图 图 例

✪ 省级行政中心	━━━━ 已通高速
◉ 地级行政中心	━ ━ ━ 在建高速
◎ 县级行政中心	━━━━ 国道
◦ 乡镇	━━━━ 省道
● 港区位置	━━━━ 铁路
⊢·⊢·⊢· 国界	━━━━ 高速铁路
⊢ ⊢ ⊢ 未定国界	河流　湖泊
─··─··─ 省级界	海岸线
─ ─ ─ ─ 特别行政区界	═══ 桥梁
─ ─ ─· 地级界	══════ 隧道
─·─·─· 县级界	

目录
Contents

五、成就篇(二)

Record of
Port and Waterway Engineering
Construction in
China
中 国 水 运 工 程 建 设 实 录
（1978 — 2015）

五、成就篇（二）

第八章
沿海港口与航道工程(下)

第七节　浙　江　省

一、综述

(一)基本省情

浙江省位于北纬27°02′44″~31°10′57″,东经118°01′16″~123°09′23″,陆域面积10.18万平方千米,海域面积26.44万平方千米,海岸线总长6715千米,海岛3820个。全省地处中国东南低中山地貌大区浙闽低中山地貌区,西南、西北部地区海拔千米以上的山峰盘结,中部、东南地区以丘陵和盆地为主,东北地区地势较低,以平原为主,沿海自北向南分布着杭嘉湖、宁绍、椒黄、温瑞等平原。省内河流众多,流域面积10平方千米以上的河流达2441条,有钱塘江、瓯江、椒江、苕溪、甬江、飞云江、鳌江和运河(杭嘉湖东部平原)水系八大水系;湖泊星罗棋布,水面面积1平方千米以上的湖泊有57个。

浙江位于亚热带季风气候区,冬季受蒙古冷高压控制,盛行西北风,以晴冷、干燥天气为主,是全年低温、少雨季节。夏季受太平洋副热带高压控制,以东南风为主,海洋带来充沛的水汽,空气湿润,是全年高温、强光照季节。春秋两季为冬夏季风过渡时期,气旋活动频繁,锋面降水甚多,冷暖变化亦大。气候总的特点是冬夏季风交替显著,年温适中,四季分明,光照充足,热量丰富,降水充沛,空气湿润。同时,因濒临海洋,受明显的海洋影响,温、湿条件比同纬度的内陆季风区更为优越,自然条件优越。

浙江省太阳年辐射量在4000~4800兆焦/平方米之间,较中国同纬度的内陆省份为多。全年日照时数在1100~2200小时之间。年平均气温在15~18摄氏度之间,极端最低温度为-17.4~-2.2摄氏度,极端最高温度为33.0~42.9摄氏度。

浙江省雨量丰沛,年均降水量在1100~2000毫米之间,系中国降水较丰富的地区之一。全年雨日大约为140~180天。一年之中,3月至7月初的春雨和梅雨降水量最丰富;

7月至8月盛夏,干旱少雨,唯沿海有台风雨补充;入秋后,9月有一短暂秋雨期;10月至翌年2月降水最少,多晴冷天气。

由于季风的不稳定性,浙江省也经常出现一些灾害性天气。冬季低温、寒潮,盛夏高温酷暑,伏秋干旱和台风,汛期洪涝,春夏季的冰雹大风等,均是浙江省经常出现的灾害性天气。

浙江省东西和南北的直线距离均为450千米左右。全省陆域面积10.18万平方公里,占全国面积的1.06%,是中国面积较小的省份之一。全省陆域面积中,山地占74.63%,水面占5.05%,平坦地占20.32%,故有"七山一水二分田"之说。浙江海域面积26万平方公里,是全国岛屿最多的省份,海岸线总长6486千米,居全国首位。全省划定永久基本农田159.9万公顷,划定示范区66.8万公顷。

浙江省地形复杂,整个地势由西南向东北倾斜。西南山地平均海拔高度800米左右,龙泉市境内的黄茅尖高1929米,为全省最高山峰。中部以丘陵为主,大小盆地错落分布于丘陵山地之间。东北部是低平的冲积平原。按地表形态的相似性和地域间的差异性区分,全省大致可分为浙北平原、浙西中山丘陵、浙东丘陵、中部金衢盆地、浙南山地、东南沿海平原及滨海岛屿6个地形区。

浙江的海域广阔,海岸曲折,形成众多的港湾,如杭州湾、象山港、三门湾、台州湾、温州湾、乐清湾等。杭州湾是全省最大的港湾,钱塘江河口呈喇叭形,由于潮汐的作用,在海宁附近形成举世闻名的钱江潮。浙江的大陆岸线北起平湖市金丝娘桥,南至苍南县的虎头鼻,长达2200余千米。沿海岛屿星罗棋布,形同串珠,北自嵊泗县花鸟山岛,南至苍南县七星岛,面积500平方米以上的岛屿有2878个,其中舟山岛面积502.65平方公里,是全国第四大岛。

浙江的河流众多,主要有钱塘江、瓯江、灵江、苕溪、甬江、飞云江、鳌江、曹娥江八大水系和京杭运河(浙江段)。钱塘江全长668千米,是全省第一大江。全省的湖泊主要分布在杭嘉湖平原和宁绍平原。杭州西湖、绍兴东湖、嘉兴南湖、宁波东钱湖为浙江四大名湖。东钱湖面积22平方公里,为全省最大湖泊。这些湖泊不仅有灌溉之利,且有许多名胜古迹,是著名的旅游胜地。千岛湖即新安江水库,是全省最大的人工湖泊,面积约580平方公里,也是国家级风景名胜区。

综上所述,浙江的特点是陆域小海域大,优势是海洋。浙江是中国陆域面积较小的省份之一,海域面积相当于2个半的陆域面积。而且,还有着三个全国第一:海岸线总长第一、海岛数量第一、近海渔场可捕捞量第一。

(二)综合运输

浙江古时交通运输主要是依靠水路和道路,随着社会经济需要,才开始公路、铁路的建设,但不发达。随着社会主义现代化建设的发展,人民生活水平的提高,社会需求的增加,交通运输得到了大发展。特别是改革开放以后,浙江交通运输行业的范围也日趋扩大。在浙江这样一个特殊的自然地理条件下,浙江交通运输在长期的发展过程中,逐步形成了海、陆、空、地下立体交叉的大交通运输行业,它主要包括铁路、公路、水运、航空、管道5种运输方式。

1.铁路

20世纪80年代,伴随着改革开放,我国经济迅速发展,铁路建设迎来新的高潮。根据铁道部"中取华东"基建战略部署,1985年开始,沪杭双线进入大规模施工阶段。1991年,沪杭双线全部建成。与此同时,杭州枢纽工程全面铺开,钱塘江上第二座铁路、公路两用桥,钱江二桥于1988年4月21日举行开工典礼。浙赣双线的金华东站工程、义亭—义浦、施塘—月塘、浦阳—湄池等区段双线工程也相继开工建设。1983年12月,由宁波至北仑港的北仑支线开工建设,1985年12月建成,1987年3月正式开通运营,使浙江铁路和港口运输连成一片。

20世纪90年代,在铁道部"再取华东"的基建战役中,杭州枢纽的杭州东站、钱江二桥、浙赣绕行线、萧萧联络线和萧山新客站于1991年底先后建成通车运营。1992年乔司编组站全面开工建设,1995年上行外包正线和下行场建成。省管内浙赣双线于1995年12月全部建成投产。萧甬线从1991年起全面进行技术改造,新建鉴湖、五夫、余姚西3个会让站,搬迁新建蜀山站,1994年起全面进行双线建设。宣杭线在1991年10月全线铺通,1992年10月开始运营。在地方铁路建设上,继洪镇铁路1987年投入运行后,浙西南地区人民盼望已久的金温铁路于1992年12月开工,1997年8月竣工。浙东的余(姚)慈(溪)铁路于1992年10月开工,1996年底建成。1995年,浙江省范围(杭州铁路分局管内)国有铁路正线1264.4千米,其中双线408.6千米。线路技术条件:沪杭、浙赣两线的正线钢轨均为60千克重型轨,无缝线路占29%,道岔是60千克AT型1/12锰钢叉心道岔。其他正线为50千克钢轨,50千克AT型1/12锰钢叉心道岔。区间闭塞全部实现半自动,车站信号绝大部分采用电气集中连锁。行车速度达120千米/小时。按照铁道部加快东西第一通道改造的决策,继续推进完善沪杭、浙赣双线建设及其建成杭州枢纽的配套工程。在沪杭双线建成通车,相应改建、新建嘉兴、海宁、长安镇、临平等一批新客站后,浙赣双线也先后分段建成竣工,义乌、浦江、诸暨、衢州等一批车站进行扩建改造,新建金华西站。1997年12月8日,杭州站在原址上建造新站,1999年12月竣工运营。至此,作为南北第二通道的宣杭线建成通车。沪杭、浙赣、萧甬双线均建成运营,位于杭州市东北郊的铁路杭州枢纽基本形成。杭州枢纽东北起自沪杭线临平站,西至宣杭线仓前站,南到浙赣线白鹿塘站,东抵萧甬线夏家桥站,跨越钱塘江南北两岸,成为东南沿海主要铁路枢纽之一。

跨入21世纪后,随着国家经济建设持续稳步健康发展,铁路建设迎来了高速发展的难得机遇。浙江地处长三角经济发达地区和东南沿海交通繁忙区域,铁路运输要适应不断增长的客货运量和不同层次的旅客需求,无论是从运输格局、运输模式、运输工具,还是从管理到设备,都迫切需要一个跨越式的大发展。在国务院建设大交通格局的统筹部署下,浙江铁路迎来了高铁建设的热潮。2004年12月,温福铁路浙江段开工建设。2005年10月,甬台温铁路开工建设,这条铁路使浙江沿海与内陆之间的铁路运输变得更加顺畅,它与浙江省内的沪杭线、宣杭线、浙赣线南段、温福线形成"一环四射"的总体布局,并与杭甬、福厦深等铁路组成沿海铁路,从而形成贯穿我国东南沿海的便捷大通道,对于促进我国东南地区及海峡两岸经济发展具有重要意义。2008年12月,杭州东站改扩建工程和杭甬客专开工奠基。宁杭客专在江苏宜兴奠基。2009年4月,沪杭客专开工。2009年9月,甬台温、温福铁路开通运营,长三角与海峡两岸大经济区域的距离因此缩短。沪杭高速铁路于2010年8月全线铺通,2010年10月正式运营。沪杭客专是我国高速铁路网的重要组成部分,新建正线154千米,设计速度350千米/小时。自上海虹桥站引出,区间共设松江南、金山北、嘉善南、嘉兴南、桐乡、海宁西、余杭南7个车站,接入杭州东站。2010年后,沪昆高速铁路浙江省内杭州到长沙的杭长高速铁路将分段建成通车。同时,又有杭黄、九景衢等一大批新的铁路建设项目先后投入规划和建设。浙江铁路的快速发展,不但极大地改善了浙江省内的交通运输状况,还大大加强了浙江省与外省乃至国际的远近交流,有力地促进了浙江工农业生产的迅猛发展和经济的腾飞。2010年,浙江全省铁路营业里程达到1760.9千米,其中复线为1164千米,高速铁路为595.5千米,路网密度为1.73千米/百平方千米。

2015年,浙江省政府完成铁路基础建设投资170.15亿元。主要建设项目15项,其中亿元以上项目有:金华至温州铁路扩能改造、宁波站改造、宁波铁路枢纽北环线、杭州至长沙铁路客运专线、九景衢铁路、杭州至黄山铁路、商合杭铁路、衢州至宁德铁路、南京至杭州铁路客运专线9项。

截至2015年底,全省铁路营业里程达到2537.1千米,其中复线1980.4千米,复线率78.1%;电气化线路1860.6千米,电气化率73.3%;路网密度为249.2千米/万平方千米,为全国平均水平的2倍。

2. 公路

改革开放给浙江交通运输事业带来大发展的机遇。浙江省先后制定第六个、第七个交通建设五年规划。浙江交通运输人解放思想,开拓创新,积极探索具有浙江特色的交通运输发展之路,交通运输事业的面貌发生了深刻变化。公路运输市场空前活跃;公路运输独家经营的格局开始打破;公路管理体制改革迈出新的步子。1990年,浙江公路密度达到29.60千米/百平方千米,为全国平均水平的两倍以上,基本完成了杭、宁、温等城市进出口道路的改造,改善了车辆拥挤状况。公路部门切实做好施工路段的"三度一排"工作(即公路改建、扩建中确定合理的供单向行车避让的公路长度、宽度、平整度和及时排水),为车辆通行提供必要的道路条件。通过新建、改建贫困地区公路,使浙西南老少边穷地区的公路状况得到了一定的改善。该时期,浙江省内的 320 国道养护质量居各省份之首,104 国道湖州段养护工作受到交通部表彰。加快车站建设速度,一大批车站的建成投产,改善旅客候车条件,增强客运服务功能。

浙江交通运输部门努力通过改革交通建设投资体制,充分调动和发挥各级积极性,有计划有重点地加快干线公路、新建高等级公路,以满足发展的需要。特别是进入 20 世纪 90 年代后,着重对全省公路进行各类改建和新、扩建工作,重点突破瓶颈制约。经过 5 年的不懈努力,公路交通"卡脖子"路段有所减少,公路路况明显改善,公路交通紧张状况初步缓解。

1996 年 12 月 6 日,浙江省第一条高速公路——杭甬高速公路全线建成通车。跨入 21 世纪,浙江交通运输在历经改革开放近 20 年的赶超发展,与浙江社会经济发展需求的差距逐步缩小,进入全面发展阶段,交通运输紧张状况已经得到全面缓解。浙江交通运输坚持发展是硬道理,注重以规划引领发展,以改革促进发展,提出并全面布局"建设大交通,促进大发展",开始向"走(运)得好"方向发展。在公路交通建设方面,按照"抓重点、通干线、先缓解、后适应"的方针,调整公路建设规划,2002 年建成"四小时公路交通圈"。

2002—2010 年,为贯彻党的十六大精神,落实浙江省委、省政府实施"八八战略"(即 2003 年 7 月中共浙江省委第十一届四次全体(扩大)会议提出的面向未来发展的八项举措,指进一步发挥八个方面的优势、推进八个方面的举措),建设"平安浙江"的战略部署,围绕"两个率先"(即率先在全国同行业中实现现代化,率先在省内各行业间实现现代化)奋斗目标,浙江省先后制定第十个、第十一个交通建设五年规划。浙江省交通运输系统组织实施了高速网络工程、干线畅通工程、乡村康庄工程、水运强省工程、绿色通道工程、廉政保障工程 6 大工程。根据实现全面建成小康社会的新要求和省委提出的"创业富民、创新强省"的发展战略,落实交通部党组提出的提高"三个服务"的能力和水平、加快发展现代交通运输业的战略部署,提出并组织实施现代交通"三大建设"(建设大港口、大路网、大物流)。全省交通运输系统着力把握交通运输发展规律,创新发展理念,转变发展方式,破解发展难题,提高发展质量和效益,实现交通运输事业又好又快发展。公路、水路不适应经济社会发展的状况得到显著改善,总体趋向基本适应。

2010 年,浙江省等级公路里程达到 10.59 万千米,公路密度达到 108.23 千米/百平方千米;高速公路里程达到 3383 千米,密度居全国第二;2010 年完成公路货运量 10.34 亿吨,居全国第十。

2015 年,全省新增公路里程为 1648 千米,其中高速公路 33 千米(新通车的高速公路为:G60N 杭州—长沙高速公路寿昌—李家段 23.5 千米;G92N 国道江东大桥段 6.4 千米,S14A 吉鸿路 3.5 千米)。全省二级以上公路占公路总里程的 16.93%(上年为 16.65%),有铺装路面、简易铺装路面(高级、次高级路面)占公路总里程的98.37%(上年为98.19%)。

截至2015年底,全省公路总里程为118015千米,其中国道4356千米,省道6382千米,县道29413千米,乡道19293千米,专用道669千米,村道57902千米;高速公路3917千米,一级公路6018千米,二级公路10041千米,三级公路8026千米,四级公路59570千米,准四级公路27995千米,等外公路2447千米。全省公路密度为115.93千米/百平方千米;乡镇公路通达通畅率均为100%,行政村公路通达率为99.72%(未通达行政村为79个),公路通畅率为99.71%;桥梁48701座2792948延米;隧道1604道1065054延米。

3. 水运

党的十一届三中全会后,在党的一系列改革、开放、搞活政策的指引下,伴随着国民经济的发展和人民生活水平的提高,全省水路行业呈现出开放活跃的景象:专业远洋运输企业从无到有,内河和沿海的国营、集体水运企业开拓经营,"两户"水运企业异军突起,沿海港口进一步对外开放。水路运输生产在开拓中前进。浙江省努力通过改革交通建设投资体制,充分调动和发挥各级积极性,有计划有重点地加快航道和港口的建设步伐,以满足发展的需要。特别是进入20世纪90年代后,着重对全省干线航道进行各类新建和改、扩建工作,重点突破瓶颈制约。经过5年的不懈努力,干线航道的通航条件有所改善,船舶轧档堵航现象有所减少,水路运输紧张状况得到初步缓解。

在水路交通建设方面,从1996年起,浙江进行港口结构调整,逐步转变到建设集装箱专用泊位、石油化工泊位、车客渡滚装泊位和高速客运泊位为主。同时建设相应堆场和仓库,疏浚整治进港航道,港口能力严重不足的局面得到全面缓解。在航道建设上,基本形成以京杭运河、长湖申线、杭申线、乍嘉苏线和六平申线5条航道浙江段为主的杭嘉湖内河五级以上主要干线航道网,使该地区水路交通紧张状况得到全面缓解,为三角洲江南航道网的"成网、直达"打下基础。

2010年,浙江省沿海港口货物吞吐量达到7.88亿吨,其中宁波—舟山港货物吞吐量达到6.30亿吨,跃居世界首位,万吨级以上泊位达到19个(不含洋山港区),等级航道里程达到4832千米;内河通航里程达到9704千米,其中高等级航道总里程达到1326千米;2010年完成水路货运量6.33亿吨,居全国第一。

2015年,浙江省运力规模和结构位居全国前列。全省水路客运量3581万人,居全国第一;水路货运量72837万吨,居全国第四。沿海:旅客吞吐量698万人次,货物吞吐量109930万吨;集装箱吞吐量2257万TEU。内河:旅客吞吐量71万人次,货物吞吐量28206万吨;集装箱吞吐量37万TEU。运输船舶16316艘,其中:内河运输船舶13100艘,沿海运输船舶3172艘,远洋运输船舶44艘。内河航道通航里程为9769.27千米。港口码头泊位为4497个,其中:沿海码头泊位为1109个,内河码头泊位为3388个。

4. 航空

1978年后,浙江航空在改革开放中发展。20世纪80年代起,浙江民航逐步开展民航业务。同时,由地方政府和民航总局共同投资修复或新建杭州萧山、宁波栎社、舟山普陀山、温州永强等4D或4E级民用机场,形成了以杭州为中心,通往北京、广州、成都、乌鲁木齐、哈尔滨、深圳、香港、澳门地区以及日本、韩国、新加坡、泰国等国家的航空网络。

2001年12月,建成杭州萧山国际机场一期工程。

2007年11月,杭州萧山国际机场二期工程正式开工建设。二期工程分两个阶段:一阶段工程,包括9.6万平方米的国际航站楼,22.66万平方米的飞行区站坪及道面,增加近机位8个、远机位10个;2010年5月正式投入使用。二阶段工程,包括3400米×60米的第二跑道和相应联络道,新建18万平方米的第二国内航站楼及配套设施,新建40万平方米的机坪,增加机位51个。第二国内航站楼工程于2009年12月动工建设。

2011年,全省民用机场完成建设投资19.4亿。温州机场新国际候机楼建成启用,杭州机场二期扩建工程、温州机场飞行区改扩建工程继续推进。义乌机场、丽水机场、嘉兴军民合用机场扩建工程、东阳横店临时起降点迁建工程等项目前期工作取得进展。

2013年,全省完成机场建设投资16.4亿元,为年度计划的158%,顺利完成了列入省政府考核的目标任务,超额完成幅度创近三年新纪录。其中,义乌机场国际航站楼工程基本建成,宁波机场三期工程批准立项,东阳横店通用机场综合楼结构封顶,绍兴滨海通用机场完成立项。温州机场以飞行区扩建工程为重点,做到立项、建设、验收三个突破常规,全力推进机场项目建设,全年完成项目投资9.4亿元,飞行区扩建新建跑道工程完工投用,结束了作为国内唯一一年旅客吞吐量超过500万人次的机场却没有滑行道的历史。

2014年,全省民用机场运输持续保持快速增长态势,全年共完成旅客吞吐量4131万人次、货邮吞吐量55.9万吨、航班起降36万架次,旅客吞吐量首次突破4000万人次大关,三大运输指标增幅均高于全国平均水平。其中,杭州机场旅客吞吐量首次突破2500万大关,达2552万人次;宁波、温州机场分别完成旅客吞吐量636万和680万人次。

2015年,全年完成机场建设投资34亿元,为年度计划的108%。其中,杭州机场快件运输枢纽基地配套机坪扩建工程、宁波机场三期扩建工程主体工程航站楼项目、温州机场货运区工程、综合交通体项目、舟山机场设备设施更新及改扩建工程已开工建设;丽水机场预可获得民航局行业意见。全省机场运输继续保持平稳较快的增长态势。全年共完成旅客吞吐量4520万人次、货邮吞吐量58.7万吨、航班起降38.8万架次。

5. 管道

改革开放后,浙江管道运输从无到有。1977年3月,镇海分公司至算山码头输炼油管道化分公司镇海成品油码头输建成投用。1979年1月,镇海炼化油管道建成投用。

1980年11月,浙江炼油厂至三官堂油库管道投产。1981年1月,镇海炼化分公司至算山码头输油管道建成投用。1998年,浙江省石油总公司与镇海炼油化工股份有限公司合资建设宁波至杭州成品油管道。2000年9月,镇海炼化分公司至杭州萧山油库、康桥油库成品油长输管道建成投用。

2000年西气东输工程项目启动,浙江省全面推进天然气利用工程,天然气管道运输步伐加快。

2000年8月23日,西一线工程获国务院批准立项,2003年11月28日,西气东输一线工程常长支线投产,2004年1月18日,西一线工程浙江段投产,开始向浙江供气。2004年1月18日,杭州至湖州天然气输气管道工程全线通气。2006年2月28日,东海天然气工程正式向浙江供气。2010年1月20日,川气东送工程开始向浙江供气。2009年12月18日,西气东输二线工程浙江省LNG接收站和港口工程开工,2015年前完成。

以浙江省港航水运建设与经济数据为基础,可以看出,浙江水运在综合运输体系中有着独特的优势,港航水运建设促进了海洋产业现代化、物流发展及城市化进程,拉动区域经济发展。同时,经济发展又为港航发展提供了物质基础及技术支撑。

（三）沿海港口概况

浙江港口资源得天独厚,丰富的深水港口资源和地处长江经济带与东部沿海经济带的T形交汇点,是浙江省最突出的资源优势和区位优势。全省拥有大陆及岛屿海岸线6715千米,居全国第1位,规划港口深水岸线759千米,可建10万吨级以上泊位的岸线长度200千米以上、可建30万吨级及以上超大型泊位的深水长度约20千米,锚地航道资源非常丰富,沿海航道、航线四通八达,"习惯航道"近5000千米,其中可通航15万吨级以上船舶航道16条,拥有集装箱航线达240多条,连接全球100多个国家和地区的600多个港口。

全省共有宁波—舟山、温州、台州和嘉兴等4个沿海港口,其中宁波—舟山港、温州港是我国沿海主要港口。至2015年底,全省沿海拥有港口泊位1109个,其中万吨级以上泊位219个。2015年全省沿海港口完成货物吞吐量10.99亿吨,集装箱吞吐量达2257.00万TEU,形成以宁波—舟山港（含嘉兴港）为主,温州港、台州港为辅的"一主两辅"港口发展新格局。其中,宁波—舟山港货物吞吐量达8.89亿吨,自2009年起连续9年位居世界首位,集装箱吞吐量达2062.65万TEU,位居世界第四,外贸吞吐量4.21亿吨,位居全国首位,对外开通国际航线240条,连通世界100多个国家600多个港口。

（四）沿海港口发展成就

1978年前,浙江海港没有万吨级泊位。改革开放以来,浙江开始大规模海港建设。1981—1990年,全省兴起建设新港和老码头技术改造的热潮,浙江水路交通取得突破性进展。温州龙湾 2 个万吨级泊位的建成,舟山老塘山二期、乍浦港一期、海门牛门颈港区、温州杨府山二期建设以及象山石浦对台码头等沿海一批小型客货码头的建成,使浙江省沿海开始形成以宁波港为中心,温州、海门、舟山、乍浦港为骨干的大中小配套、布局合理、分工协作的港口群体。至 1990 年,浙江省建成万吨级以上深水泊位 17 个。

1991—1995 年,沿海港口建设方面,建成万吨级以上公用深水泊位 9 个,1000～5000 吨级泊位 7 个,500 吨级泊位 1 个,新增吞吐能力 2030 吨。海岛码头建设方面,建成 300～500 吨级海岛交通码头 39 个,新增吞吐能力 235 万吨、472 万人次,实现了 5000 人以上及部分乡政府所在地的海岛都建有交通码头的目标,为陆岛交通提供了必要的基础设施。

1996 年后,海港建设呈规模效应,浙江的港口建设调整结构,逐步转变到建设集装箱专用泊位、石油化工泊位、车客渡滚装泊位和高速客运泊位为主。2000 年,浙江省基本形成以宁波、舟山港深水港域为中心,温州、海门、乍浦港为骨干,中小港口为基础的沿海港口群。

2002 年底,全省沿海港口有 34 个,有各类泊位 867 个,吞吐能力 21350 万吨,货物吞吐量达 25694 万吨。宁波、舟山、温州、台州和嘉兴港成为浙江省 5 个主要海港,共有泊位 642 个,其中万吨级以上泊位 58 个,10 万吨级以上超大型泊位 5 个,最大靠泊能力 25 万吨级,年货物综合通过能力 1.99 亿吨,已呈规模效应。

2003 年开始,水运强省工程全面实施,宁波—舟山港基本实现一体化。2003 年,通过全省港航管理系统的共同努力,以水运强省工程为重点的全省港航事业取得了快速发展。新增万吨级泊位 8 个。沿海主要港口吞吐能力达到 2.3 亿吨。水运强省工程全面实施,全省沿海港口布局规划基本完成,宁波—舟山组合港规划通过了省港口规划建设委员会的审议。

2004 年,沿海主要港口吞吐能力达到 2.4 亿吨,万吨级以上深水泊位 10 个,宁波—舟山港口一体化取得突破性进展。"十五"期间,沿海港口新增吞吐能力 1.17 亿吨;建成万吨级以上深水泊位 32 个。"宁波—舟山港"名称正式启用。

2005 年底,全省沿海港口吞吐能力达到 2.93 亿吨,万吨级以上深水泊位达到 81 个。陆岛交通加快建设码头和配套公路,"十五"期末,万人以上岛屿配齐了车渡码头,3000 人以上岛屿都建有交通码头,海岛居民出门难的状况得到缓解。

2007 年 6 月 12 日,浙江省提出"港航强省"战略,充分发挥浙江省港航资源丰富、运输需求旺盛的优势,强化龙头"宁波—舟山港",做大两翼"温台和浙北港口"。

2008 年后加快推进"港航强省"建设。依据浙江省委、省政府提出的"推进三大建设、打造畅通浙江",做到抓项目、建体系、强港航、兴物流、统城乡和管队伍的要求,全省加快推进港航强省建设。是年,宁波—舟山港集装箱吞吐量突破 1000 万 TEU。建成温州港七里港区二期工程件杂泊位等 13 个万吨级以上泊位,沿海万吨级以上泊位总数达到 128 个。制定出台了"水上康庄"工程实施意见,"水上康庄"工程成为新的亮点,共完成渡埠改造项目 21 个,更新渡船 41 艘;建成陆岛码头 10 个、库区码头 51 个。

2009 年,宁波—舟山港口一体化工作取得了积极的成效,成为全国各主要港口中货物吞吐量增幅回升最快、集装箱吞吐量降幅最小的港口之一。宁波—舟山港完成货物吞吐量 5.77 亿吨。

2010 年,建成老塘山五期、大榭关外 5 万吨级液体化工码头、梅山保税港区集装箱 1、2 号泊位等 14 个万吨级以上泊位。建成陆岛码头泊位 15 个。宁波梅山保税港区(一期)顺利通过正式封关验收,标志着浙江省第一个保税港区,也是我国第五个保税港区——梅山保税港区进入了实质性运营发展的新阶段。

2011 年,宁波—舟山港完成货物吞吐量 6.9 亿吨,集装箱吞吐量 1470.8 万 TEU。建成了大榭实华二期 45 万吨原油码头工程、凉潭武港矿石中转码头等 14 个万吨级以上深水泊位。

2012 年,万吨级以上深水泊位新增 70 个,达到 185 个,沿海港口新增吞吐能力 4.1 亿吨,新增集装箱吞吐能力 604 万 TEU。

2008—2012 年,浙江建成了我国首条 30 万吨级人工航道虾峙门航道和全国最大原油码头大榭实华二期 45 万吨原油码头,基本形成了以宁波—舟山港为干线港、温州港为支线港,嘉兴、台州港为喂给港的煤炭、矿石、原油、集装箱等四大货种运输系统和港口布局。

2013 年,开始全面推进内河水运复兴计划,推动水运高质量发展,浙江港航实现了跨越式发展。宁波—舟山港货物吞吐量 8.1 亿吨;宁波—舟山港完成集装箱吞吐量 1735.5 万 TEU。建成宁波梅山保税港区集装箱码头、嘉兴港独山港区多用途码头等 11 个万吨级泊位,建成乐清湾 10 万吨进港航道工程。

2014 年,围绕"大港口、大水运"建设,建成万吨级以上泊位 13 个,沿海港口货物吞吐量 10.8 亿吨、集装箱吞吐量 2136 万 TEU,其中宁波—舟山港完成货物吞吐量 8.7 亿吨,连续 6 年位居世界第一。

2015 年,沿海建成了万吨级泊位 11 个,完成陆岛码头、建桥撤渡、渡埠改造、渡船更新等项目 80 个,超额完成省政府考核目标。

浙江省沿海港口基本情况见表 8-7-1。

二、嘉兴港

(一)港口概述

1.港口综述

嘉兴港历史悠久。唐会昌四年(公元 844 年)设乍浦镇遏使,办理海运商务,南宋淳祐六年(公元 1246 年)设乍浦舶提司,元为乍浦市泊司,明为税课司,清康熙二十三年(公元 1684 年)海禁解除后,乍浦列为东南沿海十五个口岸之一。鸦片战争时,乍浦港遭到毁灭性破坏,随着上海港的兴起,乍浦港日渐衰弱。1917 年孙中山先生在他撰写的《建国方略》中曾提出在乍浦一带开辟"东方大港"。

浙江省沿海海港口基本情况表

表 8-7-1

序号	港区名称	港口岸线		2015年港口生产用泊位				其中:1978—2015年建成的生产用泊位				2015年港口货物和旅客吞吐量						
		港口规划岸线	其中:2015年前已建成岸线	生产用泊位数	其中:万吨级及以上	生产用泊位总长	其中:万吨级及以上	生产用泊位数	其中:万吨级及以上	生产用泊位总长	其中:万吨级及以上	货物吞吐量	其中:外贸货物吞吐量	集装箱	滚装车辆		旅客	其中:国际旅客
															数量	质量		
		千米	千米	个	个	米	米	个	个	米	米	万吨	万吨	万TEU	万辆	万吨	万人	万人
1	嘉兴港	26.5	9.15	85	34	9138	7898.3	83	32	8500	7259.9	6273	955	123	0	0	0	0
2	宁波—舟山港（宁波港域）	188.2		323	105	48811	31864	316	105	40872	31864	51004.5	30203.63	1982.4	55.82	1266.27	158.9	0
3	宁波—舟山港（舟山港域）	326.1	141.50	254	51	32188	16617	254	51	32188	1661.7	35318.70	10490.90	1493.1	2234.15	732.80	1776	106.8
4	台州港	133.8	45.26	188	9	12543	2150	188	9	12543	2150	6236.82	709.35	15.55	58.9	1178.02	187.6	2.43
5	温州港	189.3	84.38	216	20	14292	3782	216	20	14292	3782	8490.42	413.21	55.87	62.83	1256.54	—	—
	合计	863.9	280.29	1066	219	116972	62311.3	1057	217	108395	46717.6	107323.44	42772.09	3669.92	2411.70	4433.63	2122.5	109.23

注：序号2、3（宁波—舟山港）属"规模以上港口"。

1974年,上海石化陈山原油码头在乍浦镇东南的唐家湾兴建,拉开了乍浦港建设的序幕。1986年12月,乍浦港一期工程动工兴建。2002年,经交通部批准,乍浦港正式更名为嘉兴港。至2015年底,嘉兴港拥有外海生产性泊位47个,其中万吨级及以上泊位34个,拥有内河生产性泊位38个,形成了公用、专用泊位相配套,内外贸兼营,集装箱、散杂货及油品装卸功能齐全的综合性港口。

嘉兴港位于浙江省杭州湾北岸,地理坐标30°22′21″N~30°41′31″N,120°54′16″E~121°16′01″E,处在我国东部沿海和横贯东西的长江形成的T字形经济发展结构的交汇区域,背靠美丽富饶的杭嘉湖平原和环太湖流域,是浙江省在杭州湾北岸唯一的出海口,浙江扩大开放、接轨上海的前沿阵地。依托杭嘉湖地区高等级内河航道网,可直达钱塘江中上游及京杭运河、杭甬运河沿线地区,水运通道便捷,与沪、杭、湖、绍、苏等城市相距均不到100千米。嘉兴港共有3个港区,沿杭州湾北岸自外而内分别是:独山港区、乍浦港区和海盐港区。

嘉兴港外海进港航道有两条,一是杭州湾南航道,航道起自绿华山,取道杭州湾中部,通航区宽度约2千米,航道水深大都在8米以上,其中航道最浅点水深为7.5米,利用本海域潮差大的特点,吃水10米以上的万吨级船舶可乘潮进港。二是由宁波、舟山以及东南沿海进入嘉兴港的船舶可选择由宁波—舟山港水域,经螺头水道、册子水道,再由册子水道向西北,经七姊八妹列岛东侧,过王盘山西侧可达杭州湾北岸进入嘉兴港各港区。该航道通航区水深8米,通航区水域宽度约1~2千米,万吨级以上船舶需乘潮进港。

嘉兴港目前已建成汤山锚地、独山锚地、彩旗山锚地(危险品)、白塔山锚地以及陈山锚地(危险品),为到港船只提供待泊、引航、联检等服务。

2. 港口水文气象

嘉兴市地处北亚热带南缘,属东亚季风区,四季分明,气温适中,雨水充沛,夏季易受台风影响。历年平均气温16.3摄氏度,年平均降水量1269.7毫米,降水多集中在4—9月,夏季盛行SE风,其中7—9月为热带风暴季节,冬季寒潮来临时盛行N到NW风,年平均雾日数35天,雾日多集中在冬季和春季,年平均相对湿度80%。

嘉兴港所处的杭州湾,其潮汐为非正规半日潮,且潮差大、潮流急,最高潮位从湾口至湾顶逐步增高,最低潮位逐步降低,使潮差逐步增大。波浪以风浪为主,港内发生的波浪中,风浪频率占全部观测次数的95%以上,外海涌浪的影响较小;波高从湾口至湾顶逐渐减小;受台风影响时,出现较大增水。涨潮历时比落潮历时短,平均涨潮流速比平均落潮流速大,水流特征表现为涨潮主流偏北,落潮主流偏南的态势。

嘉兴港所处的杭州湾是我国著名的强潮海湾,在平面上呈喇叭形,杭州湾北岸深槽属涨潮冲刷槽,嘉兴港前沿深槽数十年来冲淤交替,冲淤幅度在3米左右,但近年来幅度趋小,冲淤处于基本平衡状态。深槽还存在季节性变化,具体表现为夏半年冲刷、冬半年淤积。

3. 发展成就

1991 年,嘉兴港乍浦港区一期公用码头开港运行,1996 年经国务院同意成为一类开放口岸。嘉兴港已成为长三角港口群的重要一员,是浙北杭嘉湖和周边地区的出海口,直接为后方乍浦、独山和海盐 3 个省级经济开发区以及嘉兴综合保税区和乍浦化工新材料园区 2 个国家级园区的发展提供支撑。2015 年全港货物吞吐量已达 6273 万吨。

嘉兴港港区分布图如图 8-7-1 所示。

图 8-7-1　嘉兴港港区分布图

嘉兴港基本情况见表 8-7-2。

(二)独山港区

1. 港区综述

(1)港区建设和运营概况

独山港区的开发始于 20 世纪末的浙能嘉兴发电厂建设,1995 年嘉兴发电厂一期工程煤码头建成投产,此后又陆续建成嘉兴电厂二期、三期工程煤码头。2000 年以后,杭州市

嘉兴港基本情况表

表 8-7-2

序号	港区名称	港口岸线 港口规划岸线 (千米)	其中:2015年前已建成岸线 (千米)	2015年港口生产用泊位 生产用泊位数 (个)	其中:万吨级及以上 (个)	生产用泊位总长 (米)	其中:万吨级及以上 (米)	其中:1978—2015年建成的生产用泊位 生产用泊位数 (个)	其中:万吨级及以上 (个)	生产用泊位总长 (米)	其中:万吨级及以上 (米)	2015年港口货物和旅客吞吐量 货物吞吐量 (万吨)	其中:外贸货物吞吐量 (万吨)	集装箱 (万TEU)	滚装车辆 数量 (万辆)	滚装车辆 质量 (万吨)	旅客 (万人)	其中:国际旅客 (万人)
1	独山港区	12.6	3.33	35	12	3324	2947	35	12	3324	2947	1367	87	17	0	0	0	0
2	乍浦港区	5.0	3.96	35	16	3955.3	3955.3	33	14	3316.9	3316.9	4533	868	106	0	0	0	0
3	海盐港区	8.9	1.86	15	6	1859	996	15	6	1859	996	374	0	0	0	0	0	0
	合计	26.5	9.15	85	34	9138.3	7898.3	83	32	8499.9	7259.9	6273	955	123	0	0	0	0

和嘉兴市联合投资建设嘉兴粮食中转库及码头工程,上海港口集团投资建设多用途(集装箱)码头,此外,一些临港产业配套液体化工和散杂货码头泊位也陆续建成。2014年,由浙江海港集团投资建设的嘉兴独山煤炭中转码头工程完成工程建设。截至2015年底,独山港区共有生产性泊位17个,其中深水泊位12个。

(2)港区地理条件和集疏运概况

独山港区位于平湖市东南沿海,南濒杭州湾,东接上海港杭州湾港区金山作业区,西与乍浦港区相连。独山港区进港航道通过上海石化煤运航道连接杭州湾南主航道,该航道通航区均为自然水深,航道宽度约1.8千米。

独山港区以公路和水运为主要集疏运方式。公路通过港区及后方开发区路网进入01省道、独广公路、杭浦高速公路等主要道路,接入浙北高速公路和国省道骨干路网。水运通过黄姑塘支线,接通乍嘉苏线和杭平申线内河航道,从而进入浙北高等级航道网。此外,散货作业区(D区)的煤码头与电厂以皮带机连续输送,液体散货作业区(A区)的码头与临港企业以管道连接。

2.港区工程项目

(1)嘉兴电厂一期工程

项目于1992年9月开工,1995年4月投入试运行,1997年10月竣工。

项目建设依据:1990年9月,国家计划委员会《关于浙江嘉兴电厂项目建议书的复函》(计工一〔1990〕1176号);1991年9月,嘉兴市乍浦港务局《关于新建嘉兴电厂专用码头的批复》(嘉乍港第(91)第13号、浙乍港监(91)第03号);1991年11月,国家计划委员会《关于浙江嘉兴电厂一期工程可行性研究报告的批复》(计能源〔1991〕1843号);1992年4月,国家能源投资公司《关于嘉兴电厂一期工程初步设计批复》(能投电技〔1992〕76号)。1991年3月,国家环境保护总局《关于嘉兴电厂环境影响报告书的批复》(环监字〔1991〕第127号)。

项目建设1个3.5万吨级煤炭泊位,岸线总长239.7米。码头采用引桥式布局,高桩式结构。码头前沿水深14米。项目后方堆场面积5.0万平方米,堆存能力25万吨。主要装卸设备配置包括桥式抓斗起重机2台。项目总投资1.35亿元,其中企业投资(业主自有资金)4000.0万元,银行贷款(政策性银行)9450.0万元。陆域用地5万平方米。

建设单位为嘉兴发电厂筹建处;设计单位为交通部三航设计院;施工单位为交通部三航四公司和安装公司。

1995年3月31日,第一艘3.5万吨级"富兴一号"顺利靠泊本码头,当年完成煤炭吞吐量30.9万吨。2011—2015年,累计完成卸煤总量为938.4万吨,有效地保障了一期工程2×30兆瓦机组的燃料供给运行,缓解了浙江省内的用电压力,经济社会效益显著,环保治理设施高效稳定。

(2)嘉兴电厂二期工程

项目于 2002 年 11 月开工,2004 年 9 月投入试运行,2006 年 3 月竣工。

项目建设依据:1999 年 11 月,国家计划委员会《关于中外合作浙江嘉兴电厂二期工程可行性研究报告的批复》(计基础〔1999〕2003 号);2002 年 2 月,国家电力公司《关于嘉兴电厂二期工程初步设计批复》(国电〔2002〕94 号)。2000 年 12 月,国家环境保护总局《关于嘉兴发电厂二期工程环境影响报告书复核意见的函》(环函〔2000〕476 号)。

项目建设 1 个 3.5 万吨级煤炭泊位,岸线总长 230.0 米。码头采用引桥式布局,高桩式结构。码头前沿水深 14.0 米。项目后方堆场面积 25.0 万平方米,堆存能力 32.2 万吨。主要装卸设备配置包括连续卸船机 2 台。项目总投资 3185.27 万元,全部为企业投资(业主自有资金)。占海面积 25.7 公顷。

建设单位为浙江嘉华发电有限责任公司;设计单位为中港三航设计院;施工单位为中港三航局四公司;监理单位为中电监理部;质监单位为浙江省电缆工程质量监督中心站。

嘉电二期码头自建成投产运营以来,有效地保障了二期工程 4 台机组的燃料供给运行,2011—2015 年完成卸煤总量 1636.9 万吨,大大地缓解了浙江省内的用电压力,经济社会效益显著。

(3)嘉兴港粮食中转库及码头项目

项目于 2006 年 9 月开工,2008 年 2 月投入试运行,2012 年 9 月竣工。

项目建设依据:2006 年 4 月,浙江省发展和改革委员会《浙江省发改委关于嘉兴港粮食中转库及码头项目可行性研究报告的批复》(浙发改交通〔2006〕307 号);2006 年 5 月,浙江省发展和改革委员会《关于嘉兴粮食中转库及码头项目初步设计批复》(浙发改设计〔2006〕58 号);2009 年 12 月,浙江省发展和改革委员会《关于嘉兴粮食中转库及码头项目调整初步设计的批复》(浙发改设计〔2009〕165 号)。2006 年 2 月,浙江省环境保护局《关于嘉兴粮食中转库及码头项目环境影响报告书审查意见的函》(浙环建〔2006〕11 号);2006 年 2 月,浙江省国土资源厅《关于嘉兴港粮食中转库及码头建设项目用地的预审意见》(浙土资产〔2006〕2026 号);2012 年 9 月,平湖市海洋与渔业局《关于嘉兴港粮食中转库及码头项目工程用海岸线的批复》(国海证 2012D33048202283 号);2006 年 8 月,交通部《关于嘉兴港粮食中转库及码头项目工程使用港口岸线的批复》(交规划发〔2006〕430 号)。

项目建设 1 个 3.5 万吨级散杂货泊位(码头水工建筑允许靠泊能力 5 万吨级),岸线总长 268.0 米。码头采用引桥式布局,高桩式结构。码头前沿水深 14.8 米。项目后方堆场面积 0.75 万平方米,堆存能力 1 万吨。仓库面积 5.46 万平方米,堆存能力 6.5 万吨,筒仓容量 5 万吨。停车场面积 0.03 万平方米,停车数量为 18 个标准停车位。主要装卸设备配置包括港口门座式重机 3 台。项目总投资 3.66 亿元,其中企业投资(业主自有资金)1.1 亿元,银行贷款(政策性银行)2.56 亿元。陆域用地 10.1 万平方米,用海 8.18 公顷。

项目建设单位为浙江嘉兴港物流有限公司;设计单位为浙江省交通规划设计研究院、国家粮食储备局郑州科学研究设计院;施工单位为中交第三航务工程局有限公司宁波分公司、浙江三鼎建设集团有限公司、潮峰钢构集团有限公司等;监理单位为上海东华建设管理有限公司、上海远东水运工程建设监理咨询公司;质监单位为浙江省交通厅工程质量监督局、嘉兴市交通工程质量安全监督站。

项目于 2008 年 2 月投产,提升了腹地的码头中转能力,自投产以来充分发挥了码头的吞吐能力,取得了较好的经济效益和社会效益。

(4)嘉兴港独山港区 A 区 2 号泊位及配套工程

项目于 2008 年 6 月开工,2010 年 11 月投入试运行,2014 年 12 月竣工。

项目建设依据:2009 年 9 月,浙江省发展和改革委员会《关于嘉兴港独山港区 A 区 2 号泊位及配套项目核准的批复》(浙发改交通〔2009〕458 号);2010 年 2 月,浙江省发展和改革委员会《关于嘉兴港独山港区 A 区 2 号泊位及配套项目调整报告核准的批复》(浙发改交通〔2010〕60 号);2010 年 5 月,浙江省发展和改革委员会《关于嘉兴港独山港区 A 区 2 号泊位初步设计批复的函》(浙发改设计〔2010〕48 号)。2008 年 3 月,浙江省环境保护局《关于嘉兴港独山港区 A 区 2 号泊位及配套项目环境影响报告书审查意见的函》(浙环建〔2008〕27 号);2007 年 8 月,浙江省国土资源厅《关于化工码头及库区配套工程建设用地的预审意见》(浙土资预〔2007〕159 号);2012 年 4 月,平湖市海洋与渔业局《海域使用权证书》(国海证 2012D33048200891 号);2009 年 1 月,交通运输部《关于嘉兴港独山港区 A 区 2 号泊位工程使用港口岸线的批复》(交规划发〔2009〕40 号)。

项目建设 1 个 5 万吨级液体化工泊位和 1 个 2000 吨级液体化工泊位,岸线总长 300.0 米。码头采用引桥式布局,高桩式结构。码头前沿水深 15 米。储罐容量 15.15 万立方米。主要装卸设备配置包括输油臂的 10 台。项目总投资 3.21 亿元,其中企业投资(业主自有资金)1.51 亿元,银行贷款(政策性银行)1.7 亿元。项目陆域用地面积 10.0 万平方米,用海面积 31.65 公顷。

建设单位为平湖市独山港区港务有限公司;设计单位为浙江省交通规划设计研究院、浙江省天正设计工程有限公司、浙江城建煤气热电设计院有限公司;施工单位为中交第二航务工程局有限公司、上海航道工程总承包有限公司、沈阳工业安装工程股份有限公司;监理单位为上海东华建设管理有限公司;质监单位为浙江省交通厅工程质量监督局。

项目自 2010 年 11 月投入试运行以来,平湖市独山港区港务有限公司得到快速发展,该地区的化工品运输能力得到显著提高,取得了较好的经济效益和社会效益。从 2011 年到 2015 年,该码头累计接靠船舶共 1624 艘次,完成货物吞吐量 434.64 万吨。

(5)嘉兴港独山港区散货一期(浙江平湖玻璃)码头工程

项目于2009年6月开工,2011年10月投入试运行,2013年7月竣工。

项目建设依据:2006年2月,浙江省发展和改革委员会《关于嘉兴港独山港区散货一期(浙江平湖玻璃)码头工程项目核准的批复》(浙发改交通〔2006〕111号);2008年9月,浙江省发展和改革委员会《关于嘉兴港独山港区散货一期(浙江平湖玻璃)码头工程初步设计的批复》(浙发改设计〔2008〕95号)。2005年4月,平湖市环境保护局《关于浙江平湖玻璃有限公司附属码头工程环境影响报告书审批意见的函》(平环保函〔2005〕20号);2007年12月,平湖市海洋与渔业局《海域使用权证书》(国海证053300723号);2005年12月,交通部《关于嘉兴港独山港区一期散杂货码头工程使用港口岸线的批复》(交规划发〔2005〕627号)。

项目建设1个1万吨级散货泊位和1个1万吨级杂货泊位(码头水工建筑允许靠泊能力3.5万吨级),岸线总长340.0米。码头采用引桥式布局,高桩式结构。码头前沿水深14.9米。主要装卸设备配置包括港口门座式重机2台,带斗门座式重机2台。项目总投资2.03亿元,其中企业投资(业主自有资金)0.63亿元,银行贷款(政策性银行)1.4亿元。项目用海面积34.18公顷。

建设单位为浙江平湖玻璃港务有限公司;设计单位为浙江省交通规划设计研究院;施工单位为中交二航局第三工程有限公司、上海鼎盛港机有限公司(门座式重机制造);监理单位为上海东华建设管理有限公司;质监单位为浙江省交通运输厅工程质量监督局。

项目于2011年10月开始投入试运行以来,取得了较好经济效益和社会效益,有效地提升了区域的运输能力。自投产至2015年底,该码头累计完成货物吞吐量220.35万吨。随着嘉兴港的不断发展,项目所在作业区调整为液体化工区,因此,项目于2015年9月停产,计划改造调整为液体化工码头,项目正在开展改建的前期报批工作。

(6)嘉兴电厂三期煤码头工程

项目于2009年11月开工,2011年6月投入试运行,2014年12月竣工。

项目建设依据:2006年12月,电力规划设计总院《关于印发浙江嘉兴电厂三期扩建工程可行性研究报告审查会议纪要的通知》(电规发电〔2007〕12号);2009年10月,国家发展和改革委员会《关于浙江嘉兴电厂三期"上大压小"扩建工程核准的批复》(发改能源〔2009〕1338号);2010年1月,交通运输部《关于浙江嘉兴电厂三期上大压小扩建工程配套码头工程初步设计的批复》(交水发〔2010〕42号)。2008年11月,环境保护部《关于浙江浙能嘉兴发电厂三期扩建工程环境影响报告书的批复》(环审〔2008〕414号);2008年9月,国家海洋局《关于浙江嘉兴电厂三期扩建工程项目用海预审意见的函》(国海管字〔2008〕511号)。

项目建设1个3.5万吨级煤炭泊位(码头水工建筑允许靠泊能力5万吨级),岸线总长 240.0 米。码头采用引桥式布局,高桩式结构。码头前沿水深 15.1 米。主要装卸设备配置包括桥式抓斗起重机 2 台,取料机 2 台,皮带输送机 2 台。项目总投资 2.80 亿元,其中企业投资(业主自有资金)0.56 亿元,银行贷款(政策性银行)2.24 亿元。项目用海面积为 22.07 公顷。

建设单位为浙江嘉华发电有限责任公司;设计单位为中交第三航务工程勘察设计院有限公司;施工单位为中交第三航务工程局有限公司、浙江省火电建设公司、华电重工股份有限公司;监理单位为上海东华建设管理有限公司;管理单位为浙江省电力建设有限公司;质监单位为浙江省交通运输厅工程质量监督局。

嘉电三期码头自建成投产至 2015 年底,接卸总量 1835.36 万吨,有效地保证了嘉华电厂三期 2 台 100 万机组的正常发电,经济社会效益显著。

(7)嘉兴港独山港区 B23、B24 号多用途码头工程

项目于 2011 年 9 月开工,2013 年 12 月投入试运行,2016 年 8 月竣工。

项目建设依据:2011 年 9 月,浙江省发展和改革委员会《关于嘉兴港独山港区 B23 号和 B24 号多用途码头工程项目核准的批复》(浙发改交通〔2011〕1161 号);2012 年 3 月,浙江省发展和改革委员会《关于嘉兴港独山港区 B23、B24 号多用途码头工程初步设计的批复》(浙发改设计〔2012〕20 号)。2009 年 2 月,浙江省环境保护局《关于嘉兴港独山港区散杂货与多用途作业区 23、24 号多用途码头项目环境影响报告书审查意见的函》(浙环建〔2009〕23 号);2013 年 8 月,浙江省环境保护厅《关于嘉兴港独山港区 B23 号和 B24 号多用途码头工程调整环境影响报告书的审查意见》(浙环建〔2013〕72 号);2010 年 3 月,浙江省国土资源厅《关于嘉兴港独山港区 B 区 23 号、24 号多用途码头及配套项目建设项目用地的预审意见》(浙土资预〔2010〕007 号);2011 年 1 月,平湖市人民政府《关于同意嘉兴港独山港区 B23、B24 号多用途码头工程海域使用的批复》(平政发〔2011〕106 号);2009 年 7 月,交通运输部《关于嘉兴港独山港区 B23、B24 号多用途码头工程岸线的批复》(交规划发〔2009〕374 号)。

项目建设 2 个 3.5 万吨级多用途泊位(码头水工建筑允许靠泊能力 5 万吨级),岸线总长 512.0 米。码头采用引桥式布局,高桩式结构。码头前沿水深 15.0 米。项目后方堆场面积 16 万平方米,平面箱位 4450 TEU,最大堆场箱量 15897 TEU。主要装卸设备配置包括岸边集装箱起重机 2 台,轮胎式集装箱门式起重机 5 台,其他港口流动机械 11 台。项目总投资 10.67 亿元,其中企业投资(业主自有资金)4.05 亿元,银行贷款(政策性银行)6.62 亿元。项目用海面积为 35.74 公顷,陆域用地面积 18.86 万平方米。

建设单位为上港集团平湖独山港码头有限公司;设计单位为上海中交水运设计研究有限公司;施工单位为中建港务建设有限公司;监理单位为上海远东水运工程建设监理咨询公司;质监单位为嘉兴港工程质量安全监督站。

项目于 2013 年 9 月 28 日开港试运行,主要开展"出口陆改水"业务,就是通过独山至洋山的支线班轮"独山快航",将原来浙北市场采用集卡直拖至洋山港出运的集装箱,改为经独山港码头水路运输至洋山港。2015 年 3 月,码头所属公司拓展业务模式,新增"进口陆改水"业务,进一步夯实"陆改水"业务,为客户提供更多地选择。在此基础上,也开展了大件作业、PTA 内贸箱、商品空箱等特色业务。

(8)浙能嘉兴独山煤炭中转码头工程

项目于 2012 年 3 月开工,2016 年 9 月投入试运行,2018 年 11 月竣工。

项目建设依据:2011 年 10 月,国家发展和改革委员会《关于浙能嘉兴独山煤炭中转码头工程项目核准的批复》(发改基础〔2011〕1040 号);2012 年 1 月,交通运输部《关于浙能嘉兴独山煤炭中转码头工程初步设计的批复》(交水发〔2012〕2 号)。2010 年 2 月,环境保护部《关于浙能嘉兴独山煤炭中转码头工程环境影响报告书的批复》(环审〔2010〕22号);2010 年 6 月,国土资源部《关于浙能嘉兴独山煤炭中转码头工程建设用地预审意见的复函》(国土资格预审字〔2010〕213 号);2010 年 1 月,国家海洋局《关于浙能嘉兴独山煤炭中转码头工程项目用海预审意见的函》(国海管字〔2010〕19 号)。

项目建设 3 个 3.5 万吨级海运煤炭接卸泊位(水工结构均按靠泊 5 万吨级船舶设计)和18 个 500 吨级内河装船和待泊泊位(水工结构均按靠泊 1000 吨级内河船设计),岸线总长694.0 米。码头采用引桥式布局,高桩式结构。码头前沿水深 11.68 米。项目后方堆场面积17.8 万平方米,堆存能力 85.0 万吨。仓库面积 4.26 万平方米。主要装卸设备配置包括桥式抓斗起重机 5 台,散货装船机 6 台,斗轮堆取料机 6 台,皮带输送机 4 台。项目总投资26.99 亿元,其中企业投资(业主自有资金)8.09 亿元,银行贷款(政策性银行)18.9 亿元。项目陆域用地面积 70.36 万平方米,均为填海造地。码头用海面积 108.21 公顷。

建设单位开始为浙江浙能嘉兴港煤炭物流有限公司,后变更为浙江海港独山港务有限公司;管理单位为浙江省电力建设有限公司;设计单位为浙江省交通规划设计研究院;施工单位为中交第三航务工程局有限公司、浙江大经建设集团股份有限公司、中建港务建设有限公司等;监理单位为广州华申工程建设管理有限公司、广州港工程管理有限公司;质监单位为嘉兴港工程质量安全监督站。

(9)嘉兴港粮食码头扩建工程(嘉兴港独山港区粮食码头二期工程)

项目于 2015 年 10 月开工,2016 年 12 月投入试运行,2018 年 7 月竣工。

项目建设依据:2015 年 5 月,平湖市发展和改革局《嘉兴港粮食码头扩建工程投资项目备案通知书》(平发改投备〔2015〕11 号);2015 年 7 月,嘉兴市港务管理局《关于嘉兴港粮食码头扩建工程(嘉兴港独山港区粮食码头二期工程)初步设计的批复》(嘉港〔2015〕62 号);2016 年 4 月,嘉兴市港务管理局《关于嘉兴港粮食码头扩建工程(嘉兴港独山港区粮食码头二期工程)陆域部分调整初步设计的批复》(嘉港〔2016〕38 号)。2014 年 4

月,浙江省环境保护厅《关于嘉兴港粮食码头扩建工程(第 28 号泊位)环境影响报告书的审查意见》(浙环建〔2014〕21 号);2016 年 9 月,平湖市国土资源局《不动产权证书》(浙〔2016〕平湖市不动产权第 0003608 号);2016 年 5 月,平湖市海洋与渔业局《海域使用权证书》(国海证 2016B33048201259 号);2014 年 7 月,交通运输部《关于嘉兴港独山港区粮食码头二期工程使用港口岸线的批复》(交规划函〔2014〕601 号)。

项目建设 1 个 3.5 万吨级通用散货码头泊位(水工结构均按靠泊 5 万吨级船舶设计),岸线总长 215.0 米。码头采用引桥式布局,高桩式结构。码头前沿水深 14.82 米。项目后方堆场面积 2.42 万平方米。主要装卸设备配置包括港口门座式重机 3 台。项目总投资 1.97 亿元,其中企业投资(业主自有资金)0.7 亿元,银行贷款(政策性银行)1.27 亿元。项目用海面积为 3.46 公顷,陆域用地面积 3.46 万平方米。

建设单位为浙江嘉兴港物流有限公司;设计单位为浙江省交通规划设计研究院;施工单位为中交第三航务工程局有限公司;监理单位为温州港湾工程咨询监理有限公司;质监单位为嘉兴港工程质量安全监督站。

(三)乍浦港区

1. 港区综述

(1)港区建设和运营概况

乍浦港区是嘉兴港最早开始开发的港区。1974 年 3 月初,上海石油化工总厂陈山原油码头动工兴建,拉开了现代嘉兴港的开发建设序幕。1986 年,乍浦港区一期工程开工标志着嘉兴港公用码头的开发建设正式启动,1992 年,乍浦港区一期码头(D1、D2 泊位)建成投产,此后陆续启动二期、三期工程建设,投资主体涵盖了国有、民资、外资等多元结构。截至 2015 年底,乍浦港区共有 18 个泊位,其中深水泊位 16 个。

(2)港区地理条件和集疏运概况

乍浦港区位于平湖乍浦镇(嘉兴港区)沿海,位于益山和杭州湾跨海大桥之间,东接独山港区,西与海盐港区相连。乍浦港区进港航道是由嘉兴港进港航道入口段沿 86° ~ 266°航向从东向西航行约 7.9 千米至 IP1,右转 66°,再沿 152° ~ 332°基本与杭州湾大桥桥位平行的航向,从东南向西北航行约 4.4 千米到达乍浦港区码头前沿,全长约 12.3 千米,该航道通航区均为自然水深,航道宽度约 2 千米。

乍浦港区主要以水运、公路和管道为集疏运方式。乍浦港区是嘉兴港开展海河联运最早的港区,现有两处内河港池,建设有相关内河作业区,经乍嘉苏航道与浙北高等级航道网相连,实现海河联运。公路通过港区及后方开发区路网进入 01 省道、07 省道、杭浦高速等主要道路,接入浙北高速和国省道骨干路网。此外,液体散货作业区的码头与临港企业间以管道连接。

2.港区工程项目

(1)陈山原油中转站码头工程

项目于1974年3月开工,1975年7月投入试运行,1978年9月竣工。

项目建设依据:1973年4月,上海港务局革委会《关于上海石油化工总厂码头及航道设计任务书请转报国家计委审批的函》((73)沪港革发字第172号);1973年10月,上海港务局革委会《关于上海石油化工总厂原油码头陈山方案的请示报告》((73)沪港革发字第482号);1973年11月,上海革委会工交组《关于上海石油化工总厂原油码头陈山方案的审查意见》(沪革工交(73)第471号);1974年2月,上海革委会工交组主持召开关于"上海石油化工总厂原油码头设计(引桥部分)文件审批会议"精神;1974年6月,第三航务工程局编制了陈山原油码头工程设计文件。陈山原油中转站码头工程的设计依据是《上海石油化工总厂设计任务书》、国家基本建设委员会〔1973〕签发设字531号文、沪革工交〔1974〕347号文和沪革工交(74)304号文。

项目建设2个2.5万吨级油品泊位,岸线总长638.4米。码头采用引桥式布局,高桩式结构。码头前沿水深12米。储罐容量8万立方米。主要装卸设备配置包括输油臂6台。项目总投资2535.0万元,全部为企业投资(业主自有资金)。项目陆域用地面积39.8万平方米。

建设单位为上海石油化工总厂;设计单位为交通部第三航务工程局;施工单位为交通部第三航务工程局。

陈山码头是上海石油化工总厂重要配套工程之一,是满足上海石油化工总厂安全、稳定、持续生产的需要。1975年7月投入试运行,经过三年的试生产实践,各项指标均达到设计要求,运行情况良好。

为解决原有16万立方米原油储罐能力不足问题,依据沪石化海区字〔1986〕1号文、沪石化安〔1986〕4号文、沪石化计技〔1986〕28号文和沪石化计〔1987〕23号文等文件,在陈山围海筑堤增建油罐满足生产发展的需要项目规模是围堤东西长度为550米,南北长度为276.4米,总长826.4米,围涂面积220亩。项目于1986年11月开工,1988年12月上海石油化工总厂组织竣工验收,实际完成投资606.65万元;嘉兴港乍浦港区石油作业区内B1和B2泊位(原中石化上海石油化工股份有限公司陈山码头7号、8号泊位)进行结构加固改造工程,建设规模为将B1泊位按靠泊2.5万吨级至8万吨原油船(控制吃水9.5米),B2泊位按靠泊2000吨级至8万吨(控制吃水9.5米)成品油船进行加固改造,投资概算4541.77万元,工程于2009年5月15日开工,于2009年11月17日完工。2011年5月13日浙江省交通运输厅组织并通过竣工验收。

(2)乍浦港一期码头工程

项目于1987年12月开工,1992年4月投入试运行,1992年7月竣工。

项目建设依据:1986年1月,浙江省计划与经济委员会《关于扩建乍浦港计划任务书的复文》(浙计经建〔1986〕39号);1986年11月,浙江省计划与经济委员会《关于乍浦港万吨级码头初步设计的批复》(浙江省计经委设计文件批复〔1986〕37号);1988年9月,浙江省交通厅《关于乍浦港外海码头技术设计及修正概算的批复》(浙江省交通厅〔1988〕浙交复611号);1991年7月,浙江省计划与经济委员会《关于调整乍浦港一期工程总概算的批复》。

项目建设1个1万吨级件杂货码头泊位和1个1000吨级件杂货泊位,12个100吨级内河泊位,围堤1271米,港口岸线总长590.0米。码头采用引桥式布局,高桩式结构。码头前沿水深11.3米。项目后方堆场面积0.61万平方米。仓库面积0.52万平方米。主要装卸设备配置包括港口起重机械6台。项目总投资8039.7万元,其中政府投资(中央投资)400.0万元,政府投资(地方投资)7639.7万元。陆域用地面积5.43万平方米。

建设单位为嘉兴市乍浦港工程指挥部;设计单位为浙江省交通设计院、浙江省平湖市规划设计室;施工单位为交通部第三航务工程局第二工程公司、浙江海港工程队、浙江省泰顺县地方建筑工程公司等。

乍浦港一期码头工程是浙江省"七五"计划期间重点建设项目之一。自1992年交付使用以来,货物吞吐量逐年递增,2000年达到108.33万吨。进入21世纪,乍浦港一期码头运行稳定,是乍浦港区海河联运的重要码头,对嘉兴的货物运输起到重要作用,有效促进了腹地经济发展。

(3)上海石油化工股份有限公司原油(扩建)码头工程

项目于1991年12月开工,1994年8月投入试运行,1994年9月竣工。

项目建设依据:1991年12月,嘉兴市乍浦港务管理局《关于上海石油化工股份有限公司原油(扩建)码头工程岸线的批复》(乍港〔1991〕002号)。

项目建设1个5万吨级油品泊位,岸线总长350.0米。码头采用引桥式布局,高桩式结构。码头前沿水深15米。主要装卸设备配置包括输油臂3台。项目总投资6253.3万元。

建设单位为上海金地石化有限公司;设计单位为交通部第三航务工程勘察设计院;施工单位为交通部第三航务工程局第四工程公司;质监单位为上海建筑工程质量监督总站金山质量监督站、上海港口工程质量监督站。

项目自1994年8月试运行以来总体运行情况良好,充分发挥了码头的设计能力,大大提升了腹地的原油运输能力。

(4)金浙九龙15000吨级成品油码头工程

项目于1997年11月开工,1998年9月竣工。

项目建设依据:1992年12月,平湖市计划与经济委员会《关于金浙九龙成品油码头工程可行性研究报告的批复》(平计经技〔92〕644号);1992年10月,浙江省平湖市计划与经济委员会《关于浙江金浙九龙成品油码头工程初步设计的审查意见的函》(平计经改〔1992〕644号);1993年4月,嘉兴市乍浦港务局《关于金浙九龙石油化工联合有限公司成品油码头规模扩大的批复》(嘉乍〔1993〕009号);1997年10月,平湖市计划与经济委员会《关于金浙九龙石油化工联合有限公司原油、成品油码头工程调整后的初步设计评审会议纪要和有关事项》(平计经基〔1997〕296号)。1997年8月,浙江省环境保护局《关于金浙九龙1.5万吨级成品油码头工程环境影响报告书的批复》(浙环开建表〔1997〕57号)。

项目建设1个1.5万吨级成品油泊位(水工结构按靠泊2.4万吨级船舶设计),岸线总长257.0米。码头采用引桥式布局,高桩式结构。码头前沿水深12米。主要装卸设备配置包括输油臂2台。项目总投资2989.79万元。

建设单位为浙江金浙九龙石油化工联合有限公司;设计单位为交通部第三航务工程勘察设计院、上海金山石油化工设计院;施工单位为上海金申工程建设公司(总包)、交通部三航局第四公司、上海金水设备安装公司;监理单位为上海金申工程建设监理公司;质监单位为浙江省交通厅质量监督站。

由浙江金浙九龙石油化工联合有限公司和上海金地石化有限公司共同投资建设的陈山9号泊位于1999年5月试运行,1999年5月25日"海燕"轮成功进行空载试泊。自投产以来,吞吐量稳定增长,为企业发展创造有利条件,对腹地经济发展提供有力保障,提升嘉兴港油品及化工品的通过能力,取得了较好的经济效益和社会效益。

(5)乍浦港二期外海多用途、件杂货码头工程

项目于1998年8月开工,2003年3月投入试运行,2003年6月竣工。

项目建设依据:2001年4月,国家发展计划委员会《关于中外合资建设经营乍浦港二期工程可行性研究报告的批复》(计基础〔2001〕547号);2001年5月,浙江省发展计划委员会《关于乍浦港二期工程初步设计的批复》(浙计函〔2001〕76号)。1999年3月,国家环境保护总局《关于乍浦港二期工程环境影响报告书的批复》(环函〔1999〕104号);2001年5月,嘉兴市乍浦港务管理局《关于乍浦港二期工程外海码头岸线使用的批复》(嘉乍港〔2001〕28号)

项目建设1个1.5万吨级多用途和1个1.5万吨级杂货泊位,岸线总长336.0米。码头采用引桥式布局,高桩式结构。码头前沿水深11米。项目后方堆场面积7.92万平方米。仓库面积1.46万平方米。主要装卸设备配置包括港口门座式起重机2台。项目总投资2.61亿元,其中企业投资(业主自有资金)9243.0万元,银行贷款(政策性银行)8000.0万元,利用外资(外企)8879.0万元。项目陆域用地面积2.83万平方米。

建设单位为浙江中基五洲乍浦港口有限公司,后变更为浙江世航乍浦港口有限公司;设计单位为浙江省交通规划设计研究院;施工单位为中港第三航务局第四工程公司(多用途及件杂货码头和深水段栈桥工程)、山东筑港总公司(浅水段栈桥)、浙江中元建设股

份有限公司(重件库场及配套工程);监理单位为上海东华建设监理所(多用途及件杂货码头和深水段栈桥工程)、温州港湾工程监理公司(浅水段栈桥)、嘉兴市东方交通工程监理中心(重件库场及配套工程);质监单位为浙江省交通厅质量监督站。

2003年3月建成投入试运行,试运行期间接卸各类船舶65艘次,完成货物吞吐量6.21万吨,集装箱2220TEU。正式投产后,有效地提升了嘉兴港件杂货和集装箱输运能力,提高了嘉兴港件杂货和集装箱的吞吐量,促进了腹地经济的可持续发展。

(6)嘉兴港乍浦港区三期通用、滚装工程

项目于2004年3月开工,2005年10月投入试运行,2008年12月竣工。

项目建设依据:2003年3月,浙江省发展与计划委员会《关于乍浦港三期工程通用、滚装泊位工程可行性研究报告的复函》(浙计函〔2003〕6号);2003年9月,浙江省发展与计划委员会《关于乍浦港三期通用、滚装泊位工程初步设计的复函》(浙计设计〔2003〕207号)。2005年3月,嘉兴市环境保护局《关于对乍浦港区三期工程通用、滚装泊位项目环境影响报告书审查意见的函》(嘉环建函〔2005〕014号);2006年6月,交通部《关于嘉兴港乍浦港区三期工程通用泊位和滚装泊位使用港口岸线的批复》(交规划发〔2006〕284号)。

项目建设1个1.5万吨级通用泊位和1个3000吨级滚装船泊位(水工结构均按靠泊1.5万吨级船舶设计),岸线总长347.0米。码头采用引桥式布局,高桩式结构。码头前沿水深13.5米。项目后方堆场面积7.47万平方米。主要装卸设备配置包括其他港口流动机械4台。项目总投资概算1.67亿元,企业自筹0.60亿元,银行贷款1.07亿元。项目陆域用地面积9.5万平方米。

建设单位为嘉兴市港口开发建设有限责任公司;设计单位为浙江省交通规划设计研究院;施工单位为中交第三航务工程局宁波分公司、宁波交通工程建设集团、中交第二航务工程局等;监理单位为上海东华建设监理所、嘉兴市东方交通工程监理有限公司、嘉兴市世纪交通工程咨询监理有限公司;质监单位为浙江省交通厅工程质量监督局。

2005年10月建成投入试运行,2006年1月12日首航以来,码头运营单位仅用5个月的时间就完成了通用泊位设计年吞吐量,至2006年10月码头试运行期满,共靠泊94艘次,共完成吞吐量103万吨,其中货种以煤炭为主,共完成96万吨,占总量的93.5%。船舶吞吐量介于1万~1.5万吨占总量的43%,基本符合设计要求。靠泊最大船舶吨位为2006年4月21日的"新海星"轮,核定吨位为1.83万吨。正式投产后,项目继续高效安全运作,为嘉兴港的煤炭运输提供有效的保障,大大提升了嘉兴港煤炭运输能力。

(7)嘉兴港乍浦港区二期4号、5号泊位

项目于2004年4月开工,2005年5月投入试运行,2007年4月竣工。

项目建设依据:2004年4月,浙江省发展和改革委员会《关于嘉兴港乍浦港区二期4号、5号泊位工程可行性研究报告的复函》(浙发改基础〔2004〕239号);2004年4月,浙江省发展和改革委员会《关于嘉兴港乍浦港区二期4号、5号泊位工程初步设计的复函》(浙发改设〔2004〕85号)。2004年1月,嘉兴市环境保护局《关于嘉兴港乍浦港区二期四号、五号泊位工程环境影响报告书的批复》(嘉环建函〔2004〕06号);2004年12月,交通部《关于嘉兴港乍浦港区二期四号、五号泊位建设使用岸线的批复》(交规划发〔2004〕135号)。

项目建设2个1.5万吨级多用途泊位(水工结构均按靠泊2万吨级船舶设计),岸线总长364.0米。码头采用引桥式布局,高桩式结构。码头前沿水深13.5米。主要装卸设备配置包括港口门座式重机2台。项目总投资概算1.99亿元,企业自筹0.69亿元,银行贷款1.3亿元。项目陆域用地0.8万平方米。

建设单位为嘉兴市乍浦开发集团有限公司,现变更为嘉兴市乍浦港口经营有限公司;设计单位为浙江省交通规划设计研究院;施工单位为中港第三航务工程局;监理单位为宁波交通工程咨询监理有限公司;质监单位为浙江省交通厅工程质量监督站。

2005年5月建成投入试运行。在杭州湾大桥建设过程中,共计100余条船舶在杭州湾大桥施工水域作业,平均每天停靠码头多达30余次。工作船单船最大吨位4358吨。杭州湾大桥北段6个标段的人员、生活生产器具、大量建筑材料、施工机具均通过工程的2个泊位进行运转。工程的投入运行为杭州湾大桥顺利建设起到了十分关键的作用。2006年11月1日,"海德6号"轮靠泊4号、5号泊位,11月3日驶离,停泊39小时,该轮吨位为1.52万吨,本次装载煤炭1.38万吨,实际卸货时间为29.5小时,整个过程顺利,未出现意外,成功完成了设计要求的1.5万吨级船舶的靠泊、卸载、驶离作业。自试运行以来,大大提升了乍浦港区货物运输能力,吞吐量稳定增长,有效促进嘉兴及周边地区经济发展。

(8)嘉兴港乍浦港区三期通用泊位扩建工程

项目于2005年3月开工,2006年7月投入试运行,2008年12月竣工。

项目建设依据:2005年1月,浙江省交通厅《关于嘉兴港乍浦港区三期通用泊位扩建工程可行性研究报告的批复》(浙交复〔2005〕2号);2005年8月,浙江省交通厅《关于嘉兴港乍浦港区三期通用泊位扩建工程初步设计的批复》(浙交复〔2005〕108号)。2005年6月,嘉兴市环境保护局《关于对乍浦港区三期工程通用、滚装泊位项目环境影响报告书审查意见的函》(嘉环建函〔2005〕014号);2006年6月,交通部《关于嘉兴港乍浦港区三期通用泊位扩建工程岸线的批复》(交规划发〔2006〕284号)。

项目建设1个1.5万吨级通用泊位,岸线总长179.0米。码头采用引桥式布局,高桩式结构。码头前沿水深13.5米。主要装卸设备配置包括港口门座式重机1台,其他港口起重机械2台。项目总投资概算4940.0万元,企业自筹1550.0万元。项目码头用海面积15.98公顷。

建设单位为嘉兴市港口开发建设有限责任公司;设计单位为浙江省交通规划设计研

究院;施工单位为中交第三航务工程局宁波分公司;监理单位为上海东华建设监理所;质监单位为浙江省交通厅工程质量监督局。

2006年7月建成投入试运行,至2007年7月码头试运行期满,共完成货物吞吐量64.3万吨。靠泊最大船舶吨位为2007年4月27日的"浮山湾"轮,核定吨位为2.11万吨。通过近一年的试运行操作,三期通用泊位扩建工程运行一直处于良好状态,达到了设计和规范标准。正式投产以来,有效地提升了嘉兴港货物运输能力,为腹地及周边货物运输提供有效的保障,大大促进区域经济发展。

(9)嘉兴港乍浦港区三期新世纪石油化工码头及仓储项目

项目于2005年7月开工,2006年2月投入试运行,2009年1月竣工。

项目建设依据:2004年11月,浙江省交通厅《关于嘉兴港乍浦港区新世纪石化码头工程可行性研究报告的批复》(浙交复〔2004〕7号);2005年1月,浙江省发展和改革委员会《关于嘉兴港乍浦港区三期新世纪石油化工码头及仓储项目初步设计的复函》(浙发改设计〔2005〕12号)。2004年9月,浙江省环境保护局《关于嘉兴港乍浦港区三期新世纪石油化工码头及仓储项目环境影响报告书的批复》(浙环建〔2004〕213号);2012年12月,平湖市国土资源局《土地使用证》(平湖国用〔2012〕第2103772号);2014年5月,平湖市海洋与渔业局《海域使用权证书》(浙平湖3304822014005);2004年6月,交通部《关于嘉兴港乍浦港区三期新世纪石油化工码头及仓储项目岸线的批复》(交规划发〔2004〕350号)。

项目建设1个2万吨级液体化工及油品泊位,岸线总长205.0米。码头采用引桥式布局,高桩式结构。码头前沿水深13.5米。储罐容量6.42万立方米。主要装卸设备配置包括输油臂3台。项目总投资概算1.92亿元,其中企业投资(业主自有资金)0.77万元,银行贷款(政策性银行)1.15亿元。项目陆域用地14.63万平方米,用海面积7.95公顷。

建设单位为嘉兴市新世纪石油化工集团有限公司;设计单位为浙江省交通规划设计研究院、浙江省天正设计工程有限公司;施工单位为中交第三航务工程局宁波分公司、宁波华锦建设有限公司、江西省工业设备安装公司;监理单位为温州港湾工程咨询监理有限公司、大庆高新区工程建设监理咨询有限公司;质监单位为浙江省交通厅工程质量监督局、嘉兴港区建设工程管理处。

(10)嘉兴港乍浦港区三期4号泊位(嘉港石化)工程

项目于2006年3月开工,2010年1月投入试运行,2010年12月竣工。

项目建设依据:2005年9月,浙江省交通厅《关于对嘉兴港乍浦港区三期4号泊位(嘉港石化)工程初步设计的批复》(浙交复〔2005〕127号)。2009年9月,嘉兴市环境保护局《关于嘉兴港乍浦港区期4号泊位(嘉港石化)工程环境影响报告书审查意见的函》(嘉环函〔2009〕91号);2013年5月,平湖市海洋与渔业局《海域使用权证书》(国海证

2013D3304820 1628 号);2008 年 8 月,交通运输部《关于嘉兴港乍浦港区石化作业区 1 号液体化工品泊位使用港口岸线的批复》(交规划发〔2008〕287 号)。

项目建设 1 个 2 万吨级液体化工泊位,岸线总长 191.0 米。码头采用引桥式布局,高桩式结构。码头前沿水深 13.5 米,储罐容量 6.42 万立方米,主要装卸设备配置包括输油臂 8 台。项目总投资概算 4400 万元,全部为企业自筹。码头用海面积为 6.74 公顷。

建设单位为嘉兴市嘉港石化码头有限责任公司;设计单位为浙江省交通规划设计研究院、无锡恒禾工程咨询设计有限公司;施工单位为中港第三航务工程局、宁波交通工程建设集团有限公司、中国化学工程第四建设公司等;监理单位为上海东华建设监理所、嘉兴市东方交通工程监理有限公司;质监单位为浙江省交通厅工程质量监督局。

该码头为公用码头,自码头建设开工以来,为后方壳牌、嘉兴石化等大型生产企业配套服务。自试运行以来,吞吐量逐年递增。2010—2015 年底完成总吞吐量 772.13 万吨/1619 艘次。

(11)嘉兴港乍浦港区三期一号泊位(富春)工程

项目于 2007 年 1 月开工,2009 年 6 月投入试运行,2012 年 2 月竣工。

项目建设依据:2005 年 9 月,浙江省发展和改革委员会《关于嘉兴港乍浦港区三期通用泊位扩建工程初步设计的批复》(浙发改函〔2005〕220 号);2006 年 8 月,浙江省发展和改革委员会《关于嘉兴港乍浦港区三期一号泊位(富春)工程初步设计批复的函》(浙发改设〔2006〕99 号)。2005 年 4 月,嘉兴市环境保护局《关于对嘉兴港乍浦港区富春港务公司 2 万吨级多用途码头工程环境影响报告书审查意见的函》(嘉环建函〔2005〕030 号);2005 年 5 月,浙江省国土资源厅《关于嘉兴港乍浦港区三期一号泊位(富春)工程土地批复》(浙土资预〔2005〕168 号);2005 年 3 月,交通部《关于嘉兴乍浦港区 6 号多用途泊位使用港口岸线的批复》(交规划发〔2005〕121 号)。

项目建设 1 个 2 万吨级多用途泊位(水工结构均按靠泊 3 万吨级船舶设计),岸线总长 187.6 米。码头采用引桥式布局,高桩式结构。码头前沿水深 13.6 米。项目后方堆场面积 7.31 万平方米。主要装卸设备配置包括港口门座式起重机 1 台,桥式抓斗起重机 1 台。项目总投资概算 2.41 亿元,企业投资(业主自有资金)1.0 亿元。项目用地面积 14.79 万平方米。

建设单位为嘉兴市富春港务有限公司;设计单位为浙江省交通规划设计研究院;施工单位为中交第三航务工程局(水工)平湖市市政工程有限公司(陆域 I 标)、浙江八达交通建设有限公司(陆域 II 标)、浙江华洋建设有限公司(土建标)等;监理单位为温州港湾工程咨询监理有限公司;监督部门为浙江省交通厅工程质量监督局。

2009 年 6 月建成投入试运行。2009 年 6 月 30 日靠泊第一条船"明叶 6"轮,至 2012 年已累计接卸船舶 129 艘次,接卸煤炭及其他散杂货 188.34 万吨。靠泊最小船型为

2010年3月12日的"浩航268"轮,装载3500吨煤炭,在港最短作业时间15小时。最大载重船型为3月4日"绿能1"轮,装载19000吨煤炭,在港最长作业时间76小时。2009年12月1日到2011年6月底共接卸船舶108艘,合计接卸船舶平均船时效率约为258吨/小时。在船舶靠离泊、装卸作业上严格管理,从而使安全生产始终平稳运作,试生产运行总体正常,达到了设计的功能目标。正式投产后,提高了乍浦港区的通过能力,对嘉兴市经济和社会发展起到有效的促进作用。

(12)嘉兴乍浦港区三期5号泊位项目

项目于2007年3月开工,2010年3月投入试运行,2012年3月竣工。

项目建设依据:2006年2月,浙江省发展和改革委员会《省发展改革委关于浙江乍浦美福码头仓储有限公司嘉兴乍浦港区三期5号泊位项目核准的批复》(浙发改外资〔2006〕79号);2006年6月,浙江省发展和改革委员会《关于浙江乍浦美福码头仓储有限公司嘉兴乍浦港区三期5号泊位项目初步设计的批复》(浙发改设〔2006〕72号)。2005年9月,浙江省环境保护局《关于浙江美福码头仓储有限公司石化码头及仓储(嘉兴港乍浦港区三期5号泊位)项目环境影响报告书审查意见的函》(浙环建〔2005〕91号);2013年5月,平湖市人民政府《海域使用权证书》(国海证2013D33048201673号);2005年12月,交通部《关于嘉兴港乍浦港区三期5号泊位工程使用港口岸线的批复》(交规划发〔2005〕660号)。

项目建设1个3万吨级石化泊位,岸线总长261.0米。码头采用引桥式布局,高桩式结构。码头前沿水深12.75米。项目储罐容量14.45万立方米。主要装卸设备配置包括输油臂6台。项目总投资概算2.49亿元,其中银行贷款(其他银行)1.5亿元,利用外资(外企)0.99亿元。项目陆域用地面积8.56万平方米。码头用海面积9.3公顷。

建设单位为浙江乍浦美福码头仓储有限公司;设计单位为浙江省交通规划设计研究院、深圳天阳工程设计有限公司;施工单位为中交第三航务工程局有限公司、中国化学工程第四建设公司、宁波万力达工程安装有限公司杭州分公司等;监理单位为温州港湾工程咨询监理有限公司、上海海达工程建设咨询有限公司、嘉兴市东方交通工程监理有限公司;质监单位为浙江省交通厅工程质量监督局。

项目于2010年3月投入试运行,试运行期间整体运行良好。于2012年6月18日正式启用后,浙江乍浦美福码头仓储有限公司业务逐步转型为中国化工新材料(嘉兴)园区各生产单位的一个重要输入口,各相关合作单位进口的生产原料通过外轮运输,源源不断输送到美福码头,再通过港区公用管线转输至各生产单位,给后方生产企业提供了有力的生产保障。码头吞吐量总体呈增长趋势。

(13)嘉兴港乍浦港区二期工程三号泊位

项目于2010年3月开工,2011年6月投入试运行,2017年11月竣工。

项目建设依据:2001 年 4 月,国家发展计划委员会《关于中外合资建设经营乍浦港二期工程可行性研究报告的批复》(计基础〔2001〕547 号);2001 年 5 月,浙江省发展与计划委员会《关于乍浦港二期工程初步设计的批复》。1999 年 3 月,国家环境保护总局《关于乍浦港二期工程环境影响报告书的批复》(环函〔1999〕104 号);2001 年 5 月,嘉兴市乍浦港务管理局《关于乍浦港二期工程外海码头岸线使用的批复》(嘉乍港〔2001〕28 号)。

项目建设 1 个 2 万吨级散杂货泊位(水工结构均按靠泊 3.5 万吨级船舶设计),岸线总长 196.0 米。码头采用引桥式布局,高桩式结构。码头前沿水深 13.5 米。项目后方堆场面积 7.92 万平方米。仓库面积 1.46 万平方米。主要装卸设备配置包括港口门座式重机 2 台。项目总投资概算 1.10 亿元,企业投资(业主自有资金)4008.23 万元,银行贷款(政策性银行)7000.0 万元。项目用地面积 2.83 万平方米。

项目建设单位为浙江五洲乍浦港口有限公司,后变更为浙江世航乍浦港口有限公司;设计单位为中交第三航务工程勘察设计院有限公司;施工单位为中交第三航务工程局有限公司;监理单位为宁波港工程项目管理有限公司;质监单位为浙江省交通运输厅工程质量监督局。

项目 2011 年 6 月建成投入试运行。基本上每 2 天装卸 3 条集装箱船。自试运行至 2015 年底,已累计接卸船舶约 3200 艘次,装卸集装箱 125 万自然箱。其中靠泊最大集装箱船型为 2015 年 11 月 11 日的"信风广州"轮,船长 187.6 米,总 3.3 万吨,在港时间 24 小时。靠泊的代表船型有"万祥"轮,船长 166.3 米,型深 14.2 米,总 21270 吨。

(四)海盐港区

1. 港区综述

(1)港区建设和运营概况

早在 1996 年,为解决秦山核电建设过程中大件运输需要,核电秦山联营公司秦山预留发展区投资建设秦山核电二期海运码头。海盐港区的大规模开发建设,以 2010 年后通用和多用途作业区的深水码头建设为标志。此外,在何家桥线航道附近,2007 年海盐港区秦山散杂一期码头(E19 泊位)建成投产;在长山河附近,2008 年林龙码头(G1 泊位)建成投产。截至 2015 年底,海盐港区共有 12 个泊位,其中深水泊位 6 个。

(2)港区地理条件和集疏运概况

海盐港区位于海盐县东南沿海,东起杭州湾跨海大桥,与乍浦港区相连,南至长山闸。自乍浦港区航道,经杭州湾跨海大桥北通航孔,再沿秦山航道上溯,可以进入海盐港区。根据《杭州湾跨海大桥通航安全管理规定》,大桥北航道主通航孔为 5000 载重吨以下船舶双向通行,或 5000～35000 载重吨以下船舶单向通行;大桥北航道北、南侧副通航孔分别为东向西(上行)、西向东(下行)1000 载重吨以下船舶单向通航;大桥南航道主通航孔为3000载重吨以下船舶双向通行。

海盐港区主要以水运和公路为集疏运方式。海盐港区后方的内河作业Ⅰ区、海盐内河作业Ⅱ区和海盐内河作业Ⅲ区,分别通过海塘支线、何家桥线、长山河等支线航道沟通杭平申线航道,并接入浙北航道网。公路通过港区及后方开发区路网进入01省道、沪杭公路、嘉盐线、湖盐公路、杭浦高速公路等主要道路,接入浙北高速和国省道骨干路网。

2.港区工程项目

(1)嘉兴港海盐港区C区1号、2号多用途码头工程

项目于2010年10月开工,2012年2月投入试运行,2014年1月竣工。

项目建设依据:2010年2月,浙江省发展和改革委员会《关于嘉兴港海盐港区C区1号及2号多用途码头工程项目核准的批复》(浙发改交通〔2010〕122号);2010年7月,浙江省发展和改革委员会《关于嘉兴港海盐港区C区1号及2号多用途码头工程初步设计批复的函》(浙发改设计〔2010〕75号);2009年6月,浙江省环境保护厅《关于嘉兴港海盐港区C区1#、2#泊位码头工程环境影响报告书审查意见的函》(浙环建〔2009〕68号);2009年10月,浙江省国土资源厅《关于嘉兴港海盐港区C区1号、2号多用途码头工程土地批复》(土地证书第3312955883号);2010年10月,海盐县海洋与渔业局《关于海盐港区C区1号、2号多用途码头使用海域的选址意见》(盐渔〔2010〕25号);2009年12月,交通运输部《关于嘉兴港海盐港区C区1号、2号多用途码头工程使用港口岸线的批复》(交规划发〔2009〕770号)。

项目建设2个1万吨级多用途泊位(水工结构均按靠泊2万吨级船舶设计),岸线总长332.0米。码头采用引桥式布局,高桩式结构。码头前沿水深11.0米。项目后方堆场面积7.1万平方米,堆存能力16万吨。仓库面积0.4万平方米。主要装卸设备配置包括10~25吨级港口门座式重机2台,大于25吨级港口门座式重机2台,轨道式集装箱门式起重机2台。项目总投资概算4.35亿元,企业投资(业主自有资金)1.49亿元,银行贷款(政策性银行)2.86亿元。项目陆域用地面积17.20万平方米,用海面积9.15公顷。

建设单位为嘉兴港海盐码头有限公司;设计单位为浙江省交通规划设计研究院;勘察单位为浙江省交通规划设计研究院、浙江省钱塘江管理局勘测设计院;施工单位为中交第三航务工程局有限公司、汇宇控股集团浙江建筑营造有限公司、浙江中威交通建设有限公司;监理单位为上海东华建设管理有限公司;质监单位为浙江省交通运输厅工程质量监督局。

原项目业主单位为海盐滨海置业有限公司,2009年变更为嘉兴港海盐码头有限公司;2013年3月5日,通过浙江省交通运输厅工程质量监督局组织的交工验收;2014年1月20日,项目通过浙江省港航管理局组织的竣工验收。

自2012年2月开始试运行以来,为嘉兴港海盐码头有限公司创造了可观的经济价值,有效地提升了海盐港区港口输运能力,大大促进了腹地经济发展。

(2)嘉兴港海盐港区 C 区 3 号和 4 号多用途码头工程

项目于 2013 年 10 月开工,2015 年 4 月投入试运行,2017 年 1 月竣工。

项目建设依据:2012 年 2 月,浙江省发展和改革委员会《关于嘉兴港海盐港区 C 区 3 号和 4 号多用途码头工程项目核准的批复》(浙发改交通〔2012〕158 号);2013 年 2 月,浙江省发展和改革委员会《关于嘉兴港海盐港区 C 区 3 号和 4 号多用途码头工程初步设计的批复》(浙发改设计〔2013〕20 号)。2011 年 8 月,浙江省环境保护厅《关于嘉兴港海盐港区 C 区 3#、4#多用途泊位工程环境影响报告书的审查意见》(浙环建〔2011〕51 号);2016 年 11 月,海盐县国土资源局《嘉兴港海盐嘉实码头有限公司的土地证》(海盐国用〔2011〕第 5-350 号);2013 年 5 月,海盐县海洋与渔业局《海域使用权证书》(国海证 2013D330424401635 号);2011 年 6 月,交通运输部《关于嘉兴港海盐港区 C 区 3 号和 4 号多用途码头工程使用港口岸线的批复》(交规划发〔2011〕261 号)。

项目建设 2 个 1 万吨级多用途泊位(水工结构均按靠泊 2 万吨级船舶设计),岸线总长 332.0 米。码头采用引桥式布局,高桩式结构。码头前沿水深 13.94 米。项目后方堆场面积 7.47 万平方米。主要装卸设备配置包括 10～25 吨级港口门座式重机 2 台,大于 25 吨级港口门座式重机 1 台,轮胎式集装箱门式起重机 1 台。项目总投资概算 4.06 亿元,其中企业投资(业主自有资金)1.26 亿元,银行贷款(政策性银行)2.8 亿元。项目陆域用地面积 16.98 万平方米,用海面积 4.14 公顷。

建设单位为嘉兴港海盐嘉实码头有限公司;设计单位为浙江省交通规划设计研究院;施工单位为中交第三航务工程局有限公司、江苏港益重工股份有限公司;监理单位为宁波港工程项目管理有限公司;质监单位为嘉兴港工程质量安全监督站。

2015 年 4 月建成投入试运行,试生产运行总体正常,达到了设计的功能目标。2015 年完成吞吐量 20.3 万吨。

(3)嘉兴港海盐港区 C 区 5 号和 6 号多用途码头工程

项目于 2014 年 5 月开工,2016 年 1 月投入试运行,2017 年 10 月竣工。

项目建设依据:2013 年 9 月,浙江省发展和改革委员会《关于嘉兴港海盐港区 C 区 5 号和 6 号多用途泊位工程项目核准的通知》(浙发改交通〔2013〕939 号);2014 年 1 月,浙江省发展和改革委员会《关于嘉兴港海盐港区 C 区 5 号和 6 号多用途码头工程初步设计的批复》(浙发改设计〔2014〕18 号)。2013 年 6 月,浙江省环境保护厅《关于海盐港区 C 区 5 号、6 号多用途码头工程环境影响报告书的审查意见》(浙环建〔2013〕46 号);2012 年 4 月,海盐县国土资源局《国土使用证》(海盐国用〔2012〕5－54 号);2012 年 12 月,海盐县海洋与渔业局《海域使用权证书》(国海证 2013D33042403432 号);2013 年 4 月,交通运输部《关于嘉兴港海盐港区 C 区 5 号和 6 号多用途码头工程使用港口岸线的批复》(交规划发〔2013〕286 号)。

项目建设 2 个 1 万吨级多用途泊位（水工结构均按靠泊 2 万吨级船舶设计），岸线总长 332.0 米。码头采用引桥式布局，高桩式结构。码头前沿水深 14.04 米。项目后方堆场面积 4.98 万平方米，仓库面积 1.65 万平方米。主要装卸设备配置包括 10～25 吨级港口门座式重机 2 台，大于 25 吨级港口门座式重机 2 台。项目总投资概算 4.44 亿元，企业投资（业主自有资金）1.33 亿元。项目陆域用地面积 16.99 万平方米，用海面积 3.89 公顷。

建设单位为浙江协和港务有限公司；设计单位为浙江省交通规划设计研究院；施工单位为中交三航局宁波分公司、中交上航局航道建设有限公司；监理单位为上海东华建设管理有限公司；质监单位为嘉兴港工程质量安全监督站。

三、宁波—舟山港

（一）港口概况

1.港口综述

宁波—舟山港位于浙江省东北海岸，处于长江经济带与国家南北沿海运输大通道的 T 字形交汇处，紧邻亚太国际主航道要冲，对内可通过多式联运直接覆盖长江经济带及丝绸之路经济带；对外可直接面向东亚、东盟及整个环太平洋地区，是中国重要的集装箱远洋干线港，国内最大的铁矿石中转基地和原油转运基地，重要的液体化工储运基地和华东地区重要的煤炭、粮食储运基地，国家的主枢纽港之一。宁波—舟山港承担长江经济带 45% 的铁矿石、90% 以上的油品中转量，1/3 的国际航线集装箱运输量，以及全国约 40% 的油品、30% 的铁矿石、20% 的煤炭储备量，是全国重要的大宗商品储运基地。

港口由北仑、洋山、六横、衢山、穿山、金塘、大榭、岑港、梅山、嵊泗、岱山、镇海、白泉、马岙、定海、石浦、象山、甬江、沈家门 19 个港区组成，是中国大型和特大型深水泊位最多的港口。

宁波—舟山海域宽阔，北起杭州湾东部的花鸟山岛，南至石浦的牛头山岛，南北长 220 千米；大陆岸线长 1547 千米，岛屿岸线长 3203 千米。宁波港域和舟山港域相毗邻，水上距离最近不足 3 海里。港口岸线曲折、岛屿众多，港口岸线资源丰富。岸线蜿蜒曲折，分布有港湾、河口、半岛和众多岛屿。主要海湾有杭州湾、象山湾和石浦湾等，主要入海河流有钱塘江、甬江。1910 个沿海岛屿星罗棋布，形成对外海波浪的天然屏障，很多岛屿线 10 米等深线近岸、航道通畅，适宜建港。港区主要分布在宁波镇海、北仑海岸，以及舟山岛南海岸。大型国际远洋船舶经虾峙门深水航道进出。天然航道平均水深 30～100 米，30 万吨级船舶畅通无阻，具备少有的超大型国际枢纽港建港条件。港口通航条件优越，全年可作业天数达 350 天以上，30 万吨级巨轮可自由进出港，40 万吨级以上的巨轮可候潮进出，是中国进出 10 万吨级以上巨轮最多的港口。

宁波—舟山港前身为宁波港和舟山港。1996 年,浙江省出台《宁波—舟山港口中期规划》,提出宁波港和舟山港两港统一规划、统一建设的思路。宁波、舟山海域深水岸线资源得天独厚,是浙江省经济发展中最大的比较优势。突破行政区域界线,整合宁波、舟山港口资源,推进两港一体化进程,充分发挥整体优势,提高浙江省港口的国际竞争力,是实施"八八战略"的重要内容。

2003 年 3 月,浙江省政府成立浙江省港口规划建设委员会,筹备两港一体化事宜。2004 年 3 月,甬舟国际集装箱码头有限公司成立,宁波—舟山港口一体化迈出实质性步伐。2005 年 7 月,浙江省政府成立宁波—舟山港口一体化工作领导小组,推进两港一体化工作。10 月,浙江省政府常务会议原则通过浙江省交通厅关于"宁波—舟山港"一体化运作方案。

2005 年 12 月 2 日,浙江省政府成立宁波—舟山港管理委员会,办公室设在浙江省交通厅,与宁波—舟山港口一体化工作领导小组办公室合署办公。浙江省政府授权管委会负责宁波、舟山港口的规划管理和深水岸线的有序开发,协调两港一体化重大项目建设;协调两港生产经营秩序和有关规章制度的制定、执行;负责两港统计数据的汇总、上报、统一发布;协调两港对外宣传和招商引资工作。是年 12 月 16 日,浙江省政府批准从 2006 年 1 月 1 日起使用"宁波—舟山港"名称,同时不再使用"宁波港"和"舟山港"名称。

"宁波—舟山港"设立后,基于《中华人民共和国港口法》规定的一城一港属地管辖原则,以及实际中的行政区划情况,舟山港域和宁波港域的实际运营管理,仍分属舟山市和宁波市。

(1)宁波港域

宁波港域是中国地理位置最具优势的港口之一。北部、东部、东北部濒海,港湾众多,港域"水深流顺风浪小,不冻不淤陆域大",是中国最古老的港口之一,是中国主枢纽港之一和环球航线的重要挂靠港。同时,也是中国主要铁矿、原油、液体化工中转储存基地和华东地区主要煤炭、粮食等散杂货中转和储存基地。近年来,宁波港加快一批集装箱、原油、液体、化工等现代化码头的建设。宁波港域由北仑港区、镇海港区、甬江港区、大榭港区、穿山北港区、梅山港区、石浦港区和象山港港区组成,是一个集内河港、河口港和海港于一体的多功能、综合性的现代化亿吨级深水大港。对现有 8 个沿海港区,按照重点发展港区、优化发展港区和特色发展港区划分为三类,合理推进建设与发展。有序开发重点岛屿岸线,促进重点港口泊位规模化发展;优化调整老港区的码头功能布局,促进港口泊位集约化发展。其中,重点发展港区为梅山港区,优先发展港区包括北仑港区、镇海港区、穿山港区、大榭港区,特色发展港区包括甬江港区、象山港港区、石浦港区。

截至 2015 年底,全宁波市共有生产性泊位 331 个,其中沿海泊位 323 个,内河泊位 8 个,其中万吨级以上泊位 105 个,10 万吨级泊位 27 个。全市沿海共有客运泊位 10 个,其中北仑 5 个、象山 5 个。

1991 年以来,随着宁波港口的发展和港区的扩大,宁波港口的锚地从原来 7 个增加到 17 个。有金塘锚地、七里锚地、虾峙门北锚地、虾峙门南锚地、马峙锚地、虾峙门外原油过驳锚地、石浦港四号锚地、石浦港五号锚地、石浦港六号锚地、石浦港七号锚地、石浦港八号锚地、石浦港九号锚地、石浦港港外锚地、石浦港引航锚地、象山港一号锚地、象山港二号锚地、象山港三号锚地。其中虾峙门南、虾峙门北锚地与七里锚地为国际航行船舶的检疫锚地。

宁波港口沿海航道,主要有北航道、南航道、佛渡水道、金塘水道、穿山航道、牛鼻山水道、石浦港出入口航道、石浦港内航道、象山港航道、甬江航道(兼内河航道)等。

(2)舟山港域

舟山港域位于长江口东南,杭州湾东方,踞中国沿海航线与长江黄金水道之交汇处,1987 年 4 月 1 日,国务院、中央军委批复《关于舟山港对外开放》文件,同意将沈家门、定海、老塘山三个港区合并为一港,统称"舟山港"。舟山港域依托舟山群岛布局,各港区为群岛环抱,宽敞遮蔽,水深浪小,泊稳条件优异,全年平均可作业天数在 300 ~ 330 天以上。共划分为 11 个港区,其中,洋山、六横、衢山、金塘、岑港 5 个港区为主要港区,以综合运输为主;嵊泗、岱山、白泉、马岙 4 个港区为重要港区,以服务海洋产业为主,兼顾综合运输;定海、沈家门 2 个港区为一般港区,主要服务地方经济发展。港域 500 吨级以上航道约 140 条,能通航 15 万吨级主要航道 13 条,30 万吨级航道 3 条,可航水域航道约 2000 千米。其中南北向有我国的外航路、东航路、中航路、西航路贯穿舟山海域,东西向大型航道主要有虾峙门航道、蛇移门航道、条帚门航道、马岙港区公共航道、洋山进港航道、马迹山进港航道等大型航道。舟山港域南部海域港口发展相对较成熟,与之配套的锚地共 14 个,其中 20 万吨级以上锚地 3 个,10 万 ~ 20 万吨级锚地 2 个,1 万 ~ 10 万吨级锚地 4 个,分布于虾峙门口外、舟山岛南部岛屿间及舟山岛西南、金塘岛附近等地区;中部海域主要锚地 4 个,其中普陀山外籍客轮联检锚地和五虎礁锚地为 1 万 ~ 10 万吨级;北部海域有锚地 12 个,其中 20 万吨级以上的锚地有绿华山南锚地、马迹山外锚地、洋山港引航锚地、衢山联检锚地 5 个;10 万 ~ 20 万吨级锚地有陈钱山南锚地、绿华山北锚地等 4 个。

2.港口水文气象

(1)宁波港域

宁波港域处于亚热带季风气候区。气温适中,四季分明,雨量充沛,空气湿润,冬季受北方冷高压控制,盛行西北风,寒冷干燥;夏季在西北太平洋副热带高压的笼罩下,多东南风,暖热湿润;春秋是季风的转变期,多阴雨天气。冬夏长,春秋短,由于所处纬度常受冷暖气团交汇影响,天气多变。宁波地区年平均气温 16.2 摄氏度,年平均降雨量 1300 ~ 1400 毫米,7 ~ 10 月为热带低压和台风活动季节。

宁波港域内潮汐类型分为正规半日潮和不正规半日潮两种。东部海域受外海潮波的控制,潮汐性质多为半日潮,西部海域由于潮波受岛屿和浅海的影响而变形,潮汐性质多为非正规半日潮。宁波港域的北仑、镇海、穿山、大榭港区和甬江港域为不正规半日潮,梅山港、石浦港、象山港、虾峙门航道为正规半日潮。

宁波港域的波浪,冬季以偏北为主,夏季以南向为主。甬江口以风浪为主。冬季以北向浪为主,夏季以北东北、东北向浪为主。年平均波高为0.3米,最大浪为1973年11月25日的北向浪,波高达2.5米。除台风期外,甬江内无浪,水面平静。

(2)舟山港域

舟山港域全年气候温和,四季分明,年平均风速5.0~7.0米/秒,年雾日14.5~32天。海域的灾害性天气主要是台风(热带气旋)和寒潮,平均每年出现3.9次。寒潮过境期间有大范围的剧烈降温、大风、雨雪和霜冻天气,对航运与港口作业影响明显。在季风和海流的作用下,泥沙运动有明显的季节性,冬季在西北风吹送下,长江口泥沙随沿岸流向南运移,在本海域潮滩发生淤积;夏季盛行东南风,泥沙向北运移,潮滩冲刷。台风对泥沙的运移有明显的影响,一般情况下,台风过境潮滩发生较大的冲刷,其后逐步回淤。

舟山海域潮汐受外海潮波控制,为半日潮,平均潮差在1.9~2.75米。受地形影响,岛屿之间水域的潮流流速较大,最大流速超过4节。海域平均波高为0.4~1.1米,最大波高为4~11.5米。海域水体的泥沙主要来自长江、钱塘江(杭州湾)、甬江及附近海域,平均含沙量在0.05~2.0千克/立方米之间,最大可达2.8千克/立方米。

3.发展成就

(1)宁波港域

宁波港(域)最早可上溯至7000年前的河姆渡。公元前473年,越国在城山(今属宁波市江北区慈城镇)筑建句章古港。唐开元二十六年(公元738年)宁波港正式开港。清道光二十三年(公元1843年),据《中英五口通商章程》,宁波被辟为五口通商口岸之一。清道光二十四年(公元1844年)1月1日,宁波港以"条约口岸"正式开埠。民国二年(公元1913年),旅客运输量最高达至164.94万人次。民国二十一年(公元1932年),货物吞吐量最高达至195万吨。1984年开始集装箱装卸业务,港口现代化建设步伐加快。年货物吞吐量1985年首超1000万吨,跨入大港行列,是年旅客吞吐量282.61万人次。

进入20世纪90年代后,随着改革开放的逐步深入,社会主义市场经济全面发展,宁波港生产建设呈现出快速发展崛起的态势。年货物吞吐量1991年突破3000万吨,1993年突破5000万吨,2000年突破1亿吨。2010年达4.12亿吨。居全国沿海港口第2位、国际港口第4位。2015年,宁波港域货物吞吐量达到5.1亿吨。

进入21世纪,宁波港集装箱运输异军突起,年吞吐量2001年首次突破100万TEU,

2006 年突破 700 万 TEU,跻身于全国沿海港口第 4 位、国际港口第 13 位。2008 年突破 1000 万 TEU,2010 年突破 1300 万 TEU,居全国沿海港口第 3 位,进入国际港口第 8 位。2015 年,在宁波外贸进出口总额和班轮航线增长的带动下,宁波—舟山港集装箱吞吐量保持较高增长,其中,宁波港域集装箱吞吐量达到了 1982.4 万 TEU。

(2)舟山港域

1987 年 4 月,老塘山一期 1.5 万吨级公用码头建设工程竣工,舟山港从此拥有第一座万吨级公用深水码头。此后数年间,老塘山二期、三期、五期等工程的 1.5 万~15 万吨级码头相继建成投产,舟山港进入大宗货物水水转运、江海联运的港口物流新进程。嗣后,一大批港口项目纷纷落户舟山港,万吨级、10 万吨级和 20 万吨级码头泊位逐年增多,千吨级内的码头星罗棋布。至 2015 年底,舟山港域已建成港区 11 个,拥有码头泊位 301 个。1990 年,舟山港年货物吞吐量 281 万吨,1999 年猛增至 2082 万吨,跃居全国沿海港口第 9 位,跻身于全国沿海十大港口行列。至 2006 年,舟山港域年货物吞吐量突破亿吨,为 11408.65 万吨;至 2015 年,突破 3 亿吨,达 37987.98 万吨。

宁波—舟山港港区分布如图 8-7-2 所示。

宁波—舟山港(宁波市域)基本情况见表 8-7-3。

舟山港域基本情况见表 8-7-4。

(二)北仑港区

1. 港区综述

(1)港区建设和运营概况

宁波港域北仑港区国际集装箱码头(北仑三期)工程位于杭州湾口外金塘水道南岸,北仑山西侧,其东与金光粮油码头相接,西连北仑大件码头,地理位置坐标:北纬 29°56′36″;东经 121°50′10″。北仑港区国际集装箱码头工程建设规模为新建集装箱专用泊位 4 个,设计水深为 15 米,泊位区疏浚后泥面高程为 −15 米。码头为高桩梁板式结构,岸线总长 1238 米,水工结构按可靠泊平均载箱量 8800TEU 的集装箱船设计,设计年吞吐能力 100 万 TEU。

北仑港区位于杭州湾口,金塘水道南岸,共有北仑、宁钢、北仑山、通用泊 4 个码头区域,建有大小泊位共 10 个,其中 20 万吨级(兼靠 30 万吨级)卸船泊位 1 个,15 万吨级卸船泊位 1 个,5 万吨级和 7000 吨级卸船泊位各 1 个;5 万吨级装船泊位 3 个,2.5 万吨级装船泊位 1 个,10 万吨级多用途泊位 1 个,5 万吨级通用散货码头 1 个。北仑港区金属矿石码头总长 773 米,设计年吞吐能力 4445 万吨;通用散货码头(宁钢、通用泊)总长 645 米,设计年吞吐能力 734 万吨;北仑山多用途码头总长 433 米,设计年吞吐能力 250 万吨以及 2 万辆小型汽车。

图 8-7-2 宁波—舟山港港区分布图

表 8-7-3

宁波—舟山港（宁波市域）基本情况表（沿海）

序号	港区名称	港口岸线		2015年港口生产用泊位				其中:1978—2015年建成的生产用泊位				2015年港口货物和旅客吞吐量						
		港口规划岸线	其中:2015年前已建成岸线	生产用泊位数	其中:万吨级及以上	生产用泊位总长	其中:万吨级及以上	生产用泊位数	其中:万吨级及以上	生产用泊位总长	其中:万吨级及以上	货物吞吐量	其中:外贸货物吞吐量	集装箱	滚装车辆 数量	滚装车辆 质量	旅客	其中:国际旅客
		千米	千米	个	个	米	米	个	个	米	米	万吨	万吨	万TEU	万辆	万吨	万人	万人
1	甬江港区	4.5	—	78	0	6188	0	72	0	5617	0	1110.50	—	0	—	—	0	0
2	镇海港区	21.3	—	23	15	4005	3377	23	15	4005	3377	4605.79	—	62.05	—	—	0	0
3	北仑港区	24.0	—	53	38	13712	11985	53	38	13712	11985	17728.11	—	560.39	—	—	0	0
4	穿山港区	38.0	—	50	17	7996	5742	50	17	7996	5742	15076.7	—	862.21	—	—	158.92	0
5	大榭港区	16.7	—	33	21	8343	7024	33	21	8343	7024	8195.94	—	287.68	—	—	0	0
6	梅山港区	12.8	—	6	5	1825	1800	5	5	1800	1800	1735.64	—	210.10	—	—	0	0
7	象山港港区	45.8	—	39	9	4098	1936	17	9	2895	1936	2454.62	—	0	—	—	0	0
8	石浦港区	25.1	—	41	0	2644	0	40	0	2476	0	97.20	—	0	—	—	0	0
	合计	188.2	—	323	105	48811	31864	293	105	46844	31864	51004.5	—	1982.43	—	—	158.92	0

表 8-7-4

舟山港域基本情况表（沿海）

序号	港区名称	港口岸线		2015年港口生产用泊位				其中:1978—2015年建成的生产用泊位				2015年港口货物和旅客吞吐量							
		港口规划岸线	其中:2015年前已建成岸线	生产用泊位数	其中:万吨级及以上	生产用泊位总长	其中:万吨级及以上	生产用泊位数	其中:万吨级及以上	生产用泊位总长	其中:万吨级及以上	货物吞吐量	其中:外贸货物吞吐量	集装箱	滚装车辆		旅客	其中:国际旅客
															数量	质量		
		千米	千米	个	个	米	米	个	个	米	米	万吨	万吨	万TEU	万辆	万吨	万人	万人
1	定海港区	19.9	9.7	30	7	4334.2	2534	30	7	4334.2	2534	9012	3210	—	2199	29.9	598.7	106.8
2	老塘山港区	25.1	16.7	38	13	6547	3941	38	13	6547	3941	（没有单独计算，在定海港区内）						
3	金塘港区	33.2	4.6	4	1	561	420	4	1	561	420	1600	547	78.09	—	—	—	—
4	马岙港区	33.6	22.6	26	7	4340.7	1466	26	7	4340.7	1466	（没有单独计算，在定海港区内）						
5	沈家门港区	15.2	14.1	57	2	3860.9	610	57	2	3860.9	610	2108.2	30.7	—	—	—	1125	—
6	六横港区	72.3	18.7	30	8	4300.9	2976	30	8	4300.9	2976	6921.5	2326	—	35.15	702.9	51.8	—
7	高亭港区	57.9	27.3	27	2	2043.4	574	27	2	2043.4	574	5117	13.2	—	—	—	—	—
8	衢山港区	64.0	14.2	8	2	1223.6	857	8	2	1223.6	857	10560	4364	—	—	—	—	—
9	泗礁港区	9.1	1.5	24	5	2953.5	1697.5	24	5	2953.5	1697.5	—	—	—	—	—	—	—
10	绿华港区	0.4	0.4	3	3	1181.5	1181.5	3	3	1181.5	1181.5	—	—	—	—	—	—	—
11	洋山港区	31.4	11.7	7	1	840.9	360	7	1	840.9	360	—	—	1415	—	—	—	—
	合计	362.1	141.5	254	51	32187.6	16617	254	51	32187.6	16617	35318.7	10490.9	1493.09	2234.15	732.8	1775.5	106.8

（2）港区地理条件和集疏运概况

北仑港区北对金塘岛，南依大陆本土，西面有黄莽诸山遮蔽，东和东北面有大榭岛和舟山群岛为其天然屏障，域宽水深，浪小风顺，是一个天然的深水良港。航道均为自然航道，由内、外两段航道组成。内航道自虾峙门向内，经峙头洋、螺头水道、金塘水道至北仑港区，全程约30海里，航道水深一般在30米以上，最深为100米，航道宽度在750～5500米之间。外航道自虾峙门口向外至20米等深线，全程约9海里，最浅处为17.7米。集疏运主要通过水水中转、水铁中转和陆路运输，陆路运输通过进港路、疏港高速等路线运至各港区。

2.港区工程项目

（1）北仑港10万吨级码头工程

项目于1979年4月开工，1980年8月竣工。

项目建设1个10万吨级矿石码头泊位和2个2.5万吨级矿石码头泊位，岸线总长1315米。码头采用引桥式布局，高桩式结构。码头前沿水深18.2米。项目后方堆场面积7.6万平方米，堆存能力100万吨。主要装卸设备配置包括2100吨/小时卸船机2台，4200吨/小时装船机2台，4200吨/小时堆取料机2台。项目总投资4939.25万元。用海面积40公顷。

项目建设单位为浙江北仑港建设指挥部；设计单位为交通部第三航务工程局设计处；施工单位为交通部第一航务工程局第一工程队。

（2）北仑港区2.5万吨级通用泊位工程

项目于1986年4月23日开工，1987年9月竣工。

项目建设依据：1984年5月24日，交通部《关于宁波港北仑港区二万五千吨级通用泊位和铁路专用线工程计划任务书的批复》（交计字〔84〕976号）；1985年4月17日，交通部《关于宁波港北仑港区二万五千吨级通用码头工程初步设计的批复》（交基字〔85〕902号）。1987年11月，浙江省环境保护局批复宁波港务局编制的《关于北仑港区2.5万吨级通用泊位工程竣工验收报告环保部分的审批意见》。

项目建设一座2.5万吨级通用泊位，设计兼顾5万吨级。岸线总长220米。码头采用引桥式布局，高桩式结构。码头前沿水深12.5米。项目后方堆场面积3.78万平方米。仓库面积0.48万平方米。主要装卸设备配置包括港口门座式重机2台，其他港口起重机械6台。项目总投资5121.99万元。

项目建设单位为浙江北仑港建设指挥部；设计单位为交通部第三航务工程勘察设计院、浙江省交通设计院、浙江省建筑设计院、上海铁路局勘测设计所、宁波港勘察设计室；施工单位为交通部第三航务工程局第四工程公司，浙江省第二建筑工程公司，浙江省温岭第二建筑工程公司等。

(3)北仑第一发电有限公司码头(5万吨级)1号泊位

项目于1987年8月开工,1989年12月竣工。

项目建设1个5万吨级码头泊位,岸线总长274米。码头采用高桩式结构。码头前沿水深13.5米。主要装卸设备配置桥式卸船机2台、皮带及转运站、码头电气室。项目总投资4230万元。

项目建设单位为浙江北仑发电厂工程建设公司;设计单位为中国船舶总公司上海九院;施工单位为交通部三航局四公司。

项目建成后营运情况正常。开港至今安全靠离泊2122航次,8331.86万吨。

(4)宁波港北仑港区二期第一阶段工程项目

项目于1989年5月3日开工,1991年9月竣工,1992年4月1日正式交付给宁波港务局。

项目建设依据:1987年7月20日,国家计划委员会《关于宁波港北仑港区二期工程设计任务书的批复》(计交〔1987〕1216号)。1988年3月8日,国家计划委员会《关于宁波港北仑港区二期工程初步设计的批复》(计二〔1988〕354号)。1988年9月20日,国家计划委员会《关于下达1988年基本建设大中型项目新开工单项工程和预备大中型项目计划的通知》(计投资〔1988〕684号)。1988年3月29日,浙江省环境保护局《关于宁波港北仑二期工程、镇海港三、四泊位环境影响评价报告书的审查意见》(浙环管建〔1988〕11号)。1988年3月23日,交通部环境保护办公室《关于组织对宁波港北仑港区二期工程和镇海港区三、四泊位环境影响评价报告书的审查》(环办字〔1988〕49号)。

项目新建3万~5万吨级集装箱、多用途深水泊位(四号、五号、六号)3个(2014年对3个泊位按满靠泊10万吨级集装箱船舶进行码头结构加固改造,码头的建设规模和功能保持不变),设计年吞吐能力190万吨。码头长度694米,总宽47米,预应力钢筋混凝土高桩梁板结构,码头前沿水深13.5米。新建引桥两座(四号、五号),总长887.38米,宽度14米。场地总面积189541.77平方米,仓库22447平方米;港区铁路1.92千米。主要装卸设备配置阿根廷IMPSA(35.6吨)岸边式集装箱起重机2台;上海港机(M10-35、M16-35)门座式重机2台;上海产(LQ16)内燃轮胎式起重机6台。日本住友(35.6吨)轮胎式集装箱龙门起重机2台;意大利BELOTTI(B75MKⅢC)正面吊运机6台;木材装载机3台;叉车(CPCD5)4辆、(CPCD3C)6辆、(CXCD25)10辆;日产(CWA53)牵引车18辆;底盘车(AC9470IP)36辆。项目总投资2.44亿元。

项目建设单位为浙江北仑港建设指挥部;设计单位为交通部第三航务工程勘察设计院;施工单位交通部第三航务工程局、能源部第十二工程局。

(5)宁波港北仑港区二期第二阶段工程项目

项目于1990年11月24日开工,1992年10月21日竣工。

项目建设依据:1987 年 7 月 20 日,国家计划委员会《关于宁波港北仑港区二期工程设计任务书的批复》(计交〔1987〕1216 号);1988 年 3 月 8 日,国家计划委员会《关于宁波港北仑港区二期工程初步设计的批复》(计二〔1988〕354 号);1988 年 9 月 20 日,国家计划委员会《关于下达 1988 年基本建设大中型项目新开工单项工程和预备大中型项目计划的通知》(计投资〔1988〕684 号)。

项目新建 3 万～5 万吨级深水泊位(一号、二号、三号)3 个(1994 年将原一号泊位(长 205 米)改造为装煤、装水泥泊位;原二号泊位(长 210 米)改造为卸煤泊位;2014 年对三号泊位按满靠泊 10 万吨级集装箱船舶进行码头结构加固改造,码头的建设规模和功能保持不变),设计年吞吐能力 160 万吨。码头总长 620 米,宽 40 米,预应力钢筋混凝土高桩板梁结构,前沿水深 13.5 米,新建引桥三座(一号、二号、三号),总长 1426.35 米。宽度 14 米。SUC1250H 型护舷 42 套。场地总面积 164254.84 平方米,仓库 15172.3 平方米;港区铁路 0.92 千米。主要装卸设备配置包括上海港机(M16-35、M23)门座式重机 3 台。项目总投资 1.45 亿元。

项目建设单位为浙江北仑港建设指挥部。设计单位为交通部第三航务工程勘察设计院。施工单位为交通部第三航务工程局、水电第十二工程局、浙江省第二建筑工程公司。

(6)北仑港 20 万吨级矿石中转码头工程

项目于 1992 年 12 月开工,1996 年 6 月竣工。

项目建设依据:1993 年 12 月,国家计划委员会《关于宁波港北仑港区 20 万吨级矿石中转码头工程可行性研究报告的批复》(计交通〔1993〕2613 号);1994 年 1 月,宁波港务局《关于宁波港北仑港区二十万吨级矿石卸船码头工程初步设计审查意见的函》(甬港函〔94〕2 号);1996 年 9 月,国家计划委员会《关于宁波港北仑港区 20 万吨级矿石中转码头第二阶段工程可行性研究报告的批复》(计交能〔1996〕1818 号),1996 年 11 月,交通部《关于宁波港北仑港区二十万吨级矿石中转码头第二阶段工程初步设计的批复》(交基发〔1996〕910 号)。1994 年 9 月,国家环境保护总局《关于宁波港北仑港区 20 万吨级矿石中转码头工程环境影响报告书审批意见的复函》(环监〔1994〕470 号);1992 年 12 月,宁波港务局《关于北仑港区二十万吨级矿石中转码头工程项目使用岸线的批复》(甬港〔1992〕规字第454 号)。

项目建设 1 个 3.5 万吨级矿石码头泊位和 1 个 20 万吨级矿石码头泊位,岸线总长 510 米。码头采用引桥式布局,高桩式结构。码头前沿水深 20.5 米。项目后方堆场面积 13.07 万平方米,堆存能力 128.0 万吨。主要装卸设备配置包括斗轮堆取料机 2 台,抓斗卸船机 2 台,散货装船机 1 台。项目总投资 8.15 亿元,银行贷款 3.28 亿元。

项目建设单位为宁波港务局;设计单位为交通部第三航务工程勘察设计院;施工单位为交通部第三航务工程局第四工程公司、交通部第三航务工程局科学研究院、上海三航安装工程公司等;监理单位为宁波港务局建设开发部。

一阶段工程于 1992 年 12 月 21 日开工,1994 年 9 月 27 日完工。二阶段工程于 1994 年 7 月 30 日开工,1996 年 6 月 30 日完工。

(7)宁波正大粮油实业有限公司粮油专用码头

项目于 1994 年 12 月开工,1996 年 3 月竣工。

项目建设依据:1994 年 10 月,宁波经济技术开发区经济发展局《关于宁波正大粮油专用码头及筒仓工程初步设计的批复》(宁开经〔1994〕115 号)。

项目建设 1 个 5 万吨级码头泊位。码头前沿水深 12.5 米。项目总投资 2390 万美元,企业自筹。项目用地面积 2.003 万平方米。

项目建设单位为宁波正大粮油实业有限公司;设计单位为交通部第三航务工程勘察设计院;施工单位为交通部第三航务工程第四工程公司;质监单位为宁波港口工程质量监督站。

码头于 2013 年 10 月后未靠泊船舶。由于经营战略转移,暂停经营。

(8)北仑电厂码头 2 号泊位

项目于 1996 年 1 月开工,1997 年 7 月竣工。

项目建设 1 个 5 万吨级码头泊位,岸线总长 256 米。码头采用高桩式结构。码头前沿水深 13.5 米。项目后方堆场面积 10.38 万平方米。主要装卸设备配置包括德国 KRUPP 钢丝绳牵引式卸船机 2 台。项目总投资 5872 万元。

项目建设单位为浙江北仑发电厂工程建设公司;设计单位为中国船舶总公司上海九院;施工单位为交通部三航局四公司。

项目建成后营运情况正常。开港至今已安全靠离泊 1375 航次,安全接卸煤炭 686.10 万吨。

(9)宁波杨公山石化码头

项目于 1996 年 6 月开工,1997 年 12 月竣工。

项目建设 3 个 5 万吨级码头泊位,岸线总长 420 米,码头采用高桩式结构。码头前沿水深 13 米。项目总投资 5500 万元,企业自筹。

项目建设单位为宁波杨公山石化码头有限公司;设计单位为上海港湾工程设计研究院;施工单位为交通部第三航务工程局第四工程公司;监理单位为宁波经济技术开发区宁波港工程建设监理公司;质检单位为宁波港口建设工程质量监督站。

杨公山石化码头运行情况良好,主要业务是为中石油宁波油库提供成品油中转服务,年吞吐量为 100 万吨。

(10)宁波港北仑港区国际集装箱码头(北仑三期)工程

项目于 1999 年 3 月开工,2001 年 3 月试运行,2001 年 12 月竣工。

项目建设依据:2001 年 6 月,国家发展计划委员会《关于审批宁波港北仑港区国际集装箱码头工程可行性研究报告的请示的通知》(计基础〔2001〕1100 号);2001 年 12 月,交通部《关于宁波港北仑港区国际集装箱码头工程初步设计的批复》(交水发〔2001〕729号)。2000 年 3 月,国家环境保护总局《关于宁波北仑港区国际集装箱码头工程环境影响报告书的批复》(环函〔2000〕100 号);2001 年 8 月,宁波港务局《关于同意北仑三期集装箱码头等工程项目使用岸线的批复》(甬港港政〔2001〕127 号)。

项目建设 2 个 10 万吨级集装箱码头泊位和 2 个 7 万吨级集装箱码头泊位,岸线总长1258 米。码头采用引桥式布局,高桩式结构。码头前沿水深 15 米。项目后方堆场面积21.57 万平方米,堆存能力 6.58 万 TEU。仓库面积 0.12 万平方米,堆存能力 0.04 万TEU。主要装卸设备配置包括岸边集装箱起重机 8 台,轮胎式龙门起重机 26 台,集装箱正面吊运机 4 台,YT-50 型装箱牵引车 66 台,DCD80-45E7 型装箱空箱堆高机 5 台,TG-500E型 50 吨汽车式起重机 1 台。项目总投资 22.2 亿元,其中银行贷款 14.3 亿元,其余来源于资本金。项目用地面积 151.8 万平方米,填海造地 36 公顷。

项目建设单位为宁波港务局;设计单位为交通部第三航务工程勘察设计院、上海航道勘察设计院;施工单位为中港第三航务工程局第四工程公司、中国水利水电第十二工程局、上海航道局第二工程公司;监理单位为北京京华水运工程建设监理事务所、宁波港工程建设监理公司联合监理;质监单位为宁波港口建设工程质量监督站。

2004 年获建设部、中国建筑业协会颁发的中国建筑工程鲁班奖(国家优质工程)。

2011 年货物吞吐量达 3114.4 万吨、集装箱吞吐量 350 万 TEU,并始终保持较高的生产作业能力。2015 年完成外贸货物作业量 2902.8 万吨。

(11)北仑通用泊位改造扩建工程

项目于 2002 年 6 月开工,2003 年 1 月 22 日竣工。

1999 年 4 月,宁波港务局《关于同意 7#通用泊位改造和扩建工程项目的批复》(甬港〔1999〕计字第 104 号)。

项目在原通用泊位的基础上向西延长 97 米,再在西延后的码头西侧 23.5 米处新建一座直径 8 米的系缆墩,扩建后,泊位总长为 360 米。既可满足同时靠泊一艘 5 万吨级散杂货船和一艘 1000 吨级杂货船,又可满足靠泊一艘 5000 吨级杂货船和靠泊一艘 2 万吨级杂货船等多种船型组合。工程结构为高桩梁板式结构。项目后方堆场面积 3.34 万平方米。仓库面积 0.57 万平方米。主要装卸设备配置港口门座式重机 5 台。

项目建设单位为宁波港建设开发总公司;设计单位为交通部第三航务工程勘察设计院;施工单位为中港第三航务工程局第四工程公司;监理单位为宁波港工程建设监理公司;质监单位为宁波港口建设工程质量监督站。

(12)宁波北仑化工码头一期工程

项目于 2003 年 6 月开工,2004 年 11 月竣工。

项目建设依据:2002 年 9 月,宁波市发展计划委员会批复工程可行性报告;2002 年 12 月,宁波市发展计划委员会批复初步设计;2002 年 8 月,宁波市环境保护局《关于台塑工业(宁波)有限公司年产 30 万吨 PVC 工程环境影响报告书的批复》(甬环建〔2002〕143 号);2003 年 6 月,宁波港务局《关于同意使用岸线建设化工码头的批复》(甬港港政〔2003〕121 号)。

项目建设 2 个 5 万吨级化工码头泊位,岸线总长 963 米。码头采用引桥式布局,高桩式结构。码头前沿水深 15.8 米。项目总投资 2.8 亿元,企业自筹。项目用海面积 125.15 公顷。

项目建设单位为台塑工业(宁波)有限公司;设计单位为中交第三航务勘察设计院有限公司;施工单位为中港第二航务局;监理单位为宁波中咨工程建设监理公司;质监单位为宁波港口建设工程质量监督站。

项目建成后保障了后方园区内 PVC、AE、ABS 等石化项目原物料的进出口需要。

(13)宁波港北仑第二港埠公司 3 号、4 号泊位工程

项目于 2003 年 6 月开工,2004 年 6 月竣工。

项目建设依据:2003 年 7 月,宁波港务委员会《关于宁波港北仑第二港埠公司 3#、4# 码头工程项目建议书的批复》(甬计基〔2003〕346 号)。2007 年 12 月,宁波市海洋与渔业局《关于宁波港北仑第二港埠公司 3#、4#码头工程环境影响报告书审核意见的函》(甬海办〔2007〕138 号);2003 年 6 月,宁波港务局《关于同意使用岸线建设码头的批复》(甬港港政〔2003〕136 号)。

项目建设 1 个 7000 吨级散货码头泊位和 1 个 3 万吨级散货码头泊位,岸线总长 666 米。码头采用引桥式布局,高桩式结构。码头前沿水深 13.1 米。主要装卸设备配置包括 1250 吨/小时桥式抓斗卸船机 4 台、140HP 清仓机 4 台、90HP 清仓机 4 台。项目总投资 3.34 亿元。

项目建设单位为宁波港建设开发有限公司;设计单位为中交第三航务工程勘察设计院有限公司;施工单位为中交第三航务工程局有限公司,浙江省岩土基础公司;监理单位为宁波港工程建设监理有限公司;质监单位为宁波市交通工程质量监督站。

(14)宁波港北仑港区青峙化工码头工程

项目于 2003 年 12 月开工,2005 年 3 月试运行,2006 年 11 月竣工。

项目建设依据:2003 年 7 月,宁波经济技术开发区管理委员会《关于甬港合资液体化工码头生产项目的批复》(宁开政项〔2003〕234 号);2003 年 12 月,宁波市发展计划委员会《关于宁波北仑港区青峙化工码头工程初步设计的批复》(甬计投〔2003〕717 号)。2004 年 6 月,宁波市环境保护局《关于宁波港北仑港区青峙化工码头工程环境影响报告

书的批复》(甬环建〔2004〕52 号);2004 年 4 月,宁波市规划局北仑分局《建设用地规划许可证》(((2004)浙规(地)证 0204107);2007 年 4 月国家海洋局《海域使用权证书》(国海证 073300121 号);2003 年 12 月,宁波港务局《关于同意使用岸线建造化工码头的批复》(甬港港政〔2003〕78 号)。

项目建设 1 个 4 万吨级化工码头泊位(码头水工建筑允许靠泊能力 5 万吨级),岸线总长 650 米。码头采用 T 形布局,高桩式结构。码头前沿水深 14.5 米。项目后方建设化学品储罐 24.7 万立方米,配置相应的工艺设备和消防、安全、环保等辅助设施。项目总投资 3.36 亿元,全部来源于银行贷款。用地面积 5.78 万平方米,用海面积 36.26 公顷。

项目建设单位为宁波青峙化工码头有限公司;设计单位为交通部第三航务工程勘察设计院;施工单位为中交第三航务工程局宁波分公司,中国石油天然气第一建设公司;监理单位为宁波港工程建设监理有限公司;质监单位为原宁波港口建设工程质量监督站,宁波交通工程质量监督站,宁波市特种设备检验检测中心。

项目投产后,解决了青峙化工园区企业(如逸盛石化、新桥化工)的原材料进场问题,支援了青峙化工园区的建设与发展。2016 年累计吞吐量 411 万吨,2017 年累计吞吐量 437 万吨,2018 年 1 月至 11 月累计吞吐量 383 万吨。

(15)镇海炼化算山码头 7 号泊位

项目于 2004 年 1 月开工,2004 年 6 月试运行,2004 年 8 月竣工。

项目建设 1 个 5 万吨级成品油、原油码头泊位,岸线总长 400 米。码头前沿水深 14 米。项目总投资 550 万元,企业自筹。

项目建设单位为中国石油化工股份有限公司镇海炼化分公司;设计单位为上海港湾设计研究院、镇海炼化工程公司;施工单位为中港第三航务工程局宁波分公司、浙江开元安装集团第五分公司;监理单位为镇海炼化建设监理公司;质监单位为宁波港口建设工程质量监督站。

7 号泊位作为镇海炼化公司 800 万吨/年炼油扩建配套工程,建成后满足 1000 吨级到 10 万吨级油轮靠泊,为公司生产经营发展和油品进出厂提供保障。根据统计,自 2009 年至今 7 号泊位累计靠泊油轮 3211 船次,吞吐量 2300 万吨。

(16)宁波北仑化工码头二期工程(化 2 泊位)

项目于 2004 年 10 月开工,2008 年 3 月试运行,2009 年 7 月竣工。

项目建设依据:2004 年 3 月,宁波市发展计划委员会以甬计基〔2004〕376 号批复工程可行性报告;2004 年 1 月,宁波市发展计划委员会以甬计投〔2004〕490 号批复初步设计方案。2004 年 1 月,宁波市环境保护局《关于台塑聚丙烯(宁波)有限公司年产 45 万吨改性高强度工程环境影响报告书的批复》(甬环建〔2004〕64 号);2006 年 7 月,宁波海事局《关于同意使用岸线建造码头的批复》(甬海通航〔2006〕150 号)。

项目建设 2 个 3 万吨级化工码头泊位,岸线总长 300.2 米。码头前沿水深 14 米。项目总投资 1.12 亿元,全部为企业自筹。项目用海面积 125.15 公顷。

项目建设单位为台塑聚丙烯(宁波)有限公司;设计单位为中交第三航务勘察设计院有限公司;施工单位为中港第四航务局;监理单位为厦门港湾咨询监理有限公司;质监单位为宁波市交通工程质量监督站。

项目建成后保障了后方园区内 PP 等石化项目原物料的进出口需求。

(17)宁波北仑化工码头二期(多用途 1、2、3 泊位)

项目于 2004 年 11 月开工,2006 年 9 月试运行,2009 年 7 月竣工。

项目建设依据:2004 年 8 月,宁波市发展计划委员会以甬计基〔2005〕145 号批复工程可行性报告;2004 年 11 月,宁波市发展计划委员会以甬计投〔2004〕535 号批复 1 号泊位初步设计方案,2004 年 11 月,宁波市发展计划委员会以甬计投〔2004〕538 号批复 2 号泊位初步设计方案,2005 年 3 月,宁波市发展计划委员会以甬计投〔2005〕92 号批复 3 号泊位初步设计方案。2005 年 1 月,宁波市环境保护局《关于台塑集团热电(宁波)有限公司 3#机组扩建工程环境影响报告书的批复》(甬环建〔2005〕1 号);2005 年 2 月,宁波市环境保护局《关于宁波北仑化工码头二期多用途 2 泊位(重件码头)工程环境影响报告书的批复》(甬环建〔2005〕13 号);2006 年 7 月,宁波海事局《关于同意使用岸线建造码头的批复》(甬海通航〔2006〕150 号)。

项目建设 1 个 3000 吨级散杂货码头泊位(码头水工建筑允许靠泊能力 2 万吨级),1 个 3000 吨级集装箱、袋装货及重件码头泊位(码头水工建筑允许靠泊能力 2 万吨级),1 个 3000 吨级集煤码头泊位(码头水工建筑允许靠泊能力 3.5 万吨级)。码头采用引桥式布局,高桩式结构。码头前沿水深 14 米。项目总投资 4.3 亿元,企业自筹。项目用海面积 125.15 公顷。

项目建设单位为台化塑胶(宁波)有限公司、台化兴业(宁波)有限公司;设计单位为中交第三航务勘察设计院有限公司;施工单位为中港第四航务局;监理单位为厦门港湾咨询监理有限公司;质检单位为宁波市交通工程质量监督站。

项目建成后保障了后方园区内热电厂用煤、项目建设所需设备及部分产品的运输需要。因产品运输方式变更,多一、二码头运量连续多年不足 1 万吨,同时考虑到因后方园区内未来陆续将投产新石化项目,化工码头吞吐能力无法满足需求,已报批同意将多一、二码头改建为化工码头,预计 2019 年底完成改建、投入使用。

(18)北仑港区 20 万吨级矿石中转码头改造工程

项目于 2005 年 10 月开工,2006 年 7 月竣工。

项目建设依据:2005 年 9 月,宁波市发展和改革委员会《宁波港北仑港北仑港区 20 万吨级矿石中转码头改造工程项目核准的复函》(甬发改交通函〔2005〕185 号);2005 年 2

月,宁波港集团有限公司《宁波港北仑港区 20 万吨级矿石中转码头改造工程初步设计内审会议纪要》(甬港会纪〔2005〕28 号)。2005 年 7 月,宁波市环境保护局《关于宁波港北仑港区 20 万吨级矿石中转码头改造工程环境影响报告书的批复》(环建〔2005〕59 号);2005 年 9 月,宁波海事局《关于同意使用岸线建造码头的函》(甬海函〔2005〕165 号)。

项目建设 1 个 5 万吨级散货码头泊位,岸线总长 360 米。码头采用引桥式布局,高桩式结构。码头前沿水深 13.5 米。项目后方堆场面积 13.07 万平方米,堆存能力 128 万吨。主要装卸设备配置包括桥式抓斗卸船机的 1 台,移动式装船机 1 台。项目总投资 2.40 亿元。项目用海面积 125.15 公顷。

项目建设单位为宁波港建设开发总公司;设计单位为中交第三航务工程勘察设计院;施工单位为中交第三航务工程局有限公司宁波分公司、上海东海海洋工程勘察设计研究院、宁波上航测绘有限公司、上海振华港机股份有限公司、河南省东方防腐有限公司;监理单位为宁波港工程建设监理有限公司;质监单位为宁波交通运输工程质量监督站。

(19)宁波青峙化工码头二期工程

项目于 2007 年 9 月开工,2009 年 1 月试运行,2010 年 1 月竣工。

项目建设依据:2007 年 6 月,宁波市发展和改革委员会《关于宁波青峙化工码头二期工程项目申请报告核准的批复》(甬发改交通〔2007〕197 号);2007 年 8 月,宁波市交通局《关于宁波青峙化工二期码头工程初步设计技术方案的审查意见》(甬交通〔2007〕279 号);2007 年 1 月,宁波市环境保护局《关于宁波青峙化工码头有限公司二期工程环境影响报告书的批复》(甬环建〔2007〕6 号);2004 年 4 月,宁波市规划局北仑分局《建设用地规划许可证》((2004)浙规(地)证0204107);2007 年 4 月,国家海洋局《海域使用权证书》(国海证 073300121 号);2003 年 12 月,宁波港务局《关于同意使用岸线建造化工码头的批复》(甬港港政〔2003〕278 号)。

项目建设 1 个 5 万吨级化工码头泊位(码头水工建筑允许靠泊能力 6.5 万吨级),岸线总长 650 米。码头采用倒 L 形布局,高桩式结构。码头前沿水深 15.5 米。项目后方建有 17.85 万立方米液体化工品储罐。主要装卸设备配置包括装卸臂 4 台。项目总投资 9994 万元,企业自筹 35%,银行贷款 65%。项目用海面积 36.26 公顷。

项目建设单位为宁波青峙化工码头有限公司;设计单位为中交第三航务工程勘察设计院;施工单位为中交第三航务工程局宁波分公司;监理单位为厦门港湾监理有限公司;质监单位为宁波市质量技术监督局,宁波市交通工程质量监督站。

项目投产后,适应临港化工企业的发展需要,解决液体化工产品运量日益增长与现有化工泊位能力不足的矛盾。

(20)宁波港北仑山多用途码头工程

项目于 2007 年 11 月开工,2009 年 8 月试运行,2009 年 10 月竣工。

项目建设依据:2006 年 8 月,宁波市发展和改革委员会《关于宁波港北仑山多用途码头工程项目核准的批复》(甬发改交通〔2006〕363 号);2008 年 1 月,宁波市交通局《关于宁波港北仑山多用途码头工程初步设计技术方案的审查意见》(甬交建〔2008〕1 号)。2007 年 9 月,宁波市环境保护局《关于宁波港北仑山多用途码头工程环境影响报告书的批复》(甬环建〔2007〕30 号);2007 年 6 月,宁波市规划局《建设项目选址意见书》(2007 浙规(选)证 0204223 号);2002 年 12 月,宁波港务局《关于同意使用岸线建造杂货码头的批复》(甬港港政〔2002〕232 号)。

项目建设 1 个 5 万吨级多用途码头泊位(码头水工建筑允许靠泊能力 5 万吨级),岸线总长 400 米。码头采用引桥式布局,高桩式结构。码头前沿水深 13.9 米。项目后方堆场面积 10.42 万平方米,堆存能力 109.51 万吨 + 4416TEU。仓库面积 0.62 万平方米。主要装卸设备配置包括门座式起重机 40 吨/35 米 1 台;门座式起重机 25 吨/35 米 3 台;轨道式龙门起重机 1 台;轮式装卸机 1 台。项目总投资 4.91 亿元,企业自筹。项目用地面积 20.98 万平方米,用海面积 8.23 公顷。

项目建设单位为宁波港建设开发有限公司;设计单位为中交第三航务工程勘察设计院;施工单位为中交第三航务工程局有限公司、中交上航局航道建设有限公司、大昌建设集团有限公司等;监理单位为宁波港工程项目管理有限公司;质监单位为宁波市交通工程质量监督站。

(21)宁波光明码头通用泊位工程

项目于 2008 年 9 月开工,2011 年 5 月试运行,2012 年 1 月竣工。

项目建设依据:2005 年 12 月,宁波市发展和改革委员会《宁波光明散杂货码头工程可行性研究报告评审会议纪要》(甬发改纪〔2005〕137 号);2007 年 9 月,宁波市交通局《关于宁波光明通用泊位工程初步设计方案的审查意见》(甬交建〔2007〕344 号);2007 年 11 月,宁波市环境保护局《关于宁波光明散杂货码头工程环境报告书的批复》(甬环建〔2007〕40 号);2008 年 10 月,浙江省人民政府《关于宁波光明通用泊位工程建设用地审批意见书》(浙土字〔2008〕124 号);2007 年 4 月,交通部《关于宁波港光明通用泊位工程使用岸线的请示》(交规划发〔2007〕719 号)。

项目建设 1 个 1 万吨级装船码头泊位,1 个 2 万吨级卸船码头泊位,1 个 5 万吨级卸船码头泊位(码头水工建筑允许靠泊能力 10 万吨级),岸线总长 836 米。码头采用 L 形布局,高桩式结构。码头前沿水深 10.9 米(1 万吨级)、17.3 米(2 万~5 万吨级)。项目后方堆场面积 29.74 公顷,堆存能力 50 万吨。主要装卸设备配置包括 1250 吨/小时卸船机 2 台,2000 吨/小时装船机 1 台;2500 吨/小时斗轮机 2 台,16 吨门座式重机 1 台,配套皮带机若干。项目总投资 11.37 亿元,企业自筹 4 亿元,银行贷款 7.37 亿元。项目陆域用地面积 29.74 万平方米,用海面积 23.78 公顷。

项目建设单位为宁波光明码头有限公司;设计单位为中交第三航务工程勘察设计院有限公司;施工单位为宁波交工集团宁波海港工程有限公司、工程兵工程学院南京工程爆破技术服务部、浙江省二建建设集团有限公司、浙江省工业设备安装集团有限公司;监理单位为广州华申建设工程管理有限公司;质监单位为宁波市交通工程质量安全监督站。

项目于 2011 年 5 月 27 日投入试运行,至 2015 年完成吞吐量约 3900 万吨,主要承担长江中下游地区铁矿、煤炭、粮食水水中转。

(22)北仑第一发电有限公司码头(7 万吨级) 3 号码头

项目于 2009 年 3 月开工,2010 年 11 月竣工。

项目建设依据:2008 年 12 月,宁波市发展和改革委员会《关于北仑电厂一期码头改扩建工程项目申请报告核准的批复》(甬发改交通〔2008〕569 号);2009 年 2 月,宁波市交通局《关于北仑电厂一期码头改扩建工程初步设计方案审查意见》(甬交建〔2009〕38 号)。

项目建设 1 个 10 万吨级码头泊位和 2 个 500 吨级船装码头泊位,岸线总长 260 米。码头采用高桩式结构。码头前沿水深 15.3 米。项目后方堆场面积 13.6 万平方米,筒仓容量 22 万吨。项目总投资 2.6 亿元,企业自筹 35%,银行贷款 65%。

项目建设单位为国电浙江北仑第一发电有限公司;设计单位为中交第三航务工程勘察设计院有限公司;施工单位为中交第三航务工程局宁波分公司、浙江华业电力工程股份有限公司;监理单位为上海东华建设管理有限公司;质监单位为宁波市交通工程质量监督站。

2010 年 10 月 18 日通过水工验收,11 月 2 日一期码头改扩建项目竣工。2013 年 9 月 28 日开工对一期码头改扩建工程名称变更为 3 号码头,并进行码头加固,2014 年 1 月通过由设计单位(中交第三航务工程勘察设计院有限公司),承包单位(中交第三航务工程局有限公司、宁波中海疏浚工程有限公司、浙江江南春建设集团有限公司),监理单位(浙江公运水路监理有限公司),质检单位(宁波市交通工程质量监督站),建设单位等参加验收通过 3 号泊位码头加固改造升级为 10 万吨级码头。

项目建成后营运情况正常。开港至今已安全靠离 514 航次,安全接卸煤炭 2664.55 万吨。

(23)中海 LNG 码头

项目于 2009 年 12 月开工,2012 年 9 月试运行,2012 年 9 月竣工。

项目建设依据:2004 年 12 月,国家发展和改革委员会办公厅《关于同意浙江 LNG 项目开展有关工作的复函》(发改办能源〔2004〕2279 号);2005 年 11 月,国土资源部《关于浙江省引进液化天然气(LNG)接收站和港口工程建设用地预审意见的复函》(国土资源审计〔2005〕418 号);2005 年 11 月,国家海洋局《关于中海浙江 LNG 接收站项目用海的预审意见》(国海管字〔2005〕556 号);2005 年 7 月,宁波市交通局《关于中海浙江宁波液化天然气有限公司 LNG 接收站使用岸线的意见》。

项目建设 1 个万吨级码头泊位,码头前沿水深 15 米。项目总投资 612445 万元。

项目建设单位为中交第三航务工程局有限公司;施工单位为中国核工业第五建设有限公司、中国成达工程有限公司。

浙江 LNG 项目创新采用 BOG 高压回收系统。每天回收百余万元人民币,自项目试运行到正式商业投产,已回收费用约 2.7 亿元人民币。LNG 项目首创采用新型 EGD(绿色环保杀生剂)系统。

2012 年 9 月 19 日开始接卸首船 LNG,项目的试车工作正式启动;2012 年 11 月 28 日,LNG 接收站的生产设施基本完成试车。接收站各系统的生产设备运行正常。

(24)镇海炼化算山码头 1 号泊位

项目于 2012 年 8 月开工,2013 年 1 月试运行,2019 年 1 月竣工。

项目建设依据:2011 年,中国石油化工股份有限公司以石化股份计〔2011〕220 号批复工程可行性报告;2012 年,宁波市环境保护局《关于算山码头 1#、2#泊位结构加固改造工程(包括码头区疏浚)环境影响报告书的批复》(甬环建〔2012〕3 号)。

项目建设 1 个 30 万吨级原油码头泊位。码头前沿水深 23.8 米。项目总投资 1.34 亿元(注:含 2 号泊位投资),企业自筹。

项目建设单位为中国石油化工股份有限公司镇海炼化分公司;设计单位为中交上海港湾工程设计研究院有限公司、镇海石化工程有限责任公司;施工单位为中交第三航务工程局有限公司;监理单位为广州华申建设工程管理有限公司;质监单位为宁波市交通工程质量安全监督站。

算山码头 1 号泊位改造工程于 2013 年 1 月 11 日经宁波市环境保护局批复同意投入试运行,2013 年 4 月 28 日首靠油轮。改造工程投入运行以来至 2013 年 6 月 9 日,1 号泊位靠泊油轮 9 次(30 万吨油轮 4 次),装卸油品 105.15 万吨,改造工程的投入运行,给镇海炼化公司带来了较好的经济效益,极大地缓解了镇海炼化公司原油进厂的压力。

(25)镇海炼化算山码头 2 号泊位

项目于 2012 年 8 月开工,2013 年 1 月竣工。

项目建设依据:2011 年,中国石油化工股份有限公司批复工程可行性报告;2012 年,宁波市环保局《关于算山码头 1#、2#泊位结构加固改造工程(包括码头区疏浚)环境影响报告书的批复》(甬环建〔2012〕3 号)。

项目建设 1 个 30 万吨级原油码头泊位,岸线总长 608 米。码头前沿水深 23.8 米。项目储罐容量 150.0 立方米。项目总投资 1.34 亿元(注:含 1 号泊位投资),企业自筹。

项目建设单位为中国石油化工股份有限公司镇海炼化分公司;设计单位为中交上海港湾工程设计研究院有限公司、镇海石化工程有限责任公司;施工单位为中交第三航务工程局有限公司;监理单位为广州华申建设工程管理有限公司;质监单位为宁波市交通工程质量安全监督站。

2012年7月2日,2号泊位经宁波市环保局批复同意投入试运行;2012年7月11日,首靠油轮。改造工程投入运行以来至2013年6月9日,2号泊位已安全靠泊油轮95次(30万吨油轮81次),装卸油品1544.8万吨,改造工程的投运,给镇海炼化公司带来了较好的经济效益,极大地缓解了镇海炼化公司原油进厂的压力。

(26)港鑫东方白峰码头改扩建工程

项目于2013年1月开工,2014年6月竣工。

项目建设依据:2013年,宁波市交通运输委员会批复工程可行性报告。2012年,宁波海事局《关于宁波港鑫东方燃供仓储有限公司白峰码头改扩建项目环境影响报告书的海事评审意见及要求》;2011年,宁波市海洋渔业局出具《宁波港鑫东方燃供仓储有限公司白峰码头改扩建项目工程用海预审意见》(甬海预审1113号)。

项目建设1个5万吨级油品码头泊位,岸线总长265.5米。项目总投资1058.65万。填海造地面积2300平方米,用海面积26.44公顷。

项目建设单位为宁波港鑫东方燃供仓储有限公司;设计单位为浙江省交通规划设计研究院、中国化学赛鼎宁波工程有限公司;施工单位为宁波交通工程建设集团有限公司、浙江省工业设备安装集团有限公司、浙江省二建建设集团安装有限公司、宁波世科光电有限公司、宁波经济技术开发区华泰工程技术有限公司;监理单位为武汉长航科达工程监理有限公司;质监单位为宁波市交通工程质量安全监督站。

工程分两阶段实施:第一阶段与原码头水工工程同时施工,自2008年12月25日正式开工,工期9个月,完成2座系缆墩和2座靠船墩及人行钢桥的施工;第二阶段自2013年9月至2014年1月,完成码头给排水、消防、供电、照明、快速脱缆钩等配套设施和泊位西侧系缆墩、西侧靠船墩的水下护坡抛石整理;工程于2014年1月10日完工,并于2014年6月4日交工验收,自2014年7月2日开始投入试运行。

为提高宁波港船舶燃料油供应保障能力,完善港口服务保障系统,扩大企业经营规模,适应运量发展和船舶运输结构调整的需要,宁波港鑫东方燃供仓储有限公司白峰码头改扩建工程原有5000吨级和1000吨级油品泊位改扩建为5万吨级油品泊位1个,同时满足2艘5000吨级油船的靠泊作业要求。工程设计年吞吐量为158万吨,装卸货种为燃料油、沥青。

(27)宁波港北仑山多用途码头加固改造工程

项目于2014年3月开工,2014年6月竣工。

项目建设依据:2013年6月,交通运输部《关于宁波港北仑山多用途码头结构加固改造工程方案的批复》(厅水便〔2013〕116号)。2013年6月,宁波市交通运输委员会《关于宁波—舟山港北仑港区北仑山多用途码头结构加固改造工程施工图设计的批复》。

项目建设1个10万吨级散货码头泊位,岸线总长400米。码头采用引桥式布局,高桩式结构。码头前沿水深15.6米。项目后方堆场面积10.42万平方米,堆存能力109.51万吨+4416TEU。仓库面积0.62万平方米。主要装卸设备配置包括门座式起重机40吨/35米2台;门座式起重机25吨/35米3台;轨道式龙门起重机4台;桥式起重机1台。项目总投资414.9万。项目用地面积20.98万平方米,用海面积8.23公顷。

项目建设单位为宁波港建设开发有限公司;设计单位为中交第三航务工程勘察设计院有限公司;施工单位为中交第三航务工程局有限公司,宁波港海港工程有限公司;监理单位为宁波港工程项目管理有限公司;质监单位为广州港湾工程质量检测有限公司。

(28)宁波光明码头有限公司1万吨级泊位调整为3.5万吨级通用泊位工程

项目于2014年4月开工,2014年11月试运行,2014年12月竣工。

项目建设依据:2012年10月,宁波市发展和改革委员会《关于同意宁波光明码头有限公司1万吨级通用泊位调整为3.5万吨级通用泊位的批复》(甬发改审批〔2012〕490号);2014年5月,宁波市交通运输委员会《关于宁波光明码头有限公司1万吨级通用泊位调整为3.5万吨级通用泊位工程初步设计的批复》(甬交建〔2014〕171号)。2014年7月,宁波市交通运输委员会《关于宁波光明码头有限公司1万吨级通用泊位调整为3.5万吨级通用泊位工程施工图设计的批复》(甬交建〔2014〕217号)。

项目建设1个3.5万吨级通用码头泊位(码头水工建筑允许靠泊能力3.5万吨级),1个2万吨级通用码头泊位(码头水工建筑允许靠泊能10万吨级),1个10万吨级通用码头泊位(码头水工建筑允许靠泊能力10万吨级),岸线总长836米。码头采用L形布局,高桩结构。码头前沿水深13.9米。项目后方堆场面积29.74万平方米,堆存能力50万吨。主要装卸设备配置包括1250吨/小时卸船机2台,2500吨/小时装船机1台;2500吨/小时斗轮机1台。项目总投资3.88亿元,资金来源于国内银行及股份公司贷款。项目陆域用地面积29.74万平方米,用海面积23.78公顷。

项目建设单位为宁波光明码头有限公司;设计单位为中交第三航务工程勘察设计院有限公司;施工单位为中交第三航务工程勘察设计院有限公司、宁波建工股份有限公司;监理单位为宁波港工程项目管理有限公司;质监单位为宁波市交通工程质量安全监督站。

2014年11月27日,完成宁波光明码头有限公司1万吨级泊位调整为3.5万吨级通用泊位工程交工验收。

(29)宁波舟山港北仑港区戚家山化工码头

项目于2014年4月开工,2017年2月试运行,2017年11月竣工。

项目建设依据:2013年8月,宁波市发展和改革委员会《关于宁波—舟山港北仑港区戚家山化工码头项目核准的批复》(甬发改审批〔2013〕386号);2013年11月,宁波市交通运输委员会《关于宁波—舟山港北仑港区戚家山化工码头工程初步设计的批复》(甬交建〔2013〕346 号)。2012 年 10 月,宁波市环境保护局《关于宁波—舟山港北仑港区戚家山化工码头工程环境影响报告书的批复》(甬环建〔2012〕76 号);2016 年 5 月,宁波市规划局北仑分局《北仑戚家山金塘路南、宁波丽阳化纤有限公司东地块规划条件》(2015200001);2012 年 11 月,宁波市海洋与渔业局《宁波—舟山港北仑港区戚家山化工码头工程项目用海预审意见》(甬海预审〔2012〕1218 号);2014 年,宁波市北仑区海洋与渔业局印制宁波戚家山化工码头有限公司《海域使用权证书》(国海证 2014D33020603699 号);2013 年 6 月,交通运输部《宁波—舟山港北仑港区戚家山化工码头工程使用港口岸线的批复》(交规划发〔2013〕358 号);2013 年 11 月,交通运输部《港口岸线使用证》(交港海岸 2013 第 41 号)。

项目建设 1 个 5 万吨级化工码头泊位(码头水工建筑允许靠泊能力 6.5 万吨级),岸线总长 480 米。码头采用连片式布局,高桩式结构。码头前沿水深 14.4 米。主要装卸设备配置包括装卸臂 12 台。项目总投资 1.98 亿元,全部来源于银行贷款。项目用地面积 5.85 万平方米,用海面积 27.65 公顷。

项目建设单位为宁波戚家山化工码头有限公司;设计单位为中交第三航务工程勘察设计院有限公司,浙江省天正设计工程有限公司;施工单位为中交第三航务工程局有限公司、宁波中天工程有限公司、沈阳工业安装工程股份有限公司、中达建设集团股份有限公司;监理单位为宁波港工程项目管理有限公司;质监单位为宁波市交通工程质量安全监督站。

项目投产后,解决了浙江省和宁波市"十二五"重点建设工程——宁波海越丙烷和混合碳四综合利用项目的原材料和产品的进出问题。

(三)镇海港区

1. 港区综述

(1)港区建设和运营概况

镇海港区于 1973 年 7 月由国务院港口建设领导小组组长粟裕选址建设,1983 年作为交通部宁波港务局镇海作业区正式开港营业,于 1988 年 3 月改名为宁波港务局镇海港埠公司,现在是宁波舟山港股份的分支机构。

1974 年,镇海港区动工兴建,建设者们在一片滩涂上建立起了煤炭泊位。1977 年 12 月,3000 吨煤码头简易投产,万吨级煤码头主体工程基本完成,进港铁路工程车通车。2012 年,镇司通用散货泊位、化工 19 号、20 号泊位以及化工 10 万立方米罐区正式投产,煤码头实现了从河口港向海港的跨越。

港区陆域面积 250 余万平方米,生产泊位 25 座,年吞吐能力 6000 万吨以上(其中 5 万吨级泊位 5 座,万吨级泊位 10 座,码头前沿水深 7～14 米)。各类堆场、仓库面积 96 万平方米,液化油品储罐总容量 100 余万立方米;龙门式起重机 16 台,桥式起重机 4 台,门座式重机 29 台,卸船机 4 台,装船机 2 台,斗轮堆取料机 10 台,皮带机输送带 37 条。港区建立了海、铁、河、管道、公路等完善的集疏运网络,是适应煤炭、液化、杂货、集装箱、石油等多种货物装卸、储存服务的综合性现代化港区。

(2)港区地理条件和集疏运概况

镇海港区进港航道位于甬江口口门段的左岸,在甬江口虎尊导标至招宝山大桥范围内,航道长度约 2 海里。甬江口口门至招宝山大桥附近水域航道水深维持在 7.0 米以上,5000 吨级 ~ 1 万吨级设计代表船型满载吃水深度在 7.0 ~ 8.8 米之间,因此,5000 吨级 ~ 1 万吨级运输船满载时进入甬江口时,需乘高潮进港靠泊;而 2 万吨级兼顾船型进港时,由于受航道水深限制,需减载并乘潮进港靠泊。

甬江口外南航道全航程 30 多海里,目前该航道水深良好,航政设施齐全,15 万吨级以下船舶可自由进出。北航道航政设施齐全,一般 2 万吨船舶乘潮能满足通航要求。

2. 港区工程项目

(1)1 号、2 号泊位(原称:集装箱/杂货泊位)

项目于 1976 年 6 月开工,1981 年 1 月试运行,1981 年 12 月竣工。

项目建设依据:1974 年 1 月,国家计划委员会《关于宁波镇海建港计划任务数的复文》(计计字〔1974〕13 号);1974 年 10 月,交通部《关于宁波港镇海港区第一期工程中煤码头扩初设计的批复》(交水基字〔1974〕2429 号);1975 年 5 月,交通部《对镇海港煤码头修正初步设计的批复》《交水基字〔75〕531 号》;2005 年 4 月,镇海区政府编制的《宁波港镇海港区交通运输·港口用海》;1975 年 12 月,建港领导小组《宁波港镇海港区码头岸线位置的批复》(浙港办〔1975〕8 号)。

项目建设 1 个 2 万吨级集装箱/杂货码头泊位,岸线总长 180 米。码头采用顺岸式布局,重力式结构。码头前沿水深 9.5 米。项目后方堆场面积 5.8 万平方米,堆存能力 12.2 万吨。主要装卸设备配置包括 10 吨的门座式重机 3 台、50 吨的门座式重机 2 台、JR21 型 41 吨的轨道式集装箱龙门起重机 3 台。项目总投资 9058.5 万元(宁波港镇海煤码头工程)。项目用地面积 4.59 万平方米,用海面积 19.8 公顷(1 ~ 16 号泊位)。

项目建设单位为宁波—舟山港股份有限公司镇海港埠分公司;设计单位为交通部第三航务工程勘察设计院、交通部上海航道局;施工单位为交通部第三航务工程局、交通部上海航道局、浙江省交通厅、浙江省第二建筑工程公司。

(2)5 号泊位(原称:杂货 5 号泊位)

项目于 1984 年 9 月开工,1985 年 7 月试运行,1986 年 6 月竣工。

项目建设依据:1983 年 6 月,国家计划委员会《关于宁波港镇海港区杂货码头工程初步设计审查意见的复函》(计鉴〔1983〕1691 号);1986 年 9 月,交通部《关于宁波港镇海港区杂货码头工程初步设计审查意见的报告》(交基字〔1983〕1869 号);1982 年 7 月,交通部《关于宁波港镇海港区三个杂货泊位设计方案审查意见的通知》(交基字〔1983〕1548号)。1983年7月,宁波港务局环安办《宁波港镇海港区五—九杂货泊位环境影响预评价报告》;2005年4月,镇海区政府编制的《宁波港镇海港区交通运输·港口用海》。

项目建设1个1万吨级杂货码头泊位,岸线总长180米。码头采用引桥式布局,高桩式结构。码头前沿水深9.5米。项目后方堆场面积5.88万平方米,堆存能力12.5万吨。仓库面积1.36万平方米,堆存能力2.86万吨。主要装卸设备配置包括16吨的门座式重机1台、40吨的门座式重机1台、MG20-40A8S的轨道式起重机1台。项目总投资9477.41万元(5～9号泊位)。用地面积2.4万平方米(5～9号泊位),用海面积19.8公顷(1～16号泊位)。

项目建设单位为宁波舟山港股份有限公司镇海港埠分公司;设计单位为交通部第三航务工程局设计院;施工单位为交通部第三航务工程局四公司。

(3)6号泊位(原称:杂货6号泊位)

项目于1984年9月开工,1985年7月试运行,1986年6月竣工。

项目建设依据:1983年6月,国家计划委员会《关于宁波港镇海港区杂货码头工程初步设计审查意见的复函》(计鉴〔1983〕1691号);1983年9月,交通部关于宁波港镇海港区杂货码头工程初步设计审查意见的报告》(交基字〔1983〕1869号);1982年7月,交通部《关于宁波港镇海港区三个杂货泊位设计方案审查意见的通知》(〔1983〕交基字1548号)。1983年7月,宁波港务局环安办《宁波港镇海港区五—九杂货泊位环境影响预评价报告》;2005年4月,镇海区政府编制的《宁波港镇海港区交通运输·港口用海》。

项目建设1个1万吨级杂货码头泊位,岸线总长180米。码头采用引桥式布局,高桩式结构。码头前沿水深9.5米。项目后方堆场面积2.52万平方米,堆存能力5.29万吨。仓库面积0.73万平方米,堆存能力1.53万吨。主要装卸设备配置包括M10吨30米的门座式起重机5台、JLMG5040的轨道式集装箱龙门起重机3台。项目总投资9477.41万元(5号～9号泊位)。项目陆域用地面积2.4万平方米(5号～9号泊位),用海面积19.8公顷(1号～16号泊位)。

项目建设单位为宁波—舟山港股份有限公司镇海港埠分公司;设计单位为交通部第三航务工程局设计院;施工单位为交通部第三航务工程局四公司。

(4)7号、8号泊位(原称:杂货7号、8号泊位)

项目于1984年9月开工,1985年1月试运行,1985年12月竣工。

项目建设依据:1983年6月,国家计划委员会《关于宁波港镇海港区杂货码头工程初步设计审查意见的复函》(计鉴〔1983〕1691号);1983年9月,交通部《关于宁波港镇海港区杂货码头工程初步设计审查意见的报告》(交基字〔1983〕1869号);1982年7月,交通部《关于宁波港镇海港区三个杂货泊位设计方案审查意见的通知》(交基字〔1983〕1548

号)。1983年7月,宁波港务局环安办《宁波港镇海港区五—九杂货泊位环境影响预评价报告》;2005年4月,镇海区政府编制的《宁波港镇海港区交通运输·港口用海》。

项目建设1个2万吨级杂货码头泊位,岸线总长278.5米(5~9号泊位)。码头采用引桥式布局,高桩式结构。码头前沿水深9.5米。项目后方堆场面积5.55万平方米,堆存能力70.59万吨。主要装卸设备配置包括41吨的岸边起重机3台、轨道式集装箱龙门起重机6台。项目总投资9477.41万元(5~9号泊位)。项目用地面积2.4万平方米(5~9号泊位),用海面积19.8公顷(1~16号泊位)。

项目建设单位为宁波—舟山港股份有限公司镇海港埠分公司;设计单位为交通部第三航务工程局设计院;施工单位为交通部第三航务工程局四公司。

(5)9号泊位(原称:杂货9号泊位)

项目于1984年9月开工,1985年1月试运行,1985年12月竣工。

项目建设依据:1983年6月,国家计划委员会《关于宁波港镇海港区杂货码头工程初步设计审查意见的复函》(计鉴〔1983〕1691号);1983年9月,交通部《关于宁波港镇海港区杂货码头工程初步设计审查意见的报告》(交基字〔1983〕1869号);1982年7月,交通部《关于宁波港镇海港区三个杂货泊位设计方案审查意见的通知》(交基字〔1983〕1548号)。1983年7月,宁波港务局环安办《宁波港镇海港区五—九杂货泊位环境影响预评价报告》;2005年4月,镇海区政府编制的《宁波港镇海港区交通运输·港口用海》。

项目建设1个2万吨级杂货码头泊位,岸线总长180米。码头采用引桥式布局,高桩式结构。码头前沿水深9.5米。项目后方堆场面积2.57万平方米,堆存能力5.39万吨。仓库面积1.17万平方米,堆存能力2.45万吨。主要装卸设备配置包括50吨的门座式重机2台。项目总投资9477.41万元(5~9号泊位)。项目陆域用地面积2.4万平方米(5~9号泊位),用海面积19.8公顷(1~16号泊位)。

项目建设单位为宁波舟山港股份有限公司镇海港埠分公司;设计单位为交通部第三航务工程局设计院;施工单位为交通部第三航务工程局四公司。

(6)3号泊位(原称:煤炭3号泊位)

项目于1987年3月开工,1987年11月试运行,1988年10月竣工。

项目建设依据:1986年9月,交通部《关于宁波港镇海港区3#、4#泊位工程计划任务书的批注》(交计字〔1986〕462号);1986年12月,交通部《关于宁波港镇海港区3号、4号泊位工程初步设计的批复》(交基字〔1986〕998号)。1986年11月,浙江省环境保护科学研究院编制的《宁波港镇海港区三、四泊位环境影响评价大纲》;2005年4月,镇海区政府编制的《宁波港镇海港区交通运输·港口用海》。

项目建设1个2万吨级煤炭码头泊位,岸线总长180米。码头采用引桥式布局,高桩式结构。码头前沿水深9.5米。项目后方堆场面积2.68万平方米,堆存能力25.6万吨。

主要装卸设备配置包括 10 吨的门座式重机 6 台、TD75 的固定式皮带机、DQL800/1200×30 的斗轮堆取料机 2 台。项目总投资 3400 万元(3 号、4 号泊位)。项目陆域用地面积 5.07 万平方米(3 号、4 号泊位),用海面积 19.8 公顷(1~16 号泊位)。

项目建设单位为宁波舟山港股份有限公司镇海港埠分公司;设计单位为交通部第三航务工程勘察设计院、上海航道勘察设计院;施工单位为交通部第三航务工程局第四工程公司、交通部上海航道局第二工程公司;监理单位为宁波港工程建设监理公司。

(7)4 号泊位(原称:杂货 4 号泊位)

项目于 1987 年 3 月开工,1987 年 11 月试运行,1988 年 10 月竣工。

项目建设依据:1986 年 9 月,交通部《关于宁波港镇海港区 3#、4#泊位工程计划任务书的批注》(交计字〔1986〕462 号);1986 年 12 月,交通部《关于宁波港镇海港区 3#、4#泊位工程初步设计的批复》(交基字〔1986〕998 号)。1986 年 11 月,浙江省环境保护科学研究院编制的《宁波港镇海港区三、四泊位环境影响评价大纲》;2005 年 4 月,镇海区政府编制的《宁波港镇海港区交通运输·港口用海》。

项目建设 1 个 2 万吨级杂货码头泊位,岸线总长 160 米。码头采用引桥式布局,高桩式结构。码头前沿水深 9.5 米。项目后方堆场面积 34.33 万平方米,堆存能力 90.84 万吨。仓库面积 0.7 万平方米,堆存能力 1.47 万吨。主要装卸设备配置包括 DTII(16t)的固定式皮带机 5 台、DQ1500/2000.50 的斗轮堆取料机 6 台。项目总投资 3400 万元(3 号、4 号泊位)。项目陆域用地面积 5.07 万平方米(3 号、4 号泊位),用海面积 19.8 公顷(1 号~16 号泊位)。

项目建设单位为宁波舟山港股份有限公司镇海港埠分公司;设计单位为交通部第三航务工程勘察设计院、上海航道勘察设计院;施工单位为交通部第三航务工程局第四工程公司、交通部上海航道局第二工程公司;监理单位为宁波港工程建设监理公司。

(8)16-1 号泊位(原称:化工 16-1 号泊位)

项目于 1991 年 9 月开工,1992 年 1 月竣工。

项目建设依据:1983 年 5 月,交通部《关于宁波港镇海港区游山液体化工泊位建设工程设计计划任务书的批复》(交计字〔83〕951 号);1983 年 9 月,宁波港务局《关于宁波港镇海港区液体化工泊位工程初步设计的批复》(甬港基字〔83〕423 号)。2005 年 4 月,镇海区政府编制的《宁波港镇海港区交通运输·港口用海》。

项目建设 1 个 1 万吨级化工码头泊位,岸线总长 144 米。码头采用引桥式布局,高桩式结构。码头前沿水深 9.0 米。项目后方工作房一幢,75 平方米。主要装卸设备配置包括 RC06H-1.0 船用输油臂 3 台。项目由宁波港务局投资,用海面积 19.8 公顷(1 号~16号泊位)。

项目建设单位为宁波—舟山港股份有限公司镇海港埠分公司;设计单位为宁波市化工

设计院;施工单位为交通部三航局第四工程公司;质监单位为宁波港务局工程质量监督站。

(9)17号泊位(原称:化工17号泊位)

项目于1995年12月开工,1996年5月试运行,1997年5月竣工。

项目建设依据:1997年9月,宁波市计划委员会《关于宁波镇翔液化码头有限公司液体化工码头工程项目建议书兼可行性研究报告的批复》(甬计工〔1997〕433号);1997年12月,宁波港务局《关于宁波港镇海港区五万吨级液体化工码头建设工程初步设计的批复》(甬港〔1997〕计字第352号)。1997年10月,宁波市环境保护局《关于宁波港镇海港区五万吨级液体化工泊位环境影响报告书的批复》(甬环开〔1997〕130号);1997年12月,宁波港务局《关于同意使用岸线建设液化码头的批复》(甬港〔1997〕港政字第353号);2005年4月,镇海区政府编制的《宁波港镇海港区交通运输·港口用海》。

项目建设1个8万吨级化工码头泊位,岸线总长349米。码头采用引桥式布局,重力式、高桩式结构。码头前沿水深14米。项目后方陆域形成6.8万平方米,综合楼1幢144.38平方米,海水泵房1幢322.92平方米。主要装卸设备配置包括RC12D/RC08D的船用输油臂5台。项目总投资8401.38万元,由宁波港务局投资。项目用海面积13.35公顷。

项目建设单位为宁波舟山港股份有限公司镇海港埠分公司;设计单位为交通部第三航务工程勘察设计院、上海航道勘察设计研究院;施工单位为交通部第三航务工程局第四工程处、交通局上海航道局第二工程公司;监理单位为宁波港工程建设监理公司;质监单位为宁波港口建设工程质量监督站。

(10)18号泊位(原称:化工18号泊位)

项目于2002年6月开工,2002年8月试运行,2003年8月竣工。

项目建设依据:2002年6月,宁波市发展计划委员会《关于宁波港镇海港区新建18#泊位工程项目建议书的批复》(甬计基〔2002〕363号);2001年9月,宁波港务局《关于宁波港镇海港区18#液化码头工程初步设计局审查会议纪要》(甬港会纪〔2001〕15号)。2005年4月,镇海区政府编制的《宁波港镇海港区交通运输·港口用海》。

项目建设1个5万吨级化工码头泊位,岸线总长340米。码头采用引桥式布局,高桩式结构。码头前沿水深14米。主要装卸设备配置RC12-06D/RC12D/RC10D的船用输油臂5台。项目总投资4514.56万元。项目用海面积22.97公顷。

项目建设单位为宁波—舟山港股份有限公司镇海港埠分公司;设计单位为交通部第三航务工程勘察设计院;施工单位为中港第三航务工程局宁波分公司;监理单位为宁波港工程建设监理公司;质监单位为宁波港口建设工程质量监督站。

(11)10号泊位(原称:杂货10号泊位)

项目于2004年12月开工,2005年2月试运行,2006年1月竣工。

项目建设依据:2005年5月,宁波市发展计划委员会《关于镇海区10#泊位工程项目核准的批复》(甬计基〔2005〕163号)。2005年1月,宁波市环境保护局《关于镇海港区10#泊位工程环境影响报告书的批复》(甬环建〔2005〕7号);2005年4月,镇海区政府编制的《宁波港镇海港区交通运输·港口用海》;2003年12月,宁波港务局《关于同意使用岸线建造10#泊位的批复》(甬港政〔2003〕277号)。

项目建设1个2万吨级杂货码头泊位,岸线总长280米。码头采用引桥式布局,高桩式结构。码头前沿水深9.5米。项目后方堆场面积6.74万平方米,堆存能力1万吨。主要装卸设备配置包括40吨的门座式重机4台。项目总投资1.42亿元。项目陆域用地面积3.3万平方米,用海面积19.8公顷(1号~16号泊位)。

项目建设单位为宁波—舟山港股份有限公司镇海港埠分公司;设计单位为中交第三航务工程勘察设计院;施工单位为中交第三航务工程局第四工程公司等;监理单位为宁波港工程建设监理公司;质监单位为宁波市交通工程质量监督站。

(12)19号泊位(原称:化工19号泊位)

项目于2011年3月开工,2012年3月竣工。

项目建设依据:2011年12月,《关于宁波—舟山港镇海港区19#和20#液体化工码头工程项目申请报告核准的批复》(甬发改审批〔2011〕746号);2012年3月,宁波市交通运输委员会《关于宁波—舟山港镇海港区19#和20#液体化工码头工程施工图设计的批复》(甬交建〔2012〕38号);2012年1月,宁波市交通运输委员会《关于关于宁波—舟山港镇海港区19#和20#液体化工码头工程初步设计的批复》(甬交建〔2012〕7号);2010年7月,宁波市海洋与渔业局《宁波—舟山港镇海港区19#和20#液体化工码头项目用海预审意见》(甬海预审1002号)。2005年4月,镇海区政府编制的《宁波港镇海港区交通运输·港口用海》;2010年6月,宁波市环境保护局《关于宁波—舟山港镇海港区19#和20#液体化工码头工程环境影响报告书的批复》(甬环建〔2010〕36号);2010年6月,浙江海事局《宁波—舟山港镇海港区19#、20#液体化工泊位工程通航安全评估报告》的批复(浙海通航〔2010〕172号);2011年12月,交通运输部《关于宁波—舟山港镇海港区19#和20#泊位使用港口岸线批复》(交规划发〔2011〕727号)。

项目建设1个5万吨级化工码头泊位,岸线总长345米。码头采用引桥式布局,高桩式结构。码头前沿水深14米。项目后方罐区面积38367平方米,罐区总罐容10万立方米(19号、20号)。主要装卸设备配置包括RC12D-5.0/18.5船用输油臂2台。项目总投资3.54亿元(19号、20号),由宁波港务局投资。项目陆域用地面积3.84万平方米,用海面积45.69公顷(19号、20号)。

项目建设单位为宁波—舟山港股份有限公司镇海港埠分公司;设计单位为中交第三航务工程勘察设计院有限公司;施工单位为中交第三航务工程局有限公司;监理单位为宁波港工程项目管理有限公司;质监单位为宁波市交通工程质量安全监督站。

(13)20号泊位(原称:化工20号泊位)

项目于2011年3月开工,2012年2月试运行,2012年3月竣工。

项目建设依据:2011年12月,宁波市发展和改革委员会《关于宁波—舟山港镇海港区19#和20#液体化工码头工程项目申请报告核准的批复》(甬发改审批〔2011〕746号;2012年3月,宁波市交通运输委员会《关于宁波—舟山港镇海港区19#和20#液体化工码头工程施工图设计的批复》(甬交建〔2012〕38号);2012年1月,宁波市交通运输委员会《关于关于宁波—舟山港镇海港区19#和20#液体化工码头工程初步设计的批复》(甬交建〔2012〕7号);2010年7月,宁波市海洋与渔业局《宁波—舟山港镇海港区19#和20#液体化工码头项目用海预审意见》(甬海预审1002号)。2005年4月,镇海区政府编制的《宁波港镇海港区交通运输·港口用海》;2010年6月,宁波市环境保护局《关于宁波—舟山港镇海港区19#和20#液体化工码头工程环境影响报告书的批复》(甬环建〔2010〕36号);2010年6月,浙江海事局《宁波—舟山港镇海港区19#、20#液体化工泊位工程通航安全评估报告》的批复(浙海通航〔2010〕172号);2011年12月,交通运输部《关于宁波—舟山港镇海港区19#和20#泊位使用港口岸线批复》(交规划发〔2011〕727号)。

项目建设1个2万吨级化工码头泊位,岸线总长271米。码头采用引桥式布局,高桩式结构。码头前沿水深12.5米。项目后方罐区面积38367平方米,罐区总罐容10万立方米(19号、20号)。主要装卸设备配置包括RC08D-5.0/18.5船用输油臂2台。项目总投资5.60亿元(19号、20号),由宁波港务局投资。项目陆域用地面积3.84万平方米。用海面积45.69公顷(19号、20号)。

项目建设单位为宁波—舟山港股份有限公司镇海港埠分公司;设计单位为中交第三航务工程勘察设计院有限公司;施工单位为中交第三航务工程局有限公司;监理单位为宁波港工程项目管理有限公司;质监单位为宁波市交通工程质量安全监督站。

(14)21号、22号泊位(原称:通用散货)

项目于2011年4月开工,2011年11月试运行,2011年12月竣工。

项目建设依据:2010年7月,宁波市发展和改革委员会《关于宁波—舟山港镇海港区通用散货码头工程项目核准的批复》(甬发改审批〔2010〕374号)。2010年6月,宁波市海洋与渔业局《关于宁波—舟山港镇海港区通用散货码头工程环境影响报告书审查意见的函》(甬海〔2010〕46号);2010年6月,宁波市环境保护局《关于宁波—舟山港镇海港区通用散货码头工程环境影响报告书的批复》(甬环建〔2010〕35号);2005年4月,镇海区政府编制的《宁波港镇海港区交通运输·港口用海》;2003年12月,宁波港务局《关于同意镇海港区通用散货码头工程使用岸线的批复》(甬港港政〔2003〕281号)。

项目建设1个5万吨级通用散货码头泊位,岸线总长460米。码头采用引桥式布局,高桩式结构。码头前沿水深13.8米。项目后方堆场面积34.33万平方米,堆存能力

57万吨。主要装卸设备配置包括36吨的卸船机4台、DTII的固定式皮带机10台。项目总投资7亿元,由宁波港务局投资。项目陆域用地面积5.25万平方米,用海面积45.79公顷。

项目建设单位为宁波—舟山港股份有限公司镇海港埠分公司;设计单位为中交第三航务工程勘察设计院有限公司;施工单位为中交第三航务工程局有限公司;监理单位为宁波港工程项目管理有限公司;质监单位为宁波市交通工程质量安全监督站。

(四)大榭港区

1.港区综述

(1)港区建设和运营概况

招商局国际有限公司、宁波舟山港股份有限公司、中信(上海)港口控股有限公司三方股东共同投资于2003年6月成立了宁波大榭招商国际码头有限公司,三方股东分别持有45%、35%、20%的股份。宁波大榭招商国际码头有限公司负责《宁波大榭招商国际集装箱码头工程》的前期工作开展、工程的建设和运营。宁波大榭招商国际码头有限公司2005年8月正式运营,已建设完成3个10万吨级、1个7万吨级集装箱专用泊位,码头全长1500米,整个港区建成后总面积167.04万平方米,设计年吞吐量240万TEU。配有大型岸边集装箱起重机14台,轮胎式龙门起重机42台等机械设备。

2002年12月18日,由中国石化股份有限公司和宁波港股份有限公司共同出资组建的宁波实华原油码头有限公司,位于宁波大榭岛开发区孚竹村,是一家为船舶提供码头设施、在港区内提供货物装卸、为船舶提供淡水供应、压舱水收集服务为主营业务的股份制有限责任公司,2012年10月15日起转变为合资公司。装卸的原油主要进口自中东和非洲,中转服务对象为长三角及长江各大炼油企业。公司拥有2万吨级(兼靠6.9万吨级)、25万吨级(兼靠30万吨级)和国内最大的45万吨级原油码头各一座,旗下托管一座5万吨级港发码头。后方具备与码头生产相配套的中石化大榭岛油库,建有5.5万立方米储罐6个和10万立方米储罐11个,共计143万立方米。2004年6月20日建成并投运甬—沪—宁原油输送管线1条,年设计输送能力为2000万吨。截至2017年7月底,公司共计接卸进口原油2.97亿吨,吞吐量3.82亿吨。

(2)港区地理条件和集疏运概况

大榭岛距离宁波市中心40千米,毗邻杭州和上海,离上海海上距离不到100海里,大榭岛面积30.84平方公里,平地面积14.2平方公里,拥有海岸线26千米,其中深水岸线10.7千米,离岸不足100米水深即达20~30米。建港条件得天独厚,具有发展临港大工业和港口运输业的优良资源禀赋。

大榭岛濒临国际深水巷道,水域宽广,30万吨级船舶可自由进出。大榭岛隔金塘水道、漯头水道分别与金塘岛、舟山本岛相望。南侧穿山水道将其与宁波大陆分离出来。岛内建港配套设施比较完善，大榭岛与宁波市北仑区大陆连接的公路大桥也已建成通车。

2. 港区工程项目

（1）宁波液化石油气基地站项目

项目于 1998 年 10 月开工，2002 年 6 月试运行，2002 年 6 月竣工。

项目建设依据：1996 年 3 月，国家计划委员会《国家计委关于宁波液化石油气基地站工程可行性研究报告的批复》（计投资〔1996〕565 号）；1995 年，国家环境保护总局《宁波液化石油气基地站项目环境影响报告》（环监〔1995〕73 号）；1997 年 5 月，国家计划委员会《关于宁波液化石油气基地站变更站址的请示》（计司投资函〔1997〕157 号）。

项目建设 1 个 5000 吨级和 1 个 5 万吨级液化气码头泊位，岸线总长 800 米。码头采用引桥式布局，重力式结构。5 万吨级码头前沿水深 15 米，5000 吨级码头码头前沿水深 10 米。容量：丙烷 25 万立方米，丁烷 25 万立方米。引桥管线和陆上管线采用 π 形补偿器和自然补偿相结合的方法进行补偿，码头管线采用自然补偿。项目总投资 9650 万美元，其中合资公司注册资金 2895 万美元，注册资本以外 6200 万美元由合资公司从境外贷款。项目（码头港池）陆域用海面积 20.78 公顷，其中 5 万吨码头 0.76 公顷，5000 吨码头 0.56 公顷，港池 19.46 公顷。

项目建设单位为宁波华东 BP 液化石油气有限公司；设计单位为交通部第三航务工程勘探设计院；施工单位为交通部第三航务工程局第四工程公司、中国化学工程第三建设公司；监理单位为北京京华昌建设监理公司、北京京华水运工程建设监理事务所；质监单位为宁波港口建设工程质量监督站。

项目投产后总体运行良好，产品销售主要集中在长三角地区，为长三角地区的液化气供应提供了充足的保障。

（2）宁波港 25 万吨级原油中转码头工程

项目于 2000 年 5 月开工，2001 年 7 月完工，2002 年 6 月试运行。

项目建设依据：2004 年 2 月，国家发展和改革委员会《关于宁波港 25 万吨级原油中转码头工程可行性研究报告的批复》（发改交运〔2004〕311 号）；2004 年 11 月，交通部《关于宁波港 25 万吨级原油中转码头工程初步设计的批复》（交水发〔2004〕671 号）。2000 年 12 月，宁波大榭开发区港口管理委员会《关于 25 万吨级原油中转码头使用岸线的批复》（甬榭港〔2000〕2 号）；国家环境保护总局《关于宁波港 25 万吨级原油中转码头工程环境影响报告书的批复》（环函〔1990〕450 号）；2017 年，获得《海域使用权证》（国海不动产权第 0000060 号）。

项目建设 1 个 25 万吨级油码头泊位（码头水工建筑允许靠泊能力 30 万吨级），1 个 2 万吨级油码头泊位（码头水工建筑允许靠泊能力 6.9 万吨级），岸线总长 755 米。码头采用蝶形布局，高桩梁板式和高桩墩式结构。码头前沿水深 25 米。项目后方配套总库容 143 万立方米,其中 10 万立方米油罐 11 个、5.5 万立方米油罐 6 个,总占地面积 36.54 万平方米。主要装卸设备配置:1 号泊位,输油臂 4 台,型号 RC16D4,连云港远洋流体装卸设备有限公司;登船梯 1 台,型号 BL4A,江南造船厂金属结构件分厂;2 号泊位,输油臂 3 台,型号 RC10D,连云港远洋流体装卸设备有限公司;登船梯 1 台,型号 EBL-E4 上海冠卓企业发展有限公司。项目总投资 1.12 亿元,全部为业主自有资金。项目用海面积 35.62公顷。

项目建设单位为宁波港集团有限公司;设计单位为中交第三航务工程勘测设计院、中国石化集团洛阳石油化工工程公司;施工单位为中港第三航务工程局宁波分公司、中国石化集团第三建设公司、中国石油天然气第一建设公司;监理单位为宁波港工程建设监理有限公司。

(3)大榭利万石化有限公司 5 万吨级油品码头

项目于 2002 年 10 月开工,2003 年 6 月试运行,2004 年 7 月竣工。

项目建设依据:2002 年 10 月,宁波市发展计划委员会《关于大榭利万石化有限公司 5 万吨级油码头初步设计的批复》(甬设〔2002〕617 号)。2002 年 4 月,宁波大榭开发区环境保护局《关于大榭开发区利万石化有限公司年产 50 万吨级高级道路沥青工程环境影响报告书的批复》(甬榭环〔2002〕1 号);2007 年,宁波大榭开发区港口局印制中海石油宁波大榭石化有限公司一期码头工程项目《海域使用权证书》(国海证 073300088 号);2002 年 4 月,大榭开发区港口管理委员会《关于大榭利万石化有限公司 50 万吨/年沥青项目配套码头使用岸线的批复》(甬榭港管〔2002〕2 号)。

项目建设 1 个 5 万吨级油品码头泊位,岸线总长 330 米。码头采用蝶形布置,高桩式结构。泊位全长 330 米,引桥长 105 米,前沿水深 18 米,配有 16 英寸输油臂 1 台、12 英寸输油臂 1 台、8 英寸输油臂 4 台。项目总投资 4065 万元,企业自筹。项目(码头港池)用海面积 23.84 公顷。

项目建设单位为大榭利万石化有限公司;设计单位为中国船舶工业第九设计研究院、上海港湾工程设计研究院;施工单位为中港第三航务工程局宁波分公司、中石化三公司;监理单位为宁波交通工程咨询监理公司;质监单位为宁波市交通工程质量监督站。

2003 年 6 月 11 日,码头所属公司 5 万吨级码头成功靠泊"大庆 246"轮,标志着该码头成功投入运行。5 万吨级码头建成投入运行后,解决了公司后方陆域装置产品及原料的进出制约,确保了公司未来的可持续发展。

(4)大榭开发区兴发港埠有限公司万吨级多用途码头

项目于 2002 年 10 月开工,2005 年 5 月试运行,2005 年 8 月竣工。

项目建设依据:2002 年 4 月,宁波大榭开发区经济发展局《关于大榭兴发港埠公司万吨级多用途码头可行性研究报告的批复》(榭经资〔2002〕26 号);2002 年 12 月,交通部第三航务工程勘察设计院《宁波大榭开发区兴发港埠有限公司万吨级多用途码头工程初步设计》（甬榭经〔2002〕37号）。2002年4月，宁波大榭开发区环境保护局《建设项目环境影响报告表》；2004年7月，宁波市海洋环境监测中心颁发《海域使用论证资质证书》（国海论字第0412号）；2002年5月，宁波大榭开发区港口管理委员会《关于宁波大榭开发区兴发港埠公司万吨级多用途码头使用岸线的批复》（甬榭港管〔2002〕3号）。

项目建设1个1万吨级多用途散杂货泊位（码头水工建筑允许靠泊能力2.5吨级），岸线总长170米。码头采用顺岸式布局，高桩式结构。码头前沿水深13.5米。项目后方堆场面积6.43万平方米。项目总投资1.02亿元，全部使用自有资金。项目（码头港池）用海面积4.54万平方米。

项目建设单位为宁波大榭开发区兴发港埠有限公司；设计单位为中交第三航务工程勘察设计院；施工单位为宁波市交通工程建设集团有限公司、龙元建设集团股份有限公司；监理单位为上海东华监理所；质监单位为宁波市交通工程质量监督站、大榭开发区建设工程质量监督站。

2006年项目投产后，由于大榭开发区建设刚起步，配套设施不完善，加之港口物流以北仑三期为主，整个港口运行以辅助国家各种大基建为主，如杭州湾跨海大桥、金塘大桥的大件装卸等，同时有点零星的集装箱量。2007年国内经济发展步入一个高峰时期，房地产业的高速发展同时带动了其他经济，港口物流一片欣欣向荣的趋势，国内集装箱运输业繁荣起来，特别是民营的集装箱公司逐步壮大。在这一时期，兴发码头先后有几家集装箱公司的班轮进驻，其中以新良和南青两家为代表，码头的集装箱吞吐量最高可达月上5000TEU。2014年，中国经济开始软着陆，作为生产服务行业的港口业遇冷，到了2015年，中国最大的民营集装箱公司倒闭，宣告着港口物流业的寒冬已经到来，兴发码头亏损严重。2017—2018年，经济开始显现复苏，以各种钢产品为代表的高环保产业开始发力，同时其他港区超规范长时间等靠泊船舶出现分流，兴发码头因此受益。

（5）大榭永信港埠发展有限公司万吨级多用途码头

项目于2002年10月开工，2005年9月试运行，2007年1月竣工。

项目建设依据：2002年9月，宁波大榭开发区经济发展局《大榭永信港埠发展有限公司万吨级多用途码头工程初步设计》（榭经资函〔2002〕25号）。2001年12月，宁波大榭开发区管理委员会、中信大榭开发区公司《国有土地使用权转让合同》（信榭土转合〔2001〕70号）；2006年7月，国家海洋局印制《海域使用权证书》（国海证063300906）；2002年8月，宁波大榭开发区港口管理委员会同意项目使用岸线190米（甬榭港管〔2002〕7号）。

项目建设1个1万吨级建筑材料及件杂货码头泊位（码头水工建筑允许靠泊能力2万吨级），岸线总长190米。码头采用顺岸式栈桥布局，高桩式结构。码头前沿水深

10.7米。项目后方堆场面积4万平方米。主要装卸设备配置码头装卸船通过门座式起重机 AHJ4035C、AH21630D-00 各1台,陆域配轨道式集装箱门式起重机 MJ50-40A71 台。项目总投资 1.2 亿元,企业自有资金。项目(码头港池)用海面积 5.02 公顷,其中透水构筑物 1.27 万平方米,港池 3.75 万平方米。

项目建设单位为宁波大榭开发区永信港埠发展有限公司;质监单位为宁波市交通工程质量监督站。

(6)大榭招商国际集装箱码头

项目于 2003 年 9 月开工,2005 年 6 月一阶段 2 号、3 号、4 号泊位试运行,2010 年 1 月二阶段 1 号泊位试运行,至 2017 年 7 月 4 个泊位全部竣工。

项目建设依据:2003 年 6 月,大榭开发区管理委员会《关于中外合资大榭 D 港区 2 万吨级多用途(通用)码头项目建议书的批复》(甬榭管项〔2003〕11 号);2005 年 2 月,国家发展和改革委员会《关于宁波大榭招商国际集装箱码头项目核准的批复》(发改交运〔2005〕244 号);2005 年 4 月,宁波市发展和改革委员会《关于批准宁波大榭招商国际集装箱码头工程开工报告的复函》(甬计函重〔2005〕48 号);2005 年 4 月,宁波市发展和改革委员会《宁波大榭招商国际集装箱码头工程初步设计审查会会议纪要》(甬计会纪〔2005〕25 号);2012 年 11 月,交通运输部《关于宁波大榭招商国际集装箱码头二阶段工程初步设计的批复》(交水发〔2012〕650 号)。2014 年 2 月 21 日,宁波市交通运输委员会对二阶段工程施工图设计批复(甬交建〔2014〕51 号)。2004 年 12 月,国家环境保护总局《关于宁波大榭招商国际集装箱码头工程环境影响报告书审查意见的复函》(环审〔2004〕569 号);2005 年 1 月,宁波市北仑区国土资源局《关于对宁波大榭招商国际集装箱码头工程项目用地的初审意见》(仑土资预〔2005〕20 号);2006 年 7 月,宁波市海洋与渔业局《关于宁波大榭招商国际集装箱码头工程海洋环境影响报告书审查意见的函》(甬海〔2006〕40 号);2006 年 11 月,宁波市海洋与渔业局《海域使用权证书(填海用)》(国海证063300915 号)、2008 年 3 月更换新证(国海证 083300062 号);2003 年 7 月,宁波大榭开发区港口局《关于宁波大榭招商国际码头有限公司大榭 D 港区 2 万吨级多用途码头岸线使用意见的函》(甬榭港函〔2003〕7 号);2012 年 3 月,宁波海事局《关于对宁波大榭招商国际集装箱码头工程通航安全影响论证报告的批复》(甬海指〔2012〕83 号)。

项目建设 3 个 10 万吨级、1 个 7 万吨级集装箱专用泊位(2014 年 2 号、3 号泊位升级为 15 万吨级,减载靠泊能力为 20 万吨),岸线总长 1500 米。码头采用引桥式布局,高桩式结构。码头前沿水深 17.5 米。项目后方堆场面积 167.04 万平方米。主要装卸设备配置包括大型岸边集装箱起重机 16 台,轮胎式龙门起重机 57 台。项目总投资 34.55 亿元。项目陆域用地面积 165.88 万平方米,用海面积 126.99 公顷。

项目建设单位为宁波大榭招商国际码头有限公司;设计单位为中交第三航务工程勘

察设计院有限公司、上海航道勘察设计研究院设计、铁道部科学研究院;施工单位为中交第三航务工程局、中港第四航务工程局、上海航道局;监理单位为深圳海勤工程监理有限公司、宁波港工程项目管理有限公司、浙江环科工程监理有限公司;质监单位为宁波市交通工程质量安全监督站。

公司在遵守宁波—舟山港"四统一"的政策下,积极应对港航市场的变化和航线的调整,积极开拓市场,保持箱量、收入、利润稳定增长。2005年8月正式运营后,年吞吐量经历了几次飞跃,2008年突破100万TEU,2013年突破200万TEU,2017年稳步迈入了年300万TEU的集装箱码头行列。至2015年底,公司有外贸航线16条,内贸2条,内支线7条。2015年完成集装箱吞吐量270.98万TEU,占宁波—舟山港箱量比重达到13.67%。

(7)大榭利万聚酯5万吨级液体化工码头

项目于2005年6月开工,2006年10月试运行,2007年6月竣工。

项目建设依据:2004年,国家环境保护总局《关于中外合资宁波大榭开发区精对苯二甲酸项目环境影响报告书审查意见的复函》(环审〔2004〕137号);2005年,宁波大榭开发区港口管理委员会《关于宁波大榭PTA项目码头建设位置的复函》(甬榭港管〔2005〕1号);2007年,国家海洋局印制宁波三菱化学有限公司宁波大榭PTA专用码头工程项目《海域使用权证书》(国海证071100023号)。

项目建设1个5万吨级液体化工码头泊位,岸线总长343.85米。码头采用蝶形布置,高桩式结构。码头前沿水深16米。主要装卸设备配置为4台装卸臂,其中2台预留。项目总投资5316.4万元,专用码头工程是PTA项目的配套设施。PTA项目资金来源为项目资本金和银行贷款两部分。项目(码头港池)用海面积12.17公顷,其中透水构筑物3.50公顷,港池和蓄水池8.67公顷。

项目建设单位为宁波利万聚酯材料有限公司;设计单位为中交第三航务工程勘察设计院;施工单位为中港第三航务工程局;监理单位为上海东华建设监理所;质监单位为宁波市交通工程质量监督站。

(8)宁波大榭关外5万吨级液体化工码头工程项目

项目于2008年3月开工,2009年11月试运行,2011年6月竣工。

项目建设依据:2008年11月,宁波市交通局《关于宁波大榭关外5万吨级液体化工码头工程初步设计方案的审查意见》(甬交建〔2008〕441号);2007年11月,宁波市环境保护局《关于宁波大榭关外5万吨级液体化工码头工程环境影响报告书的批复》(甬环建〔2007〕42号);2007年10月,宁波市海洋与渔业局《关于印发大榭关外5万吨级液体化工码头工程海域使用论证报告书评审会议纪要的函》(甬海〔2007〕144号);2003年12月,宁波大榭开发区港口管理委员会《关于宁波大榭关外5万吨级液体化工码头工程使用岸线的批复》(甬榭港管〔2003〕3 号)。

项目建设 1 个 5 万吨级液体化工码头,1 个装卸泊位(码头水工结构按 10 万吨设计),岸线总长 360 米(2019 年 6 月年通过能力变更为 320.3 万吨)。码头采用引桥式布局,高桩式结构。码头前沿水深 17.5 米。项目无后方用地、堆场、仓库。主要装卸设备配置包括输油臂 4 台。项目总投资 1.3 亿元,其中银行贷款(政策性银行)5500 万元。用海面积 14.77 公顷,其中透水构筑物 0.61 公顷、港池 14.16 公顷。

项目建设单位为宁波大榭关外码头有限公司;设计单位为中交第三航务工程勘察设计院;施工单位为中港第三航务工程局;监理单位为厦门港湾咨询监理有限公司;质监单位为宁波市交通工程质量安全监督站。

项目生产经营上实现了跨越式增长,并一直保持良好的增长势头。码头建成和运营,助推了岛内企业特别是大榭石化、汉圣石化的发展,为大榭临港石化产业的发展,提供了物流保障。

(9)宁波大榭中油燃料油 30 万吨级油码头工程

项目于 2008 年 7 月开工,2008 年 12 月试运行,2013 年 4 月竣工。

项目建设依据:2009 年 8 月,交通运输部《关于宁波—舟山港大榭港区中油燃料油 30 万吨级油码头工程初步设计的批复》(交水发〔2009〕432 号)。2006 年 11 月,交通部《关于对宁波大榭中油燃料油 30 万吨级油码头工程环境影响报告书预审意见的函》(交环函〔2007〕5 号)、国家环境保护总局《关于宁波大榭中油燃料油 30 万吨级油码头工程环境影响报告书的批复》(环审〔2007〕144 号);国家海洋局《关于宁波大榭中油燃料油 30 万吨级油码头工程项目用海预审意见的函》(国海管字〔2008〕25 号)、国家海洋局《关于宁波大榭中油燃料油 30 万吨级油码头项目用海的批复》(国海管字〔2009〕668 号)。

项目建设 1 个 30 万吨级油码头泊位,岸线总长 515.3 米。码头采用引桥式布局,高桩式结构。码头前沿水深 25.5 米。项目后方无堆场、仓库等。主要装卸设备配置包括 16 英寸输油臂 4 台,10 英寸输油臂 6 台。项目总投资 2.09 亿元,其中企业投资(业主自有资金)8500 万元,银行贷款(政策性银行)1.07 亿元。项目填海面积 34.73 公顷;透水构筑物 0.48 公顷;港池 34.25 公顷。

项目建设单位为宁波大榭中油燃料油码头有限公司;设计单位为中交第三航务工程勘察设计院;施工单位为中港第三航务工程局、浙江省开元安装集团有限公司、上海一诺仪表有限公司;监理单位为宁波港工程项目管理有限公司;质监单位为宁波市交通工程质量安全监督站。

(10)大榭 5 万吨级油品码头工程

项目于 2008 年 12 月开工,2009 年 12 月试运行,2010 年 12 月竣工。

项目建设依据:2009 年 3 月,宁波市交通运输委员会《关于大榭 5 万吨级码头项目工程初步设计审查意见函》(甬交建〔2009〕93 号);2007 年 9 月,宁波市海洋与渔业局《关于宁波港集团有限公司大榭 5 万吨级油品码头工程海洋环境影响报告核准意见的函》(甬海〔2007〕119 号);2007 年 11 月,宁波市环境保护局《关于大榭 5 万吨级油品码头工程环境影响报告书的批复》(甬环建〔2007〕44 号);2009 年 7 月,宁波市海洋与渔业局《宁波市海洋与渔业局准予海洋行政许可决定书》(甬海域许 0907 号);2000 年 12 月,大宁波榭开发区港口管理委员会《关于 25 万吨级原油中转码头使用岸线的批复》(甬榭港〔2000〕2 号)。

项目建设 1 个 5 万吨级原油码头泊位,岸线总长 337 米。码头采用引桥式布局,蝶形结构。码头前沿水深 17.5 米。项目后方无堆场、仓库等。主要装卸设备配置包括 14 英寸输油臂 4 台。项目总投资 9400 万元,全部企业自筹。项目用海面积 19.02 公顷。

项目建设单位为宁波大榭港发码头有限公司;设计单位为中交第三航务工程勘察设计院有限公司;施工单位为中港第三航务工程局;监理单位为宁波港工程建设监理有限公司;质监单位为宁波市交通工程质量监督站。

(11)万华 2 万吨级液体化工码头

项目于 2009 年 7 月开工,2011 年 2 月试运行,2012 年 4 月竣工。

项目建设依据:2009 年 9 月,宁波市交通运输委员会《宁波大榭万华码头有限公司 2 万吨级液体化工码头工程初步设计》(甬交建〔2009〕290 号)。2009 年 4 月,《关于宁波大榭万华码头有限公司扩建 2 液体化工码头工程环境影响报告书的批复》(甬环建〔2009〕29 号);2009 年 5 月,宁波海事局《宁波大榭万华码头有限公司扩建 2 万吨级液化码头工程用海预审意见》(甬海预审 0907 号);2009 年 8 月,交通运输部《宁波大榭万华码头有限公司扩建液体化工码头工程使用岸线》(交规划发〔2009〕428 号)。

项目建设 3 个 2 万吨级液体化工码头泊位(码头水工建筑允许靠泊能力 30000 吨级),高桩式结构。码头前沿水深 15 米。主要装卸设备配置包括 3 台 DN150 输油臂。项目总投资 4884 万元,全部为企业自筹。

项目建设单位为宁波大榭万华码头有限公司;设计单位为中交上海港工程设计研究院有限公司;施工单位为中港第三航务工程局;监理单位为浙江公路水运工程监理有限公司;质监单位为宁波市交通工程质量安全监督站。

项目 2011 年 2 月建成投入试运行。2012 年 2 月首次顺利完成环氧丙烷、苯胺、二氧化碳三种新物料的装卸任务。2012 年 4 月 7 日,首次顺利完成 PO 外轮接卸。2013 年 12 月 18 日通过安全标准化考评工作(一级)。2013 年 12 月 20 日,通过文明码头考评工作(三星级)。2018 年 4 月,通过世界卫生组织验收复核,成为首个通过国际卫生港口复核的港口。

(12)宁波—舟山港大榭港区实华二期原油码头工程

项目于 2009 年 10 月 23 日开工,主体工程 2010 年 10 月 18 日完工,2011 年 5 月 3 日通过交工验收,2011 年 10 月 27 日投入试运行,设计变更工程于 2013 年 5 月 15 日开工,2013 年 8 月 12 日完工,2013 年 9 月 11 日通过交工验收, 2016 年 3 月 16 日通过竣工验收。

项目建设依据:2010 年 9 月,国家发展改革委员会《关于宁波—舟山港大榭港区实华二期原油码头工程项目核准的批复》(发改基础〔2010〕2343 号);2011 年 2 月,交通运输部《关于宁波—舟山港大榭港区实华二期原油码头工程初步设计的批复》(交水发〔2011〕151 号)。2007 年 8 月,国家环境保护总局《关于宁波(大榭)实华二期 30 万吨级原油中转码头工程环境影响报告书的批复》(环审〔2007〕345 号);2009 年 3 月,国家海洋局《关于宁波—舟山港大榭港区实华二期 45 万吨原油中转码头工程项目用海预审意见的函》(国海管字〔2009〕99 号);海域使用权证(国海证 111100066 号);2008 年 12 月,宁波大榭开发区港口局《关于宁波(大榭)实华二期 45 万吨原油中转码头工程岸线使用申请的复函》(甬榭港函〔2008〕5 号)。

项目建设 1 个 45 万吨级原油码头泊位,岸线总长 490 米。码头采用蝶形布局,高桩梁板和高桩墩式结构。码头前沿水深 27.5 米。储罐容量 143.0 万立方米。主要装卸设备配置包括输油臂 6 台。项目总投资 1.65 亿元,全部为企业自筹。用地面积 20.83 万平方米。用海面积 20.83 公顷。

项目建设单位为宁波实华原油码头有限公司;设计单位为中交第三航务工程勘测设计院有限公司;施工单位为中交第三航务工程局有限公司、浙江省工业设备安装集团有限公司;监理单位为宁波港工程项目管理有限公司;质监单位为宁波市交通工程质量安全监督站。

(13)宁波—舟山港大榭港区实华二期原油码头工程

项目于 2010 年 6 月开工,2013 年 5 月试运行,2014 年 4 月竣工。

项目建设依据:2010 年 5 月,宁波市交通运输委员会《关于宁波大榭中海石油码头有限公司 3 万吨级沥青码头工程初步设计的批复》(甬交建〔2010〕138 号)。2007 年,宁波市环境保护局《关于中海石油宁波大榭石化有限公司 3 万吨级沥青码头工程环境影响报告书的批复》(甬环建〔2007〕22 号);2010 年 5 月,宁波大榭开发区港口局印制宁波大榭中海石油码头有限公司 3 万吨级沥青码头工程《海域使用权证书》(国海证 103300116 号);2009 年 3 月,交通运输部《关于中海石油宁波大榭 3 万吨级石化码头工程使用港口岸线的批复》(交规划发〔2009〕120 号);2008 年 4 月,浙江省发展和改革委员会《关于中海石油宁波大榭石化有限公司 3 万吨级沥青码头工程使用岸线意见的复函》(浙发改函〔2008〕80 号)。

项目建设 1 个 3 万吨级油品码头泊位(码头水工建筑允许靠泊能力 5 万吨级),岸线总长 330 米。码头采用蝶形布置,高桩式结构。引桥长 100 米,前沿水深 15.2 米,配有 8 英寸输油臂 4 台,12 英寸输油臂 1 台,16 英寸输油臂 1 台,并配有快速脱缆钩等先进的油船靠离泊辅助设施。水平运输采用油品管线,引桥管线和陆上管线通过金属软管连接。项目总投资7711万元,全部为企业自筹。项目(码头港池)用海面积18.38万平方米,其中码头0.56万平方米,港池17.82万平方米。

项目建设单位为宁波大榭中海石油码头有限公司;设计单位为中交上海港湾工程设计研究院有限公司、镇海石化工程股份有限公司;施工单位为中交第三航务工程局有限公司、浙江省工业设备安全集团有限公司、浙江新时代消防技术有限责任公司;监理单位为厦门港湾咨询监理有限公司;质监单位为宁波市交通工程质量安全监督站。

2013年5月建成投入试运行。2013年5月10日,3万吨级沥青码头成功靠泊5000吨级油船,标志着宁波大榭中海石油码头有限公司新建3万吨级沥青码头成功投入运行。3万吨级沥青码头建成投入运行后,解决了中海石油宁波大榭石化有限公司二期扩建项目投用所需原料及产品的出运瓶颈,缓解了因中海石油宁波大榭石化有限公司库区扩容而给现有码头接卸能力不足带来的巨大压力,同时也减少了因油船滞期而带来的损失,进一步提高了经济效益,确保了中海石油宁波大榭石化有限公司可持续发展。

(14)3万吨级液体化工码头

项目于2015年5月开工,2016年5月试运行,2017年4月竣工。

项目建设依据:2016年1月,宁波市交通运输委员会《关于大榭港区中海石油码头有限公司3万吨级沥青码头改造工程设计文件的批复》(甬交建〔2016〕1号)。2017年4月,宁波市环境保护局《关于3万吨级沥青码头改造工程环境影响报告书的批复》(甬环建〔2017〕7号);2010年5月,宁波大榭开发区港口局印制宁波大榭中海石油码头有限公司3万吨级沥青码头工程《海域使用权证书》(国海证103300116号);2009年3月,交通运输部《关于中海石油宁波大榭3万吨级石化码头工程使用港口岸线的批复》(交规划发〔2009〕120号)。

项目改建1个3万吨级液体化工码头泊位(码头水工建筑允许靠泊能力5万吨级),岸线总长330米。码头采用蝶形布置,高桩墩式结构。泊位全长330米,引桥长100米,前沿水深15.2米,配有8英寸输油臂4台,8英寸双管输油臂2台,12英寸输油臂1台,16英寸输油臂1台,并配有激光靠泊仪与快速脱缆钩等先进的油船靠离泊辅助设施。水平运输采用油品管线,引桥管线和陆上管线通过金属软管连接。项目总投资2450万元,全部为企业自筹。项目(码头港池)用海面积18.38公顷,其中码头0.56公顷、港池17.82公顷。

项目建设单位为宁波大榭中海石油码头有限公司;设计单位为中交上海港湾工程设计研究院有限公司、镇海石化工程股份有限公司;施工单位为镇海石化工程有限责任公司、浙江新时代消防技术有限责任公司;监理单位为中咨工程建设监理有限公司;质监单位为宁波市交通工程质量安全监督站。

2016年5月14日,3万吨级液体化工码头成功靠泊"丰益2"LPG船,标志着宁波大榭中海石油码头有限公司3万吨级液体化工码头成功投运。该码头建成投运后,解决了中海石油宁波大榭石化有限公司三期馏分油项目建成投用后产品、原料进出的瓶颈,确保了中海石油宁波大榭石化有限公司的可持续发展。

(15)大榭E港区2万吨级多用途码头工程1号泊位

项目于2005年8月开工,2006年12月试运行,2007年9月竣工。

项目建设依据:2005年3月,《关于大榭开发区榭西E港区1号泊位2万吨级多用途码头工程可行性研究报告的批复》(甬计基〔2005〕69号);2005年10月,《关于大榭E港区1#泊位2万吨级多用途码头工程初步设计的批复》(甬发改投资〔2005〕413号);2007年7月,宁波市环境保护局批复环境影响报告(甬环验〔2007〕46号);2006年4月,批复项目用地(〔2006〕浙规地证0206013号);2006年5月,《大榭港口局海域使用权批复通知书》(甬榭海权〔2006〕002号);2003年8月,《关于宁波港大榭E作业港区1#泊位工程使用岸线的批复》(甬港函〔2003〕9号)。

项目建设1个2万吨级多用途码头泊位,岸线总长240米。码头采用引桥式布局,高桩式结构。码头前沿水深14.5米。项目后方堆场面积5.99万平方米。主要装卸设备配置包括门式起重机2台,龙门式起重机1台。项目总投资1.65亿元。项目陆域用地面积10.64万平方米,用海面积6.19公顷。

项目建设单位为宁波大榭开发区码头发展有限公司(2009年变更为宁波大榭信业码头有限公司);设计单位为中交第三航务程勘察设计院;施工单位为中港第三航务工程局、杭州萧宏建设集团有限公司、台州建筑安装工程公司;监理单位为宁波经济技术开发区宁波港工程建设监理有限公司;质监单位为宁波交通工程质量监督站、大榭开发区建设工程质量监督站。

(16)大榭E港区2万吨级多用途码头工程2号泊位

项目于2001年4月开工,2002年6月试运营,2002年8月竣工。

项目建设依据:2000年9月,《关于大榭岛2万吨级通用码头工程可行性研究报告的批复》(甬计工〔200〕487号);2001年3月,《关于大榭2万吨级多用途码头工程初步设计的批复》(甬计工〔2001〕125号);2002年7月,《关于大榭2万吨级通用码头项目环境影响评价报告书的批复》(甬榭环〔2002〕3号);2001年8月,批复项目用地(〔01〕浙规地证0206008号);2004年12月,《大榭港口局海域使用权批复通知书》(甬榭海权〔2004〕002号);2000年8月,《关于大榭2万吨级多用途码头项目使用岸线的批复》(甬榭港〔2000〕1号)。

项目建设1个2万吨级多用途码头泊位,岸线总长240米。码头采用引桥式布局,高桩式结构。码头前沿水深11.9米。项目后方堆场面积2.88万平方米。主要装卸设备配置包括门式起重机3台,龙门式起重机1台。项目总投资1.14亿元。项目陆域用地面积

9.84万平方米,用海面积7.55公顷。

项目建设单位为宁波大榭开发区码头发展有限公司(2009年变更为宁波大榭信业码头有限公司);设计单位为交通部第三航务工程勘察设计院;施工单位为中港第三航务工程局第四工程公司与国华国际工程承包公司组成的联合体、台州建筑安装工程公司;监理单位为宁波经济技术开发区宁波港工程建设监理有限公司;质监单位为宁波交通工程质量监督站、大榭开发区建设工程质量监督站。

(五)穿山港区

1.港区综述

(1)港区建设和运营概况

穿山港区位于北仑穿山半岛北岸,与舟山本岛隔海相望,主要由北仑四期(宁波港吉(意宁)码头经营有限公司)、五期工程(宁波远东码头经营有限公司)组成,岸线长约3410米,前沿水深在17米以上,共建设有10个按15万吨级水工结构施工的集装箱专用泊位及配套工程,陆域面积359万平方米,穿山港区北仑四期工程于2004年6月投产,五期工程于2006年12月投产。

穿山港区位于穿山半岛北侧,建有中宅码头,共有泊位2个,其中15万吨级(水工按20万吨级设计)卸船泊位1个、5万吨级装船泊位1个。占用岸线长度872米,设计年吞吐量1330万吨。中宅二期30万吨级(水工按40万吨级设计)卸船泊位1个、5万吨级(水工按7万吨级设计)装船泊位1个、3.5万吨级(水工按5万吨级设计)正在建设,占用岸线长度813米,设计年吞吐量2000万吨。

(2)港区地理条件和集疏运概况

穿山港区位于浙江省宁波市北仑区郭巨镇,穿山半岛北侧,南靠穿山半岛花船塘小山岭,北隔螺头水道与舟山市摘箸山、大猫山、峋山等相望,其西侧为大榭岛、穿鼻岛、凉帽山、白鸭山等小岛;东部接峙头洋弯道。

港区有3条主要航道,虾峙门口外30万吨级人工航道、条帚门航道以及部分西航道,1万吨级及以上船舶可自虾峙门口外沿宁波—舟山港船舶定线制航路经虾峙门、峙头洋、螺头水道或者经箸帚门、峙头洋、螺头水道航行,而1万吨级以下船舶可考虑沿西航路进出。

2.港区工程项目

(1)宁波—舟山港北仑四期集装箱码头工程

项目于2002年8月开工,2004年6月3号泊位试运行,2004年9月4号泊位试运行,2008年12月竣工。

项目建设依据:2003年12月,国家发展和改革委员会《关于审批宁波港北仑港区四期集装箱码头工程可行性研究报告的请示的通知》(发改交运〔2003〕2122号);2004年2月,交通部《关于宁波港北仑港区四期集装箱码头工程初步设计的批复》(交水发〔2004〕109号);2004年10月,交通部《关于宁波港北仑港区四期集装箱码头工程初步设计调整的批复》(交水发〔2004〕559号)。2003年4月,国家环境保护总局《关于宁波港北仑港区四期集装箱码头工程环境影响报告书审查意见的复函》(环审〔2003〕113号);2005年9月,国家海洋局《关于宁波港北仑港区四期集装箱码头工程项目用海的批复》(国海管字〔2005〕493号);2001年2月,宁波港务局《关于同意北仑四期集装箱码头工程使用岸线的批复》(甬港规〔2001〕26号)。

项目建设5个水工结构15万吨级集装箱码头泊位,岸线总长1785米。码头采用引桥式布局,高桩式结构。码头前沿水深17米。项目后方堆场面积98.41万平方米,堆存能力12.59万TEU。主要装卸设备配置包括岸边集装箱起重机16台,轮胎式龙门起重机48台。项目总投资40.68亿元。项目陆域用地面积204万平方米,用海面积49.55公顷。

项目建设单位为宁波港建设开发有限公司;设计单位为中交水运规划设计院有限公司;施工单位为中港第三航务工程局,上海航道局;监理单位为宁波港工程建设监理有限公司;质监单位为宁波市交通工程质量安全监督站。

(2)宁波—舟山港北仑五期集装箱码头工程

项目于2004年10月开工,2009年5月试运行,2013年6月竣工。

项目建设依据:2008年9月,国家发展和改革委员会《关于宁波—舟山港北仑港区五期集装箱码头工程项目核准的批复》(发改基础〔2008〕2560号);2007年6月,交通部《关于对宁波港北仑港区五期集装箱码头工程项目的意见》(交函规划〔2007〕230号);2009年6月,交通运输部《关于宁波—舟山港北仑港区五期集装箱码头工程初步设计的批复》(交水发〔2009〕298号)。2006年12月,国家环境保护总局《关于宁波港北仑港区五期集装箱码头工程环境影响报告书的批复》(环审〔2006〕687号);2010年11月,国土资源部《关于宁波—舟山港北仑港区五期集装箱码头工程建设用地的批复》(国土资函〔2010〕994号);2009年8月,国家海洋局《关于宁波—舟山港北仑港区五期集装箱码头工程项目用海的批复》(国海管字〔2009〕534号)。

项目建设5个水工结构15万吨级集装箱码头泊位,岸线总长1625米。码头采用引桥式布局,高桩式结构。码头前沿水深17米。项目后方堆场面积82.70万平方米,堆存能力14.01万TEU。主要装卸设备配置包括岸边集装箱起重机20台,轮胎式龙门式起重机60台,轨道式龙门式起重机2台。项目总投资60.31亿元,自筹21.11亿元,银行贷款39.20亿元。项目陆域用地面积295.4万平方米,用海面积52.29公顷。

项目建设单位为宁波港建设开发有限公司;设计单位为中交水运规划设计院有限公司;施工单位为中交第三航务工程局有限公司、中交上航局航道建设有限公司、宁波港海港工程有限公司、浙江昆仑建设集团有限公司、宁波建工股份有限公司、浙江艮威水利建设有限公司、浙江中一建设有限公司、中国水利水电第十二工程局有限公司、恒元建设控股集团有限公司;监理单位为宁波港工程项目管理有限公司;质监单位为宁波市交通工程质量安全监督站。

(3)宁波—舟山港穿山港区中宅煤炭码头工程

项目于2010年3月开工,2012年6月试运行,2012年6月竣工。

项目建设依据:2010年4月,国家发展和改革委员会《关于宁波—舟山港中宅煤炭码头工程项目核准批复》(发改基础〔2010〕785号);2010年8月,交通运输部《关于宁波—舟山港穿山港区中宅煤炭码头工程初步设计的批复》(交水发〔2010〕400号)。2007年8月,国家环境保护总局《关于宁波港穿山港区中宅煤炭码头工程环境影响报告书的批复》(环评〔2007〕338号);2009年6月,国土资源部《关于宁波港穿山港区中宅煤炭码头工程建设用地预审意见的函》(国土资预审字〔2009〕222号);2008年11月12日,国家海洋局《关于宁波港穿山港区中宅煤炭码头工程项目用海预审意见的函》(国海管字〔2008〕595号)。

项目建设1个15万吨级煤炭接卸码头泊位和1个5万吨级煤炭装船码头泊位,岸线总长872米。码头采用引桥式布局,高桩式结构。码头前沿水深17米。项目后方堆场面积91.14万平方米,堆存能力2000万吨。主要装卸设备配置包括2100吨/小时桥式抓斗卸船机3台,4200吨/小时移动式装船机2台,4200吨/小时斗轮堆取料机3台。项目总投资26.80亿元,全部为企业自筹。项目陆域用地面积123.06万平方米,用海面积78.82公顷。

项目建设单位为宁波港建设开发有限公司;设计单位为中交第三航务工程勘察设计院有限公司;施工单位为中交第三航务工程局有限公司、中交上航局、浙江省二建建设集团有限公司、中水第十二工程局有限公司、浙江第一水电建设集团有限公司;监理单位为宁波港工程项目管理有限公司;质监单位为宁波市交通工程质量安全监督站。

(六)梅山港区

1. 港区综述

(1)港区建设和运营概况

梅山港区位于梅山岛南侧,已建成3个7万吨级、2个10万吨级集装箱泊位,以及1个7万吨级滚装及杂货泊位。集装箱泊位岸线长1800米,滚装及杂货泊位岸线长450米。梅山港区有2个20万吨级、3个15万吨级集装箱泊位正在建设,建设泊位岸线长度2150米。

(2)港区地理条件和集疏运概况

梅山岛地处象山港口门东北部,梅山岛西北与北仑区上阳乡、郭巨镇隔梅山水道相望,梅山水道宽约0.45千米,东北临崎头洋,东南与佛渡岛、六横岛隔佛渡水道相望,西南与象山港口门水崎毗连。梅山港区位于梅山岛南侧,港址前沿为汀子门水道,汀子门水道隔汀子山、大馒头、小馒头及山礁头等岛礁与青龙门水道相邻,是佛渡水道与象山港海域相连的主要潮流通道之一。

港区水域受佛渡岛、六横岛、桃花岛等诸多岛屿掩护,风浪条件良好,水深条件优越,水域宽阔,岸线顺直,陆域多为盐田及滩地,平坦且开阔。港池水深大部在17~18米之间,主航道水深基本在21米以上,海床大部为泥底质,淤积缓慢。港区内集疏运主要通过水水中转及水陆中转,陆路运输通过沿海中线、疏港高速公路等路线运至各港区。

2.港区工程项目

(1)宁波—舟山港梅山保税港区1号~5号集装箱码头工程

项目于2008年3月开工,1号、2号泊位工程于2010年1月完工,2010年4月开始试运行,3号~5号泊位工程于2011年8月开工,2013年5月完工,2013年9月开始试运行,2015年7月竣工。

项目建设依据:2008年5月,中交第三航务工程勘察设计院有限公司编制完成了《宁波—舟山港梅山保税港区1#~5#集装箱码头工程可行性研究报告》;2010年9月,交通运输部《关于宁波—舟山港梅山保税港区1号至5号集装箱泊位工程初步设计的批复》(交水发〔2010〕522号);2010年10月,国家发展和改革委员会《关于宁波—舟山港梅山保税港区1号至5号集装箱泊位工程项目核准的批复》(发改基础〔2010〕370号)。2008年12月,环境保护部《关于宁波—舟山港梅山保税港区1#~5#集装箱码头工程环境影响报告书的批复》(环审〔2008〕486号);2008年9月,国土资源部《关于宁波—舟山港梅山保税港区1#~5#集装箱码头工程建设用地预审意见的复函》(国土资预审字〔2008〕265号);2011年3月,国家海洋局《关于宁波—舟山港梅山保税港区1#~5#集装箱码头工程项目用海的批复》(国海管字〔2011〕188号);2009年10月,交通运输部《关于宁波—舟山港梅山保税港区1#~5#集装箱码头工程项目申请报告的意见》(交函规划〔2009〕305号)。

项目建设3个7万吨级(码头水工建筑允许靠泊能力10万吨级),以及2个10万吨级集装箱码头泊位(码头水工建筑允许靠泊能力15万吨级),岸线总长1800米。码头采用引桥式布局,高桩式结构。码头前沿水深17.5米。项目后方堆场面积97万平方米。主要装卸设备配置包括岸边集装箱起重机16台,轮胎式集装箱门式起重机56台。项目总投资45.57亿元,其中项目法人资本金16.5亿元,银行贷款29.07亿元。项目陆域用地135.30万平方米,填海区面积15.63公顷,其中填海造地新增的项目用地6.35公顷,码头及港池用海面积78.07公顷。

项目建设单位为宁波梅山岛国际集装箱码头有限公司;设计单位为中交第三航务工

程勘察设计院有限公司;施工单位为中交第三航务工程局有限公司、中交上航局航道建设有限公司、天颂建设集团有限公司、宁波港海港工程有限公司、浙江省三门建安工程有限公司、浙江省二建建设集团有限公司、中国水利水电第十二工程局有限公司;监理单位为宁波港工程项目管理有限公司;质监单位为宁波市交通工程质量安全监督站。

2010—2015年共计靠泊船舶8383艘次,完成集装箱吞吐量约为626.5万TEU。工程的建设主要是保障梅山保税港区正常运营并充分发挥其政策优势,从而拓展港口功能、加快现代物流业发展、促进腹地产业结构升级的需要,为梅山岛的开发以及宁波—舟山港码头通过能力的不足提供有效补充。

(2)宁波—舟山港梅山港区滚装及杂货码头工程(原项目名称为宁波—舟山港梅山港区多用途码头工程)

项目于2015年1月开工,2016年2月试运行,2017年3月竣工。

项目建设依据:2014年6月,宁波市发展和改革委员会《关于宁波—舟山港梅山港区滚装及杂货码头工程核准的函》(甬发改审批〔2014〕324号);2014年9月,宁波市交通运输委员会《关于宁波—舟山港梅山港区滚装及杂货码头工程初步设计的批复》(甬交建〔2014〕288号)。2013年3月,宁波市环境保护局《关于宁波—舟山港梅山港区多用途码头工程环境影响报告书的批复》(甬环建〔2013〕145号);2017年3月,宁波市国土资源局出具不动产权证书(浙〔2017〕北仑区不动产权第0010601号);2014年8月,北仑区海洋与渔业局出具《海域使用权证书》(国海证2014D33020602753);2014年4月,交通运输部《关于宁波—舟山港梅山港区滚装及杂货码头工程使用港口岸线的批复》(交函规划〔2014〕267号)。

项目建设1个7万吨级滚装及杂货码头泊位,岸线总长450米。码头采用引桥式布局,高桩式结构。码头前沿水深15.7米。项目后方堆场面积11.9万平方米。项目总投资5.40亿元,通过业主自有资金出资、商请银行贷款方式自筹解决。项目陆域用地19.87万平方米,码头及港池用海面积11.99公顷。

项目建设单位为宁波梅西滚装码头有限公司;设计单位为中交水运规划设计院有限公司;施工单位为中交第三航务工程局有限公司;监理单位为宁波港工程项目管理有限公司;质监单位为宁波市交通工程质量安全监督站。

项目较好地满足了梅山保税港区汽车进口口岸发展及汽车产品出口运输需求以及保税港区及周边临港工业发展所产生的散杂货运输需求。

(七)洋山港区

1.港区综述

(1)港区建设和运营概况

港区陆域范围包括大、小洋山及其周边岛屿,2002年起正式开发建设洋山深水港。

港区陆域范围包括大、小洋山及其周边岛屿,划分为小洋山、沈家湾、大洋山、小洋山北共4个作业区。目前已建成7个7万～15万吨级集装箱泊位,1个10万吨级油码头和1个10万吨级LNG码头,以及1个千吨级散货泊位。港区吞吐量2011年327万吨、2012年309万吨、2013年277万吨、2014年422万吨、2015年320万吨(不含集装箱和LNG吞吐量)。

(2)港区地理条件和集疏运概况

港区位于杭州湾入海口,长江与钱塘江交汇处的崎岖列岛,包括大、小洋山岛及附近诸岛。港区由大洋山和小洋山岛为主的南、北两列岛链及周边水域构成。

港区通航条件便捷,东出即入国际航道,西出可直达长江口,进出港区的航道分为主航道和支航道。主航道设计底高程为16.5米,10万吨级船舶可全潮通航,12万吨、15万吨船舶需乘潮进港。港区主要通过东海大桥连接上海,水路运输至世界各地港口。

2.港区工程项目

洋山申港国际石油储运工程一期

项目于2006年8月开工,2008年11月试运行,2009年10月竣工。

项目建设依据:2006年6月,国家发展和改革委员会《关于中外合资建设经营洋山石油储运项目一期工程项目核准的批复》(发改交运〔2006〕1285号);2007年2月,交通部《关于洋山石油储运一期工程初步设计的批复》(交水发〔2007〕62号)。2005年10月,国家环境保护总局《关于洋山石油储运一期工程环境影响报告书的批复》(环审〔2005〕846号);2005年1月,舟山市城乡建设委员会出具《建设项目选址意见书》(嵊建〔2007〕第007号);2007年11月,取得《海域使用权证》(国海证071100077);2006年12月,国家发展和改革委员会《关于洋山石油储运工程使用岸线的批复》(发改交运〔2006〕1285号)。

项目建设1个10万吨级成品油卸船码头泊位(码头水工建筑允许靠泊能力12万吨级),岸线总长560米。码头采用顺岸式布局,高桩式结构。码头前沿水深17米。成品油储罐总容量42万立方米。项目总投资7.7亿元。项目陆域用地面积17.94万平方米,用海面积1499.56公顷。

项目建设单位为洋山申港国际石油储运有限公司;设计单位为中交第三航务工程勘察设计院有限公司(码头)、中石油天然气华东勘察设计研究院(库区);施工单位为中交第三航务工程局有限公司宁波分公司(水工部分)、大庆油田建设集团有限公司和中石油天然气管道局(库区安装工程);监理单位为上海远东水运工程建设监理咨询公司(水工部分)、上海金申工程建设监理公司(库区安装工程)、上海东华建设监理所(库区桩基工程);质监单位为舟山市交通质量监督局、嵊泗县建筑工程质量监督站。

2008年11月,一期工程建成投入试运行。储罐利用率、罐容储藏率两项指标都表现良好,基本趋于饱和利用状态。2009年初,二期工程开工。二期工程建设22台总罐容

59 万立方米的储油罐,总投资约 8 亿元人民币。项目完善了上海地区成品油接卸系统,提高了洋山深水港区船舶服务水平,降低了油品配送成本,适应集装箱运输发展的需要,为远东最大的成品油中转基地。

(八)六横港区

1. 港区综述

(1)港区建设和运营概况

港区位于舟山群岛南部海域,包括六横岛以及西侧佛渡岛、东侧凉潭、悬山、金钵盂、虾峙等岛屿和北侧湖泥岛等岛屿,港区以矿石、煤炭、石油化工品中转运输,以及大型船舶修造业为主。已建成以中远集团为主体形成规模化的船舶修造服务基地,以及金润石油、浙能中煤电厂、武港矿石等万吨级码头,港区内千吨级以上泊位共计 17 个。2011—2015 年吞吐量分别为:2011 年 3026.36 万吨;2012 年 3642.15 万吨;2013 年 4796.64 万吨;2014 年 6070.26 万吨;2015 年 6921.48 万吨。

(2)港区地理条件和集疏运概况

六横四周港池宽阔,水道纵横,紧连虾峙门和条帚门国际航道,东出不足 10 海里即为国际航线,可直达世界各主要港口,建港和通航条件优越。港区内有 30 万吨级航道 15 千米,15 万吨级航道 20 千米。

六横港区与大陆相近,以长江为主大小径流带来泥沙,滩涂为泥质浅海滩涂,在滩涂和岸线外水域,底质为粉砂质黏土软泥和粉砂质。

2. 港区工程项目

(1)舟山武港矿石码头工程

项目于 2006 年 8 月开工,2008 年 11 月试运行,2009 年 10 月竣工。

项目建设依据:2009 年 11 月,国家发展和改革委员会《关于舟山武港矿石码头工程项目核准的批复》(发改基础〔2009〕1753 号);2008 年 12 月,交通部规划研究院《浙江舟山武港码头工程可行性研究报告审核意见及函》(交规水函字〔2008〕333 号);2010 年 6月,交通运输部《关于舟山武港矿石码头工程初步设计的批复》(交水发〔2010〕272 号)。2009 年 1 月,国家环境保护部《关于浙江舟山武港矿石码头工程环境影响报告书的批复》(环审〔2009〕25 号);2009 年 2 月,国土资源部《关于浙江舟山武港矿石码头工程建设用地预审意见的复函》(国土资预审字〔2009〕70 号);2011 年 3 月,国家海洋局《关于浙江舟山武港矿石码头工程项目用海的批复》(国海管字〔2011〕189 号)。

项目建设 1 个 25 万吨级、1 个 5 万吨级和 2 个 1 万吨级的金属矿石码头泊位,岸线总长 1065 米。码头采用顺岸式布局,高桩式结构。码头前沿水深 27 米。项目后方堆场面积 15 万平方米,堆存能力 135 万吨。主要装卸设备配置包括 2500 吨/小时的桥式抓斗卸船机 3 台、5000 吨/小时的装船机 2 台、5000 吨/小时的带式输送机 18 台及 5000 吨/小时的斗轮堆取料机 3 台。项目总投资 25.6 亿元。项目陆域用地面积 44.3 万平方米,用海面积 73.56 公顷。

项目建设单位为浙江舟山武港码头有限公司;设计单位为中交第一航务工程勘察设计院有限公司;施工单位为中交第三航务工程局有限公司(25 万吨级码头),中交第二航务工程局有限公司(5 万吨级、1 万吨级码头);监理单位为天津中北港湾工程建设监理有限公司;质监单位为浙江省交通运输厅工程质量监督局。

项目投产后有效缓解了宁波—舟山港铁矿石接卸能力不足的矛盾,完善了长江三角洲地区港口铁矿石运输系统,适应了长江三角洲和长江沿线地区钢铁发展的需要。

(2)六横港区煤炭中转码头项目

项目于 2006 年 12 月开工,2009 年 4 月试运行,2010 年 12 月竣工。

项目建设依据:2006 年 3 月,国家发展和改革委员会《关于舟山港六横港区煤炭中转码头工程项目核准的批复》(发改交运〔2006〕476 号);2005 年 12 月 27 日,交通部《关于对舟山港六横港区煤炭中转码头工程项目核准申请报告的意见》(交函规划〔2005〕465号);2006 年 9 月,浙江省发展和改革委员会《关于浙能舟山煤炭中转码头初步设计的批复》(浙发改设计〔2006〕115 号)。2005 年 8 月,国家环境保护总局《浙江舟山煤炭中转码头工程环境影响报告书的批复》(环审〔2005〕693 号);2005 年 7 月,国土资源部《关于浙江舟山煤炭中转码头工程项目建设用地预审意见的复函》(国土资预审字〔2005〕264 号);2007 年,国家海洋局《海域使用权证》(国海证 073300209);2007 年 6 月,浙江省交通厅《关于浙江舟山煤炭中转码头工程使用港口岸线的初审意见》(浙交函〔2005〕156 号)。

项目建设 1 个 15 万吨级、1 个 5 万吨级、1 个 3.5 万吨级和 1 个 2 万吨级散货船码头泊位,岸线总长 1174 米。码头采用顺岸式布局,高桩式结构。码头前沿水深 21.6 米。项目后方堆场平面尺度 1441 米×565 米,单条堆场有效堆垛宽度为 57 米(6 条)和 46 米(2 条),堆垛总长度为 1280 米,堆场有效堆垛净面积共 55.55 万平方米,堆存能力 310 万吨。主要装卸设备配置包括 4 台 3000 吨/小时的卸船机,3 台 2100 吨/小时的装船机,4台斗轮取料机,5 台斗轮堆取料机,28 条皮带机。项目总投资 28.7 亿元,资本金占 35%,由浙江省能源集团有限公司(占股 55%)、中国煤炭进出口公司(占股 40%)、舟山市港口投资经营有限公司(占股 5%)分别以自有资金出资,折算政府出资 4978.75 万元。项目陆域用地面积 114.57 万平方米,用海面积 157.11 公顷。

项目建设单位为浙江浙能中煤舟山煤电有限责任公司;设计单位为浙江省交通规划设计研究院;施工单位为中交第三航务工程局有限公司;监理单位为上海华申工程建设监

理咨询有限公司;质监单位为浙江省交通运输厅工程质量监督局。

项目投产后有效地缓解了浙江沿海港口煤炭码头吞吐能力不足的矛盾,适应了省内煤炭运输不断增长的需要,完善了地区煤炭中转和储运功能,保障了华东地区燃煤电厂的供煤安全。

(3)舟山市金润石油转运有限公司燃料油转运码头工程

项目于2008年3月开工,2009年8月试运行,2014年1月竣工。

项目建设依据:2005年11月,舟山市发展计划委员会《关于舟山市金润石油转运有限公司石化转运码头及调和油加工项目可行性研究报告的批复》(舟计投资〔2015〕23号);2007年5月,浙江省发展和改革委员会《关于舟山市金润石油转运有限公司燃料油转运码头及配套工程项目初步设计的批复》(浙发改交通〔2007〕66号)。2006年12月,浙江省环境保护局《关于舟山市金润石油转运有限公司燃料油转运码头及配套工程环评的批复》(浙环建〔2006〕86号);2006年3月,国土资源厅《关于舟山市金润石油转运有限公司燃料油转运码头及配套工程土地的批复》(浙土资预〔2006〕2048号);2006年12月,《关于舟山市金润石油转运有限公司燃料油转运码头及配套工程用海的批复》(浙政海审〔2006〕45号);2006年11月,交通部《关于舟山港六横港区金润石油码头工程使用港口岸线的批复》(交规划发〔2006〕622号)。

项目建设1个3万吨级油船码头泊位,岸线总长252米。码头采用顺岸式布局,高桩式结构。码头前沿水深24米。罐区总库容14万立方米。主要装卸设备配置包括DN400的输油臂3台,DN300的输油臂2台,DN200的输油臂2台。项目总投资5012万元。项目陆域用地面积31.73万平方米。

项目建设单位为舟山市金润石油转运有限公司;设计单位为浙江省交通规划设计研究院;施工单位为上海交通建设总承包有限公司、中国化学工程第十四建设公司;监理单位为舟山市海通水运工程咨询监理有限公司、北京兴油工程建设监理有限公司;质监单位为舟山市交通工程质量监督局。

项目对满足舟山及周边地区日益增长的燃料油需求,完善宁波、舟山地区成品油接卸系统,提高宁波—舟山港的配套服务水平发挥了积极作用。

(九)衢山港区

1. 港区综述

(1)港区建设和运营概况

港区主依托的大衢山岛系舟山群岛的第6大岛,陆域面积59.79平方公里,深水岸线合计约25千米。港区内在建矿石中转运输基地,同时结合临港产业开发,大力发展石油化工品和大宗干散货运输。目前千吨级以上泊位共计8个,鼠浪湖岛矿石中转码头2个

30万吨级泊位和黄泽山大宗油品储运工程均在工程建设中。2011—2015年吞吐量分别为:2011年368.64万吨;2012年396.54万吨;2013年435.16万吨;2014年458.97万吨;2015年502.98万吨。

(2)港区地理条件和集疏运概况

港区位于舟山群岛中北部的衢山岛及周边水域,范围包括衢山岛、黄泽山、鼠浪湖岛等沿岸陆域与附近港池。

港区内有15万吨级航道11.9千米,通航条件便捷。港区各港池水域宽阔,水深流顺,深水岸线及后缘陆域丰富。

2.港区工程项目

(1)鼠浪湖矿石中转码头项目

项目于2013年9月开工,2015年11月试运行,2016年竣工。

项目建设依据:2012年5月,交通运输部《关于宁波—舟山港衢山港区鼠浪湖矿石中转码头工程项目申请报告的意见》(交函规划〔2012〕120号);2012年9月国家发展和改革委员会《关于浙江宁波—舟山港衢山港区鼠浪湖矿石中转码头工程项目核准的批复》(发改基础〔2012〕2209号);2013年3月,交通运输部《关于浙江宁波—舟山港衢山港区鼠浪湖矿石中转码头工程初步设计的批复》(交水发〔2013〕200号);2011年6月,国土资源部《关于浙江宁波—舟山港衢山港区鼠浪湖矿石中转码头项目建设用地预审意见的函》(国土资预审字〔2011〕165号);2012年,环境保护部《关于浙江宁波—舟山港衢山港区鼠浪湖矿石中转码头工程环境影响报告书的批复》(环审〔2012〕84号);2012年,国家海洋局《关于浙江宁波—舟山港衢山港区鼠浪湖矿石中转码头工程项目用海预审意见的函》(国海管字〔2012〕226号)。

项目建设2个30万吨级铁矿石卸船泊位(水工结构均按靠泊40万吨散货船舶设计),码头前沿水深24.8米;10万吨级装船泊位1个,码头前沿水深15.6米;5万吨级装船泊位2个,码头前沿水深14.1米;工作船泊位2个;岸线总长1705米,其中卸船和装船能力均为2600万吨。卸船码头采用4台额定能力300吨/小时的桥式抓斗机,装船泊位采用3台移动式装船机。项目总投资49.1亿元,为企业自筹。项目用地面积约119.89万平方米。

项目建设单位为舟山市衢黄港口开发建设有限公司;设计单位为中交第三航务工程勘察设计院;施工单位为上海航道工程总承包有限责任公司和上海长通疏浚工程有限公司;监理单位为宁波工程项目管理有限公司;质监单位为浙江省交通运输厅工程质量监督局。

自2015年11月投产以来,鼠浪湖矿石中转码头已经成为全国最大的矿石中转码头,为舟山口岸大宗商品进口量增长作出重要贡献。

(2)黄泽山石油中转储运项目

项目于2013年4月开工,2019年10月试运行。

项目建设依据:2011年,交通运输部《关于广厦(舟山)能源集团黄泽山石油中转储运工程项目申请报告的意见》(交函规划〔2011〕36号);2011年11月,国家发展和改革委员会《关于广厦(舟山)能源集团黄泽山石油中转储运工程项目核准的批复》(发改基础〔2011〕2610号)。2011年,环境保护部《关于广厦(舟山)能源集团黄泽山石油中转储运项目环境影响报告书的批复》(环审〔2011〕95号);国家海洋局《关于黄泽山石油中转储运项目用海预审意见的函》(国海管字〔2010〕816号);岱山县人民政府土地使用证(岱国用〔2009〕第01305208号、第01305209号、第01305211号、第01305212号、第01305214号、第01305215号)。

项目建设1个30万吨级原油泊位,码头前沿水深25米;1个8万吨级油品泊位,码头前沿水深25米;2个1万吨级成品油泊位,码头前沿水深9.5米;后方罐区建设100万立方米原油储罐和51万立方米成品油储罐。项目总投资24.84亿元。

项目建设单位为广厦(舟山)能源集团有限公司;设计单位为中交第三航务工程勘察设计院有限公司;施工单位为中交第三航务工程勘察设计院有限公司;监理单位为上海东华建设管理有限公司;质监单位为浙江省交通运输厅工程质量监督局。

(十)金塘港区

1.港区综述

(1)港区建设和运营概况

港区以集装箱运输为主,并发展现代物流业。港区发展起步于2000年以后,随着金塘港区大浦口集装箱码头工程开工建设,拉开了港区大规模建设的序幕,已建成2个10万吨级集装箱泊位以及17.5万平方米的配套堆场。港区其他生产性泊位为2个千吨级散货泊位,为矿建材料出运、转运。吞吐量分别为:2011年361万吨,集装箱20.4万TEU;2012年697万吨,集装箱35.6万TEU;2013年852万吨,集装箱55.1万TEU;2014年1263万吨,集装箱74.9万TEU;2015年1600万吨,集装箱77.7万TEU。

(2)港区地理条件和集疏运概况

港区范围为金塘全岛,位于环杭州湾南缘海域,舟山群岛西南部。港区避风条件优良,全年可作业天数大于300天。

港区向西南约4.4海里,直抵甬江口,可连接杭绍甬和京杭大运河;港区向东南约35海里,经过虾峙门或箬帚门国际航道,可达世界各主要港口,港区内有10万吨级航道12千米。港区通过公路与舟山连岛工程衔接,作为集疏运通道,以水路运输为主。

2. 港区工程项目

舟山甬舟集装箱码头

项目于 2007 年 11 月开工,2010 年 1 月试运行,一阶段工程于 2018 年 12 月竣工。

项目建设依据:2005 年 7 月,浙江省发展和改革委员会《关于开展金塘大浦口集装箱码头项目前期工作的通知》(浙发改交通〔2005〕570 号);2009 年 5 月,交通运输部《关于宁波—舟山港金塘港区大浦口集装箱码头工程初步设计的批复》(交水发〔2009〕233号)。2006 年 1 月,国家环保总局《关于宁波—舟山港金塘港区大浦口集装箱码头工程环境影响报告书的批复》(环审〔2006〕34 号);2007 年 2 月,国土资源部《关于金塘港区大浦口集装箱码头工程建设用地预审意见的复函》(国土资预审〔2007〕36 号);2008 年 6 月,国家海洋局《关于金塘港区大浦口集装箱码头工程用海预审意见的函》(国海管字〔2008〕326 号);2008 年 10 月,国家发展和改革委员会《关于宁波—舟山港金塘港区大浦口集装箱码头工程项目核准的批复》(发改基础〔2008〕2601 号)。

项目建设 5 个 10 万吨级集装箱码头泊位(码头水工结构均按靠泊 15 万吨级集装箱船设计),岸线总长 1774 米。码头采用顺岸式布局,高桩式结构。码头前沿水深 18 米。堆场面积 135.7 万平方米,堆存能力 14.8 万 TEU。主要装卸设备配置包括岸边集装箱装卸桥 18 台,轨道式场桥 54 台。项目概算投资 64.34 亿元,为企业自筹。项目陆域用地面积 238.33 万平方米,用海面积 149.84 公顷。

项目建设单位为舟山甬舟集装箱码头有限公司;设计单位为中交水运规划设计院;施工单位为中交第三航务工程局有限公司;监理单位为宁波港工程项目管理有限公司;质监单位为浙江省交通工程管理中心。

2010 年 1 月,一期工程 2 个泊位建成投入试运行。集装箱业务发展迅速,依靠不断完善的基础建设、设施设备投入和交通通行优惠政策,集装箱吞吐量由 2010 年的 14.3 万TEU,提高至 2018 年的 123.14 万 TEU,为地方经济、集装箱产业发展作出了重要贡献。

(十一)岑港港区

1. 港区综述

(1)港区建设和运营概况

港区陆域范围包括册子岛东侧、外钓岛,以及舟山本岛西侧马目山嘴至涨次和老塘山周边区域,20 世纪 80 年代后开始建设万吨级件杂货泊位,随后港区以老塘山为重点,发展散货、件杂货水水中转运输。随着国民经济的不断发展,港区功能定位也不断完善,港区在 20 世纪 90 年代末开始发展油品转运及仓储,目前整个港区有万吨级散货泊位 6 个,万吨级以上油品泊位 4 个,3000 ~ 5000 吨级油品泊位 6 个。

港区 2011—2015 年吞吐量分别为:2011 年 4820 万吨;2012 年 4881 万吨;2013 年 4993 万吨;2014 年 5127 万吨;2015 年 5094 万吨。

(2)港区地理条件和集疏运概况

岑港港区位于舟山岛西南部,泊稳条件优异。港区水域呈海峡型南北向通道,港内水域 10 米等深线平顺,其相应的水域宽为 350 米,其中 30 万吨级航道有 11.5 千米。

2.港区工程项目

(1)舟山实华原油码头 1 号泊位 30 万吨级码头项目

项目于 2004 年 7 月开工,2005 年 12 月试运行,2009 年 7 月竣工。

项目建设依据:2004 年 6 月,国家发展和改革委员会《关于册子岛进口原油接卸码头工程可行性研究报告的批复》(发改交运〔2004〕1161 号);2004 年 7 月,中国石油化工股份有限公司《关于宁波至上海、南京进口原油管道配套工程原油码头初步设计的批复》(石化股份计项〔2004〕81 号)。2008 年 12 月,国家环境保护部《关于中国石化股份有限公司岙山—镇海进口原油管道及宁波至上海、南京进口原油管道配套(舟山册子岛原油储运)工程竣工验收环境保护验收意见的函》(环验〔2008〕301 号);2005 年 8 月,定海区海洋与渔业局《海域使用权证书》(国海证 053300242 号);1996 年 10 月,舟山市人民政府《关于同意册子原油中转码头使用岸线的批复》(舟政发〔1996〕128 号)。

项目建设 1 个 30 万吨级原油卸船码头泊位,岸线总长 510 米,项目设计年通过能力为 2054 万吨。码头采用顺岸式布局,高桩式结构。码头前沿水深 23.8 米。项目原油储罐总容量 205 万立方米。项目总投资 1.56 亿元,为企业自筹。项目用海面积 88 公顷(现实际用海 46.64 公顷)。

项目建设单位为中国石化集团管道储运公司;设计单位为中交第三航务工程勘察设计院有限公司;施工单位为中交第三航务工程局有限公司宁波分公司;监理单位为上海东华建设监理所;质监单位为浙江省交通运输厅工程质量监督局。

自 2006 年 2 月 22 日正式投产运行以来,油库高效、平稳、高质量地接卸原油。2013 年 8 月 13 日 16 时 45 分,随着装载 13.1 万吨原油的"远洋湖"号油船在舟山实华码头靠泊,册子岛油库共接卸 30 万吨级油船 443 次,接卸原油总量突破 1 亿吨。2015 年完成吞吐量 1250 万吨。

(2)浙江海洋石油化工油品码头结构加固改造工程项目

项目于 2006 年 9 月开工,2007 年 7 月试运行,2008 年 1 月竣工。

项目建设依据:2005 年 12 月,舟山市定海区发展和改革局《关于浙江海洋石油化工有限公司油品码头结构加固改造工程可行性研究报告的批复》(定发改投资〔2005〕119 号);2006 年 11 月,舟山市定海区发展和改革局《关于浙江海洋石油化工有限公司油品码头结构加固改造工程初步设计的批复》(定发改投资〔2006〕197 号)。2006 年 9 月,舟山市环境保护局《关于浙江海洋石油化工有限公司油品码头结构加固改造工程环评的批复》(舟环建审〔2006〕4号);2005年12月,舟山市国土资源局定海分局《关于浙江海洋石油化工有限公司油品码头结构加固改造工程土地的批复》(定海区国用〔2005〕102—250号,定海区国用〔2005〕102—708号);2006年8月,舟山市定海区农林与海洋渔业局《关于浙江海洋石油化工有限公司油品码头结构加固改造工程用海的批复》(浙定海〔2004〕0074号);2006年3月,舟山港务管理局《关于浙江海洋石油化工有限公司油品码头结构加固改造工程岸线的批复》(浙港政-L0〔2006〕1号)。

项目建设1个5000吨级成品油卸船码头泊位,岸线总长253.5米。码头采用顺岸式布局,高桩式结构。码头前沿水深14米。成品油储罐总容量12.4万立方米。主要装卸设备配置包括输油臂3台。项目总投资1040万元,为企业自筹。项目陆域用地面积4万平方米,用海面积5.60公顷。

项目建设单位为浙江海洋石油化工有限公司;设计单位为中交天津港湾工程设计院有限公司;施工单位为浙江科特建设工程有限公司;监理单位为山东省交通工程监理咨询公司;质监单位为浙江省交通运输厅工程质量监督局。

(3)2万吨/日油污水处理与1000万吨/年废油净化项目配套码头工程

项目于2008年8月开工,2010年11月试运行,2013年10月竣工。

项目建设依据:2007年8月,浙江省发展和改革委员会《关于舟山浙海油污水综合处理有限公司2万吨/日油污水处理与1000万吨/年废油净化项目核准的批复》(浙发改投资〔2007〕520号);2009年7月,浙江省发展和改革委员会《关于舟山浙海油污水综合处理有限公司2万吨/日油污水处理与1000万吨/年废油净化项目和20吨/日危废焚烧项目初步设计的批复》(浙发改设计〔2009〕77号)。2006年12月,浙江省环境保护局《关于舟山浙海油污水综合处理有限公司2万吨/日油污水综合处理与100万吨/年废油净化建设项目环境影响报告书审查意见的函》(浙环建〔2006〕93号);2006年7月,浙江省国土资源厅《关于2万吨/日油污处理与100万吨/年废油净化工程建设项目用地的预审意见》(浙土资预〔2006〕2114号);2017年9月,定海区人民政府《关于舟山纳海油污水处理有限公司岑港大涂面排污口项目海域使用权变更的批复》(定政海审〔2017〕20号)及《关于舟山纳海油污水处理有限公司岑港大涂面配套码头项目海域使用权变更的批复》(定政海审〔2017〕21号);2007年7月,交通部《关于舟山浙海1000万吨/年废油净化工程配套码头工程使用岸线的批复》(交规划发〔2007〕377号)。

项目建设2个3万吨级船舶洗舱、油污水泊位码头泊位,岸线总长640米。码头采用顺岸式布局,高桩式结构。码头前沿水深15.5米。成品油储罐总容量29.9万立方米。主要装卸设备配置包括输油臂17台、输油管道7根。项目总投资6.78亿元,为企业自筹。项目陆域用地面积26.57万平方米,用海面积32.12公顷。

项目建设单位为纳海油污水处理有限公司;设计单位为浙江省交通规划设计研究院;施工单位为中交第三航务工程局有限公司宁波分公司;监理单位为舟山市海通水运工程咨询监理有限责任公司;质监单位为舟山市交通工程质量监督局。

项目为宁波—舟山港唯一的大型油污水集中处理综合利用工程,投产后,实现区域内油污水处理集中化、资源化、环保化,有效缓解海洋生态压力。

(十二)嵊泗港区(泗礁港区)

1.港区综述

(1)港区建设和运营概况

港区陆域范围包括嵊泗列岛中的马迹山及其周边岛屿,港区初期以渔业为主,1995年后,随着马迹山矿石中转港码头的建设,港区主要以大宗散货运输为主。港区内建成30万吨级、5万吨级码头各2个,1万吨级码头1个,20万吨级散货减载平台1个,其余千吨级泊位13个。

港区2011—2015年吞吐量分别为:2011年8032万吨;2012年8127万吨;2013年8203万吨;2014年9046万吨;2015年8237万吨。

(2)港区地理条件和集疏运概况

港区位于长江口东南方的嵊泗列岛中部,港区主要依托泗礁山岛、马迹山和金鸡山等岛屿,港区呈东西向狭长条状,深度由西向东、自北向南逐渐递增。岛屿岸线曲折,构成大小岙口多处,是为各港池的良好后缘依托。自马迹山作业区东出约1海里即为国际航道,通航条件便捷优越,港区无须疏浚即可通行30万吨级船舶。港区主要通过水路运输连接外界。

2.港区工程项目

宝钢马迹山港一期工程

项目于1998年11月开工,2002年5月试运行,2002年12月竣工。

项目建设依据:1997年9月,国家计划委员会《关于嵊泗马迹山矿石中转港一期工程可行性研究报告的批复》(计交能〔1997〕1543号);1998年8月,宝山钢铁(集团)公司《关于马迹山矿石中转港一期工程初步设计的批复》(宝钢字〔1998〕385号)。1996年3月,国家环境保护总局《关于宝山钢铁(集团)公司嵊泗马迹山矿石中转港工程环境影响报告书审批意见的复函》(环建〔1996〕258号);2005年9月,国家海洋局《海域使用权证书》(国海证053300726号);2005年9月,舟山港务管理局《港航设施建设使用岸线审批表》(舟山港岸线2005A 056号)。

项目建设2个25万吨级金属矿石码头泊位和1个3.5万吨级金属矿石码头泊位,岸线总长895米。码头采用顺岸式布局,高桩式、重力式结构。码头前沿水深分别为26米、

13.5 米。项目后方堆场面积 17.5 万平方米,堆存能力 326 万吨。主要装卸设备配置包括堆、取料公称能力均为 4500 吨/小时的轨道移动式斗轮堆取料机 2 台。项目总投资 13 亿元。项目陆域用地面积 46.2 万平方米,用海面积为 106.64 公顷。

项目建设单位为宝山钢铁(集团)公司;设计单位为交通部第三航务工程勘察设计院;施工单位为中港集团第三航务工程局、上海宝钢冶金建设公司、中国明达化工矿业总公司连云港分公司;监理单位为上海远东水运工程建设监理咨询公司;质监单位为浙江省水运工程质量监理站。

马迹山一期、二期投产后,开通了通往巴西、秘鲁、加拿大和澳大利亚等国家的远程航线,相比采用 15 万吨级船舶运营,25 万吨级巨轮每吨可节省运费 3.26 美元,一船一航次可节省运费 32.6 万美元,为国内矿石的进口及转运节省大量资金。

(十三)岱山港区(高亭港区)

1. 港区综述

(1)港区建设和运营概况

20 世纪 80 年代初期以 300～500 吨级的简易码头为主,历经近 30 多年的开发建设,港区已经成为东海油气田储存中转基地和临港工业园区,港区物流以油气品、杂货运输为主,建成万吨级泊位 2 个,1000～3000 吨级泊位 15 个。

(2)港区地理条件和集疏运概况

港区位于岱山岛东南部至长涂岛与秀山岛之间。港区范围包括岱山本岛、秀山诸岛和大小长涂等岛屿及周边水域。

港区背依岱山岛,东有大小长涂岛掩护,南有舟山本岛及秀山、梁横山等岛屿屏障,西有长白山岛、大小蛟山等遮蔽,避风条件优良。港区形似"⊥"格局,东出约 20 海里即可直达小板门国际航道,10 万吨级、5 万吨级航道长度分别为 7.5 千米和 36.5 千米,通航条件便捷。港区主要通过水路运输连接外界。

2. 港区工程项目

(1)东海平湖油气田原油中转站原油码头工程项目

项目于 1997 年 12 月开工,1998 年 12 月试运行,1999 年 4 月竣工。

项目建设依据:1995 年 9 月,国家计划委员会《传达国务院正式批准东海平湖油气田总体开发方案》(计交能〔1995〕1378 号);1996 年 4 月 29 日,上海市建设委员会《关于东海平湖油气田原油终端(岱山原油中转站)项目初步设计的批复》(沪建规〔1996〕0336号);1996 年 2 月,浙江省计划与经济委员会《关于东海平湖油气田岱山原油中转站项目初步设计的批复》(浙计经基〔1996〕158 号)。1994 年 4 月,国家环境保护局《关于东海平湖油气田开发工程环境影响报告书的批复》(环监〔1994〕191 号);1996 年 11 月,岱山县土地管理局《建设用地批准书》;1997 年 2 月,交通部《关于东海平湖油气田岱山原油中转站 2 万吨级码头使用岸线的批复》(交计发〔1997〕18 号)。

项目建设 2 个 2 万吨级原油码头泊位(码头水工建筑允许靠泊能力 3 万吨级),岸线总长 325 米。码头采用顺岸式布局,板桩式结构。码头前沿水深 13.5 米。后方罐区总库容 5 万立方米(包括 1 座 1 万立方米外浮顶油罐、2 座 2 万立方米外浮顶油罐)。主要装卸设备配置包括 1400 立方米/小时的输油臂 3 台。项目总投资 1.05 亿元,其中政府投资 1707 万元。项目陆域用地面积 9.06 万平方米,用海面积 18.11 公顷。

项目建设单位为上海石油天然气总公司;设计单位为交通部第三航务工程勘察设计院;施工单位为交通部第三航务工程局第四工程公司;监理单位为上海华东建设监理所岱山工程项目部;质监单位为浙江省交通运输厅工程质量监督局。

平湖油气田岱山原油中转站作为我国东海油气田开发的重要功能单元和唯一的原油外运终端,自 1998 年 12 月投产以来,已累积外运原油超 500 万吨,为东海油气开发作出了突出贡献。

(2)舟山港高亭港区万吨级通用码头工程项目

项目于 2005 年 4 月开工,2006 年 8 月试运行,2007 年 4 月竣工。

项目建设依据:2004 年 6 月,浙江省交通厅《关于舟山港高亭港区万吨级通用码头工程可行性研究报告的批复》(浙交复〔2004〕95 号);2004 年 10 月,浙江省交通厅《关于舟山港高亭港区万吨级通用码头工程初步设计的批复》(浙交复〔2004〕169 号)。2005 年,国家环境保护总局《关于舟山港高亭港区通用泊位建设项目环境影响报告书的批复》(国海环〔2005〕158 号);2007 年,《关于舟山港高亭港区通用泊位建设项目土地的批复》(岱山国用〔2007〕第 13 - 2008 号);2006 年 5 月,国家海洋局用海批复(国海证 073300169 号);2005 年11 月,交通部《关于舟山港高亭港区通用泊位工程使用港口岸线的批复》(交规划发〔2005〕506 号)。

项目建设 1 个 1 万吨级散杂货码头泊位,岸线总长 219 米。码头采用顺岸式布局,高桩式结构。码头前沿水深 12 米。项目后方堆场面积 2.07 万平方米,堆存能力 3 万吨。仓库面积 2160 平方米。主要装卸设备配置包括门式起重机 2 台。项目总投资 4900 万元。项目陆域用地面积 3.97 万平方米,用海面积 7.13 公顷。

项目建设单位为浙江岱衢港开发有限公司;设计单位为中交第三航务工程勘察设计院有限公司;施工单位为宁波交通工程建设集团有限公司;监理单位为舟山市海通水运工程咨询监理有限公司;质监单位为浙江省交通运输厅工程质量监督局。

项目投产后,公司严格按照相关的操作规程与要求进行码头靠泊、货物装卸等作业,运行顺利,码头平均年吞吐量 60 万吨左右,有效缓解了当时岱山港区码头规模小、散货装卸能力低的现状,为区域经济发展提供了重要支撑。

(十四)白泉港区

1.港区综述

(1)港区建设和运营概况

该港区在 2014 年宁波—舟山港总体规划修订后,从原马岙港区内单独分列,内有舟山综合保税区和新港开发区,两个开发区设立后,港区内配套码头建设迅速,目前已建成 2 个万吨级泊位,码头主要为后方开发区企业配套服务。

港区 2011—2015 年吞吐量分别为:2011 年 108 万吨;2012 年 109 万吨;2013 年 112 万吨;2014 年 147 万吨;2015 年 139 万吨。

(2)港区地理条件和集疏运概况

港区位于舟山岛西北部,跨越定海区的白泉镇和北蝉乡辖区。港区水域开阔,口门通畅。港区航道可通过马岙港区的公共航道,进出港区航道的水深大于 13 米,通航条件便捷,其中白泉进港航道满足 10 万吨级船舶航行,长度 30 千米。

港区主要通过水路运输,陆路通过港区后方公路连接至舟山公路。

2.港区工程项目

(1)舟山发电厂 1 万吨级码头

项目于 1996 年 4 月开工,1997 年 2 月试运行,1997 年 3 月竣工。

项目建设依据:1995 年 1 月,浙江省计划与经济委员会《关于舟山发电厂 2×125 兆瓦工程可行性研究报告的批复》(浙计经建〔1995〕10 号);1995 年 1 月,浙江省计划与经济委员会《关于舟山发电厂初步设计的批复》(浙计经建〔1995〕36 号)。1995 年 11 月 29 日,浙江省人民政府《国家建设用地呈报表》(浙土字〔1995〕321 号);1996 年 11 月,舟山港务管理局《关于同意舟山发电厂使用浪洗岸线的报告》(舟港〔1996〕198 号)。

项目建设 1 个 1 万吨级散货码头泊位,岸线总长 212 米。码头采用顺岸式布局,高桩式结构。码头前沿水深 16 米。项目后方堆场面积 4.2 万平方米,堆存能力 5 万吨。主要装卸设备配置包括 360 吨/小时的桥式抓斗卸船机 2 台。项目总投资 8994.56 万元。项目用地面积 4.8 万平方米,用海面积 3.5 公顷。

项目建设单位为神华国华(舟山)发电有限责任公司;设计单位为交通部第三航务工程局;施工单位为交通部第三航务工程局第四工程公司;监理单位为舟山鑫星工程建设监理有限公司;质监单位为浙江省交通运输厅工程质量监督局。

项目投产后,保障了舟山地区生产工业及居民用电,为地区社会经济发展作出了重要贡献,平均年吞吐量 100 万吨。

（2）新港 3 万吨级公用码头

项目于 2011 年 9 月开工,2012 年 12 月试运行,2016 年 11 月竣工。

项目建设依据:2010 年 10 月,浙江省发展和改革委员会《关于舟山新港 3 万吨级公用码头工程项目核准的批复》(浙发改交通〔2010〕995 号);2011 年 3 月,浙江省发展和改革委员会《关于舟山新港 3 万吨级公用码头工程项目初步设计的批复》(浙发改设计〔2011〕14 号)。2014 年 7 月,浙江省环境保护厅《关于舟山新港 3 万吨级公用码头工程环境影响报告书审查意见的函》(浙环建〔2010〕23 号);2009 年 5 月,浙江省国土资源厅《关于舟山新港 3 万吨级公用码头工程用地预审意见》(浙土资预〔2009〕97 号);2009 年 8 月,舟山市定海区海洋与渔业局《关于舟山新港 3 万吨级公用码头工程用海选址意见的函》(定海渔函〔2009〕19 号);2010 年 8 月,交通运输部《关于舟山新港 3 万吨级公用码头工程使用岸线的批复》(交规划发〔2010〕374 号)。

项目建设 1 个 3 万吨级吨级杂货码头泊位,岸线总长 278 米。码头采用顺岸式布局,高桩式结构。码头前沿水深 13.4 米。项目后方堆场面积 5.8 万平方米,堆存能力:集装箱 40 万吨,件杂货 300 万吨。主要装卸设备配置包括 110 吨门式起重机、45 吨门式起重机、16 吨门式起重机各 1 台,6 台 25 吨电动轮胎起重机,1 台轨道式集装箱龙门起重机,6 台轮胎式集装箱龙门起重机,6 台低速车,2 台空箱堆高机。项目总投资 2.96 亿元,为企业自筹。项目陆域用地面积 15.76 万平方米,用海面积 12.47 公顷。

项目建设单位为舟山本岛北部开发建设投资有限公司;设计单位为浙江省交通规划设计研究院;施工单位为中交第三航务工程局有限公司宁波分公司;监理单位为广州华申建设工程管理有限公司;质监单位为舟山市交通工程质量监督局。

项目为舟山经济开发区新港工业园区发展公共配套工程,为社会提供公共运输服务码头,投产后加快了园区内开发建设,充分发挥水运经济的社会效应,2015 年吞吐量 102 万吨。

(十五)马岙港区

1.港区综述

（1）港区建设和运营概况

马岙港区是为临港产业服务为主的综合性港区,以石油化工品等液体散货、煤炭和散、杂货等运输为主。港区初期主要为修造船码头,近年液体化工运输快速发展,建成 5 万吨级液体化工泊位 2 个,3 万吨级和万吨级液体化工泊位各 1 个,3000 吨级成品油泊位 3 个,3000 吨级配套泊位 1 个,2 个修造船企业。

港区 2011—2015 年吞吐量分别为:2011 年 950 万吨;2012 年 962 万吨;2013 年983 万吨;2014 年 1291 万吨;2015 年 1250 万吨。

(2)港区地理条件和集疏运概况

港区位于舟山岛北岸中部,港区呈弯弓形布局。港区背依舟山岛,前有长白岛、中柱山、秀山和上、下园山等岛屿作为屏障,适于避 8 级以下偏南风和 6～7 级偏北风。港区水域开阔,口门通畅。北出约 5 海里即可进入北向主航道,东出约 10 海里可驶入国际航道,港区内有 5 万吨级航道 18 千米。

港区主要通过后方县道 102 与舟山本岛公路网连接,以水路运输为主。

2.港区工程项目

(1)舟山市定海北部化工集聚区配套公用码头项目

项目于 2006 年 12 月开工,2008 年 12 月试运行,2009 年 9 月竣工。

项目建设依据:2008 年 3 月,浙江省发展和改革委员会《关于舟山市定海北部化工集聚区配套公用码头项目 5 万吨级化工码头工程可行性研究报告的批复》(浙发改交通〔2008〕203 号);2008 年 11 月,浙江省发展和改革委员会《关于舟山市定海北部化工集聚区配套公用码头项目 5 万吨级化工码头工程初步设计的批复》(浙发改设计〔2008〕165 号)。2007 年 9 月,浙江省环境保护厅《关于舟山市定海北部化工集聚区配套公用码头项目 5 万吨级化工码头工程环境影响评价报告的批复》(浙环建〔2007〕80 号);2005 年 10 月,浙江省国土资源厅《关于浙江和邦化学有限公司年产 25 万吨芳烃项目用地的预审意见》(浙土资预〔2005〕2371 号);2008 年 7 月,定海区人民政府《关于舟山市定海北部化工集聚区配套公用码头项目 5 万吨级化工码头工程用海申请报告的批复》(2008 年 7 月 6 日〔2008〕019,《海域使用权证》083300200 号);2007 年 11 月,交通部《关于舟山市定海北部化工集聚区配套公用码头项目 5 万吨级化工码头工程使用岸线申请的批复》(交规划发〔2007〕691 号)。

项目建设 1 个 5 万吨级液体化工码头泊位(码头水工建筑允许靠泊能力 10 万吨级),岸线总长 350 米。码头采用顺岸式布局,高桩式结构。码头前沿水深 17.5 米。项目后方堆场面积 613.86 亩,约 80 万立方米。主要装卸设备配置包括 12 寸的输油臂 3 台,10 寸的输油臂 1 台。项目总投资 1.18 亿元,企业自筹。项目用海面积10.50 公顷。

项目建设单位为舟山市定海康道交通发展有限公司;设计单位为中交上海港湾设计研究院(水工),镇海石化工程有限责任公司(工艺);施工单位为中交第三航务工程局;监理单位为宁波交通工程咨询监理有限公司;质监单位为舟山市交通工程质监局。

(2)舟山液体化工品中转基地装船码头工程

项目于 2007 年 6 月开工,2009 年 10 月试运行,2012 年 12 月竣工。

项目建设依据:2005 年 7 月,舟山市发展计划委员会《关于舟山液体化工品中转基地项目工程预可行性研究报告的批复》(舟计投资〔2005〕99 号);2006 年 11 月,浙江省发展和改革委员会《关于舟山液体化工品中转基地工程项目核准的批复》(浙发改交通〔2006〕

791 号);2007 年 4 月,浙江省发展和改革委员会《关于舟山液体化工品中转基地项目工程初步设计的批复》(浙发改设计〔2007〕54 号);2008 年,浙江省发展和改革委员会《关于舟山液体化工品中转基地项目工程初步设计的批复》(浙发改设计〔2008〕19 号)。2006 年 4 月,浙江省环境保护局《关于浙江舟山液体化工品中转基地工程环境影响报告书的批复》(浙环建〔2006〕23 号);2006 年 1 月,浙江省国土资源局《关于浙江舟山液体化工储运工程建设项目用地的预审意见》(浙土资预〔2006〕2017 号);2006 年 8 月,浙江省海洋与渔业局《关于浙江舟山液体化工储运工程建设项目用海的批复》(〔2006〕5 号);2006 年 9 月,交通部《关于浙江舟山液体化工品中转基地工程使用港口岸线的批复》(交规划发〔2006〕514 号)。

项目建设 1 个 5 万吨级液体化工品码头泊位(码头水工建筑允许靠泊能力 8 万吨级)、1 个 3 万吨级液体化工品码头泊位和 1 个 1 万吨级液体化工品码头泊位,岸线总长 1040.0 米。码头采用引桥式布局,高桩式结构。码头前沿水深 13.2 米。项目总投资 8.17 亿元,为企业自筹。项目陆域用地面积 31.73 万平方米(农用地 8.54 万平方米均为园林、林地)。

项目建设单位为舟山世纪太平洋化工有限公司;设计单位为浙江省交通规划设计研究院;施工单位为中交第二航务工程局有限公司;监理单位为舟山市海通工程咨询监理有限公司;质监单位为舟山市交通工程质量监督局。

码头自 2009 年投运以来,累计靠泊作业 2000 余艘次,实现吞吐量 700 多万吨,经济效益破亿元。

(十六)定海港区

1.港区综述

(1)港区建设和运营概况

定海港区位于舟山岛南岸中部,舟山市区正南面沿岸。港区范围包括舟山半岛南部洋螺山至勾山浦段本岛岸线,以及周边西蟹峙、岙山、长峙等岛屿,划分为西蟹峙、岙山、城市客运 3 个作业区。西蟹峙作业区位于西蟹峙岛,建成 5 万吨级和 3.5 万吨级成品油泊位各 1 个,以及 3000 吨级成品油泊位 2 个,陆域面积 25 万平方米。岙山作业区位于岙山岛,为液体散货作业区。建成 30 万吨级、25 万吨级、15 万吨级、8 万吨级原油码头泊位各 1 个,1 万吨级成品油泊位 2 个,以及 3000 吨级成品油泊位 3 个。主要为长江沿线进行原油中转。城市客运作业区现有客运码头泊位 7 个,岸线长 400 米,逐渐调整为商贸、旅游功能。

(2)港区地理条件和集疏运概况

定海港区呈弯月形开口,坐北向南,同时包括本岛南部的岙山、西蟹峙等岛屿。港区主要为基岩港湾式海岸，沿岸有岬角凸出水中，其余多为人工堤岸，岸外有泥滩发育、岸线较为稳定。港域内有众多岛屿分布其中。岛屿之间水道纵横交错，港域隐蔽，避风条件优越。

港内水深大部分在20～40米，主航道水深17米以上，海床大部为泥底质，淤积缓慢。港区内集疏运主要通过水水中转及水陆中转，陆路运输通过国道329线运至舟山各港区，经国道9211线运出舟山港外。

2. 港区工程项目

（1）中化兴中公司1号泊位

项目于1991年1月开工，1993年3月试运行，1993年5月竣工。

项目建设依据：1989年，《关于中外合资舟山石油转运有限公司石油中转泊位及库区建设项目的批复》（浙计经外〔1989〕124号）；1990年《关于舟山兴中石油转运基地初步设计的批复》（舟计外〔1990〕36号）。1990年，《关于舟山石油转运中转泊位项目环境影响评价报告书审查意见的复函》（浙环管〔1990〕21号）；1991年，取得建设用地规划许可证（〔1991〕浙规证公0900004号）；2005年10月，取得《海域使用权证》（国海证053300310）；1990年，《关于舟山石油转运有限公司石油中转泊位使用岸线申请报告的批复》（舟港〔1990〕字第224号）。

项目建设1个25万吨级成品油卸船泊位码头泊位（码头水工建筑允许靠泊能力25万吨级），岸线总长280米。码头采用顺岸式布局，高桩式结构。码头前沿水深22.5米。项目总投资3.39亿元。项目陆域用地面积1.3万平方米，用海面积49.67公顷。

项目建设单位为中化兴中石油转运（舟山）有限公司；设计单位为中国船舶工业总公司第九设计院；施工单位为交通部第三航务工程局；监理单位为浙江省水运工程监理站；质监单位为浙江省水运工程质监站。

项目投产后解决了国内无法靠泊超级大型油船的历史，年作业天数可达300天以上，是我国沿海优良的深水港口之一，原油年吞吐量达800万吨以上。

（2）中化兴中公司2号泊位

项目于1994年5月开工，1995年2月试运行，1995年3月竣工。

项目建设依据：1992年5月，浙江省计划经济委员会《关于岙山石油转运基地扩建工程及增加投资的批复》（浙计经外〔1992〕465号）；1993年，舟山市计划委员会《关于舟山兴中石油转运有限公司岙山基地一期扩建工程初步设计的批复》（舟计外〔1993〕27号）。1993年《关于岙山石油转运基地扩建工程项目环境影响评价报告书审查意见的复函》（浙环管〔1993〕16号）；1992年《关于同意岙山石油转运基地扩建场地的批复》（舟计建〔1992〕270号）；2005年10月，取得《海域使用权证》（国海证053300311）。

项目建设1个8万吨级成品油卸船码头泊位，岸线总长340米，项目设计年通过能力为255万吨。码头采用顺岸式布局,高桩墩台结构。码头前沿水深15.5米。主要装卸设备配置包括DN300毫米的输油臂6台。项目总投资3521.27万元。项目陆域用地面积23.8万平方米,用海面积44公顷。

项目建设单位为中化兴中石油转运(舟山)有限公司;设计单位为上海港湾设计研究院;施工单位为交通部第三航务工程局;监理单位为浙江省水运工程监理站;质监单位为浙江省水运工程质监站。

项目投产后码头原油年吞吐量保持在年500万吨。

(3)舟山中威石油转运有限公司岙山成品油中转基地

项目于1995年3月开工,1996年9月试运行,1996年11月竣工。

项目建设依据:1993年12月,舟山市计划委员会《关于中外合资舟山中威石油转运有限公司岙山成品油中转基地可行性研究报告的批复》(舟计外〔1993〕99号);1994年9月,舟山市计划委员会《关于舟山中威石油储运有限公司岙山成品油中转基地扩初设计的批复》(舟计建〔1994〕148号)。1994年5月,舟山市环境保护局《关于岙山成品油中转基地项目环境影响评价报告书的批复》(舟环字〔1994〕34号);1995年6月,取得《国有土地使用证》(舟国用〔1995〕字第172号);2013年5月,取得《海域使用权证》(2013D33090201573号);1996年9月,舟山港务局《关于兴中公司岙山基地使用海岸线的批复》(舟港〔1996〕166号)。

项目建设1个1万吨级油码头3号泊位,岸线总长231米。码头采用顺岸式布局,高桩式结构。码头前沿水深9.5米。项目现有5000～30000立方米内、外浮顶油罐14座,5000～20000立方米固定顶油罐4座,共计18座储罐。主要装卸设备配置包括输油臂6台。项目总投资1.72亿元,为企业自筹。项目陆域用地面积8.88万平方米,用海面积15.33公顷。

项目建设单位为舟山中威石油储运有限公司;设计单位为上海港湾设计研究院;施工单位为交通部第三航务工程局;监理单位为浙江省水运工程监理站;质监单位为浙江省水运工程质监站。

项目投产后很好地缓解了20世纪90年代浙江省进口成品油接卸问题,开展了柴油、汽油、航煤和燃料油等多种成品油的储存转运业务,主要以燃料油为主,年吞吐量250万吨。

(4)中化兴中30万吨级油品码头项目

项目于2007年11月开工,2009年6月试运行,2010年11月竣工。

项目建设依据:2005年1月,国家发展和改革委员会《关于中化兴中石油转运(舟山)有限公司30万吨级油码头工程可行性研究报告的批复》(发改交运〔2007〕205号);2007年11月,交通部《关于中化兴中30万吨级油码头工程初步设计的批复》(交水发〔2007〕

655 号)。2006 年 6 月,国家环境保护总局《关于中化兴中公司 30 万吨级油码头建设项目环境影响报告书的批复》(国海环字〔2006〕290 号);2007 年,国家海洋局印制中化兴中公司 30 万吨级油码头工程《海域使用权证书》(国海证 071100074 号);2005 年 12 月,浙江省交通厅《关于中化兴中公司 30 万吨级油码头建设项目使用岸线的批复》(浙交函〔2005〕319 号)。

项目建设 1 个 30 万吨级原油码头泊位,岸线总长 530 米。码头采用引桥式布局,高桩式结构。码头前沿水深 23.8 米。筒仓容量 160.0 万吨。主要装卸设备配置包括 16 英寸的输油臂 4 台。项目总投资 1.52 亿元。项目陆域用海面积 29 公顷(其中码头 0.55 公顷、港池 28.45 公顷)。

项目建设单位为中化兴中石油转运(舟山)有限公司;设计单位为中交水运规划设计院、中交第三航务工程勘察设计院有限公司;施工单位为中交第三航务工程局有限公司、大昌建设集团有限公司;监理单位为浙江公路水运工程监理有限公司、南京长江工程监理有限公司;质监单位为浙江省交通厅工程质量监督局。

(5)宁波—舟山港西蟹峙石油储运工程码头工程

项目于 2008 年 11 月开工,2011 年 7 月试运行,2013 年 2 月竣工。

项目建设依据:2007 年 5 月,国家发展和改革委员会《关于宁波—舟山港西蟹峙石油储运项目核准的批复》(发改交〔2007〕735 号);2008 年 1 月,交通部《关于宁波—舟山港西蟹峙石油储运工程初步设计的批复》(交水发〔2008〕64 号)。2006 年 1 月,国家环境保护总局《关于浙江建桥能源发展有限公司西蟹峙、油库工程环境影响报告书的批复》(环审〔2006〕33 号);2006 年 11 月,国土资源部《关于浙江建桥能源发展有限公司西蟹峙码头、油库项目建设用地预审意见的复函》(国土资预审字〔2006〕288 号);2008 年,国家海洋局《关于西蟹峙码头、油库工程项目用海的批复》(国海管字〔2008〕154 号);2007 年 5 月,国家发展和改革委员会《关于宁波—舟山港西蟹峙石油储运项目核准的批复》(发改交〔2007〕735 号)。

项目建设 1 个 5 万吨级成品油卸船码头泊位,岸线总长 478 米。码头采用引桥式布局,高桩式结构。码头前沿水深 15.1 米。成品油储罐总容量 29 万立方米。主要装卸设备配置包括 12 寸的输油臂 4 台、10 寸 3 台、8 寸 6 台。项目总投资 1.2 亿元,为企业自筹。项目陆域用地面积 198.37 亩,用海面积 20.55 公顷。

项目建设单位为浙江建桥能源发展有限公司;设计单位为中交第三航务工程勘察设计院有限公司;施工单位为宁波交通工程建设集团有限公司;监理单位为上海海科监理所;质监单位为舟山市交通工程质量监督局。

项目投产后促进了地区成品油码头向集约化、规模化发展,满足了浙江省及长三角地区对成品油不断增长的需求,提高了港口油品储运能力,年吞吐量达 400 万吨。

(6)万向石油储运(舟山)有限公司岙山油品码头项目

项目于2009年7月开工,2013年1月试运行,2013年12月竣工。

项目建设依据:2008年7月,国家发展和改革委员会《关于万向石油储运(舟山)有限公司岙山油品码头工程项目核准的批复》(发改交〔2008〕1755号);2010年4月,交通运输部《关于万向石油储运(舟山)有限公司岙山油品码头工程初步设计的批复》(交水发〔2010〕184号)。2006年9月,国家环境保护总局《关于万向石油储运(舟山)有限公司岙山油品码头及配套设施工程环境影响报告书的批复》(环审〔2006〕484号);2009年8月,国家海洋局《关于万向石油储运(舟山)有限公司岙山油品码头工程用海的批复》(国海管字〔2009〕535号)。

项目建设1个1万吨级成品油卸船码头泊位和1个10万吨级成品油卸船码头泊位,岸线总长770米。码头采用引桥式布局,高桩式结构。码头前沿水深19.5米。储罐容量42万立方米。主要装卸设备配置包括10台输油臂。项目总投资2.9亿元,为企业自筹。项目陆域用地面积40.58万平方米,用海面积25.53公顷。

项目建设单位为万向石油储运(舟山)有限公司;设计单位为中交第三航务工程勘察设计院有限公司;施工单位为中交第三航务工程局有限公司;监理单位为广州华申建设工程管理有限公司;质监单位为浙江省交通运输厅工程质量监督局。

(十七)沈家门港区

1.港区综述

(1)港区建设和运营概况

港区陆域范围包括小干、马峙、鲁家峙、朱家尖、登步岛、蚂蚁岛、桃花岛等周边岛屿。港区结合城市空间拓展,实施功能调整,小干岛、鲁家峙等修造船产业和邻近城市人群聚居区的大宗干散货运输功能逐步转出。该港区以省际、岛屿客运和当地物资运输为主,并发展邮轮运输,是一个商、景、渔兼备的综合性港口,港区内千吨级以上泊位13个。

港区2011—2015年吞吐量分别为:2011年为2699万吨;2012年为2111万吨;2013年为2212万吨;2014年为2019万吨;2015年为2156万吨。

(2)港区地理条件和集疏运概况

沈家门港区背依舟山本岛,南有鲁家峙、马峙山和小干岛作屏障,外有朱家尖、登步、桃花、虾峙、六横等褚岛屿掩护,泊稳条件优异。港区水域平静,潮间带岸坡和地表均较平坦。尤其是马峙锚地,有朱家尖、登步、桃花、虾峙、六横等岛屿遮蔽,底平浪小,常年波浪2~3级,面积约90平方公里,水深大多为10~30米,最深达百米以上,可同时锚泊上千艘大型船舶。

沈家门港区岛屿众多,海岛岸线弯曲,岙口岬角环列,形成众多优良港湾水道锚地,港区内有 20 万吨级和 10 万吨级航道,长度分别为 8.3 千米和 11.4 千米。且众多港池被岛屿环抱,口多腹大,水深浪小,少淤不冻,底质多为泥质粉砂或粉砂质泥底。港区主要通过后方县道 102 线与舟山本岛公路网连接。

2. 港区工程项目

(1)普陀半升洞油库 1.8 万吨级码头工程

项目于 1992 年 11 月开工,1994 年 1 月试运行,1994 年 9 月竣工。

项目建设依据:1990 年 10 月,浙江省计划与经济委员会《关于普陀半升洞油库及码头工程可行性研究报告的批复》(浙计经建〔1990〕654 号);1991 年 10 月,浙江省商业厅《关于普陀半升洞油库及码头扩建工程扩初设计的批复》(商基〔1991〕160 号)。1990 年 7 月,浙江省环境保护局《关于浙江省石油公司普陀半升洞油库及码头扩建工程项目环境影响评价报告书的审核意见的批复》(浙环管〔1990〕122 号);1991 年 11 月,舟山市计划委员会《关于普陀半升洞油库及码头扩建工程初步设计的批复》(舟计建〔1991〕154 号);2013 年 10 月,取得《海域使用权证》(国海证 2013D33090303726);1992 年 12 月,舟山港务管理局《关于半升洞 1.8 万吨级油码头使用岸线的申请报告的批复》(舟港〔1992〕字第 224 号)。

项目建设 1 个 1.8 万吨级成品油卸船码头泊位(码头水工建筑允许靠泊能力 3 万吨级),岸线总长 280 米。码头采用顺岸式布局,高桩式结构。码头前沿水深 11.7 米。成品油储罐总容量 4 万立方米。主要装卸设备配置包括 DN200 输油臂 2 台、DN300 输油臂 1 台。项目总投资 1788 万元,为企业自筹。项目陆域用地面积 2 万平方米,用海面积 4.75 公顷。

项目建设单位为浙江省石油总公司普陀半升洞油库工程筹建处;设计单位为浙江省交通设计院;施工单位为浙江省海港工程公司第二工程处;监理单位为上海东华港湾工程建设监理所;质监单位为浙江省质量监督局。

项目投产后很好地缓解了 20 世纪 90 年代初浙江进口成品油(柴油)接卸问题,同时解决半升洞油库中转和接卸超负荷状况,项目年吞吐量保持在 70 万～80 万吨。

(2)舟山群岛国际邮轮码头工程

项目于 2011 年 9 月开工,2014 年 6 月试运行,2017 年 6 月竣工。

项目建设依据:2014 年 1 月,浙江省发展和改革委员会《关于舟山群岛国际邮轮码头工程项目核准的通知》(浙发改交通〔2014〕53 号);2013 年 7 月,浙江省交通规划设计研究院《关于舟山群岛国际邮轮码头工程可行性研究报告》通过交通运输厅召开的专家组会议;2014 年 5 月,浙江省发展和改革委员会《关于舟山群岛国际邮轮码头工程(一期)初步设计的批复》(浙发改设计〔2014〕77 号)。2013 年 8 月,浙江省舟山市环境保护局《舟山群岛国际邮轮码头(宁波—舟山港对台直航客运码头)建设项目环境影响报告书的批复》(舟环建审〔2013〕17 号);2011 年 3 月,浙江省建设厅《关于舟山群岛国际邮轮码头(宁波—舟山港对台直航客运码头)建设项目选址审查意见》(浙规选审字第〔2011〕085号);2013 年 10 月,浙江省人民政府《关于舟山群岛国际邮轮码头(宁波—舟山港对台直航客运码头)填海工程海域使用的批复》(浙政海审〔2013〕144 号);2013 年 12 月,交通运输部《关于宁波—舟山港沈家门港区舟山邮轮码头工程使用港口岸线的批复》(交规划发〔2013〕724 号)。

项目建设 1 个 10 万总吨邮轮码头泊位(码头水工建筑允许靠泊能力 15 万总吨邮轮),岸线总长 356 米。码头采用顺岸式布局,高桩式结构。码头前沿水深 11 米。码头后侧可靠泊工作船和游艇。临时综合大厅占地 6200 平方米,设有 10 个双向出入境查验通道,平均通关能力 1000 人/小时。陆域部分设有游客休憩区 1200 平方米,行李房 1600 平方米,停车场 150 个,其中面积在 30 平方米以上的停车位有 60 个。主要装卸设备配置包括双伸缩 L 形登船桥 1 座。项目总投资 4.58 亿元。项目陆域用地面积 4 万平方米,用海面积 27.9 公顷。

项目建设单位为舟山群岛国际邮轮港有限公司;设计单位为浙江省交通规划设计研究院;施工单位为中交第三航务工程局有限公司;监理单位为广州华申建设工程管理有限公司;质监单位为舟山市佳通工程质量监督局。项目试运行阶段运行良好,至 2016 年底共计运营邮轮 26 艘次,出入境人次 3.74 万人次。

四、台州港

(一)港口概况

1. 港口综述

台州市海洋资源丰富,岸线总长 1544.11 千米,其中大陆海岸线 630.87 千米,占全省的 28%,岛屿岸线总长 913.24 千米,且有 993.01 千米内河航道网,可江海通达。

《台州港总体规划(2007 年)》将台州港分为健跳、临海、黄岩、海门、温岭及大麦屿 6个港区。《台州港总体规划》(2017—2030 年)在延续上轮规划港区划分的基础上,按照发展规模化港区、便于行业管理的原则对港区的划分和命名进行了调整。临海港区头门作业区是台州港未来发展重点,将其提升为头门港区,灵江上码头设施沿江布置,较为分散且规模较小,根据集约化发展原则,将其规划为数个小型港点。温岭港区 3 个作业区较为分散,除龙门作业区发展空间较大外,其余作业区发展空间有限,为促进港口规模化发展,将龙门作业区提升为龙门港区,其余作业区调整为中小港点。台州港已建、规划建港用的岸线长 133.78 千米,其中开发条件成熟且已在开发利用中的 I 类岸线长约为 21.78 千米。截至 2015 年底,台州港已建成 183 个生产用码头泊位,其中万吨级以上深水泊位

9 个,最大靠泊能力为 5 万吨(兼靠 10 万吨)级,货物通过能力 5802.7 万吨、41.3 万 TEU。

台州港口有着悠久的发展历史。根据文献记载,台州古代港口最初的雏形是椒江北岸章安古港;宋代以后,椒江南岸海门港成为漕运出发港;清康熙二十四年(1685 年),朝廷设浙江户关台州分关于葭沚,海门港开启了近代港埠的发展历程,逐步发展成为东南沿海重要的海上贸易口岸。

改革开放以来,随着腹地经济的快速发展和对外开放的持续深入,台州港口的发展迎来了良好机遇。1983 年 11 月 18 日,国务院批准海门港为办理国轮外贸运输港口,并开始设置港监、海关、边检、商检、卫检等机构。1984 年 5 月 23 日,交通部批准成立中国外轮代理公司海门分公司和中国外轮理货公司海门分公司,港口外贸运输迅速发展。1988 年,海门港完成货物吞吐量 431.6 万吨,居浙江沿海港口第二位,列全国沿海港口第十四位。1990 年 10 月 1 日,国务院批准海门港为对外开放港口,港口发展进入新阶段。1997 年《台州市港口总体布局规划》经浙江省人民政府批准实施,确立了以台州湾海门港区为中心,三门湾健跳港区、乐清湾大麦屿港区为两翼的"一中心两翼"空间布局,健跳港区、大麦屿港区的深水岸线资源开发得以重视。2001 年,交通部批准台州市域内港口统一冠名为台州港,同年大麦屿港区 2 万吨级多用途码头建成投产,结束了台州港无深水泊位的历史,开始了深水化发展的历程。2003 年,台州港航体制改革实施,台州港务管理局和台州市航运管理处合并,组建成立台州市港航管理局,建立了全市港口统一规划、建设、管理的港航新体制。2007 年,《台州港总体规划(2007 年)》获得浙江省人民政府批复,确立了海门、大麦屿、健跳、临海、黄岩、温岭"一港六区"及大麦屿、临海两港区发展综合性枢纽港区的发展思路。大麦屿港区多用途泊位建成投产、对台直航运输常态化、10 万吨级航道工程已经完成;头门港区开发力度不断加大,码头一期、疏港公路工程、北洋涂围垦一期等工程进展顺利。

台州港形成了以海门港区、大麦屿港区为主,其他港区整体推进的发展格局,海门港区吞吐量稳步增长,继续维持全港重要港区地位;大麦屿港区初呈规模化、深水化发展,在全港中的地位稳步提升,货物吞吐量目前位居第一,也已成为台州港重要港区;头门港区步入起步发展阶段,一期工程于 2014 年开港,2015 年台州港完成货物吞吐量 6236.8 万吨,有力地支撑了台州市经济社会的发展。二期工程于 2017 年 10 月 18 日开工。

2.港口水文气象

台州港属亚热带季风气候区,深受季风环流的影响,夏无酷暑,冬无严寒,四季分明,气候温暖湿润,雨量充沛,台风影响较为频繁。多年平均气温 17 摄氏度,极端最高气温 38.8 摄氏度,极端最低气温 −7.5 摄氏度,历年日最高气温大于 35 摄氏度年平均出现天数 10 天,历年日最低气温小于 0 摄氏度年平均出现天数,海岛 10 天、内陆 20 天。全年降水主要集中在 3 ~ 9 月,降水量约占全年的 75%。5 月、6 月和 9 月主要受东南气流控制以及梅雨和台风影响,造成降雨量居多。10月至次年1月降水量较少,仅占全年总量的20%。沿海及岛屿降水量少于内陆。该海区系东海多雾海区,多年平均雾日数(能见度小于1千米)50天左右,最多年为大陈站达88天、玉环站达72天。雾多出现在冷暖气团交错的冬春季节,雾日主要集中在3~6月,占全年的72%。雾的日变化比较明显,一般多出现于下半夜到日出之前,日出后2~3小时内消失。海岛雾日多于内陆。多年平均相对湿度80%,每年4~8月较为潮湿,6月的平均相对湿度为90%;冬季气候较为干燥,12月至次年2月平均相对湿度为70%左右。该海区风向变化明显,冬季盛行偏北风,内陆为NW向风,海岛为NNE向风,夏季均为SSW向风。台州市地处浙江沿海中部,为台风多发地区。据1949—2000年台风资料统计,对台州市有影响的台风共出现168次,平均每年3.3次,最多年份7次(1989年、1990年)。台风影响时间一般为2~3天。台风主要集中在7~9月,此时间共出现127次,占台风总数的82%。台风来临时引起狂风暴雨,台风造成的最大过程降水量401毫米(7413号台风),2004年14号"云娜"台风在浙江温岭石塘登陆,中心风速45米/秒,台州沿海风力达到12级,大陈岛实测风速58.7米/秒,沿海浪高8~9米,台风最大增水3.5米,应十分重视台风对港口建设带来的影响。

台州市沿海属于我国强潮海区,大多数海域、港湾的潮汐性质为正规半日潮型,乐清湾湾顶、台州湾椒江等则为不正规半日潮型。河口、海湾水域受地形影响潮波变形显著。台州市沿海开敞的近海海域波浪较强。大陈岛海洋站多年资料统计表明,该海域外海为涌浪以及涌浪和风浪兼有的混合浪,波浪在年内季节性变化较明显,每年的10月至翌年3月以ENE~E向为主,4~9月以ENE~SE向为主。全年常浪向为ENE向,出现频率37.25%,次常浪向出现频率15.41%;强浪向E向,最大实测最大波高14.4米,周期为14.5秒。台州沿海潮流性质为不正规半日潮流,浅水分潮影响较大,并且由海向海湾、河口增加,海流运动形式外海区域旋转流明显,湾内、河口以往复流为主。台州港泥沙主要来内陆架沉积物再悬浮物质和冬季长江河流入海泥沙,椒江等沿岸河流来沙影响较小。

3. 发展成就

台州港的发展以能源、原材料进口运输为主,是台州市经济社会发展和对外开放的重要依托。台州港的主要腹地是台州市,该市能源、原材料等资源相对匮乏,大量依靠外部调入,水运是其调入的主要方式。2015年台州港完成货物吞吐量6236.8万吨,2005年以来年均递增8.2%;其中外贸货物吞吐量709.4万吨;进港主要货类中,煤炭1369万吨,占全市煤炭调入量的100%;油品188万吨,占全市油品运输的70%;钢铁325万吨,约占全市调入量50%;矿建材料2354万吨,占全市100%;上述货类吞吐量占全港吞吐总量的79.3%,是台州港的主要货类。台州港的发展为台州市能源、原材料的稳定供应和对外开放提供了良好保障,支撑了电力、修造船等产业的临港布局,促进了台州市生产力布局由沿路、沿江向沿海的推进。

以服务地方发展为主,初步形成了以大麦屿、海门港区为重点的发展格局。台州市既有椒江、灵江等水运资源,也有漫长的海岸线、众多的港湾和岛屿,港口建设、修造船等临港工业发展主要根据各县区市地方经济发展需要,就近在沿江、港湾或岛屿选择合适港址建设,空间格局分散发展。同时,大麦屿港区、海门港区初步实现了规模化、集约化发展。随着大麦屿港区一批深水码头的建成投产,大麦屿港区发展加快,货物吞吐量从 2005 年的 353 万吨快速增长到 2015 年的 3095 万吨,占全港比重从 12.5% 提高到 49%,已成为台州港的主体港区。海门港区作为近现代台州港的发源地,依托紧邻台州城区的优势,一直是台州港的重要港区,2015 年海门港区完成吞吐量 1410 万吨,继续在全港中发挥着重要作用。

对台湾直航常态化,已成为浙江省对台湾贸易重要口岸。2012 年 11 月 2 日,浙江省政府批准设立浙台(玉环)经贸合作区,以大麦屿对台直航为中心,以长三角经济区为支撑,对接台湾产业,打造"三中心、一基地",即两岸旅客集散中心、两岸货运物流中心、两岸商品交易中心、两岸车渡基地。码头自从 2014 年 6 月 16 日起试运行至 2018 年 5 月 26 日,这期间"中远之星"轮靠离泊 360 航次,出入境旅客 65502 人,进出口货物 2292TEU,发展势头良好。

民营经济在港口发展中发挥了重要作用。台州港腹地民营经济发达,民营资本较多地进入港口码头建设和经营。除既有海门港区国有港口企业建设经营的码头、电厂配套码头,以及在建的头门港区一期码头外,台州港口码头设施的建设和经营大量依靠民营经济,既有传统的企业专用码头和公用性质的中小泊位的建设经营,也有如大麦屿港区多用途码头等大型深水码头。民营经济投资建设港口码头设施,缓解了国有港口企业建设资金不足等问题;民营企业建设管理的码头经营灵活,适应性强,与国有港口企业码头形成互补,适应了腹地经济发展的需要,民营经济在台州港的发展中发挥了重要作用。

台州港港区分布图如图 8-7-3 所示。

台州港基本情况见表 8-7-5。

(二)临海港区(头门港区)

1.港区综述

(1)港区建设和运营概况

根据地方经济发展和海上运输的需要,临海港区主要开发椒江口外的头门作业区(已升级为头门港区)。灵江上游介于红光码头至灵江二桥之间的灵江作业区,主要以千吨级码头泊位为主,有生产用千吨级以上泊位 8 个,承担地方生产、生活所需的沿海、沿江物资运输。

图 8-7-3 台州港港区分布图

头门港区是台州港的核心港区,主要服务临港工业发展、承接海门港区货运功能转移,发展综合物流,逐步形成以干散货、集装箱、液体散货和件杂货运输为主的综合性港区。规划分为通用作业区、集装箱作业区、液体散货作业区、装备制造业发展区、港口物流区、港口支持系统区及预留发展区等功能区。

头门港区通用作业区(一)位于头门岛南侧,岸线长约3800米,已建成 2 万吨级通用泊位一个,并于 2018 年改扩建为 5 万吨级通用泊位,剩余岸线还可布置 14 个 3 万 ~ 5 万吨级泊位,陆域纵深 560 ~ 1010 米,占地面积约 3.3 平方公里。通用作业区(二)位于规划二港池的南侧。规划码头岸线约4500米,规划布置 16 个 3 万 ~ 5 万吨级泊位,可形成通过能力 2000 万吨,陆域纵深约为 510 米,占地面积约 2.6 平方公里。

2013—2017 年临海港区总计完成货物吞吐量 1973.76 万吨,2017 年完成 440.2 万吨,年均递增 5.9%;五年进港主要货类中,煤炭 460 万吨,油品 160.6 万吨,钢铁 5.5 万吨,矿建材料 1099 万吨,水泥 197 万吨。

表8-7-5

台州港基本情况表(沿海)

序号	港区名称	港口规划岸线 千米	其中:2015年前已建成岸线 千米	2015年港口生产用泊位 生产用泊位数 个	其中:万吨级及以上 个	生产用泊位总长 米	其中:万吨级及以上 米	其中:1978—2015年建成的生产用泊位 生产用泊位数 个	其中:万吨级及以上 个	生产用泊位总长 米	其中:万吨级及以上 米	货物吞吐量 万吨	其中:外贸货物吞吐量 万吨	集装箱 万TEU	滚装车辆 数量 万辆	质量 万吨	旅客 万人	其中:国际旅客 万人
1	健跳港区	23.4	16.9	7	1	1215	292	7	1	1215	292	420.66	—	—	—	—	—	—
2	头门港区	59.15	8.09	18	1	1231	231	18	1	1231	231	395.38	—	—	—	—	—	—
3	黄岩港区	2	1.84	5	—	287	—	5	—	287	—	181.07	—	—	—	—	—	—
4	海门港区	21.38	8.68	54	1	4178	144	54	1	4178	144	1410.60	212.40	10.96	—	—	—	—
5	龙门港区	7.75	3.75	54	—	2720	—	54	—	2720	—	733.82	—	—	—	—	—	—
6	大麦屿港区	20.1	6.0	45	6	3508	1765	45	6	3508	1765	3095.29	496.95	4.60	58.90	1178.02	187.62	2.43
	合计	133.78	45.26	183	9	13139	2432	183	9	13139	2432	6236.82	709.35	15.55	58.90	1178.02	187.62	2.43

（2）港区地理条件和集疏运概况

临海港区内的零星千吨级码头位于灵江沿岸,依托椒江航道及台州市区和头门铁路支线运输。头门作业区(已升级为头门港区)西起白沙半岛,东至头门岛,利用白沙—大竹山浅滩围涂造陆,配套建设连岛大堤,作为头门港区的集疏运道路。依托头门岛,北侧水域建设西北—东南轴线的北防浪挡沙堤、头门岛东北角建设东北—西南向的南防波堤,初步形成双堤环抱式港池。

头门港区疏港方式以公路和铁路为主。港区通道除已建成的疏港公路外主要为疏港二路和疏港三路,疏港公路、疏港二路、疏港三路与市域内沿海高速公路、台金高速公路相连,并通过台金高速公路连接甬台温高速公路、诸永高速公路和104国道,构成集疏运公路网。此外,金台铁路在临海水洋引头门支线进入港区,可为头门港区提供良好的铁路集疏运条件,一港池和南部码头可通过铁路支线连接金台铁路,二港池和北部码头区视需求情况考虑适时引入铁路支线进码头区。

头门港区进港航道由北航道和南航道组成。北航道服务于头门岛北部港区,航道轴线沿128°～308°走向至一港池东边界,规划航道满足5万吨级集装箱船乘潮双向通航,兼顾7万吨级集装箱船乘潮单向通航要求,远期视需求发展进一步提高等级,航道总长20千米,航道底宽340米。南航道服务于头门岛南部港区,沿106°～286°走向至起步码头港池东边界,规划航道等级满足5万吨级散货船乘潮单向通航,航道总长10.7千米,航道宽170米。

2. 港区工程项目

台州港临海港区头门作业区一期工程项目

项目于2010年12月开工,2014年12月试运行,2015年12月竣工。

项目建设依据:2011年5月,浙江省发展和改革委员会《关于台州港临海港区头门作业区一期工程项目核准的批复》(浙发改交通〔2011〕413号);2011年9月,浙江省发展和改革委员会《关于台州港临海港区头门作业区一期工程初步设计的批复》(浙发改交通〔2011〕129号)。2011年1月,浙江省环境保护厅《关于台州港临海港区头门作业区一期工程环境影响报告书审查意见的函》(浙环建〔2011〕4号);2009年11月,浙江省国土资源厅《关于台州港临海港区头门作业区一期工程建设项目用地的预审意见》(浙土资预〔2009〕232号);2011年11月,浙江省政府《关于浙江临海头门港区开发投资有限公司台州港临海港区头门作业区一期工程项目海域使用的批复》(浙政海审〔2011〕54号);2011年1月,交通运输部《关于台州港临海港区头门作业区一期工程使用港口岸线的批复》(交规划发〔2011〕32号)。

项目建设1个2万吨级件杂码头泊位(码头水工建筑允许靠泊能力3万吨级),岸线总长232米。码头采用引桥式布局,高桩式结构。码头前沿水深11.2米。项目后方堆场面积 11.28 万平方米,堆存能力 280 万吨。主要装卸设备配置包括 40 吨门座式起重机 1 台,25 吨门座式起重机 3 台。项目总投资为 8 亿元,企业自筹。总用地面积 21.64 万平方米,填海新增用地 20.52 公顷。

建设单位为浙江头门港投资开发有限公司;设计单位为中交第三航务工程勘察设计院有限公司;施工单位为舟山市海军华东工程建设局(南围堤工程),中交第二航务工程局有限公司(陆域形成工程、生产及附属用房工程),浙江省交通工程建设集团有限公司(码头水工工程),葛洲坝集团电力有限责任公司(机电安装工程),南京港口机械厂(门座式重机设备制造、安装);监理单位为温州港湾工程咨询监理有限公司(南围堤项目监理)宁波港工程项目管理有限公司(头门作业区一期工程监理,南围堤除外);质监单位为台州市港航管理局。

项目投产以来至 2017 年底,货物吞吐量约 350 万吨,靠泊船数 193 艘次,总营收约 3000 万元,主要货种为钢铁、卷材等件杂货及黄沙等矿建材料,极大地减少了后方腹地制造业及建筑企业的物流成本,推动了当地经济发展。

(三)大麦屿港区

1. 港区综述

(1)港区建设和运营概况

大麦屿港区是台州港的重要港区,重点发展现代物流业和对台直航运输,充分发挥深水优势,为浙南及附近地区内外贸运输服务,重点发展外贸集装箱、煤炭、石化中转运输和物流园区建设。港区规划岸线 20.1 千米,码头前沿水深均在 12 米以上。新规划调整后大麦屿港区形成普竹、连屿、大麦屿、大岩头 4 个作业区。

其中连屿作业区位于玉环岛西侧的连屿至鸡蛋山岸段,岸线长约 4.1 千米。建有 2 个 10 万吨级华能电厂配套泊位。规划外屿南侧 940 米岸线布置万吨级以上泊位 4 个。连屿作业区陆域纵深约 320～710 米,面积约 4 平方公里。大麦屿作业区位于鸡蛋山—牛头颈岸段,岸线长约 1.8 千米。截至 2015 年底,由南向北已建有 1 个对台直航泊位、2 个多用途泊位和 1 个粮食泊位,均为万吨级以上深水泊位。多用途泊位和粮食码头之间规划建设 1 个 10 万吨级泊位,陆域纵深约 300～1000 米,面积约 1.2 平方公里。

港区已完工的乐清湾进港航道整治一期工程,可确保 5 万吨级集装箱船双向乘潮通航保证 90% 以上,10 万吨级散货船可单向乘潮通航。大麦屿港区是台州港的重要港区,截至 2015 年底,台州港万吨级深水泊位大部分集中于大麦屿港区。

2013—2017 年大麦屿港区总计完成货物吞吐量 15566 万吨,2017 年完成 3387 万吨;五年进港主要货类中,煤炭 4213 万吨,油品 89 万吨,钢铁 201 万吨,矿建材料 4630 万吨,水泥 18 万吨。

（2）港区地理条件和集疏运概况

大麦屿港区位于玉环岛乐清湾内，地理位置得天独厚，其范围涵盖玉环县境内所用港口设施。大麦屿港区最好的一段岸线是南北走向的大岩头至连屿段，掩护条件好，基本不会出现大的波浪，涨潮流动力强，靠近玉环一侧，形成与岸边地形基本一致的近岸深槽，水流平顺。玉环四周高山环抱，土地资源有限，港口后方用地需通过大量围垦滩涂形成。因此，该段岸线上布置的码头驳岸线基本上要顺应地形，与涨潮流方向一致进行布置，码头前沿线沿深槽布置，并采用栈桥与陆域衔接，尽量减少对水流环境的影响。此外南部的大岩头至黄门山岸线水深条件好，但掩护条件差，后方陆域紧张。北部的连屿至汾水山段水深条件较差。

大麦屿进出港航道自港池穿过横趾山和大岩头之间水域，经鹿栖岛至外海15米水深处，长约31.5千米，其中最小水深10.8米，长约4.6千米。3万吨级船舶自由全天候进出，5万~7万吨级船舶候潮保证率在90%以上，10万吨级散货船舶乘潮单向进港。

大麦屿港区的疏港方式采用公路和铁路两种方式。其中，公路形成"一联四通"的格局。一联，即沿海高速公路，沿海高速公路从温岭乐清湾海山岛附近进入玉环境内，将大麦屿港区与周边地区联网；四通，即疏港公路、76省道、76省道复线、沙门至坎门公路4条通向温岭的高等级公路。铁路集疏运则主要通过甬台温铁路引出支线进入港区。

2. 港区工程项目

（1）玉环县大麦屿港2万吨级多用途码头工程

项目于1999年2月开工，2001年12月试运行，2018年6月竣工。

项目建设依据：1998年11月，浙江省计划与经济委员会《关于玉环县大麦屿港2万吨级多用途码头工程可行性研究报告的批复》（浙计经投〔1998〕1577号）；浙江省计划与经济委员会《关于玉环县大麦屿港2万吨级多用途码头初步设计的批复》（浙计经投〔1998〕8号）。2000年6月，浙江省环境保护局（《关于浙江玉环大麦屿港2万吨级多用途码头工程环境影响报告书审查意见的批复》（浙环开建〔2000〕60号文）；2009年3月，玉环县人民政府《国有土地使用证》（玉国用〔2009〕第03049号）；2007年9月，玉环县人民政府《海域使用权证书》（国海证073300201号）；2000年6月，交通部《关于台州港玉环大麦屿港区多用途码头使用岸线的批复》（交规划发〔2000〕335号）。

项目建设1个2万吨级多用途码头泊位，并兼顾3万吨散粮船和1.5万吨全集装箱船（码头水工建筑允许靠泊能力3万吨级），岸线总长280米。码头采用顺岸布局，高桩板梁式结构。码头前沿水深15米。项目后方堆场面积3.83万平方米，堆存能力60万吨。主要装卸设备配置包括AHJ1635型门座式重机1台，AHJ4035型门座式重机1台，AHJ4035F型门座式重机1台。项目总投资为5927.13万元，企业自筹2762.26万元，其他企业投资3040.36万元。项目陆域用地面积10.04万平方米，用海面积19.26

公顷。

建设单位为浙江大麦屿港务有限公司;设计单位为浙江省交通规划设计研究院有限公司,中交水运规划设计院有限公司,三门县交通设计室;施工单位为中交第三航务工程局有限公司,浙江天环交通建设有限公司;监理单位为中交二航院工程咨询监理有限公司、浙江港湾工程项目管理有限公司(原温州港湾工程咨询监理有限公司);质监单位为浙江省交通建设工程监督管理局。

(2)华能玉环电厂一期、二期配套工程煤码头

项目于 2004 年 6 月开工,2006 年 11 月试运行,2013 年 4 月竣工。

项目建设依据:2003 年 11 月,国家发展和改革委员会《国家发展改革委关于审批浙江华能玉环电厂 2 台百万千瓦级超临界发电机组新建工程可行性研究报告的请示》(发改能源〔2003〕1316 号);2005 年 6 月,浙江省发展和改革委员会《浙江省发展改革委关于华能玉环电厂一期工程初步设计的批复》(浙发改设计〔2005〕151 号)、2012 年 08 月,交通运输部《关于浙江华能玉环电厂二期工程配套码头工程初步设计的批复》(交水发〔2012〕371 号);2005 年 6 月,国家环境保护总局《关于浙江华能玉环电厂二期(2 × 1000 兆瓦)超临界机组工程环境影响报告书审查意见的复函》(环审〔2005〕548 号);2002 年 06 月,浙江省国土资源厅《关于华能浙江玉环电厂用地的意见》(国土资函〔2002〕187 号);2003 年 7 月,浙江省海洋与渔业局《海域使用权批准通知书》(浙海权通〔2003〕1 号);2003 年 7 月,浙江省交通厅《港口设施建设使用岸线审批表》(浙航道 2003B014 号)。

项目建设 2 个 5 万吨级散货码头泊位(码头水工建筑允许靠泊能力 10 万吨级),岸线总长 576 米。码头采用引桥式布局,高桩式结构。码头前沿水深 15.95 米。项目后方堆场面积 12 万平方米,堆存能力 60 万吨。主要装卸设备配置包括抓斗式卸船机 2 台,履带式推耙机 4 台。项目一期码头总投资 1.95 亿元,二期 2.06 亿元,企业自筹。项目陆域用地面积 12 万平方米,用海面积 35.94 公顷。

建设单位为华能国际电力股份有限公司玉环电厂;设计单位为浙江省交通规划设计研究院;施工单位为中港第二航务工程局第三工程公司;监理单位为上海东华建设监理所;质监单位为浙江省交通厅工程质量监督站。

华能玉环电厂一期工程自 2004 年 6 月 28 日开工建设,1 号机组于 2006 年 11 月 28 日投产,2 号机组于 2006 年 12 月 30 日投产,二期工程配套码头工程从 2005 年 3 月 20 日开工建设,到 2006 年 8 月 1 日完工,浙江省交通厅工程质量监督局于 2006 年 8 月 3 日组织对工程进行了交工质量鉴定,2006 年 8 月 15 日通过了浙江省交通厅质量监督局的交工验收,于 2007 年 12 月 5 日通过浙江省交通厅工程质量监督局的竣工质量鉴定。2012 年 10 月 31 日,浙江省交通厅工程质量监督站组织对竣工质量检验提出问题的整改情况进

行了复查。2013年4月,通过竣工验收。2013—2017年共靠泊煤船428艘,接卸煤炭3852万吨,取得了巨大的经济效益和社会效益。

(3)台州港大麦屿港区多用途码头一期工程

项目于2006年8月开工,2008年8月试运行,2010年1月竣工验收。

项目建设依据:2007年3月,浙江省发展和改革委员会《关于台州港大麦屿港区多用途码头一期工程项目核准的批复》(浙发改交通〔2007〕193号);2008年7月,浙江省发展和改革委员会《台州港大麦屿港区多用途码头一期工程初步设计的批复》(浙发改设计〔2008〕79号)。2006年8月,浙江省环境保护局《关于台州港大麦屿港区多用途码头一期工程环境影响报告书审查意见的函》(浙环建〔2006〕38号);2007年5月,浙江省国土资源厅《关于台州港大麦屿港区多用途码头一期工程建设项目用地的预审意见》(浙土资预〔2007〕091号);2006年9月,玉环县人民政府《台州港大麦屿港区多用途码头一期工程海域使用权证》(国海证063300050号);2006年12月,交通部《关于台州港大麦屿港区多用途码头一期工程使用港口岸线的批复》(交规划发〔2006〕712号)。

项目建设1个3万吨级多用途码头泊位(码头水工建筑允许靠泊能力7万吨级)和1个5万吨级多用途码头泊位(码头水工建筑允许靠泊能力7万吨级),岸线总长598米。码头采用顺岸式布局,高桩式结构。码头前沿水深17.2米。项目后方堆场面积23.22万平方米,堆存能力55万TEU集装箱和150万吨件杂货。主要装卸设备配置包括2台桥式起重机(吊具下额定起重量61吨的双20英尺岸桥,外伸距63米)、2台门式起重机(吊钩下额定起重能力40吨,轨距16米)。项目总投资为7.70亿元,企业自筹2.70亿元,银行贷款5亿元。项目陆域用地面积40.7万平方米,用海面积24.49公顷。

建设单位为浙江大麦屿港务有限公司;设计单位为中交水运规划设计研究院,中交上海港湾工程设计研究院;施工单位为中交三航局有限公司宁波分公司;监理单位为温州港湾工程咨询监理有限公司;质监单位为浙江省交通厅工程质量监督局。

(4)台州港大麦屿港区对台直航客货滚装码头工程

项目于2013年8月开工,2014年5月试运行,2017年9月竣工。

项目建设依据:2013年4月,浙江省发展和改革委员会《关于台州港大麦屿港区对台直航客货滚装码头项目核准的通知》(浙发改交通〔2013〕358号);2013年6月,浙江省发展和改革委员会《关于台州港大麦屿港区对台直航客货滚装码头工程初步设计的批复》(浙发改设计〔2013〕78号)。2013年1月,浙江省环境保护厅《关于台州港大麦屿港区对台直航客货滚装码头工程环境影响报告书的审查意见》(浙环建〔2012〕12号);2012年9月,浙江省国土资源厅《关于台州港大麦屿港区对台直航客货滚装码头工程建设项目用地的预审意见》(浙土资预〔2012〕182号);2013年9月,玉环市人民政府《关于台州港大麦屿港区对台直航客货滚装码头工程海域使用申请的批复》(玉政海审〔2013〕3号);

2013年1月,交通运输部《交通运输部关于台州港大麦屿港区对台直航客货滚装码头工程使用港口岸线的批复》(交规划发〔2013〕31号)。

项目建设1个3万总吨客货滚装码头泊位,岸线总长340米。码头采用顺岸式布局,高桩式结构。码头前沿水深13.5米。项目后方堆场面积10.59万平方米,停车场面积0.88平方米。主要装卸设备配置包括16吨门座式起重机1台及登船车1辆。项目总投资为3.14亿元;地方政府投资2.70亿元,银行贷款4438.78万元。填海造地面积12.8公顷。

建设单位为浙江大麦屿港口开发建设有限公司;设计单位为浙江省交通规划设计研究院;施工单位为中交第二航务工程局有限公司,上海三航奔腾建设工程有限公司,上海大润港务建设集团有限公司,台州市金地园林市政工程有限公司,台州绿茵市政园林有限公司,浙江新宇建设有限公司;监理单位为浙江公路水运工程监理有限公司,温州港湾工程咨询监理有限公司,中交二航院工程咨询监理有限公司;质监单位为台州市港航管理局,台州市交通工程质量安全监督站,玉环县建设工程质量监督站监督。

主体码头自从2014年6月16日起试运行至2018年5月26日,共经受"中远之星"轮靠离泊360航次,出入境旅客65502人,进出口货物2292TEU。

(四)海门港区

1.港区综述

(1)港区建设和运营概况

海门港区是台州港的重要港区,以服务台州主城区生产生活物资运输为主,根据城市发展需要适时调整优化港区功能,拓展旅游客运功能。2005年台州港74%的货物吞吐量在该港区完成,2017年随着台州港布局调整,货物吞吐占全港比重下滑至20%。椒江口内港口是依托城市发展起来的,建港历史悠久,是台州港目前的主要港区。受历史因素和建设条件限制,码头建设散、乱、等级低。

海门港区包括三山、牛头颈、前所、黄礁、大陈作业区,规划岸线长21.38千米。椒江南北两岸岸线顺直,港域开阔,航道实用水深乘潮7米,可通航5000吨级船舶和浅吃水万吨级船舶。截至2015年底,港区生产用千吨级以上泊位29个,其中万吨级泊位1个。

牛头颈作业区是目前台州港码头最集中的区域,但受建设条件限制,码头等级较低,布局散乱。煤炭是其主要运输货种,其装卸、堆存和运输对城市交通和环境干扰较大。根据城市总体规划要求,三山作业区应逐步退出煤炭等污染较大货物运输功能,并转移至头门港区;牛头颈作业区上段(牛头颈塔至轮渡码头区段)逐步退出货运功能,发展旅游客运,将煤炭等散货转移至头门港区,其余货运功能转移至牛头颈下段。前所作业区以服务临港工业为主,截至2015年底,椒江二桥上游段岸线已基本利用完毕,下游段适当发展散货运输。

2013—2017年海门港区总计完成货物吞吐量7530万吨,2017年完成1410万吨;五年进港主要货类中,煤炭2166万吨,油品489万吨,钢铁1429万吨,矿建材料942万吨,水泥1054万吨,机电776万吨。

(2)港区地理条件和集疏运概况

海门港区位于椒江口内,椒江沿岸陆域为海滨平原,两岸山头均有基岩出露。

椒江的三江口至松浦闸段长18.77千米,习惯上以牛头颈、小园山为界,西侧称为椒江口内河段,东侧称为椒江口外河段。

口内河段航道(三江口至牛头颈)长12千米,椒江大桥净空高度20米,大桥以下通航5000吨级以下海船;大桥至红光通航3000吨级以下海船;红光以上通航1000吨级以下海船。

口外河段航道长约18千米,宽限为500米,涛江浦至杜下浦的河口拦门沙长2千米,深度2米左右,3000吨级船舶需乘潮进港,5000吨级船舶和浅吃水万吨级海船需减载后乘潮进港且保证率较低。

海门港区的疏港方式包括公路、水运和铁路3种方式。公路主要由疏港公路直接与城市路网相连,经82省道、82省道复线与75省道、75省道南延线、台金高速公路、甬台温高速公路和沿海高速公路相通。水运方面,海门港区水路转运优势明显,椒江与永宁江灵江相连,可通过永宁江闸进入温黄平原的航道网,依托椒灵江航道可直达临海。

2.港区工程项目

(1)台州发电厂3号泊位

项目于1984年12月开工,1985年12月试运行,1985年12月竣工。

项目建设依据:1983年,国家计划委员会批准台州发电厂二期工程,1983年8月,国家计划委员会《关于台州发电厂二期初步设计的复函》(计鉴〔1983〕1506号)。

项目建设1个10000吨级煤码头泊位,岸线总长144米,项目设计年通过能力为126万吨。码头采用顺岸式布局,高桩式结构。码头前沿水深6.5米。项目后方堆场面积2.94万平方米。主要装卸设备配置包括桥式抓斗卸船机、额定出力400吨/小时,共3台。项目总投资1.16亿元,全部企业自筹。项目陆域用地面积6596平方米。

项目建设单位为台州发电厂二期工程扩建处;设计单位为浙江省交通设计院;施工单位为浙江省海港工程队。

2012—2016年完成的货物作业量共计1286.53万吨,靠泊船舶数量1789条。

(2)台州海螺水泥有限公司码头工程

项目于2005年6月开工,2007年12月试运行,2009年3月竣工。

项目建设依据:2004年1月,浙江省发展和改革委员会《关于台州海螺水泥有限公司年产 165 万吨粉磨站可行性研究报告》(浙发改产业〔2004〕1278 号);2004 年 1 月,台州市发展计划委员会《关于台州海螺水泥有限公司 165 万吨/年水泥粉磨站项目初步设计》(台计投资〔2004〕8 号)。2003 年 10 月,台州市环境保护局《台州海螺水泥有限公司年产 165 万吨水泥粉磨站码头新建项目环境影响报告书》(台环建〔2003〕89 号);2007 年 1 月,台州市国有土地管理局椒江分局《国有土地使用权证》(国用〔2007〕地 000394 号);2006 年 6 月,台州市椒江海洋与渔业局《海域使用权证书》(国海证 063300039 号);2004 年 4 月,台州市港航管理局《关于台州海螺水泥有限公司修建专用码头占用椒江岸线和水域》(台港航〔2004〕81 号)。

项目建设 1 个 3000 吨级沿海码头泊位(码头水工建筑允许靠泊能力 5000 吨级),岸线总长 150 米。码头采用顺岸式布局,高桩式结构。码头前沿水深 6.5 米。项目后方堆场面积 0.45 万平方米,堆存能力 0.84 万吨。水泥筒库面积 1.48 万平方米,堆存能力 4.27 万吨。主要装卸设备配置包括 16 吨门座式起重机 2 台。项目总投资 3251.69 万元,全部为企业自筹。项目陆域用地面积 5.34 万平方米,用海面积 0.6214 公顷。

项目建设单位为台州海螺水泥有限公司;设计单位为长江航运规划设计院;施工单位为中海工程建设总局宁波分局、苏州中材安装公司、上海港联机械有限公司;监理单位为镇江市兴华工程建设监理有限责任公司;质监单位为台州市港航管理局。

(3)台州港牛头颈作业区外贸码头改扩建工程

项目于 2013 年 10 月开工,2014 年 12 月试运行,2018 年 6 月竣工。

项目建设依据:2012 年 8 月,浙江省发展和改革委员会《关于台州港牛头颈作业区外贸码头改扩建工程项目核准的批复》(浙发改交通〔2012〕1102 号);2013 年 3 月,浙江省发展和改革委员会《关于台州港牛头颈作业区外贸码头改扩建工程初步设计的批复》(浙发改设计〔2013〕32 号)。2012 年 8 月,浙江省环境保护厅《关于台州港牛头颈作业区外贸码头改扩建工程环境影响报告表的审查意见》(浙环建〔2012〕97 号);2013 年 3 月,台州市椒江区人民政府《关于浙江台州湾港务有限公司台州港牛头颈外贸码头改扩建工程海域使用申请的批复》(椒政海审〔2013〕2 号);2011 年 12 月,浙江省交通运输厅《水路交通行政许可决定书》(浙港政 – JA〔2011〕1 号)。

项目扩建 1 个 5000 吨级多用途泊位(码头水工建筑允许靠泊能力 10000 吨级),岸线总长 150 米。码头采用顺岸式,引桥式布局,高桩式结构。码头前沿水深 10.2 米。项目后方堆场面积 8 万平方米。主要装卸设备配置包括 2 台 10.5 米轨距的多用途门座式重机,集装箱卡车、牵引车和平板车等。项目总投资 8769.62 万元,其中公司自有资金 4298.62 万元,银行贷款 4471 万元。项目陆域用地面积 10 万平方米,用海面积 4.8 公顷。

项目建设单位为浙江台州湾港务有限公司;设计单位为中交第三航务工程勘察设计

院有限公司;施工单位为上海三航奔腾建设工程有限公司、玉环县环光水利建设工程有限公司;监理单位为宁波港工程项目管理有限公司;质监单位为台州市港航管理局。

试运行期间,码头进行的操作都是以集装箱为主,共靠离泊船只43艘次,其中集装箱船37艘次(装卸8210TEU)、冻鱼船6艘次(装卸7451吨)。通过试运行作业检验了码头工程靠泊安全性,试运行期间,码头结构稳固,位移、沉降量很小,达到了设计要求。

(4)万隆船舶重工有限公司舾装(兼货运)码头工程

项目于2013年10月开工,2016年7月试运行,2018年12月竣工。

项目建设依据:2008年11月,台州市椒江区发展和改革局《万隆船舶重工有限公司工程可行性研究报告评审会议纪要》(椒发改产〔2008〕23号);2012年4月,台州市椒江区发展和改革局《关于万隆船舶重工有限公司舾装(兼货运)码头工程初步设计的批复》(椒发改产〔2012〕6号)。2011年1月,台州市环境保护局《关于万隆船舶重工有限公司年产15.5万载重吨船舶制造新建项目环境影响报告书的批复》(台环建(椒)〔2011〕3号);2009年8月,浙江省海洋与渔业局《海域使用权证书》(国海证〔093300157〕号);2009年8月,浙江省人民政府海域使用审批文件《关于万隆船舶重工有限公司新建船厂工程海域使用的批复》(浙政海审〔2009〕28号);2009年10月,台州市港航局《关于同意万隆船舶重工有限公司船厂工程临时使用港口岸线的批复》(台港航〔2009〕175号)。

项目建设1个4万吨级舾装兼靠2000吨级货运泊位及1个1万吨级舾装泊位,岸线总长521米。码头采用顺岸式,引桥式布局,高桩式结构。码头前沿水深8.1米。项目后方堆场面积5.61万平方米,堆存能力30万吨。主要装卸设备配置包括2台25吨门座式起重机。项目总投资4420万元,全部企业自筹。项目陆域用地面积为约7.49万平方米。

项目建设单位为万隆船舶重工有限公司;设计单位为河海大学设计院;施工单位为上海三航奔腾建设工程有限公司;监理单位为温州港湾工程咨询监理有限公司;质监单位为台州市港航管理局。

(五)健跳港区

1.港区综述

(1)港区建设和运营概况

健跳港区位于台州市北部三门湾内,是台州港的北大门,口内岸线稳定,海域开阔,截至2015年底,该港区生产用千吨级以上码头泊位6个,其中3.5万吨级码头泊位1个。牛山、龙门和洋市涂3处深水港址岸线水深10米以上,规划可建深水泊位12个。健跳港区主要结合深水港口岸线资源和后方土地资源形成临港工业优势,为华东电力基地服务,依托现有修造船业的基础,发展修造船业,兼顾三门当地经济发展所需的生产、生活物资运输。在发展临港工业同时,建设一批为地方经济发展服务的大、中、小泊位。

健跳港区包括六敖作业区、下沙塘作业区、龙山作业区、洋市涂作业区、七市塘作业区及牛山作业区6个作业区。

2013—2017年港区总计完成货物吞吐量2098万吨,2017年完成679万吨;五年进港主要货类中,煤炭874万吨,油品273万吨,钢铁37万吨,矿建材料1114万吨,水泥77万吨。

（2）港区地理条件和集疏运概况

健跳港区涵盖三门县域范围内的港口设施。健跳江口内有下沙塘作业区、七市塘作业区,主要依托健跳镇以及健跳开发区和工业区,直接为各类园区和地方经济发展服务,另外结合自然条件,与上海、舟山等地的修造船业错位发展,寻找自身优势,以现有修造船业发展规模为基础积极向外拓展,形成规模化的中小型船舶修造业基地,该处各作业区沿江发展,岸线顺直,后方陆域宽阔,规划整体以顺岸形式布置各码头。口外有位于健跳江南侧的牛山作业区、洋市涂作业区,建成以电力为主的临港型工业基地,这两处主要通过后方大面积滩涂围垦形成陆域,并利用栈桥伸至前方的深槽建设码头。

健跳港区的疏港方式以公路为主。主要由疏港公路与沿海高速公路及74省道南延线相连,沿海高速公路及74省道南延线贯穿三门县南北,是健跳港区向外连接的主要通道,也是构成健跳港区四通八达的公路集疏运体系的重要支撑。

健跳港区航道为天然水道,健跳大桥上游可通航千吨级船舶。大桥下游的眠床头嘴至土地礁附近有长约1.8千米、深3~4米浅段,可乘潮通航3000~5000吨级船舶。口外进港航道水深在5米以上。

2.港区工程项目

浙江台州第二发电厂"上大压小"新建工程项目配套码头工程

项目于2013年11月开工,2015年5月试运行,2017年1月竣工。

项目建设依据:2010年1月,浙江省交通运输厅《关于浙能台州第二发电厂项目及航道工程可行性研究报告及使用岸线的意见》(浙交函〔2010〕6号);2013年5月,交通运输部《交通运输部关于浙江台州第二发电厂"上大压小"新建工程项目配套码头工程初步设计的批复》(交水发〔2013〕327号)。2011年7月,环境保护部《关于浙江浙能台州第二发电厂"上大压小"新建项目环境影响报告书的批复》(环审〔2011〕196号);2013年9月,国土资源部《关于台州第二发电厂"上大压小"新建工程建设用地的批复》(国土资函〔2013〕718号);2013年1月,海洋局《国家海洋局关于浙江台州第二发电厂"上大压小"新建工程项目用海的批复》(国海管字〔2013〕56号);2013年5月,交通运输部《交通运输部关于浙江台州第二发电厂配套码头工程使用港口岸线的批复》(交规划发〔2013〕333号)。

项目建设 1 个 3.5 万吨级卸煤码头泊位(码头水工建筑允许靠泊能力 5 万吨级)和 1 个 3000 吨级多用途码头泊位,岸线总长 430 米。码头采用引桥式布局,高桩式结构。码头前沿水深 15.35 米。项目仓库面积 4.6 万平方米。筒仓容积 32 立方米。主要装卸设备配置包括散货装船机 2 台,连续卸船机 2 台,斗轮堆取料机 2 台,皮带输送机 2 台。项目总投资为 5.64 亿元,地方政府投资 1109.3 万元,企业自筹 1.74 亿元,其他企业投资 1383.68 万元,银行贷款 1.77 亿元。项目陆域用地面积 95.65 万平方米,用海面积 49.58 公顷。

建设单位为浙江浙能台州第二发电有限责任公司;设计单位为浙江省交通规划设计研究院;施工单位为中交第二航务工程局有限公司,中交第三航务工程局有限公司宁波分公司;监理单位为厦门港湾咨询监理有限公司;质监单位为浙江省交通厅工程质量监督局。

2017 年 11 月 10 日项目获得中国施工企业管理协会颁发的国家优质工程奖。

电厂建设期间需要进行重大件及设备的运输,电厂营运期间因脱硫需进口石灰石 12 万吨/年,建设项目投产后满足电厂建设及生产需要。

五、温州港

(一)港口概况

1. 港区综述

港区建设和运营概况

温州港是一个千年之港,早在春秋战国时期(公元前 475—221 年),温州就出现了原始港口的雏形。

北宋哲宗元祐五年(公元 1090 年),诏温州和明州岁造船以 600 只为额。两州岁造船额在全国名列前茅。南宋高宗绍兴元年(公元 1131 年)或稍前,温州设立市船务,开辟为对外贸易口岸。

明洪武二十年(公元 1387 年),一艘暹罗朝贡船驶来温州进行互市贸易。清顺治十三年(公元 1656 年),清政府宣布"海禁",严禁商民船只私自出海贸易,温州港的海上交通贸易开始处于停顿状态。清康熙二十四年(公元 1685 年),浙海关在宁波建立,下设口 15 处,温州为其中一口。温州口下设宁村、状元桥、黄华关、蒲岐等 4 个旁口。清咸丰十一年(公元 1861 年),原在康熙年间建立起来的浙海关,改称浙海称常关,原浙海关温州口改属浙海常关(公元 1865 年温州常关改称瓯海常关)。清光绪二年(公元 1876 年),《烟台条约》签订,温州再次被迫开放,正式辟为通商口岸。清光绪三年(公元 1877 年),4 月 1 日温州海关建立,先称为"温海关",半年多以后改称"瓯海关"。4 月 10 日英国驻温领事阿尔巴斯特乘英舰来温。温州开埠后第一艘外国商船英籍康克斯特轮自上海抵温。清光绪四年(公元1878年),瓯海关在温州港设立了第一座航标象岩立标(从公元1906年9月13日开始,夜间燃点灯光)。

清光绪十年(公元1884年),温州招商分局朔门码头建成。民国五年(1916年),东门新码道东边的宝华码头建成。民国七年(1918年),东门化鱼巷(今永川路)江边的永川码头建成。孙中山在其所著《建国方略》的实业计划中,将温州划为三等港,并主张在磐石建港。民国八年(1919年),在礁下(离温州市区以西约9公里)岸边建成一座灯塔,以指示船舶避让江中的暗礁(1985年在暗礁上建成一座灯桩)。民国二十年(1931年),1月温州五十里外常关各口裁撤。6月温州五十里内常关的总关及所属各口裁撤。9月中国海军庆云舰开始对温州港进行测量,至1932年2月结束。12月上海航政局温州办事处成立(1932年7月1日改称上海航政局温州船舶登记所,1933年3月1日又恢复原名)。民国二十二年(1933年),东门新码道西边的平安码头建成。民国二十五年(1936年),由于温州港朔门一带航道严重淤浅,招商局朔门码头的趸船移往东门株柏另建成一座码头。民国二十六年(1937年),8月日军侵犯上海,并全面封锁中国沿海海面,行驶温州港的华籍沿海轮汽船全部停航。英籍海阳、神华两轮载运白糖分别自香港及上海驶抵温州港。12月温州航政办事处奉令停办,所有轮、帆船的检丈工作,改由瓯海关代为办理。民国二十七年(1938年),外轮往来温州港频繁,进出口贸易兴旺,港口出现畸形繁荣的局面。3月交通部直辖温州航政办事处成立。民国二十八年(1939年),1月温台防守司令部组织成立戒严时期温州引水办事处,负责引水业务,瓯海关即停办引水工作。3月东门振华码头建成。9月进出港外轮改航瓯江口北面的沙头水道,原已停顿的温州港海运又逐渐恢复。民国三十年(1941年),5月温州军事当局宣布封锁瓯江,进港船舶只准驶至瓯江北岸琯头为止,禁止驶入市区。从市区驶出的船舶也只准驶至该地。9月温州军事当局封锁放宽,准许中型木帆船办妥海关手续以后,可以驶往沿海各口岸。12月太平洋战争爆发,温州港沿海轮汽船运输开始完全停顿,戒严时期温州引水办事亦随之无形解散。民国三十四年(1945年),4月交通部直辖温州航政办事处撤销。12月上海航政局温州办事处重新成立。民国三十五年(1946年),10月交通部全国引水管理委员会闽浙区办事处温州港分处成立。11月瓯海关引水工作移交给温州港引水分处接管。民国三十六年(1947年),6月由于温州港朔门一带航道逐渐变深,招商局在朔门建成一座码头。民国三十七年(1948年),1月闽浙引水办事处温州港分处撤销,引水工作改由温州航政办事处负责管理。

1949年5月温州和平解放,温州港获得新生。6月温州市军事管制委员会派遣军代表进驻瓯海关、温州航政办事处、温州招商分公司等机构。温州航政办事处旋即改组为温州市军管会财经部交通处航政科。

新中国成立后,温州港逐渐发展为一个现代化港口。起初,温州港仅有 1 座浮码头,大部分来港船舶在锚地过驳,吞吐量仅 12 万吨;之后,温州港得到了一定发展,1957 年被国务院定为对外开放港口。

1958 年起至 20 世纪 70 年代初建成老港区 1～6 号码头及安栏码头,具备接纳 3000 吨级海轮的能力;"六五"期开辟杨府山港区,建成 5000 吨级及 500 吨级煤炭专用泊位 2 个;1984 年温州港被列为全国首批 14 个沿海开放城市之一,"一港三城"的城市规划,给温州港带来了新的历史发展机遇。

根据浙江省沿海港口布局规划和温州市水路交通"十一五"发展规划,在"十一五"期间,根据基本思路和主要目标,本着"突出重点、统筹协调、集约利用、主动引导、和谐发展"的原则,对温州市 10 个港区的港航资源及发展潜力以及各港区的功能定位进行分析,探讨,平衡后,形成五大功能区的"一港七区"的港口发展新格局。

状元岙港区是温州港重点建设的主要深水港区。状元岙港区将为温州港长远发展提供空间,起到促进温州半岛工程综合效益的发挥、调整优化港口布局和提升温州港在外贸大宗货物类运输中的作用。状元岙港区近期受后方配套设施及集疏运系统限制,以发展多用途泊位为主,中远期随着疏港公路等配套设施的完善,以集装箱泊位发展为主,最终将状元岙港区开发为以外贸远洋集装箱和大宗件杂货运输为主,临港工业发达,服务功能齐全的综合性商业贸易港区。状元岙港区一期工程 2 个多用途泊位及其配套陆域场地已于 2008 年建成。码头最大可靠泊 10 万吨级集装箱船。乐清湾港区开发条件较为成熟,开发建设时先期建设多用途泊位,下一步大力发展集装箱泊位,以解决温州港大宗散货和集装箱吞吐能力严重不足的现状,为温(州)台(州)产业带经济发展提供支撑。通过深水港区的开发,布局临港工业园区,引导龙头型企业和规模企业入园,发展出口导向型港口经济;最终发展为具有临港工业、保税仓储、加工商贸、现代物流、内陆中转等多功能的综合性工业港区。乐清湾港区与状元岙港区在港口规模、货种、功能等方面实现差异性互补,发展成为温州港瓯江北岸地区的核心深水港区。大小门岛港区是温州港现有的除状元岙和乐清湾港区以外的深水港区。水深条件优越,但后方条件相对较差,根据温州市的产业发展规划及省部的港口布局规划,大小门岛港区的发展目标是建设成为温州市的石化产业基地,最终形成石油化工储存、中转、加工等综合功能。以七里、灵昆、龙湾为主体的瓯江口内港区。主要为温州城市发展服务。七里港区以发展内贸集装箱为主要目标,最终发展为以内贸集装箱、杂货为主的综合性港区。龙湾港区、灵昆港区将发展为以通用件散杂货为主,主要承接市区老港、杨府山港区及各货主码头拆迁安置及货运功能的转移。由瑞安、平阳、苍南为主体的瓯江南部地区的港区。功能定位以港区后方城市为依托,策应城市发展战略,服务于当地经济发展。

2. 港口水文气象

温州地区年平均气温 17.9 摄氏度,最高气温 39.3 摄氏度,最低气温 -4.5 摄氏度。全年无冰封。降水充沛,每年 3—9 月的降水量占全年的 70%。其中 3—4 月为春雨期,5—6 月为梅雨期,7—9 月为台风雨期。多年平均降水量 1746 毫米。台风带来的暴雨 24 小时内最大降水量达 200~300 毫米,对船舶航行靠泊有一定影响。温州地区风向的季节性变化明显。每年 10 月至翌年的 2 月多 NW 风、频率为 14%~20%,3—6 月盛行 ESE 风、频率为 21%~23%,7—9 月以 E 风最多,频率为 14%~23%(温州站资料)。年平均台风 4 次,多发生在 7—9 月。多年平均能见度小于或等于 1 千米的雾日数为 13.7 天,雾多出现在夜间至翌日清晨,日出即消退,一般春季雾天居多。海边和岛屿的雾情较内地为重,多年平均雾日数乐清为 22 天,洞头为 36.5 天。

温州海域为非正规浅海半日潮。最高潮位 7.35 米(按吴淞海基面),最低潮位 -0.52 米,最大潮差 6.06 米,平均潮差 3.92 米。瓯江口内段的龙湾、七里、灵昆等港区附近的最大流速洪季大于枯季,呈明显的河口流场特征;沙港头、状元岙港址附近水流由潮流控制,呈海湾流场的规律。

3. 发展成就

1989 年建成龙湾港区一期工程 2 个万吨级泊位,从此结束了温州港无深水泊位的历史。

20 世纪 90 年代温州港开始了较大规模的建设,建成杨府山二期工程 5000 吨级及 500 吨级件杂货泊位 2 个;同期在瓯江北岸的磐石建成温州电厂 2 万吨级煤炭专用泊位;1994 年七里港区一期工程破土动工,拉开了七里深水港区建设序幕,2000 年建成投产。

1997 年浙江华电能源有限公司小门岛 5 万吨级油气中转码头动工,标志着酝酿多年的外海深水港区进入实质性开发,1998 年建成投产,跨入了河口港和深水海港并存、共同发展的新时期。

1998 年建成投产的小门岛 5 万吨级油气中转码头,结束了温州港不能接纳 5 万吨级船舶的历史,也掀开了温州石化产业基地建设的序幕。

2006 年龙湾港区二期建成万吨级多用途和散货泊位各 1 个,并与金丽温铁路联合建立"水铁联运",实现大宗煤炭等散杂货的高效快速运输。

"十一五"时期是温州水路交通运输建设史上具有重要意义的五年,2008 年新一轮的温州港总体规划获批实施,构筑以状元岙港区、乐清湾港区、大小门岛港区为核心枢纽港区,以瓯江和瑞安、平阳、苍南港区为补充的"一港七区"总体发展布局,整合了温州港的发展格局与空间,明确了各大港区功能定位。

"十一五"前期，着重解决了港口与城市发展之间的矛盾，加大港口岸线功能调整，通过"老港区换新港"的发展战略，加快推动瓯江口外深水港区开发建设，并于2008年建成状元岙港区2个5万吨级深水泊位，标志着温州港从"瓯江时代"向"东海时代"跨越。"十一五"后期，在浙江省建设"大港口、大路网、大物流"三大建设战略指导下，着力推进深水港区和其配套工程建设及沿海临港产业、港口物流前期研究等工作。2008年由于遭遇全球性金融危机，温州市水运行业受到了较大的冲击；面对困境，各级政府和水运管理部门积极采取措施，取得抗击金融危机的阶段性成果。

通过"十二五"时期的发展，温州港加快了向瓯江口外转移。建成了乐清湾港区A区一期2个5万吨级泊位（水工结构按靠泊10万吨级船舶设计）及其陆域配套设施、乐清海螺水泥物流中心码头工程、乐清湾进港航道一期工程，2014年底实现了乐清湾港区开港；开工建设了状元岙港区二期工程、状元岙化工（一期）工程；加快了温州港重心从瓯江口内向瓯江口外转移，形成了深水大港雏形。同时，截至2015年底，全市拥有生产性泊位215个，其中万吨级及以上生产性泊位19个。

2009年灵昆作业区建成2个5000吨级多用途泊位。2009年10月状元岙港区顺利实现对台湾省集装箱航线的首航，开创了温州市水运事业发展新纪元。

2011年温州港到港船舶25057艘次、6152.7万载重吨，万吨级以上船舶479艘次，5万吨级以上大型船舶11艘次。2013年温州港到港22923艘（不包括客船和渡船）、6896.3万载重吨，万吨级以上船舶597艘次，5万吨级以上大型船舶25艘次。

2015年温州港港口货物吞吐量达到8490.4万吨，完成集装箱吞吐量774万吨。2011—2015年吞吐量增长22%。货物以煤炭、石油及制品、钢铁、矿建材料和集装箱为主，是东南沿海地区重要的物资转运港口。

温州港港区分布图如图8-7-4所示。

温州港基本情况见表8-7-6。

（二）瓯江港区

1. 港区综述

（1）港区建设和运营概况

根据2008年批复的《温州港总体规划》，瓯江口内的龙湾、七里、杨府山、灵昆等几个港区合并为瓯江港区。瓯江港区主要为温州城市发展服务。七里港区以发展内贸集装箱为主要目标，最终发展为以内贸集装箱、杂货为主的综合性港区。龙湾港区、灵昆港区将发展为以通用件散杂货为主，主要承接市区老港、杨府山港区及各货主码头拆迁安置及货运功能的转移。瓯江口内龙湾至老港区航道可通航3000～5000吨级海船，龙湾以下至口外可通航2万吨级海船。

图 8-7-4　温州港港区分布图

(2)港区地理条件和集疏运概况

瓯江港区位于瓯江口内与温州市城区相邻,地理坐标120°52′48″E,27°59′54″N。瓯江河流自西向东在灵昆岛附近入海,入海处北有乐清湾,南为平整的滩涂海岸,东为洞头、大小门等列岛。

瓯江口出海航道自瓯江大桥至青菱屿锚地全长 61.5 千米,其中瓯江大桥至老港区12 千米,可乘潮通航 500 吨级海船;老港区至杨府山港区6.5 千米,可乘潮通航3000 吨级货船及 7000 吨级客船,其间灰桥浅滩是主要碍航段;杨府山港区经七都涂北支至龙湾港区 14 千米,可乘潮通航 5000 吨级船舶,七都涂尾的前沙水道至龙湾港区航道弯曲半径较小,大型船舶航行困难;龙湾港区至青菱屿锚地 29 千米,可乘潮通航 2 万吨级船舶,其间龙湾过江浅滩及口外的乌仙嘴浅滩(2005 年通过瓯江口航道治理一期工程一阶段治理后最浅处为 5.5 米)是主要碍航段。

公路有 104、330 国道和同三国道主干线、金丽温高速公路及在建的诸永高速公路、绕城高速北线交汇于温州市,并与浙江省及闽北公路干线网相通,纵向沟通浙江沿海的宁波、台州及福建的宁德等地区,横向沟通丽水、金华等浙西南地区。金温铁路于 1998 年

表 8-7-6

温州港基本情况表（沿海）

序号	港区名称	港口岸线 港口规划岸线 (千米)	港口岸线 其中:2015年前已建成岸线 (千米)	2015年港口生产用泊位 生产用泊位数 (个)	2015年港口生产用泊位 其中万吨级及以上 (个)	2015年港口生产用泊位 生产用泊位总长 (米)	2015年港口生产用泊位 其中万吨级及以上 (米)	其中:1978—2015年建成的生产用泊位 生产用泊位数 (个)	其中:1978—2015年建成的生产用泊位 其中万吨级及以上 (个)	其中:1978—2015年建成的生产用泊位 生产用泊位总长 (米)	其中:1978—2015年建成的生产用泊位 其中万吨级及以上 (米)	2015年港口货物和旅客吞吐量 货物吞吐量 (万吨)	2015年港口货物和旅客吞吐量 其中外贸货物吞吐量 (万吨)	2015年港口货物和旅客吞吐量 集装箱 (万TEU)	2015年港口货物和旅客吞吐量 滚装车辆 数量 (万辆)	2015年港口货物和旅客吞吐量 滚装车辆 质量 (万吨)	2015年港口货物和旅客吞吐量 旅客 (万人)	2015年港口货物和旅客吞吐量 其中国际旅客 (万人)
1	乐清湾港区	38.99	10.62	13	5	2022	1492	13	5	2022	1492	—	—	—	—	—	—	—
2	状元岙港区	23.85	3.84	8	4	1698	1313	8	4	1698	1313	—	—	—	—	—	—	—
3	大小门岛港区	34.88	3.94	10	1	954	273	10	1	954	273	—	—	—	—	—	—	—
4	瓯江港区	61.41	40.57	113	11	6923	1086	111	11	6698	1086	—	—	—	—	—	—	—
5	苍南港区	38.99	8.64	21	1	1405	258	21	1	1405	258	563.54	0	0	0	0	—	—
6	平阳港区	5.71	3.85	13	0	798.6	0	13	0	798.6	0	263.20	0	0	0	0	—	—
7	瑞安港区	34.95	13.83	18	0	1165	0	18	0	1165	0	—	—	—	—	—	—	—
	合计	238.78	85.29	196	22	14965.6	4422	194	22	14740.6	4422	826.74	0	0	0	0	—	—

全线贯通,其中龙湾支线进入龙湾港区,使温州港通过金温铁路接浙赣线与全国铁路主干线网相通,增强了温州港与浙西南及赣东等广大腹地之间的联系。温福铁路及甬台温铁路均已开工建设。

2. 港区工程项目

(1)温州港龙湾港区一期工程

项目于1987年1月开工,1988年1月试运行,1993年12月竣工。

项目建设依据:1985年,浙江省计划与经济委员会《关于温州港龙湾港区一期工程计划任务书的复文》(浙计经建〔1985〕816号);1986年1月,浙江省计划与经济委员会《关于温州港龙湾港区一期工程初步设计的批复》(浙计经建〔1986〕2号)。

项目建设2个1万吨级多用途和杂货码头泊位,岸线总长353米。码头采用引桥式布局,高桩式结构。码头前沿水深10米。项目后方堆场面积20万平方米。项目总投资4586万元,其中中央政府投资2100万,地方政府投资2486万。项目陆域用地面积16.12万平方米。

项目建设单位为温州市港务局;设计单位为浙江省交通规划设计研究院;施工单位为龙湾三建公司。

(2)浙能温州发电有限公司煤码头工程

项目于1988年5月开工,1990年6月试运行,2000年10月竣工。

项目建设依据:1986年,浙江省计划与经济委员会《关于浙江温州电厂工程可行性研究报告的批复》(浙计经建〔1986〕841号);1987年,浙江省电力局《关于温州电厂一期工程初步设计的批复》。1986年,浙江省环境保护局《关于浙江温州电厂工程环境影响评估报告书的批复》(浙环开〔1986〕17号);2017年,乐清市国土资源局《浙江浙能温州发电有限公司土地使用证》(浙〔2017〕乐清市不动产权第0007483号);2002年,乐清市海洋与渔业局《温州发电厂码头、进排水口海域使用权证》(浙乐〔2002〕0005号);1986年,温州港务监督局《关于温州电厂占用瓯江岸线的批复》(温港监(86)第17号);2000年,温州港务管理局《关于温州电厂江堤扩建工程使用岸线的红线批复》(温港规划〔2000〕第83号)。

项目建设2个2万吨级散货码头泊位,码头泊位长度371米。码头采用引桥式布局,高桩式结构。码头前沿水深11.2米。项目后方堆场面积8.69万平方米,堆存能力22.5万吨。主要装卸设备配置包括800吨/小时的卸船机2台、1250吨/小时的卸船机2台,项目总投资2亿元,全部为企业自筹。项目陆域用地面积76.89万平方米,用海面积30.86公顷。

项目建设单位为浙江浙能温州发电有限公司;设计单位为浙江省交通规划设计研究院;施工单位为中交第二航务工程局有限公司;监理单位为温州港湾工程咨询监理有限公

司;质监单位为温州市交通工程质量监督局。

2014年,浙江省发展和改革委员会《关于浙能温州发电有限公司煤码头加固改造工程初步设计的批复》(浙发改设〔2014〕139号),批复总投资概算2467.89万元。2015年启动将原有2个2万吨级散货泊位加固改造为2个3.5万吨级散货泊位。

(3)温州港七里港区一期工程

项目于1997年9月开工,2000年11月试运行,2004年12月竣工。

项目建设依据:1994年,国家计划委员会《关于温州港七里港区一期工程可行性研究报告的批复》(计交能〔1994〕151号);1994年,浙江省计划与经济委员会《关于温州港七里港区一期工程初步设计的批复》;1998年,浙江省计划与经济委员会《关于温州港七里港区一期工程修改初步设计的批复》(计经委〔1998〕9号)。

项目建设1个1.5万吨级和1个1000吨级多用途码头泊位、2个500吨级通用码头泊位、1个2.5万吨级通用码头泊位(码头水工建筑允许靠泊能力3.5万吨级),岸线总长582米。码头采用引桥式布局,高桩式结构。码头前沿水深11.7米。项目后方堆场面积9.84万平方米,堆存能力0.86万TEU。主要装卸设备配置包括16吨的门座式重机1台、轮胎式龙门起重机1台、40/35的门座式重机1台、QD-01的桥式起重机2台。项目总投资3.70亿元。项目陆域用地面积23.05万平方米,用海面积23.98公顷。

项目建设单位为温州港七里港区工程建设指挥部;设计单位为浙江省交通规划设计研究院;施工单位为港一航局一公司(完成码头、栈桥施工)、温州市港航工程公司(完成堆场、港区道路等施工);监理单位为上海华申建设监理工程咨询监理有限公司、温州港湾工程咨询监理有限公司;质监单位为浙江省交通厅工程质量监督站。

2003年4月,工程设计变更获得国家发展和改革委批复,变更设计后的建设内容主要为将原批准的煤炭泊位变更为通用泊位,设计年吞吐能力182万吨;将原批准的杂货泊位变更为多用途泊位,设计年吞吐能力49万吨(其中集装箱3.5万TEU),其配套设施的设计方案也做相应变更。

(4)温州港龙湾港区二期工程

项目于2004年2月开工,2006年7月试运行,2015年9月竣工。

项目建设依据:2002年,浙江省发展计划委员会《关于温州港龙湾港区二期工程可行性研究报告的批复》(浙计基础〔2002〕336号);2002年,浙江省发展计划委员会《关于温州港龙湾港区二期工程初步设计的批复》(浙计〔2002〕172号);2014年,温州市发展和改革委员会《关于调整温州港龙湾港区二期工程初步设计的批复》(温发改审设〔2014〕51号)。2002年,浙江省环境保护局《关于温州港龙湾港区二期工程环境影响评估报告书的批复》(浙环建〔2002〕156号)(于2014年浙委托省环境科学研究院编制"环境影响后评价",由省环保厅备案《浙环建函〔2014〕8号》)。

项目建设 2 个 1 万吨级多用途码头泊位,岸线总长 356 米。码头采用引桥式布局,高桩式结构。码头前沿水深 12 米。项目后方堆场面积 5.65 万平方米。项目总投资 1.99 亿元,企业自筹。项目陆域用地面积 7.45 万平方米,用海面积 7.45 公顷。

项目建设单位为温州港集团有限公司;设计单位为浙江省交通规划设计研究院;施工单位为浙江省交通规划设计研究院、中港二航局二公司(主体码头)、深圳市市政工程总公司(堆场、道路)、路桥集团第一公路工程局第一工程公司;监理单位为温州港湾工程咨询监理有限公司;质监单位为温州市港航局、温州市交委。

码头西侧散货泊位改造成多用途泊位,即将长 148 米×22 米平台拼宽至 30 米,并向西延伸 74 米(该段宽 36 米);集装箱堆场面积由 11392 平方米调整为 19432 平方米,调增 8040 平方米;煤堆场面积由 26335 平方米调整为 18512 平方米,调减 7823 平方米;件杂货堆场面积由 18788 平方米调整为 18571 平方米,调减 217 平方米;由于陆域场地的调整,相应的工艺设备数量及规格做相应的调整;工程概算由 19850.47 万元调整为 19851.30 万元,调增 0.83 万元。

(5)温州港七里港区二期工程

项目于 2005 年 12 月开工,2016 年 5 月试运行,2016 年 12 月竣工。

项目建设依据:2005 年 11 月,浙江省发展和改革委员会《关于温州港七里港区二期工程可行性研究报告的批复》(浙发改函〔2005〕248 号);2006 年 3 月,浙江省发展和改革委员会《关于温州港七里港区二期工程初步设计的批复》(浙发改设计〔2006〕32 号)。2005 年 8 月,浙江环境保护局《关于温州港七里港区二期工程环境影响报告书的批复》(浙环建〔2005〕72 号);2007 年 9 月,乐清市人民政府《关于温州港七里港区二期工程建设项目用地的批复》(乐清市(县)〔2007〕土字第 143 号);2006 年 4 月,交通部《关于浙江省交通厅关于温州港七里港区二期工程 4#、5#泊位使用岸线的批复》(交规划发〔2006〕182 号)。

项目建设 1 个 2 万吨级多用途码头泊位和 1 个 2 万吨级件杂货码头泊位(码头水工建筑允许靠泊能力 3 万吨级),岸线总长 596 米。码头采用引桥式布局,高桩式结构。码头前沿水深 15.5 米。项目后方堆场面积 7.8 万平方米,主要装卸设备配置包括集装箱装卸桥。项目总投资 3.86 亿元。项目陆域用地面积 10.95 万平方米,用海面积 19.72 公顷。

项目建设单位为温州港七里港区工程建设指挥部;设计单位为浙江省交通规划设计研究院;施工单位为中交第三航务工程局有限公司、中交第二航务工程局有限公司、山东港湾建设集团有限公司;监理单位为温州港湾工程咨询监理有限公司;质监单位为浙江省交通厅工程质量监督局、温州市交通工程质量监督局。

2008 年 6 月,浙江省发展和改革委员会批复浙江省交通运输厅报送的《关于要求调整温州港七里港区二期工程初步设计的函》,本次设计变更仅对港区陆域总平面布置做适当调整。2013 年 3 月,浙江省发展和改革委员会批复浙江省交通运输厅报送的《关于报送温州港七里港区二期工程初步设计调整说明的函》,本次设计调整将 1 号件杂货堆场调整为物流仓库区,在原 1 号件杂货堆场建设面积为 4752 平方米的带月台库房,并在仓库前方设置拆装箱场地。在综合楼旁边设置停车场;将 1 号集装箱堆场的龙门式起重机改成正面吊运机;进港道路作为车辆的缓冲带,闸口内移到综合楼附近,闸口由原四道调整为三道,地磅由 80 吨调整为 120 吨。将港区 7 米宽道路调整为 9 米。2017 年 4 月,浙江省发展和改革委员会批复浙江省交通运输厅报送的《关于报送温州港七里港区二期工程初步设计调整报告的函》,本次设计调整取消七里港区二期工程综合办公楼、机修车间及 2 号、3 号集装箱堆场;取消多用途门座式重机 1 台,取消场内的机械设备配置,由一期生产单位统一调配;陆域形成中软基处理方案调整为强夯方案;工程投资概算相应调整为 38625.17 万元,核减 708.86 万元。

(三)乐清湾港区

1. 港区综述

(1)港区建设和运营概况

乐清湾港区位于温台交界的内,是建设温台沿海产业带,发展临港产业、现代物流和出口加工业的重要依托,定位于承担外贸集装箱、大宗散货、件杂货及石油化工品运输,为大型港口电厂、船舶修造服务的现代化综合性港区。

截至 2015 年底,乐清湾港区共拥有各类生产性码头 12 个,泊位长度 2022 米,核定码头散杂货通过能力共 1255 万吨;其中万吨级及以上码头 5 乐清湾港区开发条件较为成熟,先期建设多用途泊位,下一步大力发展集装箱泊位,以解决温州港大宗散货和集装箱吞吐能力严重不足的现状,为温台产业带经济发展提供支撑。通过深水港区的开发,布局临港工业园区,引导龙头型企业和规模企业入园,发展出口导向型港口经济;最终发展为具有临港工业、保税仓储、加工商贸、现代物流、内陆中转等多功能的综合性工业港区。乐清湾港区与状元岙港区在港口规模、货种、功能等方面实现差异性互补,发展成为温州港瓯江北岸地区的核心深水港区。

(2)港区地理条件和集疏运概况

乐清湾地处浙江省南部沿海,瓯江入海口北侧,为温州、台州两市共同拥有的强潮海湾和著名的避风港湾,乐清湾港区地理坐标为 121°05′48″E,28°10′18″N。乐清湾港区海上北距宁波港 194 海里,距上海港 301 海里,距天津港 860 海里;南距温州龙湾港 39 海里,福州港 203 海里,台湾基隆港 179 海里,香港 564 海里,新加坡 1910 海里。

乐清湾港区的陆上集疏运条件比较优越。乐清市境内对外联系的主要公路是 104 国道和沈海高速公路。其中 104 国道属二级公路,境内全长 73.38 千米,沈海高速公路境内全长 68 千米。除此之外,乐清市还有柳翁公路、乐翁公路,白盘公路、柳黄公路、柳白公路等四级以上公路。

沈海高速公路蒲歧出入口至港区约 4 千米,规划中的沈海高速公路改扩建工程通过玉环和乐清湾。104 国道离港区约 7 公里,通过一级公路虹(桥)南(岳)大道和港区相连,随着港区发展,中远期还将建设 2 条专用疏港公路与 104 国道、沈海高速及其改扩建工程沟通。温福铁路和甬温铁路已建成开通,并在虹桥镇西北侧绅纺货运编组站,即将金温铁路延伸线也汇入该编组站。编组站离港区约 9 公里,乐清湾港区支线铁路将由绅纺编组站引线进入港区。

2. 港区工程项目

(1)浙江浙能乐清电厂一期 2×60 万千瓦项目配套码头工程

项目于 2006 年 5 月开工,2007 年 9 月试运行,2011 年 12 月竣工。

项目建设依据:2004 年 10 月,电力规划设计总院《关于浙江浙能乐清电厂工程(4×6000 兆瓦)可行性研究报告的批复》(电规发电〔2004〕238 号);2007 年 3 月,电力规划设计总院《关于浙能乐清电厂卸煤码头和航道工程初步设计的批复》(电规发电〔2007〕127 号)。2004 年 11 月,国家环境保护总局《关于浙江浙能乐清电厂工程环境影响评估报告书》(环审〔2004〕435 号);2005 年 10 月,乐清市人民政府《关于浙江浙能乐清电厂工程使用土地的批复》(乐土字〔2005〕109 号);2003 年 8 月,浙江省海洋与渔业局《用海意向审查意见》(编号〔2003〕3 号);2004 年 10 月,浙江省港航管理局《关于浙能乐清电厂码头配套工程岸线的批复》(浙港航函〔2004〕64 号)。

项目建设 1 个 5 万吨级卸煤码头泊位,岸线总长 247 米。码头采用引桥式布局,高桩式结构。码头前沿水深 15.3 米。主要装卸设备配置包括 1250 吨/小时桥式抓斗卸船机 2 台,相应接卸皮带机生产率为 3000 吨/小时,带宽 1600 毫米,带速 3.5 米/秒。项目总投资 5.92 亿元,企业自筹。项目陆域用地面积 99.58 万平方米,用海面积 156.24 公顷。

项目建设单位为浙江浙能乐清发电有限责任公司;设计单位为浙江省交通规划设计研究院;施工单位为中交第四航务工程局有限公司;监理单位为温州港湾工程咨询监理有限公司;质监单位为浙江省交通厅工程质量监督局。

(2)温州港乐清湾港区一期工程

项目于 2012 年 4 月开工,2014 年 12 月试运行,2017 年 1 月竣工。

项目建设依据:2011 年 11 月,浙江省发展和改革委员会《关于温州港乐清湾港区一期工程项目申请报告核准的批复》(浙发改设计〔2011〕1532 号);2011 年,浙江省发展和改革委员会《关于温州港乐清湾港区一期工程初步设计的批复》(浙发改设计〔2011〕170 号)。2011 年 2 月,浙江省环境保护厅《关于温州港乐清湾港区一期工程环境影响报告书的批复》(浙环建〔2011〕10 号);2012 年 6 月,乐清市人民政府颁发的国有土地使用证(乐证国用〔2012〕第 28 - 4428 号);2012 年 6 月,乐清市海洋与渔业局《关于温州港乐清湾港区一期工程海域使用论证报告的批复》(乐海渔〔2012〕33 号);2012 年 6 月,交通运输部《关于变更温州港乐清湾港区一期工程岸线使用人的批复》(交规划发〔2012〕250 号)。

项目建设 1 个 5 万吨级多用途码头泊位和 1 个 5 万吨级通用码头泊位(码头水工建筑允许靠泊能力 10 万吨级),岸线总长 676 米。码头采用引桥式布局,高桩式结构。码头前沿水深 17.1 米。项目后方堆场面积 35.5 万平方米,集装箱堆场面积 3.23 万平方米,堆存能力 668TEU;堆场面积 31.98 万平方米,堆存能力 190 万吨;仓库面积 2940 平方米,堆存能力 6174 吨。主要装卸设备配置包括 1500 吨/小时的桥式抓斗卸船机 2 台、45 吨的多用途门座式起重机 2 台。项目总投资 21.87 亿元。项目陆域用地面积 53.8 万平方米,用海面积 66.30 公顷。

项目建设单位为温州港乐清湾港务有限公司;设计单位为中交第三航务工程勘察设计院;施工单位为中交第三航务工程局有限公司、湖南省第四工程有限公司中交上航局航道建设有限公司;监理单位为温州港湾工程咨询监理有限公司、中国船级社实业公司;质监单位为浙江省交通运输厅工程质量监督局。

为贯彻落实交通运输部关于《加快推进绿色循环低碳交通运输发展指导意见》,推进绿色港口建设,温州港作为交通运输部选择创建绿色循环低碳港口试点港口,在新建的乐清湾港区进行试点,推广节能与清洁能源装备,推进以天然气等清洁能源装备,推进以天然气等清洁能源为燃料的运输装备和机械设备的应用。将原设计的加油处调整为加油加气处,为一级加油和 LNG 加气合建站。主要建设内容为新增 2 个容积为 60 立方米的 LNG 卧式储罐、2 套 LNG 潜液泵撬、3 台 LNG 加气机、1 套仪表系统及配套管路,加气规模为 LNG 3000 立方米/天。

温州港乐清湾港区一期工程的建设标志着乐清湾港区首个公共深水码头项目、浙江省市重点工程项目的建设画上了句号。乐清湾港区一期工程作为浙江省首个"浅水深用"项目,其"浅水深用"的开发模式及超软地基处理工艺具有示范效应,为浙江省港口岸线的开发建设、沿海码头设计等积累了实际经验。

(3)乐清海螺水泥物流中心码头工程

项目于 2013 年 11 月开工,2014 年 12 月试运行,2016 年 4 月竣工。

项目建设依据:2013 年 6 月,浙江省发展和改革委员会《关于乐清海螺水泥物流中心码头工程项目核准的通知》(浙发改交通〔2013〕687 号);2013 年 8 月,浙江省发展和改革委员会《关于乐清海螺水泥物流中心码头工程(乐清海螺水泥粉磨站配套码头工程)初步设计的批复》(浙发改设计〔2013〕124 号)。2013 年,浙江省环境保护厅《关于要求对〈乐清海螺水泥物流中心码头工程环境报告书〉进行审批的函(乐海字〔2013〕15 号)》(浙环建〔2013〕45 号);2012 年,乐清市国有土地使用权证(乐政〔2012〕第 28-4435 号)及乐清市国土资源局《关于乐清海螺水泥物流中心码头工程项目建设项目不占用土地的说明》;2013 年,乐清市海洋与渔业局《关于乐清海螺水泥物流中心码头工程海域使用论证报告书评审意见的通知》(乐海渔〔2013〕17 号);2013 年,交通运输部《关于乐清海螺水泥物流中心码头工程使用岸线的请示》(交规划发〔2013〕205 号)。

项目建设 1 个 5 万吨级散杂货码头泊位,岸线总长 350 米。码头采用引桥式布局,高桩式结构。码头前沿水深 6.7 米。项目后方原料储存区的主要功能为大宗原料的装卸、储存和生产配料。包括 3 座 φ20×40 米的熟料库、1 座 20×120 米的长型辅助原料堆棚、输料卸船及输送、原料配料站及计量地磅等车间。主要装卸设备配置包括桥式抓斗卸船机 1 台,16 吨门座式重机 1 台,350 吨螺旋卸船机 3 台。项目总投资 39451 万元。项目陆域用地面积 13.12 万平方米,用海面积 30.68 公顷。

项目建设单位为乐清海螺水泥有限责任公司;设计单位为中交第三航务工程勘察设计院有限公司;施工单位为中交第三航务工程局有限公司;监理单位为镇江市兴华工程建设监理有限责任公司;质监单位为温州市交通工程质量监督局。

乐清湾港区的海螺水泥物流中心及码头运行后,温州地区的水泥价格大幅降低,水泥供应结构也发生巨大变化。乐清海螺水泥粉磨站工程拥有最先进水泥生产技术,就地资源化、无害化吸纳处理热电厂排放的粉煤灰、脱硫石膏等工业废弃物,让工业废渣变废为宝,发展区域循环经济,平抑水泥供需矛盾,服务当地经济建设。

(四)大小门岛港区

1.港区综述

(1)港区建设和运营概况

根据 2008 年批复的《温州港总体规划》,大小门岛港区是温州港现有的除状元岙和乐清湾港区以外的深水港区。水深条件优越,但后方条件相对较差,根据温州市的产业发展规划及港口布局规划,大小门岛港区的发展目标是建设成为温州市的石化产业基地,最终形成石油化工储存、中转、加工等综合功能。

大小门岛外海航道与乐清湾进港西航道一致,即沿虎头屿、大笔架屿、鹿西岛西侧进入黄大峡,经 W3 灯浮左拐穿过乌星屿锚地,左转至小门岛北侧的小门水道,该航道为进入小门岛的 5 万吨级外轮的主要航道,航道全长约 25 千米,航道天然水深基本大于 14 米,可满足 5 万吨级船舶满载全潮通航,15 万吨级船舶乘潮通航。

内港航道即为小门岛北侧的小门水道,航道水深 5～47 米,呈东北—西南走向,长为 3.4 千米,东深西浅,西南口不适宜通航;其北侧为北小门和乌星屿,航道最窄处约 450 米,在小门岛、乌星屿南侧有一处 11.1 米的暗礁,小门航道可满足 5 万吨级以下船舶乘潮通航。

(2)港区地理条件和集疏运概况

由于大小门岛港区特殊的地理位置,跨海桥梁建设前集疏运将以水运为主。随着围垦的实施、连岛工程的建设以及大项目的布局发展,水运集疏运量比重下降,公路、管道等其他集疏运方式所占比重有所上升。为了进一步开发大、小门岛,打通港口集疏运公路通道,温州市"十一五"末开始建设温州市大门大桥。大门大桥是大小门岛港区向内陆辐射的一条主要集疏运通道。根据《温州港集疏运规划》的研究成果,考虑未来港区发展水铁联运,预留大小门岛港区铁路进线位置,线路自七里港铁路支线接轨,向东延伸经规划跨海大桥至大小门岛。根据《温州市城市综合交通规划》的研究成果,管道集疏运布局在大小门岛港区铺设两条石油管线,分别通往温州市区及乐清地区。

2.港区工程项目

浙江华电能源有限公司洞头小门岛液化气码头工程

项目于 1997 年 7 月开工,1998 年 7 月试运行,1999 年 8 月竣工。

项目建设依据:1998 年 1 月,浙江省计划与经济委员会《关于浙江华电能源有限公司液化气中转站及配套码头工程可行性研究报告的批复》(浙计经投〔1998〕56 号);1998 年 9 月,温州市计划委员会《关于温州洞头小门岛液化石油气中转站及配套码头工程初步设计的批复》(温市计基〔1998〕396 号);1998 年 9 月,温州市计划委员会《关于温州洞头小门岛液化石油气中转站及配套码头工程初步设计的批复》(温市计基〔1998〕396 号)。1998 年 7 月,浙江省环境保护局《关于洞头小门岛液化石油气中转站环境影响报告书的批复》(浙环开建〔1998〕52 号);1997 年,交通部《关于要求审批洞头小门岛 5 万吨级液化气码头使用岸线的批复》(交计发〔1997〕176 号)。

项目建设 1 个 5 万吨级 LPG 码头泊位,岸线总长 273 米。码头采用引桥式布局,高桩式结构。码头前沿水深 12.85 米。项目后方堆场面积 9.7 万平方米,储罐容量 9.7 万立方米。项目总投资 3.09 亿元。项目陆域用地面积 27.43 万平方米,用海面积19.17 公顷。

项目建设单位为浙江华电能源有限公司;设计单位为交通部第三航务工程勘察设计院;施工单位为交通部第一航务工程局第一工程公司;监理单位为中交水运工程设计、咨询中心温州小门岛码头工程项目监理部;质监单位为浙江省交通厅工程质量监督站。

2017 年 4 月—2018 年 3 月,港区完成吞吐量约 221 万吨,共装卸船舶近 445 艘。其中外轮 30 艘,吞吐量为约 86 万吨。外轮的货物来自阿联酋、卡塔尔、美国、沙特等国家,主要进口 LPG,转运到内地港口或二级站,用于化工生产的原料、城市居民燃气等。

(五)状元岙港区

1.港区综述

(1)港区建设和运营概况

状元岙客货运码头于1989年建成投入使用,靠泊等级为300吨级,由于建设需要,已经停止使用。霓屿(状元岙)车渡(兼快艇)码头工程位于洞头县元觉乡小北岙村500米左右,已2004年7月建成投入使用,靠泊等级为500吨级,设计年吞吐能力为车3.5万辆、客12.9万人。

2004年状元岙港区一期工程2个5万吨级集装箱泊位开工建设,标志着酝酿多年的外海深水港区进入实质性开发,跨入了河口港和深水海港并存、共同发展的新时期。

根据2008年批复的《温州港总体规划》,状元岙港区是温州港目前重点建设的主要深水港区。状元岙港区将为温州港长远发展提供空间,起到促进温州半岛工程综合效益的发挥、调整优化港口布局和提升温州港在外贸大宗货物类运输中的作用。状元岙港区受后方配套设施及集疏运系统限制,以发展多用途泊位为主,随着疏港公路等配套设施的完善,以集装箱泊位发展为主,最终将状元岙港区开发为以外贸远洋集装箱和大宗件杂货运输为主,临港工业发达,服务功能齐全的综合性商业贸易港区。状元岙港区一期工程2个多用途泊位及其配套陆域场地已于2008年建成。码头最大可靠泊10万吨级集装箱船。

状元岙港区位于南水道南岸,南水道深水区20米以上等深线深槽长度约为6千米,宽度约800米,其西南端与重山水道相连,可进入瓯江口;东北向与小门岛进港航道及进瓯江口的航道相通,可以出海或者进入其他各港区。

根据本港区规划船型和温州港航道现状以及温州万海区水深地形条件分析,状元岙港区进港航线可自虎头屿灯塔东方约7.4千米处起,以航向128°～308°航行至北水道东侧,黄大峡锚地南侧约2.5千米处A点。该段航道水深在13～15米之间,长约17.0千米,称工程进港外航道段。

(2)港区地理条件和集疏运概况

状元岙岛地处浙南沿海的洞头列岛中部,东临大海;西隔瓯江河口与温州市瓯海区的永强、灵昆相望;南北两侧分布有洞头岛、霓屿岛、大小门岛、鹿栖岛、玉环诸岛。

温州港的集疏运方式为公路运输和水路运输,铁路的集疏运量较小。根据港区的地理位置和集疏运条件分析,状元岙港区的集疏运方式将以公路运输为主。

洞头县的公路通车里程为123.7千米,高级、次高级铺装路面48.3千米,通行政村简易公路34.8千米。除洞头列岛30千米专业养护和大门岛6千米混凝土路面公路外,公路路况常年达不到养护标准,这反映了包括状元岙在内的诸列岛公路运输有待发展。根据洞头县公路建设规划,按照"连陆、连岛、连港、连景"的合理布局,将形成结构协调、与其他运输方式紧密衔接的现代化公路交通网络。状元岙港区开发建设后,东港区主要承担集装箱和大宗散货的运输任务,西港区主要承担临港工业区的散杂货运输。大片水陆运输区的形成对港区今后的水路运输提出了较高的要求。根据规划,远期将有铁路进港。

2. 港区工程项目

(1)温州港状元岙港区8号、9号多用途泊位工程

项目于2005年5月开工,2008年9月试运行,2012年7月竣工。

项目建设依据:2006年4月,浙江省发展和改革委员会《关于温州港状元岙港区8#、9#多用途泊位工程项目核准的批复》(浙发改交通〔2006〕229号);2007年3月,浙江省发展和改革委员会《关于温州港状元岙港区8#、9#多用途泊位工程初步设计的批复》(浙发改设计〔2007〕45号)。2005年12月,浙江省环境保护局《关于温州港状元岙港区8#、9#多用途泊位工程环境影响报告书的批复》(浙环建〔2005〕151号);2005年6月,浙江省海洋与渔业局颁发的温州港状元岙港区围垦工程的《海域使用权证书》(国海证053300722号);2006年3月,交通部《关于温州港状元岙港区8#、9#多用途泊位工程使用岸线的请示》(交规划发〔2006〕83号)。

项目建设2个5万吨级多用途泊位码头泊位(码头水工建筑允许靠泊能力10万吨级),岸线总长682.6米。码头采用引桥式布局,高桩式结构。码头前沿水深19米。项目后方堆场面积30.22万平方米,集装箱堆存能力35649TEU,其他堆场堆存能力20万吨。主要装卸设备配置包括岸边集装箱起重机2台、16吨门座式起重机1台、25吨门座式起重机2台、40吨门座式起重机1台、40吨轮胎式龙门起重机5台。项目总投资7.81亿元,用地面积56.3万平方米,其中用海面积49.87公顷。

项目建设单位为温州港集团有限公司;设计单位为中交第三航务工程勘察设计院有限公司;施工单位为中交三航局宁波分公司、中交一航局第二工程有限公司;监理单位为温州港湾工程咨询监理有限公司;质监单位为浙江省交通运输厅工程质量监督局。

状元岙港区一期工程的建设,标志着酝酿多年的外海深水港区进入实质性开发,跨入了河口港和深水海港并存、共同发展的新时期。实现了温州港从"地区性港"向"沿海主枢纽港"、从"河口港"向"近海深水港"的战略转变。

(2)温州港状元岙港区化工码头工程

项目于2011年7月开工,2017年7月竣工。

项目建设依据:2011年,浙江省发展和改革委员会《关于温州港状元岙港区化工码头工程初步设计的批复》(浙发改〔2011〕27号);2012年,温州市港航管理局《关于温州港状元岙港区化工码头工程(水工部分)施工图的批复》(温港航〔2012〕98号)。2010年,《关于温州港状元岙港区化工码头工程环境影响报告书审查意见的函》(浙环建〔2010〕53

号);2009年,浙江省国土资源厅《关于温州港状元岙港区化工码头工程建设项目用地的预审意见》(浙土资预〔2009〕213号);2010年,浙江省人民政府《关于温州华港石化码头有限公司温州状元岙港区化工码头工程海域使用论证的批复》(浙政海审〔2010〕77号);2009年5月,交通运输部《关于温州港状元岙港区液体化工码头工程使用港口深水岸线的批复》(交规划发〔2009〕224号)。

项目建设1个5万吨级液体化工码头泊位(码头水工建筑允许靠泊能力8万吨级),岸线总长340米。码头采用引桥式布局,高桩式结构。码头前沿水深19米。堆存能力20.4万立方米。项目总投资6.52亿元,企业自筹。用地面积10.68万平方米,用海面积18.75公顷。

项目建设单位为温州华港石化码头有限公司;设计单位为中交第三航务工程勘察设计院有限公司;施工单位为浙江省岩土基础公司(联合体)、中交一航局第二工程有限公司、浙江公铁爆破工程有限公司、宁波交通工程建设有限公司;监理单位为浙江省第七地质大队、温州港湾工程咨询监理有限公司、浙江工程建设监理公司等;质监单位为温州市质量技术监督局。

(3)温州港状元岙港区二期工程

项目于2014年12月开工,2016年9月竣工。

项目建设依据:2013年11月,国家发展和改革委员会《关于温州港状元岙港区二期项目申请报告的批复》(发改基础〔2013〕2327号);2014年5月,交通运输部《关于温州港状元岙港区二期工程初步设计的批复》(交函水〔2014〕319号);2014年7月,温州市港航管理局《关于温州港状元岙港区二期工程水工部分施工图设计的批复》(浙港政 – CA〔2014〕1023)。2012年5月,环境保护部《关于温州港状元岙港区二期工程环境影响报告书的批复》(环审〔2012〕121号);2010年5月,国土资源部《关于温州港状元岙港区二期工程建设用地预审意见的复函》(国土资预审〔2010〕106号);2015年1月,国家海洋局《关于浙江省温州港状元岙港区二期工程项目用海的批复》(国海管字〔2015〕24号)。

项目建设1个5万吨级集装箱专用码头泊位(码头水工建筑允许靠泊能力10万吨级),岸线总长343米。码头采用引桥式布局,高桩式结构。码头前沿水深13.6米。项目后方堆场面积13.9万平方米。项目总投资1.97亿元。项目陆域用地面积81.7万平方米。

项目建设单位为温州港集团有限公司;设计单位为中交第三港务勘察设计院有限公司;施工单位为宁波交通工程建设集团有限公司;监理单位为上海东华建设管理有限公司;质监单位为浙江省交通建设工程监督管理局。

项目利用已建成的状元岙港区二期工程7号集装箱码头泊位建设临时过渡邮轮靠泊码头,通过改造,建成1个10万吨级大型邮轮泊位,同步改建原水工结构,设置相关路网,建设停车场和配套客运大楼等设施。2017 年 12 月 9 日,温州状元岙国际邮轮港正式开港。

建设项目投产后,状元岙港区 5 万吨级集装箱大型泊位增加至 3 个,状元岙港区二期工程建设可促进腹地经济社会的发展,进一步完善长江三角洲地区集装箱运输体系;适应温州港集装箱吞吐量的增长,完善港口布局,调整港口结构,实现岸线资源的合理利用,发挥水运在低碳交通中的优势。状元岙港区二期工程也是温州国际邮轮港项目的重要配套工程。

(六)苍南港区

1. 港区综述

(1)港区建设和运营概况

瓯江口以南的瑞安、平阳、苍南港区以小型生产性码头和地方客运码头为主。苍南港区是服务于区域经济的地方性中等规模港区,直接经济腹地为温州市的苍南、平阳、文成、泰顺等浙江省周边城市,间接腹地可扩展至丽水、赣东等地区。运输货种以煤炭、石油天然气及制品、矿建材料等为主。

截至 2015 年,苍南港区龙江、巴艚、霞关作业区共有码头泊位 34 个,其中包含 1 个 3.5 万吨级电厂泊位、1 个 3000 吨级、2 个 1000 吨级和 8 个 500 吨级泊位,其余为 300 吨级及以下泊位。泊位等级较低,大多数位于鳌江内。

(2)港区地理条件和集疏运概况

苍南县位于浙江省沿海最南端,苍南港区主要由分布在鳌江南岸的龙江作业区、琵琶山至平阳嘴的巴艚作业区及位于浙江省最南端的霞关作业区组成。苍南港区是苍南县水路交通枢纽,也是闽东北及文成、泰顺等邻县的物资集散地。水路可直通全国各港口,陆路交通 78 省道、104 国道(远期 228 国道)、沈海高速公路、甬台温高速复线、温福铁路都经过苍南境内,水陆交通十分便利。苍南港区分为霞关作业区、巴艚作业区和龙江作业区。

2. 港区工程项目

浙江华润苍南电厂新建工程配套码头工程

项目于 2009 年 2 月开工,2013 年 11 月试运行,2017 年 1 月竣工。

2006 年 3 月,浙江省交通厅《关于浙江苍南电厂码头和航道工程预可行性研究报告的批复》(浙交函〔2006〕49 号);2011 年 12 月,国家发展和改革委员会《关于华润浙江苍南发电厂工程可行性研究报告的批复》(发改能源〔2011〕2988 号);2013 年 9 月,交通运输部《关于浙江华润苍南电厂新建工程初步设计的批复》(交水发〔2013〕516 号);2013 年

10 月,温州市港航局《关于浙江华润苍南电厂新建工程码头和航道工程施工图的批复》(温港航〔2013〕200 号)。2009 年 7 月,环境保护部《关于华润浙江苍南发电厂环境影响报告书的批复》(环审〔2009〕334 号);2013 年 11 月,国土资源部《关于华润电力苍南发电厂工程建设用地的批复》(国土资函〔2013〕804 号);2013 年 12 月,国家海洋局《关于浙江苍南电厂工程填海竣工海域使用验收的函》(国海管字〔2013〕774 号);2013 年 7 月,交通运输部《关于浙江华润苍南电厂配套码头工程使用港口岸线的批复》(交规划发〔2013〕396 号)。

项目建设 1 个 3000 吨级综合码头泊位和 1 个 3.5 万吨级卸煤码头泊位(码头水工建筑允许靠泊能力 5.3 万吨级),岸线总长 396 米。码头采用引桥式布局,高桩式结构。码头前沿水深 12.59 米。项目后方煤炭堆场面积 9 万平方米,堆存能力 30 万吨;3 个 5 万立方米的粉煤灰罐,主要装卸设备配置包括桥式抓斗卸船机的 2 台。项目总投资 5.62 亿元,企业自筹。项目陆域用地面积 64.67 万平方米,用海面积 183.36 公顷。

项目建设单位为华润电力(温州)有限公司;设计单位为浙江省交通规划设计研究院;施工单位为中交一航局第二航务工程有限公司、宁波交通工程建设集团有限公司;监理单位为广州南华工程管理有限公司;质监单位为温州市交通工程质量监督局。

电厂建设规模装机容量 2×1000 兆瓦,年需煤 400 万吨,煤炭从煤矿由铁路运至秦皇岛港或黄骅港下水,经海船转运至电厂码头的运输方式最为经济合理,节约了运输成本;同时,综合码头解决了电厂建设期的电厂重大件与其他设备运输,以及将来电厂运营期间脱硫所需石灰石及副产品石膏的进出口装卸运输。

第八节 福 建 省

一、综述

(一)基本省情

福建省简称"闽",位于我国东南沿海,介于北纬 23°32′～28°19′,东经 115°51′～120°52′之间。东隔台湾海峡与台湾省相望,西界江西省,南接广东省,北毗浙江省。东西宽约 540 千米,南北长约 550 千米,陆地面积 12.40 万平方公里,约占全国土地总面积的 1.3%。福建省辖 9 个设区市及 1 个平潭综合实验区、26 个市辖区、14 个县级市、45 个县。9 个设区市为福州市、莆田市、泉州市、厦门市、漳州市、龙岩市、三明市、南平市、宁德市。2015 年底,福建省人口 3839 万人。福建全省共有 54 个少数民族,少数民族人口 58.38 万人,占全省总人口的 1.70%(第五次全国人口普查统计数据)。世居的少数民族主要有畲族、回族、满族、壮族、苗族、蒙古族等。福建是中国著名侨乡，旅外侨胞达 1260 多万人，闽籍港澳同胞 120 多万人。福建与台湾源远流长，关系密切，台湾同胞中 80% 祖籍福建。

福建省陆地地理环境具有两个显著的特点，一是山地多、丘陵多、平原少。山地面积约占 53.38%，丘陵约占 29.01%，故有"东南山国"之称，省内主要有衫岭、武夷山、戴云山、博平山、砒帽山、仙霞岭、鹫峰山、太姥山等八大山脉。平原面积只占全省面积的 10% 左右，较大的平原分布于闽江、九龙江、晋江和木兰溪等较大河流的下游。福建省内的两条东北—西南走向的大山脉：一是由武夷山脉、衫岭山脉等构成的大山带，是闽赣两省水系的分水岭；另一条是斜贯福建省中部的闽中大山带。这两条大山带的走向，使福建港口的经济腹地纵深不够、港口腹地偏小，难以对周边省份形成有效辐射，主要局限于福建省范围内，造成了对福建港口的需求面狭窄。二是省内水系稠密发育充分。福建水系密度较大，省内溪河众多，有大小水系 37 条，主流多与山脉走向垂直，支流多与山脉走向平行。多数水系发源于本省，并在沿海出口，不仅具有流程短、流量大的特点，而且自成流域、独立入海；仅个别河流发源于省内、出口在邻省，或发源于邻省、出口在省内。主要有 8 条水系，自北而南分别是：赛江、霍童溪、鳌江、闽江、木兰溪、晋江、九龙江、汀江，流域总面积占全省水域 90% 以上，是福建社会经济发展的重要命脉。稠密的水系自古以来为福建地区的劳动人民提供了丰富的水运资源。

福建地处低纬度地区，西北有山脉阻挡寒风，东南又有海风调节，受海洋气团影响，属亚热带海洋性季风气候，年平均气温 15～22 摄氏度，最热月 7 月的平均气温大多为 27～29 摄氏度。平均降雨量 400～2000 毫米，雨量充沛。2—5 月，沿海云低、雨多、雾盛，风向前期盛行东北风，后期盛行东南风力 4 级左右；5—8 月，天气炎热，盛行西南或南风，平均风力 3 级左右。5—10 月为台风季节。8—11 月，多东北风，平均风力 5 级左右；11 月至次年 2 月，盛行强劲而持久的东北季风，平均风力 5 级以上。台湾海峡是台风频发区，沿海受台风海峡的风浪和台风影响较多，是我国沿海大浪区之一。海区每年 3—5 月为雾季，多平流雾。福建属规则半日潮强潮区，潮差一般都很大。自沙埕湾至厦门湾大潮差达 4.8～6.6 米，三都澳可达 8 米左右，最大达 9 米。从浮头湾向南显著减小，大潮差仅 1.8～3.6 米。各海湾纳潮量大，潮汐动力强，潮流作用强且落潮流大于涨潮流，入湾泥沙不易在湾内沉积；沿海以基岩海岸为主，海岸侵蚀供沙的影响不大，使港湾水深，湾内水清淤积轻微，岸线、岸滩和深槽基本稳定。

福建省海区港湾多建港条件优越。福建海域面积达 13.6 万平方公里，领海线内水深一般为 20～40 米，近岸陡深，10 米等深线距岸多在 3 海里之内。大陆岸线北起沙埕湾、南至诏安湾，长 3752 千米，约占全国海岸线总长的 18.3%，居全国第二位。沿海岛屿有 1400 多个，海岛岸线 2804 千米，居全国第二位；海岸曲折，半岛突出部交错，形成许多优良港湾,基本不受外海波浪侵袭;港湾水域宽阔,湾中有湾,湾口少有拦门沙,主要潮流通道和深槽稳定,为发展港口提供天然深水岸线和深水航道锚地。"因海而立,因港而兴"是福建得天独厚的发展基点。福建主要港湾有沙埕湾、三都澳、罗源湾、闽江口、兴化湾、湄洲湾、泉州湾、厦门湾和东山湾等9个,其中可建设10万吨级以上泊位的深水港湾有沙埕湾、三都澳、罗源湾、兴化湾、湄洲湾、厦门湾、东山湾等7处。

福建省东邻台湾海峡,闽台交流便捷。福建与台湾地缘近、血缘亲、文缘深、商缘广、法缘久。福建与台湾一水相连,福建距台湾最窄处的平潭岛与台湾新竹白沙岬仅68海里。福建港口群距离100多海里就是台湾四大国际港,厦门港距台湾高雄港165海里,厦门港(含漳州)距离澎湖102海里;福州港距离基隆港149海里。而金门、马祖地区历史就属于福建省管辖,更是近在咫尺,福建马尾到马祖仅25海里,厦门至金门仅8海里。海船穿航两岸间的口岸近者仅需航行数十分钟,远者也不过17小时。可以说,闽台海上直航远则"朝发而夕至",近则"朝发而午至",在厦门—金门间甚至可以"朝发而午归"。

改革开放以来,福建经济平稳持续增长。2015年,在我国经济社会"新常态"的背景下,福建省采取积极有效应对措施,扎实推进各项工作稳中有进、稳中向好,实现了"十二五"的圆满收官。全年地区生产总值25979.82亿元,比增长9.0%。其中,第一产业增加值2117.65亿元;第二产业增加值13218.67亿元;第三产业增加值10643.50亿元,分别增长3.7%、8.7%和10.3%。人均地区生产总值67966元,比上年增长8.0%。

(二)综合运输

改革开放30多年来,福建不断加快交通基础设施的建设步伐。至2015年全省综合配套的海、陆、空立体交通网络体系已基本形成,交通基础设施由滞后型向基本适应型转变。福建现已形成以福州和厦门海、空港为主枢纽,铁路和水运为主通道,高等级公路为主骨架,内河航运为辅助的综合运输体系。

铁路。1957年建成通车的鹰厦铁路及随后的外福铁路结束了福建不通铁路的历史。改革开放后,特别是21世纪以来,伴随经济的快速发展和国家大力推进高速铁路建设,福建铁路进入了一个快速发展时期,至2015年底,全省已基本形成了"两纵五横"的铁路网框架。"两纵"即沿海铁路含温福、福厦、厦深铁路和南平至龙岩铁路,"五横"即衢宁铁路、合福铁路、峰福铁路、向莆铁路和赣龙厦通道。截至2015年底,福建省铁路运营里程达3197千米,其中高速铁路运营里程达1570千米。实现了"市市通动车"的目标,使福建省与其他省(自治区、直辖市)长期存在的运输不畅状况得到缓解,对促进沿线资源开发、加快物资流通,区域经济的整合和优化,港口腹地拓展,促进对台"三通"具有深远意义。2015年铁路货物运输量2820.40万吨,比增-17.1%;货物周转量128.71亿吨公里,比增-14.1%。旅客发送量9255.93万人,比增13.3%;旅客周转量305.34亿人公里,比增10.9%。

公路。到 1977 年底,福建全省公路通车里程为 27514 千米。公路的密度达到 22.2 千米/百平方公里。改革开放后,福建公路交通事业进入开创新局面的大好时期。到 2015 年,海西高速公路网通车里程超过 5000 千米,基本形成"三纵六横"主骨架,省际通道 16 个。"十二五"末,建成普通干线公路 3600 公里,基本形成"八纵十一横十五联"主骨架公路网。全省公路通车总里程为 104585 千米(含高速公路)。公路总里程居全国第 23 位,公路密度 86.15 千米/平方公里,居全国第 17 位。基本实现了配合主要港口、铁路、内河、民航等交通运输,向内陆辐射延伸、干支结合的"县县通高速、镇镇通干线、村村通客车"四通八达公路网。2015 年公路货物运输量 94232.18 万吨,比增 14.1%;货物周转量 1126.29 亿吨公里,比增 15.5%。旅客发送量 49049.40 万人,比增 1.0%;旅客周转量 335.17 亿人公里,比增 0.1%。

水运。新中国成立后,台湾海峡两岸南北通道被人为阻隔。海峡局势直接影响着福建水运发展,也就决定了福建水运走了一条与其他省份不同的、独具特色的道路。到 1971 年,福建省交通部门沿海运输船舶机动船仅 147 艘,24498 吨,1620 客位。1972 年,福建海运出现生机。1980 年 2 月,国务院、中央军委批准台湾海峡南北通道恢复自由通航。当年,"鼓山"号轮船自福州马尾港装运外贸出口货物首航新加坡。自此,福建彻底扭转了外贸海运主要依靠租用外国籍轮船的局面,海上运输也朝着专业化方向发展,海上集装箱运输从无到有,相继开辟福州—日本、香港和厦门—香港间 3 条直达航线及支线。1986 年 12 月,中共福建省委四届四次全会进一步确立了水运在全省交通运输中的战略地位。从此,福建海洋运输进入大发展时期。至 2000 年,全省共有经营性机动船舶 3083 艘、171.12 万净载重吨。福建在国内的货运航线,主要以全国沿海南北长航线运输为主,通达全国沿海港口、长江中下游、珠江水系。近洋航线进一步延伸到澳大利亚、东南亚、日本、韩国等国家和地区。2012 年福建省政府出台了《关于促进航运业发展的若干意见》,给福建航运业注入了生机和活力。到 2015 年,福建全省拥有水上运输船舶 1959 艘,比上年末减少 6.4%;净载重量 893.69 万吨位,增长 5.0%;载客量 3.19 万客位,增长 4.7%;集装箱箱位 20.15 万 TEU,增长 20.4%;船舶功率 258.66 万千瓦,增长 3.6%。其间,1997 年 4 月 19 日,台湾海峡两岸试点直航成功,打破了近 50 年来海峡两岸无商船往来的历史。至 2000 年,大陆有 6 家船公司投入福州、厦门至台湾高雄港口两岸试点直航。2015 年水运货物运输量 29370.64 万吨,比增 13.9%;货物周转量 4308.03 亿吨公里,比增 17.8%。旅客发送量 1995.86 万人,比增 11.2%;旅客周转量 2.84 亿人公里,比增 -1.0%。

民航。福建全省拥有福州长乐、厦门高崎国际机场,武夷山、泉州晋江、连城冠豸山三个支线机场。并有厦门航空公司,福州航空有限责任公司。福州长乐、厦门高崎、泉州晋江、武夷山 4 个机场已开通国内国际航线 148 条。2015 年民航货物运输量 22.09 万吨,比增5.3%；货物周转量3.48亿吨公里，比增10.0%。旅客发送量2385.01万人，比增16.6%；旅客周转量33.74亿人公里，比增21.5%。福建民用航空已由过去的落后省份步入发达省份的行列。

管道。中海福建天然气有限责任公司莆田LNG站，2007年12月全部竣工投产，其配套的福建省沿海福州、莆田、泉州、厦门、漳州五地的供气管道372千米。从2008—2015年，通过湄洲湾港运送天然气285艘次1761万吨，运用槽车运向各地365万吨。其余均由管道输送，含输送到莆田、晋江、厦门电厂883万吨。

（三）港口概况

福建港口的发展历史悠久，据记载，至迟在东汉建初八年（公元83年），东冶（今福州港）被辟为交趾七郡海上南北转运的港口，与中南半岛已开辟了定期的航线，海上交通相当频繁。唐天授年间，泉州被称中国南方三大贸易港之一，与中东交易频繁，阿拉伯人侨居者数以万计。唐末，西域战争频繁，"陆上丝绸之路"梗阻，经济中心逐渐南移，闽国创建人王审知实行"保境息民"政策，重视海外贸易，开放了泉州、甘棠等港，东南各港随之兴起。此时，泉州人充分利用"负山跨海"的自然条件和优良的港口条件耕海牧洋，刺桐港（今泉州港）逐渐成为一个闻名海内外的贸易大港。宋、元时期，泉州"州南有海浩无穷，每岁造舟通异域"，曾令泉州港凌驾于广州港之上，号称"东方大港"，也是"海上丝绸之路"的起点港。嘉靖时"四方异客，皆集月港"，漳州月港日趋繁盛，成为福建的大贸易港。明末清初，厦门港逐渐兴起，嘉庆年间，海舶往来者每年达1000多艘，成为"八闽门户"。1840年鸦片战争后，福州、厦门被辟为通商口岸。19世纪下半叶，为了奋起图强，抵制帝国主义的压迫，清朝一些有识之士提出"师夷长技以制夷"，于同治五年（1866年），清廷在闽江口的马尾设船政局，创办船政学堂，史称马尾船政局或福州船政局。自此，中国近代船政就在东南一隅的福州诞生了。马尾船政文化不仅在物质、政治、精神上对中国近代化进程起到重要的推动作用，也在造船、人才培养以及扩大对外交流方面促进了福建港口航运的巨大发展。光绪二十四年（1898年），我国自辟三沙澳（湾）为商港，次年又增辟宁德三都澳为通商口岸，发展对外贸易。辛亥革命（1911年）后，福建港口及港口航运管理机构建立，港航设备改善，民营轮运企业勃兴，沿海港口航运贸易激增，近代福建港口经济及航运力量不断成长壮大。随后，厦门港历时16年，在鹭江道筑成了大小码头32座；1935年，福州港台江建了6座相联的堤岸码头。上列码头的建成，使近代福建港口的条件有了很大改善。新中国成立初期，福建沿海遭国民党军队的封锁，1958年8月，中国人民解放军福建前线部队奉命对金门国民党蒋介石集团驻军进行炮击，人民解放军空军进驻福建，之后，福建沿海发展初露生机，港口建设缓慢发展。

福建省海岸线曲折多湾，自北向南分布有三都澳、罗源湾、兴化湾、湄洲湾、泉州湾、围头湾、厦门湾和东山湾等天然港湾。港湾有良好的水深和掩护条件,可建大型深水码头;沿岸地貌以丘陵地为主,陆域较狭窄,港口陆域形成和道路建设投资大;部分湾内岬湾间形成的滩涂可通过围垦为临港工业提供所需的土地资源。全省拥有沿海大陆岸线3752千米,占全国的1/5,其中深水岸线501千米。根据福建省沿海地区经济社会发展特点、港口岸线利用状况,在对全省海岸资源调查研究的基础上,结合福建省区域发展、城镇体系规划和海洋功能区划,全省岸线从北至南划分为福州港、湄洲湾港、泉州港和厦门港等四个部分。福建省沿海港口规划利用建港的自然岸线全长418.9千米,其中深水自然岸线267.5千米。沿海已开发建港自然岸线为123.4千米,占全省规划利用自然岸线的29.5%,已开发建港深水自然岸线72.6千米,占规划深水自然岸线的27.1%。

福建省沿海港口规划工作起步于20世纪90年代初,福州、厦门、莆田、泉州、漳州、宁德6地均开展港口的总体规划编制工作,解决港口合理布局、调整结构、拓展功能、集疏运协调及优化环境等问题。1994年6月,省政府办公厅下达《关于编制福建省沿海主要港口总体布局规划的通知》,福建省计划委员会、交通厅据此编制《福建省沿海主要港口总体布局规划》。1997年,福建省政府召开福建省沿海港口发展研讨会,听取省交通厅汇报,原则同意《福建省沿海港口建设规划(草案)》中提出的加快福建省沿海发展目标和任务。2002年,福建省政府要求编制《福建省沿海港口布局规划》,并于2004年7月审查通过,形成指导全省港口发展、建设的文件。2005年10月,根据海峡西岸经济区定位,在上述规划的基础上,开展《海峡西岸经济区沿海港口布局规划》编制工作并完成初稿。两项规划提出沿海港口战略目标、发展思路、阶段性目标及近期发展的重点。2006年8月16日,在《全国沿海港口布局规划》中,福建省沿海港口作为中国沿海五大规划港口群之一的东南沿海地区港口群,主要定位以厦门、福州港为主,包括泉州、莆田、漳州等港口,服务于福建省和江西等内陆省份部分地区的经济社会发展和对台"三通"的需要。2009年11月,福建省政府出台《福建省港口体制一体化整合总体方案》,开始全面推进全省沿海港口资源整合,相继整合原厦门港、漳州港,成立新的厦门港;整合原福州港、宁德港,成立新的福州港;整合原莆田港和泉州港湄洲湾南岸2个港区,成立湄洲湾港;保留泉州港,下辖泉州湾、深沪湾、围头湾3个港区。2015年修编《福建省沿海港口布局规划》,重新调整明确了各港口功能定位和分工,规划形成以福州港、厦门港为主要港口,湄州湾港、泉州港为地区性重要港口,分工合作、协调发展的分层次发展格局。

福建因其地形条件等制约,港口腹地偏小,港口对周边省份的辐射有限,主要局限于福建省范围内。因此,福建一方面积极争取国家在福建省布局建设大型煤炭、油品、矿石等大型散货中转码头,使海西大港口成为中西部矿石、煤炭等大宗货物新的出海口;另一方面加强与江西、湖南等中西部省份港口合作发展,推出相应的优惠政策,吸引中西部省份货物在福建省港口中转,拓展海西港口腹地,提升海西港口辐射力。2011年10月,闽赣两省港口经济合作项目之一、湄洲湾港秀屿港区 8 号泊位工程举行开工仪式,这是福建省"飞地港"建设的一个里程碑。2013 年 9 月 10 日,福建、江西两省签署《关于进一步加强闽赣两省港口经济合作和海铁联运的框架协议》,为闽赣两省利用福建沿海港口共同发展经济创造了条件。12 月 30 日,湄洲湾北岸港口经向莆铁路开行首趟煤运列车。2014 年 10 月 31 日,福州港首条疏港铁路——江阴铁路支线正式开通运营,闽赣两省通过该铁路首次进行疏港货物运输。初步形成南部有厦门港、中部有湄洲湾港、北部有福州港为江西等内陆省份服务的三大通道。2015 年通过海铁联运方式实现常态化运行。

(四)港口发展成就

福建沿海港口进行大规模建设,始于 20 世纪 70 年代。1973 年 2 月,周恩来总理发出"三年改变港口面貌"的号召。福建抓住契机,积极响应加快港口泊位兴建步伐。1974 年,福建建成投产第一座福州港万吨级深水泊位。1973 年谷牧副总理到厦门港实地考察,确定以"商港为主"的港口,实现向贸易港转变。次年,国家批准厦门港在东渡分五期规划,并作为交通部直属的建设项目被列入国家"五五"计划,是福建第一个现代化的大型港口工程,也是新中国成立以来福建省较大投资建设项目之一。

党的十一届三中全会确立了中国经济体制建设的新格局,给福建港航的发展注入了巨大活力。1985 年以后,福建港口管理职能先后下放地市,从"大港管小港"转变为"一城一港"的格局,福州、厦门、泉州、莆田、漳州、宁德六港由设区市政府为主管理。省、市(地)的"两个积极性"得到充分发挥,均加大投资建设力度兴建码头,配套整治航道。福州港由河口港拓展为河口港与海港共同发展。厦门港进入一个全新的发展时期,成为中国最大的特区港口。泉州港有序向大型化深水化转移。为促进海峡两岸经贸交流的大局,立足国家两岸"三通",1991 年 1 月交通部部长黄镇东南下福建,寻找开发对台"三通"的最佳口岸。1992 年 12 月,交通部推荐以招商局集团为主要股东的"漳州开发区"成立,拉开了漳州港招银港区大规模建设港口码头的序幕。嗣后,一批重大港口项目落户各港,万吨级、3 万吨级、5 万吨级、10 万吨级码头泊位逐年增多。

经过多年努力,福建港口初步从单一功能向现代物流和综合服务转变,从散装低效粗放型向集装箱化、高效化、现代化转变,港口布局趋于完善,向功能合理、资源有效利用、腹地交通顺畅方向发展。但是,在发展中也渐露出诸如"一湾两港"在岸线规划、公共航道使用、港口生产、同质化竞争、港口管理等方面影响港口发展的诸多问题,已引起福建省政府和有关部门的重视。

2006 年 1 月,厦门湾港口率先实现一体化整合。继而,于 2009 年开始将港口整合为"三大港一小港"。2012 年,福建省人民政府相继出台《关于促进航运业发展的若干意见》《关于加快发展港口群促进"三群"联动的若干意见》和《关于支持厦门东南国际航运中心建设十条措施的通知》。2013 年 7 月,福建省政府出台了《关于进一步加快海西港口群发展十条措施的通知》;2014 年 7 月,出台了《关于加快港口发展的行动纲要(2014—2018)》,决定优化港口布局,集中力量打造"两集两散两液"港口布局,推进重点港区建设,做强做大以厦门海沧和福州江阴为主的集装箱港区,以罗源湾和湄洲湾北岸为主的大宗散货港区,以湄洲湾南岸、漳州古雷为主的液体散货港区,持续打造规模化、集约化的现代化港口群。一系列有力的措施加快了福建港口融入"一带一路"建设。厦门港快速向自动化、信息化方向发展。2015 年初,全国首创集装箱智能理货系统正式投用、年底被业界称为"魔鬼码头"的全球首个第四代全自动化集装箱码头投入商业试运行、厦门东南国际航运中心初具影响力,成为我国第四个国际航运中心。

到 2015 年底,福建全省沿海港口生产性泊位数达 480 个,其中万吨级泊位 162 个,10 万吨级以上(含 10 万吨)泊位 27 个,货物吞吐能力 4.47 亿吨,其中集装箱吞吐能力 1426 万 TEU。全省沿海港口具备停靠 30 万吨级散货船、30 万吨级油船、20 万吨级集装箱船、15 万吨级邮轮及 2 万吨级滚装船的能力。全省沿海港口基础设施已适度超前于经济社会发展需要。2015 年福建省港口吞吐量突破 5 亿吨,外贸货物吞吐量完成 20173.53 万吨,集装箱吞吐量完成 1363.69 万 TEU。厦门港 2015 年集装箱吞吐量 918.28 万 TEU,在全国第 8 位,全球排序第 16 位。

与"21 世纪海上丝绸之路"沿线国家和地区港口航线近 80 条,进出港货物吞吐量超过 1 亿吨。至 2015 年底,全省沿海港口集装箱航线达 290 条,其中外贸线 127 条,通达近 50 个国家和地区的 130 多个港口;内支线 31 条,内贸线 132 条。全省沿海港口集装箱航班共开 23747 班,其中外贸航班 7908 班,内支线航班 5797 班,内贸航班 10042 班。

闽台海上交流日益密切。2008 年 12 月 15 日,在历经 59 年的波折和期待之后,中国大陆与台湾地区实现"三通",充分发挥福建作为大陆离台湾地区最近的省份以及与台湾地区具有"五缘"的优势,开辟与台湾地区连接的海上运输大通道。建成平潭澳对台 1 万吨滚装码头泊位等对台客运基础设施,开通平潭至台中、台北、基隆客滚定期航线,实现对台湾地区 4 个主要港口海上客滚班轮航线全覆盖。开通福州黄岐至马祖北竿客运航线,福建省沿海与金门、马祖地区直接往来客运航线达 4 条。至 2015 年,福建省沿海地区与台湾地区海上客运直航船公司共运营 16815 航次,运送旅客 1941624 人。与金门、马祖、澎湖地区海上客运直航 16110 航次,共运送旅客 1807920 人。与台湾本岛客运直航 705 航次,共运送旅客 133704 人。2015 年,全省港口对台货物吞吐量完成 2375.28 万吨,对台集装箱吞吐量完成 70.42 万 TEU。"台车入闽"通道全面打通,进入常态化运行,福建省成为两岸客流、物流的快捷通道。

福建省沿海港口情况见表 8-8-1。

表 8-8-1

福建省沿海港口基本情况表

序号	港区名称(规模以上港口)	港口岸线		2015年港口生产用泊位				其中:1978—2015年建成的生产用泊位				2015年港口货物和旅客吞吐量						
		港口规划岸线	其中:2015年前已建成岸线	生产用泊位数	其中:万吨级及以上	生产用泊位总长	其中:万吨级及以上	生产用泊位数	其中:万吨级及以上	生产用泊位总长	其中:万吨级及以上	货物吞吐量	其中:外贸货物吞吐量	集装箱	滚装车辆		旅客	其中:国际航线旅客
															数量	质量		
		千米	千米	个	个	米	米	个	个	米	米	万吨	万吨	万TEU	万辆	万吨	万人	万人
1	福州港	164.8	52.4	171	55	23687	13393	164	53	22890	13097	13967.23	5492.29	242.82	0.01	0.01	15.44	0
2	湄洲湾港(莆田港)	124.2	28.4	82	26	13212	7906	82	26	13212	7906	7792.14	4003.41	3.50	0	0	0	0
3	泉州港	23.9	15.7	67	10	8595	2855	67	10	8595	2855	7500.21	386.68	199.09	0	0	12.28	0
4	厦门港	106	41	160	71	28285	19384	159	71	28285	19384	21022.52	10291.15	918.28	37.76	377.55	984.49	182.92
	合计	418.9	137.5	480	162	73779	43538	472	160	72982	43242	50282.09	20173.53	1363.69	37.77	377.56	1012.21	182.92

注:2009年,福建省实施湄洲湾港口管理体制改革,将湄洲湾内泉州市行政区划的2个港区(肖厝港区、斗尾港区)和莆田市行政区划的2个港区(东吴港区、秀屿港区)整合组成湄洲湾港;2015年,福建省进一步实施泉州、莆田港口管理体制改革,将莆田市管辖的兴化港区整合划归湄洲湾港,莆田市港口管理局并入省湄洲湾港口管理局。交通运输部综合资料汇编仍用莆田港。泉州港辖区范围则保持不变,含泉州湾、深沪湾、围头湾3个港区。

二、福州港

(一)港口概况

1. 港口综述

福州港位于我国东南沿海、台湾海峡西岸,是我国沿海主要港口、区域综合运输的重要枢纽和对台"三通"的主要口岸之一,是福建三大港口群之一。全港(包括福州、宁德、平潭)拥有大陆海岸线 1966 千米,占全省大陆海岸线(3752 千米)的 52.4%,沿江、沿海岸线长达 2628 千米,是福建省岸线资源最丰富的地区。根据福建省人民政府《关于福州宁德港口管理体制一体化实施方案的批复》(闽政文〔2011〕272 号),现在的福州港由原福州港和宁德港整合而来,由"一港九区"组成,包括平潭港区、江阴港区、松下港区、闽江口内港区、罗源湾港区、三都澳港区、白马港区、三沙港区、沙埕港区。江阴港区主要由壁头、牛头尾和万安 3 个作业区组成;罗源湾港区主要由淡头、碧里、牛坑湾、将军帽、濂澳和可门 6 个作业区组成;三都澳港区主要由城澳、漳湾、溪南、东冲 4 个作业区组成;闽江口内港区由台江、马尾、青州、筹东、洋屿、松门、象屿、长安、小长门 9 个作业区组成;松下港区由元洪、牛头湾、山前 3 个作业区组成;平潭港区主要由金井、流水、澳前和草屿等 4 个作业区组成;白马港区主要由湾坞、下白石、坪岗和赛岐 4 个作业区组成;沙埕港区主要由杨岐、八尺门和鸡母岩组成。

截至 2015 年底,福州港航道总里程达 407.91 千米,已建成万吨级以上航道达 6 条。分别是江阴港区 51.47 千米的 5 万~15 万吨级集装箱进港航道、松下港区 30.7 千米 5 万~10 万吨级的福清湾深水航道、闽江口内港区 47.5 千米乘潮 1 万~3 万吨级的闽江通海航道、罗源湾港区 35.1 千米的 5 万~30 万吨级进港航道、平潭港区 16.91 千米的 10 万吨级航道以及宁德三都澳港区 59.35 千米的 3 万~30 万吨级进港航道,10 万~30 万吨级航道总里程达 130.16 千米。内河航道主要有 129.5 千米的闽江内河航道和约 50 千米的宁德赛江。

福州港共有锚地 38 个,其中闽江口内港区 9 个,江阴港区 3 个,松下港区 1 个,罗源湾港区 4 个,三都澳港区 12 个,白马港区 2 个,三沙港区 1 个,沙埕港区 6 个。

2. 港口水文气象

福州港港域全年气候温和,属亚热带海洋性季风气候,7 月为最热月,1 月为最冷月,多年平均气温 18.5~19.4 摄氏度,雨量充沛,降水多集中在春、夏两季,以 5、6 月最大,而 10 月至翌年 1 月降水相对较少,多年平均雾日数 7~28.6 天,港址大多地处海湾内,周边低山、丘陵林之间风况差异较大,每年 5—10 月常受热带气旋的影响,其中 7—9 月为热带气旋盛行期,约占全年影响总数的 88%。受热带气旋影响平均每年为 5.4 次,风力一般在 6~8 级、阵风可达 9~11 级,最大风力可达 12 级以上,受热带气旋影响时风向多为

NE 向。

各港址所在海域潮汐均为正规半日潮,潮流运动以往复流为主,平均潮差 3.77 ~ 5.35 米,涨潮最大流速 0.53 ~ 1.64 米/秒,落潮最大流速 0.65 ~ 1.55 米/秒。海域最大波高为 1.4 ~ 9.36 米,平均含沙量 0.01 ~ 0.55 千克/立方米。

3.发展成就

1990 年 12 月,松门煤炭专用码头建成投产,福建省从此拥有第一座自动化程度较高的万吨级深水泊位。1992 年,松下港区 3 万吨级元洪专用码头动建,拉开了福州港外海深水港区开发的序幕。随后,青州作业区万吨级集装箱码头、长乐 BP 万吨级液化气码头、筹东 2 万吨级散货河砂专用码头、华能电厂二期 2 万吨级卸煤码头等万吨级码头相继建成投产,福州港跨入了河口港和深水海港并存发展的新时期。1972 年以前,福州港仅为有 2 个万吨级泊位且实际靠泊能力不过 5000 吨级,吞吐量不足 80 万吨、设施简陋的河口小港,经过 40 多年的发展,福州港基本形成河口港和海港并举发展的新格局,港口规模不断扩大,港口吞吐能力大大提高,吞吐能力和吞吐量双双迈入亿吨大关。至 2015 年,福州港共有生产性泊位 171 个(不含福州台江、马尾关停 19 个),万吨级以上 55 个,5 万吨级以上 21 个,10 万吨级以上(含结构按 10 万吨级)2 个,通过能力 13262 万吨(含集装箱 259 万 TEU,车辆 15 万辆次,旅客 188 万人次)。2011—2015 年福州港货物吞吐量,2011 年8166.32 万吨;2012 年 11410.22 万吨;2013 年 12759.03 万吨;2014 年 14391.14 万吨;2015 年 13967.22 万吨。

福州港港区分布图如图 8-8-1 所示。

福州港基本情况见表 8-8-2。

(二)罗源湾港区

1.港区综述

(1)港区建设和运营概况

罗源湾港区是我国东南沿海深水良港之一,也是福建省"两集两散两液"中北部散货主要集疏运中转港区,主要大宗货种为煤炭、铁矿石。近年来,随着湾内华电可门电厂、宝钢德盛、亿鑫钢铁、三金钢铁、华东修造船厂等临港工业发展,可门、碧里作业区多个大型散货码头和可门港铁路支线的相继投产运营,罗源湾港口经济迅速发展。罗源湾港区规划有淡头、碧里、牛坑湾、将军帽、濂澳和可门 6 个作业区。规划岸线 58.7 千米,规划建设泊位 88 个,其中深水泊位 60 个,规划形成通过能力 1.78 亿吨,可形成陆域面积 3014 万平方米。规划定位为以散货储备中转运输为主的深水港区,同时服务于周边地区临港工业发展。

图 8-8-1　福州港港区分布图

罗源湾港区已建成码头泊位 13 个,其中 5 万吨级以上 8 个,最大可靠泊 30 万吨级散货船,总吞吐能力 4108 万吨。

2014 年以前,罗源湾港区货物吞吐量逐年增长,2015 年受宏观经济下行、航运业低迷等影响货物吞吐量出现一定下滑。2011—2015 年港区吞吐量分别为 3006 万吨、3893 万吨、4388 万吨、4869 万吨、4429 万吨。

(2)港区地理条件和集疏运概况

福州港罗源湾港区位于福州市北部,由鉴江半岛和黄屿半岛合抱而成,湾内全年风平浪静。罗源湾周边地貌以构造剥蚀低山和丘陵为主,地形起伏较大。海湾沿岸大部分地

福州港基本情况表（沿海）

表8-8-2

序号	港区名称	港口岸线		2015年港口生产用泊位				其中:1978—2015年建成的生产用泊位				2015年港口货物和旅客吞吐量						
		港口规划岸线	其中:2015年前已建成岸线	生产用泊位数	其中:万吨级及以上	生产用泊位总长	其中:万吨级及以上	生产用泊位数	其中:万吨级及以上	生产用泊位总长	其中:万吨级及以上	货物吞吐量	其中:外贸货物吞吐量	集装箱	滚装车辆		旅客	其中:国际旅客
															数量	质量		
		千米	千米	个	个	米	米	个	个	米	米	万吨	万吨	万TEU	万辆	万吨	万人	万人
1	沙埕港区	13.2	0.51	7	0	506	0	7	0	506	0	182.66	—	—	—	—	—	—
2	三沙港区	0.4	0.41	5	0	406	0	5	0	406	0	101.3	—	—	—	—	—	—
3	三都澳港区	42.2	3.56	23	6	3556	1252	22	6	3493	1252	2145.79	—	5.63	—	—	—	—
4	白马港区	4.9	1.44	19	0	1439	0	19	0	1439	0	176.38	—	—	—	—	—	—
5	罗源湾港区	49.2	2.97	13	10	2973	2762	13	10	2973	2762	4429.41	—	0.04	—	—	—	—
6	闽江口内港区	25.3	9.59	78	24	9435	4740	72	22	8701	4444	3604.55	—	125.83	—	—	4.34	—
7	松下港区	11.6	1.61	6	5	1608	1535	6	5	1608	1535	1398.2	—	—	—	—	—	—
8	平潭港区	3.6	1.11	10	2	965	489	10	2	965	489	32.78	—	0.45	—	—	11.10	—
9	江阴港区	14.4	2.85	10	8	2799	2615	10	8	2799	2615	1896.15	—	110.87	—	—	—	—
	合计	164.8	24.05	171	55	23687	13393	164	53	22890	13097	13967.2	—	242.82	—	—	15.44	—

区岩体直逼海岸,基岩岬角和小型海湾相间分布。沿岸高潮位区多数已围垦,中低潮位区大部分已辟为海产品养殖基地。罗源湾海底地貌较为单一,湾口为潮汐通道和深槽,湾内为水下浅滩。潮汐通道和深槽水深变化大,一般在 20 米左右,最大可达 60 米,多为冲刷深槽。湾内海底地形平坦,除北部近岸有水深大于 10 米的局部深槽外,基本为单一的水下浅滩。港区分布第四系松散堆积层和前第四系基岩两种地层,其北岸地层自上而下主要为淤泥、淤泥混砂、黏土、淤泥质黏土和残积性黏土;南岸地层自上而下主要为淤泥、黏土、碎石和风化残积层。

港区航道主要由主航道、北航道、南航道组成。港区集疏运主要以公路为主,陆路主要通过可湖—狮岐—碧里—牛坑湾—将军帽二级疏港公路、可门—颜岐—文山—官岭—浦口—东湖疏港公路与沈海高速公路及 104 国道连接,铁路主要有温福铁路可门支线、福厦铁路江阴支线、向莆铁路。

2. 港区工程项目

(1)福州港罗源湾碧里作业区 3 号泊位工程

项目于 2008 年 3 月开工,2005 年 11 月试运行,2006 年 12 月竣工。

项目建设依据:2003 年 1 月,福建省发展计划委员会《关于福州港罗源湾港区狮岐 3 万吨级多用途码头工程可行性研究报告的批复》(闽计基础〔2003〕14 号);2003 年 11 月,福建省交通厅《关于福州港罗源湾港区狮岐 3 万吨级多用途码头工程初步设计的批复》(闽交建〔2003〕164 号);2002 年 12 月,福建省环境保护局《关于批复福州港罗源湾港区狮岐 3 万吨级多用途码头项目环境影响报告书的函》(闽环保监〔2002〕60 号);2008 年 9 月,罗源县人民政府《罗源县人民政府关于国有建设用地协议出让供福州港罗源湾码头有限公司作为"狮岐 3 万吨多用途码头"建设用地的批复》(罗政地〔2008〕26 号);2005 年 1 月,福建省海洋与渔业厅《海域使用权批准通知书》;2008 年 2 月,交通部《关于福州港罗源湾港区狮岐 3 万吨级多用途码头工程使用岸线的批复》(交规划发〔2008〕89 号)。

项目建设 1 个 3 万吨级多用途码头泊位,码头设计靠泊能力 3.5 万吨级(码头水工建筑允许靠泊能力 5.0 万吨级),码头岸线总长 230 米。码头采用引桥式布局,高桩式码头结构,码头前沿水深 12.0 米。堆场面积 5.64 万平方米。主要装卸设备配置包括多用途门座式起重机(40 吨-37 米)2 台,堆料机 1500 吨/小时,皮带机 1 台,固定漏斗 4 台,移动漏斗 2 台,装载机 3 台,推耙机 2 台,轮胎起重机 1 台,集装箱正面吊运机 1 台。项目总投资 2.21 亿元,工程建设资金全部由业主自筹解决。项目用海面积为 16.57 公顷,其中使用陆域面积约为 9.33 万平方米。

项目建设单位为福州港罗源湾码头有限公司;设计单位为中交第四航务工程勘察设计院有限公司、福建华迪建筑工程设计事务所、福建省宁德市交通工程勘察设计院;施工单位为上海港务工程公司;监理单位为上海东华建设监理所;质监单位为福建省交通质监站。

(2)福州港罗源湾港区可门 12 号、13 号泊位

项目于 2004 年 8 月开工,2006 年 7 月试运行,2011 年 5 月竣工。

项目建设依据:2005 年,国家发展和改革委员会《关于福建可门电厂一期工程项目核准的批复》(发改能源〔2005〕791 号);2005 年,福建省交通厅《关于福州可门火电厂一期工程码头初步设计的批复》(闽交建〔2005〕154 号);2007 年,国家环境保护总局《福州可门电厂一期工程环境保护验收意见》(环验〔2007〕217 号 001);2004 年 9 月,福建省建设厅《关于福州可门火电厂建设项目选址的批复》(闽建规〔2004〕47 号);福建省海洋与渔业局《关于同意福州可门火电厂使用海域的复函》(闽海渔函〔2003〕311 号);2003 年 7 月,福州市港务局《关于中国华电集团福建分公司可门电厂专用码头岸线选址意见的复函》(榕港规建〔2003〕41 号)。

项目建设 1 个 5 万吨级煤码头,1 个 1 万吨级重件码头,码头设计靠泊能力 5 万吨(码头水工建筑允许靠泊能力 10.0 万吨)。码头岸线总长 440 米。码头采用引桥式布置,高桩式码头结构,码头前沿水深 18.4 米。主要装卸设备包括桥式抓斗卸船机 2 台、皮带机等。项目总投资 2.92 亿元,工程建设资金全部由业主自筹解决。项目用海面积为 21.17 公顷,陆域用地 49.0 万平方米。

项目建设单位为福建华电可门发电有限公司;设计单位为福建省交通规划设计院;施工单位为中交第三航务工程局有限公司;监理单位为厦门港湾咨询监理有限公司;质监单位为福建省交通建设质量安全监督局。

(3)福州港罗源湾港区碧里作业区 4 号、5 号泊位工程

项目于 2006 年 3 月开工,2008 年 9 月试运行,2012 年 4 月竣工。

项目建设依据:2004 年 12 月,福建省发展和改革委员会《关于福州港罗源湾港区碧里作业区 4 号泊位核准意见的批复》(闽发改交能〔2004〕635 号)、福建省发展和改革委员会《关于福州港罗源湾港区碧里作业区 5 号泊位核准意见的批复》(闽发改交能〔2004〕636 号);2005 年 5 月,福建省交通厅《关于福州港罗源湾港区碧里作业区 4#和 5#泊位工程初步设计的批复》(闽交建〔2005〕57 号),2008 年 11 月福建省交通运输厅、福建省发展和改革委员会《关于福州港罗源湾港区碧里作业区 4#、5#泊位工程初步设计的补充批复》(闽交港航〔2008〕30 号);2010 年 5 月,福州市海洋与渔业局《关于福州港罗源湾港区碧里作业区 4 号泊位新增用海项目海洋环境影响报告表的核准意见》(榕海渔函〔2010〕8 号)、《关于福州港罗源湾港区碧里作业区 5#泊位新增用海项目海洋环境影响报告表的核准意见》(榕海渔函〔2010〕9 号);2008 年 9 月,罗源县人民政府《关于国有建设用地协议出让供福建罗源湾鲁能海港有限公司作为"4#、5#泊位码头配套辅助设施"建设用地的批复》(罗政地〔2008〕25 号);2005 年 7 月福建省人民政府《关于同意福建罗源湾鲁能海港

有限公司海域使用申请》(闽政文〔2005〕283 号),2005 年 9 月福建省人民政府《关于同意福建罗源湾鲁能海港有限公司海域使用申请》(闽政文〔2005〕445 号);2005 年 8 月,交通部《关于福州港罗源湾港区碧里作业区通用泊位工程使用港口岸线的批复》(交规划发〔2005〕362 号),2006 年 7 月,交通部《关于福州港罗源湾港区碧里作业区 5 号泊位工程使用港口岸线的批复》(交规划发〔2006〕382 号)。

项目建设 2 个 5 万吨级多用途码头,码头设计靠泊能力 5.0 万吨级(码头水工建筑允许靠泊能力 10.0 万吨级)。码头采用顺岸式布置,高桩式结构形式。码头前沿水深 14.0 米。堆场面积 12.68 万平方米。主要装卸设备包括 2 台 1500 吨/小时桥式抓斗卸船机、1 台 40 吨 - 50 米岸边桥式集装箱起重机、1 台 40 吨 - 41 米集装箱轨道式龙门起重机、1 套 3000 吨/小时带式输送机、1 台 3000 吨/小时 - 1500 吨/小时斗轮堆取料机。项目总投资 12.08 亿元,建设资金全部由业主负责筹措,其中资本金不少于项目总投资的 35%。项目陆域用地总计为 28.69 万平方米。4 号泊位用海面积为 7.61 公顷;5 号泊位用海面积为 6.77 公顷。

项目建设单位为华能(福建)海港有限公司;设计单位为中交水运规划设计院;EPC 总承包单位为深圳山东核电工程有限公司;施工单位为中交第三航务工程局有限公司;监理单位为上海东华建设监理所;质监单位为福建省交通建设质量监督局。

为了顺应临港工业的迅速发展,4 号泊位变更为专业散货泊位。造成陆域总平面和装卸工艺发生变化。后方生活区发生重大变更,4 号泊位变更为专业散货泊位后,港口定员发生变化。根据业主要求,将集装箱堆场布置于预留集装箱堆场区域,原集装箱堆场区域改建为散货堆场,并对其软基处理方案进行调整。

罗源湾碧里 4 号、5 号泊位试运行以来所完成的吞吐量表明港口生产呈良性态势。据统计,4 号、5 号泊位 2009 年 1 月投产运营至 2012 年 11 月完成的吞吐量 1937.13 万吨,共靠泊 1209 艘次。

(4)福州港罗源湾深水航道一期工程

项目于 2006 年 12 月开工,2012 年 11 月试运行,截至 2015 年,项目尚未竣工。

项目建设依据:2005 年 6 月,福建省发展和改革委员会《关于福州港罗源湾深水航道一期工程可行性研究报告的批复》(闽发改交能〔2005〕533 号);2006 年 2 月,福建省交通厅《关于福州港罗源湾深水航道一期工程初步设计的批复》(闽交建〔2006〕12 号);2006 年 12 月,福建省海洋与渔业局《福州港罗源湾深水航道一期工程环境影响报告书的复函》(闽海渔函〔2006〕763 号)。

从可门口经担屿北水道至将军帽建设 30 万吨级航道,满足 30 万吨级散货船通航要求;将军帽经牛坑湾至碧里建设 10 万吨级航道,满足 10 万吨级散货船和 5 万吨级集装箱船通航要求;碧里至狮岐头建设 5 万吨级航道,满足 5 万吨级集装箱船通航要求;可门角

(B点)经担屿南水道至可门作业区建设10万吨级航道,满足10万吨级散货船和5万吨级集装箱船通航要求。

从可门口经担屿北水道至将军帽建设不乘潮单向通航30万吨级散货船航道,航道长12.7千米,航道设计有效宽度为350米(可满足5万吨级集装箱船双向通航要求)、设计底高程-26.0米(当地理论最低潮面、下同),航道转弯半径不小于3540米;将军帽经牛坑湾至碧里建设乘潮单向通航10万吨级散货船航道,航道长11.2千米,航道设计有效宽度为200米,设计底高程-13.5米(其中炸礁区设计底高程为-15.0米),航道转弯半径不小于2352米和1470米,乘潮水位3.00米、乘潮历时为7小时,乘潮水位保证率为90%;碧里至狮岐头建设乘潮单向通航5万吨级集装箱船航道,航道长1.14千米,航道设计有效宽度为160米、设计底高程-12.0米,航道转弯半径不小于1470米;乘潮水位3.00米、乘潮历时为7小时,乘潮水位保证率为90%;可门角(B点)经担屿南水道至可门作业区建设乘潮单向通航10万吨级散货船航道,航道长10.1千米,航道设计有效宽度为200米、设计底高程-13.5米(其中可门角至蛇头山航段自然水深可满足10万吨级散货船不乘潮通航要求,航道设计底高程为-16.5米),航道转弯半径不小于1470米;乘潮水位3.00米、乘潮水位历时为7小时,乘潮水位保证率为90%。疏浚工程量811.67万立方米,炸礁工程量1826.7立方米。

设计代表船型分别为:30万吨级散货船354米×58米×31米×23.2米(长×宽×型深×满载吃水);10万吨级散货船:250米×43米×20.5米×14.3米(长×宽×型深×满载吃水);5万吨级集装箱船:294米×32.3米×21.7米×13米(长×宽×型深×满载吃水);

可门口南锚地布置5万~30万吨级船舶引水、检疫锚地;可门口北布置5万吨级船舶引水、检疫锚地;可门口内岗屿南锚地布设5万吨级船舶避风锚地。

项目总投资1.48亿元,交通部投资4830万元,省级投资4800万元,其余地方自筹。

项目建设单位为福州港罗源湾深水航道一期工程建设指挥部;设计单位为福建省港航勘察设计研究院;施工单位为中海工程建设总局;监理单位为福建陆海建设监理所;质监单位为福建省交通质监局。

2008年,福建省发展和改革委员会批复福州港罗源湾港区南航道建设规模调整(闽发改交能[2008]647号),从可门口至可门角6.2千米有单向航道调整为15万吨级散货船不乘潮通航双向航道,航道宽度500米,设计底高程-26.0米;从可门角经担屿南水道至蛇头山7.1千米由5万吨级航道调整为15万吨级散货船不乘潮通航单向航道,航道宽度250米,设计底高程-20.3米。

项目建成交付使用后,罗源湾进港航道通航条件得到较大改善,为港口发展提供保障,取得较好的经济效益、社会效益。

(5)福州港罗源湾港区可门作业区 10 号、11 号泊位工程

项目于 2007 年 5 月开工,2008 年 10 月试运行,2012 年 4 月竣工。

项目建设依据:2008 年 3 月,国家发展和改革委员会《关于福州港罗源湾港区可门作业区 10 号和11 号泊位工程项目核准的批复》(发改交运〔2008〕724 号);2008 年 8 月,交通运输部《关于福州港罗源湾港区可门作业区 10#、11#泊位工程初步设计的批复》(交水发〔2008〕273 号);2007 年 6 月,国家环境保护总局《关于福州港罗源湾港区可门作业区#10、#11 煤炭码头工程环境影响报告书的批复》(环审〔2007〕244 号);2008 年 12 月,连江县建设局《可门作业区 10#、11#煤炭码头一期后方陆域工程建设用地规划许可证》(连村地字第 350122200800042 号);2007 年 7 月,国家海洋局《关于福州港罗源湾港区可门作业区 10#、11#泊位项目用海预审意见的函》(国海管字〔2007〕465 号);2005 年 8 月,福建省发展和改革委员会《关于印发福州港罗源湾港区可门作业区岸线规划布局和项目建设协调会纪要的通知》(闽发改交能〔2005〕787 号)。

项目建设 1 个 20 万吨级散货码头,1 个 5 万吨级散货码头。10 号泊位码头设计靠泊能力 20.0 万吨级,11 号泊位码头设计靠泊能力 5 万吨级。岸线总长 600 米。码头采用顺岸式布置,高桩式结构形式。码头前沿水深 10 号泊位 19.0 米,11 号泊位 14.1 米。堆场面积 11.39 万平方米,堆存能力 43.6 万吨。主要装卸设备包括卸船机 3 台、装船机 1 台、带式输送系统 4500 米、斗轮堆取料机 2 台。项目总投资 11.89 亿元,工程建设资金由业主自筹与银行贷款解决,其中企业投资 4.87 亿元,银行贷款 7.02 亿元。项目总用海面积为 26.14 公顷,其中公共事业用地填海面积 5.07 公顷,堆场填海面积 18.48 公顷,用海面积 2.59 公顷。

项目建设单位为福建华电储运有限公司;设计单位为中交第四航务工程勘察设计研究院有限公司、福建省交通规划设计院;施工单位为中交第一航务工程局有限公司、中交第四航务工程勘察设计院有限公司、福建省第一建筑工程公司等;监理单位为上海华申工程建设监理咨询有限公司;质监单位为福建省交通建设质量安全监督局。

项目 10 号、11 号泊位自 2008 年 1 月 1 日至 2015 年 12 月 31 日,共计接卸货物 6272 万吨,装船货物 4625 万吨,吞吐量达到 10917 万吨。

(6)福州港罗源湾港区可门作业区 4 号、5 号泊位工程

项目于 2007 年 9 月开工,2011 年 10 月试运行,2015 年 12 月竣工。

项目建设依据:2004 年 12 月,福建省发展和改革委员会《关于福州港可门作业区 4 号泊位项目建设核准意见的复函》(闽发改交能〔2004〕478 号)、《关于福州港可门作业区 5 号泊位项目建设核准意见的复函》(闽发改交能〔2004〕479 号);2006 年 12 月,福建省交通厅《关于福州港可门作业区 4#、5#泊位工程初步设计的批复》(闽交港航〔2006〕84 号);2011 年 10 月,福建省交通厅、福建省发展和改革委员会《关于福州港可门作业区 4#、5#泊

位工程初步设计变更的批复》(闽交建〔2011〕103 号);2014 年 5 月,福州市环境保护局
《福州港罗源湾港区可门作业区 4#泊位(一期)工程建设项目竣工环境保护验收的意见》
(榕环评验〔2004〕48 号)、《福州港罗源湾港区可门作业区 5#泊位(一期)工程建设项目竣
工环境保护验收的意见》(榕环评验〔2004〕49 号);2008 年 9 月,福建省人民政府《福州港
可门作业区 4 号和 5 号泊位工程建设用地的批复》(闽政文〔2008〕297 号);2014 年 9 月,
福建省海洋与渔业厅《4#泊位海域使用权证书》(国海证 NO.20B35012204633)、《5#泊位
海域使用权证书》(国海证 NO.20B35012204645);2005 年 6 月,交通部《关于福州港罗源
湾港区可门作业区通用泊位工程使用岸线》(交规划发〔2005〕269 号),2007 年 12 月,
交通部《关于福州港可门作业区 5 号通用泊位工程使用港口岸线》(交规划发〔2007〕
706 号)。

项目建设 2 个 5 万吨级通用散货码头,码头设计靠泊能力 5.0 万吨级(码头水工建筑
允许靠泊能力 30.0 万吨级)。岸线总长 663 米,其中 4 号泊位 300 米,5 号泊位 270 米。
码头采用顺岸式布置,高桩式结构形式。码头前沿水深 27.5 米。堆场面积 10.9 万平方
米,堆存能力 167.0 万吨。主要装卸设备包括 2 台 2500 吨/小时桥式抓斗卸船机,1 台
5000 吨/小时移动式装船机,3 台 5000 吨/小时斗轮堆取料机。项目总投资 20.52 亿元,
工程建设资金全部由业主自筹解决。项目陆域用地 16.25 万平方米。用海面积总共
74.24 公顷,其中 4 号泊位 48.50 公顷、5 号泊位 25.74 公顷。

项目建设单位为福建可门港物流有限责任公司;设计单位为中交第三航务工程勘察
设计院有限公司;施工单位为中交第三航务工程局有限公司、福建省第一建筑工程公司、
福建联美建设集团有限公司;监理单位为福建陆海建设监理所、中国船级社实业公司;质
监单位为福建省交通质监局。

2011 年试运行至 2016 年 7 月,作业总量约为 4859.77 万吨,共靠泊 1339 艘次,其中
靠泊的船型:30 万吨级 43 艘次,15 万~30 万吨级 75 艘次、5 万~15 万吨级 182 艘次、5
万吨级及以下 1040 艘次。

(三)白马港区

1.港区综述

(1)港区建设和运营概况

白马港区下辖湾坞、下白石、坪岗和赛岐 4 个作业区。湾坞作业区以煤炭、散杂货运
输为主,主要为后方临港工业发展服务,兼顾集装箱运输;下白石作业区以散杂货运输为
主,主要为后方临港工业发展服务;坪岗作业区以散杂货运输为主,主要为后方临港工业
发展服务;赛岐作业区主要服务城市生产、生活物资运输。

白马港区共有大小泊位 19 个。其中,下白石作业区已建 3000 吨级杂货和滚装泊位

各 1 个,坪岗作业区已建升港砂石出口专用泊位 2 个湾坞作业区大唐电厂 3000 吨级重件泊位和 5 万吨级煤泊位各 1 个和青拓物流 6 号、7 号、14 号通用泊位 3 个,赛岐作业区已建 500~1000 吨级泊位 12 个,以及其他数个小码头交通泊位。现有万吨级以上泊位 4个,均在湾坞作业区,目前正在建设 3 个 3 万~5 万吨级泊位。2012—2015 年港区吞吐量分别为 274.93 万吨、273.73 万吨、198.17 万吨、176.38 万吨。

（2）港区地理条件和集疏运概况

白马港区位于赛江沿岸,水路距福州港 94 海里、温州港 158 海里、基隆港 173 海里。赛江下游所处河段呈微弯的喇叭口状,东岸为凹岸,喇叭口处江面宽仅 450 米左右,由于江面缩窄,又处于三溪汇交处,河床冲刷形成一个较大范围的 U 形深槽,深槽大部水深在5 米以上,最深处达 19 米;从喉部向下游江面逐渐扩大,河床也逐渐成宽浅状,至下游2 千米处,江面已宽达 1100 米。由于流速减缓,泥沙开始落淤,在该段河床西侧有多个浅滩存在。规划岸线位置处于上游深槽的末端,又处于水深较好的凹岸。据多年测图对比分析,赛江港区码头前沿水深二十多年来基本保持稳定,其间虽有一些深浅变化,但变化幅度很小,显示港区前沿河床处于良好的冲淤平衡状态。

港区航道主要由主航道、万吨级进港航道、赛江航道组成。港区主要集疏运主要依托沈海高速、宁武高速公路及温福铁路宁德段,目前还有正在建设宁衢铁路宁德段以及白马进港铁路支线工程。

2. 港区工程项目

（1）福州港白马港区湾坞作业区大唐国际宁德发电公司煤码头

项目于 2004 年 5 月开工,2007 年 6 月试运行,2008 年 7 月竣工。

项目建设依据:2004 年 9 月,福建省交通厅《关于福建大唐宁德电厂码头工程可行性研究报告的意见》（闽交计函〔2004〕111 号）;2004 年,国家电力规划总院《关于福建大唐宁德电厂工程可行性研究报告审查意见》（电规发电〔2004〕417 号）;2005 年 4 月,福建省交通厅《福建省交通厅福建大唐宁德核电煤码头工程初步设计的批复》（闽交建〔2005〕114 号）;2004 年,福建省海洋渔业局《福建宁德大唐发电厂工程海域使用论证报告书》（闽海渔函〔2004〕277 号）;2004 年 8 月,宁德港务局《关于同意大唐宁德发电项目使用岸线的函》（宁港函〔2004〕06 号）。

项目建设 1 个 5 万吨级通用散货码头,码头设计靠泊能力 5.0 万吨级（码头水工建筑允许靠泊能力 7.0 万吨级）。岸线总长 300 米。高桩式结构形式。码头前沿水深18.2 米。堆场面积 4.7 万平方米。主要装卸设备包括门式卸船机 3 台,功率均为1600 吨/小时。项目总投资 3.14 亿元,均为业主自筹。

项目建设单位为福建大唐国际宁德发电有限责任公司;设计单位为中交第二航务工程勘察设计院;施工单位为中交第二航务工程局有限公司;监理单位为上海华申工程建设

监理咨询有限公司;质监单位为福建省交通质监站。

项目作为白马港区启动工程,建设项目投产后,带动本地区对外贸易的发展。公司规划总装机容量452万千瓦,分三期建设。公司投产总装机容量252万千瓦,是福建省已投产机组单机容量最大、总装机容量第二大的发电公司。其中,一期2台60万千瓦超临界机组分别于2006年6月、9月投产,二期2台66万千瓦超临界机组分别于2008年12月、2009年6月投产,两期投资总额97亿元。工程的主要货种为煤炭,年吞吐量为500万吨。

(2)福州港白马港区湾坞作业区14号泊位工程

项目于2010年10月开工,2013年4月试运行,2016年6月竣工。

项目建设依据:2012年2月,福建省发展和改革委员会《关于福州港白马港区湾坞作业区14#泊位工程项目核准的批复》(闽发改委网交通〔2012〕8号);2013年1月,福建省交通运输厅、福建省发展和改革委员会《关于福州港白马港区湾坞作业区14#泊位码头初步设计的批复》(闽交港航〔2013〕3号);2016年6月,福州港口管理局《关于福州港白马港区湾坞作业区14号泊位工程初步设计调整方案》(闽福州港规建〔2016〕69号);2012年1月,福建省环境保护厅《宁德港三都澳港区白马作业区14#泊位环境影响报告书的函》(闽环保评〔2012〕1号),2016年2月宁德市环境保护局《福州港白马港区湾坞作业区14#泊位工程建设单位名称变更及红土矿运输工艺调整环境影响补充的复函》(宁市环监函〔2016〕2号);2009年11月,福安市建设局《关于福州港白马港区湾坞作业区14#泊位建设项目用地的规划意见》(安建〔2009〕388号);2012年5月,福安市海洋与渔业局《海域使用权证书》(国海证:2012D35098101256号);2012年9月,福建省交通运输厅《关于福州港白马港区湾坞作业区14#泊位工程使用港口岸线》,(交规划发〔2012〕454号)。

项目建设1个3.5万吨级通用码头,水工结构受力按5万吨级散货船设计。岸线总长230米。码头采用引桥式布置,高桩式结构形式。码头前沿停泊水域水深13.6米,回旋水域水深10米。主要装卸设备4台额定起重量大于25吨港口门座式重机。项目总投资1.25亿元,均为业主自筹。项目陆域用地8.91万平方米,用海面积5.73公顷。

项目建设单位为福建青拓物流有限公司;设计单位为福建省港航勘察设计研究院;施工单位为宁波交通工程建设集团有限公司;监理单位为温州港湾工程咨询监理有限公司;质监单位为福建省交通建设质量安全监督局。

施工中发现实际地质情况与原地质勘探结论有较大出入,出现大部分桩基打不到设计高程,为此在施工中途重新进行地质复勘,根据复勘成果调整部分桩基的设计,并编制了《宁德港三都澳港区白马作业区14#泊位工程桩基施工变更设计》。由于有孤石存在,沉桩难以达到设计高程的桩基,通过加桩、改变桩斜度、扭角等,使桩基能达到承载要求。同时,上部结构相应调整桩帽的尺寸。

该泊位的主要货种有不锈钢热轧成品卷、不锈钢冷轧成品卷、不锈钢毛坯和钢材等。

年吞吐量为 480 万吨。

(3)福州港白马港区湾坞作业区 6 号~7 号泊位工程

项目于 2013 年 6 月开工,2014 年 4 月试运行,2016 年 7 月竣工。

项目建设依据:2013 年 8 月,福建省交通运输厅《福州港白马港区湾坞作业区 5~7 号泊位工程工程可行性研究报告的意见》(闽交港航〔2013〕48 号);2013 年 11 月,福建省发展和改革委员会《福建省发展和改革委员会关于福州港白马港区湾坞作业区 5~7 号泊位工程项目核准的复函》(闽发改网交通函〔2013〕94 号);2014 年 2 月,福建省交通运输厅、福建省发展和改革委员会《关于福州港白马港区湾坞作业区 5 号、6 号、7 号泊位工程初步设计的批复》(闽交港航〔2014〕11 号);2013 年 10 月,福建省海洋与渔业厅《关于福州港白马港区湾坞作业 5#、6#、7#泊位工程海洋环境影响报告书的核准意见》(闽海渔函〔2013〕417 号);2013 年 5 月,福安市建设局《关于福州港白马港区湾坞作业区 5~7#泊位建设项目用地的规划意见》(安建村〔2013〕170 号);2013 年 11 月,福建省海洋与渔业局《关于福州港白马港区港湾坞作业区 5#、6#、7#泊位用海的预审意见》(闽海渔函〔2013〕437 号);2013 年 12 月,交通运输部《关于宁德港白马港区湾坞作业区 5 号至 7 号泊位工程使用港口岸线》(交规划发〔2013〕723 号)。

项目建设 2 个 1 万吨级通用散货码头,码头设计靠泊能力 1.0 万吨级。岸线总长 329.5 米。码头采用引桥式布置,高桩式结构形式。码头前沿水深 9.2 米。堆场面积 2.41 万平方米。主要装卸设备包括 5 台 25 吨－33 米门座式重机,水平运输设备为牵引平板车,堆场设备有轮胎式起重机若干台。项目总投资 4.9 亿元,均为业主自筹。项目陆域用地面积 6.02 万平方米,用海面积 19.32 公顷。

项目建设单位为福建青拓物流有限公司;设计单位为福建省港航勘察设计研究院;施工单位为中交第三航务工程局有限公司;监理单位为温州港湾工程咨询监理有限公司;质监单位为福建省交通建设质量安全监督局。

该泊位的主要货种有不锈钢热轧成品卷、不锈钢冷轧成品卷、不锈钢毛坯和钢材等。年吞吐量为 240 万吨。

(四)三都澳港区

1.港区综述

(1)港区建设和运营概况

三都澳港区是福州港重要的工业港区,主要服务环三都澳区域临港工业和闽北、赣东、浙南等地区发展,兼顾城市物资运输和船舶修造服务。规划下辖城澳、漳湾、溪南、东冲四个作业区。城澳作业区主要为城市生产、生活物资运输服务,兼顾油品仓储、物流;漳湾作业区是三都澳港区重点发展的作业区,主要为后方临港工业发展和城市物资运输服务,兼顾集装箱、对台滚装运输;溪南作业区是三都澳港区以服务临港工业为主的作业区。根据海西宁德工业区的发展定位,结合溪南半岛港口岸线和土地资源,按照远近结合、可持续发展的理念,溪南作业区划分为液体散货码头区、油品码头区、通用码头区、客运公务码头区。

三都澳港区有泊位 8 个,其中万吨级以上泊位 2 个。其中,城澳作业区有万吨级泊位 1 个、5000 吨级滚装泊位 1 个共 2 个泊位,1 号、2 号及 8 号、9 号泊位 2 个项目在建。漳湾作业区现有泊位 6 个,其中万吨级泊位 1 个,漳湾作业区连片开发项目 7 号、10 ~ 26 号共 18 个泊位正开展前期工作。2012—2015 年港区吞吐量分别为 1527.55 万吨、1627.05 万吨、1973.59 万吨、2145.79 万吨。

（2）港区地理条件和集疏运概况

三都澳港区地处福建省东北部的宁德市境内,位于海峡西岸经济区东北翼,是海西经济区对接长三角经济区的前沿门户,也是福建中北部、浙江西南部及江西、安徽、湖南等内陆地区直线距离最短的出海口,与台湾省隔海相望,具有良好的区位优势。港区域内海岸线曲折,岛礁遍布,地形复杂,水深变化大,泥沙运动较为复杂。三都澳海区外海波浪相对较大,对沿岸输沙有一定的掀沙作用,三都澳内为一口小腹大的半封闭型海湾,波浪主要为小风区波浪,且受岛屿掩护,波浪对泥沙运动影响很小。三都澳属强海潮区,潮流动力强劲,潮流流速较大,输沙能力强。新中国成立以来,尽管湾内已有一定数量的围垦,但湾内主航道并未产生明显的淤积。三都澳湾内北部淤积,南部泥沙淤积轻微,溪南半岛和东冲半岛沿岸局部还略有加深趋势。

港区航道由主航道、城澳、漳湾各进港航道共同组成。港区集疏运通道主要通过 S201 线。

2.港区工程项目

（1）三都澳城澳港万吨级多用途码头工程

项目于 1999 年 10 月开工,2003 年 5 月试运行,2004 年 12 月竣工。

项目建设依据:1996 年 11 月,福建省计划委员会《关于宁德三都澳城澳港区万吨级多用途码头工程可行性研究报告的批复》(闽计交〔1996〕143 号);1998 年 11 月,福建省建设委员会、福建省计划委员会《关于宁德三都澳城澳港区万吨级多用途码头工程初步设计的批复》(闽建设〔1998〕58 号);1997 年 11 月,福建省环保局《关于宁德三都澳城澳港区万吨级多用途码头工程环境影响报告书的函》(闽环保〔1997〕然 077 号);2000 年,获得《土地使用权证》(宁署国用〔2000〕字第 016 号);1996 年 7 月,福州港务监督福州海上安全监督局《关于同意三都澳港务局使用城澳岸线建设万吨级码头》(福州海监水〔1996〕14 号)。

项目建设 1 个 1 万吨级客货滚装码头泊位。码头设计靠泊能力 1.0 万吨。码头岸线总长 192 米。码头采用引桥式布置,高桩梁板式结构,码头前沿水深 9.5 米。堆场面积

2.5 万平方米。主要装卸设备配置 30 吨门座式重机 1 台及叉车、正面吊运机。项目总投资 1.20 亿元,资金来源为政府投资。项目陆域用地 9.16 万平方米。

项目建设单位为宁德三都澳港口建设发展有限公司;设计单位为福建省交通规划设计院;施工单位为福建省港口工程公司;监理单位为福建省交通建设工程监理有限公司;质监单位福建省交通质监站。

安徽海螺水泥股份有限公司于 2007 年 6 月与宁德市签署《投资协议书》,规划投资 15 亿元,收购国有城澳万吨级多用途码头,拟以万吨级多用途码头为依托,建设产量 400 万吨/年的水泥粉磨站、集料及机制砂项目和 1 座 10 万吨级码头及物流集散基地。

(2)三都澳港区深水航道一期工程

项目于 2013 年 9 月开工,2015 年 4 月试运行,截至 2015 年,项目尚未竣工。

项目建设依据:2012 年 10 月,福建省发展和改革委员会《关于宁德三都澳港区深水航道一期工程可行性研究报告的批复》(闽发改交通〔2012〕1162 号);2012 年 11 月,福建省交通运输厅、福建省发展和改革委员会《关于宁德三都澳港区深水航道一期工程初步设计的批复》(闽交港航〔2012〕74 号);2011 年 11 月,宁德市海洋与渔业局《关于宁德三都澳港区深水航道一期工程海洋环境影响报告书的核准意见》(宁海渔〔2011〕220 号);2012 年 7 月,宁德市环境保护局《关于宁德三都澳港区深水航道一期工程环境影响报告书的批复》(宁市环监〔2012〕53 号);2011 年 10 月,宁德市海洋与渔业局《关于宁德港三都澳港区深水航道一期工程项目用海的预审意见》(宁海渔〔2011〕211 号)。

主航道自三都澳口门至白匏岛西南侧 22.80 千米,利用天然水深,建设满足 30 万吨级油船和 30 万吨级散货船单向通航。其中,口门至青山岛东侧 14.27 千米,不乘潮通航;青山岛东侧至白匏岛西南侧 8.53 千米,适当乘潮通航。城澳作业区进港航道自鸡公山尾角至城澳多用途泊位 8.00 千米,利用天然水深,满足 10 万吨级船舶单向不乘潮通航。漳湾作业区进港航道自白匏岛西南侧经鸡冠水道至漳湾 9 号泊位 15.90 千米,满足 5 万吨级散货船单向乘潮通航;自漳湾 9 号泊位至漳湾作业区 2.96 千米,满足 5000 吨级杂货船单向乘潮通航。白马作业区进港航道自青山岛北侧经白匏岛东北侧至下洋坪南侧 12.34 千米,满足 5 万吨级散货船单向乘潮通航;下洋坪至白马作业区 14 号泊位 3.72 千米,满足 5 万吨级散货船单向乘潮通航;白马作业区 14 号泊位至 8 号泊位 1.63 千米,满足 3 万吨级杂货船单向乘潮通航。

航道建设总里程 67.35 千米,同步建设导助航设施等。项目总投资 4.93 亿万元,其中中央政府投资 1.28 亿元,地方政府投资 5400 万元,银行贷款 1.3 亿元。项目用海 419.82公顷。

建设单位为宁德市港务集团有限公司;设计单位为福建省港航勘察设计研究院;施工单位为中交天津航道局有限公司;监理单位为福建省交通建设工程监理咨询公司;质监单

位为福建省交通建设质量安全监督。

(3)福州港三都澳港区漳湾作业区8号、9号泊位工程

项目于2014年1月开工,2016年3月试运行,2016年9月竣工。

项目建设依据:2012年9月,福建省发展和改革委员会《关于福州港三都澳港区漳湾作业区8号、9号泊位项目核准的批复》(闽交发改网交通〔2012〕64号);2013年12月,福建省交通运输厅、福建省发展和改革委员会《关于福州港三都澳港区漳湾作业区8#、9#泊位工程初步设计的批复》(闽交港航〔2013〕113号);2016年3月,福建省福州港口管理局《关于福州港三都澳港区漳湾作业区8#、9#泊位规模调整工程初步设计的批复》(闽福州港规建〔2016〕25号);2013年6月,福建省环境保护厅《关于福州港三都澳港区漳湾作业区8#、9#泊位工程环境影响报告书的函》(闽环保评〔2013〕48号);2010年11月,宁德市国土资源《宁德港三都澳港区漳湾作业区8#、9#泊位工程建设项目用地预审意见书》(2010-33号);2011年12月,福建省海洋与渔业厅《关于宁德港三都澳港区漳湾作业区8号、9号泊位项目用海的预审意见》(闽海渔函〔2011〕534号);2013年4月,交通运输部《交通运输部关于三都澳港区漳湾作业区8号和9号泊位工程使用港口岸线的批复》(交规划发〔2013〕226号)。

项目建设1个5000吨级通用泊位,1个3万吨级通用泊位。码头设计靠泊能力3万吨级(水工结构容许靠泊能力5万吨级)。岸线总长360米。码头采用顺岸布置,重力式沉箱结构,码头前沿水深13.69米。堆场9.79万平方米,堆存能力74.8万吨散货、11.75吨杂货。主要装卸设备配置3台型号MQ50/40-30/37门座式起重机,水平运输采用牵引车和汽车。项目总投资4.99亿元,均为企业自筹。项目陆域用地23.28万平方米,用海面积23.54公顷。

建设单位为福建宁连港口有限公司;设计单位为福建省港航勘察设计研究院;施工单位为中交第二航务工程局有限公司;监理单位为福州合诚工程咨询管理有限公司(原厦门合诚水运工程监理有限公司);质监单位为福建省交通建设质量安全监督局。

福州港三都澳港区漳湾作业区8号、9号泊位工程是开发三都澳深水岸线的起步工程和宁德发展临港工业的基础工程,是台湾义联镍合金项目的配套工程,项目建成投产后,为镍合金项目原材料的进出提供便利,同时为中铝铜精矿等项目落户宁德提供港口支撑对推动宁德海洋经济发展具有重要作用。

(五)江阴港区

1.港区综述

(1)港区建设和运营概况

江阴港区是福州港九大港区之一,也是福建省"两集两散两液"中集装箱核心港区之

一。随着近年来的发展,江阴港区逐渐发展成为以集装箱运输为主,化工品、煤炭、散杂货为辅,兼顾汽车滚装运输的综合性港区。港区下辖壁头、牛头尾和万安3个作业区。规划岸线54.6千米,规划建设深水泊位60个,规划形成通过能力1.74亿吨,可形成陆域面积2639万平方米。港区依托可成片待开发的岸线资源和土地资源,有较大发展空间。

至2015年,江阴港区已建成码头泊位10个,其中5万吨级以上8个,最大可靠泊15万吨级集装箱船,总吞吐能力2769万吨。港区2011年吞吐量1325.18万吨、75.2万TEU,2012年吞吐量1293.27万吨、77.59万TEU,2013年吞吐量1417.56万吨、80.96万TEU,2014年吞吐量1751.03万吨、100.7万TEU,2015年吞吐量1896.15万吨、110.87万TEU。

(2)港区地理条件和集疏运概况

江阴港区位于福州市江阴半岛的南部,兴化湾深槽尾部北侧。水深条件优越,是少有的深水良港。

港区航道由主航道、壁头支航道、万安作业区支航道、牛头尾作业区支航道等组成。港区外部集疏运通道主要是沈海高速公路(福泉段)、国道324线和省道305线,初步形成了以疏港公路、区内配套主干道为骨架的路网构架。港区内集疏运通道主要是新江公路、渔溪—江阴公路、高山—牛头尾公路、莲峰—东翰公路以及福厦高速铁路江阴支线。

2.港区工程项目

(1)福州港江阴港区1号泊位工程

项目于2000年8月开工,2002年12月试运行,2007年8月竣工。

项目建设依据:1996年9月,福建省计划委员会《关于福州港福清江阴港区3万吨级通用码头工程可行性研究报告的批复》(闽计交〔1996〕117号);2001年9月,福建省发展计划委员会《关于福州港江阴港区3万吨级码头工程可行性研究报告的补充批复》(闽计基础〔2001〕177号);1997年8月,福建省建设委员会、福建省计划发展委员会《关于福州港江阴港区3万吨级通用码头工程初步设计的批复》(闽建设〔1997〕98号、闽计基〔1997〕395号);1996年11月,福建省环境保护局《福州港福清江阴3万吨级通用码头工程环境影响报告书的批复》(闽环保〔1996〕然081号);1999年3月,福州海上安全监督局《关于同意使用福州港江阴港区三万吨级通用码头岸线的批复》(福州海监水〔1999〕13号)。

项目建设1个5万吨级多用途泊位。码头设计靠泊能力5.0万吨。码头岸线总长320米。码头采用顺岸式布置,重力式沉箱结构,码头前沿水深14.0米。堆场面积19.11万平方米,堆存能力:重箱7203TEU,空箱10236TEU。主要装卸设备配置包括50吨岸边集装箱装卸桥2台、40.5吨轮胎式龙门起重机5台、40英尺集装箱牵引车10辆等。项目总投资3.98亿元,资金来源为业主自筹。项目陆域用地面积49.89万平方米,用海面积26.25公顷。

建设单位为福州新港国际集装箱码头有限公司;设计单位为福建省交通规划设计院;

监理单位为上海东华建设监理所；施工单位为中港三航局、福建省工业设备安装有限公司；质监单位福建省交通基本建设工程质量监督站。

（2）福州港江阴港区2号、3号泊位工程

项目于2005年3月开工，2008年5月试运行，2014年5月竣工。

项目建设依据：2004年7月，福建省发展和改革委员会《关于批准福州港江阴港区2号泊位工程可行性研究报告的复函》《关于批准福州港江阴港区3号泊位工程可行性研究报告的复函》（闽发改交能〔2004〕307、308号）；2004年12月，福建省交通厅《关于福州港江阴港区2#泊位工程初步设计的批复》《关于福州港江阴港区3#泊位工程初步设计的批复》（闽交建〔2004〕159号、161号）；2005年9月，福建省交通厅《关于福州港江阴港区2#、3#泊位工程概算调整》（闽交建〔2005〕122号）；2004年8月，福建省环境保护局《关于批复福州港江阴港区2号、3号泊位项目环境影响报告书的函》（闽环保监〔2004〕77号、78号）；2004年9月，福建省国土资源厅《建设项目用地预审意见书》（闽国土资规〔2004〕预031号、032号）；2005年4月，福建省人民政府《关于同意福州港务集团有限公司海域使用申请》（闽政文〔2005〕138号），2005年5月，福建省人民政府《关于同意福州港务集团有限公司海域使用申请》（闽政文〔2005〕191号）；2005年9月，交通部《关于福州港江阴港区二期工程使用港口岸线的批复》（交规划发〔2005〕402号）。

项目建设2个5万吨级泊位。码头设计靠泊能力5.0万吨（码头水工建筑物允许靠泊能力10.0万吨）。码头岸线总长663米，其中2号泊位岸线331米、3号泊位岸线332米。码头采用顺岸式布置，重力式沉箱结构，码头前沿水深16.0米。堆场面积17.53万平方米，堆存能力重箱15678TEU。主要装卸设备配置包括61吨岸边集装箱装卸桥4台、40.5吨轮胎式龙门起重机10台等。项目总投资6.52亿元，其中企业自筹2.8亿元，银行贷款3.72亿元。项目用海面积43.53公顷，陆域用地104.63万平方米。

建设单位为福州新港国际集装箱码头有限公司；设计单位为中交第三航务工程勘察设计院有限公司；施工单位为中交一航局第三工程有限公司、上海振华港口机械（集团）有限公司；监理单位为福建省交通建设工程监理咨询公司；质监单位为福建省交通基本建设工程质量监督检测站。

福州港江阴港区2号、3号泊位试运行期间，共停泊装卸集装箱轮1425艘次，最大靠泊船型为87543载重吨，累计完成集装箱吞吐量61.8万TEU。

（3）国电福州发电有限公司10万吨级煤码头工程

项目于2005年3月开工，2007年3月试运行，2013年7月竣工。

项目建设依据：2006年5月，福建省交通厅《关于国电福州江阴电厂7万吨级煤码头工程可行性研究的审查意见》（闽交港航〔2006〕8号）；2010年12月，福建省交通运输厅《关于国电福州江阴电厂7万吨级煤码头工程初步设计的批复》（闽交建〔2010〕197号）；

2011年12月,福建省发展和改革委员会《关于福州港江阴港区24号泊位扩建工程核准的批复》(闽发改网交通〔2011〕114号);2005年2月,国家环境保护总局《关于国电福州江阴电厂一期工程(2×600兆瓦)环境影响报告书审查意见的复函》(环审〔2005〕148号),2011年11月,福建省环保厅《关于批复福州港江阴港区24号泊位扩建工程环境影响报告书的函》(闽环保评〔2011〕134号);2007年4月,福清市人民政府《关于国电福州发电有限公司厂房及配套用地的批复》(融政土〔2007〕67号);2004年11月,福建省人民政府《关于同意国电福州发电有限公司海域使用申请》(闽政文〔2004〕328号);2004年8月,福州市港口管理局《国电福州江阴电厂配套煤码头工程港口岸线选址意见》(榕港规建〔2004〕74号)。

项目建设1个10万吨级卸煤专用码头。码头设计靠泊能力10万吨级。年设计通过能力682万吨/年,岸线总长320米。码头采用离岸式布置,重力式墩式结构,码头前沿水深15.2米。堆场面积5.04万平方米,堆存能力30.0万吨。主要装卸设备配置包括3台轨距26米、外伸距30米、额定台时效率为1500吨/小时的桥式抓斗卸船机,水平运输采用两路带宽1800毫米、带速$V=4$米/秒的皮带输送机。项目总投资6.38亿元,其中企业自筹30%、银行贷款70%。项目陆域用地面积32.15万平方米,用海面积91.16公顷。

建设单位为国电福州发电有限公司;设计单位为福建省交通规划设计院、杭州华新机电工程有限公司;施工单位为中港第四航务工程局、福建省惠五建设工程有限公司、杭州华新机电工程有限公司;监理单位为厦门港湾咨询监理有限公司;质监单位为福建省交通基本建设工程质量监督站、福建省电力建设工程质量监督中心站。

(4)福州港江阴港区4号、5号泊位工程

项目于2006年5月开工,2009年11月试运行,2016年7月竣工。

项目建设依据:2005年4月,福建省交通厅《关于福州港江阴港区4#、5#泊位工程可行性研究的意见》(闽交计函〔2005〕43号);2007年11月,国家发展和改革委员会《关于福州港江阴港区4号和5号泊位工程项目核准的批复》(发改交运〔2007〕3154号);2008年9月,交通运输部《关于福州港江阴港区4#、5#泊位工程初步设计的批复》(交水发〔2008〕293号);2005年11月,国家环境保护总局《关于福州港江阴港区4#、5#泊位工程环境影响报告书的批复》(环审〔2005〕899号);2006年12月,国土资源部《关于福州港江阴港区4#、5#泊位建设用地预审意见的复函》(国土资预审资〔2006〕329号);2007年7月,国家海洋局《关于福州港江阴港区4#、5#泊位项目用海预审意见的函》(国海管字〔2007〕466号)。

项目建设2个5万吨级集装箱码头。码头设计靠泊能力5万吨级(码头水工建筑允许靠泊能力15万吨级)。项目岸线总长667米,其中4号泊位岸线330米、5号泊位岸线337米。码头采用顺岸式布置,重力式沉箱结构,码头前沿水深15.5米。堆场面积22.58

万平方米,堆存能力 2.36 万 TEU。主要装卸设备配置包括 3 台额定起重量 50～100 吨(大于 50 米)的岸边集装箱起重机,9 台轮距大于 30 米的轮胎式集装箱门式起重机。项目总投资 9.07 亿元,其中企业自筹 35%、银行贷款 65%。项目陆域用地面积 88.1 万平方米,用海面积 120.69 公顷。

建设单位为福州港务集团有限公司。设计单位为福建省交通规划设计院;施工单位为中交一航局第三工程有限公司、福建省港口工程有限公司、上海港机重工有限公司;监理单位为福建陆海建设管理有限公司;质监单位为福建省交通建设质量安全监督局。

根据交通部《关于福州港江阴港区二期工程使用港口岸线的批复》(交规发〔2005〕402 号)、福州港务局《福州市港务局关于明确江阴港区 2#、3#泊位使用港口岸线坐标的函》(榕港规建〔2006〕41 号),明确 2 号、3 号泊位工程使用岸线长度为 663 米,将原 3 号泊位西段长 80 米范围调整给 4 号、5 号泊位,即 4 号、5 号泊位岸线长度和后方陆域宽度由 587 米调增为 667 米;《国家发展改革委关于福州港江阴港区 4#、5#泊位工程项目核准的批复》(发改交运〔2007〕3154 号)同意 4 号、5 号泊位使用码头岸线长度为 667 米。

项目于 2009 年 11 月投入试运行,经营公司积极开辟国际班轮航线和内贸支线,现已开辟美西、西非、欧地、日本、韩国、中东、东南亚等多条国际航线,依托江阴工业集中区、保税物流园区、出口加工区,提供高效的通关服务,集装箱吞吐量不断增长。截至 2015 年底,江阴港区 4 号、5 号泊位已经完成吞吐量 165.6 万 TEU,2014—2017 年 9 月共靠泊 15 万吨级集装箱船舶 167 艘次。所靠泊的 15 万吨级船舶都是运营远洋的干线船舶。

(5)福州港江阴港区 10 号泊位工程

项目于 2010 年 12 月开工,2016 年 2 月试运行,2016 年 12 月竣工。

项目建设依据:2003 年 3 月,福建省交通厅《关于福州港江阴港区建滔液体化工码头工程预可行性研究报告的意见》(闽交函〔2003〕51 号);2006 年 9 月,福建省交通厅《关于福州港江阴港区 10#泊位工程初步设计的批复》(闽交港航〔2006〕33 号);2006 年 12 月,福建省海洋与渔业局《关于福州江阴建滔液体化工码头工程环境影响报告书的核准意见》(闽海渔函〔2006〕785 号);2012 年 10 月,福清市人民政府《关于福州市江阴建滔化工码头有限公司福州港江阴港区 10#泊位仓储项目建设用地的批复》(融政土〔2012〕229 号);2007 年 2 月,福建省人民政府《福州江阴建滔化工码头有限公司海域使用申请》(闽政文〔2007〕80 号);2007 年 8 月,交通部《关于福州港江阴港区 10 号泊位工程使用港口岸线》(交规划发〔2007〕441 号)。

项目建设 1 个 5 万吨级液体化工码头。码头设计靠泊能力 5 万吨级(码头水工建筑允许靠泊能力 10 万吨级)。岸线总长 325 米。码头采用离岸式布置,高桩梁板式结构,码头前沿水深 14.0 米。主要装卸设备配置 4 台 DN300 的液压驱动装卸臂。项目总投资 1.37 亿元,均为业主自筹。项目陆域用地面积 29.51 万平方米,用海面积 52.54 公顷。

建设单位为福州江阴建滔化工码头有限公司;设计单位为福建省交通规划设计院、福建省石油化学工业设计院;施工单位为中海工程建设总局、福建省长乐市二轻安装工程公司、江苏神龙海洋工程有限公司;监理单位为福建中交建设发展有限公司;质监单位为福建省交通质监局。

福州港江阴港区壁头作业区江阴建滔化工码头 10 号泊位试运行以来所完成的吞吐量表明港口经营呈良性态势。据统计,2016 年 2—11 月共吞吐量 36.80 万吨,主要是园区内东南电化盐酸,为园区内的化工企业解决了货品出路不畅的问题。已达到设计吞吐能力的要求。共停泊邮轮、化工品船舶 264 艘次。试运行期间,从吞吐量分析来看,主要是江阴化工园区内化工企业的危险液体化工品产品和原材料,园区内货品盐酸、苯占总量的 64.27%,同时,也已经向毗邻的莆田地区化工品经营、生产企业提供了专业化的码头装卸、仓储库区服务,园区外客户汽油、柴油、烧碱等占总量的 35.73%。统计数据表明,福州港江阴港区 10 号泊位已经具备了危险化工品公共码头应有的功能,既能承担园区内化工企业的产品及液体化工原材料进出要求,也可向福州市及周边地区辐射,提供更加便利的油品、化工品码头装卸及仓储服务。

(6)福州港江阴港区进港航道二期工程

项目于 2011 年 3 月开工,2012 年 11 月试运行,2017 年 8 月竣工。

项目建设依据:2009 年 11 月,福建省发展和改革委员会《关于福州港江阴港区进港航道二期工程可行性研究报告的复函》(闽发改交能〔2009〕1051 号);2009 年 11 月,福建省交通运输厅、福建省发展和改革委员会《福州港江阴港区进港航道二期工程初步设计的批复》(闽交建〔2009〕203 号);2010 年 5 月,福建省环保厅《福州港江阴港区进港航道二期工程环境影响报告书的复函》(闽环保监〔2010〕60 号)。

建设航道 C2～C10 全长 48.6 千米,其中 C2～C6 航段沿用现航道,航段长 34.2 公里;扩建、新建 C6～C10 航段,航段长 14.4 公里。C2～C9 航段同时满足 15 万吨级散货船和 15 万吨级集装箱船乘潮单向通航、5 万吨级集装箱船不乘潮双向通航要求;C9～C10 航段乘潮单向通航 5 万吨级化学品船舶。

江阴港区进港航道疏浚工程量为 590.5 万立方米,横向边坡为 1:5,纵向边坡为 1:7。原江阴航道已设置的导、助航标有灯桩 5 座、灯浮标 15 座。为充分利用已有的设施,确保进出港船舶的航行安全,在 C8～C10 航段新设 φ2.4 米灯浮标 3 座(13 号、14 号、15 号)。13 号、14 号布设在航宽渐变处,用以标示航道边线,15 号布设在航道末端。江阴港区现锚地不能满足 15 万吨级散货船锚泊要求。由于危险品船舶不能与其他船舶共用锚地,需新辟 1 处 5 万吨级危险品船舶专用锚地。新辟小月屿 15 万吨级散货船锚地和新辟 5 万吨级危险品船锚地。

建设单位为福州市港口管理局江阴航道二期工程建设指挥部;设计单位为福建省港

航勘察设计研究院;施工单位为中交天津航道局有限公司;监理单位为福建陆海建设监理所;质监单位为福建省交通质监局。

施工过程中疏浚三区复核钻探揭示疏浚区底质与原钻探资料严重不符,参建单位根据实际情况进行疏浚区底质设计变更。2017年3月,福建省发展和改革委员会批复建设规模中的C9~C10航道由原来的单向乘潮通航5万吨级化学品船舶提升为全潮单向通航5万吨级化学品船舶。

项目建成交付使用后,江阴进港航道通航条件得到较大改善,保证船舶进出港航行安全,为港口发展提供保障,取得较好的经济效益、社会效益。

(7)福州港江阴港区11号泊位工程

项目于2012年8月开工,2017年4月试运行,2017年11月竣工。

项目建设依据:2011年5月,福建省交通运输厅《关于福州港江阴港区11号泊位工程可行性研究报告的意见》(闽交港航〔2011〕11号);2013年9月,福建省交通运输厅、福建省发展和改革委员会《关于福州港江阴港区11号泊位工程初步设计的批复》(闽交港航〔2013〕62号);2011年9月,福建省环境保护厅《关于福州港江阴港区11#泊位工程环境影响报告书的函》(闽环保评〔2011〕119号);2016年11月,福清市人民政府《关于福建闽海能源有限公司福州港江阴港区11#泊位工程建设用地使用权》(融政土〔2016〕158号);2011年6月,福建省海洋与渔业厅《关于福州港江阴港区11#泊位工程及仓储工程项目海域使用论证报告书的审查意见》(闽海渔函〔2011〕260号);2012年8月,交通运输部《关于福州港江阴港区11#泊位工程使用港口岸线》(交规划发〔2012〕392号)。

项目建设1个5万吨级液体化工码头。码头设计靠泊能力5万吨级(码头水工建筑允许靠泊能力10万吨级)。岸线总长325米。码头采用离岸式布置,高桩梁板式结构,码头前沿水深14.0米。主要装卸设备配置包括6台装卸臂、2台软管起重机。项目总投资3.12亿元,工程建设资金全部由业主自筹解决。项目陆域用地面积17.23万平方米,用海面积18.53公顷。

建设单位为福建闽海能源有限公司;设计单位为中交第三航务勘察设计有限公司;施工单位为中海工程建设总局、中交一航局第一工程有限公司、江苏神龙海洋工程有限公司等;监理单位为福建陆海建设管理有限公司、福建省实华建设监理有限责任公司;质监单位为福建省交通质监局。

(8)福州港江阴港区12号泊位工程

项目于2012年9月开工,2017年3月试运行。

项目建设依据:2012年3月,福建省交通运输厅《关于福州港江阴港区12号泊位工程可行性研究的意见》(闽交港航〔2012〕13号);2012年10月,福建省发展和改革委员会《关于福州港江阴港区12号泊位工程项目核准的复函》(闽发改网交通〔2012〕86号);

2013年9月,福建省交通厅、福建省发展和改革委员会《关于福州港江阴港区12号泊位工程初步设计的批复》(闽交港航〔2013〕61号);2012年9月,福建省环境保护厅《关于福州港江阴港区12#泊位工程环境影响报告书的函》(闽环保评〔2012〕83号);2012年11月,福建省人民政府《关于同意福州中江化工码头有限公司海域使用申请》(闽政文〔2012〕453号);2013年3月,交通运输部《关于福州港江阴港区12号泊位工程使用港口岸线的批复》(交规划发〔2013〕164号)。

项目建设1个5万吨级液体化工码头。码头设计靠泊能力5万吨级(码头水工建筑允许靠泊能力10万吨级)。岸线总长315米。码头采用离岸式布置,高桩梁板式结构。码头前沿水深14.7米。主要装卸设备为8台输油臂。项目总投资4.96亿元,其中企业自筹1.55亿元,银行贷款3.41亿元。项目陆域用地面积27.25万平方米,用海面积34.34公顷。

建设单位为福州中江化工码头有限公司。设计单位为福建省石油化学工业设计院、福建省交通规划设计院;施工单位为中海工程建设总局、福建省港口工程有限公司;监理单位为福建省陆海建设管理有限公司、厦门合诚水运工程监理有限公司;质监单位为福建省交通建设质量安全监督局。

(六)平潭港区

1. 港区综述

(1)港区建设和运营概况

平潭港区主要服务平潭综合实验区开发开放,以对台客货滚装、散杂货运输为主,兼顾发展邮轮等旅游客运。部分岸段建港条件较好,具有良好的发展前景。平潭港区下辖金井、澳前、流水和草屿4个作业区。近期规划(不含流水、草屿作业区)岸线6.8千米,可建设深水泊位12个,规划形成通过能力1500万吨,可形成陆域面积270万平方米。

平潭港区已建成码头泊位11个,主要泊位是金井作业区近两年新建成的2号、3号泊位,以及澳前作业区的对台客滚泊位,其他均为小泊位,港区总吞吐能力246万吨。2012—2015年港区吞吐量分别为64.34万吨、109.0万吨、75.28万吨、32.78万吨。

(2)港区地理条件和集疏运概况

平潭港区位于海坛岛西岸,规划平潭港区下辖金井、澳前、流水和草屿4个作业区。近期规划不含流水、草屿作业区。海坛岛周边海域海水含沙量较低,泥沙来源少,金井作业区和流水作业区海域岸滩槽基本稳定。海坛岛西侧海域及陆域部分覆盖层分布厚约36.9~48.7米,土层为淤泥、淤泥质土、黏土、细砂夹淤泥、(细~粗)砂层,风化基岩面高程为 -39.26 ~ -56.73米。

港区航道主要由金井航道和澳前航道。港区以吉钓路作为疏港公路,承担着港区交通运输中转物流的重要任务,具备一线口岸、二线卡口的功能作用。在铁路通道方面,建设中的福平高速铁路与平潭岛相连,为客货共线铁路。

2．港区工程项目

(1)福州港平潭港区澳前作业区海峡客滚码头工程

项目于 2010 年 12 月开工,2011 年 11 月试运行,2016 年 7 月竣工。

项目建设依据:2011 年 9 月,福建省发展和改革委员会《关于福州港平潭港区澳前作业区海峡客滚码头工程可行性研究报告的批复》(闽发改交通〔2011〕1150 号);2011 年 11 月,平潭综合实验区经济发展局《关于福州港平潭港区澳前作业区海峡客滚码头初步设计的批复》(岚综实经发〔2011〕235 号);2015 年 11 月,平潭综合实验区环境与国土资源局《关于福州港平潭港区澳前作业区海峡客滚码头竣工环境保护验收的批复》(岚环土(环)验〔2015〕16 号);福建省环境保护厅《对福州港平潭港区澳前作业区海峡客滚码头工程环评批复》(闽环保评〔2011〕110 号);2011 年 10 月,福建省人民政府《关于同意平潭综合实验区交通投资发展有限公司海域使用申请的批复》(闽政文〔2011〕334 号);2011 年 10 月,福建省人民政府《关于同意平潭综合实验区交通投资发展有限公司海域使用申请》(闽政文〔2011〕334 号);2015 年 6 月,交通运输部《福州港平潭港区澳前作业区海峡客滚码头工程使用港口岸线的批复》(交规划函〔2011〕789 号)。

项目建设 1 个 1 万总吨(实船)高速客滚泊位。总设计通过旅客 36 万人次,标准车辆 10 万辆次,岸线总长 213 米。码头采用突堤式布置,重力式沉箱结构,码头前沿水深 8.0 米。主要装卸设备配置船用客车梯,车辆滚装设汽车钢引桥。项目总投资 2.07 亿元,全部由项目业主自筹。项目陆域用地面积 9.3 万平方米,用海面积 28.52 公顷。

建设单位为平潭综合实验区交通投资集团有限公司;设计单位为中交第四航务工程勘察设计院有限公司;施工单位为中交第三航务工程局有限公司;监理单位为福建省陆海建设管理有限公司;质监单位为福建省交通建设质量安全监督局。

2011 年开航至 2017 年底,总计运送旅客 43.26 万人次,其中"海峡"轮运送旅客 27.11 万人次,"丽娜"轮运送旅客 16.16 万人次;完成货物吞吐量约 3.09 万吨,集装箱箱量达 9125TEU,开启了海峡两岸超级轮渡新时代;2015 年对台海运快件业务正式投入运营,台湾货车可通过客滚船舶直接行驶平潭地区,小轿车入闽自驾游,摩托车入闽自驾游,"台平欧"海铁联运开通,平潭作为两岸海上新通道逐渐发挥效应,促进了福建省双向的开放型经济发展。

(2)福州港平潭港区金井作业区 2 号泊位工程

项目于 2011 年 5 月开工,2014 年 12 月试运行,截至 2015 年,项目尚未竣工。

项目建设依据:2011 年 10 月,福建省发展和改革委员会《关于平潭 2 万吨级对台滚装码头工程(金井作业区 2#泊位)可行性研究报告的批复》(闽发改交通〔2011〕1318 号);2013 年 11 月,平潭综合实验区经济发展局《关于平潭 2 万吨级对台滚装码头工程(金井作业区 2#泊位)初步设计及概算的批复》(岚综实经发发改〔2013〕125 号);2014 年 2 月,平潭综合实验区经济发展局《关于平潭 2 万吨级对台滚装码头工程(金井作业区 2#)初步设计变更的批复》(岚综实经发发改〔2014〕16 号);2010 年 12 月,福建省环境保护厅《关于福州港平潭港区金井作业区 1#~3#泊位工程环境影响报告书的函》(闽环保监〔2010〕155 号);2011 年 5 月,福建国土资源厅《福建国土资源厅建设用地预审意见书》(闽国土资〔2011〕预 029)。

项目建设 1 个 2 万总吨客货滚装码头。码头设计靠泊能力 2 万吨级(码头水工建筑允许靠泊能力 2 万吨级)。岸线总长 276 米。码头采用连片式布置,重力式沉箱结构,码头前沿水深 11.4 米。主要装卸设备配置包括 2 台 25 吨－37 米多用途门座式重机,集装箱牵引车、班挂车、牵引车、平板车、叉车、正面吊运机、轮胎式起重机及其他相应设备。项目总投资 3.61 亿元,全部由项目业主自筹。

建设单位为平潭综合实验区交通投资发展有限公司;设计单位为福建省交通规划设计院;施工单位为中交第三航务工程局;监理单位为福建省交通建设工程监理咨询公司;质监单位为福建省交通质监局。

金井作业区自开港以来,生产工作逐步发展,吞吐量达到 91.18 万吨。开通的航线日益增多,更有新增"台北快轮"每周三个航班往返,极大地推动了两岸货物贸易的开放与便捷,深化海峡两岸商贸业务合作。助推平潭在"一带一路"倡议中发挥更大的作用。

(3)福州港平潭港区进港航道(金井航道)工程

项目于 2012 年 11 月开工,2015 年 6 月试运行,截至 2015 年底,项目尚未竣工。

项目建设依据:2011 年 11 月,福建省发展和改革委员会《福州港平潭港区进港航道工程可行性研究报告的批复》(闽发改交通〔2011〕1441 号);2011 年 11 月,福建省交通运输厅、福建省发展和改革委员会《福州港平潭港区进港航道工程初步设计的批复》(闽交建〔2011〕123 号);2011 年 11 月,福建省环境保护厅《平潭港区进港航道工程环境影响报告书的函》(闽环保评〔2011〕138 号)。

建设航道 11.06 千米,基本满足 5 万吨级集装箱船舶和 15 万总吨国际邮轮全潮单向通航要求设计,同时兼顾 10 万吨级集装箱乘潮单向通航要求。有效宽度 300 米,设计底高程－15.4 米(理论最低潮),边坡 1:8,转弯半径不小于 3150 米。

航道疏浚超宽 3.0 米,超深 0.4 米,航道疏浚工程量 367.9 万立方米。草屿 10 万吨级锚地半径 580 米,石牌 2 万吨级锚地半径 460 米,白姜 1 万吨级滚装船锚地半径 412 米。项目总投资 1.34 亿元,企业自筹。

建设单位为平潭综合实验区交通投资集团有限公司。设计单位为福建省交通规划设计院;施工单位为中国水电建设集团港航建设有限公司;监理单位为福建陆海建设监理;质监单位为福建省交通建设质量安全监督局。

(七)闽江口内港区

1.港区综述

(1)港区建设和运营概况

闽江口内港区下辖台江、马尾、青州、筹东、洋屿、松门、象屿、长安、小长门9个作业区。主要以能源物资、矿建、滚装、沿海内贸集装箱及内支线运输为主,兼顾对台客滚运输。规划岸线8.35千米,规划建设泊位64个,其中深水泊位27个,规划形成通过能力0.32亿吨,可形成陆域面积359万平方米。

截至2015年底,共有生产性泊位78个,其中万吨级以上码头泊位24个、专用危货码头13个(马尾3个、长乐7个、连江3个)、从事危险货物作业的非专用码头2个、客运码头2个(青州两马航线对台码头、黄岐—马祖对台码头)。2011—2015年港区吞吐量分别为3197.25万吨、3326.93万吨、4389.49万吨、4869.3万吨、4429.41万吨。

(2)港区地理条件和集疏运概况

闽江口内港区位于闽江下游感潮河段,闽江为山区性河流,流量大、含沙量小、径流作用强,流域来水来沙具有季节性。闽江下游段纵比降陡然变小,河床处于以淤为主的总趋势,泥沙以底沙运动为主,悬移质泥沙主要是过境运移。闽江两岸大部分由花岗岩、火山熔岩构成的低山丘陵约束,两侧边界控制性较好,宏观河势稳定。江口区段为第四纪槽地,福州平原和闽江河口段第四系海相和海陆交互相沉积发育,总厚约50~60米。沿岸岸滩区第四系松散沉积主要为砂、淤泥、淤泥质黏土,下伏基岩面起伏较大。

港区航道为闽江通海海船航道,自闽江解放大桥至闽江口外七星礁附近海域,全长63.9千米。港区集疏运以104国道福马段、福州江滨大道和福马铁路为主。

2.港区工程项目

(1)马尾1号、2号泊位

项目1970年9月开工,1973年底试运行,1974年1月竣工。

项目建设依据:项目建设2个1万吨级通用散货码头。码头设计靠泊能力1万吨级(码头水工建筑允许靠泊能力2万吨级)。岸线总长196米。码头采用顺岸布置,高桩式结构,码头前沿水深9.0米。堆场10.1万平方米。主要装卸设备配置门座式重机4台。项目陆域用地10.27万平方米。

(2)松门港1号、2号泊位

项目于1987年10月开工,1990年5月试运行,1990年12月竣工。

项目建设依据:1985年,国家计划委员会《关于福州港马尾打石坑煤炭专用码头设计任务书的批复》(计交(1985)(1101)号);1986年,福建省建设委员会《关于福州港马尾打石坑煤炭专用码头初步设计的批复》(闽建设(1986)100 号)。

项目建设 1 个 1.5 万吨级通用散货码头,1 个 2 万吨级通用散货码头。码头设计靠泊能力 2 万吨级。岸线总长 333 米。高桩式结构,码头前沿水深 10.5 米。堆场面积 33440 平方米。主要装卸设备配置包括门座式重机 3 台。

建设单位为福建省港航管理局;设计单位为交通部第三航务工程勘察设计院;施工单位为交通部第三航务工程局。

(3)青州 3 号泊位

项目于 1988 年 11 月开工,1992 年 12 月试运行,1993 年 9 月竣工。

项目建设依据:1986 年,交通部《关于福州港新港区集装箱泊位、粮杂泊位计划任务书的批复》(交计〔87〕第 504 号);1988 年 5 月,福建省建设委员会《关于福州新港区集装箱泊位、粮杂泊位初步设计的批复》(闽建设〔88〕041 号);2003 年,福州市港务局批复福州市港口岸线许可证(榕港岸线〔2003〕027 号)。

项目建设 1 个 1 万吨级集装箱码头。码头设计靠泊能力 1 万吨级(码头水工建筑允许靠泊能力 3.5 万吨级)。岸线总长 190 米。码头采用顺岸布置,高桩式结构,码头前沿水深 10.3 米。堆场面积 9690 平方米。主要装卸设备配置门座式重机 2 台。项目总投资 1.74 亿元,其中中央经营性资金 5160 万元、福建省交通建设基金 1.02 亿元、福建省能交基金 300 万元。

建设单位为福建省港航管理局。设计单位为交通部第三航务工程勘探设计院;施工单位为交通部第三航务工程局、福建省港口工程公司、福建省建筑工程总公司等;监理单位为上海东华港湾工程建设监理所;质监单位为福建省交通基本建设工程质量监督检测站、福州经济技术开发区建设工程质量监督站。

(4)青州 5 号泊位

项目于 1988 年 11 月开工,1992 年 12 月试运行,1993 年 9 月竣工。

项目建设依据:1986 年,交通部《关于福州港新港区集装箱泊位、粮杂泊位计划任务书的批复》(交计〔87〕第 504 号);1988 年 5 月,福建省建设委员会《关于福州新港区集装箱泊位、粮杂泊位初步设计的批复》(闽建设〔88〕041 号);2003 年,福州市港务局批复《福州市港口岸线许可证》(榕港岸线〔2003〕027 号)。

项目建设 1 个 1 万吨级集装箱码头。码头设计靠泊能力 1 万吨级(码头水工建筑允许靠泊能力 2 万吨级)。岸线总长 170 米。高桩式结构,码头前沿水深 9.6 米。主要装卸设备配置门座式重机 2 台。项目总投资 4602.88 万元。

建设单位为福建省港航管理局。设计单位为交通部第三航务工程勘探设计院;施工单位为交通部第三航务工程局、福建省港口工程公司、福建省建筑工程总公司;监理单位为上海东华港湾工程建设监理所;质监单位为福建省交通基本建设工程质量监督检测站、福州经济技术开发区建设工程质量监督站。

(5)青州4号泊位

项目于1992年6月开工,1996年1月试运行,1997年9月竣工。

项目建设依据:1990年,福建省计划委员会《关于福州港新港区二期工程计划任务书》(闽计交〔1990〕128);1991年,福建省建设委员会《关于福州港新港区二期工程初步设计的批复》(闽计交〔1991〕115号);2003年,福州市港务局批复《福州市港口岸线许可证》(榕港岸线〔2003〕027号)。

项目建设1个1万吨级集装箱码头。码头设计靠泊能力1万吨级(码头水工建筑允许靠泊能力3.5万吨级)。岸线总长180米。码头采用顺岸式布置,高桩式结构,码头前沿水深10.5米。主要装卸设备配置门座式重机1台。项目总投资1.67亿元。

建设单位为福州港建港指挥部;设计单位为交通部第三航务工程勘探设计院;施工单位为交通部第三航务工程局、福建省港口工程公司、福建省建筑工程总公司等;监理单位为上海东华港湾工程建设监理所;质监单位为福建省交通基本建设工程质量监督检测站、福州经济技术开发区建设工程质量监督站。

(6)马江油库扩建工程万吨级油码头

项目于1992年12月开工,1995年1月试运行,1995年11月竣工。

项目建设依据:1987年6月,中石化总公司《关于闽沪石油化工联合公司(马江油库扩建工程可行性研究报告)》(中石化〔87〕计财字83号);1992年7月,福建省计划委员会《关于中外合资马江油库扩建工程项目的批复》(闽计外〔1992〕0177号);1990年6月,福建省建设委员会《关于福建省马江石油库扩建工程初步设计的批复》(闽建设〔90〕061号);1991年10月,福建省建设委员会《关于马江红山万吨级油码头工程初步设计补充方案》(闽建设〔91〕118号);2003年,福州市港务局批复《福州市港口岸线使用许可证》(榕港岸线〔2003〕042号)。

项目建设1个2万吨级原油码头。码头设计靠泊能力2万吨级。岸线总长225米。沉箱重力墩式结构,码头前沿水深11.5米。项目总投资4100万元,均为企业自筹。项目陆域用地面积8325平方米。

建设单位为福建省石油总公司马江油库扩建工程指挥部;设计单位为福建省交通规划设计院;施工单位为交通部第一航务工程局第一工程公司;质监单位为福建省交通基本建设工程质量监督监测站。

项目的建成,有利于外地油船靠泊接卸,成品油配送辐射整个福州地区,带动区域经济发展。

(7)福州长乐机场专用油码头工程

项目于1996年4月开工,1997年5月试运行,1997年7月竣工。

项目建设依据:1993年9月9日,福建省计划委员会《关于福州长乐国际机场专用油码头工程可行性研究报告的批复》(闽计交[1993]076号);1993年12月,福建省建设委员会《福州长乐国际机场专用油码头工程初步设计的批复》(闽建设[1993]104号);2011年12月,福建省发展和改革委员会《关于福州港江阴港区24号泊位扩建工程核准》(闽发改网交通[2011]114号);1993年8月,福州市环境研究所编制福州长乐国际机场专用油码头及中转油库建设项目《环境影响报告书》(环境证乙字第01号);1997年,长乐市建委批复福州长乐国际机场供油工程专用油码头《建筑用地规划许可证》(97299);1994年2月,福州港务管理局《关于同意调整使用高安岸线建长乐机场油码头的批复》(榕港岸线[1994]2号)。

项目建设1个1万吨级液体油码头。码头设计靠泊能力1万吨级。岸线总长210米。码头采用引桥式布置,高桩式结构,码头前沿水深10.0米。主要装卸设备配置DN200输油臂、阀门及配套的输油管线。项目总投资1392万元,均由企业自筹。

建设单位为中国航油集团福建石油有限公司;设计单位为福建省交通规划设计院;施工单位为交通部第三航务工程局第五公司;监理单位为武汉华通工程监理;质监单位为福建省交通基本建设工程质量监督检查站。

(8)吉安油码头

项目于1996年7月开工,1998年4月试运行,1998年6月竣工。

项目建设依据:1996年7月,福建省交通厅《关于福州港福建吉安燃油储运有限公司万吨级油码头可行性研究报告的批复》(闽交计[1996]120号);1996年11月,福建省交通厅《关于福州港万吨级油码头初步设计的批复》(闽交计[1996]241号);1997年8月,长乐市土地管理局《建设用地批准书》(航字[1997]第1362号);1996年8月,福州港务局《关于同意吉安公司使用岸线建油码头的批复》(榕港岸线[1996]4号)。

项目建设1个1万吨级液体化工码头。码头设计靠泊能力1万吨级(码头水工建筑允许靠泊能力1.25万吨级)。岸线总长210米。码头采用离岸式布置,高桩式结构,码头前沿水深11.0米。主要装卸设备配置输油臂、输送管道。项目总投资1813万元,全部为企业自筹。项目陆域用地面积559.76平方米。

建设单位为福建吉安燃油码头有限公司。设计单位为青岛港湾工程勘察设计院;施工单位为交通部第一航务工程局第二工程公司南方分公司;监理单位为福州港建水运监理所。

(9)青州6号泊位

项目于2000年2月18开工,2001年12月试运行。

项目建设依据:1998年12月,福建省计划委员会《关于福州新区6#平战结合滚装码头工程项目建议书的批复》(闽交计[1998]128号);福建省交通厅《关于福州新区6#平战结合滚装码头工程初步设计的批复》(闽交基[1999]242号);2000年2月,福州市港务局

《关于建设 6#滚装码头使用岸线的批复》(榕港综〔2000〕2 号)。

项目建设 1 个 1 万吨级集装箱码头。码头设计靠泊能力 2 万吨级。岸线总长 200 米。高桩式结构,码头前沿水深 11.5 米。主要装卸设备配置桥吊 1 座。项目陆域用地面积 5447 平方米。

建设单位为福州港马尾港务公司。设计单位为交通部三航院;施工单位为交通部三航局;监理单位为福州港水运工程监理所。

(10)福州台泥洋屿码头工程

项目于 2003 年 7 月开工,2005 年 2 月试运行,2005 年 12 月竣工。

项目建设依据:2002 年 8 月,福建省发展计划委员会《关于福州台泥洋屿码头有限公司专用码头工程可行性研究报告的批复》(闽计基础〔2002〕115 号);2002 年 12 月,福建省发展计划委员会《关于福州台泥洋屿码头有限公司专用码头工程初步设计的批复》(闽计基础〔2002〕191 号);2002 年 7 月,福州市环境保护局《关于福州台泥洋屿码头有限公司 2.5 万吨专用码头项目环境影响报告书的批复》(榕环保〔2002〕109 号);2002 年 4 月,长乐市人民政府《出让国有土地使用权提供给福州台泥洋屿码头有限公司建设 2 万吨级专用码头》(长政地〔2003〕51 号);2002 年 12 月,福州市港务局《关于同意福州台泥洋屿码头有限公司使用港口岸线的复函》(榕港规建〔2002〕81 号)。

项目建设 1 个 2 万吨级水泥专用码头。码头设计靠泊能力 2 万吨级(码头水工建筑允许靠泊能力 2.5 万吨级)。岸线总长 220 米。码头采用离岸式布置,高桩梁板式结构,码头前沿水深 11.3 米。主要装卸设备配置 1 台效率 1200 吨/小时的桥式抓斗卸船船。项目总投资 7414.45 亿元,均由企业自筹。项目陆域用地面积 9152 平方米。

建设单位为福州台泥洋屿码头公司。设计单位为福建省交通规划设计院;施工单位为中国港湾建设(集团)总公司;监理单位为福州港建水运工程监理所;质监单位为福建省交通工程质量监督站。

项目试运行至 2012 年 4 月,各项设施完全达到当初设计要求,能为水泥工程的持续发展提供有力的装卸保障,为两岸经济发展贡献力量。

(11)福建鑫通码头 3 号、4 号泊位码头工程

项目于 2005 年 12 月开工,2007 年 5 月试运行,2007 年 10 月竣工。

项目建设依据:2005 年 3 月,福建省发展和改革委员会《关于福州港洋屿作业区 3#泊位项目核准的批复》(闽发改交能〔2005〕185 号);2005 年 6 月,福建省发展和改革委员会《关于福州港洋屿作业区 4#泊位项目核准的批复》(闽发改交能〔2005〕594 号);2005 年 8 月,福建省交通厅《关于福州港洋屿作业区 3#泊位工程初步设计的批复》(闽交建〔2005〕96 号);2006 年 3 月,福建省交通厅《关于福州港洋屿作业区 4#泊位(鑫通码头)工程初步设计的批复》(闽交建〔2006〕21 号);2004 年 7 月,福建省环境保护局《关于福州港洋屿作

业区3#泊位项目环境影响报告书的批复》(闽环保监〔2004〕66号)、《关于福州港洋屿作业区4#泊位项目环境影响报告书的批复》(闽环保监〔2004〕67号);2005年7月,长乐市人民政府《关于出让国有土地使用权提供给福建鑫通码头有限公司建设福州港洋屿作业区3#、4#泊位及堆场、办公生活配套的批复》(长政地〔2005〕115号);2005年6月,交通部《关于福州港洋屿作业区3#通用泊位使用港口岸线的批复》(交规划发〔2005〕284号),2005年9月,交通部《关于福州港洋屿作业区4#泊位工程使用港口岸线的批复》(交规划发〔2005〕418号)。

项目建设2个2万吨级多用途码头。码头设计靠泊能力2万吨级。岸线总长392米。码头采用引桥式布置,高桩梁板式结构,码头前沿水深11.5米。堆场14.48万平方米,堆存能力120.0万吨、4.0万TEU。主要装卸设备配置包括3台门座式起重机(其中1台16吨/25吨、2台25吨/40吨)、2台ZP40/80集装箱桥式起重机,集装箱堆场配置3台RC41/46轮胎式集装箱起重机。项目总投资2.82亿元,均由企业自筹。项目陆域用地面积298138平方米。

建设单位为福建鑫通码头有限公司。设计单位为中交第三航务工程勘察设计院、北京蓝图工程设计有限公司;施工单位为上海三航奔腾建设工程有限公司、中交一航局第三工程有限公司、福建省九建建筑工程有限公司等;监理单位为福建陆海建设工程监理所;质监单位为福建省交通质监站。

福州港洋屿作业区鑫通码头试运行以来所完成的吞吐量实绩表明港口生产经营呈良性态势。据统计,2007年10月25日—2010年12月31日共完成吞吐量594.2万吨,其中外贸3.7万吨,主要是废钢铁和PTA,集装箱666TEU(内贸)。已达到设计吞吐量的要求。三年多来共停泊各类货轮1178艘次,其中外轮20艘次。

(12)福州港青州作业区8号泊位码头工程

项目于2007年1月开工,2008年5月试运行,2008年6月竣工。

项目建设依据:2006年3月,福建省交通厅《关于福州马尾新港区8#泊位工程可行性研究报告的批复》(闽交港航〔2006〕31号);2006年12月,福建省交通厅《关于福州港青州作业区8#泊位初步设计的批复》(闽交港航〔2006〕70号);2006年6月,福建省环境保护局《关于福州马尾新港区8#泊位工程环境影响报告书的函》(闽环保监〔2006〕60号);2006年12月,福州市人民政府《关于福州中盈港务有限公司建设港口码头用地》(榕政地〔2006〕373号);2007年2月,交通部《关于福州港青州作业区8号泊位工程使用港口岸线的批复》(交规划发〔2007〕75号)。

项目建设1个2万吨级多用途码头。码头设计靠泊能力2万吨级(码头水工建筑允许靠泊能力3万吨级)。岸线总长280米。码头采用T形布置,高桩梁板式结构,码头前沿水深11米。堆场面积4万平方米,堆存能力集装箱5万标件,件杂货40万吨。主要装卸设备配置包括岸边集装箱起重机2台、集装箱正面吊运机2台、集装箱空箱堆高机2台、拆装箱叉车6台、港口装卸设备配件、轨道式集装箱龙门起重机4台、集装箱牵引车10台、集装箱底盘车12台、地磅4台、门式起重机1台以及港口装卸设备配件。项目总投资2.00亿元,其中由明辉集团有限公司投入项目资本金人民币5874万元,由中辉控股投资有限公司投入项目资本金人民币4806万元,合计1.07亿元。项目陆域用地面积42700平方米。

建设单位为福州中盈港务有限公司;设计单位为中交第三航务工程勘察设计院;施工单位为中交第三航务工程局;监理单位为福建省交通建设工程监理咨询公司;质监单位为福建省交通质监站。

(13)华能福州电厂三期煤码头改扩建工程

项目于2009年4月开工,2010年3月试运行,2011年2月竣工。

项目建设依据:2008年3月,福建省交通厅《关于华能福州电厂三期煤码头改扩建工程可行性研究的批复》(闽交港航〔2008〕11号);2009年10月,福建省交通运输厅、福建省发展和改革委员会《关于福州港闽江口内港区华能福州电厂1号、2号泊位改扩建工程初步设计》(闽交港航〔2009〕32号);2007年7月,国家环境保护总局《关于华能福州电厂三期扩建工程环境影响评价报告书的批复》(环审〔2007〕300号)。

项目建设1个2万吨级卸煤码头。码头设计靠泊能力3.5万吨级。岸线总长382.57米。码头采用引桥式布置,高桩梁板式结构,码头前沿水深10.2米。堆场3.4万平方米,堆存能力45.0万吨。主要装卸设备配置包括1台额定生产率小于500吨/小时的带斗门座式重机,4台额定生产率1500~3000吨/小时的带斗门座式重机。项目总投资2.99亿元,均由企业自筹。

建设单位为华能国际电力股份有限公司福州电厂;设计单位为中交第三航务工程勘察设计院有限公司;施工单位为中国水产广州建港工程公司;监理单位为福建陆海建设监理所;质监单位为福建省交通建设质量安全监督局。

项目一期码头原设计的靠泊能力只有2万吨,已经不能满足煤运市场主流输煤船型的要求。因此只有扩容改造,提高码头设计靠泊能力,才能适应大型输煤船靠泊。投产后运营良好。

(14)闽江南港航道整治工程

项目于2010年4月开工,2010年9月试运行,截至2015年,项目尚未竣工。

项目建设依据:2009年10月,福建省发展和改革委员会《闽江南港航道整治工程可行性研究报告的批复》(闽发改交能〔2009〕968号);2009年10月,福建省交通运输厅《闽江南港航道整治工程初步设计的批复》(闽交港航〔2009〕33号);2012年2月,福建市环境保护局《闽江南港航道整治工程环境影响报告书的审批意见》(榕环保综〔2012〕25号)。

闽江南港航道从闽江干流淮安分流口经南港至马尾长约35千米,按内河Ⅳ级航道标准建设,双线航道宽度为50米,单线航道宽度为30米,航道水深1.9米,弯曲半径大于330米。通航船舶尺度为500吨级货船(长×宽×设计吃水:67.5米×10.8米×1.6米)。工程包括疏浚工程、护岸丁坝工程、航标工程、筑坝工程、水尺工程。本期交工主要工程内容:疏浚工程,总工程量为374.4万方(包括超深、超宽、施工期回淤);护岸丁坝工程,总工程量为2.83万立方米;航标工程,总数计22座,其中浮标工程15座、岸标工程7座。

建设单位为福州市港口管理局闽江南港航道整治工程建设指挥部;设计单位为福建省港航勘察设计研究院;施工单位为中交第二航务工程局有限公司;监理单位为福建陆海建设监理所;质监单位为福建省交通质监局。

工程建成交付使用后,闽江南港航道通航条件得到较大改善,为闽江航运发展提供保障,取得较好的经济效益、社会效益。

(八)松下港区

1.港区综述

(1)港区建设和运营概况

松下港区主要服务福清元洪投资区和长乐滨海工业集中区临港工业发展,以粮食、杂货等清洁货类运输为主,兼顾部分干散货运输。随着港区元成豆业、康宏股份、集佳油脂等粮油加工企业的发展及牛头湾、元洪作业区多个深水泊位的建成,松下港区正致力发展成为我国东南沿海"北粮南运"的重要节点和福建省粮食物流体系的龙头。松下港区下辖元洪、山前和牛头湾3个作业区。松下港区规划岸线11.4千米,规划建设泊位32个,其中深水泊位31个,规划形成通过能力6500万吨。元洪作业区主要为元洪投资区和长乐工业区物资进出口服务;山前作业区主要为长乐工业区临港工业发展服务;牛头湾作业区主要为后方粮食物流园区及轻污染的临港产业发展服务。

松下港区现有生产泊位6个,其中5万吨级以上4个,总吞吐能力815万吨。2011—2015年港区吞吐量分别为616.7万吨、831.18万吨、1043.41万吨、1470.97万吨、1398.2万吨。

(2)港区地理条件和集疏运概况

福州港松下港区位于福清湾北岸,后方紧邻元洪投资区,处于长乐市和福清市交界处,是天然的深水良港。福清湾沿岸以浪蚀陡崖和沙滩为主。福清湾属潮汐汊道型海湾,泥沙主要来源于海岸侵蚀、陆地坡面侵蚀及海区潮流、波浪对海底的掏蚀。本海区的泥沙运动受控于地形、地貌及水动力条件,潮流和波浪起主导作用。本海区净输沙总趋势自东向西,元洪码头及内航道处在湾口束水段,潮流较急,涨潮流速大于落潮流速,实测涨潮流比落潮流输沙量大,该区基本不淤;潮流流过元洪码头后,水域逐渐变宽,流速降低,挟沙能力变弱而使泥沙淤积于湾内潮坪浅滩;但外航道涨落潮的流速及输沙量相近,故此海域能够保持泥沙运动的基本平衡。

港区航道包括福清湾航道、元洪作业区航道、牛头湾作业区航道。港区集疏运以福北一级公路为主要疏港道路,港区道路与元洪投资区路网相连。

2.港区工程项目

(1)元洪码头4号泊位

项目于1993年1月开工,1994年7月试运行,1995年1月竣工。

项目建设依据:1992年,福建省人民政府《关于福清元洪码头位置和进港航道方案的批复》(闽政〔1992〕综48号);1992年,福清市建设委员会《关于元洪码头工程初步设计的批复》(榕建〔1992〕科024号);2003年1月,福建省环境保护局《关于批复元洪国际码头环境影响报告书的函》(闽环保监〔2003〕4号);1992年,福建省人民政府《福建省人民政府关于元洪码头工程建设用地的批复》(闽政〔1992〕综287号);1992年7月,《关于同意使用福清湾岸线建元洪码头及工作船码头的批复》(榕港监字〔92〕第25号)。

项目建设1个3万吨级通用型码头。码头设计靠泊能力3.0万吨级。岸线总长230米。码头采用引桥式布置,高桩梁板式结构,码头前沿水深11.4米。堆场面积1.2万平方米,主要装卸设备配置包括额定起重量为10~25吨的港口门座式重机1台。项目总投资5185.71万元,资金来源为外资。

建设单位为元洪国际港口(福建)有限公司;设计单位为福建省交通规划设计院;施工单位为交通部第三航务工程局、福建省第二公路工程公司;监理单位为中北港湾工程建设监理事务所;质监单位为福建省交通基本建设工程质量监督检测站。

元洪码头的建成,使50平方公里的元洪投资区逐步朝着以港口为依托、以外向型工业为主体,功能较齐全的现代化港口投资区的发展迈出了可喜的一步,为福州市、福清地区及长乐地区经济的快速发展具有重要的作用。

(2)福州港松下港区牛头湾作业区7万吨级散杂货工程

项目于2004年8月开工,2007年12月试运行,2008年11月竣工。

项目建设依据:2004年5月,福建省发展和改革委员会《关于福州港松下港区7万吨级散杂货码头工程可行性研究报告》(闽发改交能〔2004〕30号);2004年8月,福建省发展和改革委员会《关于福州港松下港区7万吨级散杂货码头工程初步设计的批复》(闽发改重点〔2004〕236号);2003年9月,福建省环境保护局《关于批复松下港区7万吨级散杂货码头工程环境影响报告书的函》(闽环保监〔2003〕64号);2004年,长乐市人民政府《关于出让国有土地使用权提供给福州松下码头有限公司建设七万吨级散杂货码头》(长政地〔2004〕209号);2004年3月,长乐市城乡规划局颁发《建设用地规划许可证》(4008号);2004年12月,福建省政府《福建省人民政府关于同意福州松下码头有限公司海域使用申请的批复》(闽政文〔2004〕236 号);2005 年 2 月,交通部《关于福州港松下港区 7 万吨级散杂货码头使用岸线的批复》(交规划发〔2005〕63 号)。

项目建设 1 个 7 万吨级通用散货码头。码头设计靠泊能力 7 万吨级(码头水工建筑允许靠泊能力 10 万吨级)。岸线总长 300.62 米。码头采用顺岸连片式布置,重力式沉箱结构,码头前沿水深 15.0 米。堆场面积 4.05 万平方米。主要装卸设备配置包括配备 10~25 吨港口门座式重机 3 台。项目总投资 2.02 亿元,资金来源为政府和银行贷款等。项目陆域用地 43.90 万平方米。

建设单位为福州松下码头有限公司;设计单位为中交第三航务工程勘察设计院;施工单位为中交第四航务工程局;监理单位为上海东华建设监理所;质监单位为福建省交通建设质量安全监督局。

(3)福州港松下港区 5 号泊位工程

项目于 2005 年 5 月开工,2007 年 3 月试运行,2016 年 4 月竣工。

项目建设依据:2003 年 11 月,福建省发展计划委员会《关于福州港松下港区元洪码头二期工程可行性研究报告的批复》(闽计基础〔2003〕258 号);2004 年 7 月,福建省交通厅《福州港松下港区元洪码头二期工程初步设计的批复》(闽交建〔2004〕103 号);2006 年 11 月,长乐市国土资源局《建设用地批准书》(〔2006〕闽航字第 0071 号);2007 年 8 月,福州市海洋与渔业局《海域使用权证书》(编号:35010020050003);2005 年 2 月,交通部《关于福州港松下港区元洪码头二期工程使用岸线的批复》(交规划发〔2005〕64 号)。

项目建设 1 个 5 万吨级通用散货码头。码头设计靠泊能力 5 万吨级(兼顾 3 万吨级集装箱船)。岸线总长 250 米。码头采用引桥式布置,高桩梁板式结构。码头前沿水深 13.6 米。主要装卸设备配置包括 2 台南京港口机械厂生产的门座式起重机,负荷能力均为 40 吨,移动漏斗 1 台,上海启帆生产的抓斗 4 台,吊钩 1 台。项目总投资 5350 亿元,均由业主自筹。项目陆域用地面积 19.46 万平方米,用海面积 12.39 公顷。

建设单位为福建元载国际港口有限公司;设计单位为中交第二航务有限公司,福建省港口工程有限公司;施工单位为中交第二航务工程局;监理单位为福建陆海建设监理所;质监单位为福建省交通建设质量安全监督局。

元载码头试运行以来所完成的吞吐量实绩表明,港口生产经营呈良性态势,根据统计 2007 年 3 月至 2013 年 2 月共完成吞吐量 384 万吨,其间共停泊各类货轮 719 艘次,其中万吨级以上船舶 179 艘次、外轮 20 艘次。以 2016 年 1 月至 12 月装卸量为计,其中散货 104.5 万吨,件杂货 1.3 万吨,合计 105.8 万吨,泊位利用率为 69%,已达到并超过设计年吞吐量 95 万吨的水平。

(4)福州港松下港区牛头湾作业区 2 号泊位工程

项目于 2007 年 5 月开工,2010 年 7 月试运行,2012 年 1 月竣工。

项目建设依据:2007 年 1 月,福建省发展和改革委员会《关于福州港松下港区牛头湾作业区 2#泊位项目核准的批复》(闽交港航〔2007〕3 号);2008 年 1 月,福建省交通厅、福建省发展和改革委员会《福建省交通厅、福建省发展和改革委员会关于福州港松下港区牛头湾作业区 2#泊位工程初步设计的批复》(闽交港航〔2008〕5 号);2007 年 4 月,福建省环境保护局《关于批复福州港松下港区牛头湾作业区 2#、3#泊位工程环境影响报告书的函》(闽环保监〔2007〕49 号);2004 年 4 月,长乐市城乡规划局《建设用地规划许可证》(4008 号),2008 年,国家林业局《同意福州港松下港区牛头湾作业区 2#、3#泊位使用林地审核同意书》(林资许准〔2008〕101 号);2007 年 2 月,福建省政府《关于同意福州松下码头有限公司海域使用申请的批复》(闽政文〔2007〕87 号);2008 年 4 月,交通运输部《关于福州港松下港区牛头湾作业区 2 号 3 号泊位工程使用港口岸线的批复》(交规划发〔2008〕18 号)。

项目建设 1 个 7 万吨级通用散货码头(兼靠 10 万吨级)。码头设计靠泊能力 7 万吨级。岸线总长 275 米。码头采用满堂式布置,重力式沉箱结构,码头前沿水深 15 米。堆场面积 2.61 万平方米。主要装卸设备配置包括 25 吨门座式起重机 3 台,40 吨门座式起重机 1 台。项目总投资 3.41 亿元,资金来源为政府、银行等。项目陆域用地面积 10.21 万平方米,用海面积 33.71 公顷。

建设单位为福州松下码头有限公司。设计单位为中交第三航务工程勘察设计院;施工单位为中交第三航务工程局、福建东水建设工程有限公司;监理单位为福建陆海建设监理所;质监单位为福建省交通建设质量安全监督局。

(5)福州港松下港区牛头湾作业区 3 号泊位工程

项目于 2009 年 6 月开工,2012 年 9 月试运行,2016 年 7 月竣工。

项目建设依据:2007 年 1 月,福建省交通厅《福州港松下港区牛头湾作业区 3#泊位工程可行性研究报告的审查意见》(闽交港航〔2007〕4 号);2009 年 7 月,福建省交通厅、福建省发展和改革委员会《关于福州港松下港区牛头湾作业区 3#泊位工程初步设计的批复》(闽交港航〔2009〕18 号);2007 年 4 月,福建省环保局《关于福州港松下港区牛头湾作业区 2#、3#泊位工程环境影响报告书的函》(闽环保监〔2007〕49 号);2008 年,国家林业局《福州港松下港区牛头湾作业区 2#、3#泊位使用林地》(林资许准〔2008〕101 号);2007 年 2 月,福建省政府《同意福州港松下码头有限公司海域使用》(闽政文〔2007〕92 号);2008 年 4 月,交通运输部《关于福州港松下港区牛头湾作业区 2#、3#泊位工程使用港口岸线》(交规划发〔2008〕18 号)。

项目建设 1 个 5 万吨级多用途码头。码头设计靠泊能力 5 万吨级(码头水工建筑允许靠泊能力 15 万吨级)。岸线总长 340 米。码头采用顺岸式布置,重力式沉箱结构,码头前沿水深 15.6 米。堆场面积 11.95 万平方米。主要装卸设备配置 4 台门座式起重机。

项目总投资 4.76 亿元,其中业主自筹资金 1.12 亿元,银行贷款 3.64 亿元。项目陆域用地面积 36.23 万平方米,用海面积 43.95 公顷。

建设单位为福州松下码头有限公司;设计单位为中交第三航务工程勘察设计院有限公司;施工单位为中交第三航务工程局有限公司;监理单位为福建陆海建设监理所;质监单位为福建省交通建设质量安全监督局。

根据实际情况并结合建设单位要求,停泊水域及回旋水域按 10 万吨级散货船设计。

(6)福清湾深水航道工程

项目于 2010 年 1 月开工,2012 年 12 月试运行,截至 2015 年,项目尚未竣工。

项目建设依据:2006 年 10 月,福建省发展和改革委员会《关于福州港福清湾深水航道工程可行性研究报告的批复》(闽发改交能〔2006〕880 号);2006 年 11 月,福建省交通厅《关于福清湾深水航道工程初步设计的批复》(闽交港航〔2006〕66 号);2010 年 12 月,福建省环境保护厅《关于批复福州港福清湾深水航道工程环境影响报告书的函》(闽环保监〔2010〕154 号)。

建设乘潮通航 5 万~10 万吨级航道,总里程 37.1 千米。其中,口外 G1~G3 航段 13.8 千米按双向乘潮通航 10 万吨级航道设计,山前作业区航道 8.22 千米(G3~G10 航段)及牛头湾作业区航道 5.07 千米(G3~G9 航段)按单向乘潮通航 10 万吨级航道设计,松下作业区航道 10.01 千米(B~C~G8 航段)按单向乘潮通航 5 万吨级航道设计。

10 万吨级双向航道设计底高程 -12.0~-13.0 米(当地理论最低潮面,下同),航道宽度 420 米;10 万吨级单向航道设计通航底高程 -11.6 米,疏浚设计底高程 -10.2 米,航道宽度 250 米。5 万吨级航道设计通航底高程 -10.2 米,疏浚设计底高程 -10.6 米,炸礁设计底高程 -10.2 米,航道宽度 180 米。开挖边坡为 1∶6,计算超深 0.5 米,计算超宽按 25.0 米计取,疏浚工程量约 137 万立方米。炸礁工程量约 9.43 万立方米。新抛 φ3.0 米灯浮标 11 具、拆除旧灯浮标 2 具、新建水中灯桩 3 座、移位旧灯浮 2 具。在口外笠屿北侧新设 5 万~10 万吨级船舶引水、联检、候潮锚地。锚地形状为一边长 1 千米的正方形,水域面积为 1.0 平方公里。工程设计航线将由福清湾内现有的锚地区穿过,造成锚地面积较大减少,为保证锚地的原有功能,拟将现有锚地向东面拓展,扩展后锚地面积为 3.53 平方公里。项目总投资 9612.09 万元,其中交通部投资 2390 万元,省级投资 1840 万元。

建设单位为福州市港务局福清湾深水航道工程建设指挥部;设计单位为福建省港航勘察设计研究院;施工单位为中交第三航务工程局有限公司、福州航标处;监理单位为福建陆海建设监理所;质监单位为福建省交通质监局。

工程建成交付使用后,福清湾进港航道通航条件得到较大改善,保证船舶进出港航行安全,为港口发展提供保障,取得较好的经济效益、社会效益。

(7)新建福平铁路 FPZQ-3 标航道工程元洪航道(桥区段)

项目于 2014 年 7 月开工,截至 2015 年,项目尚未竣工。

2014 年 1 月,福建省发展和改革委员会《关于福州至平潭铁路平潭海峡大桥桥区航道工程项目建议书暨可行性研究报告的复函》(闽发改网交通函〔2014〕10 号);2014 年 7 月,福建省交通运输厅、福建省发展和改革委员会《关于福州至平潭铁路平潭海峡大桥桥区段航道工程初步设计的批复》(闽交港航〔2014〕36 号)。

项目建设 5 万吨级船舶乘潮双向航道。元洪航道为现有航道,桥区段轴线沿用原元洪航道轴线,现扩建为 5 万吨级乘潮双向航道,满足桥孔单孔双向通航需要。航道全长约 2.64 千米,有效宽度由 180 米拓宽到 325 米,桥梁附近(两侧各 300 米)461 米。设计底高程 -10.6 米。疏浚 5.07 万立方米;炸礁 1.65 万立方米,炸礁区长度 0.53 千米,分 3 块礁石,清渣 1.65 万立方米。设计底高程 -10.6 米,挖泥设计边坡为 1:7,超深 0.4 米,超宽 3.0 米;炸礁设计边坡为 1:0.75,超深 0.5 米,超宽 1.0 米。元洪航道(桥区段)航标工程包括 4 座航标,其中新建 2 座。项目总投资 1.47 亿元。

建设单位为福建福平铁路有限责任公司。设计单位为福建省港航勘察设计研究院;施工单位为中铁广州工程局集团有限公司;监理单位为铁四院(湖北)工程监理咨询有限公司、西安铁一院工程咨询监理有限责任公司监理联合体;质监单位为福建省交通建设质量安全监督局。

福州至平潭铁路平潭海峡大桥桥区段航道工程,克服了水流急、超差大、海况差、台风多、季风强、持续时间长、过往通航船舶多等诸多不利情况,为以后相关工程的建设积累了施工经验。施工期间紧抓安全工作,确保安全生产,整个施工期间安全可控,无安全事故。

三、湄洲湾港(莆田港)

(一)港口概况

1. 港口综述

湄洲湾港位于福建沿海中部、台湾海峡西岸,跨福建省泉州市、莆田市,是以大宗散货运输为主的新兴港口。湄洲湾港水域范围主要包括湄洲湾和兴化湾南岸,其中湄洲湾南岸属泉州市辖区,湄洲湾北岸及兴化湾南岸属莆田市辖区。

湄洲湾南岸的辋川乡 1957 年前曾利用自然岸坡作业,肖厝地区原无港口。1976 年全国港口普查中,再次确认湄洲湾为天然优良深水港湾,肖厝一带具备建设大型深水港的条件;1980 年肖厝港区揭开开发序幕,1996 年肖厝口岸作为国家一类口岸,正式对外开放,港口建设步伐加快。"十一五"期间,斗尾港区启动开发建设;2009 年底,肖厝、斗尾港区深水码头泊位群已初见雏形,斗尾青兰山 30 万吨级原油码头建成投产,成为当时福建省最大的深水码头。2009 年之前，湄洲湾南岸的肖厝港区、斗尾港区由原泉州市港口管理局管理。

湄洲湾北岸的东吴港区古称鸡了港，宋代开港；秀屿自明代起作为吞吐口岸已初具规模；兴化湾南岸三江口兴起于明代中期。1976 年，交通部、铁道部、石油化工部对全国港口进行普查，把秀屿港区选定为可兴建停泊 5 万～10 万吨级轮船的深水港址；1979 年，秀屿港区建设第一座 3000 吨级盐业码头；至 1990 年，秀屿 3000 吨级散杂泊位、三江口 3 个 500 吨级泊位相继投入使用；1999 年国务院批准莆田秀屿港口岸对外开放；2009 年底，湄洲湾北岸建成了秀屿 5 万吨级多用途泊位、10 万吨级 LNG 专用码头、东吴电厂过驳码头等一批泊位。2009 年之前，湄洲湾北岸的秀屿、东吴港区及兴化湾南岸由原莆田市港务管理局管理。

2009 年 8 月，根据福建省政府《关于研究湄洲湾港口一体化有关工作会议纪要》和福建省机构编制委员会办公室《关于设立福建省湄洲湾港口管理局及相关事业单位问题的批复》（闽委编办〔2009〕97 号），原泉州市港口管理局所辖的肖厝、斗尾港区与原莆田市港务管理局所辖的秀屿、东吴港区合并组成湄洲湾港。

2015 年 2 月，福建省委、省政府办公厅印发《关于进一步深化港口管理体制机制改革的若干意见》（闽委办发〔2015〕3 号），推动了湄洲湾与兴化湾南岸联动发展，湄洲湾港在原来湄洲湾 4 个港区的基础上，增加了兴化湾南岸的兴化港区。

至此，湄洲湾港形成了"一港五区"格局。东吴、斗尾港区为核心港区，东吴港区重点发展煤炭、矿石等大宗干散货运输；斗尾港区以大型液体散货运输为主。秀屿、肖厝港区为综合性港区，秀屿港区主要发展 LNG、散杂货和化工品运输，兼顾集装箱、件杂货运输；肖厝港区以石油及其制品为主，兼顾煤炭、件杂货和集装箱等运输。兴化港区主要服务兴化湾南岸临港产业的发展，以散杂货运输为主。

截至 2015 年底，湄洲湾港共建成千吨级及以上生产性泊位 50 个，其中万吨级以上深水泊位 26 个；年设计通过能力货运为 11852 万吨（含集装箱 9 万 TEU），客运为 10 万人。2015 年湄洲湾港完成港口货物吞吐量 7792 万吨；主要货种为石油、天然气及制品、煤炭等，其中石油类货物完成 3543 万吨。

湄洲湾港航道、锚地集中在湄洲湾水域，兴化港区进港航道一期工程尚在开展前期工作。湄洲湾建成航道 12 条，合计里程 129.64 公里，主要包括湄洲湾 10 万吨级主航道、青兰山 30 万吨级航道、东吴 15 万吨级航道、福炼 10 万吨级支航道、洋屿 5 万吨级航道、肖厝 10 万吨级航道、莆头 5 万吨级航道、中化外走马埭 3000 吨级进港航道、中化青兰山 3 号～6 号泊位进港航道、东吴分道通航航道、忠湄轮渡车客渡航道等；建成锚地 9 个，锚地总面积 25.6 平方公里，主要包括 30 万吨级船舶候潮锚地、30 万吨级船舶引水联检锚地、剑屿锚地、LNG 船舶专用应急锚地等。

2. 港口水文气象

湄洲湾港属亚热带海洋性气候,冬无严寒,夏无酷暑,四季分明。湄洲湾多年平均气温20.3～20.6摄氏度,8月为最热月,1月为最冷月;全年降水主要集中在春、夏季,以6月最多,10月至翌年1月雨水较少,多年平均降水量1216.4～1300.8毫米;每年的2～5月为多雾月,各月平均雾日数在3～8天,8～12月雾日相对较少;夏季(6～8月)以西南风为主,其他月则以东北风为主;7～9月为台风季节,常受台风影响。

湄洲湾海域潮汐为正规半日潮,潮流流态受湾内水道及海岸形态制约表现为稳定的往复流,其涨潮流向偏西北向,落潮流向偏东南向,平均潮差约5.11米。海区以风浪为主,常浪向NE向,频率26%;次常浪向ENE向,频率17%,强浪向为NE向,实测最大波高1.4米;次强浪向为ENE向,实测最大波高1.2米。湄洲湾是强潮海湾,湾内外水体含沙量低且周边泥沙来源少,加之底质偏粗,海床地形的发展演变相对稳定。

3. 发展成就

港口基础设施显著改善,泊位大型化、专业化发展趋势明显。2009年以来,湄洲湾港共新建成生产性泊位30个,新增港口吞吐能力9009万吨。港口吞吐能力从2008年底的2843万吨增长至2015年的11852万吨,年均增长23%;港口吞吐能力于2014年突破1亿吨。此外,湄洲湾港泊位大型化、专业化发展趋势明显。已建成30万吨级原油泊位(可靠泊45万吨原油船)、20万吨级煤炭泊位、10万吨级LNG、成品油泊位、5万吨级液体化工泊位等。

港口吞吐量稳步增长,大宗散货运输优势逐渐凸显。近年来,湄洲湾港吞吐量实现了稳定增长,特别是2009年以来增长速度明显加快,由2009年的3764万吨增长至2015年的7792万吨,年均增长13%。大宗散货为港口主要货种,长期维持较高比例。2009年煤炭、石油及制品占全港吞吐的40%;2015年两大货类完成5470万吨,占全港吞吐量的比例提升至70%。此外,港口外贸货物吞吐量实现了较快增长,由2009年的1374万吨增长至2015年的4003万吨,年均增长20%。

湄洲湾港(莆田港)港区分布图如图8-8-2所示。

湄洲湾港(莆田港)基本情况见表8-8-3。

(二)东吴港区

1. 港区综述

(1)港区建设和运营概况

东吴港区是福建省大宗散货运输核心港区之一,重点发展煤炭、矿石等大宗干散货运输,兼顾发展LNG、粮食、旅游客运,逐步发展成为服务临港工业、承担中西部地区及东南沿海大宗干散货转运的综合性核心港区。东吴港区由罗屿、东吴、盘屿3个作业区和湄洲岛作业点组成。

图 8-8-2 湄洲湾港(莆田港)港区分布图

2009 年以前,东吴港区仅有千吨级以上货运、客运码头各 1 个。2009 年以来,东吴港区开发建设逐步加快,在建东吴作业区东 1 号、东 2 号泊位、东吴作业区 9 号、10 号泊位(即国投湄洲湾煤炭码头一期工程)、罗屿作业区 9 号(结构按靠泊 40 万吨散货船设计)、10 号泊位等多个大型专业化码头项目。2012 年,东吴作业区东 1 号、东 2 号泊位投入试运行,成为东吴港区首个万吨级以上深水泊位。随着新增泊位产能逐步释放,东吴港区货物吞吐量于2012 年、2013 年相继突破 500 万吨、1000 万吨,其中 2013 年完成货物吞吐量 1067 万吨。

截至 2015 年底,东吴港区建成千吨级及以上生产性泊位 6 个(含万吨级及以上泊位4 个),年设计通过能力货运 2320 万吨、客运 10 万人次。2015 年,东吴港区完成港口货物吞吐量 1344 万吨,其中煤炭完成 1088 万吨。2015—2017 年港区吞吐量分别为 1344 万吨、1419 万吨、1650 万吨。

(2)港区地理条件和集疏运概况

东吴港区位于湄洲湾口北岸,邻近湄洲岛。东吴作业区岸段位于盘屿水道北侧,水深10 米以上,有盘屿岛掩护,泊稳条件良好,深槽长期稳定不淤,是优良的深水港口岸线。罗屿作业区整体依托罗屿岛开发建设,罗屿岛离大陆约 500 米,该岛西侧岸线水深 15 米以上,邻近湄洲湾主航道,水域宽阔,具备建设大型深水泊位条件。

湄洲湾港（莆田港）基本情况表

表8-8-3

序号	港口名称	港口岸线		2015年港口生产用泊位				其中:1978—2015年建成的生产用泊位				2015年港口货物和旅客吞吐量						
---	---	---	---	---	---	---	---	---	---	---	---	---	---	---	滚装车辆			
		港口规划岸线	其中:2015年前已建成岸线	生产用泊位数	其中:万吨级及以上	生产用泊位总长	其中:万吨级及以上	生产用泊位数	其中:万吨级及以上	生产用泊位总长	其中:万吨级及以上	货物吞吐量	其中:外贸货物吞吐量	集装箱	数量	质量	旅客	其中:国际旅客
		千米	千米	个	个	米	米	个	个	米	米	万吨	万吨	万TEU	万辆	万吨	万人	万人
1	肖厝港区	11.9	6.9	19	9	3891	2528	19	9	3891	2528	1811.07	845.58	2.43	0	0	0	0
2	斗尾港区	42.7	7.2	14	6	3448	2102	14	6	3448	2102	2929.94	2146.81	0	0	0	0	0
3	秀屿港区	34	4.3	9	7	2181	1892	9	7	2181	1892	1556.51	520.68	1.07	0	0	0	0
4	东吴港区	22.8	5.9	7	5	1761	1479	7	5	1761	1479	1344.41	490.34	0	0	0	0	0
5	兴化港区	38	2.7	2	0	214	0	2	0	214	0	150.21	0	0	0	0	0	0
	合计	149.4	27	51	27	11495	8001	51	27	11495	8001	7792.14	4003.41	3.5	0	0	0	0

东吴港区公路集疏运通道主要依托省道201、忠东线和城港大道、东吴大道与周边的荔港大道、东兴大道、涵港大道等公路连接,进而接入沈海高速公路、莆永高速公路、G324国道等国家公路网。2013年12月,连接向莆铁路的湄洲湾港口铁路八方港口支线开通运行,直达东吴作业区东1号、东2号泊位。此外,至罗屿作业区、国投煤炭码头的疏港铁路支线亦加快建设。东吴港区将开通3条疏港铁路支线,积极打造至江西省等内陆地区的大宗散货海铁联运便捷通道。

2.港区工程项目

(1)湄洲湾港东吴港区东吴作业区东1号、东2号泊位工程

项目于2010年3月开工,2012年3月试运行,2016年12月竣工。

项目建设依据:2008年4月,福建省交通运输厅《关于莆田港东吴港区东1#、东2#多用途泊位工程可行性研究的意见》(闽交港航〔2008〕12号);2009年1月,福建省发展和改革委员会《关于莆田港东吴港区东吴作业区东1#泊位项目核准的批复》(闽发改交能〔2009〕51号);2009年1月,福建省发展和改革委员会《关于莆田港东吴港区东吴作业区东2#泊位项目核准的批复》(闽发改交能〔2009〕50号);2013年3月,福建省发展和改革委员会《关于莆田港东吴港区东1号、东2号泊位有关事项调整的复函》(闽发改交通〔2013〕158号);2014年5月,福建省交通运输厅、福建省发展和改革委员会《关于湄洲湾港东吴港区东吴作业区东1号、东2号泊位工程初步设计的批复》(闽交港航〔2014〕23号);2013年2月,福建省环境保护厅《关于同意湄洲湾港东吴港区东吴作业区东1#、东2#泊位建设内容调整的函》(闽环保评〔2013〕15号);2009年4月,福建省人民政府《关于同意福建八方港口发展有限公司海域使用申请的批复》(闽政文〔2009〕95号);2011年12月,交通运输部《关于湄洲湾港东吴港区东吴作业区东1号和东2号泊位工程使用港口岸线的批复》(交规划发〔2011〕776号)。

项目建设2个5万吨级通用泊位(东1号泊位兼靠15万吨级,东2号泊位兼靠10万吨级),岸线长度661米。码头采用顺岸式布局,重力式结构。码头前沿水深分别为东1号泊位水深19.5米,东2号泊位水深15.7米;东1号泊位水工结构容许靠泊20万吨级,东2号泊位水工结构容许靠泊10万吨级。项目后方堆场面积70万平方米。主要装卸设备配置包括2台桥式抓斗卸船机、3台门座式重机、2台斗轮堆取料机、25台移动式皮带机、4238米固定式皮带机。项目总投资13.05亿元,均为业主自筹。港区建设填海造地东1号泊位45.10公顷、东2号泊位47.50公顷;港池、蓄水东1号泊位10.05公顷、东2号泊位12.39公顷。

项目建设单位为福建八方港口发展有限公司、福建湄海港口发展有限公司;设计单位为福建省交通规划设计院;施工单位为中交第四航务工程局有限公司和中交第二航务工程局有限公司;监理单位为福建陆海建设管理有限公司;质量质监单位为福建省交通质监局。

项目投产后作为福建沿海大宗散货主要中转港口,发挥其特有的区位优势,已成为福建、江西、长三角当地电力企业、钢铁企业重要的保供通道。

(2)国投湄洲湾煤炭码头一期工程

项目于2011年10月开工,2016年7月试运行,2017年10月竣工。

项目建设依据:2010年10月,国家发展和改革委员会《关于国投湄洲湾煤炭码头一期工程项目核准的批复》(发改基础〔2010〕2523号);2011年4月,交通运输部《关于国投湄洲湾煤炭码头一期工程初步设计的批复》(交水发〔2011〕169号);2010年6月,环境保护部《批复国投湄洲湾煤炭码头一期工程环境影响报告书》(环审〔2010〕152号);2010年1月,莆田市城乡规划局对国投湄洲湾煤炭码头一期工程出具项目选址意见书(选字第350000201000001);2011年8月,国家海洋局对国投湄洲湾煤炭码头一期项目用海进行了批复(国海管字〔2011〕571号),用海总面积311.61公顷;2010年10月,国家发展和改革委员会对国投湄洲湾煤炭码头一期进行了项目核准(发改基础〔2010〕2523号)。

项目建设1个10万吨级和1个7万吨级煤炭卸船泊位(码头水工建筑允许靠泊能力20万吨级),岸线总长588米。码头采用突堤式布局,重力式结构。码头前沿水深18.7米。项目后方堆场面积1160米×51.4米。主要装卸设备配置包括桥式抓斗卸船机4台。项目总投资21.75亿元,均为业主自筹资金。陆域用地面积1.69万平方米,填海造地面积87.74公顷。

项目建设单位为国投湄洲湾港口有限公司;设计单位为中交第三航务工程勘察设计院有限公司;施工单位为中交第一航务工程局第五公司和广东金东海集团有限公司;监理单位为天津中北港湾工程建设监理有限公司;质监单位为福建省交通质监局。

(3)福建莆田港东吴港区罗屿作业区9号和10号泊位工程

项目于2012年7月开工,2018年7月试运行,2019年7月竣工。

项目建设依据:2010年1月,交通运输部《关于莆田港东吴港区罗屿作业区9号和10号泊位工程项目申请报告的意见》(交函规划〔2010〕15号);2011年4月,国家发展和改革委员会《关于福建莆田港东吴港区罗屿作业区9号和10号泊位工程项目核准的批复》(发改基础〔2011〕1016号);2011年8月,交通运输部《关于福建莆田港东吴港区罗屿作业区9号和10号泊位工程初步设计的批复》(交水发〔2011〕467号);2017年3月,福建省发展和改革委员会《关于同意莆田港东吴港区罗屿作业区9号和10号泊位工程规模等级调整的函》(闽发改网交通函〔2017〕29号);2017年4月,交通运输部《关于福建莆田港东吴港区罗屿作业区9号和10号泊位工程初步设计变更的批复》(交水发〔2017〕329号)。2010年11月,环境保护部《关于莆田港东吴港区罗屿作业区9号、10号泊位工程环境影响报告书的批复》(环审〔2010〕360号);2010年5月,国土资源部《关于莆田港东吴港区罗屿作业区9号、10号泊位建设用地预审意见的复函》(国土资预审字〔2010〕103

号);2012年2月,国家海洋局《关于福建莆田港东吴港区罗屿作业区9号-10号泊位工程项目用海的批复》(国海管字〔2012〕105号)。

项目建设一个9号泊位30万吨级铁矿石接卸泊位(码头水工结构按靠泊40万吨船舶设计),岸线总长386米。10号泊位建设一个10万吨级散货装船泊位(水工结构按靠泊15万吨级船舶设计),岸线总长275米,装船出运散货通过能力为450万吨/年。码头采用顺岸式布局,重力式结构。码头前沿水深23.5米。项目后方堆场面积31.23万平方米,主要装卸设备配置包括3000吨/小时桥式抓斗机的3台、6000吨/小时移动式装船机1台。项目总投资17.71亿元,企业自有资金占35%,其余为银行贷款。用地面积46.1万平方米,其中填海造地形成陆域面积为38.41万平方米。

项目建设单位为福建省罗屿港口开发有限公司;设计单位为中交第三航务工程勘察设计院有限公司;施工单位为中交第四航务工程局有限公司、中交第二航务工程局有限公司、福建省一建集团有限公司;监理单位为福建省陆海建设管理有限公司;质监单位为福建省交通质监局。

(4)国投湄洲湾煤炭码头装船泊位(东吴作业区14号泊位)

项目于2015年9月开工,2017年8月试运行,2018年6月竣工。

项目建设依据:2013年9月,福建省交通运输厅《关于国投湄洲湾煤炭码头装船泊位(东吴作业区14#泊位)及二期一阶段工程工程可行性研究报告的意见》(闽交港航〔2013〕65号);2014年5月,福建省发展和改革委员会《关于国投湄洲湾煤炭码头装船泊位(东吴作业区14#泊位)及二期一阶段工程项目核准的复函》(闽发改网交通函〔2014〕68号);2014年12月,福建省交通运输厅及福建省发展和改革委员会《关于国投湄洲湾煤炭码头装船泊位(东吴作业区14#泊位)及二期一阶段工程初步设计的批复》(闽交港航〔2014〕109号);2014年4月,福建省环境保护厅《关于批复国投湄洲湾煤炭码头装船泊位(东吴作业区14#泊位)及二期一阶段工程环境影响报告书的函》(闽环保评〔2014〕20号);2013年10月,莆田市城乡规划局《关于国投湄洲湾煤炭码头装船泊位(东吴作业区14#泊位)及二期一阶段工程出具项目选址意见书的回函》(莆规湄〔2013〕42号);2015年7月,福建省人民政府《关于国投湄洲湾煤炭码头装船泊位(东吴作业区14#泊位)及二期一阶段工程项目用海的批复》(闽政海域〔2015〕41号),用海总面积53.80公顷;2014年10月,交通运输部《关于国投湄洲湾煤炭码头装船泊位使用岸线的批复》(交规划函〔2014〕876号)。

项目建设1个3.5万吨级煤炭装船泊位,岸线总长285米。码头采用顺岸式布局,重力式结构。码头前沿水深12米。项目后方堆场面积31.69万平方米。主要装卸设备为3600吨/小时移动式装船机1台。项目总投资6.14亿元,均为企业自筹资金。项目陆域用地面积14.37万平方米,填海造地34.36公顷。

项目建设单位为国投湄洲湾港口有限公司;设计单位为中交第三航务工程勘察设计

院有限公司;总承包单位为中交股份有限公司,施工单位为中交第一航务工程局有限公司,监理单位为天津中北港湾工程建设监理有限公司;质监单位为福建省交通质监局。

(三)秀屿港区

1.港区综述

(1)港区建设和运营概况

秀屿港区主要发展 LNG、散杂货和化工品运输,兼顾集装箱、件杂货运输,拓展物流业,逐步发展成为服务临港工业及城市物资运输的综合性港区。秀屿港区由秀屿、莆头、石门澳 3 个作业区和枫亭作业点组成。

秀屿作业区为莆田市原主体港区,2009 年之前已建成千吨级以上生产性泊位 6 个,主要包括原莆田港务集团所属秀屿作业区 1 号、4 号、5 号、6 号泊位、中海福建天然气有限责任公司 10 万吨级 LNG 泊位等。2010 年,莆头作业区启动连片开发,共规划建设 5000～4 万吨级通用泊位 25 个,并配套建设后方临港物流园区,先行建设莆头作业区 1号、2 号泊位。2012 年,秀屿作业区 8 号泊位开工建设,拟依托该泊位打造江西省海西液体化工品进出口基地。石门澳作业区主要为后方石门澳化工新材料园区服务,以液体化工品、散杂货运输为主,先行启动建设石门澳作业区 6 号、9 号、11 号泊位等。

截至 2015 年底,秀屿港区建成千吨级及以上生产性泊位 9 个(含万吨级及以上泊位 7 个),设计年货物通过能力 1341 万吨(含集装箱 4 万 TEU)。2015 年,秀屿港区完成港口货物吞吐量 1557 万吨,重点货物为液化天然气、钢铁和木材。2011—2015 年港区吞吐量分别为 1291 万吨、1564 万吨、1537 万吨、1450 万吨、1557 万吨。

(2)港区地理条件和集疏运概况

秀屿港区位于湄洲湾北岸,距湄洲湾湾口约 16 海里。秀屿作业区岸段前沿为潮流冲刷槽,主槽水深一般为 10～15 米,自然状态滩槽长期稳定,建港条件良好,但后方陆域受山体和陆域村庄限制相对狭窄。莆头作业区邻近湄洲湾湾顶,水域较宽阔,泊稳条件好,水深 5～10 米,后方有宽阔的滩地可围垦作为临海工业用地。石门澳岸段水深较浅,但有大片滩涂可围垦成陆作为港口和临港工业用地。

秀屿港区经由东西向东笏大道、东兴大道、S306 省道和南北向城港大道,接入后方沈海高速公路、莆永高速公路等高速公路网。原规划建设的湄洲湾北岸疏港铁路秀屿支线因实施困难暂未建设。

2.港区工程项目

(1)秀屿作业区 4 号泊位

项目于 1990 年 11 月开工,1994 年 9 月试运行,1994 年 9 月竣工。

项目建设依据:1988 年 3 月,福建省交通厅《关于湄洲湾港秀屿万吨级杂货码头工程可行性研究报告的批复》(闽交计〔1988〕075 号);1989 年 5 月,福建省建设委员会《关于湄洲湾秀屿万吨级散货码头工程初步设计的批复》(闽建设〔1989〕054 号);1988 年 8 月,福建省环境保护局《关于湄洲湾秀屿港万吨杂货码头工程环境影响报告书的批复》(闽环保〔1988〕管 018 号);1982 年 6 月,福建省人民政府《关于莆田秀屿港建设商港码头征用土地的请示的批复》(闽政〔1982〕综 248 号);1988 年 6 月,福建省港航管理局《关于湄洲湾秀屿万吨级杂货码头工程岸线申请报告的批复》(闽港航监字第 052 号)。

项目建设 1 个 1 万吨级件杂货码头泊位,岸线总长 183 米。码头采用顺岸式布局,重力式结构。码头前沿水深 9.65 米。项目后方堆场面积 1.78 平方米,堆存能力 7.5 万吨。主要装卸设备配置包括 10 吨门座式重机 2 台。项目总投资 4962.38 万元,全部由政府投资。项目陆域用地面积 9.99 万平方米。

项目建设单位为福建省莆田秀屿港建港指挥部;设计单位为福建省交通规划设计院;施工单位为交通部第四航务工程局第一工程公司;监理单位为上海东华港湾工程建设监理所;质监单位为福建省交通质监站和莆田市建筑工程质监站。

(2)秀屿作业区 1 号泊位

项目于 1997 年 9 月开工,2002 年 1 月竣工。

项目建设依据:1993 年 3 月,国家计划委员会《关于湄洲湾煤码头工程可行性研究报告的批复》(计交通〔1993〕361 号);1994 年 12 月,福建省建设委员会《关于湄洲湾 3.5 万吨级煤码头工程初步设计的批复》(闽建设〔1994〕127 号);1998 年 6 月,莆田市人民政府《关于申请湄洲湾 3.5 万吨级码头工程建设用地的报告》(莆政〔1998〕土 335 号);1995 年 8 月,福建省人民政府《关于申请湄洲湾 3.5 万吨煤码头工程使用海岸线的请示》(闽政办〔1995〕178 号)。

项目建设 1 个 3.5 万吨级件杂货集装箱通用码头泊位(码头水工结构允许靠泊能力 5 万吨级),岸线总长 312 米。码头采用顺岸式布局,重力式结构。码头前沿水深 13.75 米。项目后方堆场面积 3.56 万平方米,堆存能力 10.2 万吨,仓库面积 0.72 万平方米。主要装卸设备配置包括 16 吨门座式重机 2 台、40 吨门座式重机 1 台。项目总投资 1.66 亿元,全部为企业自筹资金。项目陆域用地面积 12.04 万平方米。

项目建设单位为湄洲湾港务管理局;设计单位为中交第四航务工程勘察设计院;施工单位为中港二航五公司;监理单位为上海东华建设监理所;质监单位为福建省交通质监站。

(3)福建液化天然气站线项目港口工程

项目于 2006 年 3 月开工,2008 年 4 月试运行,2013 年 6 月竣工。

项目建设依据:2004 年 12 月,国家发展和改革委员会《关于福建 LNG 总体项目一期工程核准的批复》(发改能源〔2004〕3076 号);2006 年 2 月,福建省交通厅《关于福建液化天然气站线项目港口工程初步设计的批复》(闽交建〔2006〕13号);2004年4月,国家环境保护总局《关于福建LNG站线项目环境影响报告书审查意见的复函》(环审〔2004〕147号);2004年12月,福建省国土资源厅《关于福建LNG接收站和输气干线项目建设用地预审意见的复函》(国土资源函〔2004〕755号);2003年8月,福建省人民政府《关于同意福建LNG站线项目执行办公室海域使用申请的批复》(闽政文〔2003〕235号)。

项目建设10吨级LNG泊位一个、工作船泊位2个及相应的陆域等配套设施,岸线总长343米。码头采用引桥式布局,重力式结构。码头前沿水深13.8米。项目项目总投资4.47亿元,均为业主自筹。项目陆域用地面积4.82万平方米。

项目建设单位为中海福建天然气有限责任公司;设计单位为中交第四航务工程勘察设计院有限公司;施工单位为中交第四航务工程局、渤海石油航务建设工程公司联合体;监理单位为广州南华工程管理有限公司;质监单位为福建省交通建设质量安全监督局。

福建LNG港口工程于2006年3月正式开工建设,2008年4月接卸第一艘LNG船舶。福建LNG自投产以来,累计向下游外输天然气约360亿立方米,保障了逾100多万城市居民以及商业、工业企业用气,取得了显著的经济社会效益。福建LNG作为我国第一个完全由国内企业自主引进、建设和管理的大型液化天然气项目,2013—2017年共完成吞吐量约1553吨。

(4)秀屿作业区6号泊位

(原莆田港秀屿港区秀屿作业区8#泊位工程)根据湄洲湾港(泉州—莆田)总体规划(送审稿),该作业区8号泊位调整为6号泊位,后续文件及竣工验收证书也相应更改为6号泊位。

项目于2007年3月开工,2009年5月试运行,2011年11月竣工。

2005年10月,福建省发展和改革委员会《关于莆田港秀屿港区秀屿作业区8#泊位工程可行性研究报告的批复》(闽发改交能〔2005〕942号);2006年1月,福建省交通厅《关于莆田港秀屿港区秀屿作业区8#泊位工程初步设计的批复》(闽交建〔2006〕2号);2005年8月,莆田市环境保护局《关于莆田市秀屿区3万吨级木材码头工程(含滚装码头)环境影响报告书的批复》(莆环保监〔2005〕40号);2007年1月,福建省人民政府《关于莆田港务集团有限公司海域使用申请的批复》(闽政文〔2007〕2号);2005年8月,交通部《关于福建省交通厅请求审批莆田港秀屿港区木材码头工程使用港口岸线的请示的批复》(交规划发〔2005〕363号)。

项目建设1个4万吨级件杂货码头泊位(码头水工结构允许靠泊能力5万吨级),岸线总长236米。码头采用顺岸式布局,重力式结构。码头前沿水深13.6米。项目后方堆场面积3.5万平方米,堆存能力10.5万吨。主要装卸设备配置包括40吨–35米的门座式重机1台,25吨–33米门座式重机2台,装载机4台。项目总投资1.79亿元,均为企业自筹。用地面积 11.3 万平方米。

项目建设单位为莆田港务集团有限公司;设计单位为福建省交通规划设计院;施工单位为中交第四航务工程局有限公司;监理单位为山东省交通工程监理咨询有限公司;质监单位为福建省交通质监局。

(5)莆头作业区 1 号、2 号泊位

项目于 2010 年 8 月开工,2014 年 12 月试运行,2016 年 9 月竣工。

项目建设依据:2010 年 1 月,福建省交通运输厅《关于湄洲湾港秀屿港区莆头作业区 1 号、2 号泊位工程可行性研究的意见》(闽交港航〔2010〕2 号);2010 年 6 月,福建省发展和改革委员会《关于湄洲湾秀屿港区莆头作业区 1 号、2 号泊位工程项目核准的批复》(闽发改网交能〔2010〕31 号);2012 年 9 月,福建省交通运输厅和福建省发展和改革委员会《关于湄洲湾港秀屿港区莆头作业区 1 号、2 号泊位工程初步设计的批复》(闽交港航〔2012〕66 号);2010 年 3 月,福建省环境保护厅《关于湄洲湾港秀屿港区莆头作业区 1 号、2 号泊位工程环评影响报告书的函》(闽环保监〔2010〕30 号);2010 年 5 月,福建省海洋与渔业厅《关于湄洲湾港秀屿港区莆头作业区 1 号、2 号泊位工程海域使用论证报告书审查意见》(闽海渔函〔2010〕231 号);2012 年 2 月,交通运输部《关于湄洲湾港秀屿港区莆头作业区 1 号、2 号泊位工程使用港口岸线的批复》(交规划发〔2012〕53 号)。

项目建设 2 个 4 万吨级通用码头泊位(码头水工结构按靠泊 7 万吨级船舶设计),岸线总长 460 米。码头采用顺岸式布局,重力式结构。码头前沿水深 12.7 米。项目后方堆场面积 28.1 万平方米,堆存能力 168.6 万吨。主要装卸设备配置包括 40 吨和 25 吨的多用途门座式重机各 2 台。项目总投资 6.27 亿元,均为企业自筹。项目陆域用地面积 51.88 万平方米,填海面积 48.04 公顷,港池用海 19.49 公顷。

项目建设单位为福建省湄洲湾港口开发有限责任公司;设计单位为中交第四航务工程勘察设计院有限公司;施工单位为中交第三航务工程局有限公司;监理单位为福建省交通建设监理咨询有限公司;质监单位为福建省交通质监局。

莆头港口在 2013 年 8 月 1 号、2 号泊位试投产运营,主要作业货种有原木、纸浆、煤炭、集装箱、矿建材料等;随着码头设备设施的不断完善,吞吐量也不断地突破新高;2017 年莆头港口物流园区项目落地,物流园区占地 33.33 万平方米,依托莆头作业区和临港产业,以项目落地带动码头发展。

(6)秀屿作业区 8 号泊位工程

项目于 2012 年 3 月开工,2017 年 9 月试运行,2018 年 3 月竣工。

项目建设依据:2011 年 10 月,福建省交通运输厅《关于湄洲湾港秀屿港区秀屿作业区 8 号泊位工程可行性研究报告的意见》(闽交港航〔2011〕46 号);2012 年 6 月,福建省发展和改革委员会《关于湄洲湾秀屿作业区 8 号泊位工程项目核准的批复》(闽发改网交通〔2012〕61 号);2012 年 10 月,福建省交通运输厅和福建省发展和改革委员会《关于湄洲湾港秀屿港区秀屿作业区 8 号泊位工程初步设计的批复》(闽交港航〔2012〕70 号);2012 年 5 月,福建省环境保护厅《关于湄洲湾港秀屿港区秀屿作业区 8 号泊位工程环境影响报告书审核意见的函》(闽环保评〔2012〕71 号);2007 年 2 月,福建省人民政府《关于同意福建中原港务有限公司海域使用申请的批复》(闽政文〔2007〕73 号);2012 年 3 月,交通运输部《关于湄洲湾港秀屿港区秀屿作业区 8 号泊位工程使用岸线的批复》(交规划发〔2012〕104 号)。

项目建设 1 个 5 万吨级石油化工码头泊位,岸线总长 325 米。码头采用突堤式布局,高桩式结构。码头前沿水深 13.2 米。项目主要装卸设备配置包括 2 台输油臂和 10 根复合软管。项目总投资 1.18 亿元,均为业主自筹。项目用海面积 34.12 公顷,其中填海17.77公顷、港池用海 16.35 公顷。

(四)肖厝港区

1.港区综述

(1)港区建设和运营概况

肖厝港区是福建省湄洲湾石化基地的重要组成部分,将发展成为以石油及其制品为主,兼顾煤炭、件杂货和集装箱等运输的综合性港区。肖厝港区由肖厝、鲤鱼尾 2 个作业区和峰尾作业点组成。

肖厝港区现有泊位大多已于"十二五"期前建成。现有港口设施主要集中在肖厝作业区和鲤鱼尾作业区。肖厝作业区以通用散杂货泊位、多用途泊位为主,主要提供公共运输服务;鲤鱼尾作业区多为油品泊位、液体化工泊位,主要服务福建联合石化等临港石化及中下游产业。

截至 2015 年底,肖厝港区建成千吨级及以上生产性泊位 19 个(含万吨级及以上泊位9 个),设计年货物通过能力 3049 万吨(含集装箱 5 万 TEU)。2015 年,肖厝港区计完成港口货物吞吐量 1811 万吨,重点货物为煤炭、石油类货物。2011—2015 年港区吞吐量分别为 1520 万吨、1763 万吨、1861 万吨、1993 万吨、1811 万吨。

(2)港区地理条件和集疏运概况

肖厝港区位于湄洲湾顶南岸。肖厝作业区岸段为内凹岸线,水下地形除礁石位置外总体较为平坦,-10 米等深线距离海岸线约 2.0~2.3 千米,后方陆域至沿海大通道纵深1100~1200 米,区域内地势平坦。鲤鱼尾作业区岸段水域较窄,有惠屿岛掩护,泊稳条件良好,水深 5~21 米,后方受岩山影响陆域纵深较窄,适宜建设液体化工泊位。

肖厝港区主要通过沿海大通道(即国道 228)与国道 324、沈海高速公路等连接。肖厝港区具备海铁联运条件,漳泉肖铁路直达肖厝作业区 11 号泊位。

2. 港区工程项目

（1）肖厝作业区 1 号泊位

项目于 1985 年 10 月开工，1989 年 11 月竣工。

项目建设依据：1985 年，福建省建设委员会批准工程初步设计（闽建设〔85〕142 号）；1986 年 11 月，惠安县人民政府用地批复（闽征地〔1986〕惠征字第 005 号）；2004 年 9 月，泉州市人民政府出具用海批复（国海证 043540025 号）；1985 年，福建省计划委员会岸线批复（闽计〔1985〕基字第 029 号）。

项目建设 1 个 3.5 万吨级杂货码头泊位，岸线总长 242.2 米。码头采用顺岸式布局，重力式结构。码头前沿水深 10.5 米。项目后方堆场面积 0.57 万平方米。主要装卸设备配置包括 M10-30 门座式重机 4 台。项目总投资 4300 万元，全部为政府投资。

项目建设单位为泉州港务集团有限公司；设计单位为交通部水规院；施工单位为交通部三航局六公司；质监单位为福建省交通质监局。

（2）福炼专用油码头

项目于 1988 年 7 月开工，1992 年 6 月试运行，1992 年 6 月竣工。

项目建设依据：1988 年 8 月，中国石油化工总公司《关于福建炼油厂油码头、油库区初步设计的批复》（中石化〔1988〕规字 13）；1985 年 8 月，福建省环境保护局《关于福建炼油厂环境质量影响评价报告书的批复》（闽环保〔85〕监 047 号）；1989 年 9 月，惠安县人民政府《福炼油码头划拨海域协议书》；1988 年 6 月，福建省港航管理局《关于福建炼油厂申请专用油码头岸线的批复》（闽港航监字第 034 号）。

项目建设 4 个油品、化工码头泊位，1～4 号吨级分别为：10 万吨级、1 万吨级、5000 吨级、1500 吨级。岸线总长 600 米。码头采用重力式结构。码头前沿水深 18 米。项目后方堆场面积 61.5 万平方米，堆存能力 122 万吨。主要装卸设备配置包括输油臂 19 台。项目总投资 1.23 亿元，其中政府投资 50%。用地面积 62.8 万平方米。

项目筹建单位为福建炼油化工有限公司；设计单位为交通部水运规划设计院；施工单位为交通部第三航务工程局；质监单位为交通部基本建设工程质量监督总站。

（3）肖厝作业区 2 号、3 号泊位

项目于 1998 年 7 月开工，2004 年 8 月试运行，2016 年 7 月竣工。

项目建设依据：1997 年 4 月，福建省计划委员会《关于泉州肖厝港区 5 万吨级煤炭多用途码头项目建议书的批复》（闽计交〔1997〕038 号）；1997 年 10 月，福建省计划委员会《关于泉州肖厝港区 5 万吨级煤炭多用途码头工程可行性研究报告的批复》（闽计交〔1997〕132 号）；1997 年，福建省建设委员会及福建省计划委员会批复初设（闽建设〔1997〕132 号、闽计基交〔1997〕620 号）；1997 年 9 月，福建省环境保护局《关于泉州肖厝港区 5 万吨煤炭多用途码头工程环境影响评价大纲的批复》（闽环保〔1997〕然 061 号）；

2012年2月,泉州市泉港区人民政府以行政划拨的方式颁发项目土地证(泉港国用〔2012〕第015号)、海域使用权登记编号35050520040001;2002年7月,交通部《关于泉州港肖厝多用途码头使用岸线的批复》(交规划发〔2002〕298号)。

项目建设2个分别为1万吨级和5万吨级多用途码头泊位,岸线总长290.8米。码头采用顺岸式布局,重力式结构。码头前沿水深14.2米。项目后方堆场面积1.5万平方米,堆存能力7.5万吨。主要装卸设备配置包括1台2000型轻型集装箱起重机、1台25吨-35米/40吨-25米门座式起重机以及1台45吨正面吊运机、1台25吨叉车等设备。项目总投资1.55亿元,均为企业自筹资金。用地面积2.57万平方米,用海面积为3.24公顷。

项目建设单位为福建肖厝港物流有限责任公司;设计单位为中交第三航务工程勘察设计院有限公司;施工单位为中交第二航务工程局有限公司五公司;监理单位为南华建设监理所;质监单位为福建省交通质监站。

建设项目投产后,肖厝作业区2号、3号泊位是泉港区经营的大型船舶靠泊泊位之一,也是泉港区当地主要公共泊位之一。

(4)国电福建南埔电厂一期煤码头

项目于2003年9月开工,2006年3月试运行,2006年12月竣工。

项目建设依据:2005年3月,国家发展和改革委员会《关于福建南埔电厂一期工程项目核准的批复》(发改能源〔2005〕372号);2005年9月,福建省交通厅《关于福建南埔电厂一期工程专用煤码头初步设计的批复》(闽交建〔2005〕113号);2004年2月,中国国电集团公司与福建省发展和改革委员会《关于印发国电福建南埔电厂(2×300兆瓦)工程初步设计预审查会议纪要的通知》(国电集工〔2004〕32号);2004年5月,中国国际工程咨询公司《关于国电福建南埔电厂一期(2×300兆瓦)可行性研究报告专家组评估意见》;2003年8月,国家电力公司电力规划设计总院《关于国电福建南埔电厂工程补充可行性研究报告的审查意见》(电规总土水〔2003〕123号);2004年1月,国家环境保护总局《关于国电福建南埔电厂2×300兆瓦新建工程环境影响报告书重新审核意见的复函》(环审〔2004〕3号);2003年12月,国土资源部办公厅《关于福建南埔电厂建设用地预审意见的复函》(国土资厅函〔2003〕442号);2003年12月,福建省人民政府《关于同意国电泉州发电有限公司海域使用申请的批复》(闽政文〔2003〕367号);2005年3月,国家发展和改革委员会《关于福建南埔电厂一期工程项目核准的批复》(发改能源〔2005〕372号)。

项目建设2个5万吨级煤码头泊位和工作船码头泊位。岸线总长320米。码头采用突堤式布局,重力式结构。码头前沿水深13米。项目总投资2.48亿元,其中政府投资2600万元。项目陆域用地面积104.43万平方米。

项目建设单位为国电泉州热电有限公司;设计单位为福建省交通规划设计院;施工单

位为中港第二航务工程局;监理单位为厦门港湾咨询监理有限公司;质监单位为福建省交通基本建设工程质量监督站。

（5）肖厝作业区 11 号泊位工程

项目于 2005 年 2 月开工,2006 年 10 月试运行,2014 年 1 月竣工。

项目建设依据:2009 年 1 月,福建省交通运输厅《关于泉州港肖厝作业区 11 号泊位工程可行性研究的意见》(闽交港航〔2009〕3 号);2011 年 11 月,福建省交通运输厅、福建省发展和改革委员会《关于泉州港肖厝作业区 11 号泊位工程初步设计的批复》(闽交港航〔2011〕60 号);2009 年 4 月,福建省环境保护局《关于批复泉州港务集团肖厝作业区 11#泊位工程环境影响报告书的函》(闽环保监〔2009〕19 号);2010 年 12 月,泉州市泉港区人民政府、国土资源局颁发福建省用地使用证(泉港国用〔2010〕第 0118 号、第 0121 号);2008 年 12 月,福建省海洋与渔业局《关于泉州港务集团肖厝作业区 11#工程的用海意见》(闽海渔函〔2008〕422 号);2011 年 3 月,交通运输部《关于泉州港肖厝港区肖厝作业区 11 号泊位工程使用港口岸线的批复》(交规划发〔2010〕89 号)。

项目建设 1 个 7 万吨级散货码头泊位(码头水工结构按靠泊 10 万吨级船舶设计)。岸线总长 351.8 米。码头采用顺岸式布局,重力式结构。码头前沿水深 15 米。项目后方堆场面积 30.51 万平方米,堆存能力 32.6 万吨。主要装卸设备配置包括 25 吨门座式重机 3 台。项目总投资 2.84 亿元,均为业主自筹资金。用地面积 6.3 万平方米。

项目建设单位为泉州港务集团有限公司;设计单位为中交第三航务工程勘察设计院;施工单位为中港第三航务工程局、厦门港务工程公司、广东中海工程建设总局;监理单位为上海东华建设监理所、福建省交通建设工程监理咨询公司、厦门港湾咨询监理有限公司;质监单位为福建省交通质监局。

（6）肖厝作业区 4 号泊位工程

项目于 2006 年 5 月开工,2010 年 5 月试运行,2016 年 3 月竣工。

项目建设依据:2005 年 8 月,福建省交通厅《关于泉州肖厝港肖厝作业区 4 号泊位工程可行性研究意见》(闽交计函〔2005〕83 号);2005 年 10 月,福建省发展和改革委员会《关于建设泉州港肖厝作业区 4#泊位泊位工程报告的批复》(闽发改交能〔2005〕936 号);2006 年 4 月,福建省交通厅《关于泉州港肖厝港区肖厝作业区 4#泊位工程初步设计的批复》(闽交建〔2006〕58 号);2005 年 4 月,福建省环境保护局《关于批复泉州港肖厝作业区新 5 万吨(4#泊位)级多用途泊位环境影响报告书的函》(闽环保监〔2005〕30 号);2012 年 8 月,泉州市泉港区人民政府颁发 4#泊位后方扩征区域的山头土地证(泉港国用〔2012〕第 111 号);2004 年 10 月,福建省海洋与渔业局《关于肖厝作业区新五万吨级多用途泊位工程项目用海的预审》(闽海渔函〔2004〕386 号文);2005 年 12 月,交通部《关于泉州港湄洲湾港区肖厝作业区 4 号泊位工程使用港口岸线的批复》(交规划发〔2005〕662 号)。

项目建设1个5万吨级多用途码头泊位。岸线总长300米。码头采用顺岸式布局，重力式结构。码头前沿水深16米。项目后方堆场面积27.88万平方米，堆存能力140万吨。主要装卸设备配置包括25吨-35米/40吨-25米门座式起重机2台、53吨-39米多功能门座式起重机2台，41吨-43米轨道式集装箱龙门起重机1台、40吨电动轮胎式起重机1台、45吨正面式起重机1台。项目总投资4.9亿元，均为企业自筹资金。用地面积31.1万平方米。

项目建设单位为福建泉州肖厝港有限责任公司；设计单位为中交第三航务工程勘察设计院有限公司；施工单位为中交第三航务工程局有限公司五公司；监理单位为厦门港湾咨询监理有限公司；质监单位为福建省交通质监站。

项目试运行至今，已成为当地主要公共泊位之一，服务于当地及周边港口所辐射的企业，包括南埔电厂、福海粮油公司、湄洲湾氯碱厂、青州纸业有限公司、南平纸业有限公司等，是福建省"两集两散"港口发展战略的重要组成部分，港口核心竞争力迅速提升，企业取得了良好的经济效益与社会效益。

（7）福建泰山石化仓储发展有限公司码头仓储工程

项目于2007年11月开工，2011年8月试运行，2016年7月竣工。

项目建设依据：2003年3月，交通部《关于编制的对中外合资福建泰山石化仓储发展有限公司中转码头工程项目建议书意见的函》（交函规划〔2003〕167号）；2005年5月，福建省发展和改革委员会《关于闽港合资建设福建泰山石化仓储发展有限公司中转码头项目核准的批复的通知》（闽发改交能〔2005〕972号）；2007年3月，交通部《关于福建泰山石化仓储发展有限公司码头仓储工程初步设计的批复》（交水法〔2007〕101号）；2005年5月，国家环境保护总局《关于福建泰山石化仓储发展有限公司码头仓储工程环境影响报告书审查意见的复函》（环审〔2005〕202号）；2006年6月，泉港区住房和城乡建设局建设用地规划许可证（文件号38060053）；2005年10月，泉州市人民政府《关于福建泰山石化仓储发展有限公司码头工程用海批复》（泉政海〔2005〕7号）；2005年5月，福建省发展和改革委员会《关于闽港合资建设福建泰山石化仓储发展有限公司中转码头项目核准的批复的通知》（闽发改交能〔2005〕972号）。

项目采用分期建设，先期建设1个10万吨级油品泊位，岸线总长358.65米。码头采用栈桥式布局，高桩式结构。码头前沿水深15.8米。仓库面积42.82万平方米。项目总投资7.21亿元，全部为企业自筹资金。用地面积1070亩，用海34.54公顷。

项目建设单位为福建泰山石化仓储发展有限公司；设计单位为中交三航工程勘察设计院有限公司；施工单位为中交第四航务工程局有限公司、福建省工业设备安装有限公司；监理单位为福建交通建设工程监理咨询公司；质监单位为福建省交通建设质量安全监督局。

(8)泉港石化码头储运工程

项目于 2009 年 7 月开工,2011 年 5 月试运行,2011 年 12 月竣工。

项目建设依据:2004 年 10 月,福建省发展和改革委员会《关于泉州泉港石化码头储运工程项目建设核准意见的复函》(闽发改交能〔2004〕489 号);2004 年 8 月,福建省交通厅《关于福建石化集团泉港石化码头工程可行性研究报告的意见》(闽交计函〔2004〕61号);2006 年 8 月,福建省交通厅《关于泉州港泉港石化码头储运项目码头工程初步设计的批复》(闽交港航〔2006〕18 号);2004 年 9 月,福建省环境保护局《福建省环保局关于批复泉州港泉港石化码头储运工程环境影响报告书的函》(闽环保监〔2004〕86 号);2008 年4 月,泉州市泉港区人民政府《福建东港石油化工实业有限公司国有土地使用证(填海)》(泉港国用〔2008〕第 0053 号);2004 年 7 月,福建省海洋与渔业局《关于泉州港泉港石化码头储运工程海域使用论证报告的审查意见》(闽海渔函〔2003〕265 号);2005 年 9 月,交通部《关于泉州港泉港石化码头储运工程使用港口岸线的批复》(交规划发〔2005〕399 号)。

项目建设 1 个 3 万吨级石油化工码头泊位(码头水工结构按靠泊 5 万吨级船舶设计),2 个 2000 吨级码头泊位。岸线总长 290 米。码头采用突堤式布局,高桩式结构。码头前沿水深 13.4 米。库区液体化工品仓储 8.7 万立方米。主要装卸设备配置包括装卸臂 3 台。项目总投资 1.40 亿元,均为业主自筹资金。项目陆域用地面积 22.4 万平方米,用海面积 17.23 公顷。

项目建设单位为福建东港石油化工实业有限公司;设计单位为中交第三航务工程勘察设计院有限公司;施工单位为中交一航局第三工程有限公司;监理单位为厦门合城水运工程监理有限公司;质监单位为福建省交通质监局。

建设项目投产后,2013 年 1 月至 2017 年 12 月共接卸船舶 966 艘、货物 1868120.23吨,为港口经济发展作出了一定贡献。

(五)斗尾港区

1.港区综述

(1)港区建设和运营概况

斗尾港区是福建省湄洲湾石化基地的重要组成部分,将发展成以大型液体散货运输为主的核心港区,并兼顾海工装备制造业的发展。斗尾港区由斗尾、外走马埭 2 个作业区组成。

斗尾港区首个泊位为福建联合石油化工有限公司的 30 万吨级原油泊位,于 2010 年底投入试运行,年均完成原油吞吐量约 1000 万吨。2010 年以来,随着中化泉州石化 1200万吨/年炼油项目入驻,斗尾港区发展步伐显著加快,同步启动建设了斗尾作业区 10 号泊位(30 万吨原油泊位,结构按靠泊 45 万吨原油船设计)、斗尾作业区 3~6 号泊位、外走马埭作业区 1～4 号、5～8 号泊位。2014 年,中化泉州石化 1200 万吨/年炼油项目投产,当年斗尾港区完成货物吞吐量 2141 万吨,其中原油吞吐量 1549 万吨。此外,随着石化产业链不断延伸,斗尾港区启动建设了斗尾作业区 7 号泊位、外走马埭作业区东 1 号泊位等。

截至 2015 年底,斗尾港区建成千吨级及以上生产性泊位 14 个(含万吨级及以上泊位 6 个),设计年货物通过能力 5077 万吨。2015 年,斗尾港区完成港口货物吞吐量 2930 万吨;其中原油完成 2143 万吨。2011—2015 年港区吞吐量分别为 1146 万吨、1239 万吨、1294 万吨、2141 万吨、2930 万吨。

(2)港区地理条件和集疏运概况

斗尾港区位于湄洲湾口南岸。斗尾作业区岸段主要集中在东周半岛东侧和黄干岛,水深条件良好,最深可达 36 米左右,但陆域面积狭小,适宜建设大型原油泊位和液体化工泊位。外走马埭岸段位于湄洲湾中部西南侧,属湄洲湾内的山腰澳海域,周边陆域以侵蚀剥蚀台地地貌为主,间夹洪冲积平原、海积平原和盐田地貌,泊稳条件良好,泥沙来源单一,海床趋于稳定,潮流动力较弱。

斗尾港区以沿海大通道(即国道 228)、泉三高速南惠支线(S1572)为疏港主通道,港区公路后方与国道 324、沈海高速公路等连接。湄洲湾南岸疏港铁路支线接入漳泉肖铁路,延伸至外走马埭作业区附近。

2. 港区工程项目

(1)福炼配套码头

项目于 2006 年 4 月开工,2010 年 12 月试运行,2011 年 12 月竣工。

项目建设依据:2002 年 10 月,国家发展计划委员会《印发国家计委关于审批福建炼油化工有限公司炼油乙烯项目可行性研究报告的请示的通知》(计产业〔2002〕1946 号);2007 年 7 月,交通部《关于福建炼油化工有限公司炼油乙烯项目码头工程初步设计的批复(附总概算表)》(交水发〔2007〕381 号);2003 年 3 月,国家环境保护总局《关于福建炼油化工有限公司乙烯合资项目乙烯工程环境影响报告书审查意见的复函》(环审〔2003〕110 号);2001 年 7 月,福建省国土资源厅《福建省国土资源厅关于福建省炼油化工有限公司炼油、乙烯合资建设项目预审意见的函》(闽国土资〔2001〕函 130 号);2005 年 7 月,《海域使用权证》(国海证 083540002);2002 年 4 月,交通部《关于福建炼油扩建工程 30 万吨级码头使用岸线的批复》(交规划发〔2002〕170 号)。

项目建设 1 个 30 万吨级原油码头泊位,2 个 5000 吨级成品油码头泊位(码头水工结构按靠泊 2 万吨级船舶设计)和 3 个 3000 吨级成品油码头泊位(码头水工结构按靠泊 5000 吨级船舶设计),岸线总长 525 米。码头采用顺岸式布局,重力式结构。码头前沿水深 24 米。项目总投资 4.43 亿元,均为企业自筹资金。项目陆域用地面积 44.67 万平方米,用海面积 15.27 公顷。

项目建设单位为福建联合石油化工有限公司;设计单位为中交第三航务工程勘察设计院有限公司;施工单位为中交第一航务工程局有限公司、中交广州航道局有限公司、漳州海荣航标技术工程有限公司;监理单位为茂名国信石化工程建设监理有限公司;质监单位为福建省交通质监站。

建设项目投产后,青兰山码头主要为福建联合石油化工有限公司接卸进口原油,转输到厂区进行生产加工。

(2)中化1200万吨/年炼油项目配套码头工程

项目于2010年11月开工,2014年5月试运行,2016年6月竣工。

项目建设依据:2010年10月,福建省交通运输厅《关于中化泉州1200万吨/年炼油项目配套码头工程可行性研究的意见》(闽交港航〔2010〕23号);2013年12月,交通运输部《关于中化泉州1200万吨/年炼油项目配套码头工程初步设计的批复》(交水发〔2013〕759号);2011年8月,环境保护部《关于中化泉州1200万吨/年炼油项目环境影响报告书的批复》(环审〔2011〕209号);2011年3月,国土资源部《关于中化泉州1200万吨/年炼油项目建设用地预审意见的复函》(国土资预审字〔2011〕111号);2013年2月,国家海洋局《关于中化泉州1200万吨/年炼油项目用海的批复》(国海管字〔2013〕61号);2013年9月,交通运输部《关于中化泉州炼油项目配套码头工程使用岸线的批复》(交规划发〔2013〕594号)。

项目建设1个30万吨级原油接卸码头泊位,4个分别为10万吨级(码头水工建筑允许靠泊能力15万吨级)、5万吨级、3万吨级、1万吨级成品油装船泊位。岸线总长1605米。码头采用突堤式布局,高桩式结构。码头前沿水深24米。项目总投资10.87亿元,均为企业自筹资金。

项目建设单位为中化泉州石化有限公司;设计单位为中交第三航务工程勘察设计院有限公司、中交第四航务工程勘察设计院有限公司;施工单位为中交第四航务工程局有限公司;监理单位为厦门港湾工程咨询监理有限公司;质监单位为福建省交通质监局、化学工业工程质量监督总站。

中化1200万吨/年炼油项目配套码头工程(3~6号泊位)项目获得中国水运建设行业协会颁发的2017年度水运交通优质工程奖。

(六)湄洲湾港公共航道

湄洲湾内航道包括湄洲湾10万吨级主航道;福建炼化有限公司码头10万吨级支航道;洋屿5万吨级进港航道;福炼30万吨级码头进港航道。

湄洲湾航道10万吨级主航道由湾口剑屿至湾顶秀屿附近海域,全长31.46千米,航道设计底宽度300米,设计底高程-14.5米。可满足10万吨级船舶乘潮单向通航要求。

福炼10万吨级支航道自湄洲湾主航道D点附近起至鲤鱼尾作业区福炼10万吨级码头前沿,长约5.0千米,航道宽度250米,底高程-12.1米,可满足10万吨级油船乘潮单向通航要求。

洋屿5万吨级航道自福炼10万吨级航道末端起至鲤鱼尾作业区泉港石化码头前沿,长约1.7千米,航道宽度220米,底高程-10.0米,可满足5万吨级油船乘潮单向通航要求。

湄洲湾电厂码头支航道从10万吨级系船浮筒锚地至湄洲湾电厂码头。

福炼30万吨级航道自大岞附近海域起至斗尾港区福炼30万吨级原油码头前沿,长约38.7千米,航道宽度500米,底高程-21.0～23.0米。可满足30万吨级油船乘潮单向通航要求。

(1)湄洲湾深水航道一期工程

项目于2006年7月开工,2007年12月试运行,2013年4月竣工。

项目建设依据:2005年3月,福建省发展和改革委员会批复立项(闽发改交能〔2005〕164号);2005年12月,福建省交通厅批复工程初步设计(闽交建〔2005〕152号);2006年3月,福建省港航管理局批复施工图设计(闽航建〔2006〕8号)。

主航道扩建,从剑屿至肖厝航道长31.46千米,航道设计底宽300米,设计底高程:AG航段-14.5米、GH航段-11.8米(均为当地理论深度基准面),按照10万吨级航道的标准进行建设;新建洋屿支航道1.73千米,航道设计底宽220米,设计底高程-10.0米,按5万吨级航道标准进行建设。项目总投资按5000万元控制,实际执行概算3880万元,其中中央投资1450万元、省级及地方政府投资2430万元。

项目建设单位为福建省航道工程建设指挥部;设计单位为福建省港航勘察设计研究院;施工单位为中交广州航道局有限公司;监理单位为福建省交通建设工程监理咨询公司;质监单位为福建省交通建设质量安全监督局。

建设项目投产后,对发展湄洲湾航运,促进泉州、莆田两市经济发展,保障LNG船舶通航发挥了重要作用。

(2)湄洲湾深水航道二期工程

项目于2008年11月开工,2012年5月试运行,2019年12月竣工。

项目建设依据:2007年8月,福建省发展和改革委员会《关于湄洲湾航道二期工程可行性研究报告的批复》(闽发改交能〔2007〕831号);2008年3月,福建省交通厅、福建省发展和改革委员会《关于湄洲湾航道二期工程初步设计的批复》(闽交港航〔2008〕10号)。

湄洲湾25万吨级航道按照乘潮单向通航25万吨级散货船规模建设;东吴10万吨级航道按10万吨级集装箱船舶乘潮单向通航要求建设;莆头5万吨级航道按5万吨级船舶乘潮单向通航要求建设;惠屿西航道按乘潮通航10万吨级油轮规模建设;拓宽洋屿10万

吨级航道宽度从 220 米扩宽至 250 米，天然水深在 12.1 米以上，按照乘潮通航 10 万吨级液散船规模拓宽，航道 0.9 千米。总投资 3.57 亿元，其中，交通运输部资金 6200 万元、省级资金 7574 万元、泉州市出资 7798 万元、莆田市出资 1.41 亿元。

项目建设单位为福建省湄洲湾港口管理局；设计单位为福建省港航勘察设计研究院；施工单位为长江航道局、中交广州航道局有限公司；监理单位为福建省陆海建设管理有限公司、福建省交通建设工程监理咨询有限公司、福建陆海建设监理所；质监单位为福建省交通质量安全监督局。

依托湄洲湾航道二期工程，由项目建设单位、交通运输部天津水运工程科学研究所和福建省港航勘察设计院共同开展《湄洲湾深水航道建设关键技术研究》，为湄洲湾航道三期工程建设提供技术支持。

（3）湄洲湾航道三期工程

湄洲湾航道三期工程包括Ⅰ阶段、Ⅱ阶段 2 个项目。其中，Ⅱ阶段项目为利用世界银行贷款建设的项目。根据湄洲湾港口发展需要，项目采用分批建设，分段交工投入使用。

项目于 2012 年 6 月开工，自 2016 年 1 月起至 2019 年 7 月，陆续有单位工程交工验收投入使用。

项目建设依据：2011 年 11 月，福建省发展和改革委员会《关于湄洲湾航道三期工程（Ⅰ阶段）工程可行性研究报告的批复》（闽发改交通〔2011〕1440 号）；2011 年 11 月，福建省发展和改革委员会《关于湄洲湾航道三期工程（Ⅱ阶段）工程可行性研究报告的批复》（闽发改交通〔2011〕1443 号）；2011 年 11 月，福建省交通运输厅、福建省发展和改革委员会《关于湄洲湾航道三期工程（Ⅰ阶段）初步设计的批复》（闽交建〔2011〕132 号）；2011 年 11 月，福建省交通运输厅、福建省发展和改革委员会《关于湄洲湾航道三期工程（Ⅱ阶段）初步设计的批复》（闽交建〔2011〕133 号）；2013 年 6 月，福建省港航管理局《关于湄洲湾航道三期工程（Ⅰ阶段）施工图设计的批复》（闽交港航〔2013〕41 号）；2013 年 6 月，福建省港航管理局《关于湄洲湾航道三期工程（Ⅱ阶段）施工图设计的批复》（闽交港航〔2013〕42 号）。建设内容包括Ⅰ阶段、Ⅱ阶段 2 个项目。

湄洲湾航道三期（Ⅰ阶段）新建分段通航航道东吴段，按满足 5 万吨级船舶乘潮单向通航要求建设。调整扩建肖厝航道，按满足 15 万吨集装箱船乘潮单向通航要求规模扩建。扩建莆头 7 万吨级航道，按满足 7 万吨级散货船乘潮单向通航规模扩建。新建莆头北作业区 1 万吨级航道，按满足 1 万吨级件杂货船乘潮单向通航要求建设；新建石门澳支航道，东航道按满足 15 万吨级散货船乘潮通航单向通航，同时兼顾 5 万吨级船舶双向通航要求建设；西航道满足 2 万吨级化学品船乘潮单向通航要求建设；扩建主航道 CD 段会船区，会船区与主航道组合可满足 30 万吨级散货船与 15 万吨级及以下船舶交汇通航要求。新建湾口 3 号锚地,满足 14.7 万立方米 LNG 空载船舶、2 万吨级油船或 2 万吨级化学品船泊锚要求;新建湾内 3 号锚地,满足 1 艘 3 万吨级船舶待舶使用;新建湾内 4 号锚地,满足 2 艘 3 万吨级船舶待泊使用。新建湾内 5 号锚地,满足 1 艘 1 万吨级船舶待泊使用。

湄洲湾航道三期(Ⅱ阶段) 湄洲湾主航道扩建工程,满足 30 万吨级散货船乘潮单向通航要求,同时满足 40 万吨散货船乘潮单向通航要求和 Q-Max 型 LNG 船不乘潮单向通航要求。新设湾外 2 号锚地,锚地水深 29.0 米以上,可满足 2 艘 30 万吨级散货船候潮待泊要求。

项目总投资约为 29.69 亿元,其中,交通运输部资金 4.05 亿元、省级资金 4.89 亿元、世界银行贷款 5000 万美元,其余资金由建设单位自筹。

项目建设单位为福建省湄洲湾港口管理局;设计单位为福建省港航勘察设计研究院;主要施工单位为长江航道局、中交广州航道局有限公司、青岛海防工程局、中交第三航务工程局有限公司;主要监理单位为福建省交通建设工程监理咨询公司、福建省陆海建设监理有限公司;质监单位为福建省交通质监局。

四、泉州港

(一)港口概况

1. 港口综述

古代泉州港有"三湾十二支港"(即泉州湾的洛阳港、后渚港、法石港、蚶江港;深沪湾的祥芝港、永宁港、深沪港、福全港;围头湾的安海港、金井港、围头港、石井港)之称,主要位于泉州湾、深沪湾、围头湾。

泉州港港域地形随着岁月的流逝逐渐发生变化。据地质考查,很久以前古泉州城及附近大部分地区尚埋没于海水之中,进入冰川后期,全球气候变暖,冰雪融化,海面扩大,沿海地带成为浅海以后,地壳做缓慢的振荡式上升运动,泉州一带才开始形成海湾(即古泉州港),范围应该包括现今整个泉州—晋江平原一带。泉州湾后渚港基本面貌的形成,则大约是数百年前的事。

又据史料记载,古泉州港水域宽、航道深,唐宋时期"有几多之大舰巨舶得停泊于附近城旁",宋代舟楫还可直达设在新桥以上的水仙门(现在水仙门附近的水仙门小学就是宋代市舶司旧址)的市舶司办理手续,南宋时期船舶可以自后渚港航至晋江口入海处,再沿晋江上溯至南安九日山下进行祈风祭典,而到了明代则只能寄旋在今泉州城南门车桥澳和天后宫附近,之后到了清末民初晋江城下的船舶,停泊点已移至泉州府城南门新桥下,更需候高潮才能进出。因晋江水道的变迁,上游的西溪含沙量大,中下游的河道逐渐淤浅,泉州古港逐渐从河口港变迁为海港。

泉州港现状为"三港区十作业区二作业点"。针对泉州港码头泊位零散布局、规模效应差、专业化程度低、港城矛盾日益凸显等现状,规划对泉州港各港区作业区进行资源整合、调整功能布局,促使其集约化、规模化发展。未来泉州港将形成"一港三港区六作业区二作业点"的总体格局。

根据修订的《泉州港总体规划》(现已完成审查并上报省政府审批):泉州港范围为北起惠安剑屿、南至南安菊江,划分为:泉州湾、围头湾和深沪湾3个港区,并进一步细分为6个作业区和2个作业点。至此,泉州港发展形成"一港三湾三区六作业区二作业点"的格局,即由泉州湾港区(秀涂、石湖、锦尚作业区)、深沪湾港区(深沪作业区及深沪LNG作业点)、围头湾港区(围头、石井作业区及东石作业点)组成。泉州港各港区特色逐步显现:泉州湾港区将依托环泉州湾中心城区的发展,重点发展集装箱运输,巩固沿海内贸集装箱枢纽港地位,逐步拓展近洋外贸航线,是兼顾腹地经济社会所需干散货和件杂货运输以及服务对台客滚运输的综合性港口;深沪湾港区将根据后方产业的布局和发展,主要发展散杂货和液化天然气运输,服务于地方经济社会的发展;围头湾港区,依托并服务于后方石材资源和建材工业发展,重点发展石材、粮食、件杂货和对台直航运输,逐步拓展集装箱运输功能,开拓外贸航线,服务于地方经济社会发展。

泉州市的港口设施主要分布在湄洲湾、泉州湾、深沪湾、围头湾4个湾域。"九五"以来,泉州港陆续建设了泉州湾5万吨级航道一期工程、大坠万吨级航道、围头湾10万吨级航道、石井5000吨级航道、泉州湾航道二期工程(小坠、秀涂、锦尚航道)等沿海航道,大大促进了港口的发展。

泉州港由泉州湾、围头湾、深沪湾组成,辖区共有航道14条,其中公共航道13条、企业管理航道1条,航道通航安全有了根本保障,泉州港吞吐量呈现快速增长态势,港口的地位和作用不断提高。

2. 港口水文气象

泉州市属亚热带海洋性季风气候,年平均气温19.5～21.0摄氏度,年平均降水量715～1482毫米,年平均日照时数1920～2281小时。泉州湾多年平均气温为20.4摄氏度,多年平均降水量为1095.4毫米,多年平均风速为3.9米/秒,多年平均年雾日数为29.4天。深沪湾多年平均气温20.4摄氏度,多年平均降水量1095.4毫米,多年平均雾日数15.9天,多年平均风速为3.9米/秒。围头湾的周边无气象站。

泉州湾属正规半日潮海湾,相对当地理论最低潮面,最高潮位7.15米,最低潮位－0.03米,平均高潮位5.57米,平均低潮位1.37米,平均潮差4.38米。其潮流亦为正规半日潮流。该水域潮流属于较稳定的往复流,涨潮流由东向西,落潮流由西向东,涨潮流最大实测流速为1.2～1.3米/秒,落潮流最大实测流速为1.2米/秒。泉州湾的实测含沙量最高为 0.26 千克/立方米,大潮平均含沙量为 0.03 千克/立方米,小潮平均含沙量在 0.02 千克/立方米。随着晋江来沙量的减少,晋江河口浅滩略有冲刷,泉州湾中部的鞋沙浅滩处于微淤状态,但浅滩附近海床稳定性良好,石湖深槽基本保持冲淤平衡状态。

深沪湾潮汐属于正规半日潮,最高潮位 6.84 米,最低潮位 - 0.47 米,平均高潮位 5.43 米,平均低潮位 1.08 米,平均潮差 4.35 米。以深沪湾口门永宁嘴—大屿角连线为界,湾内和湾外的潮流运动有较大的差别。由于受口内地形的影响,湾内潮流流向变化较大,且具有往复流特性。落潮流向变化范围为 S ~ SE 向,涨潮流向变化范围在 NE ~ N 向。湾内流速较湾外小,水域大、中、小潮的涨潮实测测点最大流速为 0.25 米/秒,落潮为 0.50 米/秒。深沪湾泥沙来源较少。多年来深沪港区一期工程附近水深变化不大,局部还有刷深的趋势。

围头湾属正规半日潮类型。最高潮位 6.57 米,最低潮位 - 0.29 米,平均高潮位 5.64 米,平均低潮位 1.55 米,平均潮 4.31 米。围头湾属正规半日潮流,且具有往复流特性。最大涨落垂线平均流速均在 0.9 米/秒以内。大潮涨潮垂线平均流速为 0.6 ~ 0.75 米/秒,落潮最大垂线平均流速为 0.8 米/秒。大潮涨潮最大流速为 0.68 ~ 0.83 米/秒,落潮最大流速为 0.98 米/秒。围头湾平均含沙量在 0.06 ~ 0.07 千克/立方米之间,且大小潮差别不大。围头湾海域含沙量很小,年回淤强度为 0.15 米左右,基本保持冲淤平衡状态。

3. 发展成就

新中国成立后,受台湾海峡两岸军事对峙的影响,福建沿海港口航运处于封闭状态,台湾海峡南北分隔而无法直接通航,仅限省内及邻省航线。1957 年以后,泉州港建设逐步兴起,但受"文化大革命"的影响,投资建设十分有限。1977 年,随着泉州湾内后渚港两座 500 吨级浮码头(方舟)的建成,泉州港从此告别无正规码头的历史。党的十一届三中全会后,福建沿海港口经济发展环境大为改善,后渚港通航香港,福建沿海也结束了以泉州为界南北断航 30 年的历史。1980 年,泉州重设海关机构对外开放。1981 年,泉州港始建 3000 吨级码头。1983 年,泉州港正式恢复对外籍船舶开放,被国务院批准为全国 24 个对外开放港口之一。1987 年,泉州港第一次对后渚至小坠门航道进行整治疏浚,从此结束不能通航万吨级海船的历史。1996 年,第一次全国基本单位普查时,泉州港被划为大型港口。1998 年,泉州港开始科学规划,明确港口发展方向。2006 年,泉州市紧跟全国港口建设的大潮,港口发展迎来了新机遇。2010 年,泉州湾湾口至石湖 10 万吨级深水航道、围头湾湾口至围头码头 10 万吨级深水航道、围头湾湾口至石井作业区 5000 吨级航道陆续建成,航道能力大幅提升。

经过改革开放 30 多年的发展,泉州港已经形成了以泉州湾、深沪湾、围头湾 3 个港区组成的"一港三区十三作业区(点)"的现状发展格局。与此同时,港口生产运输一改新中国成立初期货物吞吐量长期低下的状况,由 1978 年的 29.54 万吨,经过 1980—1990 年 100 万吨左右的徘徊后,1997 年泉州港吞吐量首次突破 1000 万吨大关,居全国沿海港口第 17 位;2017 年吞吐量达到 7809.6 万吨。2015 年船长大于或等于 250 米船舶 164 艘次(其中 VLCC 船舶 154 艘次);2016 年船长大于或等于 250 米船舶 170 艘次(其中 VLCC 船舶 146 艘次);2017 年船长大于或等于 250 米船舶 199 艘次(其中 VLCC 船舶 152 艘次)。

泉州港港区分布图如图 8-8-3 所示。

图 8-8-3　泉州港港区分布图

泉州港基本情况见表 8-8-4。

表 8-8-4

泉州港基本情况表(沿海)

序号	港区名称	港口岸线		2015年港口生产用泊位				其中:1978—2015年建成的生产用泊位				2015年港口货物和旅客吞吐量									
		港口规划岸线	其中:2015年前已建成岸线	生产用泊位数	其中:万吨级及以上	生产用泊位总长	其中:万吨级及以上	生产用泊位数	其中:万吨级及以上	生产用泊位总长	其中:万吨级及以上	货物吞吐量	其中:外贸货物吞吐量	集装箱	滚装车辆		旅客	其中:国际旅客
		千米	千米	个	个	米	米	个	个	米	米	万吨	万吨	万TEU	数量 万辆	质量 万吨	万人	万人
1	泉州湾港区	19.3	8.6	22	7	3957	1977	22	7	3957	1977	5360.26	300.90	157.80	—	—	—	—
2	深沪湾港区	5.8	2.2	4	1	604	231	4	1	604	231	1809.33	52.55	32.22	—	—	12.28	7.48
3	围头湾港区	12.9	6.4	41	2	4034	647	41	2	4034	647	330.61	33.23	—	—	—	—	—
	合计	38.0	17.2	67	10	8595	2855	67	10	8595	2855	7500.20	386.68	190.02	—	—	12.28	7.48

(二)泉州湾港区

1. 港口综述

(1)港区建设和运营概况

泉州湾港区是泉州港的老港,闽南三角地区内外贸易的主要口岸之一。泉州湾历史悠久,湾内的后渚港区被誉为中世纪世界第一大港,是"海上丝绸之路"的起点之一。1996 年前,泉州港划分为"一湾三大港区"时,后渚、内港两大港区就位于泉州湾内。2001 年 9 月,根据《福建省人民政府关于泉州港总体布局规划的批复》,泉州湾的辖区范围为:泉州湾港区由崇武、后渚、内港、石湖、祥芝作业区以及当时近期计划建设中的秀涂作业区组成。2018 年,《泉州港总体规划》修编基本完成,确定泉州湾港区由秀涂、石湖、锦尚 3 个作业区组成。其中,锦尚作业区位于泉州湾口门外。

泉州湾港区是泉州市的中心港区之一,港口基础设施相对集中在后渚作业区、石湖作业区,担负着泉州市所属区、县的物资集散和外贸进出口,是泉州港集装箱通过能力最大的港区。进口货物主要有粮食、化肥、煤炭、建材、石油、日用工业品等;出口货物首先以食盐、糖、型砂为大宗,其次是轻工产品、木材、蜜饯、农副产品等。

1985 年,泉州湾港区共有码头泊位 13 个,码头总长 573 米,除物资部门有一石油码头外,其余均为港务部门所有。经过"八五""九五""十五""十一五""十二五"期建设,港区至 2017 年码头泊位已发展到 22 个,其中万吨级以上深水泊位 5 个;水工结构设计最大可靠泊 10 万吨级船舶;年通过能力为 1995.2 万吨、集装箱为 93.07 万 TEU;仓库及堆场面积 83 万平方米,陆域面积 65 万平方米。

现有千吨级以上生产性泊位 21 个,其中万吨级以上深水泊位 7 个,年设计通过能力件杂散货 1065 万吨、集装箱 93 万 TEU、旅客 4 万人次。泉州湾港区是泉州港集装箱运输的主要港区,拥有后渚集装箱码头、石湖作业区 1 号、2 号多用途码头及 3 号、4 号等集装箱专业化泊位、后渚杂货码头、后渚过驳杂货泊位、石湖作业区 0 号泊位、锦尚作业区 1 ~ 3 号泊位等通用泊位,以及锦尚作业区鸿山热电厂 10 万吨级煤炭专业化泊位、后渚散粮泊位、崇武闽台贸易泊位、石湖作业区油专 1 ~ 3 号成品油泊位、后渚港丰 3000 吨级液体化工品泊位和后渚客货泊位等。除锦尚作业区鸿山热电厂 10 万吨级煤炭专业化泊位以外,泉州湾港区最大泊位 5 万吨级,最小 1000 吨级。港区 2012 年吞吐量 4559.16 万吨、133.18 万TEU,2013 年吞吐量 4761.79 万吨、127.71 万 TEU,2014 年吞吐量 4750.20 万吨、141.27 万 TEU,2015 年吞吐量 5360.26 万吨、157.80 万 TEU,2016 年吞吐量 5319.82 万吨、163.28万 TEU,2017 年吞吐量 5553.87 万吨、166.14 万 TEU。

(2)港区地理条件和集疏运概况

泉州湾港区位于泉州湾西北岸晋江与洛阳江汇合处,东临台湾海峡,西部深入内陆,紧依晋江冲积平原,南北陆域为低山台地,湾内浅滩发育,岛礁众多,港区范围东起祥芝灯塔,西至泉州顺济桥,北至惠安小岞剑屿,南至永宁镇北侧的观音山,自然岸线约 135 千米,水域面积 16600 公顷,陆域面积 152.5 万平方米。泉州湾口向东南敞开,被大坠岛和小坠岛等岛礁分成几个航门,大坠门(古称岱屿门)是进入秀涂锚地和后诸港的主要航道。

泉州湾港区海上和陆上交通十分便利,可达沿海及长江下游各主要港口。港区与广州、香港、浙江、上海、山东等地的港口有货物对流,与上海、香港有定期货班轮,同 30 多个国家和地区有贸易往来。该港区是泉州港百吨以上至 5 万吨级船舶进行海河、海铁、海公、海海运输的交通运输枢纽。其中,泉州湾港区北至上海 597 海里,至福州 157 海里,南至厦门 84 海里,至香港 357 海里,东至基隆 152 海里。泉州在沈海高速公路及福厦公路干线上,与全省公路网连接,北距福州 196 千米,南距厦门 106 千米,与广州、拱北、深圳及省内主要市县均有直达客班车。

秀涂作业区疏港通道需建设大桥及引堤连接后方 228 国道,再连接泉三高速公路南惠支线。石湖作业区疏港通道为后方 2 千米处的 228 国道及蚶江—灵秀一级公路,实现与高速公路网的衔接。规划的泉州绕城高速泉州湾跨海工程及从作业区西侧经过,成为远期疏港通道。锦尚作业区疏港路为已建成的 228 国道(石狮境内段,路基宽度 26 米,为二级公路),与后方的 324 国道以及沈海高速公路福泉厦段相接。

2.港区工程项目

(1)后渚通海航道工程

项目于 1985 年 3 月开工,1987 年 11 月试运行。

1986 年 7 月建成后渚港务码头至小坠门外航道约 22 千米,航宽 80 米,底高程 -3.8 米(当地理论最低潮位)。工程包括疏浚、设置助航标志等。

1996 年,后渚通海航道整治一期工程建设,抛设丁坝五道;总长度 3321 米,工程量 10.18 万立方米。疏浚白奇浅滩、调头水域、港池;疏浚工程量 59.3 万立方米。抛设深水灯浮五个,更新四个;改造导标一对。整治后水深 4.0 米,航宽 100 米。航道通航等级为乘潮通航 5000 吨级海船。总投资 2253.83 万元。

项目建设单位为福建省港航管理局;设计单位为福建省港航设计院;施工单位为福建省港航管理局福州分局。

泉州后渚通海航道工程是泉州改革开放以来首个航道工程。它的建成,开辟了泉州至香港客轮航线,可供 3000 吨级"鼓浪屿"号、"集美"号客船乘潮通航。工程建成后,泉州后渚港相继建成的码头有 3000 吨级杂货码头、5000 吨级客货码头、3500 吨级石油码头、5000 吨级粮食专用码头、海巡码头及万吨级浮筒各 1 座。

(2)泉州内港航道工程

项目于1994年2月开工,1998年11月试运行,2001年7月交工验收。

1994年开始实施泉州内港通海航道整治。整治航段长13千米、设计航道宽度66米、航道水深3米,乘潮通航500吨级船舶。1994年抛设N1、S4丁坝;1995年抛设N2、S1、S2、S3丁坝;1998年抛设S7、S8、S9、丁坝,共抛设整治丁坝9条。1995年疏浚中芸洲浅滩;1999年疏浚大沙浅滩。1995年建设坝头标5座;混凝土灯桩1座,1998建设坝头标3座。1998年抛设发光灯浮9座,2002年灯浮安装航标卫星定位与遥测遥控系统。2001年实施大沙浅滩炸礁工程。

项目建设单位为福建省港航管理局;设计单位为福建省港航设计院;施工单位为福建省港航管理局福州分局。

泉州内港航道为原泉州内港作业区配套航道。内港港区有生产泊位5个,其中2000吨级3个、500吨级3个,码头泊位及港池水深5~8米,航道畅通,航标设施完善,吃水5米(乘潮5.5米)、码头年吞吐能力100万吨。由于泉州市区城市道路建设需要,原内港作业区已迁移至后渚港区。内港航道目前保留现状。

(3)泉州港石狮石湖港区万吨级多用途码头工程(泉州港石湖作业区1号泊位)

项目于1996年6月开工,1998年10月试运行,2016年6月竣工。

项目建设依据:1994年9月,福建省计划委员会《关于泉州港石狮石湖港区万吨级多用途码头工程可行性研究报告的批复》(闽计交〔1994〕100号);1995年9月,福建省建设委员会《关于泉州港石狮石湖港区万吨级多用途码头工程初步设计的批复》(闽建设〔1995〕105号);1994年8月,福建省环境保护局《关于批复泉州港石狮石湖港区万吨级多用途码头工程环境影响报告书的函》(闽环保〔1994〕然065号);1998年7月,泉州市人民政府《关于提供中外合作企业泉州港宝盛石湖港区发展有限公司万吨级多用途码头建设用地的批复》(泉政〔1998〕第206号);1994年1月,泉州港务管理局《关于泉州港石湖港区万吨级泊位岸线使用的批复》(泉港〔1994〕004号)。

项目建设1个万吨级多用途码头泊位,岸线总长200米,宽40米。码头采用顺岸式布局,重力式结构。码头前沿水深9.6米。项目后方堆场面积23万平方米。仓库面积0.30万平方米。主要装卸设备包括额定起重量大于25吨的港口门座式重机4台,轨距小于35米的轨道集装箱门式起重机6台。项目总投资1.68亿元,均为企业投资。项目陆域用地面积8.92万平方米,其中码头及引堤用地4.89万平方米,全部为填海形成;堆场及相应配套设施用地4.04万平方米。

项目建设单位原为泉州港宝盛石湖港区发展有限公司,2006年变更为泉州太平洋集装箱码头有限公司;设计单位为交通部第三航务工程勘察设计院;施工单位为交通部第三航务工程局第六工程公司;质监单位为福建省交通基本建设工程质量监督检测站。

2005年6月1日《港口工程竣工验收办法》(交通部令2005年第2号)实施以前建成的老码头,因验收基础资料缺失或历史遗留问题,无法申请竣工验收的,根据交通部文件《关于明确港口经营管理有关问题的通知》(交水发〔2005〕416号)要求,聘请有水运工程试验检测资质的机构对码头结构进行技术检测评估,并组织专家对检测评估结果进行论证。

石湖作业区的建设是适应泉州市加快现代港口城市的建设,实施"以港兴市"战略、实现亿吨大港并促进石狮市国土开发和城市发展的需要。石湖作业区主营集装箱业务,兼营以荒料石为主的散杂货业务(含保税仓储业务)。目前,国内外知名集装箱班轮公司已在泉州湾港区开辟20多条内贸集装箱航线,航线辐射国内各大主要港口,外贸近洋集装箱航线也在不断加密中。石湖作业区已发展成为泉州港内贸集装箱枢纽港和东南亚地区最大的石材交易市场。

(4)泉州港石湖码头扩建技改工程(泉州港石湖作业区2号泊位)

项目于2001年2月开工,2002年9月试运行,2016年6月竣工。

项目建设依据:2001年9月,福建省经济贸易委员会《关于泉州港石湖码头扩建技改工程可行性研究报告的批复》(闽经贸投资〔2001〕746号);2003年4月,福建省环境保护局《关于批复泉州港石湖码头扩建技改工程环境影响报告书的函》(闽环保监〔2003〕25号);2012年2月,石狮市人民政府《关于提供泉州太平洋集装箱码头有限公司建设用地的批复》(狮政用地〔2012〕3号);2000年5月,泉州港务管理局《关于同意泉州港宝盛石湖港区发展有限公司使用岸线的批复》(泉港〔2000〕52号)。

项目建设1个3万吨级集装箱码头泊位,岸线总长300米。码头采用顺岸式布局,重力式结构。码头前沿水深11.6米。项目后方堆场面积13.22万平方米,堆存能力40万吨。主要装卸设备包括额定起重量30~50吨的岸边集装箱起重机3台,轮距大于30米的轮胎式集装箱门式起重机30台。项目总投资6648万元,建设资金由项目业主自筹2344万元,申请银行贷款4304万元。项目陆域用地面积33974.2万平方米,全部为填海形成。

项目建设单位原为泉州港宝盛石湖港区发展有限公司,2006年变更为泉州太平洋集装箱码头有限公司;设计单位为中交第三航务工程勘察设计院有限公司;施工单位为中港一航局三公司;监理单位为上海东华建设监理所;质监单位为福建省交通基本建设工程质量监督检测站。

(5)福建中油油品仓储有限责任公司石湖油库万吨级码头工程

项目于2001年4月开工,2002年11月试运行,2010年12月竣工。

项目建设依据:2001年1月,泉州市计划委员会《关于福建中油油品仓储有限公司石湖油库改扩建工程可行性研究报告的批复》(泉计〔2001〕27号);2001年3月,泉州市计划委员会《关于福建中油油品仓储有限公司石湖油库改扩建工程初步设计的批复》(泉计〔2001〕105号);2005年12月,福建省发展和改革委员会《关于确认福建中油油品仓储有限公司万吨级码头项目的批复》(闽发改交能〔2005〕1184号);2004年6月,泉州市环保局《关于批复福建中油油品仓储有限公司石油化工专用码头工程环境影响报告书的函》(泉环监函〔2004〕62号);2005年6月,交通部《关于泉州港石湖港区中油成品油码头工程使用岸线的批复》(交规划发〔2005〕283号)。

项目建设1个万吨级油品码头泊位(水工结构按3万吨级码头设计,1号泊位,码头水工建筑允许靠泊能力1万吨级),1个3000吨级油品码头泊位(2号泊位),1个1000吨级油品码头泊位(3号泊位),岸线总长500米,1号码头泊位平台长250米、2号码头泊位平台长150米、3号码头泊位平台长100米。码头采用引桥式布局,码头、栈桥均为高桩承台式梁板结构;引堤长28米、宽11米;栈桥长683.76米、宽7米。1号码头前沿水深8.3米。主要装卸设备配置包括规格为RC10H-320的船用输油臂(每小时每台接油500立方米)2台。2号码头前沿底高程-6.2米。主要装卸设备配置包括规格为RC8BH-01/9.6的船用输油臂(每小时每台接油400立方米)2台。3号码头前沿底高程-4.2米。主要装卸设备配置包括规格为RC8BH-01/9.6的船用输油臂(每小时每台接油400立方米)2台。码头共铺6条φ325输油主要管线等配套输油工艺设施。总投资7824万元,其中项目资本金为2256万元,长期借款5568万元。

项目建设单位为福建中油油品仓储有限责任公司;设计单位为中交第一航务工程勘察设计院有限公司;施工单位为中港第四航务工程局;监理单位为福建省交通建设工程监理咨询公司;质监单位为福建省交通建设质量安全监督局。

(6)泉州港石湖码头扩建技改二期工程(泉州港石湖作业区3号泊位)

项目于2003年7月开工,2005年10月试运行,2016年8月竣工。

项目建设依据:2001年9月,福建省经济贸易委员会《关于泉州港石湖码头扩建技改二期工程可行性研究报告的批复》(闽经贸投资〔2002〕621号);2003年12月,福建省经济贸易委员会《关于泉州港石湖码头扩建技改二期工程项目初步设计的批复》(闽经贸投资〔2003〕1014号)。2004年3月,福建省经济贸易委员会《关于泉州港务集团有限公司石湖码头扩建技改二期工程初步设计方案调整的批复》(闽经贸投资〔2004〕224号);2003年4月,福建省环境保护局《关于批复泉州港石湖码头扩建技改工程环境影响报告书的函》(闽环保监〔2003〕25号);2003年5月,泉州市人民政府《关于泉州港务集团有限公司泉州港石湖码头扩建技改二期工程使用海域的批复》(泉政海〔2003〕7号);2001年12月,泉州港务管理局《关于石湖码头扩建技改二期工程使用岸线的批复》(泉港〔2001〕151号)。

项目建设1个5万吨级集装箱码头泊位(码头水工建筑允许靠泊能力10万吨级)及

引堤一条,岸线总长 354 米,引堤长 512 米,宽 25 米。码头采用顺岸式布局,重力式结构。码头前沿水深 13.6 米。项目后方堆场面积 14.63 万平方米,堆存能力 1.1 万 TEU。仓库面积 0.30 万平方米。主要装卸设备包括额定起重量 30~50 吨的岸边集装箱起重机 2台,额定起重量 50~100 吨、轮距大于 30 米的轮胎式集装箱门式起重机 2 台。项目总投资 1.80 亿元,建设资金由项目业主自筹 9993 万元,申请银行贷款 8000 万元。项目陆域用地面积 293.85 亩,全部为填海形成。

项目建设单位原为泉州港宝盛石湖港区发展有限公司,2006 年变更为泉州太平洋集装箱码头有限公司;设计单位为中交第三航务工程勘察设计院有限公司;施工单位为中港第三航务工程局;监理单位为厦门港湾咨询监理有限公司;质监单位为福建省交通基本建设工程质量监督检测站。

(7)泉州港石湖作业区 4 号泊位工程

项目于 2006 年 11 月开工,2009 年 3 月试运行,2016 年 8 月竣工。

项目建设依据:2005 年 9 月,福建省发展和改革委员会《关于核准泉州港石湖作业区4#泊位建设项目的批复》(闽发改交能〔2005〕877 号)。2005 年 12 月,福建省交通厅《关于泉州港石湖作业区 4#泊位工程初步设计的批复》(闽交建〔2005〕160 号);2005 年 11月,福建省环境保护局《关于批复泉州港石湖作业区 4#泊位工程环境影响报告书的函》(闽环保监〔2005〕102 号);2005 年 4 月,福建省海洋与渔业局《关于泉州港石湖作业区 4#泊位用海的预审意见》(闽海渔函〔2005〕117 号);2006 年 3 月,交通部《关于泉州港石湖作业区 4#泊位工程使用港口岸线的批复》(交规划发〔2006〕84 号)。

项目建设 1 个 5 万吨级多用途码头泊位,岸线总长 350 米。码头采用顺岸式布局,重力式结构。码头前沿水深 13.6 米。项目后方堆场面积 2.25 万平方米,堆存能力 2.5 万TEU。仓库面积 0.30 万平方米。主要装卸设备包括额定起重量 50~100 吨、轨距大于50 米的岸边集装箱门式起重机 4 台。项目总投资 6.50 亿元,建设资金由项目业主自筹2.28 亿元,申请银行贷款 4.23 亿元。项目陆域用地面积 27.57 万平方米,全部为填海形成。

项目建设单位为泉州太平洋集装箱码头有限公司。设计单位为中交第四航务工程勘察设计院有限公司;施工单位为中港第三航务工程局;监理单位为上海东华建设管理有限公司;质监单位为福建省交通基本建设工程质量监督检测站。

(8)大坠航道工程

项目于 2007 年 3 月开工,2007 年 4 月 8 日完工。

项目建设依据:2007 年 7 月,福建省海洋与渔业厅《关于泉州港深水航道工程环境影响报告的核准意见》(闽海渔函〔2007〕383 号)。

大坠门临时航道从湾口设计锚地至石湖作业区航程 11.04 千米,航道设计宽度100 米,底高程取 −5.0 米时,基本可满足万吨级船舶不同保证率乘潮通航要求。疏浚工程量 15.63 万立方米,新设 6 座 ϕ2.4 米灯浮标。项目总投资 203.72 万元,均为政府投资。

项目建设单位为福建省港口管理局;设计单位为福建省港航勘察设计院;施工单位为长江重庆航道工程局;监理单位为广西八桂工程监理咨询有限公司;质监单位为福建省交通建设质量安全监督局。

(9)泉州湾 5 万吨级航道一期工程

项目于 2007 年 4 月开工,2010 年 3 月 28 日完工。

项目建设依据:2015 年 10 月,福建省发展和改革委员会《关于泉州港泉州湾 5 万吨级航道一期工程可行性研究报告的批复》(闽发改交能〔2005〕888 号);2006 年 8 月,福建省交通厅《关于泉州湾 5 万吨级航道一期工程初步设计的批复》(闽交港航〔2006〕14 号);2007 年 7 月,福建省海洋与渔业厅《关于泉州港深水航道工程环境影响报告的核准意见》(闽海渔函〔2007〕383 号);2007 年 8 月,泉州市人民政府《关于泉州湾深水航道工程用海的批复》(泉政文〔2007〕304 号)。

泉州湾 5 万吨级航道一期工程建设规模为乘潮通航 10 万吨级集装箱船舶。乘潮保证率 90%,乘潮历时 3 小时。航道设计宽度 250 米,航道底高程 - 12.5 米,航程 12.44 千米。炸礁工程量 39.24 万立方米、清石渣 39.24 万立方米、清理覆盖层 35.70 万立方米、疏浚工程量 424.6 万立方米。航标工程新设 3 座 ϕ2.4 米灯浮标、1 座虚拟灯浮标、移位调整 10 座灯浮标。项目总投 1.41 亿元,均为政府投资。

项目建设单位为福建省港口管理局;设计单位为福建省港航勘察设计院;施工单位为长江重庆航道工程局;监理单位为广西八桂工程监理咨询有限公司;质监单位为福建省交通建设质量安全监督局。

工程实施后,航道通过能力得以明显增长。石湖作业区拓展了越南、菲律宾等国家,以及中国香港、台湾等地区的航线,每月航线 35 条,每周 29 个航班,内贸航班增加到 160 个。货物吞吐量(石湖作业区、后渚作业区)从 2007 年的 2610.14 万吨提升到 2017 年的 4146.35 万吨,增长 58.9%,促进了泉州中心港区物流的繁荣和港口经济的发展。

(10)福建石狮鸿山热电厂"上大压小"工程项目配套码头工程

项目于 2008 年 8 月开工,2010 年 9 月试运行,2014 年 5 月竣工。

项目建设依据:2008 年 12 月,国家发展和改革委员会《关于福建石狮鸿山热电厂"上大压小"工程项目核准的批复》(发改能源〔2008〕3287 号);2009 年 12 月,交通运输部《关于福建石狮鸿山热电厂"上大压小"工程项目配套码头工程初步设计的批复》(交水发〔2009〕759 号);2008 年 6 月,环境保护部《关于福建石狮鸿山热电厂工程环境影响报告书的批复》(环审〔2008〕146 号);2007 年 7 月,国家海洋局《关于福建石狮鸿山热电厂项目用海预审意见的函》(国海管字〔2007〕407 号);2006 年 8 月,福建省港航管理局《关于福建石狮鸿山热电厂工程配套 10 万吨级码头申请使用岸线的意见》(闽港航规划〔2006〕15 号)。

项目建设1个10万吨级多用途码头泊位,外侧为防波堤;岸线总长310米,码头宽度30米。引堤长770米,宽14米。引桥长80米,宽14米。码头采用引桥式布局,重力式沉箱结构;防波堤采用抛石斜坡堤结构。码头前沿水深15米。项目后方堆场面积1.57万平方米。主要装卸设备包括额定生产率1000～2000吨/小时的桥式抓斗起重机3台、额定生产率大于3000吨/小时的取料机1台、额定生产率1000～3000吨/小时的堆料机1台。项目总投资6.50亿元,建设资金由企业投资9204.6万元,申请银行贷款3.68亿元。项目陆域用地面积12.13万平方米,均为填海形成。

项目建设单位为福建省鸿山热电有限责任公司。设计单位为中交第三航务工程勘察设计院有限公司;施工单位为中交第三航务工程局有限公司;监理单位为福建省交通建设工程监理咨询有限公司;质监单位为福建省交通基本福建省交通建设质量安全监督局。

项目自投产以来至2018年7月,累计接卸煤炭439航次、3556万吨。为福建石狮鸿山热电厂一期(福建省鸿山热电有限责任公司)、二期(神华福能发电有限责任公司)生产煤炭供应提供了有力保障。

(11)泉州锦尚作业区1号泊位工程

项目于2010年8月开工,2014年9月试运行,2016年8月竣工。

项目建设依据:2012年3月,福建省发展和改革委员会《关于泉州锦尚作业区1号泊位工程项目核准的批复》(闽发改网交通[2012]52号);2013年7月,福建省交通运输厅、福建省发展和改革委员会《关于泉州锦尚作业区1号泊位工程初步设计的批复》(闽交港航[2013]43号);2012年4月,福建省环境保护厅《关于批复湄洲湾港泉州湾港区锦尚作业区1#通用泊位工程环境影响报告书的函》(闽环保评[2012]38号);2008年5月,泉州市国土资源局《建设项目用地预审意见书》(泉国土资预[2008]44号);2013年,福建省海洋与渔业厅批复《海域使用权证》(登记编号为3500020100055、3500020100056);2012年10月,交通运输部《泉州港泉州湾港区锦尚作业区1#通用泊位工程使用港口岸线的批复》(交规划发[2012]523号)。

项目建设1个3.5万吨级多用途码头泊位,岸线总长213米。码头采用顺岸式布局,重力式结构。码头前沿水深11.9米。项目后方堆场面积13.23万平方米。主要装卸设备包括额定起重量50～100吨、轨距30～50米的岸边集装箱起重机3台,轮距大于30米的轮胎式集装箱门式起重机30台。项目总投资6648万元,建设资金由项目业主自筹2344万元,申请银行贷款4304万元。项目陆域用地面积3.40万平方米,均为填海形成。

项目建设单位为石狮市华锦码头储运有限公司。设计单位为福建省港航勘察设计研究院;施工单位为中交第三航务工程局有限公司;监理单位为厦门港湾咨询监理有限公司;质监单位为福建省交通建设质量安全监督局。

项目投产后,满足石狮市经济及社会发展的需要,解决地方经济发展生成的件杂货水路运输的需要,有力地促进地方经济发展。同时,石狮市锦尚作业区作为新开发建设的作业区,距离石湖作业区很近,项目投产运营后,为石湖作业区分担部分散杂货,也为地方经济和临港工业发展所产生的散杂货提供运输服务。1号、2号、3号泊位项目投产运营后,2015年,集装箱吞吐量24万TEU,散杂货208万吨。

(12)泉州港秀涂作业区16号泊位工程

项目于2012年10月开工,截至2015年项目在建,尚未竣工。

项目建设依据:2010年9月,福建省发展和改革委员会《关于泉州港秀涂作业区16#泊位及贯彻国防要求工程可行性研究报告的批复》(闽发改网交通〔2010〕856号);2010年11月,福建省交通运输厅、福建省发展和改革委员会《关于泉州港秀涂作业区16#泊位及贯彻国防要求工程初步设计的批复》(闽交港航〔2011〕60号);2010年6月,福建省环境保护厅《关于批复泉州港秀涂作业区16#泊位及贯彻国防要求工程环境影响评价的函》(闽环保监〔2010〕78号);2012年5月,福建省人民政府《关于泉州港秀涂作业区16#泊位工程建设用地的批复》(闽政地〔2012〕533号);2011年12月,福建省人民政府《关于泉州港秀涂作业区16#泊位及贯彻国防要求工程海域使用论证报告的批复》(闽政文〔2011〕459号);2011年6月,交通运输部《关于泉州港秀涂作业区16#泊位工程使用岸线的批复》(交规划发〔2011〕266号)。

项目建设1个2万吨级滚装码头泊位及相应的配套设施、工作船泊位2个,岸线总长306米,滚装码头长度306.5米(含滚装系统64米),2个工作船泊位长度分别为48米和56米。码头采用突堤式布局,重力式结构。码头前沿水深11.4米。项目后方堆场面积7.51万平方米。项目总投资概算2.55亿元,建设资金由项目业主自筹8939.7万元,申请银行贷款1.66亿元。项目陆域用地面积14.18万平方米,其中填海形成9.85万平方米、陆域用地4.18万平方米。

建设单位泉州港务集团有限公司;设计单位福建省交通规划设计院;施工单位中交第四航务工程局有限公司;监理单位广州粤科工程建设监理咨询有限公司;质监单位福建省交通建设质量安全监督局。

(13)泉州湾航道二期工程(先期实施部分含小坠、秀涂、锦尚航道)

项目于2013年1月开工,2016年1月27日交工验收并投入使用。

项目建设依据:2012年7月,福建省发展和改革委员会《关于泉州湾航道二期工程可行性研究报告的批复》(闽发改交通〔2012〕861号);2012年11月,福建省交通运输厅、福建省发展和改革委员会《关于泉州湾航道二期工程初步设计的批复》(闽交港航〔2012〕73号);2012年3月,福建省海洋与渔业厅《关于泉州湾航道二期工程海洋环境影响报告书的核准意见》(闽海渔函〔2012〕104号),2012年6月,福建省环境保护厅《关于批复泉州湾航道二期工程环境影响报告书的函》(闽环保评〔2012〕82号);2012年6月,泉州市城乡规划局《关于泉州湾航道二期工程建设选址规划意见》(泉规函〔2012〕347号);2012年3月,福建省海洋与渔业厅《关于泉州湾航道二期工程海域使用论证报告书的审查意见》(闽海渔函〔2012〕119号)。

小坠航道设计里程12.1千米,航宽250米,设计底高程-12.5米;秀涂航道设计里程9.5千米,航宽150米,设计底高程-7.4米;锦尚航道设计里程2.1千米,航宽180米,设计底高程-8.6米。疏浚总工程量336.42万立方米(其中秀涂航道329.92万平方米、锦尚航道6.50万平方米);礁石区位于锦尚航道,炸礁工程量5.40万立方米。新设15座灯浮标(φ2.4米灯浮14座,AIS灯浮1座)。项目总投资概算1.79亿元(含小坠、秀涂、锦尚航道),为省部资金、市本级资金、受益县市资金拼盘。

项目建设单位为福建省港口管理局;设计单位为福建省港航勘察设计院;施工单位为中交上航局航道建设有限公司;监理单位为广西八桂工程监理咨询有限公司;质监单位为福建省交通建设质量安全监督局。

锦尚航道主要服务于锦尚作业区,随着港口吞吐量的快速增长,航运业得到迅猛发展,泉州湾进出港船舶密度明显增大,近年来锦尚作业区的发展,一定程度缓解了石湖港的压力,锦尚航道作为锦尚作业区的配套公共基础设施,为石狮、泉州经济的飞速发展提供了有力的基础性保障和重要依托。

(三)围头湾港区

1.港口综述

(1)港区建设和运营概况

1998年,泉州港在围头建有万吨级对台贸易码头,而后陆续修建500~3000吨级码头。2001年9月,《福建省人民政府关于泉州港总体布局规划的批复》中确定围头、石井、东石、安海、水头作业区为泉州港围头湾港区。2007年上半年规划修编,围头、石井、水头及安海、菊江、东石5个作业区组成泉州港围头湾港区。

围头湾港区是泉州港通过能力第二大港区,港口基础设施分布相对分散,港区因天然优良深水建港资源贫乏,历来以建设中小型码头为主,拥有500~50000吨级生产性泊位20个,其中万吨级以上深水泊位2个;码头岸线长度3358米,年设计通过能力874.3万吨,其中集装箱30.56万TEU。港区主要服务于晋江市、南安市的地区经济发展,承担着两市的物资集散、外贸及对台进出口,与金门有贸易往来。进口货物主要有粮食、化肥、煤炭、建材、石油、日用工业品等;出口货物以食盐、糖、型砂为大宗,其次是轻工产品、木材、蜜饯、农副产品等。

有千吨级以上生产性泊位26个,其中万吨级以上深水泊位2个,主要分布在石井、东石作业区,以通用、多用途、成品油泊位为主,泊位最大5万吨级,最小1000吨级。港区

2012 年吞吐量 2159.80 万吨、36.04 万 TEU,2013 年吞吐量 2211.01 万吨、41.82 万 TEU,
2014 年吞吐量 1890.68 万吨、46.13 万 TEU,2015 年吞吐量 1809.33 万吨、32.22 万 TEU,
2016 年吞吐量 1862.88 万吨、31.12 万 TEU,2017 年吞吐量 1981.64 万吨、42.36 万 TEU。

(2)港区地理条件和集疏运概况

围头湾位于泉州湾的西南侧,厦门港东侧约 30 海里,湾口介于围头角和金门岛之间。
该湾东北背靠大陆,西南面向金门岛;北接安海港,西部与东石相连。湾内水域开阔,但海
底极为复杂。除湾口附近外,湾内充塞着大片泥滩。其西北侧距岸 3 海里内水深不及
2 米,西侧则为大片干出滩和许多小屿及礁石,一般已不能通航。围头湾濒海地势较平
坦,仅有少数高 30~50 米的小丘。湾的东侧泥滩宽约 1~3 千米,上有牡蛎床。

围头作业区利用后方现有 358 国道(原 308 省道),经过 43 千米即可连接沈海高速公
路晋江互通、53 千米可在紫帽接入 324 国道。

石井作业区、水头及安海作业区和菊江作业区与外部连接的疏港路,主要通过已建成
228 国道南安境内段公路,在水头镇连接 324 国道和沈海高速公路,同时利用 329 县道和
市内其他乡镇公路辐射周边腹地。

2. 港区工程项目

(1)晋江市围头万吨级对台贸易码头工程

项目于 1996 年 1 月开工,1998 年 9 月试运行,2016 年 6 月竣工。

项目建设依据:1994 年 1 月,福建省计划委员会《关于晋江市围头万吨级对台贸易码
头工程可行性研究报告的批复》(闽计〔1994〕124 号);1995 年 2 月,福建省建设委员会
《关于晋江市围头万吨级对台贸易码头工程初步设计的批复》(闽建设〔1995〕116 号);
1995 年 10 月,福建省环境保护局《关于晋江市围头闽台贸易码头工程环境影响报告书的
批复》(闽环保〔1995〕然 069 号);1997 年 3 月,晋江市人民政府《关于提供晋江市围头万
吨级对台贸易码头建设用地的通知》(晋政〔1997〕地 211 号);1994 年 10 月,泉州港务监督
局《关于同意使用泉州市晋江围头万吨级贸易码头岸线的批复》(泉港监〔1994〕24 号)。

项目建设 1 个万吨级多用途码头泊位(码头水工建筑允许靠泊能力 2 万吨级)及 1 个
工作船泊位,岸线总长 248 米,宽 40 米。码头采用突堤式布局,重力式结构。码头前沿水
深 9.8 米。项目后方堆场面积 12.3 万平方米。仓库面积 0.22 万平方米。主要装卸设备
包括额定起重量大于 50 吨、轨距 30~50 米的岸边集装箱起重机 4 台,额定起重量 50~
100 吨、轨距 30~50 米的岸边集装箱起重机 1 台,轨距大于 30 米的轮胎式集装箱门式起
重机 11 台,轨距大于 50 米的轨道集装箱门式起重机 1 台。项目总投资 1.4 亿元。用地
面积 14.29 万平方米。

项目建设单位为晋江市围头码头建设指挥部;设计单位为福建省交通规划设计院;施
工单位为交通部第四航务工程局;监理单位为福建省交通工程监理咨询公司;质监单位为

福建省交通基本建设工程质量监督检测站。

（2）泉州港围头湾港区围头作业区2号泊位工程

项目于2006年4月开工，2016年4月试运行，2016年4月竣工。

项目建设依据：2013年1月，福建省发展和改革委员会《关于泉州围头湾港区围头作业区2号泊位工程项目核准的复函》（闽发改网交通〔2013〕14号）；2015年10月，泉州市港口管理局《关于泉州港围头湾港区围头作业区2号泊位工程初步设计的批复》（泉港〔2015〕74号）；2012年6月，福建省环境保护厅《关于批复泉州港围头湾港区围头作业区2#泊位5万吨级多用途码头工程环境影响报告书的函》（闽环保评〔2012〕87号）；2014年2月，福建省人民政府《泉州港围头作业区（原防波堤工程）用海方案变更》（国海证NO2013B35058207540）；2011年11月，福建省海洋与渔业厅《关于泉州港围头作业区2#泊位5万吨级多用途码头工程海域使用变更的意见》（闽海渔函〔2011〕519号）；2015年3月，交通运输部《关于泉州港围头湾港区围头作业区2号泊位工程使用港口岸线的批复》（交规划函〔2015〕203号）。

项目建设1个5万吨级多用途码头泊位（码头水工建筑允许靠泊能力10万吨级），岸线总长441米。围头作业区2号泊位由已建1号泊位向西南方向延伸，码头采用顺岸式布局，重力式结构。码头前沿水深15.3米。项目后方堆场面积12.3万平方米。仓库面积0.22万平方米。主要装卸设备包括额定起重量大于50吨、轨距30～50米的岸边集装箱起重机4台，额定起重量50～100吨、轨距30～50米的岸边集装箱起重机1台，轮距大于30米的轮胎式集装箱门式起重机11台，轨距大于50米的轨道集装箱门式起重机1台。项目总投资4.25亿元，全部为企业自筹。用地面积2.86万平方米。

项目建设单位为晋江太平洋港口发展有限公司；设计单位为福建省交通规划设计院；施工单位为中交第三航务工程局有限公司；监理单位为福广州南华工程管理有限公司；质监单位为福建省交通建设质量安全监督局。

（3）泉金航线航道工程

项目于2006年12月开工，2007年2月12日完工，2007年3月竣工。

项目建设依据：2006年1月，泉州市发展和改革委员会、泉州港务管理局《关于泉州至金门客运航道工程（泉州航段）初步设计（代工可研）报告的批复》（泉发改〔2006〕17号）；泉州市海洋与渔业局《关于围头湾航道工程环境影响报告书核准意见的函》（泉海渔函〔2009〕38号）。

建设航道里程20.4千米，航宽100米，水深3.0米。可满足"泉州"号客运船不乘潮单向通航要求。炸礁工程量9400立方米、疏浚工程量13万立方米。新设φ2.4米灯浮灯浮标11座。项目总投资664万元，全部为政府投资。

项目建设单位为泉州港务管理局；设计单位为福建省港航勘察设计院；施工单位为上海大润航道建设工程有限公司。

泉州至金门客运航线是泉州市对台"三通"的重要组成部分,对促进闽台交流、两岸"三通"、发展两岸经济、推进海峡西岸经济区建设等有着重要的作用。工程全面实施完成后,航道尺度明显改善,达到了预期的目的。泉金客运航线于2006年6月8日正式开通。越来越多两岸民众通过泉金航线往返,泉金航线已逐渐成为两岸人员往来交流的"黄金水道"。

(4)安海湾2000吨级航道工程

项目于2008年12月开工,2009年12月22日交工验收并投入使用。

项目建设依据:2006年11月,福建省发展和改革委员会《关于泉州港围头湾石井航道一期工程可行性研究报告的批复》(闽发改交能〔2006〕879号);2008年,泉州市发展和改革委员会《关于泉州湾(石井通海、安海湾、菊江)航道工程项目的批复》(泉发改审〔2008〕132号);2009年6月,泉州市海洋与渔业局《关于围头湾航道工程环境影响报告书核准意见的函》(泉海渔函〔2009〕38号)。

安海湾2000吨级航道建设规模为2000吨级船舶乘潮通航单向航道。设计里程5.97千米,航宽70米,水深2.0米,疏浚区总长度为4.2千米,原设计疏浚工程量52.26万立方米,变更后疏浚工程量为60.95万立方米。工程增加石井作业区油品码头前沿通航水域疏浚,疏浚区长1.58千米,航宽100米,设计底高程为−5.0米。工程量为15.42万立方米。项目总投资1356.74万元,均为政府投资。

项目建设单位为泉州港口管理局;设计单位为福建省港航勘察设计院;施工单位为中交上航局航道建设有限公司;监理单位为广西八桂工程监理咨询有限公司;质监单位为福建省交通建设质量安全监督局。

经过改革开放和产业结构调整,泉州港东石作业区港口腹地(晋江等地)经济得到迅速发展。安海湾航道是泉州港东石作业区的一项基础设施建设,其增大了东石作业区的运力,改善本地区的投资环境、降低货物运输成本,提高竞争能力,而且能促进泉州港港口运输体系的完善、泊位等级优化组合,泉州港的综合运力得到加强,促进晋江市和南安市经济的进一步发展。

(5)围头湾石井5000吨级航道工程

项目于2008年12月开工,2010年2月3日交工验收并投入使用。

项目建设依据:2006年10月,福建省发展和改革委员会《关于围头湾石井5000吨级通海航道工程(贯彻国防要求)工程可行性研究报告的批复》(闽发改交能〔2006〕879号);2006年11月,福建省交通厅《关于围头湾石井5000吨级通海航道工程(贯彻国防要求)初步设计的批复》(闽交港航〔2006〕64号);2009年6月,泉州市海洋与渔业局《关于围头湾航道工程环境影响报告书核准意见的函》(泉海渔函〔2009〕38号)。

建设航道里程22.14千米,航宽100米,水深5.6米。疏浚工程量55.93万立方米,浚前核测变更为59.40万立方米;炸礁区设计底高程−8.6米,变更为−10米,变更后炸礁、清礁工程量为 2.18 万立方米。新设 7 座灯浮标(φ2.4 米灯浮 2 座,φ1.8 米灯浮 5 座)。项目总投资 1642.7 万元,全部为政府投资。

项目建设单位为泉州港口管理局;设计单位为福建省港航勘察设计院;施工单位为中交上航局航道建设有限公司;监理单位为广西八桂工程监理咨询有限公司;质监单位为福建省交通建设质量安全监督局。

工程交工验收以来基本稳定,航道通过能力明显增长。石井作业区货物吞吐量从 2004 年约 200 万吨提升到 2017 年的 425 万吨,增长 112%,年均增长 8.6%。促进了围头湾石井作业区物流的平稳发展。

(6)菊江航道工程

项目于 2009 年 7 月开工,2010 年 12 月试运行,项目已交工验收并投入使用。

项目建设依据:2006 年 10 月,福建省发展和改革委员会《关于泉州港围头湾石井航道一期工程可行性研究报告的批复》(闽发改交能〔2006〕879 号);2008 年,泉州市发展和改革委员会《关于泉州湾(石井通海、安海湾、菊江)航道工程项目的批复》(泉发改审〔2008〕132 号);2009 年 6 月,泉州市海洋与渔业局《关于围头湾航道工程环境影响报告书核准意见的函》(泉海渔函〔2009〕38 号)。

由石井 5000 吨级通海航道 S3 附近的 J1 点至菊江陆岛交通码头附近的 J5 点,航道全长为 10.6 千米。航道建设规模为 3000 吨级航道,3000 吨级杂货船乘潮通航。

疏浚工程量:29.35 万立方米。本航标工程配布 7 座 φ1.8 米的灯浮标。

项目总投资 74.24 万元,均为政府投资。

项目建设单位为泉州港口管理局;设计单位为福建省港航勘察设计院;施工单位为中交上航局航道建设有限公司;监理单位为广西八桂工程监理咨询有限公司;质监单位为福建省交通建设质量安全监督局。

(7)围头湾围头作业区 10 万吨级航道工程

项目于 2009 年 12 月开工,2014 年 1 月试运行。

项目建设依据:2009 年 7 月,泉州市发展和改革委员会《关于围头湾围头作业区十万吨级航道工程工程可行性研究报告的批复》(泉发改审〔2009〕110 号);2009 年 9 月,福建省交通运输厅《关于围头湾围头作业区十万吨级航道工程初步设计的批复》(闽交港航〔2009〕24 号)。

建设航道里程 22.14 千米,航宽 100 米,水深 5.6 米。围头湾围头作业区 10 万吨级航道工程疏浚工程区域包括航道范围、连接水域、船舶回旋水域南侧浅区,疏浚区设计底高程均为 -13.0 米,疏浚总工程量为 24547 立方米(其中变更增加工程量 3493 立方米)。炸礁区处于连接水域顶部及船舶回旋水域南侧附近,炸礁总工程量 20245 立方米。航道新设 5 座 φ2.4 米的灯浮标。项目总投资 892.02 万元,全部为政府投资。

项目建设单位为泉州港口管理局;设计单位为福建省港航勘察设计院;施工单位为中交上航局航道建设有限公司;监理单位为江苏华宁交通工程咨询监理公司;质监单位为泉州市港口水运工程建设质量监督站。

工程实施后,航道通航条件基本稳定,船舶安全航行得到保障。港口物流有所发展。

(四)深沪湾港区

1.港口综述

(1)港区建设和运营概况

古代,深沪湾的祥芝港(2001 年规划为泉州湾港区的一个作业区)、永宁港、福全港、深沪港,是彼时泉州港的主要港口。永宁港位于石狮市永宁镇,深沪湾北侧,永宁是泉州的海防要地。宋乾道八年(1172 年)建立"永凝寨"。明代洪武年间(1368—1398 年)建"永宁卫"城,管辖北起"崇武所",南至"中左所"(厦门)等 5 个所城。1988 年 9 月,梅林澳建设 500 吨级重力突堤式杂货码头 1 座(2 个泊位),码头引堤长 284 米,靠泊平台长78 米,年设计通过能力 10 万吨,堆场 7000 平方米。1990 年,5 号、6 号台风造成损失,后交通部、福建省交通厅拨款补贴修复。

福全港位于晋江市金井镇,是古代泉州港的一个支港,船舶避风的锚泊地,也是海防要地。明代曾经设置"守御千户所",修建福全城,派兵驻防。后"所城"废,成为自然村。

深沪湾港区分有深沪、梅林作业区。因建港资源相对贫乏,该港区是泉州港港口规模最小的港区,主要服务于晋江市、石狮市货物进出口业务。但深沪湾对外贸易甚少,主要作为中外往来船舶避风停泊的基地。1949 年后,港区没有大的建设,直至 1986 年,深沪镇开始筹备建设 5000 吨级杂货码头,年设计通过能力 17.5 万吨。2001 年 9 月,《福建省人民政府关于泉州港总体布局规划的批复》中确定由梅林、深沪 2 个作业区组成泉州港的深沪湾港区。

因建港资源相对贫乏,深沪湾港区是泉州港规模最小的港区。有千吨级以上生产性泊位 3 个,分别为梅林作业区 1 号泊位(5000 吨级多用途)、深沪作业区 1 号泊位(5000 吨级多用途)和 2 号泊位(1 万吨级多用途),年设计通过能力:件杂散货 120 万吨。2012—2017 年,港区吞吐量分别为 650.33 万吨、676.42 万吨、425.21 万吨、330.61 万吨、329.58 万吨、274.13 万吨。

(2)港区地理条件和集疏运概况

深沪湾位于泉州湾口西南侧,晋江市深沪镇与石狮市永宁镇交界,地理坐标为东经118°30′,北纬 24°38′(深沪码头)。深沪湾是一个自然海湾,湾口介于深沪角和永宁嘴之间,向东敞开,宽约 2.8 海里,纵深约 2 海里,略呈半圆形,东濒临台湾海峡,距泉州湾和围头湾各约 12 海里。

深沪湾港区水路东可至台湾各港,南可至石井港、金门、厦门港,北入泉州湾可至后渚港、泉州内港,入湄洲湾可至肖厝港。港区主要通过后方现有道路接 228 国道、324 国道和沈海高速公路进行集疏运。

2.港区工程项目

泉州深沪港区二期万吨级码头工程

项目于 1998 年 9 月开工,2000 年 8 月试运行,2016 年 6 月竣工。

项目建设依据:1997 年 10 月,福建省计划委员会《关于泉州深沪港区二期万吨级码头工程可行性研究报告的批复》(闽计交〔1997〕126 号);1998 年 8 月,福建省环境保护局《关于泉州深沪港区二期万吨级码头环境影响报告书的批复》(闽环保〔1998〕然 079 号)。

项目建设 1 个万吨级多用途码头泊位(码头水工建筑允许靠泊能力 3 万吨级),岸线总长 230.85 米,宽 100 米。码头采用突堤式布局,重力式结构。码头前沿水深 9.5 米。项目后方堆场面积 23 万平方米。仓库面积 0.78 万平方米。主要装卸设备包括额定起重量 10~25 吨的港口门座式重机 3 台、额定起重量大于 25 吨的港口门座式重机 2 台、轮距 30~50 米的轨道集装箱门式起重机 2 台。项目总投资 1.47 亿元,全部为企业自筹。

项目建设单位为晋江市港口投资发展有限公司;设计单位为福建省交通规划设计院;施工单位为交通部第四航务工程局;监理单位为福建省交通工程监理咨询公司;质监单位为福建省交通基本建设工程质量监督检测站。

五、厦门港

(一)港口概况

1.港口综述

厦门港位于中国东南沿海、台湾海峡西岸,主要港口资源分布在环厦门湾和环东山湾,是中国沿海主要港口,是以外贸集装箱运输为主、散杂货为辅的国际航运枢纽港和中国大陆对台"三通"的主要口岸。厦门港由环厦门湾的东渡、海沧、翔安、招银、后石、石码港区和环东山湾的古雷、东山、诏安港区共 9 个港区组成。厦门、漳州两市实行港口一体化统一管理,港政、航政、水运等"同港同策"。厦门港区的品牌优势和漳州港区深水岸线资源、临港腹地优势互为补充。

厦门港口水域包括环厦门湾港口水域和环东山湾港口水域。厦门湾内进港航道由主航道、东渡航道、海沧航道、招银航道、后石航道、翔安航道、石码航道、金通航道、厦金航道、厦鼓航道等构成。环东山湾港口航道包括六鳌航道、古雷航道、城垵等航道。环厦门湾水域现对外公告的锚地有 1 号、3 号、4 号、5 号、7 号共计 5 块锚地水域,面积约 17.05 平方公里。环东山湾水域现有 3 个避风锚地(大坪锚地、东门屿锚地、东山 4 号锚地)。

早在 1684 年,厦门港就正式设立口岸发展对外贸易,1842 年被辟为"五口通商"口岸之一。1880 年,厦门港建成第一座趸船浮码头,其后相继建成石堤驳岸、太古趸船码头(现和平码头)、东亚码头、亚细亚码头、厦门岛鹭江沿岸 1~9 号小轮码头等。1936 年,进出港船舶达 2493 艘次。直至 20 世纪 70 年代初,因地处海防前线,港口建设基本停滞,仅新建高崎驳岸小轮码头和盐业公司小轮码头。改革开放后至 20 世纪 80 年代末,相继成立了厦门经济特区和漳州经济开发区,外向型经济快速发展,港口建设步伐逐步加快。东渡一期工程 1983 年正式投产后,续建了东渡二期工程,改造了和平码头,初步形成东渡港区以货运为主、和平码头为客运中心的港区分工。这一时期港口建设基本围绕西海域厦门岛西侧岸线展开,以万吨级及以下泊位为主,全港共新增万吨级以上深水泊位 4 个、中小泊位 19 个,新增通过能力 560 万吨,港口货物吞吐量由 1980 年的 190 万吨增长到 1990 年的 529 万吨,年均递增 10.8%。20 世纪 80 年代末至 90 年代末,闽南地区经济快速发展,对台经贸合作不断加强,初步形成以电子、机械、化工产业为支柱的外向型经济体系,港口在地区经济中的战略地位不断提高,成为对外交往的主要口岸和重点产业布局、开发区发展的依托,伴随着两岸直航试点开通,厦门港进入发展建设的高潮期。东渡港区已建设成为初具规模的集装箱泊位区;结合海沧开发区的建设,海沧、嵩屿港区合资建成博坦油码头、嵩屿电厂煤码头和海沧 2 号、3 号等深水专业化泊位,成为厦门港能源进口和发展集装箱干线运输的港区;招银港区依托开发区建成 3~5 号多用途泊位、港机厂码头、海达车客渡码头等;后石港区为电厂配套建设了煤码头。这一时期,厦门湾共新增 38 个泊位(其中深水泊位 21 个)、新增通过能力 4075 万吨,其中新增专业化集装箱泊位 10 个、通过能力 265 万 TEU;港口吞吐量由 1990 年的 529 万吨增长到 2004 年的 5552 万吨,年均递增 18.3%,同期集装箱吞吐量由 4.5 万 TEU 增长到 299 万 TEU,年均递增 35.0%。

2015 年,厦门港货物吞吐量完成 2.10 亿吨,增长 2.53%,集装箱吞吐量完成 918.28 万 TEU,增长 7.12%,增速位居沿海主要港口前列。在全球前 20 强港最新排名中,厦门港的集装箱增速仅次于安特卫普港(第 14 位,965 万 TEU,增幅 7.53%),年集装箱增长量处于 20 强的中上游。

2. 港口水文气象

环厦门湾属亚热带海洋性气候,冬暖夏凉。年平均气温 20.8 摄氏度,1 月平均气温 12.6 摄氏度,7 月平均气温 28.4 摄氏度,相对湿度 78%,平均降水量 118.4 毫米,有雾天数 22 天。春夏季以 SE 风为主,秋冬季以 NE 风为主;夏秋两季是台风季节,7—10 月常受台风影响。环东山湾属亚热带海洋性气候,冬暖夏凉。年平均气温 21.6 摄氏度,相对湿度 80%,平均降水量 1071.2 毫米,有雾天数 30.5 天。春夏季以东南向风为主,秋冬季以东北向风为主,夏秋两季是台风季节,7—10 月常受台风影响。

环厦门湾属潮汐汊道型港湾,港湾深入隐蔽,湾内水域宽阔,潮汐动力强,纳潮量大,潮汐属正规半日潮,以往复流为主,平均潮差 3.98 米。环厦门湾泥沙来源主要为河流输沙和潮流输沙。有关研究成果表明,20 世纪 50 年代九龙江每年入海泥沙约 100 万吨,由于流域内水土流失,到 20 世纪 90 年代增至 330 万吨,2000 年达 477 万吨。

环东山湾潮汐属于不正规半日潮。环东山湾泥沙的主要有河流来沙、海岸侵蚀来沙以及海域来沙。环东山湾泥沙来源以河流入海为主,河流入海泥沙包括海湾西北部的漳江以及诸多季节性的短小河溪河流。河流入海物质绝大部分在河口区及近岸浅水海域沉积。

3. 发展成就

继 1996 年厦门市确立"以港立市"战略后,1997 年福建省政府又把厦门港确定为全省港口龙头和重点建设港口。1996 年交通部把厦门港定为海峡两岸直航首选试点口岸,1997 年又把厦门港列为主枢纽港和国家 20 个基本港之一。1998 年,在中国港口协会新一届年会上,厦门港被提升为副理事长单位,继而又被国际港口协会吸收为正式会员。

2000—2011 年,厦门港集装箱吞吐量从 109 万 TEU 增长到 647 万 TEU,年均增速达 17.5%。随着与船舶公司合作的加强,厦门港远洋航线迅速开辟,航线数量从 1990 年的 6 条增加到 56 条,远洋箱量在国际航线中的比重也从 25% 大幅提升至 71%,远洋直航能力明显增强。

特殊的区位优势使厦门港成为对台贸易的主要口岸,承担着大陆对台多种形式航运的探索,对台货物运输量由 1997 年的 108 万吨上升到 2011 年的 1326 万吨,其中集装箱吞吐量由 7.3 万 TEU 上升到 33.5 万 TEU。对台集装箱运输量的大幅上升始于两岸直航试点。1996 年,国家将厦门港作为海峡两岸直航试点的口岸之一,大大推动了两岸间的经贸往来和集装箱运输发展,大陆对台直航集装箱量的 70% 以上通过厦门港进出。自 2009 年两岸直航以来,厦门港又相继开辟厦门—台中集装箱直达、厦门—台中、基隆客货滚装等 13 条货运直航航线以及至台湾本岛、澎湖的客运直航航线,进一步巩固、提升了对台航运的龙头地位。2011 年,厦门港共完成对台客、货运量 143 万人次和 1326 万吨,较 2005 年年均增长 19.2% 和 19.3%。

2013 年,厦门、漳州港口一体化整合完成,厦门港进入新阶段,厦门港"环两湾辖九区"的新格局正式形成。根据《厦门港总体规划(2035)》,厦门港全港规划港口岸线总长约 106 千米,规划泊位 293 个(万吨级以上泊位 189 个)。

厦门港港区分布图如图 8-8-4 所示。

厦门港基本情况见表 8-8-5。

图 8-8-4　厦门港港区分布图

（二）东渡港区

1. 港区综述

（1）港区建设和运营概况

东渡港区以外贸近洋、内贸集装箱运输为主,兼顾散粮、杂货、成品油和旅客运输,由南向北逐步调整目前承担的集装箱、散杂货运输功能,相应发展壮大国际邮轮、对台客滚和航运服务业。

表 8-8-5

厦门港基本情况表（沿海）

序号	港区名称	港口规划岸线(千米)	其中:2015年前已建成岸线(千米)	2015年港口生产用泊位 生产用泊位数(个)	其中:万吨级及以上(个)	生产用泊位总长(米)	其中:万吨级及以上(米)	其中:1978—2015年建成的生产用泊位 生产用泊位数(个)	其中:万吨级及以上(个)	生产用泊位总长(米)	其中:万吨级及以上(米)	2015年港口货物和旅客吞吐量 货物吞吐量(万吨)	其中:外贸货物吞吐量(万吨)	集装箱(万TEU)	滚装车辆 数量(万辆)	质量(万吨)	旅客(万人)	其中:国际航线旅客(万人)
1	东渡港区	9	8.7	53	28	8730.61	6236.81	53	28	8730.61	6236.81	6545.85	3921.19	286.53	18.07	210.38	567.86	182.92
2	海沧港区	11.4	8.9	33	24	8913.8	7882.8	33	24	8913.8	7882.8	8381.27	5299.44	597.74	0	0	0	0
3	翔安港区	4	1.2	7	3	1179	785	7	3	1179	785	522.09	0	0	0	0	0	0
4	招银港区	9.2	3.0	15	10	3039.56	2538	15	10	3039.56	2538	2979.94	786.89	33.22	15.08	167.18	344.07	0
5	后石港区	7	0.8	2	1	770	590	2	1	770	590	620.64	114.93	0	0	0	0	0
6	石码港区	7.5	1.8	19	0	1768	—	19	0	1768	—	521.81	0	0	—	—	72.56	—
7	古雷港区	20	1.8	20	4	1765	1112	20	4	1765	1112	1068.35	156.27	—	—	—	—	—
8	东山港区	4.9	1.1	9	1	1143.5	240	9	1	1143.5	240	12.43	0.79	—	—	—	—	—
9	诏安港区	2.5	0.0	1	—	37	—	1	—	37	—	—	—	—	—	—	—	—
10	其他港区	—	0.06	1	—	0.06	—	1	—	0.06	—	8.8	—	—	—	—	—	—
	合计	75.5	27.4	160	71	27346.5	19384.6	159	71	27346.5	19384.6	20661.18	10209.51	917.49	33.15	377.55	984.49	182.92

东渡港区包括东渡、和平和五通作业区。1974年,经福建省交通厅批准,筹建东渡新港区,第一期工程建4个深水泊位,1976年正式动工。1982年7月,2个泊位试投产,利比亚籍2.7万吨级浪峰轮载阿根廷散装小麦2.3万吨,首次停靠该港区二号泊位。1984年12月,东渡港区第一期工程4个泊位验收合格正式投入使用。1986年4月,国家计划委员会批准二期工程建设项目建议书,1989年10月东渡港区二期工程水工部分开工,1994年12月竣工。东渡二期工程包括新建4个深水泊位,其中,3.5万吨级集装箱泊位1个,年吞吐能力为10万TEU;2万吨级件杂货泊位2个,设计年吞吐能力为100万吨。3个泊位码头岸线长650米,前沿水深12.2米,工程结构为重力式空心方块结构。另一个2.5万吨级煤炭码头,设计年吞吐能力为150万吨,码头岸线长270米,前沿水深10米,工程结构为高桩梁板结构。

东渡港区2011年完成货物吞吐量6899.8万吨,集装箱吞吐量344.5 TEU;2012年完成货物吞吐量7436.9万吨,集装箱吞吐量344.5 TEU;2013年完成货物吞吐量7499.3万吨,集装箱吞吐量359.8 TEU;2014年完成货物吞吐量7207.1万吨,集装箱吞吐量336.4 TEU;2015年完成货物吞吐量6545.9万吨,集装箱吞吐量286.5 TEU。

截至2015年底,东渡港区有生产性泊位53个,其中深水泊位28个,集装箱泊位13个,设计货物通过能力3879万吨(其中集装箱290万TEU),旅客1029.8万人次,汽车72万辆次。港区2011年吞吐量6899.8万吨、344.5万TEU,2012年吞吐量7436.9万吨、351.0万TEU,2013年吞吐量7499.3万吨、359.8万TEU,2014年吞吐量7207.1万吨、336.4万TEU,2015年吞吐量6545.9万吨、286.5万TEU。

(2)港区地理条件和集疏运概况

东渡港区位于厦门岛西侧,地理位置为东经118°04′15″,北纬24°29′20″。东渡主体港区北自高崎码头,南至同益码头,东以长岸路、东渡路为界;五通客滚作业区西起下边村,往东至浦口附近,南以环岛路为界;以及和平作业区。

东渡港区目前已形成以港中路为主,横二路等为辅的港区内部道路网。对外则依托东渡路和长岸路连接厦门大桥、集美大桥、杏林大桥和海沧大桥4个出岛通道,并沿马青路、海翔大道、G324国道和沈海高速公路等国省干线、高速公路对外疏解。东渡港区在高崎火车站设有一、二分区车场,承担东渡港区的取送车和编解作业任务,货运能力262万吨,基本能满足港区对铁路集疏运的需求。

东渡港区进港航道由主航道和支航道组成,主航道自湾口外东碇岛附近经青屿水道至鼓浪屿西南海2号灯浮附近为主航道,支航道为东渡航道。随着厦门港的发展,厦门港分别于1999年、2001年、2004年先后建成厦门湾10万吨级航道一期工程、东渡港区进港航道增深工程、东渡航道扩建工程。主航道人工挖槽宽度250米,底高程-14.0米。现代码头进港支航道为东渡航道,从主航道进支航道至18号泊位航道宽度250米,底高

程 – 12 米。18 ~ 21 号泊位航道宽度 160 米,底高程 – 12 米。21 号泊位以北航道宽度 160 米,底高程 – 10.5 米,满足 5 万吨级船舶通行。2015 年东渡航道 G2 ~ G4 扩建,2017 年 8 月竣工,18 号泊位以北航道宽度 200 米,底高程 – 10.5 米。

2.港区工程项目

(1)厦门港东渡港区一期工程

项目于 1977 年 10 月开工,1982 年 7 月试运行,1984 年 12 月竣工。

项目建设依据:1974 年 11 月,国家计划委员会《关于厦门东渡建港计划任务书的复文》(〔74〕计字 544 号);1975 年 12 月,交通部《关于厦门港东渡港区扩初设计的批复》(〔75〕交水基字 1751 号);1981 年 2 月,交通部《关于厦门东渡港区第一期工程第一泊位修改初步设计的批复》(交基字〔1981〕308 号)。

项目建设 4 个深水泊位,年吞吐能力 100 万吨,分别为 1 万吨级 2 个、1.5 万吨级 1 个、5 万吨级 1 个。施工建成底高程 – 11.7 米码头 588.66 米、底高程 – 9.0 米码头 202.78 米、底高程 – 4.0 米码头 163.37 米、底高程 – 4.0 米直立式护岸 200 米,斜坡式护岸 462 米,工作船浮码头 1 座,岸线长 48.34 米。码头采用顺岸式布置,结构形式为重力式实心方块码头;杂货堆场面积 43674 平方米,集装箱堆场 30556 平方米,散粮杂货仓库 1 座 14713 平方米,杂货仓库 1 座 10441 平方米,交接库 1 座 3729 平方米,危险品仓库 1 座 150 平方米。主要装卸设备为 10 吨门座式重机 6 台,30.5 吨集装箱轨道式起重机 1 台,跨运车 2 台及散粮、集装箱、流动装卸机械。项目概算总额 1.82 亿元,交通部投资 1.66 亿元,福建省投资 1563.70 万元。项目陆域用地面积 30 万平方米。

项目建设单位为福建省厦门港口建设指挥部。设计单位为交通部第四航务工程设计院、福建省建筑设计院、厦门市建筑设计院、南昌铁路局福州设计所、交通部水运规划设计院、上海航道局、厦门市邮电局、交通部第三航务工程局第六工程处和福建省交通规划设计院等。施工单位有交通部第三航务工程局第六工程处(原交通部第四航务工程局第四工程处,1981 年 3 月改隶属关系)承担港区主体工程施工,广州航道局黄埔工程处、炸礁队、四航局工程船队承担支援施工。配套工程项目由福建省第四建筑公司、龙岩地区交通工程处、上海铁路局福州工程指挥部、上海航道局、一航局科研所及惠安县驻厦第四建筑公司承担施工。

原码头的 1.5 万吨级的 1 号、4 号,5 万吨级的 2 号、3 号泊位经 2006 年 12 月码头靠泊能力论证后 1 号泊位可减载靠泊 3 万吨集装箱船,2 号、3 号泊位可减载靠泊 7 万吨散货船,4 号泊位可减载靠泊 5 万吨散货船。

1984 年 12 月,东渡港区第一期工程 4 个泊位竣工验收正式投入使用。2015 年以前由厦门港务发展股份有限公司东渡分公司经营,主要从事港口散件杂货及内贸集装箱的装卸、仓储、配送等业务。2015 年为了促进厦门邮轮母港建设,厦门港务发展有限公司东渡分公司整体搬迁。

(2)厦门港和平客运码头工程

项目于 1987 年 9 月开工,1988 年 12 月竣工。

项目建设依据:1986 年 4 月,福建省计划委员会《关于厦门港客运码头建设工程计划任务书的批复》(闽计交〔1986〕024 号);1986 年 8 月,福建省交通厅《厦门港客运码头初步设计审查会议纪要》(〔86〕闽交基引字第 183 号)。

改造扩建第一泊位,新造一艘 100 米长钢质方舟,更换原 64 米长方舟,增加一个撑墩。新建第三泊位,新造一艘 120 米长的钢质方舟,增加钢筋混凝土平台及撑墩面积 2460.5 平方米。第一泊位新造一艘 100 米×11 米钢质方舟,增加一个撑墩;第三泊位新造一艘 120 米×12 米方舟,直径 1 米、长度 19～37 米灌注桩 37 根,平台及撑墩总长度 118 米,增加面积 2460.5 平方米。项目总投资 600 万元,政府投资。项目陆域用地面积 1.21 万平方米,用海面积 3.51 公顷。

项目建设单位为厦门港务局港口建设指挥部;设计单位为交通部第四航务工程勘察设计院;施工单位为交通部三航六公司、天津软基技术开发公司、厦门造船厂、江都造船厂、厦门港口工程公司;质监单位为厦门市建筑工程质量监督站。

作为厦门港早期最重要的几个码头之一,和平客运码头先后承担了货运和客运业务,为厦门港的发展作出了巨大贡献。2011—2015 年,和平码头 1 号趸船用于经营厦门海上游观光航线,3 号泊位则为社会船舶提供靠泊服务。

(3)厦门港东渡港区二期工程项目

项目于 1989 年 10 月开工,1993 年试运行,1994 年 2 月竣工。

项目建设依据:1986 年 4 月,国家计划委员会《关于福建省厦门等三港扩建工程项目建议书的复函》(计交〔1986〕470 号);1988 年 9 月,福建省建设委员会《关于东渡港区二期工程初步设计的批复》(闽建设〔88〕073 号);1988 年 12 月 20 日,厦门市政府《关于东渡港区二期工程煤码头港外公路用地的批复》(厦府〔88〕综 530 号);1989 年 2 月 28 日,厦门市政府《关于东渡港区二期工程三个泊位建设用地的批复》(厦府〔89〕综 097 号);1990 年 3 月 16 日,厦门市政府《关于石湖山 2.5 万吨级泊位煤码头工程与煤堆场工程建设用地的批复》(厦府地〔90〕048 号);1992 年 6 月 7 日,厦门市政府《关于东渡港区煤码头铁路专用线用地的批复》(厦府地〔92〕098 号);1994 年 1 月 29 日,厦门市政府《关于东渡港区二期配套生活区建设用地的批复》(厦府地〔94〕036 号);1988 年 6 月 24 日,厦门港务局《关于厦门港东渡港区二期工程岸线使用的批复》(厦港计〔1988〕287 号);2006 年 3 月 29 日,厦门市海洋与渔业局颁发《海域使用权证书》(国海证 053550005-053550009 号);2008 年 1 月 22 日,福建省计划委员会、福建省交通厅同意《厦门港东渡港区二期工程可行性报告—环境影响报告书》。

项目新建4个深水泊位,其中3.5万吨级集装箱泊位1个(年吞吐量100万吨)、2万吨级杂货泊位2个(年吞吐能力2×50万吨)、2.5万吨级煤炭泊位1个(年吞吐能力150万吨);工程设计年吞吐能力350万吨;集装箱泊位水深12.2米、为重力式空心方块码头,平面采用顺岸式布置,泊位长303米;杂货泊位水深为10.6米,为重力式空心方块码头平面采用顺岸式,泊位长347米;驳船码头为重力式空心方块码头,码头前沿水深6.0米。平面布局采用顺岸式,码头长205米;煤码头为高桩板梁结构(其中筒仓墩为桩基墩式结构),煤炭泊位水深10.2米,长270米;集装箱堆场面积136897平方米,杂货堆场34236平方米,煤码头堆场3.28万平方米。主要装卸设备配置集装箱桥式起重机2台,门座式重机2台,轮胎式起重机6台,龙门式起重机4台,叉车16台,拖头8台;煤码头10吨带斗门座式重机2台,800吨/小时、400吨/小时装船机各1台,斗轮堆取料机2台,螺旋卸车机2台,水平带式输送机14条。项目概算投资38729.95万元,其中利用世界银行贷款3600万美元(按1988年汇率折人民币14000万元),国内配套资金24729.95万。项目陆域用地面积52.66万平方米。

项目建设单位为厦门港务局港口建设指挥部。设计单位为交通部第四航务工程勘察设计院(集装箱、杂货泊位);交通部第三航务工程勘察设计院(煤码头);上海航道局设计研究院(港区航道及航标包括煤码头的吹填及围堰);福州铁路设计分院(港外铁路(煤码头出港公路));厦门市供电局设计室(港外供电);厦门自来水公司设计室(港外供水);厦门环境保护学会(环境保护);厦门市邮电局设计室(港外通讯);南京水利科学研究院(港区回淤分析);厦门市规划设计研究院(港外生活区)。监理单位为英国史伟高(SWK)工程咨询公司、中北港湾工程建设监理事务所及厦门港湾监理公司(8号集装箱泊位道路堆场工程;集杂货泊位堆场道路等工程);英国史伟高(SWK)工程咨询公司和中北港湾工程建设监理事务所联合体(集装箱、件杂货码头水工结构、港池及航道工程);上海东华港湾工程建设监理所(驳船码头东护岸及南护岸(东段)工程)。福州铁路分局基建分处(煤码头铁路专用线工程)厦门港湾监理公司(港外生活区工程)上海海监局(助航标志工程)。施工单位为交通部第三航务工程局第六工程公司(集杂泊位南、北通道及生产辅助区陆域填筑;驳船码头和集装箱、件杂货泊位及煤码头的码头、护岸、道堆,生产区给排水,港区供电照明等工程;煤码头大部分生产及房屋建筑工程;煤码头陆域回填工程);厦门警备区工程队(集装箱、杂货泊位生产区陆域回填工程);厦浚工程公司(助航标志的土建及设备安装工程);福建省一建公司(集装箱交接库、修箱间);禾胜建设公司(南端3个泊位及煤码头综合楼,调度楼,生活辅助区道路,给排水工程);惠安四建公司(南端3个泊位的食堂,流动机械库、工具库、变电站等土建工程);厦门输变电工程公司(35千伏输电线路及变电站安装工程);厦门铁路工程公司(煤专线路基、涵洞及线路铺设工程)。质监单位为省交通质监站(码头工程);市建筑质监站(土建工程)。

2004年,通过技术改造,满足5万吨级及不满载10万吨级集装箱船舶的靠泊要求。其中港池长380米、宽90米、水深13.3米(为当地理论最低潮面下)。原码头的3.5万吨级的6号、7号泊位、5万吨级的8号泊位,经2006年12月码头靠泊能力论证后6号、7号泊位可减载靠泊7万集装箱,8号泊位可减载靠泊10万吨级集装箱船。

东渡二期集装箱泊位与后续建成的东渡三期、东渡9号集装箱泊位即东渡5~11号集装箱泊位由海天集装箱码头公司统筹运营,经营内、外贸集装箱业务,主要承接厦门港近洋航线、对台航线、海上丝绸之路航线和新兴地区航线。2004年7月11日,当时全球最大的总箱位达8468 TEU的"中海亚洲"轮首航挂靠海天码头。2013年厦门港集装箱码头资源整合,东渡5~16号泊位等统一由厦门集装箱码头集团有限公司经营。

东渡19号泊位作业的品种涵盖铁矿、煤炭和石材等,与东渡港区18号泊位统一由石湖山码头公司运营,发展成为海峡西岸经济区铁矿石、煤炭等大宗散货最重要的集散中心之一,并成为福建省内铁矿石码头业务的领跑者。

(4)厦门港东渡港区12号泊位工程项目

项目于1994年12月开工,1996年5月试运行,1996年6月竣工。

项目建设依据:1993年5月,厦门市城乡建设委员会《关于厦门象屿码头初步设计的批复》(厦建总审字〔1993〕059号);1991年,厦门市环境保护局《关于象屿码头和工业小区建设项目环境影响评价大纲的批复》(厦环保字〔1991〕061号);1993年6月,厦门市人民政府《厦门市人民政府关于港务局象屿码头建设用地的批复》(厦府地〔1993〕258号);东渡港区12号泊位《海域使用权证》(国海证053550043)。

东渡港区12号泊位岸线长度220米,码头前沿水深达12.5米。建设规模为一个2万吨级多用途货运泊位及相应配套设施,要求年货运吞吐量达到70万吨。码头平面布局为顺岸式,码头结构形式采用重力式沉箱结构,码头顶面高程为7.5米(当地理论最低潮面)。工程进港航道、锚地及导助航设施利用现有厦门港主航道、东渡航道、锚地及导助航设施。陆域面积约11万平方米,重箱堆场、空箱堆场、停车场、堆场内道路和辅建区采用龙门式起重机跑道梁+联锁块结构形式。道路面积2.2万平方米、堆场面积3.7万平方米。集装箱装卸设备有岸边集装箱装卸桥2台,集装箱轮胎式龙门起重机4台、正面吊运机、堆高机2台。项目总投资2.3亿元,由企业自筹。用海面积1.32万平方米。

项目建设单位为厦门象屿新创建码头有限公司;设计单位为中交第四航务工程勘察设计院有限公司;施工单位为中交第三航务工程局第六工程公司;监理单位为厦门港湾建设监理咨询公司;质监单位为福建省交通基本建设工程质量监督检测站。

2006年经技术改造后,东渡港区12号泊位可靠泊3.5万吨级集装箱船舶。东渡港区12号泊位工程投产后,与后续建成的东渡港区13号、14号泊位,15号、16号泊位由厦门象屿新创建码头有限公司经营,2013年厦门港集装箱码头资源整合后,东渡港区12~16

号泊位及东渡 5~16 号泊位等统一由厦门集装箱码头集团有限公司经营,主要承接厦门港近洋航线、对台航线、海上丝绸之路航线和新兴地区航线,是厦门港对台航运的桥头堡。

(5)厦门港东渡港区 13 号、14 号泊位工程项目

项目于 1996 年 10 月开工,2000 年 10 月试运行,2003 年 7 月竣工。

项目建设依据:1994 年,厦门市计划委员会《关于同意兴建保税区专用码头工程可行性研究报告的批复》(厦计投资〔1994〕195 号);1995 年 6 月,厦门市城乡建设委员会《关于象屿保税区专用码头初步设计的批复》(厦建总审字〔1995〕055 号);1994 年 5 月,厦门市人民政府《关于象屿保税区专用码头建设用地的批复》(厦府地〔1994〕164 号);用海面积 2.52 公顷(国海证 053550044);1997 年 12 月,厦门港务局《关于同意厦门惠建码头有限公司使用东渡港区 13#、14#泊位岸线的批复》(厦港计〔1997〕172 号)。

东渡港区 13 号泊位为 2.5 万吨级集装箱码头,14 号泊位为 1.0 万吨通用泊位,岸线总长为 420 米。设计年吞吐能力 145 万吨。13 号泊位岸线长度 250 米,14 号泊位岸线长度 170 米,码头平面布局为顺岸式,码头结构形式采用重力式沉箱结构,码头顶面高程为 7.5 米(当地理论最低潮面),13 号泊位码头前沿水深达 13.5 米,14 号泊位码头前沿水深达 14.5 米。工程进港航道、锚地及导助航设施利用现有厦门港主航道、东渡航道、锚地及导助航设施。

陆域形成和道路、堆场工程:陆域总面积约 15.17 万平方米;重箱堆场、空箱堆场、停车场、堆场内道路和辅建区采用龙门式起重机跑道梁 + 连锁块结构形式。道路总面积约 3.3 万平方米,堆场总面积约 9.9 万平方米。装卸机械设备包括岸边集装箱装卸桥 2 台,集装箱轮胎式龙门起重机 4 台。项目总投资 2.6 亿元,由企业自筹。陆域用地面积 15.17 万平方米;用海面积 2.52 公顷。

项目建设单位为厦门象屿保税区惠建码头有限公司;主要设计单位有中交第四航务工程勘察设计院有限公司(水工、疏浚、陆域工程)。主要施工单位有交通部第三航务工程局第六工程公司(13 号泊位水工、疏浚、陆域工程);中港四航局第二工程公司(14 号泊位水工、疏浚、陆域工程);铁道部第十七局厦门工程处(13 号泊位道堆工程);中港集团三航局厦门分公司(14 号泊位道堆工程)。主要监理单位有厦门港湾建设监理咨询公司(13 号、14 号泊位水工、疏浚、陆域工程);厦门象屿工程咨询监理有限公司(14 号泊位道堆工程)。质监单位为福建省交通基本建设工程质量监督检测站(水工、疏浚、陆域、道堆工程)。

(6)东渡港区 9 号集装箱泊位工程

项目于 1996 年 7 月开工,1998 年 3 月试运行,1998 年 4 月竣工。

项目建设依据:1995 年,厦门市计划委员会《关于东渡港区 9 号集装箱泊位工程可行性研究报告的批复》(厦计投资〔1995〕185 号);1996 年,厦门市城乡建设委员会《关于厦

门港东渡港区 9 号集装箱泊位初步设计的批复》(厦建总审字〔1996〕018 号);1995 年 8 月 12 日,厦门港务局《关于厦门港东渡港区九号集装箱泊位岸线使用的批复》(厦港计〔1995〕235 号);1996 年,厦门市人民政府《关于东渡港区九号集装箱泊位建设用地的批复》(厦府地〔1996〕192 号)。

9 号泊位岸线长度 190 米,建设规模为一个 1 万吨级(水工结构按 3.5 万吨级设计)集装箱专用泊位,设计年吞吐量 15 万 TEU。码头平面布局为顺岸式,结构形式采用重力式沉箱结构,码头顶面高程为 7.5 米(当地理论最低潮面),前沿停泊水域底高程为 -12.2 米。陆域面积 68730.5 平方米,采用填筑式形成陆域岸线。堆场面积 3.8 万平方米,重箱堆场采用箱角梁+高强混凝土联锁块铺面结构;空箱堆场采用四角砖铺面结构。项目总投资 1.85 亿元,由企业自筹。项目陆域用地面积 7.4 万平方米,用海面积 0.83 公顷。

项目建设单位为厦门港务局港口建设指挥部;设计单位为中交第四航务工程勘察设计院;施工单位为中交第三航务工程局第六工程公司;监理单位为厦门港湾咨询监理有限公司;质监单位为福建省交通基本建设工程质量监督检测站。

海天码头提高靠泊能力改造一期(8 号、9 号泊位)工程于 2004 年 12 月 29 日竣工验收,通过技术改造,满足 5 万吨级及不满载 10 万吨级集装箱船舶的靠泊要求。其中港池长 380 米、宽 90 米、水深 13.3 米(为当地理论最低潮面下)。

(7)厦门港东渡港区三期工程项目

项目于 1998 年 11 月开工,2002 年 6 月试运行,2003 年 12 月竣工。

项目建设依据:1993 年 3 月,国家计划委员会《关于厦门港东渡港区三期工程项目建议书的批复》(计交通〔1993〕376 号);1997 年 4 月,国家计划委员会《国家计委关于审批厦门港东渡港区三期工程可行性研究报告的请示》(计交能〔1997〕655 号);1997 年 7 月,国家计划委员会《印发国家计委关于审批厦门港东渡港区三期工程可行性研究报告的请示》(计交能〔1997〕1110 号);1997 年 10 月,交通部《关于厦门港东渡港区三期工程初步设计的批复》(交基发〔1997〕656 号);1996 年 10 月,国家环境保护局监督管理司《关于东渡港区三期工程环境影响评价大纲审查意见的复函》(环监建〔1996〕210 号);1997 年 7 月,国家环境保护局《关于厦门港东渡港区三期工程环境影响报告书审批意见的复函》(环发〔1997〕432 号);2008 年 1 月,国家环境保护局《厦门港东渡港区三期工程环境影响报告书》(环发〔1997〕432 号);1998 年 2 月,厦门市政府《厦门市人民政府关于东渡港区三期 5#、10#、11#泊位工程用地的批复》;2005 年 4 月,厦门市海洋与渔业局《海域使用权证书》(国海证 053550011 - 053550014 号);1997 年 11 月,厦门港务局《关于厦门港东渡港区三期工程岸线使用的批复》(厦港计〔1997〕149 号)。

项目建设 5 万吨级集装箱专用泊位一个(编号 10 号、11 号),码头结构可靠泊 5 万吨级或不满载的 10 万吨级集装箱船(设计低水位 0.73 米时限制吃水 13.2 米);5 号泊位为通用泊位,码头结构可停靠 5 万吨级集装箱船(设计低水位 0.73 米时限制吃水 11.93 米)或 10 万吨级散货船(设计低水位 0.73 米时限制吃水 11.78 米)。工程设计年吞吐能力:5 万吨级集装箱专用泊位(编号 10 号、11 号)为 45 万 TEU,5 号泊位和 4 个杂货泊位为 100 万吨杂货。集装箱堆场 120851 平方米,杂货堆场 24208 平方米。拆装箱仓库 9848 平方米,杂货仓库 4670 平方米。主要装卸设备有岸边集装箱装卸桥 5 台,41 吨轮胎式集装箱龙门起重机 12 台,41 吨轨道式集装箱龙门起重机 2 台,45 吨集装箱正面吊运机 1 台,集装箱空箱堆高机 2 台,80 吨-18 米地磅 3 台。40 吨-33 米门座式起重机 1 台,10 吨-33米～16 吨-25 米门座式起重机 3 台,10 吨-33 米门座式起重机 1 台,50 吨轮胎式起重机 1 台,25 吨轮胎式起重机 4 台,移动式散肥灌包机 2 台,10 吨叉车 3 台,6 吨叉车 7 台,35 千牛牵引车 5 台,25 千牛牵引车 7 台,20 吨平板车 9 台,10 吨平板车 18 台。项目总投资 7.88 亿元,中央专项基金(港口建设费)5257 万元,厦门市地方专项基金 1.15 亿元、企业自有资金 9500 万元、国家开发银行软贷款 2900 万元、硬贷款 10700 万元,亚洲开发银行贷款 39010 万元人民币(折合 4700 万美元)。项目陆域用地面积 6.87 万平方米。

项目建设单位为厦门港务集团有限公司;设计单位为中交第四航务勘察设计院(主要设计工作),上海航道勘察设计研究院设计(航道工程),上海铁路局福州勘察设计院设计(铁路工程)。监理单位为厦门港湾建设监理咨询公司,华东铁路监理公司福州分公司(铁路工程)。质监单位为福建省交通基本建设工程质量监督检测站,福州铁路分局(铁路工程)。施工单位为中港第三航务工程局(负责码头水工工程及前方陆域、除 11 号泊位后方堆场外的道路堆场工程);厦门警备区后勤部(后方陆域);广州航道局(负责航道及调头区挖泥工程);海军北方工程局厦门工程指挥部(承担航道及调头区炸礁施工);福州铁路工程总公司厦门工程公司(港区铁路工程);厦门港务工程公司(11 号泊位后方堆场)。

2002 年通过技术改造,10 号、11 号泊位满足 5 万吨级及不满载 10 万吨级集装箱船舶的靠泊。其中港池长 380 米、宽 90 米、水深 13.8 米(为当地理论最低潮面下)。原码头的 5 万吨级的 5 号、10 号、11 号泊位经 2006 年 12 月码头靠泊能力论证后 5 号泊位可减载靠泊 7 万散货船,10 号泊位可减载靠泊 10 万吨级集装箱船,11 号泊位可减载靠泊 10 万吨级集装箱船。

(8)厦门港东渡港区 15 号、16 号泊位工程项目

项目于 1999 年 4 月开工,2000 年 12 月试运行,2002 年 5 月竣工。

项目建设依据:1995 年 6 月,厦门市城乡建设委员会《关于象屿保税区专用码头初步设计的批复》(厦建总审字〔1995〕055 号);1994 年 5 月,厦门市计划委员会《关于新建象屿保税区专用码头 15 号、16 号泊位一期工程项目建议书的批复》(厦计投〔1993〕436号);1994 年 5 月,厦门市人民政府《关于象屿保税区专用码头建设用地的批复》(厦府

地〔1994〕164 号）；用海面积 2.00 公顷（国海证 053550045）；1999 年 4 月，厦门市港务管理局《关于东渡港 15#、16#泊位岸线使用的意见》（厦港规建〔1999〕34 号）。

15 号、16 号泊位批准的建设规模为 1 万吨通用泊位和 1 万吨多用途泊位各 1 个，码头岸线长 336 米，水工结构按 3.5 万吨级集装箱泊位设计。设计年吞吐能力为 90 万吨。15 号泊位岸线长度 180 米，16 号泊位岸线长度 156 米。码头平面布局为顺岸式，码头结构形式采用重力式沉箱结构，码头顶面高程为 7.5 米（当地理论最低潮面），15 号、16 号泊位码头前沿水深达 14.5 米。工程进港航道、锚地及导助航设施利用已有厦门港 20 万吨级主航道、10 万吨级东渡航道、锚地及导助航设施。陆域总面积约 12.13 万平方米。重箱堆场、空箱堆场、停车场、堆场内道路和辅建区采用龙门式起重机跑道梁＋联锁块结构形式，道路面积 2.03 万平方米，堆场面积 3.3 万平方米。集装箱装卸设备有岸边集装箱装卸桥 2 台，集装箱轮胎龙门起重机 4 台，2003 年增加岸边集装箱装卸桥 3 台，集装箱轮胎式龙门起重机 5 台。项目总投资 1.9 亿元，由企业自筹。陆域用地面积 12.13 万平方米；用海面积 2.00 公顷。

项目建设单位为厦门象屿保税港区发展有限公司；设计单位为中交第四航务工程勘察设计院有限公司；施工单位为中交第三航务工程局第六工程公司、铁道部第十七局厦门工程处；监理单位为厦门港湾建设监理咨询公司、厦门象屿工程咨询监理有限公司；质监单位为福建省交通基本建设工程质量监督检测站。

（9）厦门港东渡港区 18 号多用途兼滚装功能泊位工程

项目于 2002 年 6 月开工，2004 年 5 月试运行，2012 年 2 月竣工。

项目建设依据：2001 年 5 月，厦门市计划委员会《厦门市计委关于厦门港东渡港区 18#多用途兼滚装功能泊位项目建议书的批复》（厦计投资〔2001〕156 号）；2001 年 10 月，福建省交通厅、福建省计划委员会《厦门市计委关于厦门港东渡港区 18#多用途兼滚装功能泊位工程可行性研究报告的批复》（厦计投资〔2001〕337 号）；2001 年 11 月，厦门市建设委员会《厦门市建设委员会关于厦门港东渡港区 18#多用途兼滚装泊位工程初步设计的批复》（厦建设审〔2001〕55 号）；2002 年 1 月，厦门市环境保护局《厦门市环境保护局关于厦门港东渡港区 18#多用途兼滚装泊位环境影响报告书批复》（厦环监〔2002〕5 号）；2001 年 12 月，厦门市人民政府《厦门市人民政府关于厦门港东渡港区 18#泊位建设用地的批复》（厦府地〔2001〕549 号）；2002 年 1 月，厦门市人民政府海洋管理办公室《厦门市人民政府海洋管理办公室关于东渡港区 18#多用途兼滚装泊位工程海域使用可行性论证报告书的批复》（厦海管〔2002〕3 号）；2001 年 8 月，交通部《关于厦门港东渡港区 18#多用途泊位使用岸线的批复》（交规划发〔2001〕422 号）。

一个 5 万吨级的多用途泊位兼滚装泊位（水工结构按靠泊 10 万吨级集装箱船舶设计，同时满足 10 万吨级散货船靠泊），该泊位可靠泊 7 万吨级集装箱船舶和 7 万吨级散货船作业。项目设计年吞吐能力为 96 万吨,其中集装箱吞吐量 9 万 TEU、件杂货 15 万吨;码头岸线长 488 米。重力式沉箱结构。距离 16 号泊位 32 米过渡段底高程为 -12.2 米,其余岸线泊位前沿底高程为 -15.3 米;集装箱堆场 26460 平方米,件杂货堆场面积 16848 平方米;集装箱堆场容量 2371TEU 重箱;件杂货堆场容量 22950 吨。主要装卸设备配置门座式重机 6 台、轨道式龙门起重机 6 台、装载机 19 台、挖掘机 5 台、自卸汽车 19 辆、牵引车 4 辆、地磅 2 个、趸船及钢引桥 1 个。项目总投资 1.89 亿元,中央财政预算拨款 1200 万元,市财政拨款 30 万元,银行贷款等。项目总用地面积 24.17 万平方米,其中填海造地面积 23.71 公顷。

项目建设单位为厦门港务控股集团有限公司;设计单位为中交第四航务工程勘察设计院有限公司、福建省港航勘测设计中心;施工单位为中交第四航务工程局、中海工程建设总局、广州航道局;监理单位为厦门港湾咨询监理有限公司、南华建设管理有限公司;质监单位为福建省交通基本建设工程质量监督检测站、厦门港口质量安全监督检测站。

东渡港区 18 号泊位作业的品种涵盖铁矿、煤炭和石材等,项目投产后吞吐量逐年增长,随着东渡 19 号泊位改建工程于 2007 年投入使用,对东渡港区 18 号泊位相关作业形成了有力的补充,两个泊位统一经营步入快速发展轨道,发展成为海峡西岸经济区铁矿石、煤炭等大宗散货最重要的集散中心之一,并成为福建省内铁矿石码头业务的领跑者。

(10)厦门国际邮轮中心(厦金客运码头)工程

项目于 2003 年 9 月开工,2007 年 6 月试运行,2009 年 6 月竣工。

项目建设依据:2002 年 12 月,厦门市发展计划委员会《厦门市计委关于厦门港东渡港区国际旅游客运码头一期工程项目建议书的批复》(厦计投资〔2002〕459 号);2003 年 5 月,厦门市发展计划委员会《厦门市计委关于厦门港国际旅游客运码头小轮泊位工程立项的批复》(厦计投资〔2003〕117 号);2003 年 05 月,厦门市发展计划委员会《厦门市计委关于厦门国际旅游客运码头首期工程可行性研究报告的批复》(厦计投资〔2003〕118 号);2009 年 1 月,《厦门港口管理局关于厦门港国际旅游客运码头首期工程及小轮泊位工程初步设计的批复》(厦港〔2009〕4 号);2003 年 10 月,厦门市海洋与渔业局《厦门市海洋与渔业局关于厦门港国际旅游客运码头首期工程及小轮泊位海域使用可行性论证报告的批复》(厦海渔〔2003〕179 号);2006 年 05 月,厦门市人民政府《关于国际旅游客运码头及客运联检大楼建设用地的批复》(厦府地〔2006〕228 号);2005 年 5 月,交通部《关于厦门港国际旅游客运码头泊位工程使用岸线的批复》(交规划发〔2005〕180 号)。

首期码头工程新建 1 座停靠 14 万总吨大型邮轮兼顾停靠 3 万吨级集装箱船的码头及其配套设施,码头岸线长度 463.81 米,码头前沿顶高程为 7.5 米,前沿底高程为 -12.4 米(其中北端 70 米范围内 -10.5 米),前沿停泊水域宽度为 100 米;首期工程掉头区直径 640 米,设计底高程为 -10.5 米;陆域纵深 95 米。设计年吞吐能力近期为旅客 31 万人次、集装箱 5 万 TEU,远期根据国际旅游客运发展的需要调整功能后,年设计通过能力可达到 150 万人次。顺岸式沉箱重力式结构。堆场面积约 34638 平方米。小轮泊位工程码头岸线长 340 米,护岸前沿顶高程为 7.5 米,前沿底高程为 −5.0 米,客运码头前沿停泊水域宽度 33 米,工作船码头前沿停泊水域宽度 21 米;陆域纵深 49 米。设计年吞吐能力 100 万人次。采用顺岸布置方式,由北向南依次布置两座 80 米长的客运码头、1 座 35 米长的工作码头、1 座 30 米长的工作船码头,均采用浮码头的形式。堆场面积约 7200 平方米。进港航道工程建设范围从客运码头前沿至东渡进港航道交叉处,长 869 米,单向航道,航道宽 200 米,通航水深 10.5 米,可满足 14 万总吨大型国际邮轮不乘潮及 3 万吨级集装箱船舶乘潮通航要求;增加博坦航段拓宽项目,博坦航段长 930 米,航道宽度由 250 米拓宽至 300 米(航道由主线向东拓宽),航道设计底高程 −11.5 米,增设 1 座直径 3 米灯浮标;建设内容包括疏浚、炸礁、航标等工程。联检大楼工程建设 1 个满足 14 万总吨的大型邮轮旅客及 2 个小轮泊位旅客上下船需要的客运联检大楼及其附属的大型停车场等设施,设夹层作为小车停车场,建设用地面积 75094.02 平方米,总建筑面积 81274.00 平方米;建筑高度 30.2 米,共 3 层。主要功能是为出入境的旅客提供系列联检通道、候检大厅及候船大厅等,并设置与之配套服务的大型停车库及休憩美食等功能空间。项目首期工程总投资 17700 万元;小轮泊位工程总投资 7400 万元;进港航道工程总投资 2465 万元;客运联检大楼总投资 35168 万元;市财政出资。项目总用地面积 8.13 万平方米,其中填海造地面积 6.71 公顷。

项目建设单位为厦门港务控股集团有限公司;水工工程(首期工程、小轮泊位工程、进港航道工程等)设计单位为中交第一航务工程勘察设计院有限公司;福建省港航勘察设计研究院(航道设计);福建省船舶及海洋工程设计研究院(趸船设计)。监理单位为上海东华建设管理有限公司。施工单位为中交第三航务工程局有限公司(施工总承包单位);福建省东南造船厂(趸船建造)。质监单位为福建省交通基本建设工程质量监督检测站。联检大楼工程设计单位为香港凯达环球建筑设计咨询有限公司(方案设计);南昌冶金设计研究院(施工图设计)。监理单位为厦门协城工程建设监理有限公司。施工单位为福建省第五建筑工程公司。质监单位为厦门市建设工程质量安全监督站。

厦门国际邮轮中心(厦金客运码头)工程小轮泊位于 2008 年 6 月至 2014 年 4 月用于运营厦门金航航线,2014 年 10 月至今用于运营厦鼓航线。东渡 0 号泊位主要运营厦门—台湾客运航线和不定期的邮轮航线。

(11)厦金客运码头客滚改造工程

项目于 2009 年 4 月开工,2009 年 10 月试运行,2011 年 12 月竣工。

项目建设依据:2009 年 3 月,厦门市发展和改革委员会《关于厦金客运码头客滚改造工程项目建议书的批复》(厦发改投资〔2009〕79 号);2010 年 1 月,厦门市发展和改革委

员《关于厦金客运码头客滚改造工程可行性研究报告会批复》(厦发改投资〔2010〕5号);
2010年8月,厦门港口管理局《关于厦金客运码头客滚改造工程初步设计的批复》(厦港
〔2010〕161号);2009年7月,厦门市海洋与渔业局《关于厦金客运码头客滚改造工程海
洋环境影响报告表的批复》(厦海渔〔2009〕152号);2009年8月,厦门市环境保护局《关
于厦金客运码头客滚改造工程环境影响报告表的批复》(厦环监〔2009〕表122号);2010
年8月,厦门市人民政府《关于厦金客运码头客滚改造工程建设用地的批复》(厦府地
〔2010〕323号)。

项目在国际邮轮泊位南端改造增加滚装设施(含转接平台),使国际邮轮泊位具备接
靠从2400总吨到26000总吨客货滚装船舶(艉直和艏直)的能力,在滚装设施外侧新增一
个厦金客运备用泊位,使其具备最大靠泊575总吨的厦金快速客轮的能力。滚装设施占
用岸线长83米(其中厦金客运备用泊位岸线长35米),泊位前沿底高程-12.4米。主要
建设内容包括水工建筑物、钢趸船改造及人行钢便桥、车型钢引桥、桥门架及液压系统、登船
设备制安及移位、装卸设备、土建、联检设施、道路场地、供电、给排水、绿化、冷却塔搬迁等内
容,后方堆场面积约3万平方米,工程年吞吐量安排为:旅客19.8万人次、车辆4万车次,工
程总投资概算为3769万元。主要装卸设备:新购1台斜梯式登船机,移机改造1台原升降
式登船机;堆场设备配置有集装箱正面吊运机1台,叉车2台,地磅1台。项目总投资3769
万元,其中市财政统筹1885万元,企业自有资金1884万元。陆域用地面积3万平方米。

项目建设单位为厦门港务控股集团有限公司;设计单位为中交第三航务工程勘察设
计院有限公司;施工单位为中交第三航务工程局有限公司;监理单位为上海东华建设管理
有限公司;质监单位为厦门港水运工程质量安全监督站。

东渡0号泊位客滚码头于2009年投入运营,至今仍在运营厦门—台湾客滚航线。

(12)厦门港东渡港区20号泊位工程项目

项目于2003年11月开工,2006年8月试运行,2010年6月竣工。

项目建设依据:2003年3月,厦门市发展计划委员会《厦门市计委关于厦门港东渡港
区20#泊位工程可行性研究报告的批复》(厦计投资〔2003〕57号);2003年6月,厦门市港
口管理局《厦门港东渡港区20#泊位初步设计论证会纪要》(厦港〔2003〕68号);2003年1
月,厦门环境保护局《厦门市环境保护局关于厦门港东渡港区20#泊位工程环境影响报告
书的批复》(厦环监〔2003〕8号);2005年12月,厦门海事局《厦门港东渡港区20#泊位工
程通航环境安全评估评审会会议纪要》;2002年11月,厦门市规划局《建设用地规划许可
证》(〔2002〕厦规用地第0241号);2003年6月,厦门市人民政府《关于东渡港区20#、21#
泊位调整建设用地的批复》(厦府地〔2003〕283号);2007年1月,厦门市海洋与渔业局
《海域使用权证书》(国海证073550001号、国海证07355002号);2003年7月,交通部《关
于厦门港东渡港区20#泊位使用岸线的批复》(交规划发〔2003〕305号);2003年9月,厦

门市港务管理局《厦门市港务管理局关于厦门港东渡港区20#泊位岸线使用的批复》(厦港〔2003〕120号)。

20号泊位一期码头工程新建3.5万吨级集装箱泊位一个(水工结构按5万吨级集装箱船设计),设计年吞吐能力10万TEU。2010年进行技术改造,经竣工验收后码头靠泊等级为5万吨级集装箱泊位。码头泊位长335米;码头前沿基床顶高程为 -13.5米,水工主体为重力式600吨沉箱结构形式;码头前沿作业区建设面积14353平方米。工程进港航道、锚地及导助航设施利用现有厦门港主航道、东渡航道、锚地及导助航设施。陆域形成和道路、堆场工程:陆域面积约10.6万平方米。重箱堆场、空箱堆场、堆场内道路和辅建区采用龙门式起重机跑道梁 + 联锁块结构形式。码头前沿作业区面积约1.5万平方米、道路面积约3.6万平方米、堆场面积约5.6万平方米。装卸机械设备包括2台40吨门式起重机设备,岸边集装箱装卸桥4台,41吨集装箱轮胎式龙门起重机9台,正面吊运机、堆高机2台叉车7台。20号泊位一期工程主要附属建筑物有综合楼办公楼1栋,初步设计建筑面积约1140平方米;变电所1座。初步设计建筑面积约272平方米,拆装箱库1座,初步设计建设面积约3810平方米。项目总投资4.02亿元,企业自筹。

项目建设单位为厦门国贸码头有限公司;设计单位为中交第四航务工程勘察设计院有限公司、福建省港航勘测设计中心;施工单位为中交第三航务工程局、福建省惠三建设发展有限公司;监理单位为厦门港湾建设监理咨询公司、广州南华建设监理所;质监单位为福建省交通基本建设工程质量监督检测站、厦门港水运工程安全质量监督站。

东渡港区20号、21号泊位2013年以前由国贸码头公司运营,主要承接厦门港近洋航线、对台航线、海上丝绸之路航线和新兴地区航线,2013年厦门港集装箱码头资源整合统筹经营后,码头租赁给厦门港务发展股份有限公司东渡分公司运营。

为促进厦门邮轮母港建设,厦门港务发展股份有限公司东渡分公司原东渡1~4号泊位部分散杂货业务搬迁至东渡港区20号、21号泊位。2013年起,由厦门港务发展股份有限公司东渡分公司租赁经营东渡港区20号、21号泊位,主要作业货类为石材、钢材、铜精矿、重晶石等。

(13)厦门港东渡港区19号泊位改建工程

项目于2005年6月开工,2007年12月试运行,2012年2月竣工。

项目建设依据:2004年4月,厦门市计划委员会《厦门市计委关于厦门港东渡港区19#泊位改建工程可行性研究报告的批复》(厦计投资〔2004〕160号);2004年11月,厦门市交通委员会《厦门市交通委员会关于厦门港东渡港区航道扩建工程初步设计的批复》(厦交建〔2004〕66号);2005年2月,厦门市环境保护局《厦门市环境保护局关于厦门港东渡港区19#泊位改建工程环境影响报告书批复》(厦环监〔2005〕14号);2005年8月,厦门市人民政府《厦门市人民政府关于厦门港东渡港区19#泊位改建工程项目用地的批复》(厦府地〔2005〕455 号);2005 年 5 月,厦门市人民政府《厦门港东渡港区 19#泊位改建工程港池海域使用权证》(国海证 053550017 号);2005 年 5 月,厦门市人民政府《厦门港东渡港区 19#泊位改建工程陆域海域使用权证》(国海证 053550010 号);2006 年 6 月,交通部《关于厦门港东渡港区 19#泊位改建工程使用岸线的批复》(交规划发〔2006〕267 号)。

项目于东渡港区 19 号泊位原址改建,由原煤和矿石散杂货码头改建成 5 万吨级多用途码头(其中码头水工建筑物按靠泊 10 万吨级集装箱船设计,同时满足 10 万吨级散货船舶靠泊),该泊位可靠泊 7 万吨级散货船舶作业,借用 18 号泊位岸线可靠泊 7 号吨级集装箱船舶作业。项目码头设计年吞吐能量为 96 万吨,其中集装箱为 9 万 TEU、散杂货 15 万吨。多用途泊位使用港口岸线 289.77 米。水工主体为带卸荷板的重力式沉箱结构形式。码头前沿水深 15.3 米。前方堆场形成面积约 3.5 万平方米。集装箱堆场容量为重箱 1818TEU、空箱 1176TEU。散杂货堆场 36100 吨。主要装卸设备配置门座式重机 2 台、装载机 19 台、挖掘机 5 台、自卸汽车 19 辆、牵引车 4 辆、地磅 2 个。项目总投资 1.98 亿元,企业自筹。项目总用地面积 13.58 万平方米,其中填海造地面积 3.42 万平方米。

项目建设单位为厦门港务控股集团有限公司;设计单位为中交第四航务工程勘察设计院有限公司、福建省港航勘测设计中心;施工单位为中交第三航务工程局、中海工程建设总局、广州航道局等;监理单位为广州南华建设管理有限公司;质监单位为福建省交通基本建设工程质量监督检测站、厦门港口质量安全监督检测站。

2013 年码头结构加固改造后,根据航道、回旋水域及停泊水域尺度和到港船舶吃水等情况,在借用相邻 18 号泊位结构段的情况下,水工结构可靠泊 10 万吨级散货船舶(船舶吃水限制在 14.2 米以内)。

东渡港区 19 号泊位作业的品种涵盖铁矿、煤炭和石材等,项目建成后对东渡港区 18 号泊位相关作业形成了有力的补充,2 个泊位统一经营步入快速发展轨道,是海峡西岸经济区铁矿石、煤炭等大宗散货最重要的集散中心之一,并成为福建省内铁矿石码头业务的领跑者。

(14)厦门港东渡港区现代码头工程

项目于 2006 年 1 月开工,2009 年 10 月试运行,2012 年 6 月竣工。

项目建设依据:2006 年 8 月,厦门港口管理局《关于厦门港东渡港区现代码头工程可行性研究报告行业审查的意见》(厦港〔2006〕185 号);2007 年 9 月,厦门港口管理局《关于厦门港东渡港区现代码头工程可行性研究报告行业审查的意见》(厦港〔2007〕250 号);2007 年 1 月,厦门港口管理局《关于厦门港东渡港区现代码头工程初步设计的批复》(厦港〔2007〕7 号);2009 年 7 月,厦门港口管理局《关于厦门港东渡港区现代码头工程初步设计的批复》(厦港〔2009〕163 号);2006 年 6 月,厦门市海洋与渔业局《关于厦门港东渡港区现代码工程环境影响报告书的批复》(厦海渔〔2006〕119 号);2010 年 12 月,厦门市环境保护局《关于厦门港东渡港区现代码头工程环境影响报告书审批意见的函》（厦环函〔2010〕109号）；2007年3月，厦门市规划局《厦门港东渡港区现代码头工程建设用地规划许可证》（〔2007〕厦规用地第0109号）；2007年6月，厦门市人民政府《关于东渡港区现代码头工程建设用地的批复》（厦府地〔2007〕316号）；2008年6月，交通运输部《关于厦门港东渡港区现代码头公司杂货和商品汽车滚装泊位工程使用港口岸线的批复》（交规划发〔2008〕145号）。

项目建设3个4万吨级杂货泊位和1个5万吨级汽车滚装泊位（码头水工建筑允许靠泊能力10万吨级），岸线总长913米。码头采用重力式结构。码头前沿水深15.3米。项目后方堆场面积18.7万平方米，堆存能力140万吨。仓库面积3.65万平方米，堆存能力29万吨。项目总投资9.67亿元，企业自筹。

项目建设单位为厦门现代码头有限公司；设计单位为中交第四航务工程勘察设计院有限公司、福建省港航勘测设计中心、厦门市仁德振华设计有限公司等；施工单位为中交第四航务工程勘察设计院、国家海洋局第三海洋研究所、厦门象屿建设集团有限公司；监理单位为上海东华建设管理有限公司、厦门象屿工程咨询管理有限公司；质监单位为厦门港口质量安全监督检测站、厦门市建设工程质量安全监督站。

2017年6月6日，高崎航道G2～G4段以及现代码头回旋水域扩建工程通过海事局通航安全核查，靠泊能力从4万吨杂货船及乘潮5万吨级滚装船舶提高到7万吨杂货船及乘潮7万吨级滚装船舶。项目建成后2009年10月试运行，码头吞吐量持续上升。2014年吞吐量逐步降低原因是外贸沙石逐年减少，其他件杂货种吞吐量变化不大。

（15）厦门港东渡港区21号泊位工程项目

项目于2006年8月开工，2008年1月试运行，2010年6月竣工。

项目建设依据：2007年3月，厦门港口管理局《关于厦门港东渡港区21#泊位初步设计的批复》（厦港〔2007〕68号）；2006年6月5日，厦门市海洋与渔业局《关于厦门港东渡港区21#泊位工程环境报告书的批复》（厦海渔〔2006〕120号）；2003年6月，厦门市人民政府《关于东渡港区20#、21#泊位调整建设用地的批复》（厦府地〔2003〕283号）；2006年12月，厦门市人民政府《关于厦门港东渡港区21#泊位建设用地的批复》（厦府地〔2006〕738号）；2007年1月，厦门市海洋与渔业局《海域使用权证书》（国海证073550001号、国海证07355002号）；2006年7月，厦门市海洋与渔业局《厦门港东渡港区21#泊码头港池海域使用证书》（国海证063550036号）；2006年7月，厦门市海洋与渔业局《厦门港东渡港区21#泊码头陆域海域使用证书》（国海证063550035号）；2006年4月，厦门市海洋与渔业局《关于厦门东渡港区21#泊位工程海域使用论证报告书的批复》（厦海渔〔2006〕69号）；2010年1月，交通运输部《关于厦门港东渡港区21#泊位工程使用港口岸线的批复》（交规划发〔2010〕19号）。

东渡港区 21 号泊位为一个 2 万吨级件杂货泊位(水工结构按靠泊 10 万吨级集装箱船舶设计),码头前沿水深 13.5 米,设计年吞吐能力为 100 万吨。东渡港区 21 号泊位岸线长 195 米,水工主体为重力式 2080 吨不带卸荷板沉箱结构形式;码头前沿作业区面积约 1.14 万平方米。工程进港航道、锚地及导助航设施利用现有厦门港主航道、东渡航道、锚地及导助航设施。陆域面积约 5.10 万平方米。重箱堆场、空箱堆场、堆场内道路和辅建区采用龙门式起重机跑道梁 + 联锁块结构形式。码头前沿作业区面积约 1.14 万平方米、道路堆场面积约 3.93 万平方米。装卸机械设备包括 2 台 40 吨门式起重机设备(由 20 号泊位转至 21 号泊位使用)。项目总投资 2.81 亿元,企业自筹。

项目建设单位为厦门国贸码头有限公司;主要设计单位为中交第四航务工程勘察设计院有限公司(水工、陆域工程);福建省港航勘测设计中心(疏浚)。主要施工单位为中交第三航务工程局(水工、疏浚、陆域工程)。主要监理单位为广州南华工程管理有限公司(水工、疏浚、陆域工程)。质量质监单位为厦门港水运工程安全质量监督站(水工、疏浚、陆域工程)。

2013 年实施加固改造工程后,根据航道、回旋水域及停泊水域尺度和到港船舶吃水等情况,在借用 20 号泊位 78 米结构段的情况下,可安全靠泊 4 万吨级件杂货船(兼顾 5 万吨级散杂货船型)。

为促进厦门邮轮母港建设,厦门港务发展股份有限公司东渡分公司原东渡 1~4 号泊位部分散杂货业务搬迁至东渡港区 20 号、21 号泊位。2013 年起,由厦门港务发展股份有限公司东渡分公司租赁经营东渡港区 20 号、21 号泊位,主要作业货类为石材、钢材、铜精矿、重晶石等。

(16)厦门港主航道扩建三期工程

项目于 2010 年 2 月开工,2013 年 11 月试运行。

项目建设依据:2007 年 11 月,厦门市发展和改革委员会《关于厦门港主航道扩建三期工程工程项目立项及近期实施段投资估算的批复》(厦发改投资〔2007〕717 号);2009 年 5 月,厦门港口管理局《关于厦门港主航道扩建三期工程(近期实施工程)初步设计的批复》(厦港〔2009〕114 号);2010 年 10 月,厦门港口管理局《关于厦门港主航道扩建三期工程(后续工程)初步设计的批复》(厦港〔2010〕212 号);2009 年 3 月,福建省海洋与渔业厅《关于厦门港主航道扩建三期工程环境影响报告书的核准意见》(闽海渔函〔2009〕117 号)。

工程建设规模为满足 10 万吨级集装箱船双向全潮通航要求(通航水位 0.72 米,当地理论最低潮面,下同),同时满足 15 万吨级散货船和 15 万吨集装箱船乘潮通航要求。保证率 90%。航道里程 34.8 千米。疏浚总工程量近期工程 602.35 万立方米,后续工程 1114.59 万立方米;炸礁总工程量 277 立方米;共调整灯浮标 17 座,新设 φ2.4 米灯浮标 8 座,φ3.0 米口门灯浮标 1 座,增设 AIS 航标 1 套。新设湾口外 3 号锚地。面积 7.5 平方公里,锚地水深20.0米以上,可锚泊3~4艘10万~15万吨级大型船舶。

厦门港主航道扩建三期工程(近期实施工程)自厦门湾口20米等深线起经青屿水道、鼓浪屿南水域至主航道海沧航道口门E',全长约34.81千米。其中:A'~C航段长17.69千米,有效宽度450米,设计底高程为-15.0米(当地理论最低潮面,下同);C~C1航段长5.86千米,有效宽度600米;C1~C2为渐变段,长0.5千米;C2~E'航段长10.76千米,有效宽度410米,设计底高程为-14.5米。按实载吃水13.5米的10万吨级集装箱船全潮双向通航规模建设,同时兼顾15万吨级散杂货(实载吃水16.9米)和15万吨集装箱船乘潮通航。项目资金总投资26792.04万元,资金来源除争取交通运输部投入外,其余由市航道建设专项资金筹措解决。

项目建设单位为厦门港航道管理站;设计单位为福建省港航勘察设计研究院;施工单位为中港疏浚股份有限公司;监理单位为广州南华工程管理有限公司;质监单位为厦门港水运工程质量安全监督站。

(17)厦门邮轮中心至鼓浪屿航道二期工程

项目于2015年8月开工,2015年12月试运行,2018年12月竣工。

项目建设依据:2015年6月,厦门市发展和改革委员会《厦门邮轮中心至鼓浪屿航道二期工程(猴屿航道水域优化调整)初步设计及(代工可)》(厦发改交能〔2015〕421号);2015年6月16日,厦门市海洋与渔业局《关于厦门邮轮中心至鼓浪屿航道二期工程(猴屿航道水域优化调整)项目海洋环境影响报告书核准的意见》(厦海渔〔2015〕132号);2015年5月,厦门市海洋与渔业局《厦门港航道管理站单位的施工水域用海预审的意见》(厦海渔〔2015〕99号)。

航道等级满足设计代表船型双线不乘潮通航,设计代表船型(船队)及其尺度为船长50米,型宽14米,满载吃水3.0米。航道计算通航宽度为120米,实际可通航宽度为120~445米。航道设计底高程为-5.0~-12.0米。邮轮中心至三丘田码头全长约3.74千米,邮轮中心至内厝澳码头约4.55千米。

疏浚一区长度763米,疏浚量7.25万立方米;疏浚二区长度397米,疏浚量8.46万立方米;疏浚三区长度444千米,疏浚量22.48万立方米。合计疏浚量39.19万立方米。共有3块礁石,位于猴屿西侧,总工程量为3.67万立方米。移位5座航标,改造2座航标,浮筒迁移4座。总投资2968.05万元,均来自政府投资。

项目建设单位为厦门港航道管理站;设计单位为福建省港航勘察设计研究院;施工单位为中港疏浚有限公司;监理单位为福州合诚工程咨询管理有限公司;质监单位为厦门港水运工程质量安全监督站。

(18)厦门港主航道扩建四期工程

项目于2016年2月开工,2017年9月试运行。

项目建设依据:2014 年 11 月,厦门市发展和改革委员会《关于厦门港主航道扩建四期工程项目可行性研究报告的批复》(厦发改交能〔2014〕174 号);2014 年 12 月,厦门港口管理局《关于厦门港主航道扩建四期工程初步设计的批复》(厦港〔2014〕272 号);2015 年 10 月,福建省海洋与渔业厅《厦门港主航道扩建四期工程一期海洋环境影响报告书》(闽海渔函〔2015〕336 号);2016 年 3 月,福建省海洋与渔业厅《关于厦门港主航道扩建四期工程二期海洋环境影响报告书的审查意见》(闽海渔函〔2016〕86 号);2015 年 12 月,福建省人民政府《关于厦门港主航道扩建四期工程一期用海的批复》(闽政海域〔2015〕72 号);2015 年 12 月,福建省人民政府《厦门港主航道扩建四期工程二期用海》(闽政海域〔2017〕32 号)。

航道等级满足营运吃水 15.5 米的 20 万吨级集装箱船与 15 万吨级集装箱船组合全潮双线通航要求,同时满足营运吃水 15.5 米的 20 万吨级集装箱船与 20 万吨级散货船组合全潮双线通航要求(满载 20 万吨级散货船需乘潮通航)。设计代表船型(船队)及其尺度为 20 万吨级集装箱船(总长 399 米,型宽 59.0 米,营运吃水 15.5 米)、20 万吨级散货船(总长 312 米,型宽 50.0 米,满载吃水 18.5 米)、15 万吨级集装箱船(总长 367 米,型宽 51.2 米,营运吃水 15.5 米)。营运吃水 15.5 米船舶全潮通航,满载吃水 18.5 米的 20 万吨级散货船需乘潮通航,保证率 90%。A'~C 航段 17.69 千米,C~C1 航段 4.75 千米,C1~D~E'航段 12.38 千米,总计 34.82 千米。A'~C 航道设计底高程 -17.1 米,通航宽度 560~645 米(底宽 554.4~639.4 米);C~C1 航道设计底高程 -17.1 米,航道通航宽度 750 米(底宽 744.4 米);C1~D~E'航道设计底高程 -16.6 米,航道通航宽度 490 米(底宽 484.4 米)。

疏浚一区长度 11.32 千米,疏浚量 972.16 万立方米;疏浚二区长度 0.98 千米,疏浚量 5.32 万立方米;疏浚三区长度 9.7 千米,疏浚量 664.63 万立方米。合计 1642.11 万立方米。新设 φ3.0 米灯浮标 1 座、移位 21 座灯浮标。新设外 1 号锚地,面积 44.7 平方公里,建设规模为 5000~2 万吨级船舶锚地(含 5000~2 万吨级危险品船舶锚地),可供 5000~2 万吨级船舶(含 5000~2 万吨级危险品船舶)锚泊、候潮。新设外 2 号锚地,面积 33.8 平方公里,建设规模为 2 万~15 万吨级船舶锚地,可供 2 万~15 万吨级船舶锚泊、候潮。新设外 4 号锚地,面积 21.1 平方公里,建设规模为 30 万吨级散货船锚地,可供 30 万吨级散货船锚泊、候潮。

项目总投资 5.50 亿元,其中 2.29 亿元来源于交通运输部投资,其余来源于厦门市财政资金。

项目建设单位为厦门港航道管理站;设计单位为福建省港航勘察设计研究院;施工单位为中交广州航道局有限公司、长江航道局;监理单位为广州南华工程管理有限公司、北京水规院京华工程管理有限公司;质监单位为厦门港水运工程质量安全监督站。

(19)五通客运码头三期(海峡旅游服务中心)

项目于 2016 年 4 月开工,2019 年 1 月试运行,2019 年 12 月竣工。

项目建设依据:2013 年 11 月,厦门市发展和改革委员会《五通客运码头三期(海峡旅游服务中心)项目备案》(厦发改交能函〔2013〕97 号);2014 年 7 月,厦门港口管理局《厦门五通厦金旅游客运码头三期工程可行性研究报告》(厦港〔2014〕163 号);2016 年 3 月,厦门港口管理局《五通客运码头三期(海峡旅游服务中心)初步设计》(厦港批〔2016〕4 号);2016 年 7 月,厦门市环境保护局《五通客运码头三期(海峡旅游服务中心)项目环境影响报告书》(厦环评〔2016〕38 号);2016 年 11 月,厦门市海洋与渔业局《五通客运码头三期(海峡旅游服务中心)海域使用权证》(国海证 2016C35020604645);2011 年 9 月,通过招拍挂取得项目土地使用权(土地合同号:35020020110920CG086);2016 年 4 月,厦门港口管理局《厦门港东渡港区五通作业区五通厦金旅游客运码头三期工程使用港口岸线》(厦港批〔2017〕18 号)。

项目在原有的 2 个 5000 吨级杂货泊位的岸壁结构上进行改造,改造为 6 个 500 总吨客运泊位,6 个客运泊位可满足同时停靠 6 艘 500 总吨客运泊位(每 2 个泊位可兼顾停靠 1 艘 1000 总吨客船)的要求(岸线总长 356 米,码头前沿水深 5.5 米),岸线总长 356 米,重力式结构。码头前沿水深 5.5 米。项目总投资 7647 万元,企业自筹。陆域用地面积 7.14 万平方米。

项目建设单位为厦门翔业集团有限公司;设计单位为中交第一航务勘察设计院有限公司、交上海航道勘察设计研究院有限公司;施工单位为大连港湾工程有限公司、厦门港务疏浚工程有限公司;监理单位为福州合诚工程咨询管理有限公司;质监单位为厦门港水运工程质量安全监督站。

(三)海沧港区

1. 港区综述

(1)港区建设和运营概况

海沧港区以集装箱远洋干线和内贸集装箱运输为主,兼顾临港石油化工和电煤等运输,着力发展保税、现代物流和航运服务。海沧港区包括嵩屿、海沧和角美作业区。1995 年 3 月,海沧港区一期工程的 2 号(3 万吨级集装箱)泊位、3 号(2 万吨级件杂货)泊位开工。截至 2015 年底,海沧港区拥有生产性泊位 33 个,其中深水泊位 24 个,集装箱泊位 11 个,设计货物通过能力 7860 万吨(其中集装箱 685 万 TEU)。

厦门港积极规划海沧港区,主要发展集装箱干线运输,兼顾服务临港产业,积极拓展保税、现代物流和航运服务功能。规划形成码头岸线长 11396 米,可建设生产性泊位 37 个,其中深水泊位 30 个,通过能力可达 1.12 亿吨,其中集装箱通过能力 760 万 TEU。

其中:嵩屿作业区规划码头岸线3340米,可建泊位11个,通过能力达2290万吨,其中集装箱通过能力200万TEU,除博坦油码头和电厂煤码头外,重点建设大型集装箱码头,发展中远洋干线运输。海沧作业区1~8号泊位岸线长度约2400米,规划建设可靠泊10万吨级船舶的大型集装箱泊位区;9~12号泊位岸线长约1060米,为液体散货泊位区,规划建设3~5万吨级液体化工泊位4个;13号泊位为5万吨级散杂货泊位,岸线长298米;14~19号泊位岸线长2290米,为大型集装箱泊位区,规划6个10万吨级集装箱泊位;20~24号泊位岸线长约1164米,规划建设2万~7万吨级散杂货泊位5个。角美作业区保留岸线656米,规划建设3个3万吨级通用泊位。港区2011年吞吐量3661.9万吨、251.7万TEU,2012年吞吐量4518.4万吨、319.6万TEU,2013年吞吐量5997.7万吨、380.7万TEU,2014年吞吐量7243.7万吨、475.7万TEU,2015年吞吐量8381.3万吨、597.7万TEU。

(2)港区地理条件和集疏运概况

海沧港区陆域面积东起嵩屿,西至北港口门牛头山附近,北侧以建港路南边线为界。

海沧港区现以建港路、兴港路、马青路、角嵩路、海新路、孚莲路与公路对外通道相连,路网密度较大、等级较高,近期基本能满足疏港交通需要。港区前沿通过海沧疏港高速公路接入厦门市高速公路网,并通过海沧—林后高速公路连接线、厦蓉高速公路漳州(长州)互通立交与厦漳大桥及漳州市路网相互连接,快速疏导港区交通并实现各片区对外通道互通。远期将兴港路向西延伸作为嵩屿港区进港道路,并通过规划的市政立交与建港路相接,在作业区西北角设副出入口,通过建港路、角嵩路、海新路等与腹地干线路网相连;兴港路作为城市主干道与厦门本岛沟通并承担少量疏港任务。

同时,海沧港区作为厦门港集装箱重点发展港区,其铁路网络可满足中、远距离的货物集疏运需要:海沧铁路支线为工业Ⅰ级单线铁路,年输送能力2000万吨,设海沧、白礁、东孚3个车站,铁路线已引入4号泊位后方,今后将分别引入中部、西部港区,并建设港区车场。

2.港区工程项目

(1)厦门嵩屿电厂煤码头工程

项目于1994年2月开工,1995年11月试运行,1995年11月竣工。

项目建设依据:1992年,能源部电力规划设计总院《关于发送厦门嵩屿电厂工程可研修编报告审查会议纪要》(电规发〔1992〕88号);能源部电力规划设计总院《关于厦门嵩屿电厂可行性研究报告审查意见的通知》(电规发〔1992〕159号);1985年11月,能源部华东电力设计院《厦门嵩屿电厂工程可行性研究报告环境影响报告书》。

项目建设1个3.5万吨级专用煤码头(码头水工建筑允许靠泊能力5万吨级),码头采用引桥式布局,高桩梁板式方块结构。码头前沿水深13.6米。项目筒仓面积30万平方米。主要装卸设备配置2×1500吨/小时抓斗式卸煤机。项目总投资8621万元,企业自筹。

项目建设单位为福建厦门嵩屿电厂筹建处;设计单位为交通部第一航务勘察设计院;施工单位为交通部第三航务工程局;监理单位为中国电力建设工程咨询公司;质监单位为福建省电力质量质检中心站。

项目设计施工针对工程地点地质情况复杂,岩石起伏变化大,覆盖层浅薄等情况,大胆采用钢筋混凝土预应力大管桩桩基结构,此为福建地区首次成功采用,比采用钢管桩节约费用约1000万元。

厦门嵩屿电厂煤码头作为嵩屿电厂一期、二期工程(总装机容量为120万千瓦)重要的配套设施,建成以来最大卸煤量达393万吨(2011年),2017年卸煤量244万吨,为电厂的稳发满发起着关键的作用;嵩屿电厂作为厦门地区规模最大的发电企业,对福建电网南端及厦门地区供电起着重要的支撑作用,创造了良好的社会效益和经济效益,对促进福建省电力工业发展和海峡西岸经济区建设发挥了积极作用。

(2)厦门港海沧港区2号、3号泊位工程

项目于1995年4月开工,1997年5月试运行,2012年6月竣工。

项目建设依据:1994年12月,厦门市计划委员会《关于厦门港海沧港区一期工程2#、3#泊位项目建议书的批复》(厦计投资〔1994〕374号);1995年1月,厦门市海沧投资区经济发展局《关于海沧港区一期工程立项的批复》(厦沧经〔1995〕007号);1995年2月,厦门海沧投资区建设局《关于厦门港海沧港区一期工程初步设计的批复》(厦沧建〔1995〕017号);1994年4月,厦门市环境保护局《关于"厦门港海沧港区一期工程环境影响报告书"的批复》(厦环保字〔1994〕041号);1994年7月,厦门市人民政府《关于海沧港区一期工程建设用地的批复》(厦府地〔1994〕227号);2002年11月,厦门市人民政府《关于海沧建港路108号海域使用证的批复》(〔2002〕厦海用字第1-4号);1997年1月,厦门市港务局《关于同意厦门国际货柜码头有限公司使用海沧港区2#、3#泊位岸线的批复》(厦港计〔1997〕23号)。

项目建设两个5万吨级专业化集装箱泊位码头,设计通过能力104万TEU集装箱和50万吨件杂货,岸线总长640米。码头前沿底高程为-13.3米,码头设计靠泊能力及码头水工结构容许靠泊能力均为5万吨级。码头结构形式为带卸荷板的重力式沉箱结构,平面布置顺岸式。集装箱堆场容量2.49万TEU,堆场面积约为28万平方米。主要装卸设备配置岸边集装箱装卸桥(QC)8台、轮胎式集装箱龙门式起重机26台、集装箱正面吊运机3台、地磅7台、门座式起重机2台。项目总投资16.90亿元,企业自筹。用地面积38.77万平方米;用海面积4.00万公顷。

项目建设单位为厦门国际货柜码头有限公司;设计单位为中交第一航务工程勘察设计院有限公司(2号泊位工程设计);中交第四航务工程勘察设计院有限公司(3号泊位工程设计)。监理单位为厦门港湾监理咨询有限公司(2号、3号泊位码头、陆域、生产辅建区工程)。质监单位为福建省交通建设质量安全监督局；厦门水运工程质量安全监督站。施工单位为中交第三航务工程局有限公司(2号、3号泊位码头、陆域工程)；厦门港务疏浚工程有限公司(2号泊位生产辅建区工程)；中交第一航务工程局有限公司厦门分公司(2号、3号泊位陆域续、改建工程)。

2015年,海沧2号、3号泊位加固改造后可靠泊12万吨级集装箱船舶(当不使用大型漂浮橡胶护航时,船舶吃水限制在13.0米以内；当使用大型漂浮橡胶护航时,船舶吃水限制在14.0米以内)。

海沧港区2号、3号泊位于1997年进行临时靠泊作业并投入试运行,于1999年引进首条远洋直达班轮航线,有8条周班航线,航线遍布世界各地的主要港口,集装箱运输可直达亚洲、欧美、中东、非洲及澳大利亚。自投产以来,靠泊2号、3号泊位的集装箱船舶中,最大为12万吨级。海沧港区2号、3号泊位与后建成的海沧1号泊位由厦门国际货柜码头有限公司统一经营管理。

(3)厦门港海沧港区一期工程

2002年1月海沧1号泊位开工,2002年3月海沧4号、5号泊位开工；2007年4月海沧1号泊位试运行,2005年7月海沧4号、5号泊位试运行；2011年6月竣工。

项目建设依据：2002年3月,国家发展计划委员会批复厦门港海沧港区一期工程项目建议书(计基础〔2002〕297号)；2003年1月,国家发展计划委员会批复厦门港海沧港区一期工程可行性研究报告(计基础〔2003〕27号)；2003年2月,交通部批复厦门港海沧港区一期工程初步设计(交水发〔2003〕49号)；2002年10月,国家环境保护总局批复厦门港海沧港区一期工程(1#、5#、6#泊位)环境影响报告书(环审〔2002〕292号)；2005年2月,厦门市人民政府批复海沧港区一期工程1#泊位项目建设用地(厦府地〔2005〕81号)；2004年12月,厦门市人民政府批复海沧港区4#、5#泊位码头项目建设用地(厦府地〔2004〕567号)；2008年8月,海沧1号泊位陆域海域使用权证书(国海证083550012号)；2008年8月,海沧4、5号泊位陆域海域使用权证书(国海证083550013号)；2003年5月,厦门市港务管理局批复厦门港海沧港区1#泊位使用岸线(厦港〔2003〕56号)；2003年5月,厦门市港务管理局批复厦门港海沧港区4#、5#泊位使用岸线(厦港〔2003〕58号)。

项目建设10万吨级集装箱泊位1个(1号泊位,水工结构按靠泊载箱量为1.2万TEU的集装箱船舶建设)；2万吨级多用途泊位2个(4号、5号泊位,水工结构按靠泊10万吨级集装箱船舶建设,同时满足7万吨级和10万吨级散货船的靠泊要求)。项目通过能力：1号泊位近期为集装箱35万TEU,4号、5号泊位近期为集装箱11万TEU和杂货40万吨。岸线总长：1号泊位443.8米,4号、5号泊位总长390米。根据航道、掉头区及刚吃水域尺度和到岗船舶实际吃水等情况,经审查,1号泊位可减载停靠15万吨集装箱船舶(载箱量为1.2万TEU的集装箱船舶),4号、5号泊位借助6号泊位可减载靠泊10万吨级集装箱船舶或 10 万吨级散货船舶。顺岸布置,重力式沉箱结构。码头前沿水深 1 号泊位 17.5 米(以当地理论最低潮位为基面),4 号、5 号泊位 15.3 米。堆场面积 124713 平方米。装卸设备有岸边集装箱装卸桥 4 台、轮胎式集装箱龙门式起重机 12 台、集装箱正面吊运机 1 台、地磅 4 台。项目总投资 10.41 亿元,交通部专项拨款 7150 万元。1 号泊位陆域用地面积 39.27 万平方米;用海面积 11.74 公顷。4 号、5 号泊位陆域用地面积 21.27 万平方米;用海面积 10.97 公顷。

项目建设单位为厦门国际港务股份有限公司;设计单位为中交第四航务工程勘察设计院有限公司;福建省港航勘测设计中心。监理单位为厦门港湾建设咨询监理公司;天津中北港湾建设监理有限公司;广州南华工程管理有限公司;上海东华建设管理有限公司监理;厦门协诚工程建设监理有限公司;上海双希海事发展有限公司。施工单位为中交第三航务工程局;中交第四航务工程局;中交一航二公司;中国水产广州建港工程公司;江西省第三建筑有限责任公司;中交天津航道局。设备供应商:上海港机重工有限公司;诺尔起重设备(中国)有限公司;托利多(常州)称重设备公司。

海沧港区一期工程(1 号、4 号、5 号泊位)原名海沧港区一期工程(1 号、5 号、6 号泊位),为了与海沧港区总体布局规划相关泊位编号一致,2003 年 4 月由厦门海沧台商投资区经济发展局(厦沧经〔2003〕102 号)批复同意变更厦门港海沧港区一期工程项目泊位编号,即由原批复的 1 号、5 号、6 号泊位编号变更为 1 号、4 号、5 号泊位编号。

2013 年 7 月 2 日,交通运输部办公厅关于厦门港海沧港区一期工程 1 号泊位码头结构加固改造工程方案的批复(厅水便〔2013〕130 号)。1 号泊位加固改造后,在借用 2 号泊位的系船设施的情况下(仅借用长度 25.32 米范围内的系船柱进行系缆,不允许停靠),可靠泊 15 万吨集装箱船舶作业(船舶吃水限制 14.0 米以内),2016 年 3 月 1 日开工,2016 年 12 月 14 日完工。

2013 年 5 月 31 日,交通运输部办公厅关于厦门港海沧港区一期工程 4 号、5 号泊位码头结构加固改造工程方案的批复(厅水便〔2013〕101 号)。海沧港区 4 号、5 号泊位加固改造工程,升级改造为水工结构可靠泊 12 万吨级集装箱船舶(在借用相邻 6 号泊位 64.5 米岸线靠泊的情况下,可停靠 12 万吨级集装箱船舶作业(船舶吃水限制在 15.0 米以内))。2013 年 5 月开工,2013 年 6 月 16 日完工。2014 年 6 月 25 日厦门港口管理局组织海对工程进行竣工验收,并同意通过竣工验收,2014 年 10 月 10 日取得《港口工程竣工验收证书》。

2015 年 1 月 22 日,海沧港区 4~6 号泊位取得福建省港航管理局水工结构可减载靠泊 15 万吨级集装箱船舶的核定意见。

海沧港区 4 号、5 号泊位与海沧 6 号泊位 2013 年以前由厦门海天集装箱码头有限公司进行统筹经营,2013 年厦门港集装箱码头资源整合,海沧港区 4~6 号泊位等统一由厦门集装箱码头集团有限公司经营。海沧4~6号泊位是服务厦门港欧美远洋干线大型船舶的核心港区。

海沧1号泊位码头于2007年4月20日靠泊第一艘"京都快航"号船舶,投产以来靠泊海沧1号泊位的最大集装箱船舶,船长366米,船宽51米,可载重101200吨,载箱量约142080箱,船舶最大吃水为16米。海沧1号泊位与先前建设的海沧港区2号、3号泊位由厦门国际货柜码头有限公司统一经营管理。

(4)厦门港海沧港区6号泊位工程

项目于2002年3月开工,2007年3月试运行,2011年3月竣工。

项目建设依据:2003年7月,厦门海沧台商投资区经济发展局批复了厦门港海沧港区6#泊位项目建议书(厦沧经〔2003〕161号);2004年7月,厦门市海沧区发展和改革局批复厦门港海沧港区6#泊位工程可行性研究报告(厦海发投〔2004〕114号);2005年1月,厦门海沧台商投资区建设局批复了厦门港海沧港区6#泊位初步设计(厦沧建〔2005〕7号);2004年3月,厦门市环保局批复了厦门港海沧港区6#泊位环境影响报告书(厦环监〔2004〕13号);2006年8月,厦门市人民政府批复了海沧港区6#泊位项目建设用地(厦府地〔2006〕445号);2008年9月,厦门市海洋与渔业局《厦门港海沧港区6号泊位陆域海域使用权证书》(国海证083550014号);2006年11月,交通部批复厦门港海沧港区6#泊位工程使用港口岸线(交规发〔2006〕665号);2007年1月,厦门港口管理局批复厦门港海沧港区6#泊位工程使用港口岸线(厦港〔2007〕25号)。

项目建设5万吨级多用途泊位一个(水工结构按靠泊10万吨级集装箱船舶建设)。6号泊位岸线总长为329米,顺岸布置,沉箱重力式结构。码头前沿水深泊位东侧295米长度范围内底高程为-15.3米;泊位西侧34米长度范围内为-17.5米。堆场面积19.22万平方米。堆场容积6.5万TEU。装备设施有8台轮胎龙门式起重机、4台码头岸边集装箱装卸桥、地磅利用海沧4号、5号泊位的设施。项目总投资3.26亿元,企业自筹。项目陆域用地面积20.97万平方米,用海面积8.31公顷。

项目建设单位为厦门港务控股集团有限公司;设计单位为中交第四航务工程勘察设计院有限公司(码头主体、陆域堆场及闸口土建工程);福建省港航勘测设计中心(掉头区)。监理单位为厦门港湾监理咨询有限公司(码头主体工程);广州南华工程管理有限公司(陆域堆场工程);天津中北港湾建设监理有限公司(陆域堆场工程);厦门协诚工程建设监理有限公司(土建工程);上海东华建设管理有限公司监理(调头区工程)。质监单位为福建省交通建设质量安全监督局(码头主体、陆域堆场工程);厦门港水运工程质量安全监督站(调头区工程、空箱堆场);厦门市建设工程质量安全监督站(土建工程)。施工单位为中交第三航务工程局(码头主体及陆域堆场工程);中国水产广州建港工程公司(陆域堆场工程);江西省第三建筑有限责任公司(土建工程);中交天津航道局(掉头区工程);厦门港务工程公司(空箱堆场)。

海沧港区6号泊位与4号、5号泊位2013年以前由厦门海天集装箱码头有限公司进行统筹经营,2013年厦门港集装箱码头资源整合,海沧港区4~6号泊位等统一由厦门集装箱码头集团有限公司经营。

(5)海沧港区液体化码头(9号泊位)首期工程

项目于2003年6月开工,2006年试运行,2011年12月竣工。

项目建设依据:2001年5月,厦门海沧台商投资区经济发展区《关于厦门海沧港区液体化码头(9#泊位)首期工程项目建议书的批复》(厦沧经〔2001〕135号);2002年,厦门海沧台商投资区经济发展局批复海沧港区液体化码头(9#泊位)首期工程可行性研究报告(厦门海沧台商投资区经济发展局文件〔2002〕63号);2009年,厦门港口管理局批复海沧港区液体化码头(9#泊位)首期工程初步设计(厦港〔2009〕95号);2003年,厦门市环境保护局批复海沧港区液体化工码头(9#泊位)首期工程环境影响报告书(厦环监〔2003〕24号);2003年,厦门市海洋与渔业局批复海沧港区液体化工码头9#泊位首期工程海域使用论证报告(厦海渔〔2003〕74号);2006年,厦门市环境保护局批复海沧港区液体化工码头(9#泊位)首期工程(陆域配套)环境影响报告书(厦环监〔2006〕104号);2006年,厦门市人民政府《关于海沧港区9#泊位首期工程项目建设用地的批复》(厦府地〔2006〕43号)。2001年交通部《关于厦门港海沧港区9#、10#化工码头泊位使用岸线的批复》(交规划发〔2001〕506号);2003年厦门市港务管理局《厦门市港务管理局关于厦门港海沧港区9#泊位使用岸线的批复》(厦港〔2003〕57号)。

项目建设1座3万吨级丙类液体化工码头、兼顾甲类液体化工品装卸,码头水工主体按照停靠5万吨级液体化工船设计。码头岸线总长为233米。项目陆域面积约为17.4万平方米。码头采用带重力式大沉箱码头结构,平面采用顺岸式布置;码头前沿底高程为-13.8米;道路及堆场9.9万平方米,公用罐区罐容5.1万立方米。装卸设备包括30000载重吨丙类液体化工船靠泊点设置2台DN250燃料油和重油装卸臂,2台DN250柴油(闪点≥60摄氏度)装卸臂,均为液压驱动类型,DN200的软管作为装卸臂的备用设施。设置5路DN200软管,同时设置装卸臂的泄空泵、吹扫设施和软管吊。同时预留3台装卸臂的位置。3000载重吨丙类靠泊点设置8路DN200软管及吹扫设施和2吨防爆单臂起重机。1000载重吨甲类靠泊点设置汽油、甲苯和二甲苯DN200手动装卸臂各1台和装卸软管,同时设置装卸臂的泄空泵、吹扫设施。5000载重吨甲类靠泊点设置汽油和柴油DN200装卸软管,设置有吹扫设施。项目总投资4.13亿元,企业自筹。陆域用地面积19.46万平方米。

项目建设单位为厦门港务控股集团有限公司;设计单位为中交第一航务工程勘察设计院有限公司;福建省港航勘测设计中心。监理单位为厦门港湾咨询监理有限公司(码头工程);上海东华建设管理有限公司(掉头区);郑州中兴工程监理有限公司(首期扩建 I 标段工程、首期扩建 II 标段工程、首期配套工程)。施工单位为中交一航局第二工程有限公司(原中港第一航务工程局第二工程公司)(码头工程);中交天津航道局有限公司(掉头区);中国核工业第二四建设公司(首期扩建 I 标段工程);中建三局建设工程股份有限公司(首期扩建 II 标段工程);福建省交建集团工程有限公司(首期配套工程)。质监单位为福建省交通基本建设工程质量监督检测站(码头工程);厦门港水运工程质量安全监督检测站(码头工程联合监督、掉头区、首期扩建 I、II 标段工程、首期配套工程)。

海沧港区液体化工码头(9 号泊位)首期工程原分为首期工程及首期扩建工程(主要建设 9 号泊位后方陆域罐区、办公生产辅助用房、道路、排水等配套设施)2 个项目进行立项,后根据工程建设需要,经海沧发展和改革局批准《厦门市海沧区发展和改革局关于核准变更海沧港区液体化工码头(9#泊位)首期工程建设规模的复函》(厦海发投函〔2007〕2 号),保留首期工程立项,并变更建设规模,将首期扩建工程项目内容纳入首期工程的立项中,新的首期工程包括水工主体及陆域配套两部分,原扩建工程立项废止,其他各项批文(两证一书、环保、安全等)的项目名称均为首期工程。

2013 年 7 月 1 日,厦门港口管理局《关于厦门港海沧港区 9#泊位码头结构加固改造方案的批复》(厦港〔2013〕115 号)。经加固改造后根据航道、回旋水域及停泊水域尺度和到港船舶实际吃水等情况,9 号泊位水工结构可靠泊 3 万吨级甲 B 类成品油船和化学品船(需借用海沧 10 号部分岸线)和 5 万吨级丙类化学品船。2015 年 2 月 9 日,取得厦门港口管理局《港口工程竣工验收证书》。

海沧港区 9 号泊位建成后成为厦门主要成品油码头,为中石油、中化石油提供装卸服务,2011—2015 年累计完成吞吐量 473 万吨,为厦门及周边地区的成品油供应作出了贡献。

(6)厦门港海沧港区 7 号泊位工程

项目于 2003 年 6 月开工,2007 年 9 月试运行,2011 年 3 月竣工。

项目建设依据:2003 年 8 月,厦门海沧台商投资区经济发展局《关于厦门港海沧港区 7#泊位项目建议书》(厦沧经〔2003〕197 号);2003 年 12 月,厦门海沧台商投资区经济发展局批复了厦门港海沧港区 7#泊位工程可行性研究报告(厦沧经〔2003〕337 号);2005 年 1 月,厦门海沧台商投资区经济发展局《关于厦门港海沧港区 7#泊位初步设计的批复》(厦沧建〔2005〕6 号);2006 年 2 月,厦门市港口管理局《关于厦门港海沧港区 7#泊位技改工程方案设计行业审查的意见》(厦港〔2006〕28 号);2006 年 3 月,厦门市海沧区发展和改革局《关于核准港海沧港区 7#泊位工程变更建设规模的复函》(厦海发投〔2006〕14 号);2004 年 3 月,厦门市环境保护局批复厦门港海沧港区 7#泊位环境影响报告书(厦环监〔2004〕14 号);2006 年 11 月,厦门市人民政府批复海沧港区 7#泊位项目建设用地(厦府地〔2006〕702 号);2008 年 9 月,海沧港区 7#泊位陆域工程《海域使用权证书》(国海证

083550015 号);2006 年 12 月,交通部批复关于厦门港海沧港区 7#泊位工程使用港口岸线(交规发〔2006〕769 号)。

海沧 7#泊位原设计为 10 万吨级散货泊位,结构按满足 10 万吨级集装箱船舶和 10 万吨级散杂货船舶设计。经 2007 年技术改造,码头结构按靠泊 12 万吨级散货船或不满载 15 万吨级散货船舶(吃水不大于 16.9 米)进行改造建设。泊位长度 325 米。顺岸布置,带卸荷板沉箱重力式结构。码头前沿设计底高程为 – 17.5 米。堆场面积 135831 平方米。装卸设备 40 吨 – 43 米带斗门座式重机、100 吨接料漏斗、45 吨自卸汽车、3 立方米单斗装载机、120 吨地磅。堆场容量 40 万吨煤炭和 260 万吨铁。项目总投资 3.72 亿元,企业自筹。项目陆域用地面积 31.57 万平方米,用海面积 19.09 公顷。

项目建设单位为厦门港务控股集团有限公司;设计单位为中交第一航务工程勘察设计院有限公司;福建省港航勘测设计中心;铁道部第四勘察设计院。监理单位为天津中北港湾建设监理有限公司;广州南华工程管理有限公司;厦门港湾建设咨询监理公司;上海东华建设管理有限公司;福建星晨工程建设监理事务所。施工单位为中交第三航务工程局有限公司;厦门港务工程公司;福州建工(集团)总公司;厦门铁路工程公司;中交天津航道局有限公司。

2005 年 1 月,厦门海沧台商投资区经济发展局《关于厦门港海沧港区 7#泊位初步设计的批复》(厦沧建〔2005〕6 号),同意海沧 7 号泊位按靠泊 10 万吨级集装箱船舶规划,设计码头前沿停泊水域底高程为 – 15.3 米,泊位长度 325 米,项目近期按 10 万吨级散杂货泊位设计,并预留今后变更为全集装箱的发展空间;2006 年 3 月,《厦门市海沧区发展和改革局关于核准港海沧港区 7 号泊位工程变更建设规模的复函》(厦海发投〔2006〕14 号),同意海沧 7 号泊位工程的建设规模变更,码头结构调整为按靠泊 12 万吨级散杂货船舶或不满载 15 万吨级散杂货船舶(设计低水位 0.72 米时,限制吃水 16.9 米)需求进行改造建设,7 号泊位(长 315 米)和 6 号泊位西段(长 34 米)的前沿停泊水域疏浚到 – 17.5 米。

2007 年 8 月,《厦门港口管理局关于海沧港区 7#泊位试投产靠泊 12 万吨级散货船舶和不满载 15 万吨级散货船舶的批复》(厦港〔2007〕215 号)。

2013 年 5 月,交通运输部办公厅关于厦门港海沧港区 7#泊位码头结构加固改造工程方案的批复(厅水便〔2013〕103 号)。海沧港区 7 号泊位加固改造工程,升级改造为水工结构可靠泊 20 万吨级散货船舶(在借用相邻 6 号泊位 34 米岸线系缆的情况下,可靠泊 15 万吨级散货船舶作业(船舶吃水限制在 16.9 米以内);在借用相邻 6 号泊位 57 米岸线系缆的情况下,可靠泊 20 万吨级散货船舶作业(船舶吃水限制在 14.7 米以内))。

海沧 7 号泊位原设计为 7 万吨级散货泊位,重力式沉箱结构,结构按满足 10 万吨级集装箱船舶预留设计。主要货种为铁矿砂(球)和煤。2006 年,为了适应靠泊大型散货船的市场需要,厦门市海沧区发展和改革局于 2006 年 3 月以厦海发投〔2006〕函 14 号文批准了海沧港区 7 号泊位工程建设规模变更,即对码头结构按靠泊 12 万吨级散货船或不满载 15 万吨级散货船舶(吃水不大于 16.9 米)的需求进行改造。为满足项目改造需求,需创新研发一种靠泊设施,既能够满足设计船型靠泊过程中有较小的变形,能够弥补前沿浚深后船体和码头间隙,同时又便于移除,恢复原设计船型靠泊时能保持现有装卸设备作业效率。

该泊位提升靠泊等级的技术改造,极大地提高了该泊位的吞吐能力,2010 年的吞吐量已超过 500 万吨。该改造不仅充分利用了码头岸线资源,也使该泊位的铁路专用线得到了充分利用,使得江西等地几家钢铁厂和电厂的铁矿及煤炭纷纷使用该泊位;从社会效益的角度讲,节约了社会的运输成本。改造进一步提升了厦门港的竞争力,为做大做强厦门港作出了贡献。

建设项目投产后,海沧港区 7 号泊位为福建省内第一个可靠泊好望角型散货船舶的泊位,港区内铁路专用线为厦门增加了一条出省大通道,成为海西物流大通道的一个重要组成部分。码头的生产经营保持一年一个台阶的快速发展势头,已发展成为海峡西岸经济区铁矿石、煤炭等大宗散货最重要的集散中心之一,并确立了省内铁矿石码头业务的龙头地位。

(7)厦门港嵩屿港区一期工程

项目于 2004 年 1 月开工,2007 年 4 月试运行,2011 年 6 月竣工。

项目建设依据:2004 年 9 月,交通部《关于对厦门港嵩屿港区一期工程项目建议书意见的函》(交函规划〔2004〕251 号);2005 年 9 月,国家发展和改革委员会《关于厦门港嵩屿港区一期工程项目核准的批复》(发改交运〔2005〕1688 号);2006 年 9 月,交通部《关于厦门港嵩屿港区一期工程初步设计的批复》(交水发〔2006〕481 号);2005 年 3 月,国家环境保护总局《关于对厦门港嵩屿港区一期工程环境影响报告书审查意见的复函》(环审〔2005〕212 号);2006 年 12 月,厦门市国土资源与房产管理局《土地房屋权证》(厦地房证第地 00005747 号);2004 年 07 月,厦门市人民政府《关于厦门港嵩屿港区一期工程使用海域有关问题的批复》(厦府海〔2004〕4 号);2007 年 1 月,厦门港口管理局《关于厦门港嵩屿港区一期工程使用岸线的批复》(厦港〔2007〕19 号)。

项目建设 3 个 10 万吨级集装箱码头泊位(水工结构 15 万吨,限定条件下可同时减载靠泊两艘 20 万吨级集装箱船舶),岸线总长 1246 米。码头采用顺岸式布局,重力式结构。码头前沿水深 17 米。项目后方堆场面积 35 万平方米,堆存能力 36374TEU。主要装卸设备配置包括 10 台超巴拿马集装箱龙门式起重机、24 台轮胎式龙门起重机。项目总投资 31.36 亿元,企业自筹。项目陆域用地面积 64.19 万平方米,用海面积 40.34 公顷。

项目建设单位为厦门嵩屿集装箱码头有限公司;设计单位为中交第四航务工程勘察设计院有限公司。施工单位为中交第四航务工程局(1 号泊位水工工程);中交一航局第二工程有限公司(2 号泊位水工工程);中交第三航务工程局(3 号泊位水工工程及陆域工程 B 标段);广东省航盛工程有限公司(陆域工程 A 标段);厦门港务工程公司(陆域工程 A 标段);中海工程建设总局(陆域工程 C 标段);福建惠五建筑工程公司(房建工程)。监理单位为天津中北港湾建设监理有限公司(1 号泊位水工工程);上海东华建设管理有限公司(2 号泊位水工工程);广州南华工程管理有限公司(3 号泊位水工工程及陆域工程 B、C 标段);上海华申工程建设监理咨询有限公司(陆域工程 A 标段);厦门勤奋建设工程监理(房建工程);厦门协诚工程建设监理(房建工程)。质监单位为福建省交通建设质量安全监督局(水工工程);厦门港水运工程质量安全监督站(陆域、房建工程)。

2014 年 3 月,码头靠泊能力论证后,可减载靠泊 20 万集装箱船舶。

建设项目投产后,厦门港嵩屿港区一期工程 1~3 号泊位由厦门嵩屿集装箱码头有限公司运营,岸线总长 1246 米,泊位水深 17 米,是厦门港水深条件最好、靠泊等级最高的外贸集装箱码头,也是福建省唯一一个可以同时靠泊 2 艘 20 万吨级集装箱船舶的码头,为提升厦门港的国际地位起到了至关重要的推动作用。

(8)厦门港海沧港区 14~17 号泊位集装箱码头

项目于 2006 年 5 月开工,2011 年 11 月试运行,2016 年 12 月竣工。

项目建设依据:2008 年 7 月,交通运输部《关于对厦门港海沧港区 14 号至 17 号和 18 号至 19 号集装箱码头工程项目申请报告的意见》(交函规划〔2008〕112 号);2008 年 10 月,国家发展和改革委员会《国家发展改革委关于厦门港海沧港区 14~17 号泊位工程项目核准的批复》(发改基础〔2008〕2872 号);2009 年 3 月,交通运输部《关于厦门港海沧港区 14 号~17 号泊位集装箱码头工程初步设计的批复》(交水函〔2009〕108 号);2016 年 10 月,交通运输部《关于厦门港海沧港区 14 号~17 号泊位集装箱码头工程初步设计变更的批复》(交水发〔2016〕635 号);2008 年 1 月,国家环境保护总局《关于厦门港海沧港区 14#~17#泊位集装箱码头工程环境影响报告书的批复》(环审〔2008〕19 号);2007 年 11 月,国土资源部《关于厦门港海沧港区 14#~17#泊位集装箱码头工程建设用地预审意见的复函》(国土资预审字〔2007〕295 号);2009 年 4 月,厦门市人民政府《厦门市人民政府关于厦门港海沧港区 14 号~17 号泊位工程建设用地的批复》(厦府地〔2009〕182 号);2007 年 12 月,国家海洋与渔业局《关于厦门港海沧港区 14#~15#泊位集装箱码头工程用海预审意见的函》(国海管学〔2007〕712 号);2007 年 12 月,国家海洋与渔业局《关于厦门港海沧港区 16#~17#泊位集装箱码头工程用海预审意见的函》(国海管学〔2007〕713 号)。

项目建设 4 个 10 万吨级集装箱码头泊位(码头水工建筑允许靠泊能力 15 万吨级),岸线总长 1508 米。码头采用顺岸式布局,重力式结构。码头前沿水深 15 米。项目后方堆场面积 73.14 万平方米,堆存能力 89993 万 TEU。主要装卸设备配置包括岸边集装箱起重机 12 台、轮胎式龙门起重机 20 台、轨道式龙门起重机 16 台、固定式起重机 1 台、堆高机 7 台、正面吊运机 2 台。项目总投资 43.95 亿元,全部为企业投资。项目陆域用地面积22.96万平方米,填海面积99.26公顷。

项目建设单位为厦门海沧投资集团有限公司、厦门远海集装箱码头有限公司;设计单位为中交第一航务工程勘察设计院有限公司、中交上海航道勘察设计研究院有限公司、厦门合道工程设计集团有限公司;施工单位为中交第一航务工程局有限公司、中交第三航务工程局有限公司;监理单位为天津中北港湾工程建设监理有限公司;质监单位福建省交通建设质量安全监督局、厦门港水运工程质量安全监督站、厦门市建设工程质量安全监督站。

2014年,14号泊位常规集装箱码头改造为全自动化集装箱码头。

厦门远海全自动化码头是中国第一个自主研发的全智能、零排放、安全、环保的全自动化集装箱码头;是全球首个堆场与码头岸线平行布置的自动化码头,对于传统集装箱码头升级换代具有推广和示范作用,是信息化和工业化深度融合的典范工程;首次创新运用自动化仿真系统,进行自动化集装箱码头水平运输、堆场装卸、路径优化等工作的设计、开发、统计、分析,为更新传统码头低效装卸流程、加速集装箱码头智能化装卸系统升级奠定了基础。全套系统均独立开发,系统高效整合,同时拥有冗余灾备能力,确保码头平稳运行。在自动化码头泊位(14号泊位)上建成福建省首套集装箱船舶高压岸电系统,可以真正实现全球首个泊位零排放作业。

(9)厦门港海沧港区13号泊位散杂货码头

项目于2006年6月开工,2011年10月试运行,2016年11月竣工。

项目建设依据:2006年10月,厦门市发展和改革委员会《关于厦门港海沧港区13#散杂货码头项目核准的复函》(厦发改投资〔2006〕函76号);2010年4月,厦门港口管理局《厦门港口管理局关于厦门港海沧港区13#泊位通用码头工程初步设计的批复》(厦港〔2010〕80号);2012年12月,厦门市环境保护局《厦门市环境保护局关于厦门海投通达码头有限公司海沧港区13#泊位散杂货码头项目环境影响报告书的批复》(厦环监〔2012〕71号);2007年6月,厦门市人民政府《厦门市人民政府关于海沧港区13#泊位散杂货码头项目建设用地的批复》(厦府地〔2007〕249号);2006年6月,厦门市人民政府《厦门市人民政府关于厦门港海沧港区13#泊位散杂货码头工程使用海域有关问题的批复》(厦府海〔2006〕25号);2010年9月27日,交通运输部《关于厦门港海沧港区13#泊位工程使用港口岸线的批复》(交规划发〔2010〕530号)。

项目建设1个5万吨级通用码头泊位(码头水工建筑允许靠泊能力10万吨级),2个3000吨级杂货泊位,1个2000吨级杂货泊位,岸线总长298米。码头采用突堤式布局,重力式结构。码头前沿水深13.6米。项目后方堆场面积2.2万平方米,堆存能力8.8万吨。主要装卸设备配置包括门座式重机(16吨–34米)3台,10吨–25米门座式重机6台。项目总投资5.35亿元,全部为企业投资。填海面积11.71公顷。

项目建设单位为厦门海投通达码头有限公司;设计单位为中交第二航务工程勘察设

计院有限公司、厦门大学建筑设计研究院;施工单位为中交第二航务工程局有限公司、中交第四航务工程局有限公司、厦门港务疏浚工程有限公司;监理单位为厦门港湾咨询监理有限公司、厦门海投建设监理有限公司;质监单位为福建省交通建设质量安全监督局、厦门港水运工程质量安全监督站、福建省交通建设质量安全监督局。

(10)厦门港海沧港区18号和19号泊位工程项目

项目于2006年8月开工,2011年7月试运行,2013年2月竣工。

项目建设依据:2008年7月,交通运输部《关于对厦门港海沧港区14至17号和18至19号集装箱码头工程项目申请报告的意见》(交函规划〔2008〕112号);2008年10月,国家发展和改革委员会《国家发展改革委关于厦门港海沧港区18号和19号泊位工程项目核准的批复》(发改基础〔2008〕2874号);2009年3月,交通运输部《关于厦门港海沧港区18号、19号泊位集装箱码头工程初步设计的批复》(交水发〔2009〕105号);2008年1月,国家环境保护总局《关于厦门港海沧港区18号、19号泊位集装箱码头工程环境影响报告书的批复》(环审〔2008〕20号);2009年2月,厦门市人民政府《厦门市人民政府关于厦门港海沧港区18号和19号泊位工程建设用地的批复》(厦府地〔2009〕183号);2007年3月,《海域使用权证书》(国海证073550013号);2006年5月,厦门海事局《关于厦门港海沧港区18号和19号泊位使用岸线审核的意见》(闽海事厦通航〔2006〕73号)。

项目建设2个10万吨级集装箱泊位(水工结构按靠泊15万吨集装箱船设计建设)及相应配套设施,码头岸线长754米,近期年通过能力为100万TEU。工程岸线方位为103°~283°,18号、19号泊位布置2个10万吨级集装箱泊位,设计船型为10万吨级集装箱船舶,岸线长度754米,顶面高程7.5米,码头前沿停泊水域宽度92米,底高程为-15米,泊位水深按照-17米预留。陆域区域纵深572米,分为生产区、生产辅助区及行政管理区。码头水工工程:码头水工主体采用重力式沉箱结构(单个沉箱最大质量2890吨),箱内回填中粗砂、10~50千克的块石棱体,沉箱后采用抛填块石棱体结构。码头顶面高程为7.5米(当地理论最低潮面),前沿停泊水域设计底高程为-17.0米,前沿停泊水域浚深至水深15.0米,港池和船舶回旋水域设计底高程为-14.0米,船舶回旋水域为椭圆形,长轴长865米、短轴长588米。工程进港航道、锚地及导助航设施利用现有厦门港10万吨级主航道、海沧航道、锚地及导助航设施。工艺设备:码头共配置2台双40英寸和4台双20英寸岸边集装箱起重机,16台电动轮胎式龙门起重机等。项目总投资23.48亿元,企业自筹。用地面积43.13万平方米,填海面积为48.94公顷。

项目建设单位为厦门海沧投资集团有限公司、厦门海沧新海达集装箱码头有限公司;设计单位为中交第一航务工程勘察设计院有限公司、中交上海航道勘察设计研究院有限公司;施工单位为中交第四航务工程局有限公司、中交第三航务工程局、葛洲坝集团第五工程有限公司、上海三航奔腾建设工程有限公司、中交一航局第一航务工程有限公司、中交广州航道局有限公司、厦门思总建设有限公司;监理单位为天津中北港湾工程建设监理有限公司、厦门海投建设监理咨询有限公司;质监单位福建省交通建设质量安全监督局、厦门港水运工程质量安全监督站、厦门市建设工程质量安全监督站。

建设项目投产后,2011年7月9日,10万吨级集装箱船舶首次靠泊新海达码头,检验了码头设施的可靠性。2011年9月8日,码头正式开通集装箱班轮航线,进入固定国际班轮靠泊的常态化运作阶段。为了配合厦门市政府邮轮母港建设项目以及厦门港集装箱码头业务的合理布局,新海达码头于2014年4月22日开展内贸箱作业,并自2014年6月1日起承接全厦门港内贸业务。

新海达码头拥有优越的港口条件、合理的规划、科学的定位和先进环保的机械设备,2011年9月8日首先开通海沧保税港区二期第一条国际航线,展现了厦门市招商引资的丰硕成果和港口经济发展的良好态势。新海达码头已成为我国内贸集装箱南北航线转运的重要平台及东南沿海区域枢纽,2015年新海达码头集装箱吞吐量达124.2万TEU,占厦门全港的集装箱吞吐量的13.5%,对推动厦门市保持港口集装箱吞吐量稳步回升作出了积极贡献,更是对厦门市"以港兴市"战略和海沧建设现代物流基础平台的有力支持,并推动厦门岛内航运资源向海沧转移、海西物流资源向海沧集聚,促进港口资源集约化利用,对厦门港向"东南国际航运中心"地位迈进具有重大而深远的意义。

(11)厦门港海沧港区12号泊位液体化工码头

项目于2007年2月开工,2010年4月试运行,2011年12月竣工。

项目建设依据:2005年8月,厦门市海沧区发展和改革局《厦门港海沧港区12#泊位液体化工码头工程可行性研究报告书》(厦海发投〔2005〕82号);2006年12月,厦门港口管理局《关于厦门港海沧港区12#泊位码头工程初步设计报告书》(厦港〔2006〕267号);2009年8月,厦门港口管理局《厦门港海沧港区12#泊位液体化工码头内港池泊位工程初步设计报告书》(厦港〔2009〕200号);2006年5月,厦门市环境保护局《厦门港海沧港区12#泊位液体化工码头工程环境影响报告书》(厦环监〔2006〕24号);2007年5月,厦门市国土资源与房产管理局海沧分局《建设用地批准书》(厦门市〔2007〕厦海地字第010号);2006年4月,厦门市海洋与渔业局《厦门港海沧港区12#泊位液体化工码头仓储工程海域使用论证报告书》(厦海渔〔2006〕68号);2006年6月,交通部办公厅《关于海沧港区12号泊位使用港口岸线的批复》(交规划发〔2006〕248号);2007年12月,厦门港口管理局《关于海沧港区12#液体化工码头内港池泊位工程岸线使用的批复》(厦港〔2007〕331号)。

外港池项目建设1个5万吨级液体化工码头泊位,岸线总长280米。码头采用突堤式布局,高桩式结构。码头前沿水深13.8米。内港池建设5个500~3000吨级泊位,其中南侧1个3000吨级泊位和1个1000吨级泊位、东侧1个1000吨级泊位和1个500吨级泊位、北侧预留 1 个 1000 吨级泊位(现为护岸)。3000 吨级泊位设计底高程取值为－7.2米;1000 吨级泊位设计底高程取值为－5.0米;500 吨级泊位设计底高程取值为－4.0米。项目后方堆场面积15.8万平方米,堆存能力42万吨,仓库面积5.7万平方米,堆存能力19.8万吨。为满足多种化工品和油品的装卸需要,该平台另设置8根DN200管线,其与船舶对接采用软管。配置便于软管搬运的单臂吊机1台。考虑上下船人员的方便与安全,平台设登船梯1座。两侧平台为停泊1000~5000吨级船舶作业平台,平台上各设2台DN200手动装卸臂,并预留一台装卸臂位置,用于较小船型的油品和化工品装卸。平台各设置8根DN200管线,其与船舶对接采用软管。并配置单臂起重机1台。码头中间为综合管廊。内港池东侧泊位顺岸布置在引桥西侧,为靠泊小型油船配置了接卸软管及消防、控制等码头配套设施。项目总投资5.12亿元,全部为企业投资。用地面积18.3万平方米,用海面积25公顷。

项目建设单位为厦门海澳石化仓储有限公司;设计单位为中交第一航务工程勘察设计院、福建省石油化学工业设计院;施工单位为中交第三航务工程局有限公司、厦门市安港港口疏浚工程有限公司、福建省长乐市二轻安装工程有限公司;监理单位为福建省交通建设工程监理咨询公司、浙江南方工程建设监理有限公司;质监单位福建省交通建设质量安全监督局、厦门港水运工程质量安全监督站、厦门市建设工程质量安全监督站。

(12)厦门港海沧航道扩建二期工程

项目于2008年1月开工,2010年1月竣工。

项目建设依据:2008年,厦门港口管理局《关于厦门港海沧航道扩建二期工程初步设计的批复》(厦港〔2008〕24号)。

航道等级满足单向不乘潮通航10万吨级集装箱船规模建设,也基本满足5万吨级集装箱船双向通航要求。设计代表船型10万吨级集装箱船(船长346米,型宽45.6米,满载吃水14.5米),5万吨级集装箱船(船长293米,型宽32.3米,满载吃水13.0米)。保证率满足实载吃水13.0米的10万吨级集装箱船和满载5万吨级集装箱船、5万吨级液体化工船基本不乘潮通航要求,其对应的乘潮水位为设计低水位0.72米。通航宽度250米,设计底高程为－14.0米,转弯半径1990米。航道里程约10.2千米;疏浚区长度约4.95千米,疏浚工程量1362.61万立方米;炸礁3块,炸礁工程量8.47万立方米,清石渣、清砂土工程量40.89万立方米;厦门港现有及规划锚地8处,总面积48.48平方公里,基本可满足工程的需要。项目总投资3.60亿元。

(13)厦门港海沧航道扩建三期工程

项目于2010年12月开工,2012年9月竣工。

项目建设依据:2010年9月,厦门市发展和改革委员会《关于厦门港海沧航道扩建三期可行性研究报告的批复》(厦发改投资〔2010〕328号);2010年,厦门港口管理局《关于厦门港海沧航道扩建三期工程初步设计的批复》(厦港〔2010〕228 号)。

建设航道满足 15 万吨集装箱船乘潮通航;设计代表船型 10 万吨级集装箱船(船长 346 米,型宽 45.6 米,满载吃水 14.5 米),15 万吨级散货船(船长 289 米,型宽 45.0 米,满载吃水 17.9 米),15 万吨集装箱船(船长 398 米,型宽 56.4 米,满载吃水 16.5 米),地中海"mSC"系列 15 万吨集装箱船(船长 366 米,型宽 51.0 米,满载吃水 16.0 米);保证率为:10 万吨级集装箱船全潮;15 万吨级散货船乘潮保证率 90%,乘潮历时 3 小时;15 万吨集装箱船乘潮保证率 100%,乘潮历时约 5 小时;通航宽度 250 米,设计底高程 − 15.5 米,转弯半径 1990 米。航道里程约 6.3 千米;疏浚区长度约 6.3 千米,疏浚工程量 263.21 万立方米;炸礁 9 块,炸礁工程量 2.08 万立方米;航标有移位 1 座灯浮标、1 座灯浮标改标别及新设 2 座虚拟标。

项目建设单位为厦门港航道管理站;设计单位为福建省港航勘察设计研究院;施工单位为中交上航局航道建设有限公司;监理单位为厦门合诚水运工程监理有限公司;质监单位厦门港水运工程质量安全监督站。

(14)厦门港海沧航道扩建二期工程 20 号、21 号泊位航段

项目于 2015 年 4 月开工,2015 年 7 月交工。

项目建设依据:2014 年 11 月,厦门市发展和改革委员会《关于调整厦门港海沧航道扩建二期工程 20# ~ 22#泊位航段建设内容的批复》(厦发改交能〔2014〕173 号);2015 年 2 月,厦门港口管理局《关于厦门港海沧航道扩建二期工程 20# ~ 22#泊位航段建设方案调整初步设计的批复》(厦港〔2015〕23 号);2008 年 2 月,厦门市海洋与渔业局《关于厦门港海沧航道扩建二期工程 20# ~ 22#泊位航段环境影响报告书的批复》(厦海渔〔2008〕25 号)。

建设航道等级满足 7 万吨级散货船乘潮单线通航;设计代表船型 7 吨级集装箱船(船长 300 米,型宽 40.3 米,满载吃水 14.0 米);保证率:乘潮水位 4.62 米,乘潮历时 2 小时,年保证率 90%;通航宽度 170 米,设计底高程为 − 11.5 米;航道里程约 480 米;疏浚区长度约 480 米,疏浚工程量 87.76 万立方米;厦门港海沧航道扩建二期工程 20 号、21 号泊位航段满足 7 万吨级散货船乘潮单线通航要求建设。航道通航宽度为 170 米,设计底高程为 − 11.5 米,乘潮水位 4.62 米,计算超宽 3 米,计算超深 0.4 米,横向边坡 1∶7,纵向边坡 1∶10,总疏浚工程量为 170.49 万立方米,新设 1 座灯浮标,移位 1 座灯浮标。项目总投资 5442 万元。

项目建设单位为厦门港航道管理站;设计单位为福建省港航勘察设计研究院;施工单位为浙江省第一水电建设集团股份有限公司;监理单位为广州南华工程管理有限公司;质监单位厦门港水运工程质量安全监督站。

(四)翔安港区

1. 港口综述

(1)港区建设和运营概况

厦门翔安港区已建成泊位7个,基本建成万吨级泊位3个。

规划翔安港区以集装箱和散货、杂货运输为主。规划形成码头岸线长6675米,可建设生产性泊位18个,其中深水泊位18个,通过能力达5600万吨,其中集装箱通过能力660万TEU。

1980年,在原有斜坡式突堤条石码头砌石上添加60厘米厚的钢筋混凝土,长164米,宽6米。港区仓库面积200平方米,堆场面积1400平方米。1981年9月27日,刘五店港第一次运输新鲜蔬菜直达香港,正式与香港、澳门通航。1988年7月,刘五店港区作为厦门港东渡一期工程过驳配套码头进行建设。1989年12月竣工,总投资743万元。建有梁板高桩结构式码头1座,平台长114米,宽15米,可供2艘500吨级驳船或1艘1000吨级货船靠泊作业,1000吨级以下船不需候潮可进出港。建成栈桥1座,长122.46米,宽8米;形成陆域面积10908平方米,仓库1座,面积为1537平方米。还有综合港务大楼1座1300平方米,以及供水、供电、运输、装卸等生产、生活设施。1994年吞吐量超过20万吨。

2011—2015年,翔安港区货物吞吐量分别为54.3万吨、58.5万吨、52.3万吨、189.4万吨、522.1万吨。

(2)港区地理条件和集疏运概况

翔安刘五店港区位于翔安区南部,厦门北侧水道的东北方,西面正对厦门岛的高(崎)集(美)海堤。港区陆域地势平缓,陆路距翔安隧道口3千米,距泉州70千米,有公路直通港区;水路距厦门港约18海里,距泉州后渚港约60海里,距香港300海里。

2. 港区工程项目

厦门港刘五店航道一期工程

项目于2010年12月开工,2014年1月交工。

2010年10月,厦门市发展和改革委员会《关于厦门港刘五店航道一期工程项目可行性研究报告(代概算)的批复》(厦发改投资〔2010〕365号);2010年9月,厦门港口管理局《关于厦门港刘五店航道一期工程初步设计的批复》(厦港〔2010〕207号);2010年8月,厦门市海洋与渔业局文件《厦门市海洋与渔业局关于厦门港刘五店航道一期工程海洋环境影响报告书审查的意见》(厦海渔〔2010〕152号)。

航道等级按满足营运吃水13.0米的7万吨级散货船和10万吨级集装箱船乘潮通航

单向航道建设,延伸段(L5～L8航段)航道建设规模按3000吨级油船单向乘潮通航要求建设。设计代表船型为7万吨级散货船(总长228米、型宽32.3米、型深19.6米、满载吃水14.2米、营运吃水13.0米),10万吨级集装箱船(总长346米、型宽45.6米、型深24.8米、满载吃水14.5米、营运吃水13.0米);延伸段设计代表船型为3000吨级油船(总长97米、型宽15.2米、型深7.2米、满载吃水5.9米)。保证率:乘潮历时3小时、乘潮保证率90%、乘潮水位4.35米。航道有效宽度220米,航道设计底高程－12.0米,航道底宽215.2米,弯曲半径1730～3460米;延伸段(L5～L8航段)航道有效宽度95米,航道设计底高程－5.0米。从厦门港主航道扩建三期工程L0点至刘五店散杂货泊位区(在建的6～8号泊位)掉头区外沿的L6点,航程约27.6千米;延伸段从L5点沿规划港区前沿向北延伸至鑫海码头船舶回旋水域附近的L8点,航程长约7.2千米。

疏浚区总长约6.8千米,疏浚工程量235.83万立方米。礁石区共有4块呈零星分布,炸礁工程量0.92万立方米。新抛设灯浮标8座、移位灯浮标6座并改变其中5座灯浮标标别,新设灯浮标中的3座配置AIS航标。项目总投资9879万元,资金来源为市航道建设专项资金筹措解决。

项目建设单位为厦门港航道管理站(代建单位为厦门港务建设有限公司);设计单位为福建省港航勘察设计研究院;施工单位为中港疏浚有限公司;监理单位为广州南华工程管理有限公司;质监单位为厦门港水运工程质量安全监督站。

(五)招银港区

1.港口综述

(1)港区建设和运营概况

招银港区以发展集装箱、散杂货运输为主,兼顾海湾、海峡客运、滚装运输,参与厦门湾枢纽组合港功能分工,打造拥有大、中、小泊位相结合,配套设施齐全、集疏运发达、临海工业开发、保税仓储、城市商贸等多功能的综合性港区。

1996年8月,漳州港招银港区被交通部列入首批对台直航口岸。1997年1月1日,漳州港招银港区正式开港。同年6月24日,接卸来自古巴第一艘5万吨级货船,接卸3.5万吨古巴产原糖。2000年,招商局漳州开发区成立港务公司。港务公司以盘活资产方式,招商引资将招银港区3号泊位(3.5万吨级)与香港招商国际合资成立漳州招商局码头公司。招商国际以1.27亿元港币投资用于招银港区后续泊位建设。2001年6月,经国务院批准,招银港区对金门、马祖、澎湖水路货运直航。2002年1月1日,漳州港招银港区正式对外籍船舶开放,成为国家一类口岸。2002年2月28日,漳州港招银港区开通第一条国际集装箱班轮航线:漳州至韩国釜山、日本关东、关西;美国西沿岸的集装箱班轮航班,由中海集团所属"布雷物"轮首航。

港区拥有泊位 15 个。招银港区以集装箱和散货、杂货运输为主,并服务临港产业发展。规划招银港区共形成码头岸线 9180 米,可建设各类生产性泊位 38 个,通过能力达 6000 多万吨,其中集装箱年通过能力 250 万 TEU。港区 2011 年吞吐量 1915.1 万吨、47.8 万TEU,2012 年吞吐量 2105.1 万吨、46.3 万 TEU,2013 年吞吐量 2119.5 万吨、58.2 万 TEU,2014 年吞吐量 2453.3 万吨、41.9 万 TEU,2015 年吞吐量 2979.9 万吨、33.2 万 TEU。

(2)港区地理条件和集疏运概况

招银港区位于九龙江出海口、厦门湾南岸,与厦门港处于同一个开放水域。水域西起田墘村,东至南炮台,岸线长达 10 千米。港区北视海沧、嵩屿、厦门,东视金门大担、二担等岛屿,外有浯屿、青屿、白屿等岛屿为屏障,天然水深在 8 ~ 12 米,是建造深水港区的理想区域。

招银港区以国道 228、省道 219 和招银高速公路作为对外主要联系通道,将厦漳跨海大桥作为北向便捷通道。陆路对外通道主要有沈海高速公路、厦蓉高速公路、319 国道、324 国道和 219 省道、318 省道。

2.港区工程项目

(1)厦门港招银港区 3 号泊位(原漳州港 3.5 万吨级多用途码头)

项目建设依据:1993 年 2 月,交通部和福建省人民政府《关于漳州港三万五千吨级多用途码头可行性研究报告的批复》(交计发〔1993〕96 号);1993 年 10 月,国家交通投资公司《关于漳州港 3.5 万吨级多用途码头工程初步设计的批复》(交投水〔1993〕137 号);1999 年 3 月,福建省环境保护局《关于漳州港招银港区 1#~5#泊位工程环境影响报告书的批复》(闽环保〔1999 年〕然 21 号);1995 年 12 月,招商局中银漳州经济开发区规划建设局《建设用地规划许可证》(〔95〕2040016);2004 年 10 月,漳州市人民政府《漳州人民政府关于同意华阳电业有限公司及漳州招商局码头有限公司海域使用申请的批复》(漳政〔2004〕综129 号)。

项目建设 1 个 5 万吨级多用途码头泊位,岸线总长 263 米。码头采用顺岸式布局,重力式结构。码头前沿水深 12.5 米。项目集装箱堆场面积 1.76 万平方米,件杂货堆场及道路面积 3.86 万平方米,仓库 6000 平方米,堆存能力 55 万吨。主要装卸设备包括 40 吨的集装箱装卸桥 1 台,10 ~ 40 吨的门座式起重机 2 台。项目总投资 1.67 亿元,资金来源为银行贷款、公司自筹。用地面积 16.10 万平方米。

项目建设单位为漳州招商局码头有限公司;设计单位为中港第三航务工程勘察设计院、中交第一航务工程设计院(辅建区);施工单位为中港第三航务工程局第六工程公司(水工主题)、中国第一冶金建设公司(地基处理)、漳州市龙腾工程公司(后方堆场)等;监理单位为上海东华港湾工程建设监理所(水工主体)、漳州新闻华建设监理有限公司

(地基处理、后方堆场)、深圳海勤监理公司(辅建区);质监单位为福建省交通质量监督站(水工主体、辅建区)、漳州市建设工程质量监督站(后方堆场)。

2012年3月2日竣工验收,前沿位置出现礁石,为节约成本,码头前沿线向海侧外移20米。

(2)漳州港机厂码头工程

项目于1997年6月开工,1998年10月试运行,1998年10月竣工。

项目建设依据:1996年8月,福建省建设委员会《关于漳州普鲁士格·诺尔招商局港口机械工程初步设计的批复》(闽建设〔1996〕128号);1997年,福建省环境保护局《关于〈漳州普鲁士格·诺尔招商局港口机械工程及配套码头工程环境影响报告书〉的批复》(闽环保监〔1997〕058号);1997年,厦门港务监督局《关于漳州普鲁士格·诺尔招商局港口机械工程集装箱岸吊出运码头使用岸线的审核意见》(厦港监〔1997〕001号)。

项目建设1个排水量不超过3.5万吨的多用途码头泊位,码头总长140米。码头采用实堤式布局,高桩式结构。码头前沿水深8.5米以上。项目堆场面积28万平方米,仓库4578平方米。项目总投资6269.40万元,资金来源为企业自有资金、银行。

项目建设单位为普鲁士格·诺尔—招商局机械工程有限公司;设计单位为交通部第四航务工程勘察设计院;施工单位为交通部四航局二公司第四分公司;监理单位为新闽华建设监理有限公司;质监单位为福建省交通质监站。

码头投入运营后,极大地方便了漳州港机厂产品的运送,缩短了交货时间,提高了生产效率。

(3)厦门港招银港区4号、5号泊位(原漳州港4号、5号泊位工程)

项目于1999年7月开工,2003年10月试运行,2012年3月竣工。

项目建设依据:1998年7月,福建省计划委员会《福建省计划委员会关于漳州港招银港区4#、5#泊位工程可行性研究报告的批复》(闽计交〔1998〕119号);1999年5月,福建省建设委员会、福建省计划委员会《关于漳州港招银港区4#、5#泊位工程初步设计的批复》(闽建设〔1999〕33号);1999年3月,福建省环境保护局《关于〈漳州港招银港区1#~5#泊位工程环境影响报告书〉的批复》(闽环境然〔1999〕21号);1999年6月,招商局漳州开发区规划建设局《建设用地规划许可证》;2004年11月,漳州市人民政府《漳州市人民政府关于同意漳州招商局码头有限公司海域使用申请的批复》(漳政〔2004〕总129号);2000年2月,交通部《交通部关于漳州港招银港区4#、5#泊岸线利用的批复》(闽计基础〔2000〕73号)。

项目建设2个7万吨级散货及集装箱途码头泊位,岸线总长411米。码头采用顺岸式布局,重力式结构。码头前沿水深13.2米。项目堆场面积12.53万平方米。项目总投资2.28亿元,为公司自筹和银行贷款。用地面积12.27万平方米。

项目建设单位为漳州招商局码头有限公司;设计单位为中交第一航务工程勘察设计院;施工单位为中交第四航务工程局第二工程公司(水工)、中交第一航务工程局第二工程公司(道堆);监理单位为厦门港湾工程监理咨询公司(水工)、厦门象屿工程咨询监理有限公司(道堆);质监单位为福建省交通基本建设工程质量监督检测站。

(4)厦门港招银港区1号、2号泊位(原漳州港招银港区二期项目工程)

项目于2004年1月开工,2007年8月试运行,2012年11月竣工。

项目建设依据:2003年3月,国家发展计划委员会《关于漳州港招银港区二期工程可行性研究报告的批复》(计基础〔2003〕582号);2006年5月24日,交通部《关于厦门港(原漳州港)招银港区二期工程(1#、2#泊位)初步设计批复》(交水运〔2006〕223号);2003年11月,国家发展和改革委员会《关于漳州招银港区二期工程可行性研究报告批复》(发改交运〔2003〕582号);2003年01月,交通部《关于对漳州招银港区二期工程可行性研究报告意见的函》(交函规划〔2003〕1号);2006年5月,交通部《关于厦门港(原漳州港)招银港区二期工程(1#、2#泊位)初步设计的批复》(交函规划〔2006〕223号);2008年2月,国家海洋局《关于漳州港招银港区二期工程(1#、2#泊位)环境影响报告核准意见的复函》(国海环字〔2005〕39号);1999年3月,福建省环境保护局《关于〈漳州港招银港区1#~5#泊位工程环境影响报告书〉的批复》(闽环境然〔1999〕21号);2002年7月,招商局漳州开发区规划建设局《漳州港1#、2#泊位建设用地规划许可证》;2007年2月,国家海洋局《关于漳州港招银港区二期工程项目用海的批复》(国海管字〔2007〕81号)。

项目建设2个5万吨级多用途码头泊位(码头水工建筑允许靠泊能力10万吨级),岸线总长471米。码头采用顺岸式布局,重力式结构。码头前沿水深近期13.5米,远期17.5米。项目码头前方陆域堆场面积13.2万平方米,后方陆域集装箱堆场面积20万平方米。项目总投资5.99亿元,资金来源为银行贷款、公司自筹。用地面积33.2万平方米,填海形成4.87万平方米。

项目建设单位为漳州招商局码头有限公司;设计单位为中交第一航务工程勘察设计有限公司;施工单位为中交第一航务工程有限公司(码头工程);武汉市市政工程总公司(后方堆场);中国化学工程第十三建设公司珠海分公司(地基处理)等;监理单位为深圳海勤工程管理有限公司(码头工程);厦门象屿工程咨询监理有限公司(后方堆场);质监单位为福建省交通质量监督站。

(5)厦门港招银港区7号泊位工程

项目于2005年3月开工,2008年1月试运行,2010年12月竣工。

项目建设依据:2004年4月,福建省发展计划委员会出具工程可行性批复(闽计基础〔2004〕450号);2005年5月,福建省交通厅出具初步设计批复(闽交建〔2005〕60号);2008年9月,漳州市海洋与渔业局出具环评批复(漳海洋函〔2008〕317号);2009年6月,福建省人民政府出具用海批复(闽政文〔2009〕173 号);2007 年 12 月,交通部出具岸线批复(交规划发〔2007〕753 号)。

项目建设 1 个 10 万吨级散货码头泊位,岸线总长 324 米。码头采用顺岸式布局,重力式结构。码头前沿水深近期 15.5 米,远期 17.5 米。项目码头堆场面积 8 万平方米。项目总投资 1.90 亿元,资金来源为企业自筹和银行贷款。用地面积 2.25 万平方米。填海用地 10.91 公顷,港池用地 8.90 公顷,用地 24.98 万平方米(含 8 号、9 号泊位)。

项目建设单位为漳州招商局码头有限公司;设计单位为中交第一航务工程勘察设计院;施工单位为中交第三航务工程局;监理单位为深圳海勤工程管理有限公司;质监单位为福建省交通基本建设工程质量监督检测站。

(6)客运码头改造工程

项目于 2007 年 4 月开工,2008 年 10 月试运行,2008 年 10 月竣工。

项目建设依据:2005 年 12 月,招商局漳州开发区经济发展局《关于同意漳州港客运码头改造工程项目建议书的复函》(漳招管经字〔2005〕84 号);2007 年 3 月,厦门港口管理局《关于厦门港漳州开发区客运码头工程初步设计审查的批复》(厦港〔2007〕066 号)。

趸船(80 米×12 米×2.1 米),现浇混凝土承台 3 座,φ800 混凝土钻孔灌注桩 24 根,护岸、港池及调头区疏浚工程等。项目总投资 1329.13 万元,资金来源为财政拨款。

项目建设单位为漳招商局漳州开发区有限公司;设计单位为中交第一航务工程勘察设计院、福建船舶及海洋工程设计院;施工单位为中交第三航务工程局厦门分公司(水工)、福建省东南造船厂(趸船制造及安装);监理单位为厦门新闽华建设监理有限公司;质监单位为厦门市港口工程质量监督检测站。

(7)厦门港招银航道扩建一期工程

项目于 2008 年 1 月开工,2013 年 9 月试运行,2013 年 1 月竣工。

项目建设依据:2006 年 7 月,福建省发展和改革委员会《厦门港招银航道扩建一期工程可行性研究报告的批复》(闽发改交能〔2006〕617 号);2006 年 9 月,福建省交通厅《厦门港招银航道扩建一期工程初步设计的批复》(闽交港航〔2006〕34 号)。2006 年 12 月,福建省海洋与渔业局《厦门港招银航道扩建一期工程环境影响报告书的核准意见》(闽海渔函〔2006〕808 号)。

D 点附近至招银港区 2 号泊位航段满足 7 万吨级集装箱船单线乘潮通航,2 号泊位至 9 号泊位航段满足 7 万吨级散装箱船乘潮通航。设计代表船型 7 万吨级集装箱船(总长 300 米、型宽 40.3 米、满载吃水 14.0 米),7 万吨级集装箱船(总长 228 米、型宽 32.3 米、满载吃水 14.2 米)。D 点附近至招银港区 2 号泊位航段设计底高程为 -12.0 米,通航宽度 200 米,转弯半径 3470 米,2 号泊位至 9 号泊位航段设计底高程为 -12.0 米,通航宽度 190 米,转弯半径 3470 米,同时将小青礁炸清至 -14.4 米。航道里程约 5.23 千米。

疏浚总工程量约 258.6 万立方米,疏浚区长度约 4.7 千米;炸除一块礁石,炸礁总工程量约 12.98 万立方米,清渣工程量 37.30 万立方米;移位 6 座灯浮标,并改变其中 2 座灯浮标标别,新设 1 座 φ3.0 米灯浮标和 3 座 φ2.4 米灯浮标。项目总投资 1.22 亿元,资金来源为政府投资。

项目建设单位为厦门港航道管理站;代建单位为漳州招商局码头有限公司;设计单位为福建省港航勘测设计中心;施工单位为长江航道局;监理单位为厦门新闽华建设监理有限公司、福建省交通建设工程监理有限公司;质监单位为厦门港水运工程质量安全监督站。

(8)厦门港招银港区 8 号泊位工程

项目于 2010 年 6 月开工,2012 年 10 月试运行,2015 年 6 月竣工。

项目建设依据:2005 年 5 月,福建省交通厅《关于厦门港招银港区 8 号木材泊位工程初步设计的批复》(闽交建〔2005〕58 号);2004 年 8 月,福建省环保局《关于厦门港招银港区 7#~9#泊位工程环境影响报告书的批复》;2004 年 12 月,招商局漳州开发区规划局《建设用地规划许可证》(〔2004〕2040047);2009 年 6 月,福建省人民政府《关于同意漳州招商局码头有限公司海域使用申请的批复》(闽政文〔2009〕173 号);2007 年 12 月,交通部《交通运输部关于厦门招银港区 7 号、8 号泊位使用港口岸线的批复》(交规划发〔2007〕753 号)。

项目建设 1 个 4 万吨级通用码头泊位(码头水工建筑允许靠泊能力 10 万吨级),岸线总长 238 米。码头采用顺岸式布局,重力式结构。码头前沿水深近期 13.2 米,远期 17.5 米。项目码头堆场面积 8.63 万平方米。项目总投资 3.75 亿元,资金来源为企业自筹和银行贷款。项目陆域用地面积 2.25 万平方米,填海用地 10.91 公顷。

项目建设单位为漳州招商局码头有限公司;设计单位为中交第一航务工程勘察设计院;施工单位为中交第四航务工程有限公司;监理单位为深圳海勤工程管理有限公司;质监单位为福建省交通建设质量安全监督局。

(9)厦门港招银港区 10 号泊位工程

项目于 2011 年 1 月开工,2013 年 1 月试运行,2013 年 8 月竣工。

项目建设依据:2011 年 4 月,福建省发展和改革委员会《关于厦门港招银港区 10 号泊位工程项目核准的批复》(闽发改网交通〔2011〕22 号);2013 年 11 月,福建省发展和改革委员会《关于厦门港招银港区 10 号泊位工程项目业主变更的批准》(闽发改交通〔2013〕903 号);2012 年 2 月,福建省交通运输厅《福建省发改委关于厦门港招银港区 10 号泊位工程初步设计的批复》(闽交港航〔2012〕5 号);2010 年 12 月,福建省环境保护局《关于批复厦门港招银港区 10 号泊位工程环境影响报告书的函》(闽环保监〔2010〕150 号);2010 年 12 月,福建省人民政府《关于同意惠斯曼码头(福建)有限公司海域使用申请的批复》(闽政文〔2010〕537 号);2010 年 9 月,交通运输部《关于厦门港招银港区

10 号泊位工程使用港口岸线的批复》(交规划发〔2010〕500 号);2013 年 9 月,交通运输部《关于厦门港招银港区 10 号泊位变更港口岸线使用人的批复》(交规划发〔2013〕523 号)。

项目建设 1 个 5 万吨级杂货码头泊位,岸线总长 380 米。码头采用顺岸式布局,重力式沉箱结构。码头前沿水深 14.5 米。项目码头堆场面积 10 万平方米 。主要装卸设备包括额定起重量为 2600 吨的起重机 1 台。项目总投资 10.38 亿元,资金来源为企业自筹。项目陆域用地面积 10.2 万平方米。

项目建设单位为豪氏威马(中国)有限公司;设计单位为中交第一航务工程勘察设计院;施工单位为中交第四航务工程有限公司(码头)、福建省顺昌新业电力工程有限公司(电力);厦门合诚水运工程监理有限公司;质监单位为福建省交通质监局。

厦门港招银港区 10 号泊位工程是福建省重点建设项目,水工主体按 10 万吨级预留的重力式大型沉箱结构码头。

招银 10 号泊位工程自 2013 年 1 月投入试运行以来,截至 2018 年 3 月,累计靠泊船舶 131 艘次,其中特种设备工程船舶安装调试项目 14 艘,其他内外贸装卸船舶 117 艘次,多次实现同种类型船舶首次在厦门港停靠。

(10)厦门港招银港区 9 号泊位工程

项目于 2011 年 4 月开工,2013 年 11 月试运行,2015 年 6 月竣工。

项目建设依据:2005 年 5 月,福建省交通厅《关于厦门招银港区 9 号通用泊位工程初步设计的批复》(闽交建〔2004〕488 号);2004 年 8 月,福建省环保局《关于厦门港招银港区 7#~9#泊位工程环境影响报告书的批复》;2009 年 6 月,福建省人民政府《关于同意漳州招商局码头有限公司海域使用申请的批复》(闽政文〔2009〕173 号);2011 年 3 月,交通运输部《关于厦门招银港区 9 泊位工程使用港口岸线的批复》(交规划〔2011〕81 号)。

项目建设 1 个 4 万吨级通用码头泊位(码头水工建筑允许靠泊能力 10 万吨级),岸线总长 238 米。码头采用顺岸式布局,重力式结构。码头前沿水深近期 13.2 米、远期 17.5 米。项目码头堆场面积 11.13 万平方米。项目总投资 3.75 亿元(含 8 号泊位),资金来源为企业自筹和银行贷款。项目填海用地 10.91 公顷,港池用地 8.90 公顷。

项目建设单位为漳州招商局码头有限公司;设计单位为中交第一航务工程勘察设计院;施工单位为中交第四航务工程有限公司;深圳海勤工程管理有限公司;质监单位为福建省交通建设质量安全监督局。

9 号、10 号泊位建成投产,不仅扩大了厦门港重、大件设备码头泊位的通过能力,还进一步完善了厦门港的港口功能。

(六)后石港区

1. 港区综述

(1)港区建设和运营概况

后石电厂煤码头为电厂专用码头,电厂机组容量为 420 万千瓦,共 7 台发电机组,每台 60 万千瓦,满负荷发电用煤量为 3.5 万吨/天;建厂初期为亚洲最大火力电厂,后续由于国家电力公司的不断发展,已逐渐被超越。煤码头于 1997 年 4 月开工建设,1999 年 9 月内泊位因电厂生产需要进行试运营,装卸货种单一,为电厂生产用煤炭,货物来源内贸主要为北方港口的天津及秦皇岛,外贸进口货物主要为印尼及澳大利亚等地。

码头自 1999 年开港以来,至 2015 年港口吞吐量总计为 10506 万吨,货种为电厂生产用煤炭,靠泊主要船型为 7 万～10 万吨级船舶,煤码头设计年吞吐量为 1000 万吨,码头吞吐量 2013 年为 851 万吨,2014 年为 828 万吨,2015 年为 614 万吨,2016 年为 459 万吨,2017 年为 617 万吨。

(2)港区地理条件和集疏运概况

漳州后石电厂煤码头工程位于福建省龙海市港尾镇后石村东 1.2 千米海岸处,公路距龙海市约 37 千米,距漳州市约 56 千米,距厦门约 96 千米。水路至厦门港约 9 海里,距秦皇岛约 1224 海里。码头主要服务于漳州后石电厂,为电厂专用码头。

后石电厂进港航道设计为 10 万吨级航道,设计航道总厂 21.42 千米,宽 250 米,设计水深 13.65～13.94 米,乘潮水位 4.25～4.54 米。进港航道由于厦门港 10 万吨级主航道的扩建,将大部门分航道合并入厦门港主航道,后石航道总长为 8.6 千米。

2. 港区工程项目

厦门港后石港区后石电厂煤码头

项目于 1997 年 4 月开工,1999 年 9 月试运行,2000 年 12 月竣工。

项目建设依据:1996 年 4 月,国家计划委员会《关于福建漳州后石电厂一期工程项目的批复》(计外资〔1996〕738 号);1996 年 5 月,《漳州后石电厂专用煤码头前期工作审查会会议纪要的通知》(闽政办〔1996〕99 号);1996 年 9 月,福建省建设委员会《关于福建漳州后石电厂专用煤码头初步设计的批复》(闽建设〔1996〕108 号);1997 年 7 月,国家环境保护局《关于福建漳州后石电厂一期环境影响报告书审批意见的复函》(环发〔1997〕481 号文件);1996 年,福建省人民政府《关于征用土地并划拨供华阳电业有限公司漳州后石电厂厂区、码头工程建设用地的批复》(闽政文〔1996〕346 号);1997 年 1 月,交通部《关于漳州后石电厂 10 万吨级煤码头使用岸线的批复》(交计发〔1997〕24 号)。

项目建设 1 个 10 万吨级煤码头泊位、5000 吨综合码头 1 座及防波堤,岸线总长

650 米。码头采用突堤式布局,高桩结构。码头前沿水深 16 米。项目后方建设 7 座圆形储煤仓,总面积 7.91 万平方米,堆存能力 126 万吨。主要装卸设备配置包括链斗连续式卸船机 4 台。项目总投资 12.78 亿美元,注册资本占总投资的 25%,为 3.2 亿美元,注册资本以外资金 9.58 亿美元,由台商自筹和在境外贷款解决,并自行担保。项目陆域用地面积 178 万平方米,用海面积 64.29 公顷。

项目建设单位为交通部中港四航局;设计单位为交通部第一航务工程勘察设计院;施工单位为中港四航局二公司第四分公司;监理单位为华阳电业有限公司。考虑到项目属外商独资项目,并由外商自己总承包建设和负责日后运行管理,在华阳公司向福建省政府提出书面申请并作出施工质量承诺的前提下,福建省政府同意免于政府部门对项目工程质量的监督,并免收监督费。

工程于 1998 年施工中遭遇 10 号台风袭击,致部分未及时加固的钢管桩受损。经委托交通部第四航务工程勘察设计院进行 PDA 检测、水下探摸及水下摄影,受损钢管桩需重新处理,经一航院补充设计,该部分改为冲孔灌桩处理。

(七)古雷港区

1. 港区综述

(1)港区建设和运营概况

古雷港区由古雷半岛古雷作业区和六鳌半岛六鳌作业区组成,主要为临港产业服务,以原油、石化产品运输为主,兼顾散货、杂货和集装箱运输。有千吨级以上生产性泊位 13 个,深水泊位 4 个,其中包括 1 个 15 万吨级液体化工码头(水工结构预留 30 万吨级)、1 个 3 万吨级液体化工码头、1 个 1 万吨级液体化工码头和 1 个 5 万吨级原油码头,通过能力为 1828 万吨。

古雷港区已经完工并投入运营的主要工程项目有:厦门港古雷港区古雷作业区南 2 号工程(含南 -1 号、南 -2 号)、厦门港古雷港区古雷作业区南 10 号、11 号泊位工程、厦门港古雷港区古雷作业区南 1 号石油化工公用码头工程、厦门港古雷港区六鳌作业区 2 号泊位工程及厦门港古雷港区六鳌作业区 3 号泊位工程。

2010 年 4 月 3 日下午 3 点 49 分,自马来西亚 Kerteh 港的丹麦籍"古德龙"号油船装载 7.8 万吨进口轻质低硫原油安全靠泊在厦门港古雷港区古雷作业区南 1 号泊位。这是古雷港区历史上第一次接靠外籍大型油船。2011—2015 年港区吞吐量分别为 239.8 万吨、269.8 万吨、534.2 万吨、1208.5 万吨、1068.3 万吨。

(2)港区地理条件和集疏运概况

古雷港区包括古雷作业区和六鳌作业区,分别位于古雷半岛和六鳌半岛的西侧,岸线总长 25.6 千米,目前岸线和陆域开发尚少,具有较大发展空间。

古雷港区古雷作业区位于东山湾东岸、古雷半岛西侧,从古雷头至杜浔盐场岸线长21.4千米,具有天然掩护、深水航道和可围滩造地面积大等优势,后方直接依托正在开发的古雷石化工业园区,大型临港产业布局发展有空间、潜力大,需要港口大进大出的运输需求正在形成。进出港航道为10万吨级,总长12.8千米。

六鳌作业区位于旧镇港东岸、六鳌半岛西侧,从六鳌山至烟墩山占自然岸线长为4.2千米。前临深槽贴岸且长期存在,泥沙来源有限,具备进一步拓展条件,湾阔口小,掩护良好;决定作业区开发等级规模的主要因素是湾口拦门沙的可挖性,以及开挖后经济合理的维护水深,初步判断具备3万吨级及以下航道的开发条件。

古雷港区古雷作业区目前经杜浔—古雷头20.6千米二级公路连接,结合古雷港区项目建设,在杜浔接省道201线、漳诏高速公路和在建沿海大通道(国道228线),该路已在实施改建,计划建成古雷作业区至高速公路古雷互通口22.27千米一级疏港公路,可满足港区集疏运量需要。六鳌作业区可通过疏港二级公路连接省道201线、在建沿海大通道(国道228线)。

2. 港区工程项目

(1)漳浦县旧镇对台贸易500吨码头

项目于1990年3月开工,1991年3月竣工。

项目建设1个500吨级码头,岸线总长65米,项目年设计通过能力为13.35万吨。码头采用顺岸布局,重力式方块结构。码头前沿水深6.5米。项目总投资480万元,资金安排由国家交通投资公司经管基金安排200万元,省能交基金100万元,市县自筹资金180万元。

项目建设单位为漳浦县旧镇对台贸易码头工程建设指挥部;设计单位为福建省港航管理局港航设计室;施工单位为汕头市建安第二港口建设公司;质监单位为福建交通基本建设工程质量监督检测站。

(2)古雷港区六鳌作业区1号泊位

项目于2004年1月开工,2005年7月试运行,2007年9月竣工。

项目建设依据:1998年11月,漳州市发展计划委员会《关于漳浦县六鳌下大沃3000吨级码头工程可行性研究报告的批复》(漳计工交〔1998〕83号)。2000年5月,漳州市建设委员会《关于漳浦县六鳌下大沃硅砂业主码头工程初步设计的批复》(漳建总〔2000〕47号);2000年3月,漳州市环境保护局《关于漳浦县六鳌下大沃3000吨级建材码头及六鳌硅砂矿工程环境影响报告书的批复意见》(漳环管〔2000〕8号);2007年11月,漳浦县人民政府批复国有土地使用权(浦国用〔2007〕第10150号);2003年8月,福建省人民政府批复海域使用权(国海证033570005号)。2004年,漳浦县人民政府批复海域使用权(国海证043563455号);2000年4月,福建省交通厅《关于漳浦县六鳌3000吨级码头延长岸线的批复》(闽交计〔2004〕98号)。

项目建设1个3000吨级码头泊位(码头水工建筑允许靠泊能力5000吨级),岸线总长135米。码头采用高桩式布局,透水构筑物结构。码头前沿水深8.3米。项目后方堆场面积0.99万平方米,堆存能力1.5万吨。项目总投资1424.14万元,为企业自筹。

项目建设单位为福建省华福码头有限公司;设计单位为福建省港航勘察设计中心;施工单位为福建省港口工程有限公司;监理单位为南华建设监理所;质监单位为福建省交通基本建设质量监督检测站。

(3)厦门港古雷港区漳浦—德五万吨级石油化工公用码头工程

项目于2005年5月开工,2010年4月试运行,2012年9月竣工。

项目建设依据:2003年11月12日,福建省发展计划委员会《关于漳州港古雷港区石油化工码头项目建议书的批复》(闽计基础〔2003〕266号);2004年4月,福建省发展计划委员会《关于漳州港古雷港区石油化工码头工程可行性研究报告的批复》(闽计基础〔2004〕474号);2004年4月,福建省交通厅《关于漳州港古雷港区石油化工码头工程可行性研究报告的意见》(闽交计函〔2004〕13号);2005年7月,《福建省交通厅关于漳州港古雷港区一德石油化工码头工程初步设计的批复》(闽交建〔2005〕77号);福建省环保局《关于批复漳州港古雷港区石油化工码头以及液体石化化工储罐区项目环境影响报告书的函》(闽环保监〔2004〕76号);福建省海洋与渔业局《关于漳州港古雷港区一德石油化工码头工程及液体石油化工储罐区工程海洋环境影响评价审查意见》(闽海渔函〔2004〕252号);2004年12月,福建省人民政府审定,福建省海洋与渔业局颁发海域使用权证书(证书登记编号:35000020040011);2004年5月31日,漳州市人民政府《关于漳浦县一德石化有限公司液体化工储罐区建设用地的批复》(漳政〔2004〕地36号),建设用地规划许可证编号2004(村)220005。2004年10月26日,交通部《关于漳州港区一德液体化工公用码头使用岸线的批复》(交规划发〔2004〕591号)。

项目建设1个停靠5万吨级兼靠10万吨级(水工结构预留停靠20万吨级)和1个2000吨级泊位,岸线总长360米,用海总面积1.47公顷。码头采用L形布局,重力式沉箱结构。码头前沿水深平潮-16.5米、涨潮-19米。项目后方总库容36.1万平方米。码头平台配置的主要装卸设备为输油臂和软管起重机,每个泊位均设置3吨级软管起重机。其中,5万吨级泊位操作平台上设置3台电液控输油臂和2台手动输油臂,输油臂距码头前沿2.5米,间距2米。项目总投资1.3亿元,资金由业主筹措。用海面积1.47公顷。

项目建设单位为漳浦县一德石化有限公司;设计单位为中交水规院深圳设计院有限公司;施工单位为中铁港航工程局有限公司;监理单位为广州海建工程监理公司;质监单位为福建省交通建设质量安全监督局。

工程建设中,数次受台风影响以及受安装沉箱的起重船中途前往福建沙埕进行抢险救灾工作的影响,工程进度缓慢,但工程整体质量情况较好。

(4)漳州港古雷港区10万吨级航道工程

项目于2009年4月开工,2009年9月试运行,2009年9月竣工。

项目建设依据:2008年1月,福建省港航管理局《漳州港古雷港区十万吨级航道工程可行性研究报告》(闽港航规划〔2008〕1号);2008年1月,福建省交通厅《漳州港古雷港区十万吨级航道工程工程可行性研究报告》(闽交港航〔2008〕3号);2008年7月,漳州市发展和改革委员会《漳州港古雷港区十万吨级航道工程工程可行性研究报告》(漳发改交能〔2008〕16号);2008年7月,漳州市港口管理局《漳州港古雷港区十万吨级航道工程初步设计》(漳港建〔2008〕14号);2008年6月,漳州市海洋与渔业局《漳州港古雷港区十万吨级航道工程环境影响报告表》(漳海渔函〔2008〕26号);2008年12月,漳州市海洋与渔业局《漳州港古雷港区十万吨级航道工程海域使用权证》(登记编号:35060020080002)。

航道里程8.45千米;航道有效宽度400米,设计底高程为 – 16.5米(当地理论最低潮面),航道转弯半径1670米;设计代表船型10万吨级油船,不乘潮通行;新设6座 ϕ3.0米灯浮标。在航道起点附近海域设置1个10万吨级油船专用锚地,设计锚地为圆形,半径为600米,设计水深19.8米。设计锚地海床底质为淤泥或淤泥混砂,下伏中粗砂,覆盖层厚度在6.8米以上,可满足10万吨油船锚泊的要求。项目总投资350.8万元,由项目业主福建漳州港务有限公司自筹解决。项目用海面积672.60公顷。其中航道用海面积518.67公顷,锚地用海面积为153.94公顷。

项目建设单位为福建漳州港务有限公司;设计单位为福建省港航勘测设计中心;施工单位为漳州市航道管理处;监理单位为黑龙江黑航工程建设监理有限公司。

项目的建设改善了古雷港区的通航条件,解决了10万吨级油船不能直接到达港区南1号泊位,需要在境内中转方可入港的问题。为港区南1号泊位(原油吞吐量约为40万吨)节省大量经营成本。同时,项目的建设也为古雷港区后续的发展、规划乃至大型石化园区的落地建设提供了便利。

(5)厦门港古雷港区古雷作业区南10号、11号泊位项目

项目于2009年11月开工,2013年4月交工,2018年11月试运行。

项目建设依据:2009年6月,漳州市发展和改革委员会《漳州市发展和改革委员会关于漳州港古雷港区古雷作业区南10#、11#泊位项目核准的批复》(漳发改交能〔2009〕20号);2009年8月,漳州市港口管理局《漳州市港口管理局关于漳州港古雷港区古雷作业区南10#、11#泊位工程初步设计的批复》(漳港建〔2009〕33号);2009年10月,福建省海洋与渔业厅《关于漳州港古雷港区古雷作业区南10#、11#泊位项目海洋环境影响报告书

的核准意见》（闽海渔函〔2009〕395号）；2018年9月，福建省海洋与渔业厅《关于漳州港古雷港区古雷作业区南10#、11#泊位工程填海竣工海域使用验收合格的通知》（闽海渔审〔2018〕9号）；2010年1月，福建省交通运输厅《福建省交通运输厅关于漳州港古雷港区古雷作业区南10#、11#泊位工程使用港口岸线的批复》（闽交港航〔2010〕1号）。

项目建设1个5000吨级码头通用泊位和1个5000吨级重件泊位，岸线总长375米。码头采用L形布局，重力式结构。码头前沿水深8.3米。项目件杂货堆场面积1.07万平方米，散货堆存面积1.13万平方米。堆存能力4.69万吨。主要装卸设备配置3台25吨-30米门座式重机，1台500吨扒杆起重机。项目总投资2.23亿元，为业主单位多方筹措。陆域用地面积11.02万平方米；用海面积9.19公顷。

项目建设单位为漳州市古雷公用事业发展有限公司；设计单位为中交第二航务工程勘察设计院有限公司；施工单位为中国水产广州建港工程有限公司；监理单位为山东省交通工程监理咨询公司；质监单位为福建省交通建设质量安全监督局。

（6）厦门港古雷港区古雷作业区南2号液体化工码头工程

项目于2010年8月开工，2013年11月交工，2014年4月试运行。

项目建设依据：2012年5月，国家发展和改革委员会《关于福建漳州港古雷港区古雷作业区南2号液体化工码头工程项目核准的批复》（发改基础〔2012〕1304号）；2012年5月，国家安监总局《厦门港古雷港区古雷作业区南2#液体化工码头工程安全预评价报告备案的函》（管二函〔2012〕101号）；2012年12月，交通运输部《关于福建厦门港古雷港区古雷作业区南2号液体化工码头工程初步设计的批复》（交水发〔2012〕680号）；2013年2月，厦门港口管理局《关于厦门港古雷港区古雷作业区南2#液体化工码头工程施工图设计的批复》（厦港〔2013〕34号）；2014年4月，厦门港口管理局《关于厦门港古雷港区古雷作业区南2#液体化工码头工程试运行备案的批复》（厦港〔2014〕106号）；2011年10月，环境保护部《关于漳州港古雷港区古雷作业区南2号液体化工码头工程环境影响报告书的批复》（环审〔2011〕298号）；2010年2月，福建省住房和城乡建设厅《关于漳州港古雷港区古雷作业区南2#液体化工码头选址的规划审查意见》（选字第350000201000002号）；2012年1月，国家海洋局《关于征求漳州港古雷港区古雷作业区南2#液体化工码头工程项目使用海域意见的函》（海管函〔2010〕242号）；2013年1月，国家海洋局《关于漳州港古雷港区古雷作业区南2号液体化工码头工程用海批复》（国海管字〔2013〕57号）；2013年3月，国家海洋局《漳州港古雷港区古雷作业区南2号液体化工码头工程项目》海域使用权证（国海证2013A35062300222号）。

项目建设1个15万吨级油品码头泊位（码头水工建筑允许靠泊能力30万吨级），岸线总长480米；1个3万吨级和1个1万吨级液体化工泊位，岸线总长430米；码头作业平台与引桥呈L形布置，采用圆沉箱重力墩式结构。15万吨级泊位设计底高程为

−24.5 米,3 万吨级和 1 万吨级泊位码头设计底高程为 − 13.5 米。项目配套的后方液体化工罐区位于码头东侧,占地面积 30.9 公顷,设有液体石油化工储罐 23 个和液化石油气球罐 3 个,以及相应的配套储运系统,总库容 89.6 万立方米。主要装卸设备配置为 15 万吨级泊位布置 4 台装卸臂,3 万吨级泊位布置 4 台装卸臂,1 万吨级泊位布置 4 台装卸臂。项目总投资 5.28 亿元,用海面积 46.44 公顷。

项目建设单位为漳州古雷海腾码头投资管理有限公司;设计单位为中交第二航务工程勘察设计院有限公司、海军北海工程设计院;施工单位为山东港湾建设集团有限公司;监理单位为山东省交通工程监理咨询公司;质监单位为福建省交通建设质量安全监督局。

2012 年 11 月 26 日,经协调,坦桑尼亚籍 15 万吨级"BLACK STONE"油船载运吨凝析油首靠南 2 号泊位,受 2015 年"4·6"事故影响,码头停止运营,自 2017 年 11 月恢复部分卸船作业。

(7)厦门港古雷航道二期工程

项目于 2011 年 6 月开工,2013 年 9 月试运行,2013 年 9 月竣工。

项目建设依据:2010 年 11 月,福建省发展和改革委员会《福建省港航勘察设计研究院编制的工程可行性研究报告》(闽发改交通〔2010〕1027 号);2010 年 11 月,福建省交通运输厅、福建省发展和改革委员会《福建省港航勘察设计研究院编制的初步设计》(闽交建〔2010〕150 号); 2010 年 5 月,漳州市海洋与渔业局《福建省环境科学研究院编制的海洋环境影响报告书》(漳海渔函〔2010〕13 号);2010 年 2 月,漳州市海洋与渔业局《批复项目用海预审》(漳海渔函〔2010〕2 号)。

从已建的古雷 10 万吨级航道起点起至南 9 号泊位航段,航道总里程 12.8 千米。已建的古雷 10 万吨级双向不乘潮航道起点至南 2 号泊位航段浚深为 15 万吨级单向乘潮航道;南 2 号~南 9 号泊位航段建设规模为 5 万吨级单向乘潮航道,其中 2 号~南 6 号泊位航段炸礁区按 10 万吨级单向乘潮航道建设,另外设置一个 5 万吨级散货船专用锚地。主要建设内容有疏浚工程、炸礁工程、航标工程。总投资 9800 万元,部分为省部级投入,其余地方自筹。

项目建设单位为厦门港口管理局漳州分局;设计单位为福建省港航勘察设计研究院;施工单位为中铁港航局集团;监理单位为福建陆海建设监理所;质监单位为福建省交通建设质量安全监督局。

厦门港古雷航道二期工程的投产后发挥了东山湾的港口和海湾资源优势,发展空间扩大,实现经济总量的扩张、经济腹地的延伸、经济结构和城市布局的优化,增强城市的服务功能和聚集辐射能力,为提升城市的综合竞争力打下了坚实的基础。提高古雷港区通过能力,使部分大型船舶无须中转即可入港,减少因中转产生的港口装卸费、港务费、租船费等货物运输成本;且顺着船舶大型化发展,船型越大,每单位货物分摊的运输成本越低,大型船舶的进港也相应减少了货物直接的运输成本。2015年吞吐量达到了约2700万吨。

(8)厦门港古雷港区古雷作业区南9号泊位工程

项目于2012年5月开工,2017年12月试运行,2017年12月竣工。

项目建设依据:2009年9月,福建省发展和改革委员会《关于漳州港古雷港区古雷作业区南9号泊位工程项目核准的批复》(闽发改交能〔2009〕856号);2011年11月,福建省交通运输厅、福建省发展和改革委员会《关于厦门港古雷港区古雷作业区南9号泊位工程工程初步设计的批复》(闽交港航〔2011〕59号);2015年3月,厦门港口管理局《关于厦门港古雷港区古雷作业区南9号泊位工程工程初步设计变更的批复》(厦港〔2015〕89号);2009年8月,福建省环境保护局《关于漳州港古雷港区古雷作业区南9#泊位工程环境影响报告书的批复》(闽环保监〔2009〕66号);2014年8月,漳州市国土资源局古雷分局《南9号泊位及后方仓储及配套设施工程建设用地批准书》(漳州市古雷港经济开发区〔2014〕古土用字第12号);2010年4月,福建省海洋与渔业厅《海域使用权的批准通知书》;2010年12月,交通运输部《批复漳州港古雷港区古雷作业区南9号泊位工程使用港口岸线》(交规划发〔2010〕695号)。

项目建设1个5万吨级通用码头泊位,岸线总长273米。码头采用顺岸式布局,重力式沉箱结构。码头前沿停泊水域水深13.8米。项目仓库面积3.49万平方米,堆存能力10.46万吨。主要装卸设备配置2台16吨-35米、2台16吨-37米门座式起重机。项目总投资5.47亿元。项目用海面积23.81公顷。

项目建设单位为翔鹭码头投资管理(漳州)有限公司;设计单位为中交第二航务工程勘察设计院有限公司;施工单位为青岛海防工程局、福建永固基强夯工程有限公司、中国化学工程第十一建设有限公司;监理单位为山东交通工程监理咨询有限公司监理项目所有单位工程;质监单位为福建省交通质量监督局。

(9)厦门港古雷港区古雷作业区南-3号、南-4号泊位工程

项目于2012年7月开工,2015年1月竣工。

项目建设依据:2012年12月,福建省发展和改革委员会《关于厦门港古雷港区古雷作业区南-3#、-4#泊位工程项目核准的复函》(闽发改网交通〔2012〕107号);2013年11月,福建省交通运输厅和福建省发改委《关于厦门港古雷港区古雷作业区南-3#、-4#泊位工程项目初步设计的批复》(闽交港航〔2013〕98号);2012年10月,福建省环保厅《关于批复厦门港古雷港区古雷作业区南-3#、-4#泊位工程环境影响报告书的函》(闽环保评〔2012〕104号);2012年11月,漳浦县城乡规划建设局《关于厦门港古雷港区古雷作业区南-3#、-4#泊位工程规划选址意见》(浦建村规〔2012〕091号);2012年9月,福建漳州古雷港经济开发区规划建设局《关于厦门港古雷港区古雷作业区南-3#、-4#泊位工程规划选址的意见函》(古管建〔2012〕28号)。2012年6月,福建省交通运输厅项目审批

审核文件(闽交港航〔2012〕27 号);2013 年 1 月,交通运输部《关于漳州港古雷港区古雷作业区南 3 号和南 4 号液体化工品泊位工程使用港口岸线的批复》(交规划发〔2013〕66 号);2013 年 2 月,福建省海洋与渔业厅《海域使用批准通知书》;2013 年 3 月,国家海洋局《厦门港古雷港区古雷作业区南 –3#、–4#泊位工程》海域使用权证(填海造地)(国海证 2013B35062301989 号);《厦门港古雷港区古雷作业区南 –3#、–4#泊位工程》海域使用权证(港池)(国海证 2013B35062301999 号)。

项目建设 2 个万吨级液体化工码头泊位,岸线总长 447 米。码头采用顺岸式重力式布置,沉箱结构。码头前沿水深 11 米。项目配套的后方液体化工罐区位于码头东侧,占地面积 30.9 公顷,设有液体石油化工储罐 23 个和液化石油气球罐 3 个,以及相应的配套储运系统,总库容 89.6 万立方米。主要装卸设备为南 –3 号泊位 1 号接卸点布置 1 台 12 英寸/6 英寸双管装卸臂,用于装卸 LPG,预留 1 台装卸臂基础;南 –4 号泊位 2 号接卸点布置 1 台 10 英寸装卸臂,预留 3 台装卸臂基础。项目总投资 3.42 亿元,业主自筹。项目用海面积 1.25 公顷。

项目建设单位为漳州古雷海腾码头投资管理有限公司;设计单位为中交第四航务工程勘察设计院有限公司;施工单位为山东港湾建设集团有限公司;监理单位为山东省交通工程监理咨询公司;质监单位为福建省交通建设质量安全中心。

(10)厦门港古雷港区六鳌作业区 3 号泊位工程

项目于 2013 年 3 月开工,2017 年 10 月试运行,2017 年 10 月竣工。

项目建设依据:2010 年 8 月,漳州市发展和改革委员会《关于台玻漳州硅砂有限公司 3000 吨级通用码头项目核准的批复》(漳发改交能〔2010〕27 号);2009 年 5 月,漳州市港口管理局《漳州港古雷港区六鳌作业区 3#泊位工程可行性研究报告》(漳港建〔2009〕24 号);2011 年 7 月,厦门港口管理局《厦门港古雷港区六鳌作业区 3#泊位工程 3000 吨级通用码头工程初步设计》(厦港〔2011〕141 号);2010 年 7 月,漳州市环境保护局《漳州港古雷港区六鳌作业区 3#泊位 3000 吨级通用码头工程项目环境影响报告书》(漳环审〔2010〕17 号);2016 年 11 月,漳浦县人民政府《漳浦县人民政府关于台玻漳州硅砂有限公司填海造地办理国有建设用地使用权证的批复》(浦政地〔2016〕74 号);2009 年 5 月,福建省海洋与渔业局《关于台玻漳州硅砂有限公司 3000 吨级通用码头工程海域使用的预审意见》(闽海渔〔2009〕172 号);2011 年 8 月,《厦门港口管理局关于厦门港古雷港区六鳌作业区 3#泊位工程使用港口岸线的批复》(夏港〔2011〕154 号)。

项目建设 1 个 3000 吨级码头泊位(码头水工建筑允许靠泊能力 5000 吨级),岸线总长 138 米。码头采用平面离岸式布局,采用高桩梁板结构。码头前沿水深 6.3 米。项目后方堆场面积 0.9 万平方米,堆存能力 1.5 万吨。主要装卸设备配置 1 台 16 吨轮胎式起重机,平台上预留 40 吨起重机轨道。皮带输送机生产效率为 400 吨/小时。项目总投资

5200 万元,为企业自行投资。用海面积 2.33 公顷。

项目建设单位为台玻漳州硅砂有限公司;设计单位为福建省港航勘察设计院;施工单位为福建省港口工程有限公司;监理单位为厦门合诚水运工程监理有限公司;质监单位为厦门港水运工程质量监督站。

(11)古雷港区六鳌作业区 2 号泊位

项目于 2013 年 5 月开工,2018 年 1 月试运行,2018 年 1 月竣工。

项目建设依据:2010 年 8 月,漳州市港口管理局《关于古雷港区六鳌作业区 2#泊位工程可行性研究报告的行业审查意见》(漳港建〔2010〕15 号);2012 年 3 月,厦门港口管理局《关于古雷港区六鳌作业区 2#泊位工程初步设计的批复》(厦港〔2012〕84 号);2011 年 3 月,漳州市环境保护局《关于古雷港区六鳌作业区 2#泊位 3000 吨级通用码头工程环境影响报告书的批复》(漳环审〔2011〕10 号);漳浦县人民政府批复国有土地使用权(浦国用〔2010〕第 0184 号);漳浦县人民政府批复海域使用权,国海证 2012D35062300800 号、国海证 2012D35062300857 号;厦门港口管理局《厦门港口管理局关于厦门港古雷港区六鳌作业区 2#泊位工程使用港口岸线的批复》(厦港〔2012〕83 号)。

项目建设 1 个 3000 吨级通用码头泊位(码头水工建筑允许靠泊能力 5000 吨级),岸线总长 138 米。码头采用高桩式布局,透水构筑物结构。码头前沿水深 6.4 米。项目后方堆场面积 1 万平方米,堆存能力 2.5 万吨。主要装卸设备配置带式输送机。项目总投资 4265.2 万元,业主自筹。项目陆域用地面积 1.80 万平方米。

项目建设单位为福建省华福码头有限公司;设计单位为福建省港航勘察设计研究院;施工单位为福建省港口工程有限公司;监理单位为厦门合诚水运工程监理有限公司;质监单位为厦门港水运工程质量安全监督站。

(八)东山港区

1.港区综述

(1)港区建设和运营概况

东山古为荒岛,屯垦于唐初,明洪武三十年(1387 年)于铜山筑城置水寨,嘉靖年间设"海防厅",明末靖初为郑成功抗清据点,康熙二十年台湾收复后,置总兵戍守,1916 年置东山县,治设港口铜陵镇。新中国成立后,东山为闽南重要渔、商、军港,1981 年 9 月,经国务院批准,东山港辟为外贸对外开放口岸。1992 年 12 月 28 日,国务院正式对外公布东山港对外国籍船舶开放,东山港成为当时福建省继厦门港、福州港和泉州港之后的第四个国家一类开放口岸。口岸查验、中介代理、生产服务系统生产齐全。

东山港区以服务临港工业和东山县地方经济发展为主,城垵、铜陵作业区发展散杂货和对台客滚运输,冬古作业区以服务城市旅游为主,兼顾油品运输。

东山港区现有生产性岸线总长 666.0 米，生产性泊位 11 个，仓库 3673 平方米，堆场 2.24 万平方米，港口装卸设备 17 台（套），年综合通过能力 117 万吨。

2014 年，东山港区共完成港口货物吞吐量 323 万吨，集装箱 3.10 万 TEU。2015 年港口吞吐量 266 万吨，集装箱 7858TEU。2016 年港口吞吐量 201 万吨，集装箱 1.14 万 TEU。2017 年港口吞吐量 190 万吨，集装箱 1.21 万 TEU。2011 年港区吞吐量 260.2 万吨，2012 年港区吞吐量 331.9 万吨、1.4 万 TEU，2013 年港区吞吐量 320.6 万吨、1.8 万 TEU，2014 年港区吞吐量 356.3 万吨、3.1 万 TEU，2015 年港区吞吐量 359.1 万吨。

（2）港区地理条件和集疏运概况

东山港区地处漳州市南部，是福建省主要对外口岸之一。港区位于东山湾湾口，北与古雷半岛相望，西南为诏安湾，西北有八尺门海堤与陆地相连，东隔 98 海里与澎湖列岛遥相对峙。湾口有塔屿、虎屿等岛屿为屏障，地理位置十分重要，是台湾海峡南北航线必经之地。港区水路距厦门港 77 海里，距汕头 74 海里，距香港 230 海里；陆路距云霄县城 41 千米，距汕头 144 千米，距漳诏高速公路林头互通 28 千米。

东山港区进出港航道为城垵航道，自东山湾湾口起，至城垵作业区前沿，总航程约 9.4 千米，底宽 160 米，底高程为 −10.9 米，满足设计代表船型为 3 万吨级杂货船、3.5 万吨级散货船和 2 万吨级集装箱船乘潮单线通航。

东山港区通过疏港路连接省道 201，在东山县城西侧径口村附近接省道 309，沿省道 309 至诏安林头村附近接漳诏高速公路，或沿省道 309 至诏安县后港村附近接国道 324。远期规划建设漳州沿海大通道东山支线，使东山港区与其他港区联系更加紧密。

2. 港区工程项目

（1）厦门港东山港区城垵作业区 2 号泊位工程

项目于 2011 年 5 月开工，2015 年 3 月试运行，2016 年 9 月竣工。

项目建设依据：2012 年 8 月，福建省发展和改革委员会《关于厦门港东山港区城垵作业区 2 号泊位工程项目核准的批复》（闽发改网交通〔2012〕73 号）；2012 年 8 月，福建省交通运输厅、福建省发展和改革委员会《关于厦门港东山港区城垵作业区 2 号泊位工程初步设计的批复》（闽交港航〔2012〕53 号）；2012 年 6 月，福建省环保厅出具环评批复（闽环保评〔2012〕81 号）；土地使用证（东国用〔2010〕第 T05814、东国用〔2015〕第 T07072 号）、海域使用权证（国海证 2014B35062601252）、港池海域使用权证（国海证 2014B35062601242）；2012 年 2 月，交通运输部《关于厦门港东山港区城垵作业区 2 号泊位工程使用港口岸线的批复》（交规划发〔2012〕66 号）。

项目建设 1 个 3 万吨级煤码头泊位（码头水工建筑允许靠泊能力 5 万吨级），岸线总长 330 米。码头采用顺岸式布局，重力式结构。码头前沿水深 15.1 米。仓库面积 12.26 万平方米。项目总投资 2.34 亿元，资金全部由企业自筹。项目陆域用地面积

18.50万平方米,填海造地面积7.06公顷。

项目建设单位为漳州旗滨玻璃有限公司;设计单位为福建省港航勘察设计研究院;施工单位为中交一航局第二工程有限公司;监理单位为温州港湾工程咨询监理有限公司;质监单位为福建省交通建设质量安全监督局。

目前主要航线是公司生产原燃材料的运输航线,主要航线为大连—东山、南通—东山、广州南沙—东山、广西武宣—东山。

（2）厦门港东山港区进港航道一期工程

项目于2016年9月开工,2017年3月试运行,2017年3月竣工。

项目建设依据:2016年1月,福建省发展和改革委员会《关于厦门港东山港区进港航道一期工程可行性研究报告的批复》（闽发改网交通〔2016〕07号）;2016年6月,福建省交通运输厅、福建省发展和改革委员会《关于厦门港东山港区进港航道一期工程初步设计的批复》（闽交港航〔2016〕11号）。

项目设计代表船型（船队）及其尺度为3万吨级杂货船、3.5万吨级散杂货船和2万吨级集装箱船;3万吨级杂货船所需乘潮水位2.3米,乘潮历时4小时,保证率95%;3.5万吨级散杂货船所需乘潮水位2.65米,乘潮历时3小时,保证率90%;2万吨级集装箱船所需乘潮水位1.8米,保证率100%。航道宽度为160米,底高程为－10.9米（当地理论最低潮面）;航道里程9.37千米。工程航道疏浚工程总挖方量7.44万立方米;挖岩与清渣工程总碎礁工程量1140立方米,总清渣工程量1140立方米,礁石分布于两个位置,分两批实施;新设φ2.4米灯浮标5座,更改灯浮标灯质1座;调整3号、4号锚地。项目总投资765.41万元,资金除福建省级投入外,其余由地方自筹。

项目建设单位为东山县海通建设工程有限公司;设计单位为福建省港航勘察设计研究院;施工单位为中海建设工程总局;监理单位为温州港湾工程咨询监理有限公司;质监单位为厦门港水运工程质量安全监督站。

项目的建设改善了东山港区的通航条件,解决了3万吨级杂货船不能直接到达东山港区的问题。为东山港区节省大量经营成本。同时,项目的建设也为东山港区后续的发展、建设提供了便利。

第九节 广 东 省

一、综述

（一）基本省情

广东省简称"粤",是中国大陆南端沿海的一个省份。广东省东邻福建,北接江西、湖南,西连广西,南临南海,珠江口东西两侧分别与香港、澳门特别行政区接壤,西南部雷州半岛隔琼州海峡与海南省相望。

广东省东西跨度约 800 千米,南北跨度约 600 千米,陆地总面积为 17.98 万平方千米。广东省地貌类型复杂多样,有山地、丘陵、台地和平原,其面积分别占全省土地总面积的 33.7%、24.9%、14.2% 和 21.7%,河流和湖泊等占全省土地总面积的 5.5%。地势总体北高南低,北部多为山地和高丘陵,最高峰石坑崆海拔 1902 米,位于阳山、乳源与湖南省的交界处;南部则为平原和台地;沿海数量众多的优质沙滩以及雷州半岛西南岸的珊瑚礁,也是十分重要的地貌旅游资源。

截至 2015 年,广东常住人口为 10849 万人,人口密度 604 人/平方千米。2015 年,广东常住人口中居住在城镇的有 7454.35 万人、居住在乡村的有 3394.65 万人,分别占人口总量的 68.71% 和 31.29%。分区域看,珠三角和东翼、西翼、山区的人口城镇化率分别为 84.59%、59.93%、42.01% 和 47.17%。2015 年,广东省按区域的常住人口数量排列依次为:珠三角 5874.27 万人、东翼 1727.31 万人、山区 1664.07 万人、西翼 1583.35 万人;分别占人口总量的 54.15%、15.92%、15.34% 和 14.59%。

广东省下辖 21 个地级市,划分为珠三角、粤东、粤西和粤北 4 个区域,其中,珠三角:广州、深圳、佛山、东莞、中山、珠海、江门、肇庆、惠州;粤东:汕头、潮州、揭阳、汕尾;粤西:湛江、茂名、阳江;粤北:韶关、清远、云浮、梅州、河源。其中,广州和深圳为副省级城市,深圳为计划单列市,深圳、珠海和汕头为经济特区,广州和湛江为中国首批沿海开放城市。

广东省下分 119 个县级行政区,包括 60 个市辖区、20 个县级市、36 个县、3 个自治县。其中,佛山市顺德区被广东省列为省直管县试点,对顺德区实行省直接管理县财政体制。顺德区享有地级市的行政执法权限,并将接受广东省的直接考核,分数单列。20 个县级市直属省政府,实际上是由地级市暂为代管。

广东省是我国海岸线最长的省份,且拥有众多深水良港,珠三角、粤东和粤西均拥有大型港口,具备发展海洋运输和港口经济的基础条件。广东背靠中国内陆广大腹地,面向太平洋,毗邻港澳国际金融中心、航运中心,具有极佳的区位条件。2015 年,全省实现地区生产总值 72812.55 亿元,其中,第一产业增加值 3344.82 亿元,对地区生产总值增长的贡献率为 1.7%;第二产业增加值 32511.49 亿元,对地区生产总值增长的贡献率为 41.2%;第三产业增加值 36956.24 亿元,对地区生产总值增长的贡献率为 57.1%。三次产业结构比重为 4.6:44.6:50.8。广东人均地区生产总值达到 67503 元,按平均汇率折算为 10838 美元。作为改革开放的排头兵、先行地、实验区,改革开放是广东的根和魂,深深熔铸在广东发展的基因和血脉之中。改革开放精神也是广东的最大优势所在。

（二）综合运输

改革开放以前,广东交通运输业发展缓慢,基础设施建设和运输装备能力落后,严重制约经济社会的发展。1978 年 12 月，党的十一届三中全会吹响了广东交通运输业奋起直追的号角。1978—1992 年，广东勇当改革开放先锋，切实担负起探索社会主义"富起来"之路，而先行先试的历史使命，在筑路修桥方面走出一条前所未有的路。1992—2012 年，广东交通运输行业激流勇进，加快发展，取得令人瞩目的成就，为国民经济发展和社会交通出行提供着支撑和保障作用，引领广东改革开放加速前进。2013 年以来，新潮拍岸，奋力争先，广东坚持改革不停顿，开放不止步，奋力在交通运输提质增效上书写新的篇章，在新时代的改革开放伟大征程中继续走在全国前列。2015 年，全省铁路、公路、水路、民航 4 种运输方式累计完成客运量 20.7 亿人次，货运量 36.8 亿吨。其中，铁路客运量 2.65 亿人次，货运量 1.01 亿吨；公路客运量 16.8 亿人次，货运量 28 亿吨；水路客运量 2728 万人次，货运量 7.81 亿吨；民航旅客运输量 1.02 亿人次，货邮运输量 148 万吨。

公路。改革开放以前，广东道路建设依靠国家财政拨款，每年只有 600 万元，1978 年仅有公路 5.22 万千米，"乘车难、出行难"问题突出。1981 年 6 月，"广珠四桥"试点贷款建桥、收费还贷机制，在全国开创了"以桥养桥，以路养路"的先河，率先把市场经济体制引入公路建设，推动公路投融资体制逐渐从封闭走向开放，公路和桥梁建设开始启动。1981—1987 年，7 年间广东以借贷方式修筑公路桥梁 1000 多座，全省主干公路基本实现无渡口通车。1989 年，广东第一条高速公路广佛高速建成通车。1992 年后，投融资体制改革进一步深化，掀起基础设施建设新高潮，广东高速公路网建设走上快车道，公路建设进入黄金期，"十五"期末全部国道建设成为一、二级公路，全部地级市实现高速公路相连，与陆路相邻省区均有 2 条以上高速公路出省通道。

"十一五"时期以来，广东公路建设进入新的时期，珠三角交通一体化建设加快推进，外通内连、协调均衡的高速公路骨干网基本形成，全省 21598 个行政村实现全部通公路，实现"县县通高速"。截至 2015 年，广东公路总里程 22 万千米，是 1978 年的 4.2 倍，年均增长 3.8%，公路密度由 1978 年的 29.3 千米/百平方千米提高到 2015 年的 122.2 千米/百平方千米。高速公路从无到有，发展迅猛。从 1989 年开始有高速公路开始，至 2015 年高速公路里程达 7018 千米，年均增长 25.0%。

铁路。1978 年，广东铁路营业里程仅有 1003 千米，出省铁路仅有 1 条京广线。为改变铁路落后状况，借鉴省内路桥建设成功经验，1984 年铁路运输企业——广深铁路公司成立，1987 年广深铁路复线投产，结束广东没有复线铁路的历史。1990 年，三茂铁路全线通车，填补粤西地区铁路的空白，开启广东铁路建设的快速通道。1991 年，广梅汕铁路开工，1995 年全线贯通，全省东西铁路大动脉打通。1994 年，广深准高速铁路投入使用，成为我国第一条准高速铁路。1997 年起，全省铁路建设由线路扩张转为线路整合优化，列车运营先后 6 次提速，铁路运输能力显著提升。

"十一五"时期，广东铁路运输迈进高速铁路时代。2009 年 12 月，第一条高速铁路武广高速铁路开通,其中广东段里程 313 千米。2015 年,广东铁路营业总里程达 4020 千米,是 1978 年的 4 倍,年均增长 3.8%;铁路密度由 1978 年的 0.56 千米/百平方千米提高到 2015 年的 2.24 千米/百平方千米。2015 年,高速铁路里程达 1360 千米,自 2009 年开通高速铁路以来,年均增长 21.6%,现已有武广、广珠城际、厦深、广深港、赣韶、贵广、南广等多条运营线路,覆盖全省 18 个地市。

水路。广东水运条件得天独厚,大陆海岸线居全国首位,大小港口星罗棋布。改革开放以来,广东水运建设大力发展,航道建设和港口建设进程加快,新建和改造大批沿海和内河港口,广州、深圳、汕头、湛江等枢纽港出海航道进一步疏浚挖深,西江、北江等主要水道建设加快,港口码头向大型化、集装箱化、专业化方向发展,以珠三角为核心的沿海港口群初步确立"亚太中心南北枢纽、珠江门户"的战略地位。到 2015 年,全省内河航道里程达 12150 千米,其中三级以上航道 897 千米;拥有港口码头泊位 2914 个,其中万吨级深水泊位 291 个。

航空。航空港建设后起直追。改革开放之初,广东仅有 3 个机场。改革开放以来,广东加大机场建设力度,1986 年兴建梅县机场,1991 年深圳黄田机场建成,1995 年珠海三灶机场通航,2004 年,新白云机场投入使用,2011 年建成揭阳潮汕机场,形成广州、深圳、珠海、湛江、潮汕、佛山、惠州等枢纽机场、干线机场和支线机场高效协作的民用运输机场布局。

管道。管道运输作为石油和天然气运输的重要方式之一,具有运输量大、成本低、可靠性高的优势,发展势头良好。茂名石化基地铺设到西南地区的油(气)管道建成投用,环珠三角成品油输送管道全线运转,连接成一条长约 3000 千米的"蓝色大动脉",确保了油气品供应保障能力。截至 2015 年,全省拥有输油(气)管道里程 4770 千米。

(三)港口概况

广东省属于东亚季风区,从北向南分别为中亚热带、南亚热带和热带气候,是中国光、热和水资源最丰富的地区之一。全省年平均气温在 19~24 摄氏度之间,平均日照 1500~2300 小时,平均降水量 1300~2500 毫米。广东省夏季炎热多雨,秋冬温暖湿润,气候宜人,受热带海洋气流的影响,台风、洪涝等自然灾害也常有发生。

改革开放以来,特别是 20 世纪 90 年代之后,在国家"三主一支持"交通发展长远规划和《广东省沿海及珠江三角洲港口总体布局规划》的指导下,全省沿海港口取得了长足的发展,对腹地经济社会发展和对外开放起到了重要的支撑和促进作用。进入 21 世纪,我国发展步入重要战略机遇期,广东省提出了全面建成小康社会、率先基本实现社会主义现代化的总体发展目标。腹地经济社会的发展,为全省沿海港口提供了难得的发展机遇,也提出了更高的要求。在此背景下,广东省发展和改革委员会会同省交通运输厅组织编制了《广东省沿海港口布局规划》(2008—2020 年),并于 2008 年 8 月经广东省人民政府批准后正式印发。

该规划根据腹地经济社会发展对港口的要求,国际、国内航运发展趋势和港口发展实际,从分层次、分系统等不同角度对全省沿海港口的布局进行规划,明确未来的总体发展方向和各港口的功能定位,为指导全省港口发展提供依据。

按照"一城一港"的原则,2015年,全省共有沿海港口14个,初步形成了以广州港、深圳港、湛江港、珠海港、汕头港为主要港口,潮州港、揭阳港、汕尾港、惠州港、东莞港、中山港、江门港、阳江港、茂名港为地区性重要港口的分层次发展格局。其中,广州港、深圳港、湛江港分别是我国珠江三角洲沿海港口群和西南沿海港口群的中心港口,也是国家综合交通大通道的出海口,是连接华南和西南地区与国际市场的重要门户,是腹地参与经济全球化的重要战略资源。

广东省拥有大陆海岸线3368千米,岛屿岸线2429千米,是我国岸线资源最丰富的省份之一。根据《广东省沿海港口布局规划》,广东省沿海共规划港口岸线182段,长898千米(其中珠三角地区规划港口岸线668千米),深水岸线689千米,占规划港口岸线的77%。为满足沿海重点物资运输和大型临港产业发展需要,规划了重点岸段32段,长300千米。截至2015年,全省沿海港口实际利用岸线长度198千米,占规划岸线长度的22%,其中珠三角港口开发程度较高,占全省使用岸线的74%左右,粤东、粤西港口岸线资源还有较大的开发空间。

港口是内引外联的窗口和发展外向型经济的依托。改革开放以来,广东省充分发挥区位优势,大力发展港口经济,有力地支持了广东本省和其他省份的发展。

珠三角港口群。经过近十几年的快速发展,珠江三角洲港口群已发展成为世界级的大型港口群,形成了以广州港、深圳港和珠海港为主要港口,惠州港、虎门港、中山港、江门港为地区性重要港口的分层次发展格局。

2015年,珠三角港口群累计完成货物吞吐量10.75亿吨,完成集装箱吞吐量4724.6万TEU,分别占全国沿海港口总完成量的13.2%和25%,煤、油、矿、箱等主要货种的专业化运输体系逐步优化完善,基本形成了覆盖珠三角,辐射大西南、中南地区的腹地结构,区域港口竞争力不断增强。

粤西港口群。经过近十几年发展,粤西港口群形成了以湛江港为主要港口,茂名港和阳江港地区性重要港口的发展格局。2015年,粤西港口群完成货物吞吐量2.66亿吨,集装箱吞吐量70万TEU。其中,湛江港完成货物吞吐量2.2亿吨,成为粤西地区及泛北部湾地区重要的沿海港口,也是西南、中南地区腹地重要的矿石、煤炭、油气等大宗能源性散货和滚装车辆的接卸港口。

粤东港口群。粤东港口群包括汕头、潮州、揭阳、汕尾4港,粤东港口群基本形成了以汕头港为主要港口,潮州、揭阳、汕尾港为地区性重要港口的发展格局。2015年,粤东港口群完成货物吞吐量 1 亿吨,集装箱吞吐量 118 万 TEU。其中,汕头港完成货物吞吐量 5178 万吨、117TEU,除服务粤东地区经济发展外,汕头港还是闽西南和赣南部分地区的出海港口之一。

(四)港口发展成就

1.港口基础设施建设

改革开放之前,广东省港口仅限于传统的物资交往,以及为腹地中转部分物资服务。当时码头泊位数量少、通过能力小、港口功能单一。直到改革开放后,特别是 20 世纪 80 年代以来,随着汕头、深圳、珠海等经济特区和广州、湛江等沿海开放城市,以及珠三角地区沿海经济开放区的先后成立,广东省成为我国对外开放最早、开放领域最广的省份。依托毗邻港澳的地缘优势,加之以"三来一补"(即来料加工、来料装配、来样加工和补偿贸易)为主体的外向型经济快速发展,广东对外运输快速发展。港口一时成为各地内引外联的窗口和发展外向型经济的依托,正是这样的机遇,激活了广东港口的活力。

20 世纪 80 年代,一批重点港口工程项目相继建成投产:1981 年 5 月,蛇口港第一期工程 1 个万吨级泊位和 2.5 千米长的出海航道建成投产;1983 年 7 月,湛江港调顺岛第三作业区的 3.5 万吨级的煤码头和 1.5 万吨级的矿石码头建成投产;1983 年 12 月,深圳市赤湾港第一期 1 个 3.5 万吨级的深水泊位建成投产;1984 年 8 月,湛江港南一期工程,6 个万吨级以上的深水泊位建成投产;1984 年 12 月,黄埔港、洪圣沙 2 个万吨级水转水杂货码头、新港 2 个 3.5 万吨级集装箱码头建成投产;1987 年 12 月,珠海九洲港 2 个万吨级泊位建成投产。

1990 年以来,随着粤港澳区域经济合作和对外开放的进一步深入,广东省更加密集地吸引外资。广东沿海港口抓住需求增长旺盛的机遇,重点加强集装箱、煤炭、原油、成品油、液化气等深水专业化码头建设,加大深水航道治理力度,港口适应国际航运船舶大型化、运输专业化的能力大为提高,主要货种运输系统逐步形成。这一时期,无论是港口基础设施的建设,还是货物吞吐量的增长,均是历史上发展最快的时期。

1992 年 12 月,惠州港荃湾港区 3 个万吨级泊位(其中 1 个油气泊位、2 个多用途泊位)建成投产;1993 年 12 月,深圳盐田港 4 个泊位建成投产,其中 2.5 万吨级 1 个、1 万吨级 1 个;1994 年 6 月,茂名水东港 25 万吨级单点系泊原油接卸系统建成投入使用;1994 年 12 月,深圳盐田港 3.5 万吨级和 5 万吨级各 1 个货柜码头建成投产;1995 年 11 月,汕头深水港区 3.5 万吨级的煤炭码头建成投产,设计能力为 410 万吨,改写了汕头市没有万吨级深水泊位的历史。

2000 年之后,全省沿海港口发展进入黄金时期,港口建设步入快车道。广州、深圳、湛江、珠海、汕头、惠州、茂名、阳江、江门等港口在"十五"期间先后实施了航道整治工程。同时,围绕腹地对外贸易和重化产业的快速发展,沿海港口还重点建设了一批集装箱、煤炭、油品、矿石、散粮等大型专业泊位。

截至 2015 年,沿海港口共有各类生产性泊位 1867 个,其中,万吨级以上深水泊位 291 个;沿海港口货物年综合通过能力 13.85 亿吨,集装箱年综合通过能力 4764 万 TEU,分别占全国沿海港口的 31.6%、16.1%。

2. 港口运输与对外开放

作为全国改革开放的重要前沿阵地和窗口,广东省充分发挥沿海港口和航运优势,积极融入国家"一带一路"倡议,不断扩大对外开放。至 2015 年,广东省沿海港口开通国际航线 320 多条、国内航线 150 多条,通达全球 100 多个国家和地区的 200 多个港口,全球最大的干散货运输企业、全球最大的特种船舶运输企业、全国各大湾区内最大规模的高速客船船队均在广东。凭借完善的港口基础设施和广泛的航线服务网络,海运成为广东省外贸运输的主要方式,广东省外贸进出口货物总量的 90%,能源、原材料等大宗散货进口的 95% 均通过港口运输完成。粤港澳港口群已成为全球通过能力最大、水深条件最好的区域性港口群。在港口作业方面,2015 年,广东省沿海港口完成货物吞吐量 14.2 亿吨,完成集装箱吞吐量 4914.7 万 TEU,均位于全国前列,分别占全国的 17.4%、26%,有力地支撑了全省和腹地经济的发展。其中,深圳港集装箱吞吐量 2420 万 TEU,全国排名第二、世界排名第三位;广州港集装箱吞吐量 1739 万 TEU,全国排名第六、世界排名第八位。珠海港、东莞港继广州港、深圳港、湛江港之后跨入亿吨大港行列,全省亿吨大港达到 5 个。广东还拥有全国第三大运输邮轮市场,2015 年完成旅客吞吐量 2867 万人次。

3. 绿色可持续发展

随着改革发展的不断深入,绿色发展理念也越来越成为广东港口创新的推动力。

2012 年,盐田国际获得国际环境管理体系 ISO 14001 认证,150 台电力驱动龙门式起重机和 280 台 LNG 拖车,成为中国首批大规模使用电力驱动龙门式起重机及 LNG 天然气拖车的码头。

2014 年,广州港务局发布《广州港绿色港口实施意见》(2014—2020 年),提出加快港口转型升级,落实节约能源、降低排放的绿色发展战略。同年,广州港获得交通运输部绿色低碳港区的主题性试点项目。南沙已建成 LNG 加气站,油改气项目已启动,节能设备和灯具在港区广泛使用。2015 年广州港单位吞吐量能源消耗为 3.28 吨标准煤/万吨吞吐量,预计到 2020 年,广州港口单位能耗和单位碳排放比 2015 年再降低 5%。

广东省沿海港口基本情况见表 8-9-1。

表 8-9-1

广东省沿海港口基本情况表

规模	港区名称	港口岸线		2015年港口生产用泊位				其中:1978—2015年建成的生产用泊位				2015年港口货物和旅客吞吐量						
		港口规划岸线	其中:2015年前已建成岸线	生产用泊位数	其中:万吨级及以上	生产用泊位总长	其中:万吨级及以上	生产用泊位数	其中:万吨级及以上	生产用泊位总长	其中:万吨级及以上	货物吞吐量	其中:外贸货物吞吐量	集装箱	滚装车辆 数量	滚装车辆 质量	旅客	其中:国际旅客
		千米	千米	个	个	米	米	个	个	米	米	万吨	万吨	万TEU	万辆	万吨	万人	万人
规模以上港口	广州港	88.4	40.9	247	70	34045	17311	211	56	29922	14751	48682	0	1723.8	0	0	61.3	61.3
	深圳港	39.10	48.09	143	66	29021	21565	139	66	28921	21565	21706	18363	2421	0	0	587	315
	珠海港	108.2	36.6	147	27	17266	7993	147	27	17266	7993	11209	2075	134	0	0	766	26
	湛江港	164.2	17.48	152	36	17841	9681	107	32	15129	9055	22036	6394	60.1	225	10844	1300	0
	汕头港	65.3	26.5	86	19	9952	3423	86	19	9952	3423	5180	1202	117.8	0	0	0	0
	惠州港	40.93	9.63	43	18	10526	6.92	43	18	10526	6.92	5250	5193	18.4	0	0	0	0
	东莞港	57.5	25.5	206	28	19822	7422	206	28	19822	7422	13148	2315	336.3	22.1	44.2	32.4	32.4
	江门港	160.3	18.5	142	3	9447	741	142	3	9447	741	3595	122	29.2	0	0	0	0
	中山港	29.3	27.7	51	0	2944	0	51	0	2944	0	3370	468	81.8	0	0	121.2	121.2
	茂名港	53.1	15.5	11	8	2021	1611	11	8	2021	1611	2685	1478	11	0	0	20	0
	阳江港	27.1	2.83	12	9	2539	2142	20	9	2711	2142	2139	1709	0.4	0	0	0	0
	汕尾港	45.12	7.4	28	1	1110	592	9	1	1110	592	0	0	0	0	0	0	0
规模以下港口	揭阳港	43.1	998	4	2	998	783	4	2	998	783	547	164	0	0	0	0	0
	潮州港	22.35	6.5	10	4	1967	1161	10	4	1967	1161	1136.60	425.79	996.5	0	0	0	0
合计		944	1281.13	1282	291	159499	74431.92	1186	273	152736	71245.92	140683.6	39908.79	5930.3	247.1	10888.2	2887.9	555.9

二、汕头港

(一)港口概况

1.港口综述

汕头港位于广东省东部沿海、潮汕平原的南部,居福州至广州黄金海岸中央,东临台湾海峡,距高雄 214 海里,西距香港 187 海里,扼韩江、榕江、练江之出海口,素有"岭东之门户,华南之要冲"的称誉。汕头港具有重要的地理位置和较好的建港资源条件,是粤东及东南部分地区物资的重要集散地和海上门户,是全国 25 个沿海主要港口之一,是广东省 5 个主要港口之一,也是 2015 年 3 月国家确定的"一带一路"倡议加强建设的 15 个沿海港口之一。

汕头港开港于 1861 年,在 20 世纪 30 年代就已成为我国东南沿海的一个重要港口。1949 年后,汕头港经历了恢复和建设。20 世纪 90 年代,港口建设进入高潮期。1994 年,珠池港区修建外导流防沙堤,外航道水深达到 9.5 米;1995 年建成马山港区 3.5 万吨级煤炭专用泊位;1996 年建成珠池港区一期工程和广澳港区起步工程;1998 年汕头国际集装箱码头工程竣工;2003 年珠池港区二期工程竣工;截至 2015 年,广澳港区一期工程与广澳港区 5 万吨级航道已建设完成,华能海门煤炭中转基地项目第一阶段工程也已通过竣工验收。广澳港区防波堤工程、广澳港区航道二期工程和广澳港区二期工程正在加紧实施中。2015 年,汕头港已初具规模。现有 7 个港区,500 吨级以上泊位 89 个,其中万吨级深水泊位 19 个。

汕头港划分为榕江港区、老港区、珠池港区、马山港区、堤内港区、田心港区、南澳港区、广澳港区和海门港区,榕江港区为内河港区,形成"一港九区"的规划发展格局。其中,老港区、珠池港区和马山港区已基本建设完成,珠池港区是汕头港深水泊位最多,规模最大的大型现代化港区;堤内港区、田心港区、南澳港区、榕江港区规划为预留发展港区;广澳港区和海门港区是规划期重点发展港区。

汕头港现有航道 7 条。其中海域航道包括汕头港主航道(外航道和内航道)、广澳港区航道和海门港区航道;内河航道包括濠江航道、榕江航道、棉城河航道和梅溪航道。

汕头全港共有锚地 13 处,分别是:汕头湾外锚地区、广澳港区油轮锚地区、广澳港区一般锚地区、防台锚地区、内港锚地区、海门外港 2 号锚地区、海门外港 1 号锚地区、潮阳引航锚地区、莱芜锚地区、南澳港第一引航锚地区、南澳港第二引航锚地区、南澳港区锚地区、南澳国际避风锚地区,共用海面积 8735.2 万平方米。

2. 港口水文气象

汕头港分为汕头湾内(老港区、珠池港区、马山港区、堤内港区和榕江港区)和外海(广澳港区、海门港区、南澳港区和田心港区)2 个区域,自然条件有一定差异。

汕头湾港区年平均气温 21.3 摄氏度,年平均降水量 1554.9 毫米,年平均 21.4 个雾日,每年的 2—5 月出现次数较多。年平均相对湿度为 82%。该地区常风向为 ENE;其出现频率为 16.44%,次常风向为 E;其出现频率为 12.76%。强风向为 E。

汕头湾港区潮汐性质属不正规半日潮型,潮汐不等现象较明显。汕头湾口面向南海,湾口附近有妈屿、鹿屿、表角等岛形成天然屏障,加之口门外建有导流拦沙堤,外海波浪对港内泊稳的影响甚小。汕头湾潮流性质属不正规半日潮流型。湾内狭长水道的深泓线附近,一般为最大流速的分布区,如鹿屿水道的最大落潮流速可达 2.0 ~ 3.0 米/秒。

外海港区年平均气温 21.5 摄氏度,年平均降水量 1530.2 毫米,年平均 21.4 个雾日,年平均湿度为 82%,冬季为 78%,夏季为 85% ~ 87%。该地区常风向为 ENE,出现频率 21.9%;次常风向 NE,频率 14.5%;强风向为 ENE,最大风速 8 级以上,次强风向 NE。汕头近岸受台风影响明显,平均每年有 8 次,中等影响程度以上的(降雨量超过 100 毫米,海面风力 8 ~ 10 级)2 ~ 3 次。

外海海域属不规则半日潮流海区,潮流基本呈往复流。潮流主流向为 SE ~ NW,湾口流速大于湾内。汕头湾内(珠池/马山/堤内/老港区)潮流性质属不正规半日潮流型。湾内狭长水道的深泓线附近一般为最大流速的分布区,如鹿屿水道的最大落潮流速可达 2.0 ~ 3.0 米/秒。

3. 发展成就

1981 年 11 月国务院批准设置汕头经济特区以来,汕头市依靠自然、经济、特区政策等优势发展港口建设事业,进行了深水航道整治,并先后开发建设了马山、珠池、广澳、海门港区,建成了一批万吨级以上的深水泊位。逐步开展近洋及国内沿海运输,并适当发展远洋国际航线,港口腹地范围不断扩大,在地区经济发展中的地位越来越突出。20 世纪 90 年代,港口建设进入高潮期。珠池港区修建外导流防沙堤、马山港区 3.5 万吨级煤炭专用泊位、珠池港区一、二期工程和汕头国际集装箱码头、广澳港区一期工程与广澳港区一期 5 万吨级航道工程等均在这一阶段建设完成。截至 2015 年,汕头港拥有港口生产性泊位 87 个,其中万吨级以上泊位数 19 个,泊位年通过能力 2445 万吨。2015 年汕头港完成货物吞吐量 5180 万吨。

汕头港港区分布图如图 8-9-1 所示。

汕头港基本情况见表 8-9-2。

图 8-9-1　汕头港港区分布图

(二)珠池港区

1.港区综述

(1)港区建设和运营概况

珠池港区是汕头港深水泊位最多,规模最大的大型现代化港区,以集装箱、粮食和建材运输为主,为汕头市临港产业和外向型经济提供运输服务。港区拥有通用件杂货和集装箱泊位 13 个,其中 1 万~2.5 万吨级深水泊位 9 个。港区拥有桥式起重机、门座式重机、正面吊运机,堆高机,集装箱拖挂车等各类先进的装卸运载设备共 250 台套,仓库、堆场、地磅、加油站,以及食堂、办公、供水供电、消防等生产生活配套服务设施齐全,并建成了先进的港航 EDI 信息平台和物流园区。随着城市化的发展以及海湾大桥净空的限制,该港区功能将逐步转向广澳港区。

(2)港区地理条件和集疏运概况

珠池港区位于汕头市区中山东路南,汕头海湾大桥西侧,珠池港码头岸线长 2159 米,陆域面积近 126.67 万平方米,陆域纵深 900 米,码头前沿水深 11.7 米。珠池港区集疏运条件优越,距汕汾、深汕高速公路入口不足 1 千米,距汕头空港 8 千米,距广梅汕铁路货运站仅 7 千米,京九铁路疏港专线可直接进港。

表 8-9-2

汕头港基本情况表（沿海）

序号	港区名称	港口岸线		2015 年港口生产用泊位				其中:1978—2015 年建成的生产用泊位				2015 年港口货物和旅客吞吐量									
		港口规划岸线	其中:2015年前已建成岸线	生产用泊位数	其中:万吨级及以上	生产用泊位总长	其中:万吨级及以上	生产用泊位数	其中:万吨级及以上	生产用泊位总长	其中:万吨级及以上	货物吞吐量	其中:外贸货物吞吐量	集装箱	滚装车辆		旅客	其中:国际航线旅客
															数量	质量		
		千米	千米	个	个	米	米	个	个	米	米	万吨	万吨	万 TEU	万辆	万吨	万人	万人
1	老港区	9.8	9.8	31	0	4153	0	31	0	4153	0	—	—	—	0	0	0	—
2	珠池港区	4.1	4.1	18	9	2159	1757	18	9	2159	1757	—	—	—	0	0	0	—
3	马山港区	1.7	1.7	7	4	1014	615	7	4	1014	615	—	—	—	0	0	0	—
4	广澳港区	22.5	4.8	11	5	1329	1051	11	5	1329	1051	—	—	—	0	0	0	—
5	海门港区	8.5	4.3	9	1	259	0	9	1	259	0	1005	—	—	0	0	0	—
6	南澳港区	18.7	1.5	10	0	1038	0	10	0	1038	0	—	—	—	0	0	0	—
	合计	65.3	26.5	86	19	9952	3423	86	19	9952	3423	1005	1202	117.8	0	0	0	0

2.港区工程项目

(1)汕头港深水港区一期煤码头工程

项目于 1990 年 8 月开工,1994 年 12 月竣工。

项目建设依据:1987 年,国家计划委员会《关于汕头港深水港区一期工程项目建议书的复函》(计交〔1987〕578 号);1990 年,国家计划委员会《关于汕头港深水港区一期工程初步设计任务书的批复》(计投资〔1990〕7 号);1990 年,国家交通投资公司《关于汕头港深水港区一期工程初步设计的批复》(交投水〔1990〕49 号);1990 年,国家计划委员会《关于汕头港深水港区一期煤码头工程开工建设的批复》(计投资〔1990〕1015 号);1994 年,国家交通投资公司《关于汕头港深水港区一期煤码头工程调整概算的批复》(交投水〔1994〕37 号)。1988 年,国家环境保护总局《关于汕头港深水港区第一期工程环境影响报告书的批复》(环建字〔1988〕030 号)。

项目建设 35000 吨级煤炭泊位 1 个,1000 吨级驳船泊位 1 个,1000 吨级重件泊位 1 个及相应的配套工程,设计年吞吐能力 410 万吨。码头利用自然岸线,岸线总长 235.0 米。码头结构形式为高桩式,码头平面布局形式为顺岸式。码头设计靠泊能力为 3.5 万吨,码头水工建筑允许靠泊能力为 3.5 万吨。外导流防沙堤长 7.95 千米;航道疏浚及配套设施。煤码头长 235 米,宽 22 米;引桥长 81 米,宽 12 米;码头前沿水深 10.8 米。重件码头长 31.5 米,宽 14.5 米;驳船码头长 104 米,宽 14.5 米,码头前沿水深 3.6 米。护岸总长813.92 米。港池挖泥 20.88 万立方米。陆域回填土 27.66 万立方米,形成陆域面积为14.64 万平方米。港区内道路 2.34 万平方米。煤堆场面积 3.78 万平方米;前沿停车场及重件堆场 7126.67 平方米。房建工程总的建筑面积 16691 平方米,其中生产建筑面积2113 平方米,生产辅助建筑面积 6438 平方米,生活建筑面积 8140 平方米。主要装卸机械设备包括有 500 吨/小时 16 吨带斗门座式重机 3 台,ZC500 吨/小时装船机 1 台,DQL(500～1500/1500 吨/小时)斗轮堆取料机 2 台,皮带机 13 条(2405 米)。港作车船 6 辆(艘)。港内配套供电照明,通信广播,自动控制,环境保护,给水、排水等系统。外航道疏浚长度 8174 米,底宽 120 米,底高程 −9.5 米,工程量 612.33 万立方米。导标 2 个,浮标 7个。外导流防沙堤工程抛填各种规格块石 52 万立方米,总长 7950 米。工程决算总投资37915.83 万元。国家拨借款 21233.7 万元,其中预算拨款 83.14 万元,交通部及国家交通投资公司专用资金拨款 5700 万元,拨改贷 383.4 万元,基建基金贷款 12498 万元,建行贷款 552 万元,硬贷款 2017.16 万元。汕头市自筹拨款 1000 万元,华能电厂贷款 7000 万元,汕头市自筹拨款补助 7500 万元。建设期利息 1363.71 万元,前期可行性研究费 541.93万元。

建设单位为汕头市港口建设指挥部,具体负责工程建设的组织和实施;设计单位为交通部第四航务工程勘察设计院;施工单位为交通部第四航务工程局第二工程公司、交通部第三航务工程局第六工程公司、广东省第二建筑工程公司第四工程处、交通部上海港口机械制造厂;监理单位为中北港湾工程建设监理事务所;质监单位为汕头港港口工程质量监督站。

(2)汕头港深水港区一期多用途、杂货泊位工程

项目于 1992 年 7 月开工,1995 年 12 月试运行,1995 年 12 月竣工。

项目建设依据:1990 年 1 月,国家计划委员会《关于汕头港深水港区一期工程设计任务书的批复》(计投资〔1990〕7 号);1990 年 5 月,国家交通投资公司《关于汕头港深水港区一期工程初步设计的批复》(交投水〔1990〕49 号);1991 年 11 月,国家交通投资公司《关于汕头港深水港区一期工程多用途、杂货码头工程概算的批复》(交投水〔1991〕120 号);1992 年 7 月,国家计划委员会《关于汕头港、上海港单项工程开工建设的批复》(计投资〔1992〕1073 号);1992 年 8 月,国家交通投资公司《关于汕头港深水港区一期工程多用途、杂货码头由引桥式改为连片式的批复》(交投水〔1992〕114 号);1995 年 6 月,交通部《关于汕头港深水港区一期多用途、杂货码头工程调整概算的批复》(交基发〔1995〕531 号)。1988 年,国家环境保护总局《关于汕头港深水港区第一期工程环境影响报告书的批复》(环建字〔1988〕030 号)。

项目新建 2 万吨级多用途泊位,1.5 万吨级杂货泊位各 1 个,驳船码头的 1000 吨级驳船泊位 1 个,500 吨级驳船泊位 3 个以及相应的配套工程,设计年吞吐能力 120 万吨。码头利用自然岸线,岸线总长 440.0 米。码头结构形式为高桩式,码头平面布局形式为顺岸式。码头设计靠泊能力 2.0 万吨,码头水工建筑允许靠泊能力 2.0 万吨。码头前沿水深 10.5 米,码头长 440 米。驳船码头前沿水深 3.6 米,码头长 260 米,码头顶面高程均为 4.4 米。护岸总长 1635.8 米。陆域吹填总量为 104 万立方米,形成陆域面积 22 万平方米。堆场软基处理面积为 57248 平方米。港池疏浚 100.69 万立方米。停车场面积 2064 平方米,钢材、石板材堆场 6475 平方米,集装箱堆场 18849 平方米,堆场面积共 2.74 万平方米。多杂泊位总建筑面积为 35903.75 平方米。其中,生产建筑 3236.09 平方米、生产辅助建筑面积 10807.66 平方米、生活福利建筑面积 21860 平方米。港内道路 37850.11 平方米。主要装卸机械设备有 40 吨门座式重机 1 台,10 吨门座式重机 1 台。港作车辆 6 辆。港内相应配套供电、照明、通信、给排水系统。港外工程的进港道路 362.4 米,面积 11269 平方米。项目总投资 30106.98 万元,为政府投资。

建设单位为汕头市港口建设指挥部,具体负责工程建设的组织和实施;设计单位为交通部第四航务工程勘察设计院;施工单位为交通部第二航务工程局、交通部天津航道局、广东省第二建设工程公司、交通部上海港口机械制造厂;监理单位为中北港湾工程建设监理事务所;质监单位为汕头港港口工程质量监督站。

(3)汕头港珠池港区 7 号、8 号泊位集装箱码头建设

项目于 1994 年 6 月开工,1997 年 7 月试运行,1998 年 12 月竣工。

项目建设依据:1994年2月,广东省计划委员会批准项目建议书(粤计交〔1994〕092号)。1995年5月,广东省建设委员会《关于汕头港珠池港区7号、8号泊位集装箱码头初步设计的批复》(粤建函〔1995〕157号)。

项目建有两个2.5万吨级全集装箱泊位,码头岸线总长460米,前沿水深10.5米。码头结构为顺岸式高桩梁板结构。主要装卸设备配置包括有集装箱桥式起重机3台,轮胎式龙门起重机6台,集装箱正面吊运机2台,4.50吨汽车式起重机1台,集装箱叉车10台。项目设计年吞吐能力为40万TEU,远期发展到50万TEU。堆场面积20.0万平方米,堆场堆存能力2.0万TEU,仓库面积0.4万平方米。项目总投资为10.4亿元,为企业自筹。港区面积42.43万平方米,填海造地39.63万平方米。港区已开发建设面积38.13万平方米,用海面积2.3公顷。

建设单位为汕头国际集装箱码头有限公司,工程业主为汕头国际集装箱码头有限公司;业主委托在设计、招投标及建设期间的统筹管理单位为汕头市港口建设指挥部。设计单位为交通部第一、三航务工程勘察设计院;施工单位为交通部第一、三、四航务工程局,交通部上海航道局,天津航道局,汕头市航务工程公司,汕头市达诚建筑总公司,汕头市南港工程公司,汕头市建筑工程总公司等。码头水工部分、公路交接库和海关验货台的基础及内部设施部分设计监理单位为交通部一航设计院;监理单位为交通部南华监理所。

(4)汕头水泥有限公司水泥粉磨厂码头

项目于1996年6月开工,1998年7月试运行,1998年12月竣工。

2008年6月,汕头市规划局批复《关于厂区调整规划布局的复函》(汕规函〔2008〕434号);1996年,汕头市航务管理处批复汕头水泥有限公司开业投产请示(汕航务〔1996〕42号)。1995年,汕头市环境保护局《关于对"汕头水泥有限公司水泥粉磨厂环境影响报告书"的审批意见》(汕字环函〔1995〕112号);1994年,汕头海上安全监督局批复汕头市建材企业集团公司单位编制的《关于汕头水泥有限公司水泥粉磨厂码头选址的申请报告》(汕港监〔1994〕03号)。

项目建设2.5万吨级码头1个,长度150米,设计水深8.5米。码头后面设有筒仓,堆存能力约为26000平方米,占地约700平方米。码头设计靠泊能力2.5万吨,码头水工建筑允许靠泊能力2.5万吨。

建设单位为华润水泥(汕头)有限公司(前身为汕头水泥有限公司);施工单位为交通部第二航务工程局第一工程公司。

2008年8月开始拆除部分建构筑物及设备设施进行改扩建,形成了年产优质水泥180万吨的产能规模,整个生产线采用先进的辊压机联合开路水泥粉磨系统,全过程运用集散型计算机控制系统进行生产控制,以达到高效、节能、稳定。主要生产设备均从国内大型机械系统装备制造企业购进,自动化程度高,生产工艺和技术均达到国内先进水平。

4台八嘴包装生产线及四条散装水泥生产线,可日发运水泥近8000吨。

(5)汕头港珠池港区二期工程

项目于2001年10月开工,2005年10月竣工。

项目建设依据:2001年,国家计划委员会工程可行性研究报告批复文件(〔2001〕814号);2001年,交通部工程初步设计文件批复文件(交水发〔2001〕490号);2001年10月,交通部《工程开工报告》。

项目建设5个深水多用途泊位,包括2个2万吨级,2个1.5万吨级,1个1万吨级。码头设计靠泊能力2.0万吨,码头水工建筑允许靠泊能力2.0万吨。码头结构形式为高桩式,码头平面布局形式为顺岸式。工程位于已建的一期工程与国际集装箱码头之间,岸线长900米,设计年吞吐能力240万吨,码头前沿设计水深为11.7米,最大可停靠2.5万吨级集装箱船,3号A与2号泊位连接段码头前沿水深与2号泊位一致,为10.5米。考虑到汕头港外航道的设计水深为9.5米,而港内泥沙回淤量较大,为减少不必要的维护挖泥和工程资金投入,设计码头前沿船舶停泊水域在不影响码头结构设计断面的情况下设计先期按10.5米浚深。项目总投资10.37亿元。其中资本金3.64亿元,占总投资的35%(由汕头港务集团以自有资金投入1.01亿元,汕头市财政投入1.6亿元,国家安排港口建设费1.03亿元),其余6.77亿元申请国家开发银行贷款解决。

建设单位为汕头港务局;设计单位为中交第一航务工程勘察设计院;施工单位为交通部第一航务工程局、交通部第四航务工程局、广东省第二建筑工程公司、汕头市升达建筑总公司、上海振华港口机械(集团)股份有限公司、大连重工—起重集团有限公司等;监理单位为汕头港华兴工程建设监理所;质监单位为汕头港港口工程质量监督站。

工程的建成,将进一步提高汕头港的综合实力,有利于汕头经济特区发挥其港口优势,促进汕头经济特区的对外物资交流,加快汕头市实现现代化港口城市的步伐。

(三)马山港区

1. 港区综述

(1)港区建设概况和运营情况

马山港区以煤炭运输为主,主要为后方华能电厂提供服务。马山港区现有生产性泊位7个,其中万吨级以上泊位4个,泊位总长度1014米,港区年货物通过能力410万吨,主要代表性码头有华能重件码头、马山煤炭1号泊位、马山油码头等。

(2)港区地理条件和集疏运概况

马山港区位于濠江区东北部,汕头海湾大桥西侧约1千米。港区规划路域面积0.2平方千米。港区后方交通便捷,有G324、沈海高速公路、汕湛高速公路等高等级公路网。

2.港区工程项目

华能汕头电厂重件码头改造码头工程

项目于2013年7月开工,2014年9月竣工。

项目建设依据:2011年11月,广东省经济和信息化委员会《关于汕头港马山港区华能汕头电厂重件码头改造工程项目核准的批复》(粤经信技改函〔2011〕3573号)对项目立项进行了批复;2012年11月,汕头市港口管理局《关于汕头港马山港区华能汕头电厂重件码头改造工程初步设计的批复》(汕港管〔2012〕76号)对项目初步设计进行了批复。

项目利用原90米长的重件码头,再向西面延长55米,建设新的码头平台。项目水工部分新建1个长55米(设计按3.5万吨预留)的5000吨级自用煤码头,新建成的重件码头年设计卸煤量150万吨。项目投资额7454万元,企业自筹。

项目建设单位为华能国际电力股份有限公司汕头电厂;设计单位为中交第四航务工程勘察设计有限公司;主要施工单位为中铁港航局集团有限公司;主要监理单位为广州粤科工程建设监理咨询有限公司。

(四)广澳港区

1.港区综述

(1)港区建设和运营概况

广澳港起步工程于1996年年底建成投产,包括2万吨级多用途码头1座,长度240米,码头前沿水深13米,千吨级杂货码头1座。广澳港一期工程于2002年11月开工建设,建成2个5万吨级泊位,长度435米,码头前沿水深15米,新增综合通过能力150万吨。2015年,2号泊位码头面工程已完成,配套有2台51吨–51米集装箱桥式起重机等大型设备。该港区主要生产经营单位有华港集装箱分公司、广澳港务公司。广澳港区岸线资源丰富,长达12千米,已被列为《广东省港口布局规划》重点岸线。其中,规划有10万级集装箱码头和成品油码头、15万吨级散货码头、30万吨级原油码头等大型泊位。港区规划建成以承担近、远洋集装箱、大宗散杂货、石油化工、液化气、液体化工货物运输为主,具有综合物流、临海加工、保税仓储等多功能的综合性港区。

(2)港区地理条件和集疏运概况

广澳港区位于汕头市濠江区南部的广澳湾内。港区东枕马耳角海岬,西接企望湾,北临汕头保税区,南部面向南海,陆上距汕头北岸中心市区约25千米,水路距汕头湾内港约15海里,其地理位置十分优越。广澳港区水深条件优越,10.0米等深线距岸边仅1~1.5千米,南牙角自然水深20米等深线距岸仅约3千米,可满足建设30万吨级原油码头。泥沙淤积轻微,工程地质属于构造活动相对稳定的地区,是粤东唯一的天然深水良港。广澳港区水域面积为 4.77 平方千米,港区陆域东西长约 3000 米,南北纵深平均为 1335 米,最深达 2300 米。

广澳港区的主要集疏运方式是公路和海运,规划建设由铁路、公路、水运和管道组成的港区集疏运系统。广澳港区的疏港市政道路主要是疏港大道、广达大道和沿江北路。水运提升濠江、榕江流域和韩江流域的通航等级,充分发挥内河集疏运作用。实现广澳港区与榕江、韩江的互联互通,提升广澳港区集装箱运输江海联运服务功能;2015 年,广梅汕铁路汕头站至广澳港铁路项目已完成前期工作,进入设计阶段。

2. 港区工程项目

(1)广澳港区起步工程

项目于 1994 年 8 月开工,1995 年 6 月试运行,1996 年 7 月竣工。

项目建设依据:1984 年起,中国广澳开发总公司就对广澳港区建设进行前期工作,积极筹建码头泊位。1992 年 1 月广澳建港指挥部委托交通部一航设计院所做的工程可行性研究报告通过专家评审。1992 年 9 月,交通部一航院《广澳港区起步工程初步设计》。1993 年 2 月 2 日,广东省计划委员会批准起步工程的立项及可行性报告(粤计交〔1993〕65 号)。1994 年 7 月,广东省建设委员会批准广澳起步工程初设计方案。

工程建设规模为 2 万吨级多用途泊位和 1000 吨级驳船码头各 1 个,防波堤 106 米及护岸、堆场、道路等配套设施,设计年吞吐能力 57 万吨。

建设单位为汕头港广澳港区建设指挥部。施工单位为交通部四航局。

(2)汕头 LPG 码头及罐区工程项目

项目于 1997 年 11 月开工,2000 年 1 月试运行,2001 年 4 月竣工。

项目建设依据:1996 年 3 月,国家计划委员会《关于中外合资建设汕头市液化石油气储存工程可行性研究报告的批复》(计原材料〔1996〕558 号);1996 年 11 月,广东省建设委员会《关于汕头 LPG 码头罐区工程初步设计的批复》(粤建函〔1996〕417 号)。1995 年 11 月,化学工业部完成对由解放军后勤工程学院编写的《汕头 LPG 码头及罐区工程环境影响报告书》的预审和专家组评审,并报送国家环境保护总局(化计发〔1995〕843 号)。1997 年,汕头市国土房产局颁发《汕头市非农建设用地许可证》(汕国监证字 97004 号、汕国监证字97036 号、汕国监证字 97037 号、汕国监证字 98003 号);1996 年 11 月,汕头市人民政府《关于加德士海洋燃气能源有限公司汕头 LPG 项目申请使用海域有关问题的复函》(汕府办函〔1996〕379 号),批准用海 80 公顷;1997 年 1 月,汕头港务监督局《关于加德士/海洋码头罐区项目使用海域的批复》(汕港监〔1997〕05 号),批准项目使用岸线的红线范围。

项目建设 6.4 万吨级泊位 1 个,2 万吨级和 5000 吨级泊位各 1 个,防波堤 551 米,10 万立方米地下岩洞储罐各 1 个。码头结构形式采用高桩式,码头平面布局形式采用引桥式,沿防波堤内侧布置。1 号泊位:5000 吨级液化气专用;设计水深 7 米,设计靠泊能力 5000 吨,码头水工结构容许靠泊能力 7000 吨。2 号泊位:2 万吨级液化气专用;设计水深 9.8 米,设计靠泊能力 2 万吨,码头水工结构容许靠泊能力 2.4 万吨。3 号泊位:5 万吨级液化气专用,开敞式墩式;设计水深 14 米,设计靠泊能力 5 万吨,码头水工结构容许靠泊能力 6.4 万吨。储罐容量 10.0 万立方米。项目总投资 1.44 亿元,资金来源全部利用外资(外企)。项目总用地 18 万平方米,于 1996 起,使用年限至 2046 年。项目累计用海:填海 4.27 公顷,围海 94.92 公顷。自 1997 年起,使用年限至 2027 年。

项目建设单位为汕头暹罗燃气能源有限公司(原加德士海洋燃气能源有限公司);项目由中国寰球化学工程公司和交通部第四航务工程勘察设计院共同承担可行性研究工作;设计单位为交通部第四航务工程勘察设计院和中国成达化学工程公司;项目施工总承包单位为:韩国 LG 工程技术株式会社;施工单位为交通部第四航务工程局、铁道部隧道局、中国机械工业安装总公司等;监理单位为南华监理所;质检单位为汕头市工程质量监督站、汕头市工程建设安全监督总站、汕头市环境保护监测站对施工质量、施工安全全程监督、对建设过程进行环境监测。

(3)汕头港广澳港区一期工程

项目于 2002 年 11 月开工,2011 年 6 月试运行,2013 年 4 月竣工。

项目建设依据:2001 年 3 月,交通部《关于汕头港广澳港区一期工程项目建议书的批复》(交规划发〔2001〕95 号);2001 年 12 月,交通部《关于汕头港广澳一期工程可行性研究报告的批复》(交规划发〔2001〕742 号);2002 年 7 月,交通部《关于汕头港广澳港区一期工程初步设计的批复》(交水发〔2002〕289 号)。2002 年,国家环境保护总局《关于汕头港广澳港区一期工程环境影响报告书审查意见的复函》(环审〔2002〕100 号)。

项目位于广澳港区起步工程(1 号泊位)的北向延长线上,原批复建设 2 万吨级的多用途和通用泊位各 1 个(即 2 号、3 号泊位,码头水工结构按 5 万吨级集装箱码头设计),同时结合规划 4 号泊位建设滚装泊位。码头结构形式采用重力式,码头平面布局形式采用顺岸式。一期工程(2 号、3 号泊位)泊位长 435 米,滚装泊位长 147 米,码头面高程 4.5 米(当地理论最低潮面,下同)。工程在建设过程中按照交通部办公厅《关于汕头港广澳港区一期工程装卸工艺设计方案调整的批复》(厅水字〔2005〕175 号)和交通运输部办公厅《关于汕头港广澳港区一期工程概算调整的批复》(厅水字〔2009〕181 号)的相关批复,港池水域按照 5 万吨级集装箱船所需尺度设计施工,码头前沿底高程 -15.0 米,回旋圆直径为 586 米,底高程为 -13.8 米,陆域总面积 19 万平方米,配套道路、堆场、供水、供电、机械设备和生产、生活辅助建筑等配套设施。年设计吞吐能力 96 万吨,其中集装箱通过能力 3 万 TEU。项目总投资 71858.84 万元,其中政府投资(中央投资)3390.0 万元。

建设单位为汕头市港口建设指挥部;设计单位为中交第一航务工程勘察设计院有限

公司;施工单位为中交第三航务工程局有限公司、中交广州航道局有限公司、汕头市达濠建筑总公司、大连重工-起重集团有限公司;监理单位为汕头港华兴工程建设监理所;质监单位为汕头港港口工程质量监督站。

工程于2002年11月18日开工建设,项目建设工期为2.5年,原计划2005年项目完工,由于2004年广澳"7·19"事件,工程被迫于2004年7月19日中途停工。直至2009年12月开始全面复工建设。整个项目于2011年12月全部建设完成。2号泊位于2008年4月开始试投产,3号泊位于2011年6月开始试投产。整体项目于2013年5月13日通过交通运输部竣工验收。海关总署于2010年7月23日以署岸函〔2010〕342号文同意广澳港区对外开放。

(4)汕头港广澳港区航道一期工程

项目于2009年2月22日开工建设,2011年5月竣工。

项目建设依据:2005年9月,广东省发展和改革委员会《关于汕头港广澳港区航道一期工程可行性研究报告的批复》(粤发改交〔2005〕726号)批准立项;2007年12月,广东省交通厅《关于汕头港广澳港区航道一期工程初步设计的批复》(粤交基〔2007〕1168号);2008年7月,广东省交通运输厅《关于汕头港广澳港区航道一期工程(航道水域疏浚)施工图设计的批复》(粤交基〔2008〕699号);2009年3月,广东省交通运输厅《关于汕头港广澳港区航道一期工程导助航及综合管理站房工程施工图设计的批复》(粤交基〔2009〕239号)批复施工图设计。

汕头港广澳港区航道一期工程位于汕头市濠江区,是交通部"十一五"规划的重点项目,也是汕头市公共交通基础设施的重点项目。项目按5万吨级集装箱船舶单向乘潮航行标准建设。航道设计底高程为-13.8米,设计底宽为165米,航道总长4.8千米(含连接段1千米),航道两侧设置助航浮标,陆上设前、后2座导标及综合管理站房等配套设施。

(五)海门港区

1.港区综述

(1)港区建设和运营概况

1956年,港区建有港务站码头和水产码头各1座,最大靠泊能力500吨。1991年潮阳市决定在海门湾东南面约2千米处的澳内湾建设新港区。港区起步工程建设1个5000吨级多用途泊位,1个500吨级件杂泊位。1996年8月26日,国务院同意潮阳海门港对外国籍船舶开放。2009年,华能海门电厂码头投入使用,华能海门电厂1号、2号机组海域工程建设内容包括5万吨级(结构为15万吨级)煤码头泊位1个、3000吨级综合码头泊位1个、南北防波堤和厂区护岸、港池和航道疏浚、联检大楼、灯浮标、前后标等工程。2005年11月海门港区成为国家一类口岸,正式对外开放。

(2)港区地理条件和集疏运概况

海门港区位于汕头市潮阳区海门湾,该港区泥沙淤积轻微,地质构造稳定,10 米等深线距岸约 400 ~ 800 米,水深条件优越。规划的"滨海大道"从海门镇往澳内方延伸至海门煤炭中转基地以及海门电厂,往东北方向与海门电厂进场道路相连接,往西南方向与海门渔港疏港道路连接,从中转基地西南大门口至海门渔港疏港道路。2015 年海门镇连接海门渔港的疏港公路已基本建成,该公路延伸连接至煤炭中转基地的约 4.6 千米路段正着手启动建设。

2. 港区工程项目

汕头港海门港区华能煤炭中转基地起步工程

项目于 2011 年 1 月开工,2013 年 12 月竣工。

项目建设依据:2009 年 9 月,广东省交通运输厅《关于华能海门煤炭中转基地工程工程可行性研究报告审查意见的函》(粤交规函〔2009〕1664 号);2010 年 5 月,交通运输部规划研究院《关于华能海门煤炭中转基地工程工程可行性研究报告的审核意见》(交规水函字〔2010〕130 号);2012 年 11 月,交通运输部《交通运输部关于汕头港海门港区华能煤炭中转基地初步设计的批复》(交水发〔2012〕666 号)。2009 年 9 月,环境保护部《关于华能海门煤炭中转基地工程环境影响报告书的批复》(环审〔2009〕401 号);2009 年 11 月,汕头市国土资源局《关于华能海门电厂要求建设华能海门煤炭中转基地项目有关用地问题的意见》(汕国土资函〔2009〕899 号);2014 年 1 月,国家海洋局《关于汕头港海门港区华能煤炭中转基地工程项目用海的批复》(国海管字〔2014〕55 号)。

项目改造和新建 7 万吨级煤码头接卸泊位各 1 个,新建 5 万吨级 3 号煤码头泊位和 3000 吨综合码头泊位各 1 个,建设煤炭堆场及输煤配套设施,除满足海门电厂 6 台百万机组每年 1200 万吨用煤需求外,还剩余 1000 万吨可通过水路、公路和铁路对外中转。项目根据外部转运市场的逐步形成以及疏港通道和海门电厂 5 号、6 号机组建设情况分为起步工程和后续工程两个阶段进行建设。其中起步工程建设内容包括:项目建设 7 万吨级煤码头(2 号煤码头,沉箱结构,前沿水深 15.9 米)、3000 吨级综合码头(2 号综合码头,沉箱结构,前沿水深 8.1 米)各 1 个;建设 3 个条形堆场,面积 8.5 万平方米;设计煤炭年吞吐量 1090 万吨;2 号煤码头长 322 米,2 号综合码头长 145.7 米,岸线总长 467.7 米。码头结构形式采用重力式,码头平面布局形式为顺岸式。码头设计靠泊能力 7.0 万吨,码头水工建筑允许靠泊能力 15.0 万吨。工程对现有航道延伸拓宽,长度由 5.4 千米延伸到 10.4 千米,底宽由 158.6 米拓宽至 203.6 米。项目起步工程总共配备 4 台 1750 吨/小时桥式抓斗卸船机、2 台 3500 吨/小时斗轮堆取料机及 1 台 3500 吨/小时装船机。其余的为后续工程,截至 2015 年尚未开工建设。项目总投资 26.78 亿元(含起步工程、后续工程)。项目概算投资为 13.39 亿元。资金来源为国内贷款 30%(40170.0 万元)及企业自筹

70%(93730.0万元)。项目在华能海门电厂已获批的用地范围内建设,不占用新增陆域用地面积;项目用海面积为2.04公顷,用于新建5万吨级煤码头(截至2015年,后续工程范围暂未开工建设)。

前期工作开展时以华能国际电力股份有限公司广东分公司为项目建设单位;项目审批通过后成立了华能广东海门港务有限责任公司作为项目实际建设单位,负责项目的开工建设及生产运行。设计单位为中交水运规划设计院有限公司;施工单位为中海工程建设总局、中国水产广州建港工程公司、中国能源建设集团广东省电力第一工程局、江苏天目建设集团有限公司、浙江省二建建设集团有限公司;监理单位为广州华申建设工程管理有限公司;质监单位为汕头港港口工程质量监督站。

项目自2015年1月1日正式运营至2018年6月30日,1号、2号煤码头已经成功接卸了337艘煤船,累计卸煤量达到2873万吨,其中2号煤码头已接卸煤船31艘共191万吨,装船616艘共438万吨。特别是2017年港区吞吐量达1005万吨,吞吐量已接近设计要求,保证汕头电厂和海门电厂发电供煤需求。

三、汕尾港

(一)港口概况

1.港口综述

汕尾市位于广东省东部沿海,东邻揭阳市,北依河源、梅州市,西接惠州市,南靠南海,汕尾市岸线资源丰富,沿海岸线总长度455.2千米。汕尾西连珠三角,东接海西经济区,位于两大经济圈交汇处,区位优势明显。汕尾港距太平洋国际航线只有12海里,水路距香港仅81海里,距台湾高雄港200海里,陆路距广州240千米,距深圳150海里,汕头160千米,是粤东地区融入珠三角的桥头堡。汕尾港有汕尾港区、汕尾新港区、海丰港区和陆丰港区4个港区。

汕尾港以发展汕尾新港区为重点,同时建设海丰港区和陆丰港区。汕尾新港区为装卸散货、件杂货、集装箱等大型多功能综合性港区。海丰港区为散货、石化品、水泥装卸为主,件杂货、集装箱装卸为辅的综合性港区。陆丰港区为装卸散货、件杂货为主的综合性港区。汕尾港区远期货运功能逐步退化。

汕尾历来有"状元港""小香港"之美称。新中国成立以来,各级政府对汕尾港的渔业基本设施建设十分重视,投入了大量资金,建成国家一级渔港。汕尾港已发展成为连接珠三角和粤东地区的重要港口城市,是全国首批对外开放的16个港口之一、国家一类港口、广东沿海重要外贸口岸和物资集散枢纽。

汕尾港航道现有汕尾作业区航道(1~5号航标)、汕尾作业区内航道、马宫作业区航道、后门作业区航道、甲子作业区航道(自西方位标—航道)、碣石作业区航道、乌坎作业区航道。规划建设10万吨级航道2条(汕尾新港区航道、小漠航道),5万吨级航道1条(东洲航道),1万吨级航道2条(汕尾西线航道、汕尾东线航道)。

汕尾港锚地现有大型船舶临时避风锚地、过驳锚地、引航锚地、检疫锚地、装运危险货物船舶锚地等15处。

2.港口水文气象

汕尾市濒临南海,属南亚热带季风气候, 长夏无冬,日照充足。汕尾市气候温暖,多年年平均气温为22摄氏度左右,年平均最高气温26摄氏度左右,年平均最低气温19摄氏度左右。境内雨量充沛,多年年平均降雨量为1900~2500毫米,最多年的年雨量可达3728毫米。雨热同季是汕尾市气候特点之一;每年4—9月为汛期,既是一年之中热量最多的季节,又是降雨量最集中的季节,占全年总降雨量85%左右。全市光照充足,多年年平均日照时数为1900~2100小时,日照百分率为44.5%~48%。

汕尾市风向季节特点明显,常风向为东北向,风力可达6~10级,其次为东南偏东和西南风。由于汕尾濒临南海,6~10月最容易受到热带风暴,强热带风暴和台风的袭击。年平均雾日为15天,雾日多发生在11月至次年5月。

汕尾港属不规则日潮混合潮,平均潮位1.3米,平均高潮潮位1.8米,平均低潮潮位0.8米。平均潮差0.3~0.9米,最大潮差红海湾2.6米,碣石湾2.6米,属于弱潮区。汕尾港的潮流为往复流,进港航道附近涨潮为东南流,流速1.2节;落潮为西北流,流速2.3节,基本沿航槽方向往复。

3.发展成就

2012年11月,广东汕尾电厂一期工程港口工程竣工;2015年12月广东陆丰甲湖湾电厂新建工程配套码头工程开工建设。2015年,汕尾港全港有码头泊位28个,其中,70000吨级泊位1个、5000吨级泊位4个、1000~5000吨级泊位18个,1000吨级以下泊位5个。2015年汕尾港完成货物吞吐量858.3万吨,主要货种为煤炭及制品。

汕尾港港区分布图如图8-9-2所示。

汕尾港基本情况见表8-9-3。

(二)汕尾新港区(红海湾)

1.港区综述

(1)港区建设和运营概况

汕尾新港区为装卸散货、件杂货、集装箱等大型多功能综合性港区,规划岸线长度16350米,其中预留发展岸线长13250米,港区陆域面积约263.6万平方米,规划期内将新建9个万吨级以上泊位。汕尾新港区现共有泊位7个,包括1个7万吨级泊位、2个3000吨级泊位、2个2000吨级泊位和2个吨级1000泊位,设计年综合通过能力638.8万吨。

图 8-9-2　汕尾港港区分布图

(2)港区地理条件和集疏运概况

汕尾港水路、公路网发达,构成了通往汕尾市及邻近省区市的综合交通系统,为港口的集疏运提供了便利的条件。除了沈海高速公路(G15)、甬莞高速公路(G1523)和国道324之外,还有厦深高速铁路。汕尾市尚有多条省道(如省道241、242、335)通往周边的地级市和邻近的省份。

2.港区工程项目

(1)汕尾电厂一期港口工程新建码头工程

项目于2005年4月开工,2012年11月竣工。

项目建设依据:2008年,港口工程初步设计经广东省交通运输厅批复,施工图设计经汕尾市交通运输局审查批复。

表 8-9-3

汕尾港基本情况表（沿海）

序号	港区名称	港口岸线		2015年港口生产用泊位				其中:1978—2015年建成的生产用泊位				2015年港口货物和旅客吞吐量						
		港口规划岸线	其中:2015年前已建成岸线	生产用泊位数	其中:万吨级及以上	生产用泊位总长	其中:万吨级及以上	生产用泊位数	其中:万吨级及以上	生产用泊位总长	其中:万吨级及以上	货物吞吐量	其中:外贸货物吞吐量	集装箱	滚装车辆		旅客	其中:国际航线旅客
															数量	质量		
		千米	千米	个	个	米	米	个	个	米	米	万吨	万吨	万TEU	万辆	万吨	万人	万人
1	汕尾港区	8.25	1.8	14	0	174	0	2	0	174	0	—	—	—	—	—	0	0
2	汕尾新港区	16.35	1.4	7	1	762	592	3	1	762	592	—	—	0	0	0	0	0
3	陆丰港区	11.92	2.1	5	0	174	0	2	0	174	0	—	—	0	0	0	0	0
4	海丰港区	8.6	2.1	2	0	—	0	2	—	—	—	—	0	0	0	0	0	0
	合计	45.12	7.4	28	1	1110	592	9	1	1110	592	0	0	0	0	0	0	0

项目位于汕尾新港区(红海湾)白沙湖畔,主要建设1个7万吨级煤码头泊位(结构按15万吨船型设计)、1个3000吨级重件兼工作船码头泊位、1个1000吨级油码头泊位,工程总造价7.84亿元。7万吨级煤码头1个(结构按15万吨级预留),水工结构采用不带卸荷板的大沉箱,泊位长度280米,码头面高程5.15米,码头前沿底高程-15.2米(远期-19.1米),码头前沿停泊水域宽65米,回旋水域直径460米,回旋水域底高程-15.2米,封头护岸长122.5米。3000吨级工作船兼重件码头1个,水工结构采用不带卸荷板的沉箱,泊位长132米,码头面高程为5.15米,码头前沿底高程-6.8米。1000吨级油码头泊位长87米,码头面高程为5.15米,码头前沿底高程-5.2米。北拦沙堤长688米,南拦沙堤长330米。7万吨级进港航道总长4.1千米,航道有效宽度为166米,底高程为-15.7米。主要装卸设备包括有链斗式连续卸船机2台,单机核定能力为1500吨/小时。

建设单位为广东红海湾发电有限公司;设计单位为中交第四航务工程勘察设计院有限公司;施工单位为中交第四航务工程局有限公司、中交四航局第二工程有限公司、中交广州航道局有限公司、长江航道局;监理单位为上海东华建设监理所、广州南华工程管理有限公司;质监单位为汕头港港口工程质量监督站。

(2)华润海丰电厂"上大压小"新建工程配套码头工程

项目于2012年10月开工,2016年5月竣工。

2011年,项目经国家发展和改革委核准(发改能源〔2011〕1474号),2013年港口工程初步设计经交通运输部批复,施工图设计经汕尾市交通运输局审查批复。

项目位于海丰港区小漠作业区,主要建设1个5万吨级煤码头泊位(结构按10万吨预留)、1个3000吨级重件码头泊位,工程总造价7.99亿元。煤炭接卸泊位为高桩梁板结构,泊位长310米(含码头结构延长段37米),码头面宽32米,引桥长208.14米,宽13.72米。码头面高程8.0米(以当地理论最低潮面为基准面,下同),码头前沿停泊水域宽65米,设计底高程-14.4米;回旋水域直径450米,设计底高程-14.4米。进出港航道长7164米,航道底宽145米,底高程-14.4米。重件泊位为高桩梁板结构,泊位长138米,码头面宽30米,引桥长40米,宽12米。码头面高程5.85米,码头前沿停泊水域宽32米,设计底高程-6.8米。回旋水域直径216米,设计底高程-6.8米。防波堤为斜坡式结构,总长1186.47米。进港航道按5万吨级单向航道设计,总长7.16千米,航道有效宽度为145米,底高程为-14.4米。主要装卸设备包括有煤炭接卸泊位配置2台桥式抓斗卸船机,单机额定能力2100吨/小时。

建设单位为华润电力(海丰)有限公司;设计单位为中交第四航务工程勘察设计院有限公司;施工单位为中交一航局第二工程有限公司、中铁港航局集团有限公司、杭州华新机电工程有限公司、湖南工业设备安装有限公司;监理单位为广州南华工程管理有限公司、北京国电德胜监理工程项目管理有限公司;质监单位为广东省交通运输工程质量监督站。

四、惠州港

(一)港口概况

1.港口综述

惠州港位于珠江三角洲东部,毗邻香港、深圳,也是珠江三角洲地区和粤东地区的结合部。惠州港荃湾港区陆路距惠州市区中心 48 千米,距深圳市区中心 74 千米,距广州市区中心 211 千米;水路距香港维多利亚港 47 海里,距广州黄埔港 125 海里,距厦门港 300 海里,距汕头港 180 海里。

惠州港直接依托的惠州市是广东省重要的加工制造业基地之一,后方具备铁路、公路、内河等多种运输方式。惠州港南临大亚湾及红海湾,建港条件优越。惠州港分为荃湾港区、东马港区、惠东港区 3 个港区。惠州港的功能定位是:广东沿海的地区性重要港口和地区综合交通体系的重要枢纽,是沿海集装箱支线港;是惠州市以及周边地区经济社会发展和对外开放的重要依托;是腹地能源、原材料物资运输的重要中转港。惠州港的服务范围以惠州市为主,并辐射珠江三角洲东部和粤北、粤东部分地区。

惠州海域位于我国沿海南北航路上,与海上丝绸之路联系紧密,领海基点针头岩是郑和下西洋的必经之地,纯洲岛曾是海上丝绸之路的停靠点。惠州港的建设,起步较晚,但起点较高。1990 年 5 月 25 日,惠州港建设拉开序幕。1992 年 10 月 28 日,惠州港一期工程 3 万吨级和 1 万吨级通用码头泊位及 3 万吨级油气码头泊位建成投产,澳头渔港正式更名为惠州港。1993 年,国务院批准惠州港为国家一类口岸,正式对外国籍船舶开放。随着惠州"工业立市""以港兴市"等战略的实施,惠州港已发展成为广东省地区性重要港口和综合运输体系的重要枢纽,也是腹地多省的能源、原材料转运港以及广东省沿海集装箱运输支线港之一,是华南地区船载危险货物最大集散地。

惠州港荃湾港区是惠州港的主要港区,位于荃湾半岛,是多功能综合性的港区,以承担大宗散货物资转运和集装箱运输为主,同时充分发挥水陆域条件和铁水联运等优势,为临港工业发展服务并大力拓展现代物流。东马港区是惠州港的大型石化港区,主要承担大亚湾石化区内生产企业的原材料及产成品装卸和广石化原油接卸服务,同时也为周边地区提供石化货物运输服务以及为海上石油钻井平台提供物资输送服务。惠东港区位于大亚湾东部、稔平半岛西南端的烟囱湾内,分为碧甲作业区、港口作业区、亚婆角装卸点 3 个作业区。

惠州港沿海现有 4 条万吨级以上进港主航道。荃湾港区进港航道全长为 20.89 千米,航道底高程为 −14.5 米,底宽 120 米,可全潮单向通航 5 万吨级集装箱船、兼顾乘潮单向通航 7 万吨级散货船航道。马鞭洲作业区主航道底高程为 −20.2 米,底宽 257 米,乘潮单向通航 25 万吨级满载原油船。东联作业区进港航道底高程为 -10.7 米,底宽 132 米,可单向通航 3 万吨级油船。惠东港区碧甲作业区进港主航道长 3.6 千米,底高程 -15.7 米,底宽 162 米,乘潮单向通航 10 万级的散货船。

惠州港沿海现有锚地 12 个,最大锚泊能力 30 万吨级,主要功能为船舶候潮、联检、待泊、避风、船舶掉头和过驳作业等。内河港区就近抛锚,无规划锚地。

2. 港口水文气象

惠州市地处亚热带,南临南海,为海洋暖湿气流进入的地区,多年平均气温 20 ~ 22 摄氏度,而且经常遭台风侵袭,雨量充沛,多年平均降雨量在 1500 ~ 2300 毫米之间,南部大,东北部小,年内降雨量分配不均;惠州市常风向为偏北风和偏南风,频率分别为 33% 和 26%,最大风速 21 米/秒;台风出现在每年 5—12 月,其中 7—9 月为最盛期,每年平均受台风影响 3.8 次。流域多年平均相对湿度 80% 左右。惠州市多年平均雾日 16.4 天,多年平均雷暴日 87 天。

大亚湾地区累年年平均气温为 22.1 摄氏度;年平均降水量为 1734.9 毫米;年平均雷暴日数为 76.6 天;年平均雾日数 7.6 天;多年平均相对湿度为 82%,最大相对湿度为 100%。大亚湾海区潮汐性质属于不正规半日混合潮,每月有 8 ~ 10 天为日潮,20 ~ 22 天为半日潮。大亚湾海区潮流为不规则半日潮流,平均流速 0.02 ~ 0.24 米/秒,为弱潮流海湾,潮流转流时,湾口西侧先涨后落,东侧先落后涨,形成一逆时针环流,历时 1 小时左右。湾内潮流基本为往复流,大亚湾湾口及中部流速较大,小鹅洲以北水域和哑铃湾海区流速较小,水体交换能力差。大亚湾湾口朝向 SE,湾内有众多岛屿遮挡,波浪一般不大,其中大亚湾湾口至马鞭洲、碧甲一带最大,霞涌、亚婆角、喜洲等处波浪略小,大亚湾西部哑铃湾、澳头湾一带波浪最小。

3. 发展成就

惠州港是区域综合运输体系的重要枢纽,是珠三角港口群的重要组成部分,也是广东省对外开放,积极参与经济全球化的重要口岸。经过多年建设,惠州港形成了以石油及化工品运输为主,集装箱支线、喂给运输为辅,兼顾大宗物资中转运输的货物运输格局,同时大力推进石化、电力等重型临港产业的发展,积极拓展物流、商贸、信息和旅游功能。至 2015 年,惠州港拥有生产性码头泊位 39 个,其中万吨级以上深水泊位 21 个(含 30 万吨级和 15 万吨级泊位各 2 个),总吞吐能力 10315 万吨。2015 年完成港口货物吞吐量 7013.5 万吨,其中集装箱吞吐量 26.8 万 TEU。

港口发展对地方经济发展有很强的带动作用。惠州市积极参与国家"一带一路"倡议,大力推动与 21 世纪海上丝绸之路沿线国家、地区的港口合作。

惠州港港区分布图如图 8-9-3 所示。

图 8-9-3　惠州港港区分布图

惠州港基本情况见表8-9-4。

(二)荃湾港区

1.港区综述

(1)港区建设和运营概况

荃湾港区地处珠江三角洲东部,毗邻香港,是珠江三角洲地区和粤东地区的接合部。荃湾港区从西到东分为荃湾、纯洲和鸡心岛3大作业区。

荃湾作业区为荃湾半岛,现有泊位除散杂通用泊位外,尚有一定规模油品泊位和油罐区。未来计划将通用泊位逐步改造成集装箱(多用途)泊位,与惠州国际集装箱码头形成规模效应。

表 8-9-4

惠州港基本情况表（沿海）

序号	港区名称	港口岸线		2015年港口生产用泊位			其中:1978—2015年建成的生产用泊位				2015年港口货物和旅客吞吐量									
		港口规划岸线	其中:2015年前已建成岸线	生产用泊位数	生产用泊位总长	其中:万吨级及以上	生产用泊位数	其中:万吨级及以上	生产用泊位总长	其中:万吨级及以上	货物吞吐量	其中:外贸货物吞吐量	集装箱	滚装车辆		旅客	其中:国际航线旅客
														数量	质量		
		千米	千米	个	米	个	个	个	米	米	万吨	万吨	万TEU	万辆	万吨	万人	万人
1	荃湾港港区	13.4	3.99	13	3.99	8	13	8	3.99	3.23	968.55	28.25	18.23	0	0	0	0
2	东马港区	10.1	5.33	20	5.33	9	20	9	5.33	3.38	3610.92	1845.83	0	0	0	0	0
3	惠东港区	17.43	0.31	10	1.20	1	10	1	1.20	0.31	670.68	3319.75	0.13	0	0	0	0
	合计	40.93	9.63	43	10.53	18	43	18	10.53	6.92	5250.15	5193.82	18.36	0	0	0	0

规划纯洲作业区作为惠州港发展大宗散货转运区及通用码头区;结合港区铁路布置,在纯洲作业区北侧区域规划为通用(散货)转运区;南侧区域规划为大型通用码头区。

考虑未来惠州市港口长远发展需要,鸡心岛作业区规划为港口物流仓储及临港工业发展预留区。

荃湾港区是惠州港的主要港区,是多功能综合性的港区,以承担大宗散货物资转运和集装箱运输为主,同时充分发挥水陆域条件和港铁联运等优势,为临港工业发展服务并大力拓展现代物流。

(2)港区地理条件和集疏运概况

荃湾港区位于惠州大亚湾西南荃湾村附近位置。规划区位于大亚湾西北岸至东岸和红海湾西岸,稔平半岛介于两湾之间,均属于基岩山地海岸,大亚湾北有海岸山脉,山丘与海濒临,岸滩狭窄,局部分布有山间小河口三角洲平原和滨海平原。

惠州港荃湾港区集疏运条件较好,铁路方面,可通过惠大铁路,连接京九铁路通往京九沿线或者广梅汕沿线地区;公路方面,可通过疏港大道与惠大疏港高速公路、惠深沿海高速公路、广惠高速公路东延线连接,与惠州市四通八达的公路网相接,并由此接入国家和省公路网,形成完善的公路集疏运体系。荃湾港区与珠三角成品油输送管道相连接,从湛江经阳江、广州、东莞、深圳至惠州港泽华码头,其中惠州境内管线长度约30千米。

2.港区工程项目

(1)惠州港一期通用码头工程

项目于1990年5月开工,1992年10月试运行,1992年10月竣工。

项目建设依据:1990年6月,交通部第四航务工程勘察设计院编制《惠州市惠州(澳头)港通用码头工程可行性研究报告》;1990年2月,广东省计划委员会《关于惠州市澳头港通用码头泊位建设设计任务书的批复》(粤计交〔1990〕067号);1990年3月,交通部第四航务工程勘察设计院《惠州(澳头)港通用码头工程初步设计说明书》;1990年4月,广东省建设委员会《关于惠州(澳头)港通用码头工程初步设计的批复》(粤建函〔1990〕061号)。

工程建设内容主要包括在荃湾港区内新建1个3万吨级码头泊位、1个3000吨级泊位、陆域堆场等配套设施。3000吨级码头长126米,码头前沿水深12.5米。水工结构采用重力式扶壁结构。通用码头总面积3.83万平方米,其中外贸4.36万平方米、内贸29.47万平方米,外堆场4.48万平方米。仓库面积:7200平方米,筒仓容量:3500吨3个、16000吨9个。主要装卸设备配置45吨门座式重机2台、40吨门座式重机4台、卸船机3台。陆域总面积约22.44万平方米,包括内贸堆场、杂货仓库、道路等。

项目建设单位惠州港业股份有限公司;设计单位交通部第四航务勘察设计院;施工单位交通部第四航务工程局第二工程公司;监理单位南华建设监理所。

建设项目投产后服务腹地工业需求,通用码头为腹地内有制造集装箱的客户,客户常年通过通用码头中转钢材;腹地内新建工厂购买的精密设备会经过通用码头卸货。服务房地产和基建,从北方到来的散装水泥、建筑钢材、石膏石等原材料主要通过通用码头卸货,应用于惠州地区的房地产和各项基建。服务河源、梅州、江西电厂,通过水铁联运能够降低电厂客户的运输成本,借此引进的河源电厂、大埔电厂、梅州电厂、井冈山电厂等电厂客户通过通用码头中转电煤,为当地的供电事业。

(2)惠州港油气码头工程

项目于1991年3月开工,1992年8月竣工。

项目建设依据:1989年,惠州市计划发展委员会《关于建设澳头港五千吨级油气码头项目建议书的批复》(惠市府计〔1989〕031号);1989年,惠州市建设委员会(关于惠州(澳头)港油气码头工程初步设计的批复)(惠市建字〔1989〕178号)。1990年4月,国家海洋局南海海洋环境监测中心、中山大学地理系环科所联合编制《惠州(澳头)港通用码头、油气码头和油气库建设工程环境影响评价报告书》;1990年8月,广东省环境保护局《关于惠州(澳头)港通用码头、油气码头和油气库建设工程环境影响评价报告书的审批意见》(粤环建字〔1990〕025号)。

码头位于惠州港荃湾港区内(原芝麻洲南侧水域),水工建筑物主要为码头、引桥、引堤三部分,码头部分为高桩梁板式工作平台,6个系缆墩和2条人行桥组成,码头总长290米,3万吨级泊位和3000吨级泊位各1个,3万吨级泊位工作平台长80米、宽15米,系缆墩东西侧各3个,长宽均为5米,沿水深12.2米;3000吨级泊位前沿水深6.5米;2个泊位码头面设计高程均为4.0米;引桥为高桩梁板式结构,全长87.5米,宽度为10.0米,桥面设计高程为4.0米;引堤全长38米。其他设施主要为工艺管线、高位消防两用炮、干粉系统、喷淋系统、可燃气体报警系统、声光报警系统、紧急切断系统、导航系统、监控系统、给排水系统、照明系统等。总投资约3182万元,资金来源企业自筹。工程透水构筑物(码头用海)1万平方米。

项目建设单位为惠州港业股份有限公司,设计单位为交通部第四航务勘察设计院,施工单位为广州建港工程公司,监理单位为交通部第四航务勘察设计院。

建设项目投产后为荃湾石化区后方约十家储库企业的成品油及液态化工产品的集输运提供装卸服务。为中海油惠州石化成品油出厂提供码头服务。承接粤东地区,部分珠三角、江西、湖南等地区的石油化工产品的转运服务,保障各腹地成品油市场需求。

(3)惠州港一期通用码头改造、续接工程

项目于2003年12月开工,2005年10月试运行,2005年10月竣工。

项目建设依据:2003年7月,惠州市发展计划局《关于惠州港通用码头及堆场改造工程的批复》(惠市府计基〔2003〕128号);2003年11月,惠州市发展计划局《关于惠州港一期改造工程往西延长 90 米的批复》(惠市府计基〔2003〕194 号);2004 年惠州市交通局《关于惠州港一期码头(改造)配套项目施工图设计的批复》(惠市交发〔2004〕20 号);2004 年 3 月,惠州市交通局批准建设项目开工报告。

工程建设内容主要包括在原有港区一期码头泊位向西顺延长 190 米,以及陆域堆场等配套设施。改造码头位于惠州港荃湾港区 3 万吨级通用码头泊位西侧,原码头岸线长 383 米,向西延长 190 米,以及一期码头连接过渡段长 16 米,现有岸线总长为 589 米。码头采用与原一期码头 3 万吨级通用码头相同的重力式扶壁结构,码头前沿水深为 12.5 米,设计靠泊能力为 5 万吨级散货。堆场总面积 56320 平方米,其中包括木片区 2 万平方米(分为木片加工区 6000 平方米、木片堆放区 14000 平方米)、联锁块堆场 2.63 万平方米(其中码头前沿门座式重机轨道区 3800 平方米),新增堆场 1 万平方米。项目总投资 5014.66 万元,资金来源企业自筹。工程透水构筑物(码头用海)1 万平方米。

项目建设单位为惠州港业股份有限公司。设计单位为中国船舶工业第九设计研究院,中国人民解放军海军工程设计研究院。施工单位为中国水产广州建港工程公司。监理单位为广州港水运工程监理公司。质监单位为惠州市交通工程质量监督站。

(4)惠州港荃湾港区 5 万吨级石化码头工程

项目于 2014 年 11 月开工,在建项目。

项目建设依据:2011 年 12 月,广东省发展和改革委员会《关于惠州港荃湾港区 5 万吨级石化码头项目申请报告核准的批复》(粤发改交通〔2011〕1500 号);2010 年 5 月,中交第四航务工程勘察设计院有限公司《惠州港荃湾港区 5 万吨级石化码头工程工程可行性研究报告(修正版)》;2011 年 9 月,广东省交通运输厅《关于对惠州港荃湾港区 5 万吨级石化码头工程可行性研究报告审查意见的函》(粤交规函〔2011〕1949 号);2012 年 6 月,中交水运规划设计院有限公司《惠州港荃湾港区 5 万吨级石化码头工程初步设计》;2012 年 10 月,广东省交通运输厅《广东省交通运输厅关于惠州港荃湾港区 5 万吨级石化码头工程初步设计的批复》(粤交基〔2012〕1173 号)。2009 年 4 月,惠州市国土资源局大亚湾分局《关于惠州港荃湾港区 5 万吨级石化码头工程选址意见的复函》(惠湾国土资函〔2009〕217 号);2009 年 11 月,广东省建设厅《关于惠州港荃湾港区 5 万吨级石化码头工程项目选址的审查意见》;2009 年 2 月,惠州市海洋与渔业局《关于荃湾港区 5 万吨级石化码头项目用海的审查意见》(惠市海渔〔2009〕13 号);2009 年 5 月,大亚湾水产资源省级自然保护区管理处《关于惠州港荃湾港区建设 5 万吨级石化码头工程在保护区用海的复函》;2010 年 6 月,环境保护部华南环境科学研究所编制的《惠州港荃湾港区 5 万吨级石化码头工程环境影响报告书》;2010 年 7 月,广东省环境保护厅《关于惠州港荃湾港区 5 万吨级石化码头工程环境影响报告书的批复》(粤环审〔2010〕259 号);2011 年 12 月,广东省海洋与渔业局《关于惠州港荃湾港区 5 万吨级石化码头项目海域使用预审意见的批复》(粤海渔函〔2011〕990号);2011年8月,交通运输部《关于惠州港荃湾港区5万吨级石化码头工程使用港口岸线的批复》(交规划发〔2011〕456号);2012年9月,惠州市海洋与渔业局《海域使用权证书》(国海证2012C44130302442号);2012年9月,惠州市海洋与渔业局《海域使用权证书》(国海证2012C44130302456号)。

工程建设内容为新建1个5万吨级石化泊位(水工结构按靠泊8万吨级船舶设计),同时兼靠1艘1万吨级及1艘5000吨级油品船),1个1万吨级石化泊位,1个5000吨级石化泊位及相应的配套设施。该码头位于惠州港荃湾港区泽华石化码头东侧,码头泊位总长330米,栈桥总长80米,码头前沿停泊水域宽为60米,设计底高程为-13.7米,水工结构按停靠8万吨级船舶设计,远期预留到-15.1米。水工结构采用高桩墩台结构,墩台采用现浇钢筋混凝土结构,桩基为PHC桩。陆域形成主要包括东侧和北侧路堤,东侧路侧全长约546米,其中靠南端长约112米段现状为海域,需回填形成陆域;北侧路堤需在现有护岸基础上向内侧加宽12.5米,加宽路堤区长度约34米。装卸工艺采用输油臂和软管装卸及管道输送。投资估算约2.5亿元,资金来源企业自筹。工程透水构筑物(码头用海)1.15万平方米。

项目建设单位为惠州港业股份有限公司;设计单位为中交水运规划设计院有限公司;施工单位为中交第四航务工程局有限公司;监理单位为广州华申建设工程管理有限公司;质监单位为广东省交通运输工程质量监督站。

(三)东马港区

1. 港区综述

(1)港区建设和运营概况

东马港区主要为货主码头。截至2015年,东联作业区从西往东已建有中海炼油项目成品出运码头、中海壳牌南海石化项目化工泊位、LNG电厂重件泊位、欧德仓储5000吨级配套码头、国华电力热点联供电厂配套煤炭码头等,除国华电力码头外各泊位继续向南延伸岸线规划石化泊位。考虑未来大亚湾石化区产业发展对岸线的需求,规划考虑对现中海壳牌南海石化排污管线进行改线,以获得离长约5.0千米的码头岸线,可建约20个5000～50000吨级石化泊位。东四路和东三路之间约795米的岸线为中海油惠州物流基地配套码头岸线,为3000吨泊位1个、5000吨泊位3个,2000吨级泊位1个泊位,规划陆域纵深1210米。受中海壳牌南海石化项目的海底排污管线路由的限制,公用码头等级应控制在5000吨级以下,其东部岸线规划为预留发展岸线。

马鞭洲作业区位于大亚湾中部,距离东联作业区规划岸线约9千米。马鞭洲岛东侧现有中海壳牌南海石化项目15万吨级化工原料码头1座和华德公司15万吨级、30万吨级原油码头各1座,马鞭洲岛西侧现有华德公司工作船码头1座,该工作船码头以西及南侧规划为华德公司的 1 个 5000 吨级泊位、2 个 1 万吨级泊位及 2 个 2 万吨级泊位。马鞭洲岛东北侧为中海炼油 30 万吨级原油码头 1 座，其北侧规划 1 个 30 万吨级原油码头，往北与鸡心岛作业区之间的岸线长约 1.7 千米，规划为大型油品码头预留发展岸线。芒洲岛东侧 1 个 30 万吨级泊位及 2 个 3 万 ~ 8 万吨级泊位，岸线总长 1145 米，作为燃料油调和配送中心配套码头，码头轴线平行现有的华德原油泊位；在芒洲岛西侧岸线规划 3 个 2 万吨级燃料油出运码头，码头岸线长 665 米。根据罐区陆域发展设想规划以栈桥连接马鞭洲岛北侧锅盖洲岛及其南侧芒洲岛作为马鞭洲作业区陆域。锅盖洲岛距马鞭洲岛约 300 米，陆域面积约为 4 万平方米；芒洲岛距马鞭洲岛 400 米，可形成陆域面积 30 万平方米。

（2）港区地理条件和集疏运概况

东马港区规划区位于大亚湾西北岸至东岸和红海湾西岸，稔平半岛介于两湾之间，均属于基岩山地海岸，大亚湾北有海岸山脉，山丘与海濒临，岸滩狭窄，局部分布有山间小河口三角洲平原和滨海平原。

东马港区的货物主要为原油、化工原料及成品油、化工品类。原料在马鞭洲作业区卸船后，主要通过海底管道输送至大亚湾石化区内生产企业。成品出运主要通过管道输送至码头装船或接入石化管道。公路集疏运通道，主要由海滨路（双向 6 车道）、石化大道（双向 6 车道）、惠深沿海高速（双向 6 车道）和石化区北环路（双向 6 车道）构成。

2. 港区工程项目

（1）中海壳牌南海石化项目码头工程

项目于 2003 年 9 月开工，2005 年 11 月试运行，2010 年 9 月竣工。

项目建设依据：1997 年 12 月 30 日，国家计划委员会《关于中外合资项目可行性研究报告的批复》（计原材〔1997〕2678 号）；2000 年，国家计划委员会《关于中外合资南海石化项目码头工程建设方案有关问题的批复》（计产业〔2000〕1614 号）；2002 年 4 月 25 日，国家安全生产监督管理总局《中海壳牌石油化工有限公司南海石化项目劳动安全卫生预评价报告的批复》（安监函字〔2002〕26 号）；2002 年 8 月 21 日，国家环境保护总局《关于南海石油化工项目码头及海底管输工程环境影响报告书审查意见的复函》（环审〔2002〕304 号）；2002 年 6 月 14 日，广东省建设厅、广东省发展计划委员会《关于中海壳牌南海石化项目初步设计的批复》（粤建设字〔2002〕75 号）；2002 年 9 月 25 日，广东省建设厅、广东省发展计划委员会《关于中海壳牌南海石化项目东联码头初步设计的批复》（粤建设函〔2002〕409 号）；2003 年 12 月 16 日，广东省建设厅、广东省发展计划委员会《关于中海壳牌南海石化项目马鞭洲港区码头工程初步设计的批复》（粤建设函〔2003〕613 号）；广东省发展计划委员会《关于中海壳牌南海石化项目自行组织工程建设招标问题的复函》（粤计工函〔2002〕165 号）；2003 年 1 月 20 日，广东省建设厅《省建设厅工作会议纪要》。惠州市国土资源局发东联码头土地使用证（惠湾国用〔2006〕第 1321200652 号）；惠州市人民政府发东联码头海域使用权证书（HUI2006002）；马鞭洲码头海域使用权证书（HUI2006003）；《关于中海壳牌南海石化项目东联码头岸线使用的批复》惠州市港务管理局（惠港发〔2003〕3 号）。

东联码头 800～12500 吨级液体化工品泊位 2 个，800～40000 吨级液体化工品泊位 1 个，年装卸能力 200 万吨。马鞭洲码头 6 万～15 万吨级原料油泊位 1 个，年通过能力 800 万吨。总投资 8.36 亿，资金来源企业自筹。项目用地面积 6733 平方米，用海面积：东联码头 97.36 公顷、马鞭洲 41.23 公顷。

项目建设单位为中海壳牌石油化工有限公司；设计单位为中交第一航务工程勘察设计院、中交第四航务工程勘察设计院、中国天辰工程公司、中国成达工程公司；施工单位为渤海石油航务工程公司；监理单位为北京毕派克工程建设监理公司、厦门港湾咨询监理有限公司。

（2）惠州市大亚湾华德石化有限公司原油码头及配套设施项目（一期工程建设一个 15 万吨级泊位，二期工程扩建一个 30 万吨级泊位）

项目一期于 1994 年 9 月开工，1997 年 3 月试运行，1997 年 9 月竣工。

项目二期于 2005 年 12 月开工，2007 年 3 月试运行，2010 年 1 月竣工。

项目建设依据：一期 15 万吨级泊位：1993 年 11 月 9 日，惠州市计划委员会批复中国石化洛阳工程公司、交通部四务勘察设计院等编制的《惠州市大亚湾华德石化有限公司项目可行性研究报告》（惠市府计资字〔1993〕452 号）。1994 年 3 月 14 日，惠州市建设委员会批复交通部四务勘察设计院编制的《惠州市大亚湾华德石化有限公司原油码头及其配套设施工程项目初步设计的报告》（惠市建字〔1994〕023 号）。1995 年 11 月，广东省环境保护局批复中山大学环境科学研究所编制的《原油码头及配套设施项目环境影响报告书》（粤环建字〔1995〕45 号）。1993 年 6 月，惠州大亚湾经济技术开发区管理委员会批复项目用地审查（惠湾函〔1993〕206 号）。

二期 30 万吨级泊位：2003 年 7 月，惠州大亚湾计经贸办公室批复中交第四航务工程勘察设计院编制的《惠州市大亚湾华德石化有限公司原油码头改扩建工程预可行性研究报告》（惠湾计经贸字〔2003〕12 号）；2003 年 8 月，惠州大亚湾计经贸办公室批复中交第四航务工程勘察设计院编制的《惠州市大亚湾华德石化有限公司原油码头改扩建工程可行性研究报告》（惠湾计字〔2003〕29 号）；2003 年，惠州市发展计划局《关于大亚湾 15 万吨级原油码头改扩建工程项目建议书的批复》（惠市府计基〔2003〕187 号）；2005 年，中石化股份公司《关于广州石化原油码头改扩建工程可行性研究报告的批复》（石化股份计〔2005〕63 号）；2005 年，中石化股份公司计划部《关于广州石化原油码头改扩建工程基础设计的批复》（石化股份计〔2005〕83 号）（该基础设计批复获得交通部门认可）；2008 年，国家发展和改革委员会《国家发展改革委关于惠州港马鞭洲广州石化原油码头工程项目核准的批复》(发改交运〔2008〕1237号)。2005年9月,国家环境保护总局批复中山大学环境科学研究所编制的《原油码头30万吨级改扩建工程环境影响报告书》(环审〔2005〕761号)。2008年3月,广东省建设厅《建设项目选址意见书》(选字第440000200800006号);2009年5月,国家海洋局对项目用海作出批复(国海管字〔2009〕360号)并办理海域使用证(国海证091100018号);2003年11月,交通部办公厅批复北京交运安全卫生技术咨询中心编制的《原油码头改扩建工程及增建海底输油管道工程劳动安全卫生预评价报告》(厅人劳字〔2003〕499号);2005年,广东海事局《水工通航安全审核意见》(通字〔2005〕025号);2006年2月,广东海事局批复交通部水运科学研究院编制的《原油码头改扩建工程溢油环境风险评估报告》(粤海事函〔2006〕41号);2006年,惠州公安消防局《关于广州石化原油码头改扩建工程消防设计审核意见》(惠公消审字2006第143号);2008年,广东省建设厅《建设项目选址意见书》(选字第440000200800006号)。

一期建设高桩墩式15万吨级泊位1个,码头总长430米,蝶形布置。码头前沿水深18.5米、码头设计靠泊能力为1万~15万吨级船舶。华德石化原油码头及配套设施项目一期工程总投资14.56亿元,其中码头部分2.98亿元(含航道投资),资金由公司参股方自筹解决。一期建设于1994年9月15日正式开工,在马鞭洲岛爆破平整土地,填海造地面积14万平方米,加上原岛域陆地11万平方米,项目总用地面积25万平方米。填海工程1996年1月20日完工,填海造地费用6575万元。另外码头用海面积15.7公顷,港池用海面积58.8公顷。

设计单位为中石化洛阳工程公司为项目总体院负责项目可行性研究及库区管道部分设计工作。其中,码头部分设计单位为交通部第四航务勘察设计院;施工单位交通部四航局二公司;监理单位广州石化建设监理有限公司;质量监督单位为中国石油化工总公司工程质量监督站。

二期建设高桩墩台开敞式30万吨级泊位1个,码头总长490米,蝶形布置。码头前沿水深21.3米、码头设计靠泊能力为10万~30万吨级船舶。马鞭洲岛上原油库容60万立方米(5万立方米储罐12座)燃料油库容23万立方米(其中5万罐2座、2万罐4座、1万罐2座、5000罐6座)码头主要装卸油品,主要装卸设备为输油臂。二期30万吨级泊位建设总投资1.97亿元,资金由华德公司自筹解决(另历年航道投资9.76亿元)。新增用海面积29.8公顷。

设计单位为中交第四航务工程勘察设计院;施工单位为中港四航局第二工程公司、上海理工大学华昌聚合物有限公司、陕西省设备安装有限公司;监理单位为上海华申工程建设监理咨询有限公司;质量监督单位为广州港质量监督站。

(四)惠东港区

1. 港区综述

(1)港区建设概况和运营情况

惠东港区包括碧甲作业区、港口作业区、亚婆角装卸点以及盐洲装卸点。

惠东港区碧甲作业区1996年建成1000吨级泊位3个,设计吞吐能力20万吨,主要装卸货类为集装箱。2005年,平海电厂选址在惠东港区碧甲作业区,其配套建设的7万吨级煤码头(水工结构按靠泊15万吨级散货船舶设计)及航道工程于2009年底基本完成,2010年底扩建成10万吨级航道。

港口作业区位于稔平半岛最南端的港口镇大星山西侧,直接依托港口镇。现有位于大澳塘内的货运泊位1个,规划泊位长150米,可停3000吨级船舶,吞吐能力15万吨。

亚婆角装卸点原有亚婆角装卸点于大亚湾湾顶鹤嘴以东,阅洋山庄和长沙湾海滨乐园附近,建成顺岸式1000~2000吨级货运泊位3个,岸线长210米;该装卸点规划保留现状,未来视经济发展情况可对泊位进行改建。亚婆角装卸点Ⅱ位于装虎尾角,规划预留万吨级及以下岸线450米。

盐洲装卸点位于稔平半岛内海——考洲洋内盐洲岛南端,建成500吨级泊位3个,吞吐能力10万吨,规划预留了2000吨级泊位2个,规划泊位长170米,3000吨级泊位1个,长150米,该装卸点陆域面积6.6万平方米。

(2)港区地理条件和集疏运概况

惠东港区规划区位于大亚湾西北岸至东岸和红海湾西岸,稔平半岛介于两湾之间,均属于基岩山地海岸,大亚湾北有海岸山脉,山丘与海濒临,岸滩狭窄,局部分布有山间小河口三角洲平原和滨海平原。

碧甲航道工程是与平海发电厂有限公司7万吨级码头工程同步建设的,于2008年开工,2009年竣工,疏浚总工程量为686万立方米,工程总投资为1.24亿元。目前的航道底高程-15.7米、底宽162米、长3.6千米,可通航行10万吨级散货船。

惠东港区公路集疏运通道,主要由广惠高速东延线(双向4车道)、县道X210(环岛路,双向4/6车道)、县道X213(双向6车道)、县道X211(双向4/6车道)等。规划集疏运铁路为厦深铁路至惠东港区碧甲作业区铁路支线。

2. 港区工程项目

平海电厂新建工程项目码头工程

项目于2008年4月开工建设,2010年6月试运行。

项目建设依据:2008 年,国家发展和改革委员会核准工程(发改能源〔2008〕2610号);交通运输部批复初步设计。

工程建设 1 个 7 万吨级卸煤泊位(码头水工结构按照靠泊 15 万吨级散货船设计)和 1 个 3000 吨级重件泊位,以及相应的配套设施。泊位为顺岸式布置,码头长度为 310 米;3000 吨级重件泊位布置在煤泊位的西北侧,码头长度 138 米。

建设单位为广东惠州平海发电厂有限公司;设计单位为中交第四航务工程勘察设计院;监理单位为广州南华工程管理有限公司;施工单位为中国水产广州建港工程公司(卸煤泊位)、广东金东海集团有限公司(重件泊位);质监单位为汕头港港口工程质量监督站。

五、深圳港

(一)港口概况

1.港口综述

深圳市位于我国华南沿海、珠江东岸,毗邻香港,背靠珠江三角洲,面向东南亚和亚太地区,战略地位重要、区位优势突出,是我国开放最早,经济、贸易和水上运输最发达的地区之一。深圳市拥有海岸线 257 千米,东拥大鹏湾、大亚湾,西临珠江口,具有发展水运的优良自然条件。深圳港被九龙半岛分为东西两大部分。其中,西部港口位于珠江矶石水道东岸,水路北至广州 40 海里,通过内河水网可沟通珠江三角洲、港澳及广大华南地区,海船经暗士敦水道可通达国内沿海及世界各港。东部港口主要分布在大鹏湾内,水路距香港 53 海里、澳门 75 海里,通过深水航道可以顺畅地与国内外主要港口相连接。

深圳港由盐田港区、南山港区(辖蛇口港区、赤湾港区、妈湾港区、东角头港区)、大铲湾港区、宝安港区、大鹏港区(辖下洞港区、沙鱼涌港区)、内河港区和一些其他专用码头组成。盐田港区是以外贸集装箱装卸、中转、换装、存储等为主的专业集装箱港区。蛇口港区是深圳最早开发建设及最大的综合性港区,以经营散杂货、内贸集装箱、外贸集装箱运输和客运及油品装卸储存为主,还建有救捞、海事、消防等公共码头。赤湾港区是深圳西部主要的深水中转站和南海石油后勤服务基地,主营粮食、化肥等散杂货和集装箱运输业务。妈湾港区主营钢材、散装水泥、发电用煤等件杂和油气品装卸,兼营集装箱驳运业务。大铲湾港区是以内外贸运输为主的集装箱专业港区。东角头港区主要由中石化广东石油分公司深圳蛇口油库建设和经营,主营油气及附属产品。宝安港区是深圳机场的配套建设项目,由深圳机场港务公司负责经营。下洞港区以经营油气及附属产品为主。沙鱼涌港区由深圳沙鱼涌港口区联合开发有限公司负责建设和经营,以接卸散杂货为主。

内河港区主要由深圳河的上步及宝安区等内河沿河码头组成,货物装卸以人力为主,承担深圳市基本建设所需的矿建材料。此外,全市岸线范围还星罗棋布分布着一些公司、企业的专用码头,这些码头布局分散,除 LNG 码头和电厂重件码头外,规模虽小,但也是深圳港的重要补充。

深圳港腹地水陆空交通发达。现有京广、京九两条铁路大通道,通过平南、平盐铁路支线与港口直接相连,使深圳港成为我国南北铁路干线的重要出海口;同时,通过广深铁路可以与广梅汕铁路、三茂铁路相通,增强了深圳港对粤东、粤西地区的辐射能力。深圳市现有广深、莞深、梅观、深汕、惠盐、盐坝、盐排高速公路及 107 国道、深惠高等级公路等多条干线公路,通过城市快速路网与港口相衔接,可以沟通广州、东莞、惠州、汕头等地市及广大华南地区,并可通过深圳湾、皇岗、罗湖、文锦渡、沙头角等口岸与香港公路网连通。此外,深圳宝安国际机场是我国大型机场之一。深圳市水、陆、空、铁等多种运输方式齐备,对外交通十分便利,为港口的发展创造了良好的外部交通条件。

深圳港是伴随着改革开放、腹地内经济发展建设而成的,港口投资建设过程中呈现出明显的阶段性、地域性和专业性。

第一阶段(1980—1991 年),以蛇口开山填海为标志,对西部蛇口、赤湾、妈湾及东部下洞、沙鱼涌等港口进行开发建设。到 1991 年,共建成 500 吨级以上泊位 67 个,其中万吨级以上泊位 13 个,主要为散杂货泊位。码头结构主要受地质条件及施工水平影响,蛇口、赤湾、沙鱼涌以直立式为主,妈湾及下洞以混凝土高桩为主。第一阶段的建设有效保障了工业原材料及城市建材的运输。1991 年,全港完成货物吞吐量 1664 万吨,比改革开放初期的 1979 年增加了约 80 倍,并跃入全国沿海十大港口行列。

第二阶段(1992—2000 年),为适应经济全球化及全球制造业向我国转移的需要,港区确立了以集装箱运输为重点的发展方向。新建了盐田、赤湾等专业化集装箱港区。到 2000 年,共建成 500 吨级以上泊位 128 个,新建泊位以万吨以上为主,其中专业集装箱泊位 14 个,多为 5 万吨级以上泊位。2000 年,全港货物吞吐量 5697 万吨,其中集装箱吞吐量 399 万 TEU,成为我国第二大集装箱干线港。

第三阶段(2000 年以后),港口建设以专业化、大型化和功能提升与整合为方向。实施了西部集装箱港区的资源整合,对盐田、蛇口及赤湾进行了扩建,并新建了大铲湾港区,建设了国内第一个 LNG 专用码头,同时通过建设铜鼓航道、西部公共航道及多个物流园区、保税港区等配套工程,提升了港口的功能。至 2015 年,深圳港共建成了蛇口、赤湾、妈湾、盐田、大铲湾、东角头、沙鱼冲、下洞、宝安和内河 10 个港区以及妈湾电厂、核电、大鹏 LNG 等专用码头。共有各类码头泊位 156 个(其中,生产性泊位 143 个、非生产性泊位 13 个),其中万吨级以上泊位 67 个,大型集装箱专用泊位 45 个,客运轮渡泊位 19 个,油气化工泊位 25 个。生产性码头泊位岸线总长度 30.63 千米。货物年吞吐能力 19660 万吨,其中集装箱吞吐能力 1944 万 TEU。2015 年,全港共完成货物吞吐量 2.17 亿吨,集装箱 2420.45 万 TEU,旅客吞吐量 586.52 万人次,连续三年排名全球第三大集装箱港口。

深圳港毗邻国际海运贸易主通道,区位优势明显,各主要港区均有深水航道直通外海。深圳港进港航道分为东西两部分。东部港区距离主航道 12 海里,西部港区距离主航道 22 海里。

东部港口依托大鹏湾良好的港湾条件,以天然航道为主,人工航道较短。盐田港区、沙鱼涌港区、下洞港区等分布在大鹏湾内,与国际主航线相连。其中,盐田港区拥有 16 米以上的天然深水航道,全年无淤泥,能满足 10 万吨级以上船舶满载全天候进出港口需求,世界最大集装箱船舶满载可直接靠离泊。

西部港口包括蛇口港区、赤湾港区、妈湾港区、大铲湾港区等位于珠江口东岸,航道水深 14~16 米,通过内河水网连接珠江三角洲、港澳及广大华南地区,经暗士敦水道可通达国内沿海港口及世界各港。西部港口出海通道主要有 3 条:一是 5000 吨级以上海船经香港东博寮水道、马湾水道、暗士敦水道进入西部港口南航道,再通过人工航道抵达各港区;二是 2007 年铜鼓航道一期工程建成,形成 5000 吨级以上海船进出西部港口的第二条出海通道;三是 5000 吨级以下海船(吃水 6.5 米以下)可直接由龙鼓西航道进入西部各港区。西部各港区航道均为人工航道。

深圳港东部水域共有 8 个锚地,西部水域共有 12 个锚地,主要供进出港船舶候泊、联检、引航、装卸货物和防台之用。

2. 港口水文气象

深圳市濒临南海,属南亚热带海洋性气候。温暖潮湿,冬短夏长,雨量丰沛,四季常青,无霜冻和降雪,日照强烈,雷暴频发,夏秋季常有台风影响。深圳市多年平均气温 22.7 摄氏度。全年降水主要集中在 4—9 月,降水量占全年的 84%,多年平均年降水量为 1963.8 毫米。季风季节性变化明显,春冬季盛行北风,夏秋季盛行偏南风,沿海风速大于内陆,西部风力大于东部。多年平均相对湿度为 78%,全年中 3—8 月相对湿度较大,月平均相对湿度 80% 以上,10 月至翌年 2 月相对湿度略小,其中 11 月最小,为 63%。全年雾日集中出现在冬、春季的 12 月至翌年 4 月,4 月出现最多,6、7 月出现最少。

深圳海域的潮汐属不正规半日潮,潮汐强度中等,潮汐日不等现象明显。深圳市沿海是受风暴潮威胁较严重的海域,台风增水影响明显。根据 1949—1980 年赤湾站实测增水资料统计,台风增水 35 次,最大增水 1.96 米,其中增水大于 1.0 米的 9 次、大于 0.5 米的 35 次。舢板洲附近台风最增水为 1.5 米。危害性风暴潮的发生多为台风过境时与天文大潮相遇,引起强降雨和高增水。深圳沿海所处南海海域外海波浪较大。西部港口处于珠江口内东侧,珠江口为喇叭形河口,河口滩槽发育外海波浪传入港口已衰减许多;东部港口处于大鹏湾、大亚湾内,湾口湾内有众多岛屿掩护,受外海波浪影响较小。深圳西部海域以风浪为主,涌浪较少;大鹏湾内海域受外海波浪及湾内风区产生的风浪综合影响;大鹏半岛南端受涌浪及风浪综合影响;大亚湾坝光港区以东北向风浪为主,主要受小风区的影响。

3.发展成就

深圳是一个开放型港口城市,以港兴市是港口城市发展的通用模式。改革开放以来,深圳从一个只能停靠几十条渔船的小渔港,发展到拥有先进的港口设施和一流管理水平的世界著名现代化港口,这在世界港口发展史上也是一个奇迹。可以说没有深圳港就没有深圳市。

经过近40年的发展,深圳港累计投资逾500亿元,已发展成为华南地区集装箱枢纽港,集聚现代服务业和先进制造业的重要平台,促使深圳成为珠三角最重要的贸易门户。深圳从20世纪80年代蛇口开港至2008年,经历了一个高速发展期,集装箱吞吐量年平均增长率为20%以上。2008年以来,受国际金融危机等因素影响,深圳港集装箱吞吐量出现波动,整体增速明显放缓,2008—2015年,深圳港年均增速为1.76%。2015年,深圳港完成集装箱吞吐量2421万TEU,连续三年位居全球集装箱港口第三位。深圳港是外贸大港,外贸集装箱占全港集装箱吞吐量比例均在93%以上。深圳港在珠三角外贸集装箱吞吐量市场份额逐年增长,2015年占比为45.93%。截至2015年,深圳港共有国际集装箱班轮航线254条,通往100多个国家和地区的300多个港口,形成了完善的航运网络。深圳是华南地区全球超大型集装箱船舶首选港,2015年全球投入运营的47艘1.8万TEU 3E级集装箱船舶100%挂靠盐田港区。

深圳港口在城市经济社会发展中发挥了举足轻重的作用。深圳是中国改革开放后的第一个经济特区,经济发展迅速,创造了举世瞩目的"深圳速度"。根据测算,深圳每新增10000TEU可产生经济贡献0.43亿元,以2015年2420万TEU计算,港口对深圳的总体经济贡献约1040亿元,占全市经济总量约6.0%。

深圳港港区分布图如图8-9-4所示。

深圳港基本情况见表8-9-5。

(二)盐田港区

1.港区综述

(1)港区建设和运营概况

盐田港区位于深圳市东部大鹏湾北岸,依托深圳特区,毗邻香港,是深圳市集装箱运输主要港区之一,更是华南地区的集装箱运输枢纽港口。盐田港作为深圳港的主要组成部分，2015年承担深圳港一半以上集装箱吞吐量运输任务。盐田港分中东西3个作业区，中作业区已建成，分为一期工程、二期工程、三期工大铲湾程及扩建工程，西作业区已建成，分为西港一期、西港二期，东作业区完成了部分填海。经营单位由盐田国际集装箱码头、盐田三期国际集装箱码头、深圳盐田西港区码头有限公司组成，3家码头实行统筹经营；已建成大型深水码头20个，岸线长9078米，码头面积417公顷，水深达14～17.6米，全球最大20万吨级超大型船舶全部靠泊过盐田港。盐田港是华南地区国际航线最密集的港区，每周航线超100条，其中欧美航线占60%，是全球单体最大和效益最佳的集装箱码头。2013年吞吐量为1079.6万TEU、2014年吞吐量为1167.3万TEU、2015年吞吐量为1216.6万TEU。

图8-9-4　深圳港港区分布图

（2）港区地理条件和集疏运概况

深圳港盐田港区位于广东省珠江三角洲东部的大鹏湾北岸，隶属于深圳市盐田区，港区南与香港隔海相望，西接盐田区沙头角镇，东邻大小梅沙，北靠惠阳地区。水路至香港53海里，至澳门73海里，至汕头180海里，至广州121海里，至珠海75海里；陆路经沙头角至深圳市中心19千米，至惠阳63千米，至广州188千米，至香港粉岭13千米。盐田港区后方已形成了以国道、高速公路和干线公路为骨架的公路网。盐田港区向东接盐坝高速公路和盐梅路连东部沿海地区。北可经北山大道穿盐田隧道与深汕、深惠、机荷高速公路连通，集疏潮汕地区、东莞、惠州等地货物。

表 8-9-5

深圳港基本情况表（沿海）

序号	港区名称	港口岸线		2015年港口生产用泊位					其中:1978—2015年建成的生产用泊位					2015年港口货物和旅客吞吐量							
		港口规划岸线	其中:2015年前已建成岸线	生产用泊位数	其中:万吨级及以上	生产用泊位总长	其中:万吨级及以上			生产用泊位数	其中:万吨级及以上	生产用泊位总长	其中:万吨级及以上	货物吞吐量	其中:外贸货物吞吐量	集装箱	滚装车辆		旅客	其中:国际航线旅客
																	数量	质量		
		千米	千米	个	个	米	米			个	个	米	米	万吨	万吨	万TEU	万辆	万吨	万人	万人
1	盐田港区	7.50	14.55	20	19	6298	6121			20	19	6298	6121	6740	6597	1217	0	0	—	—
2	南山港区	14.80	18.41	91	38	16720	12262			87	38	16620	12262	12498	10221	1075	0	0	522	250
3	宝安港区	4.10	0.55	6	0	695	0			6	0	695	0	267	12	7	0	0	65	65
4	大铲湾港区	5.40	11.61	5	5	1830	1830			5	5	1830	1830	1212	788	122	0	0	—	—
5	大鹏港区	7.30	2.97	21	4	3478	1352			21	4	3478	1352	989	745	0	0	0	—	—
	合计	39.10	48.09	143	66	29021	21565			139	66	28921	21565	21706	18363	2421	0	0	587	315

注:南山港区辖蛇口港区、赤湾港区、妈湾港区、东角头港区;大鹏港区辖下洞港区、沙鱼涌港区。

2.港区工程项目

(1)盐田港区一期工程

项目于 1987 年 12 月开工建设,1994 年 4 月试运行,1994 年 4 月竣工。

项目建设依据:1990 年 1 月,国家计划委员会《关于盐田港一期工程可行性研究报告批复》(计工〔1990〕32 号);1994 年 4 月,深圳市建设局《关于深圳市盐田港区第一期工程初步设计审查批复》(深建字〔1994〕94 号)、深圳市运输局《关于深圳市盐田港区第一期工程初步设计审查批复》(深运复字〔1994〕12 号)。1992 年,国家环境保护总局《深圳市大鹏湾盐田港总体规划建设工程环境影响报告书》(环监建〔1992〕078 号)。

项目建设 6 个泊位及相应的仓库、堆场等设施,1000 吨级通用泊位 1 个、3000 吨级通用泊位 1 个、2.5 万吨级通用泊位 1 个、3.5 万吨级及 5.0 万吨级集装箱泊位各 1 个(码头水工建筑允许靠泊能力 5 万吨级),岸线总长 1381.6 米,项目总年设计通过能力为 280 万吨。码头采用顺岸式布局,重力式、高桩式、板桩式结构。码头前沿水深 14.7 米。项目后方堆场面积 52 万平方米。主要装卸设备配置包括岸边集装箱起重机 3 台、轮胎式集装箱门式起重机 6 台。项目总投资 25 亿元,全部为企业自筹。

项目建设单位为深圳市东鹏实业有限公司(原盐田港集团);设计单位为交通部水运规划设计院;施工单位为交通部第四航务工程局第一工程公司、交通部第二航务工程局第四工程公司、交通部广州航道局等;监理单位为中交第一航务工程勘察设计院(中北港湾工程监理事务所)。

项目作为深圳市开发东部地区建设的重要项目,被交通部列为"八五"期重点开发的四大国际深水中转港之一和我国集装箱枢纽港。项目的建设促进广东经济发展,改善华南沿海港口布局,加速实现我国集装箱港口"南、北、中"布局,促进经济进一步繁荣与稳定。

(2)盐田港区二期工程

项目于 1997 年 3 月开工建设,2000 年 7 月试运行,2000 年 7 月竣工。

项目建设依据:1995 年 3 月,深圳港务局《印发盐田港二期三个集装箱泊位工程可行性研究报告评审意见》(深港〔1995〕27 号);1996 年 9 月,深圳市港务局《盐田港二期工程初步设计专家评审意见的批复》(深港〔1996〕05 号)。1992 年,国家环境保护总局环评批复(环监建〔1992〕078 号)。

项目建设 3 个 5 万吨级的集装箱泊位(码头水工建筑允许靠泊能力 10 万吨级),岸线总长 950 米。码头采用顺岸式布局,高桩式结构。码头前沿水深 15.5 米。项目后方堆场面积 50 万平方米。仓库面积 2.11 万平方米。主要装卸设备配置包括岸边集装箱起重机 12 台、轮胎式集装箱门式起重机 27 台。项目总投资 39 亿港元,全部为企业自筹。项目陆域用地面积 55 万平方米。

项目建设单位为盐田国际集装箱码头有限公司;设计单位为中交第三航务工程勘察设计院;施工单位为中港广州航道局、中交第四航务工程局、中交第二航务工程局等;监理单位为中交第一航务工程勘察设计院(中北港湾工程监理事务所);质检单位为深圳市交通工程质量监督站。

2000年11月,获得交通部颁发的"水运工程质量奖";2001年12月,获得建设部颁发的"鲁班奖"。

(3)盐田港三期工程

项目于2002年9月开工建设,2006年8月试运行,2006年8月竣工。

项目建设依据:2002年11月,国家计划委员会《印发关于审批深港合资建设经营深圳港盐田区三期工程可行性研究报告的请示》(计基础〔2002〕2326号);2002年,深圳市交通局初步设计批复(深交复〔2002〕49号)。2002年,《关于深港合资建设经营深圳港盐田港区三期工程环境影响报告书审查意见的复函》(环审〔2002〕105号)。

项目建设4个能靠泊第五、六代集装箱船舶的泊位及相应的水、电、通信、计算机管理、环保、消防等配套设施(码头水工建筑允许靠泊能力15万吨级),岸线总长1400米。码头采用突堤式布局,高桩式结构。码头前沿水深16.2米。项目后方堆场面积83万平方米。主要装卸设备配置包括岸边集装箱起重机21台、轮胎式集装箱门式起重机78台。项目总投资60.91亿元。项目陆域用地面积83万平方米。

项目建设单位为深圳市盐田港集团有限公司;设计单位为中交第三航务工程勘察设计院;施工单位为中港第四航务工程局、深圳市特皓建设基础工程有限公司、中铁二局股份有限公司等;监理单位为南华建设监理所;质监单位为深圳市交通工程质量监督站。

2007年11月,获得中国土木工程协会颁发的"詹天佑奖";2007年12月,获得建设部颁发的"鲁班奖"。

(4)盐田港区扩建工程

项目于2005年3月开工建设;2006年10月试运行,2013年4月竣工。

项目建设依据:2005年,深圳市交通局《关于盐田港集装箱码头扩建工程初步设计审查意见的复函》(深交函〔2005〕23号)。2004年,国家环境保护总局《关于深圳港盐田港区集装箱码头扩建工程环境影响报告书审查意见的复函》(环审〔2004〕523号);2004年,国土资源部《关于深圳市盐田港三期扩建工程建设用地预审意见的函》(国土资厅函〔2004〕789号);2004年,国家海洋局《关于深圳盐田港三期扩建工程项目用海预审意见》(国海管字〔2004〕528号);2005年,国家发展和改革委员会《国家发展改革委关于深港合资建设经营深圳港盐田港区集装箱码头扩建工程项目核准的批复》(发改交运〔2005〕339号)。

项目建设5个7万~10万吨级集装箱码头泊位(码头水工建筑允许靠泊能力10万吨级),岸线总长3297米,项目总年设计通过能力为370万TEU。码头采用突堤式布局,高桩式、重力式结构。码头前沿水深 17.6 米。项目后方堆场面积 124.5 万平方米。主要装卸设备配置包括岸边集装箱起重机 30 台、轮胎式集装箱门式起重机 58 台。项目总投资 110.83 亿元，企业自筹。

项目建设单位为盐田三期国际集装箱码头有限公司；设计单位为中交第三航务工程勘察设计院有限公司；施工单位为中交第四航务工程局、中交第二航务工程局、深圳市特皓建设基础工程有限公司等；监理单位为广州南华工程管理有限公司。

2013 年 6 月，获得中国水运建设行业协会颁发的"水运交通优质工程"奖；2015 年 12 月，获得中国土木工程协会颁发的"詹天佑奖"。

（三）妈湾港区

1. 港区综述

（1）港区建设和运营概况

妈湾港区地处前海深港现代服务业合作区、深圳前海蛇口自贸区、深圳前海湾保税港区"三区叠加"的优势区域，便捷、畅达的交通网络辐射整个珠三角，属国家规划建设中的粤港澳大湾区中心地带。港区由招商局港口控股有限公司（占股 67%）和中国外运广东有限公司（占股 33%）合资经营的港口企业深圳海星港口发展有限公司（以下简称"公司"）负责开发、经营、管理，公司属招商局集团三级全资子公司。港区占地面积 52 万平方米，泊位总长 1150 米，泊位最大水深达 13.5 米，拥有 3 个 3.5 万吨级以上泊位，2 个 5000 吨级泊位和 1 个 2000 吨级泊位，堆场面积 40 万平方米，是深圳三大散杂货公共码头之一。

2011—2015 年年吞吐量：2011 年 1299.39 万吨；2012 年 1214.97 万吨；2013 年 1356.86 万吨；2014 年 974.94 万吨；2015 年 603.17 万吨。

（2）港区地理条件和集疏运概况

妈湾港区海星码头位于珠江口伶仃洋东岸，深圳市西部南头半岛西侧。港区陆路距深圳市区 25 千米，距广州陆路 150 千米；水路距广州约 80 海里，向南经香港马湾水道出海约 40 海里，地理位置优越。

港区周边道路主要有主干道月亮湾大道、妈湾大道、兴海大道、次干道临海大道，出港车辆可经月亮湾大道，前往 107 国道、北环大道、沿江高速公路以及广深高速、南光高速公路等道路。港区航道位于妈湾及凯丰码头对开水域，南起三突堤南端以西约 0.6 海里处，连接警戒区水域；北至东矸洲东南面约 0.9 海里处，连接大铲水道南端。航道航向为 155°～335°，航宽 350 米，水深 11～13 米，长约 2.6 海里。船舶可经铜鼓航道或龙鼓航道行驶至蛇口警戒区水域，再由西部公用航道到达本码头港池水域靠泊。2015 年，华南公共驳船快线的服务覆盖广州（黄埔）、顺德、珠海、广西等 15 个点位，沿海内支线延伸至九江、海南,不久将延伸到澳门等地区。

2.港区工程项目

(1)妈湾港4号泊位3.5万吨码头工程

项目于1988年3月开工建设,1989年7月竣工。

项目建设依据:1987年11月,深圳市公安局消防支队《关于妈湾港4号泊位初步设计的批复意见》(深公消建初字〔1987〕033号),深圳市人民政府基本建设办公室《妈湾港4号泊位初步设计审查意见》(深府建办设〔1987〕63号)。

项目建设5000吨级泊位及3.5万吨级泊位各一座,泊位长度分别为137.5米及226米,水深分别为7.5米及12.4米,岸线总长363.5米。码头采用顺岸式布局,高桩式结构。项目总投资2250万元,全部为企业自筹。

项目建设单位为深圳海星港口发展有限公司;设计单位为中国船舶工业总公司第九设计研究院;施工单位为交通部第四航务工程局二公司。

妈湾港4号泊位为主要装卸散水泥兼作钢材、粮食、矿砂、木材等货种的专业散货码头。1990年11月,海星码头迎来了第一条装载3万吨散装化肥的远洋巨轮,当年完成吞吐量22.59万吨。

在"一带一路"倡议的指引下,依照《深圳港总体规划》和前海蛇口自贸区发展要求及招商局港口的战略部署,妈湾港海星港区1~4号通用泊位将整体升级改造为现代化集装箱专用码头,进一步优化西部港区功能布局,适应船舶大型化需要。改造项目于2015年初启动,散货泊位正在拆除。

(2)深圳妈湾电力有限公司南泊位5万吨级专用卸煤码头

项目于1991年1月开工建设,1993年8月竣工。

项目建设依据:1992年,国家计划委员会《关于妈湾电厂可行性研究报告的批复》(计能源〔1992〕1305号)。

项目建设1个5万吨级专用卸煤码头泊位(码头水工建筑允许靠泊能力5万吨级),岸线总长984.48米。码头采用挖入式布局,重力式结构。码头前沿水深13.5米。项目后方堆场面积6万平方米,堆存能力30万吨。项目总投资2亿元,企业自筹。

项目建设单位为深圳妈湾电力有限公司;设计单位为交通部四航设计院;施工单位为交通部四航局深圳兴华公司;监理单位为深圳妈湾电力有限公司。

深圳妈湾电厂煤码头为专用的卸煤码头,只卸电厂所需的发电用煤。

(3)深圳妈湾电力有限公司北泊位专用卸煤码头

项目于1991年7月开工建设,1996年4月竣工。

项目建设依据:1992年,国家计划委员会《关于妈湾电厂可行性研究报告的批复》(计能源〔1992〕1305号);1993年,《关于深圳妈湾电厂一期工程初步设计的批复》(能源电规

〔1993〕147 号)。

项目建设 1 个 5 万吨级专用卸煤码头泊位(码头水工建筑允许靠泊能力 5 万吨级),岸线总长 984 米。码头采用挖入式布局,重力式结构。码头前沿水深 13.5 米。项目后方堆场面积 6 万平方米,堆存能力 30 万吨。项目总投资 1.01 亿元,企业自筹。

项目建设单位为深圳市西部电力有限公司;设计单位为交通部第四航务勘测设计院;施工单位为交通部第四航务工程局;监理单位为深圳妈湾电力有限公司。

深圳妈湾电厂煤码头为专用的卸煤码头,只卸电厂所需的发电用煤。

(4)妈湾 3 号码头工程

项目于 1997 年 3 月开工建设,1997 年 3 月试运行,1998 年 4 月竣工。

项目建设依据:1996 年 3 月,深圳市港务管理局《关于妈湾三号码头 35000 吨级泊位初步设计的批复》(深港〔1996〕35 号)。

项目建设 1 个 3.5 万吨级散杂货兼营集装箱业务码头泊位,岸线总长 299.4 米。项目总投资 3835 万元,来自企业自筹和银行贷款。

项目建设单位为深圳海星港口发展有限公司;设计单位为交通部第一航务工程勘测设计院;施工单位为交通部第一航务工程局第一工程公司;监理单位为上海东华建设监理所;质监单位为深圳市港口工程质量监督站。

泊位设计年吞吐量为 100 万吨,以装卸粮食、矿砂、原木等为主的专业散货码头,服务其后方堆场。吞吐量规模从 2000 年的 100 多万吨发展到 2011 年 537 万吨,实际吞吐能力远远超过设计能力,取得了良好的经济社会效益。此散货泊位已开始拆除,改建为集装箱专用泊位。

(5)深圳妈湾电力有限公司专用卸煤码头改造项目

项目于 2011 年 11 月开工建设,2012 年 9 月试运行,2013 年 5 月竣工。

项目建设依据:2011 年 3 月,深圳市交通运输委员会初设批复(深交许(大)〔2011〕50 号)。2011 年 9 月,深圳市人居环境委员会环评批复(深环批函〔2011〕072 号);2011 年,项目获得水上水下作业施工许可证(深海事准〔2011〕第 37 号);2011 年 9 月,深圳市海事局《关于对深圳妈湾电厂专用卸煤码头改造工程通航安全核准的函》(深海事函〔2012〕85 号)。

项目原有南、北 2 个 5 万吨级卸煤泊位,水工结构按满足 5 万吨级散货船舶的靠泊要求进行设计,码头改造工程设计范围为将现有南、北两个卸煤泊位结构改造为可停 7 万吨级的卸煤泊位(码头水工建筑允许靠泊能力 14 万吨级),岸线总长 979 米。码头采用挖入式布局,重力式结构。码头前沿水深 15.06 米。项目后方堆场面积 6 万平方米,堆存能力 30 万吨。主要装卸设备配置包括在原基础上增加 3 台推靶机,2015 年共配置 6 台推靶机。项目总投资 4341.25 万元,全部为企业自筹。

项目建设单位为深圳妈湾电力有限公司;设计单位为中交第四航务工程勘察设计院;施工单位为中交第四航务工程勘察设计院有限公司、葛洲坝集团第二工程有限公司;监理单位为广州粤科工程建设监理咨询有限公司;质监单位为深圳市交通工程质量监督站。

工程的难点在于重力式码头基床前沿开挖及加固。重力式码头基床前沿开挖及加固采用了国内首创的深水模袋混凝土工艺进行开挖后的基床护面,并采用水下高压灌浆对码头基床进行加固。高压灌浆采用潜孔无法在水面下 15 米深处成孔,采用地质钻机成孔时由于搭设平台周期长,严重影响工程进度;后采用预先埋管法解决。

深圳妈湾电厂煤码头为专用的卸煤码头,只卸电厂所需的发电用煤。2012 年 12 月,首艘 7 万吨级煤船("嘉通"号)满载靠泊南泊位成功。此后,专用卸煤码头改造工程运行良好,效益明显。但该码头不对外营业,主要经济效益表现为降低了海上运输成本。码头营运后,对于嘉永、嘉通、嘉泰、嘉畅航次载货量若大于或等于 7.35 万吨,则运价下调 1.06 元/吨。

(四)赤湾港区

1.港区综述

(1)港区建设和运营概况

赤湾港区主要分为散杂货和集装箱共 2 个作业区。散杂货作业区共有 7 个作业泊位,其中 5 个万吨级以上泊位和 2 个 1000 吨级泊位,陆域面积 28.9 万平方米,由深圳赤湾港航股份有限公司港务本部运营。集装箱作业区共有 6 个万吨级以上深水作业泊位,陆域面积 149 万平方米,由赤湾集装箱码头有限公司运营。

(2)港区地理条件和集疏运概况

赤湾港区位于深圳市南头半岛端部、珠江口东侧深圳湾口北岸。港区陆路至深圳市区约 30 千米;水路至珠海、澳门、香港中区约 36 千米,水陆路交通四通八达。该港区三面环山,呈 U 形港湾,紧邻水深航道,多式联运俱全,是一个内河船舶和远洋深水巨轮均能靠泊的河口良港。

港区内集疏运方式主要有公路、水路和铁路驳运。公路集疏运方面,货运疏港交通主干道有兴海大道、广深沿江高速、107 国道等。铁路方面主要依托平南铁路开展货物集疏运。此外,在口岸部门大力支持下,赤湾港集装箱码头公司积极开展水路驳运业务,通过与货源地相关部门和班轮公司深入合作,积极发展华南公共驳船快线业务。

2.港区工程项目

(1)赤湾港第一期工程(赤湾 1 号泊位)

项目于 1982 年 11 月开工建设,1983 年 4 月试运行,1983 年 4 月竣工。

项目建设 1 个 1.5 万吨级码头泊位，岸线总长 200 米。码头采用顺岸式布局，重力式结构。码头前沿水深 9.6 米。项目总投资 1131 万港元，全部为企业自筹。

项目建设单位为中国南山开发股份有限公司；设计单位为中国港湾工程公司设计公司；施工单位为交通部第四航务工程局。

工程荣获交通部优质工程奖。为解决钢管桩防腐蚀的问题，首创施工方法，在钢管桩上部加玻璃钢外套，并灌细石混凝土，钢管桩耐久性寿命远远高于国内其他港口，防腐费用比传统的牺牲阳极法节省一半。

1983 年 4 月，赤湾港与挪威海德鲁公司（挪威最大的国有企业之一）签订了长期装卸包装散装化肥的协议，此后挪威海德鲁公司成为本港的长期固定忠诚客户。是年 6 月，赤湾港接卸第一艘散化尿素船"红旗 120"号，开创中国进口散化灌包先河，共同创立 HYDRO 优质化肥品牌。是年 10 月，南山公司与挪威海德鲁有限公司合作的赤湾港散装化肥灌包生产工艺线正式投产，这是挪威第一个在华合作项目。进口散装化肥灌包业务至今仍是该港区散杂货的主营业务。

1984 年 5 月，经国务院办公厅批准同意赤湾码头对外国籍船舶开放。

该泊位由于水深等限制，主要用作散杂货通用泊位，散杂货吞吐量少。

（2）赤湾港第一期工程码头续建工程（赤湾 2 号泊位）

项目于 1984 年 9 月开工建设，1985 年 3 月试运行，1985 年 7 月竣工。

项目建设 2 万吨级码头泊位，岸线总长 180 米。码头采用顺岸式布局，重力式结构。码头前沿水深 10.6 米。

项目建设单位为中国南山开发股份有限公司；设计单位为中交水运规划设计院；施工单位为交通部第四航务工程局。

1984 年我国首次采用钢套筒内冲式灌注桩，解决了码头门座式重机轨道下回填料中有大块石，难于打基桩的技术问题，比国内惯用的往复式冲孔桩提高工效 3 倍；采用水电法检测桩身，保证了工程的质量高标准。项目获交通部优质工程奖。

项目投产后发挥了重大作用，取得了良好的社会效益。由于船舶大型化的发展，该泊位现在主要用于驳船疏运。

（3）3.5 万吨级码头及配套工程（赤湾 5 号、6 号泊位）

项目于 1987 年 3 月开工建设，1988 年 8 月试运行，1988 年 8 月竣工。

项目建设 2 个 3.5 万吨级码头泊位，岸线总长 434 米。码头采用顺岸式布局，重力式结构。码头前沿水深 12.1 米。项目总投资 1593 万元，全部为企业自筹资金。

项目建设单位为中国南山开发股份有限公司；设计单位为中交水运规划设计院；施工单位为交通部第四航务工程局。

为减少港池反射波对邻近泊位（石油基地泊位）影响，建成轻型框架与重力式沉箱混合结构的 3.5 万吨级 5 号、6 号泊位,项目获得国家港口建设银奖。

现 5 号、6 号泊位由深圳赤湾港航股份有限公司全面负责管理运营,主要用作散杂货通用泊位,累计作业散杂货吞吐量为 1522.6 万吨。

(4)赤湾 7 号泊位码头工程

项目于 1993 年 12 月开工建设,1994 年 11 月试运行,1994 年 11 月竣工。

项目建设依据:2015 年 7 月,深圳市交通运输委员会《关于深圳港赤湾港区 7#泊位码头技术改造工程初步设计审查的行政许可决定书》(深交许(大)〔2015〕55 号)。2017 年 11 月,深圳市人居环境委员会《关于深圳港赤湾港区 7#泊位码头技术改造工程竣工环境保护验收调查报告建设项目环境保护设施竣工验收结果的公告》。

项目建设 7 万吨级码头泊位,岸线总长 300 米。码头采用突堤式布局,高桩式结构。码头前沿水深 13 米。项目总投资 4619 万元,全部为企业自筹资金。

项目建设单位为深圳赤湾港航股份有限公司;设计单位为中交三航院;施工单位为中交三航局。

工程于 2017 年 6 月试投产,2018 年 4 月正式投产使用。现该泊位由深圳赤湾港航股份有限公司全面负责管理运营,主要用作散杂货通用泊位,累计作业散杂货吞吐量为 832.2 万吨。

(五)大鹏港区

1. 港区综述

(1)港区建设和运营概况

港区位于大鹏湾顶的下洞附近,西距盐田港区约 9 千米。现有 3 座栈桥式码头,共计 10 个泊位(其中 5 万吨级深水泊位 2 个)。其中中石化广东石油分公司深圳大鹏湾油库 1.4 万吨级及千吨级油品专用泊位各 1 个,年通过能力 80 万吨;深圳华安液化石油气公司 1 个 5 万吨级及 2 个 5000 吨级液化气泊位;深圳光汇石油(控股)有限公司 1 个 5 万吨级、3 个 1000 ~ 5000 吨级油码头泊位。

(2)港区地理条件和集疏运概况

大鹏港区位于大鹏湾北部,有下洞港区、沙鱼涌港区、秤头角港区。下洞港区是专业化油气码头区,陆上集疏运方式主要为公路和管道,其中以公路集疏运方式为主,管道为辅。公路集疏运利用盐坝高速公路与其他干线路网连接。下洞疏港管线为珠三角成品油管网的一部分,能力 200 万吨,经大鹏湾站场输送至妈湾油库、东莞寮步油库和惠州泽华油库。沙鱼涌港区疏港利用盐坝高速公路接坪葵公路辐射龙岗区。秤头角港区是深圳东部石油产品和液化气作业的专用港区和散杂货作业为主的中级码头港区。LNG 码头主要通过管线与用户直接相连疏港。

2．港区工程项目

（1）深圳市低温常压液化石油气储存工程、专用码头工程

项目于 1996 年 2 月开工建设,1997 年 5 月竣工。

项目建设依据:1995 年 12 月,国家计划委员会《国家计委关于深圳市低温常压液化石油气储存工程可行性研究报告的批复》(计投资〔1995〕2259 号);1996 年 5 月,深圳市港务管理局《关于深圳市液化石油低温常压储存工程初步设计审查意见的通知》(深港〔1996〕58 号)。1995 年,深圳港务管理局《关于深圳物资总公司申请划定低温常压液化气储存工程码头岸线及水域锚地的批复》(深港〔1995〕76 号)。

项目建设 1 个 5 万吨级液化气码头泊位,岸线总长 850 米,项目总年设计通过能力为96 万吨。码头采用引桥式布局,高桩式结构。码头前沿水深 13 米。仓库面积 7.57 万平方米。项目总投资 9834 万元,来自企业投资和利用外资。用地面积 7.57 万平方米。

项目建设单位为深圳华安液化石油气有限公司;设计单位为日本株式会社石井铁工所;施工单位为日本株式会社石井铁工所;监理为自行监理;质检单位为深圳市工程质量监督检验总站。

项目的建成投产保证了广东省部分运力和能源需求。

（2）光汇(集团)油码头(原新鸿光油码头)、码头 4 号泊位加固及改建

项目于 1997 年 7 月开工建设,1999 年 7 月试运行,1999 年 6 月竣工。

项目建设依据:1997 年 5 月,深圳港务管理局工程可行性批复(深港〔1997〕41 号);1997 年 5 月,深圳港务管理局初步设计批复(深港〔1997〕50 号)。1997 年 6 月,深圳环境保护局环评批复(深环批函〔1997〕第 029 号);1998 年 5 月,深圳规划国土局龙岗分局《关于下洞油码头输油管道的复函》(深规土函第 LG9800527);1997 年 8 月,深圳港务管理局《关于新鸿光油码头使用岸线、水域范围的批复》(深港〔1997〕72 号);1997 年 9月,交通部深圳水上安全监督局《关于使用岸线建设油码头的审核意见》(深水监字〔1997〕167 号)。

项目建设 1 个 5 万吨级成品油码头泊位(码头水工建筑允许靠泊能力 10 万吨级)及4 号泊位加固及改建(按 10 万吨级成品油泊位进行改造)。岸线总长 1305 米。码头采用引桥式布局,高桩式结构。码头前沿水深 15.9 米。项目总投资 1.1 亿元,来自企业自筹和银行贷款。

项目建设单位为深圳市光汇石油化工股份有限公司;设计单位为交通部第三航务工程勘察设计院;施工单位为交通部第一航务工程局一公司、中国华西企业公司;监理单位为深圳海勤工程监理有限公司;质监单位为深圳港口工程质监站。

（3）广东大鹏液化天然气有限公司 LNG 码头

项目于 2004 年 4 月开工建设,2006 年 6 月试运行,2010 年 9 月竣工。

项目建设依据:2003年10月,广东省发展和改革委员会《关于广东液化天然气试点工程总体项目一期工程可行性研究报告的请示的通知》(粤计基〔2003〕1016号);2003年12月,深圳市交通运输局《关于广东液化天然气(LNG)试点项目一期工程接收站港口工程初步设计的批复》(深交复〔2003〕551号)。2003年,国家环境保护总局环评批复(环审〔2003〕120号);2004年,深圳市国土资源和房产管理局签订《土地使用权出让合同书》;2004年,国家海洋局办理《海域使用权证》(国海证041100010号);2003年,国家发展和改革委员会岸线批复(发改能源〔2003〕1439号)。

项目建设1个10万吨级液化气码头泊位(码头水工建筑允许靠泊能力15万吨级),岸线总长420米。码头采用引桥式布局,高桩式结构。码头前沿水深13.8米。主要装卸设备配置包括输油臂5台。项目总投资2.27亿元,其中业主自有资金30%、银行融资70%。项目陆域用地面积23万平方米。

项目建设单位为广东大鹏液化天然气有限公司;设计单位为中港第四航务工程勘察设计院;施工单位为中港四航局二公司;监理单位为福建省交通建设工程监理咨询公司;质监单位为深圳市港口工程质量监督站。

码头LNG卸料臂液压系统国产化攻关。依托相关大学通过技术攻关研制出了替代进口的液压阀核心组件,成功地解决了卸料臂液压系统存在的内漏问题,使得系统保压时间由原设计的20分钟提高到60分钟以上,大大提高了卸料系统的可靠性,并且摆脱了对国外厂家的依赖,降低了备件供货风险。

LNG船舶护航方案优化。主要针对LNG码头靠泊船型进出港航行、拖船辅助作业、进出锚地等有关的影响通航安全和护航的因素进行评估,明确了护航船艇的数量为3艘,避免了增加额外船艇参与LNG船舶进出港作业,提高效率,节约运营成本。

(六)大铲湾港区

1. 港区综述

(1)港区建设和运营概况

深圳港大铲湾港区位于深圳市宝安区西乡大铲湾内,是交通部批准的《深圳港总体布局规划》确定的深圳港专业集装箱深水港区。整个港区规划码头岸线总长约9200米,港区陆域总面积约650万平方米。陆域形态为顺水流单一突堤。国家发展和改革委员会于2005年3月正式批复核准大铲湾港区集装箱码头一期工程建设,深圳大铲湾现代港口发展有限公司负责项目的建设和运营。大铲湾港区集装箱码头一期工程于2005年9月正式开工建设。4号、5号泊位及其相应配套工程于2007年12月建成交工,并投产试运行。1号、2号、3号泊位及其相应配套工程于2009年11月全面建成交工。大铲湾港区集装箱码头一期工程码头陆域面积112万平方米,岸线长1830米,纵深600米,有5个大型集装箱深水泊位,其中 10 万吨级集装箱泊位 3 个、7 万吨级集装箱泊位 2 个(码头水工结构均按靠泊 15 万吨集装箱船舶设计与建设),设计年吞吐能力 250 万 TEU。

2015 年 1 月,大铲湾码头正式获得整车进口口岸资质,同年 11 月,整车进口口岸通过国家验收。

(2)港区地理条件和集疏运概况

大铲湾港区集装箱码头一期工程位于珠江口伶仃洋矾石水道东南部,深圳西部妈湾港区以北的大铲湾内。水路南距香港 20 海里,北至广州 40 海里。大铲湾港区出口航道直接连接深圳西部港区公用航道,经铜鼓航道或马湾航道出海。西部公用航道底高程 −15.8 米,底宽 210 米;铜鼓航道底高程 −15.8 米,底宽 210 米,长 23.7 千米,航道可满足 10 万吨级集装箱船舶全天候单向航行。港区地理位置优越,水、陆路交通便捷,水路通过珠江水网与珠江三角洲各地区及港澳沟通,经西江可与西南地区联系;海船经铜鼓航道或马湾航道可通达国内沿海及世界各地港口;陆路通过沿江高速公路、广深高速公路、机荷高速公路、107 国道联系腹地。

2.港区工程项目

深圳港大铲湾港区集装箱码头一期工程

项目于 2005 年 9 月开工建设,2007 年 12 月试运行,2009 年 11 月竣工。

项目建设依据:2007 年 2 月,交通部《关于深圳港大铲湾港区集装箱码头一期工程初步设计的批复》(交水发〔2007〕63 号)。2004 年 12 月,国家环境保护总局《关于深圳港大铲湾港区集装箱码头一期工程环境影响报告书审查意见的复函》(环审〔2004〕591 号);2004 年 12 月,国土资源部办公厅《关于深圳港大铲湾港区集装箱码头一期工程建设用地预审意见的函》(国土资厅函〔2004〕810 号);2003 年 9 月,深圳市海洋局《海域使用权证书》(国海证 034403020 号);2003 年 6 月,水利部珠江水利委员会《河道管理范围内建设项目审查同意书》(国珠建字〔2003〕第 002 号)。

项目建设 5 个大型集装箱深水泊位,其中设 10 万吨级集装箱泊位 3 个、7 万吨级集装箱泊位 2 个(码头水工建筑允许靠泊能力 15 万吨级),岸线总长 1830 米。码头采用突堤式布局,重力式结构。码头前沿水深 15.5 米。项目后方堆场面积 64.1 万平方米。主要装卸设备配置包括岸边集装箱起重机 12 台、轮胎式集装箱门式起重机 45 台。项目总投资 95.73 亿元,来自企业投资和利用外资。项目陆域用地面积 112 万平方米。

项目建设单位为深圳大铲湾现代港口发展有限公司;设计单位为中交水运规划设计院;施工单位为中交第四航务工程局有限公司、中交第一航务工程局有限公司、中交第三航务工程局有限公司等;监理单位为上海东华建设管理有限公司、北京京华工程监理有限公司、深圳市东鹏工程建设监理有限公司等;质检单位为中交第一航务工程勘察设计院有限公司、深圳市铁科检测工程有限公司和深圳市建筑科学研究院联合体。

垂直铺塑应用于真空预压处理地基工程。针对吹填区沙袋围堤特点,将水利工程中采用的大坝防渗塑料膜引用到真空预压密封墙中,对沿袋装沙堤区的密封墙,采用垂直铺塑施工工艺。这在真空预压加固地基工程中尚属首次应用。从施工过程和处理结果看,该项工艺具有密封效果好于黏土密封墙,施工进度快(按深度11米计,每台机械平均效率可达40米/天,最高可达80米/天,而搅拌黏土密封墙在正堤的施工效率平均仅10~20米/天),所需泥浆黏粒含量要求低,工艺易于实施和控制,有利于控制工程成本等优点。冲击碾压替代普夯。采用冲击碾压后的区域,地基承载力和均匀性均达到设计及规范要求,而冲击碾压具有速度快、成本低、效率高、施工安全、保证夯实面等优点,在工程后期得到广泛的应用,为加快工程进度和保证工程质量提供了条件。港池适航水深研究及成果应用。为确定港池可利用的适航淤泥分布和变化规律,以制定合理有效的维护疏浚方案和周期,委托交通部天津水运科学研究所对港池适航水深应用可行性和适航淤泥指标等进行试验研究,成果应用于运营期,减少维护周期和维护工程量,有效节省运营期成本。码头局部堆载预压试验,用于推算码头工后沉降位移及施工预留。场内轮胎式龙门式起重机燃油驱动改为电力驱动。改造后,港内装卸机械实现废气零排放,大大减少环境污染,并有效提升设备运行可靠度,降低设备运行和维护成本。

项目于2013年1月获得中国建筑业协会颁发的"中国建设工程鲁班奖(国家优质工程)";2011年10月获得中国水运建设行业协会颁发的"水运交通优质工程奖"。

(七)蛇口港区

1.港区综述

(1)港区建设和运营概况

蛇口港区位于深圳市南山区,始建于1981年,隶属于招商局集团下辖下招商局蛇口工业有限公司。蛇口港区是深圳市重要的水路、公路运输枢纽和设备齐全、综合性、多功能的对外开放口岸,主要经营散杂货、客运、集装箱、油气品和船舶维修等。港区码头岸线长度8227米,2015年完成集装箱吞吐量518.9万TEU,完成客运周转量521.75万人次,开通了蛇口—香港机场、蛇口—香港中环、蛇口—澳门外港、蛇口—澳门氹仔、蛇口—珠海九洲的客运航线。

(2)港区地理条件和集疏运概况

港区内集疏运方式主要有公路、水路和铁路驳运。公路集疏运方面,货运疏港交通主干道有兴海大道、广深沿江高速公路、107国道等。铁路方面主要依托平南铁路开展货物集疏运。此外,蛇口集装箱码头公司积极开展水路驳运业务,通过与货源地相关部门和班轮公司深入合作,积极发展华南公共驳船快线业务。

2.港区工程项目

招商局蛇口工业区太子湾片区综合开发项目邮轮母港工程(第一阶段)

项目于 2012 年 1 月开工建设,项目 2016 年 10 月试运行,2017 年 10 月竣工。

2010 年 10 月,深圳市交通运输委员会工程可行性批复;2011 年 2 月,深圳市交通运输委员会初设批复(深交许(大)〔2011〕30 号)。2010 年 9 月,深圳市人居环境委员会环评批复(深环批函〔2010〕066 号);2010 年 9 月,广东省海洋与渔业局《关于招商局蛇口太子湾片区综合开发项目用海的批复》(粤海渔函〔2010〕691 号);2014 年 6 月,交通运输部岸线批复(交规划函〔2014〕426 号)。

项目共建设 22 万总吨邮轮泊位(泊位长 409.24 米,码头前沿设计泥面高程 -12 米(黄海高程,下同)、10 万总吨邮轮泊位(泊位长 354 米,码头前沿设计底高程 -10.6 米)、2 万总吨滚装泊位各 1 个(泊位长 232.5 米(借用 10 万总吨邮轮泊位 61.9 米),码头前沿设计底高程 -8.5 米)。800 总吨高速客船泊位 10 个,其中 4 个为国内线高速客轮泊位、6 个为港澳线高速客船泊位(岸线总长为 620 米,码头前沿设计底高程 -6.5 米)以及港池东北侧的待泊泊位 2 个(1 号待泊泊位岸线长度为 101.82 米,2 号待泊泊位岸线长度为 81.75 米,码头前沿设计底高程均为 -6.5 米)。2 万总吨滚装码头港池(设计底高程 -8.5 米);10 万总吨邮轮港池(设计底高程 -10.6 米);邮轮掉头圆(直径 650 米,设计底高程 -12 米),高速客船港池及航道(设计底高程 -6.5 米)。突堤客运码头候船廊及邮轮登船廊桥工程总建筑面积 3.32 万平方米,其中突堤候船廊建筑面积 2.27 万平方米,建筑总高度 16.8 米,层数为地上 3 层;邮轮登船廊桥建筑面积 1.04 万平方米,建筑总高度 11.8 米,层数为地上 2 层。设计年旅客吞吐量为 600 万人次,其中高速客船泊位设计年旅客吞吐量为 570 万人次,邮轮泊位设计年旅客吞吐量为 30 万人次。项目总投资 12.31 亿元,全部为企业自有资金。项目海造地约 29 公顷。

项目建设单位为太子湾建设指挥部;设计单位为中交第三航务工程勘察设计院有限公司、广东省建筑设计研究院;施工单位为中交第四航务工程局有限公司、中交第三航务工程局有限公司;监理单位为深圳海勤工程管理有限公司;质监单位为深圳市交通工程质量监督站。

2012 年 7 月,项目荣获 2012 年度水运工程优秀咨询成果三等奖。

截至 2017 年,项目共运营高速客船 52303 航次,服务高速客船旅客 549.44 万人次;运营邮轮 109 个航次,服务邮轮旅客 18.90 万人次。

(八)蛇口二突堤港区

1. 港区综述

(1)港区建设和运营概况

蛇口二突堤顺岸码头主要由招商港务(深圳)有限公司经营,其所在的蛇口港区由招商局蛇口工业区开发建设,始建于 1979 年,是深圳港最早开发建设的港区。招商港务(深圳)有限公司为招商局港口旗下码头公司,招商局集团的三级子公司,主要经营粮食、钢材等散杂货,兼顾部分内贸和支线集装箱运输。

公司现有生产运营泊位9个,其中万吨级以上泊位6个。9个生产运营泊位中散杂货生产泊位4个,最大泊位为1993年投产的9号泊位,码头前沿水深达15.1米,15万吨级散货船经减载后可靠泊。集装箱生产泊位5个,最大可靠泊3万吨级(1800TEU)集装箱船。

招港码头岸线总长度2389米,分散杂货和集装箱两个作业区,其中散杂货码头岸线1051米,码头面高程2.63米(珠江统一基面),集装箱码头岸线本部1042米,码头面高程3.0米(珠江统一基面)。

公司现有散货堆场7.4万平方米(不含道路),以堆存散矿、钢材为主,堆存能力达83.7万吨,散粮平仓有效使用面积3.6万平方米,实际堆存能力约14万吨,散粮筒仓仓容达10万立方米,实际有效堆存能力约7.6万吨。集装箱堆场约12.9万平方米(不含道路),堆存能力39181TEU,其中重箱堆存能力19062TEU,空箱堆存能力20119TEU。

项目年吞吐量分别为2013年905.76万吨,2014年557.07万吨,2015年399.52万吨。

(2)港区地理条件和集疏运概况

蛇口二突堤港区位于珠江口东侧的深圳湾北部,港区内集疏运主要通过水水中转及水陆中转。港区内集疏运方式主要有公路、水路和铁路驳运。公路货运疏港交通主干道有兴海大道、广深沿江高速公路、107国道等。铁路主要依托平南铁路开展货物集疏运。此外,赤湾港集装箱码头公司通过与货源地相关部门和班轮公司深入合作,积极发展华南公共驳船快线业务。

2. 港区工程项目

(1)蛇口港突堤3.5万吨码头(8号泊位)

项目于1988年9月开工建设,1989年3月试运行,1989年3月竣工。

项目建设1个3.5万吨级码头泊位,岸线总长293米。码头采用突堤式布局,高桩式结构。码头前沿水深12.5米。

项目建设单位为招商港务(深圳)有限公司;设计单位为交通部水运规划设计院深圳蛇口设计公司。

(2)蛇口港二突堤东侧1.5万吨码头(7号泊位)

项目于1989年3月开工建设,1989年12月竣工。

项目建设1个1.5万吨级码头泊位,岸线总长186米。码头采用突堤式布局,高桩式结构。码头前沿水深10.7米。项目总投资501.4万元,企业自筹。

项目建设单位为招商港务(深圳)有限公司;设计单位为交通部水运规划设计院深圳蛇口设计公司;施工单位为招商港湾工程有限公司。

(3)蛇口港二突堤7.5万吨级码头(9号泊位)

项目于1992年4月开工建设,1993年8月试运行,1993年8月竣工。

项目建设1个7.5万吨级码头泊位,岸线总长300米。码头采用突堤式布局,高桩式结构。码头前沿水深15.1米。项目总投资495万元,企业自筹。

项目建设单位为招商港务(深圳)有限公司;设计单位为交通部水运规划设计院深圳蛇口设计公司;施工单位为交通部第四航务工程局第二工程公司。

(4)蛇口二、三突堤顺岸码头(13号、14号泊位)

项目于1994年4月开工建设,1995年1月试运行,1995年1月竣工。

项目建设2个1.5万吨级码头泊位,岸线总长328米。码头采用顺岸式、突堤式布局,板桩式结构。码头前沿水深9.1米。项目总投资774万元,企业自筹。

项目建设单位为招商港务(深圳)有限公司;设计单位为交通部水运规划设计院深圳蛇口设计公司;建设单位为交通部第四航务工程局深圳兴华工程公司第四施工处;监理单位为蛇口工业区港口建设办公室;质检单位为深圳港口工程质量监督站。

(5)深圳蛇口港12号泊位及深水岸壁工程(11号、12号泊位)

项目于2003年1月开工建设,2004年3月竣工。

项目建设依据:2002年,深圳市发展计划局《关于蛇口港区12#泊位工程可行性研究报告的批复》(深计〔2002〕652号)。

项目建设2个3万吨级集装箱专用码头泊位(码头水工建筑允许靠泊能力5万吨级),岸线总长535.1米。码头采用突堤式布局,高桩式结构。码头前沿水深14米。项目后方堆场面积7.6万平方米。

项目建设单位为招商港务(深圳)有限公司;设计单位为中交水运规划设计院深圳设计公司;施工单位为中港第三航务工程局深圳分公司;监理单位为深圳海勤工程监理有限公司;质检单位为深圳市港口工程质量监督站。

(6)招商港务(深圳)有限公司10号泊位改造工程

项目于2009年12月开工建设,2014年10月试运行,2014年10月竣工。

项目建设依据:2009年,深圳市环境保护局环评批复(深环批函〔2009〕038号);2009年,深圳市海洋局用海批复(深海〔2009〕50号)。

项目建设1个5万吨级散杂货码头泊位(码头水工建筑允许靠泊能力5万吨级),岸线总长180米。码头采用突堤式布局,高桩式结构。码头前沿水深14米。项目后方堆场面积3.1万平方米。项目总投资1.80亿元,企业自筹。

项目建设单位为招商港务(深圳)有限公司;设计单位为中交水运规划设计院深圳有限公司;施工单位为中交第四航务工程局深圳分公司;监理单位为深圳海勤工程管理有限公司;质监单位为深圳市交通工程质量监督站。

(九)蛇口三突堤港区

1. 港区综述

(1)港区建设和运营概况

蛇口集装箱码头有限公司(注册简称 SCT)成立于 1989 年,是深圳市最早的专业化集装箱码头,也是中国大陆最早的中外合资码头。SCT 由中国最大的公共码头运营商招商局港口(CMPort)控股,是 CMPort 在中国大陆码头成员,经过二十多年的发展,已成为 CMPort 的深圳母港。

码头分为 3 期建成,现有 9 个大船泊位和 5 个驳船专用泊位,岸线总长 3883 米,年最大处理能力可达 660 万 TEU,开通定期国际班轮航线近 90 条,通达全球 180 多个港口。全球排位前 30 的班轮公司均在 SCT 开辟航线。

2011—2015 年吞吐量为 2013 年 428 万 TEU、2014 年 507 万 TEU、2015 年 519 万 TEU。

(2)港区地理条件和集疏运概况

SCT 地处于珠江入海口东岸,深圳经济特区西南部,背靠珠三角经济腹地,是中外货商及承运人在珠江三角洲及华南地区开展物流运输的国际性主枢纽码头。

港区内集疏运方式主要有公路、水路和铁路驳运。公路货运疏港交通主干道有兴海大道、广深沿江高速公路、107 国道等。铁路主要依托平南铁路开展货物集疏运。此外,SCT 地处珠江入海口,发达的珠江水系把深圳西部码头与享有“世界工厂”美誉的珠江三角洲货源腹地紧密相连,凭借此得天独厚的地理优势,蛇口集装箱码头有限公司与赤湾集装箱码头有限公司于共同开辟了“深圳西部码头——珠三角公共驳船快线”,为当地货主及班轮公司提供一条更为便捷、经济的快速通道,同时,SCT 通过陆路集运方式的闸口收交箱量每年处理 168 万箱和 138 万拖车车次。

2. 港区工程项目

(1)SCT 一期 5 万吨级集装箱码头工程(1~2 号泊位)

项目于 1990 年 3 月开工建设,1991 年 7 月竣工。

项目建设 2 个 5 万吨级集装箱码头泊位,岸线总长 650 米。码头采用顺岸式布局,高桩式结构。码头前沿水深 13.5 米。项目后方堆场面积 10 万平方米。项目总投资港币 7500 万元。

项目建设单位为蛇口集装箱码头有限公司;设计单位为交通部水运规划设计院;施工单位为交通部第四航务工程局。

(2)SCT 二期工程项目(3 号、4 号泊位)

项目于 2000 年 11 月开工建设,2004 年 1 月竣工。

项目建设依据:2002 年 12 月,国家计划委员会工程可行性批复(计基础〔2002〕2713号);2001 年 10 月,深圳市交通局初步设计批复(深交复〔2001〕29 号)。2002 年 5 月,国家环境保护总局环评批复(环审〔2002〕104 号);2004 年 9 月,由深圳市房地产权登记中心下发房地产证(深房地字第 4000182657 号)。

项目建设 2 个 5 万吨级集装箱码头泊位,岸线总长 700 米。码头采用顺岸式布局,高桩式结构。码头前沿水深 17 米。项目后方堆场面积 16.34 万平方米。项目总投资 17.38亿元,企业自筹。

项目建设单位为深圳联运捷集装箱码头有限公司;设计单位为中交水运规划设计院;施工单位为中港第四航务工程局;监理单位为深圳海勤工程监理有限公司;质监单位为深圳市港口工程质量监督站。

(3)SCT 三期工程(5~9 号泊位)

项目于 2003 年 12 月开工建设,2005 年 3 月试运行,2008 年 11 月竣工。

项目建设依据:2005 年 2 月,国家发展和改革委员会工程可行性批复(发改交运〔2005〕160 号);2005 年 4 月,深圳市交通局初步设计批复(深交业字〔2005〕211 号、深交业字〔2005〕210 号)。2004 年 1 月,国家环境保护总局环评批复(环审〔2004〕13号);2004 年 4 月,深圳市规划与国土资源局颁发项目用地房地产证(深房地字第4000155268 号)。

项目建设 3 个 15 万吨级泊位、2 个 10 万吨码头泊位(码头水工建筑允许靠泊能力 15万吨级),岸线总长 2090 米。码头采用顺岸式布局,高桩式结构。码头前沿水深 18 米。项目后方堆场面积 40.9 万平方米。项目总投资 30.16 万元,企业自筹。

项目建设单位为安迅捷集装箱码头(深圳)有限公司;设计单位为中交第四航务勘察设计院有限公司;施工单位为中交第四航务工程局有限公司;监理单位为深圳海勤工程管理有限公司;质检单位为深圳市交通工程质量监督站。

六、东莞港

(一)港口概况

1.港口综述

东莞港位于广东省中南部,珠江口东岸,南接深圳港,北靠广州港,水路至香港 47 海里,至澳门 48 海里。1997 年,国务院批准东莞沙田港与太平港合并,建设国家一类口岸,定名为虎门港。2016 年 3 月 9 日,经广东省人民政府同意,虎门港更名为东莞港。东莞港是广东省地区性重要港口,是珠江三角洲东部地区联系国内外市场的重要口岸。2003

年编制完成的《虎门港总体布局规划》确定了麻涌港区、沙田港区、沙角港区、长安港区以及内河港区五大港区的空间布局。东莞港和广州港等周边港口共用广州港出海主航道和锚地设施,均由广州港负责管理。

2. 港口水文气象

东莞港地属亚热带季风气候,长夏无冬,日照充足,雨量充沛,温差振幅小,季风明显。多年平均气温22.0摄氏度,极端最高气温38.2摄氏度,极端最低气温 -0.5摄氏度。多年平均降水量1774.1毫米,历年最大降水量2394.9毫米;年均雷暴日数为74.9天;雾一般出现在冬春季,秋季偶有出现,多年平均雾日为5.7天,最多年份为15天。本地区冬夏季节的风向变化比较显著,春季到初秋一般盛行偏南风,秋季至冬末盛行偏北风或偏东风,在珠江口登陆的台风平均每年1.3次,影响到本港区。每年6—9月是台风盛行期,台风影响期间会带来大风和暴雨。潮性系数在0.94~1.77之间,为不正规半日混合潮型,珠江河口平均潮差均小于2米,均属弱潮河口。本河段潮流为往复流性质,一般落潮流大于涨潮流。除沙角以外区域波浪作用相对较强外,黄埔至虎门河段波浪作用较小。珠江流域泥沙来源主要是河流,海域泥沙来源较少。测得平均含沙量最大河段虎门河段,含沙量为0.18千克/立方米。

3. 发展成就

2009年9月25日,东莞市虎门港第一座万吨级以上公用深水码头——同舟液体化工公用码头工程通过广东省交通运输厅竣工验收。后陆续投入生产有5~6号泊位、7~8号泊位、九丰能源、中海油、海昌、深赤湾等大型深水泊位。2013年货物吞吐量突破1亿吨,成为广东省内继广州、深圳、湛江后,第四个跨入亿吨大港行列的港口。2014年货物吞吐量为1.29亿吨,2005—2014年间年均增速达19%。全港集装箱吞吐量继2012年首次突破百万TEU之后,2014年再次突破200万TEU,达到289万TEU。

东莞港港口结构和布局完善,码头泊位功能齐全,分工合理,已形成涵盖集装箱、煤炭、石油化工和大宗散货等主要货种的专业化、大型化沿海运输系统,成为东莞市打造珠三角新兴物流城市、实现高水平崛起的重要平台。"十二五"期间水运工程建设共累计完成固定资产投资46.76亿元,建成码头18座,泊位34个,新增港口吞吐能力3939.2万吨,新增集装箱通过能力10万TEU,港口现代化、专业化装卸水平得到了大幅提高。

东莞港港区分布图如图8-9-5所示。

东莞港基本情况见表8-9-6。

图 8-9-5　东莞港港区分布图

(二)麻涌港区

1.港区综述

(1)港区建设和运营概况

麻涌港区位于东莞港北部,是一个多功能港区,包括粮食、煤炭及建材等散杂货运输,以及仓储物流业务及造船、环保产业等临海/临河工业。麻涌港区分为东江北支流作业区、麻涌河口作业区、新沙南作业区、淡水河口作业区。新沙南作业区规划为大型散杂货深水泊位发展区。2015 年已建成 5 万吨级散杂货泊位 7 个,7 万吨级散杂货泊位 2 个。2015 年麻涌港区完成港口货物吞吐量 4820 万吨,占全港港口货物吞吐量的 36.66%。

(2)港区地理条件和集疏运概况

麻涌港区位于东莞港北部,主要通过作业区东路、进港中路、进港南路等道路与新沙路直接相连,再与沿江高速公路、市域西部干线以及广深高速公路等高一级路网相接,通向东莞市区、深圳、广州以及其他地区。

2.港区工程项目

(1)麻涌港区新沙南作业区 2 号、3 号泊位工程项目

项目于 2006 年 12 月开工,2010 年 4 月试运行,2010 年 4 月竣工。

表 8-9-6

东莞港基本情况表（沿海）

序号	港区名称	港口岸线		2015年港口生产用泊位				其中:1978—2015年建成的生产用泊位				2015年港口货物和旅客吞吐量						
		港口规划岸线	其中：2015年前已建成岸线	生产用泊位数	其中：万吨级及以上	生产用泊位总长	其中：万吨级及以上	生产用泊位数	其中：万吨级及以上	生产用泊位总长	其中：万吨级及以上	货物吞吐量	其中：外贸货物吞吐量	集装箱	滚装车辆 数量	滚装车辆 质量	旅客	其中：国际航线旅客
		千米	千米	个	个	米	米	个	个	米	米	万吨	万吨	万TEU	万辆	万吨	万人	万人
1	麻涌港区	14700.56	7124	46	7	5044.86	1836	46	7	5044.86	1836	4820.04	1281.67	26.39	0	0	0	0
2	沙田港区	30797.7	11315.3	46	16	7801	4295	46	16	7801	4295	6417.32	928.43	258.04	22.09	44.18	0	0
3	沙角港区	2976	2676	20	5	2321	1291	20	5	2321	1291	851.09	99.87	3.29	0	0	32.42	32.42
4	长安港区	—	—	5	0	215	0	5	0	215	0	0.36	0	0	0	0	0	0
5	内河港区	9064	4401	89	0	4441	0	89	0	4441	0	1059.80	5.33	48.56	0	0	0	0
	合计	57558.26	25516.3	206	28	19822.86	7422	206	28	19822.86	7422	13148.61	2315.31	336.28	22.09	44.18	32.42	32.42

项目建设依据:2007年11月,广东省厅《关于东莞市虎门港麻涌港区2#、3#泊位工程初步设计的批复》(粤交基〔2007〕1135号)。2006年12月,广东省环境保护局《关于虎门港麻涌新沙南作业区2#、3#泊位工程环境影响报告书的批复》(粤环函〔2006〕1826号);2006年9月,广东省国土资源厅《关于东莞市虎门港心沙南作业区2#、3#泊位项目用地的预审意见》(粤国土资(预)函〔2006〕89号)批复土地使用手续;2009年3月,广东省海洋与渔业局《关于东莞市虎门港麻涌新沙南作业区2、3泊位工程用海的批复》(粤海渔函〔2009〕185号);2007年2月,交通部《关于虎门港麻涌港区心沙南作业区2号和3号泊位工程使用港口岸线的批复》(交规划发〔2007〕78号)。

工程位于东莞市虎门港麻涌港区新沙南作业区,项目建设2个5万吨级散杂货泊位,使用岸线525米。码头结构形式采用重力式,码头平面布局形式为顺岸式。码头设计靠泊能力5.0万吨,码头水工建筑允许靠泊能力7.0万吨,岸线总长525.0米。码头前沿水深14.0米。堆场面积5.36万平方米,堆场堆存能力17.6万吨;仓库面积4.52万平方米,仓库堆存能力28.5万吨;筒仓容量36.5万吨。主要装卸设备配置包括9台港口门座式重机。项目总投资9.83亿元,其中政府投资800万元,业主自有资金5.19亿元,其他国企投资4.56亿元。2010年经广东省人民政府批准,在东莞虎门港麻涌港区新沙南作业区使用海域建设2号、3号泊位,用海面积51.99公顷,其中填海24.35公顷,海上交通用海27.64公顷。陆域用地31.08万平方米。

建设单位为东莞深赤湾港务有限公司;设计单位为广东省航运规划设计院;施工单位为中交天津航道局有限公司、中交四航局第二工程有限公司、中交第三航务工程局有限公司、上海信达港口机械有限公司;监理单位为深圳海勤工程管理有限公司;质监单位为广东省交通工程质监局。

2009年12月19日,港区设施、设备开始负载调试;2010年4月10日,东莞市港航管理局批准了麻涌港区2号、3号泊位试运行。试运行期间,安全停靠了1000~65000吨船舶,货物装卸、出运通畅,港区设施、设备运作良好,实际最大单月吞吐量为53.7万吨(2012年5月)。

(2)东莞市虎门港海昌煤炭码头工程

项目于2008年1月开工,2009年12月试运行,2013年7月竣工。

项目建设依据:2005年8月,中交第四航务工程勘察设计院完成工程可行性研究报告。2007年9月,交通部《关于东莞市虎门港海昌煤炭码头工程初步设计的批复》(交水发〔2007〕481号);2006年4月,国家环境保护总局《关于东莞市海昌5万吨级煤码头工程环境影响报告书的批复》(环审〔2006〕160号);2008年8月,国土资源部《关于东莞市虎门港海昌煤炭码头工程建设用地的批复》(国土资函〔2008〕574号);2007年12月,广东省海洋与渔业局《关于东莞海昌5万吨级煤码头项目用海的批复》(粤海渔〔2007〕233

号);2007年4月,国家发展和改革委员会《关于东莞市虎门港海昌煤炭码头工程项目批准的批复》(发改交运〔2007〕924号)。

项目建设1个5万吨级煤炭接卸泊位(码头水工结构按靠泊7万吨级散货船设计)和3个2000吨级煤炭装船泊位,以及相应的配套设施,码头年设计通过能力950万吨,其中接卸能力500万吨。码头结构形式采用重力式,码头平面布局形式为顺岸式。5万吨级泊位使用港口岸线275米。码头前沿水深15.0米。堆场面积16.4万平方米,堆场堆存能力63.0万吨。项目总投资6.88亿元,全部来源于企业投资(业主自有资金)。项目共使用海域面积40.06公顷,其中填海16.72公顷,围海23.34公顷。陆域用地面积7.68万平方米。

建设单位为东莞市海昌实业有限公司;设计单位为中交第四航务工程勘察设计院;施工单位为中交一航局第五工程有限公司、长江宜昌航道工程局;监理单位为深圳海勤工程监理有限公司;质监单位为东莞市交通工程质量监督站。

自投入运营以来,作为东莞首个大型煤炭专用码头的海昌码头一期工程,承担着珠三角地区煤炭中转的任务,有效缓解珠三角地区煤炭公用码头接卸能力紧张和华南地区能源短缺的局面。

(3)广东省储备粮东莞直属库粮食码头工程

项目于2010年4月开工,2014年10月试运行,2017年8月竣工。

项目建设依据:2004年,中交第一航务工程勘察设计院有限公司完成工程可行性研究报告;2005年8月,广东省建设厅《关于广东省储备粮东莞直属库及粮食码头工程初步设计的批复》(粤建设函〔2005〕444号)。2005年9月,广东省环境保护局《关于广东省储备粮东莞直属库建设项目环境影响报告书审批意见的函》(粤环函〔2005〕1032号)批复编制的环境影响报告书;2005年9月,广东省国土资源厅《关于广东省储备粮东莞直属库码头项目用地的预审意见》(粤国土资(预)函〔2005〕156号);2006年11月,广东省海洋与渔业局《关于广东省储备粮管理总公司东莞直属库项目用海申请的批复》(粤海渔〔2006〕176号);2004年10月,交通部《关于广东省储备粮东莞直属库粮食码头使用岸线的批复》(交规划发〔2004〕589号)。

项目建设2000吨级内河码头及5万吨级海港码头各1座,配套建设门座式起重机及输送廊桥等附属设施。码头结构形式采用重力式,码头平面布局形式为顺岸式,岸线总长385.0米。5万吨级的散粮码头泊位长度275米。码头设计靠泊能力5.0万吨,码头水工建筑允许靠泊能力5.0万吨。码头前沿水深12.5米。项目总投资2.70亿元,其中政府投资3.60亿元,业主自有资金1042万元。项目填海面积12.50公顷,填海造地面积费用约2500万元。陆域用地面积12.50万平方米。

项目建设单位为广东省储备粮管理总公司,承办单位为广东省储备粮管理总公司东莞直属库;设计单位为中交第一航务工程勘察设计院有限公司;施工单位为中交第四航务工程局有限公司、中国水产广州建港工程公司;监理单位为广州粤科工程建设监理咨询有限公司、广州海荣建设监理有限公司;质检单位为广东省交通运输工程质量监督站。

(4)广东省虎门港海昌煤炭码头二期工程

项目于2010年6月开工,2012年2月试运行,2012年12月竣工。

项目建设依据:2006年12月,中交第四航务工程勘察设计院有限公司完成工程可行性研究报告;2009年11月,交通运输部《关于广东省虎门港海昌煤炭码头二期工程初步设计的批复》(交水发〔2009〕662号)。2007年1月,广东省环境保护局《关于东莞市海昌5万吨级煤码头二期工程建设方案的批复》(环审〔2007〕412号);2009年4月,国土资源部《关于东莞市海昌5万吨级煤码头二期工程环境影响报告书的批复》(国土资函〔2010〕442号);2010年6月,广东省海洋与渔业局《关于东莞海昌5万吨级煤码头二期项目用海的批复》(粤海渔函〔2010〕604号);2009年,国家发展和改革委员会《关于广东省虎门港海昌煤炭码头二期工程项目核准的批复》(发改基础〔2010〕1150号)。

项目建设1个5万吨级煤炭接卸泊位(水工结构按靠泊7万吨级散货船舶设计)和3个2000吨级驳船装船泊位,以及相应的配套设施,泊位年设计通过能力1050万吨,其中接卸能力550万吨、装船能力500万吨。码头结构形式采用重力式,码头平面布局形式为顺岸式。码头设计靠泊能力5.0万吨,岸线总长285米。码头前沿水深15.0米。主要装卸设备配置包括额定生产率为1000~2000吨/小时的桥式抓斗起重机2台,额定生产率为1000~3000吨/小时的其他输送机14台。项目总投资7.17亿元,业主自有资金。项目用地面积58192.80平方米,用海面积15.11公顷,其中港池用海面积3.45公顷、填海用海面积11.66公顷。

建设单位为东莞市海昌实业有限公司;设计单位为中交第四航务工程勘察设计院有限公司设计;施工单位为中交一航局第五工程有限公司;监理单位为深圳海勤管理有限公司。

(5)麻涌港区新沙南作业区4号、5号泊位工程项目

项目于2011年1月开工,2014年4月竣工。

项目建设依据:2008年4月28日,广东省航运规划设计院完成工程可行性研究报告;2010年10月,广东省交通运输厅《关于东莞市虎门港麻涌港区新沙南作业区4—5号泊位工程初步设计的批复》(粤交基〔2010〕1401号)。2008年9月,广东省环境保护局《关于东莞市虎门港麻涌港区新沙南作业区4#、5#泊位工程环境影响报告书的批复》(粤环审〔2008〕371号);2009年5月,广东省国土资源厅《关于东莞市虎门港麻涌港区新沙南作业区4#、5#泊位工程用地预审意见》(粤国土资(预)函〔2009〕82号);2009年9月,广东省海洋与渔业局《关于东莞市虎门港麻涌港区新沙南作业区4#—5#泊位工程项目用海预

审意见的函》(粤海渔函〔2009〕671号);2009年7月,交通运输部《关于虎门港麻涌港区新沙南作业区4号4a号和5号泊位工程使用港口岸线的批复》(交规划发〔2009〕394号)。

项目建设2个7万吨级和1个5万吨级散杂货泊位,年设计通过能力为680万吨。2个7万吨级的码头泊位总长度为492米,5万吨级的码头泊位长度为234米,使用港口岸线总长725.86米。码头结构形式采用重力式,码头平面布局形式为顺岸式。码头前沿水深15.0米。码头设计靠泊能力7.0万吨,码头水工建筑允许靠泊能力7.0万吨。堆场面积26.2万平方米,堆场堆存能力107.88万吨;仓库面积0.96万平方米,仓库堆存能力10.0万吨。主要装卸设备配置包括港口门座式重机9台。项目总投资8.06亿元,其中业主自有资金4.22亿元,其他国企投资3.84亿元。陆域用地面积48.06万平方米。

建设单位为东莞深赤湾码头有限公司;设计单位为广东省航运规划设计院;施工单位为中交天津航道局有限公司、中交四航局第二工程有限公司、中交第三航务工程局有限公司、福建联泰工程有限公司、上海信达港口机械有限公司;监理单位为深圳海勤工程管理有限公司;质监单位为广东省交通工程质量监督站。

移动码垛机创新项目由东莞深赤湾码头有限公司研发。将麻涌港区传统的散货灌包上堆作业工艺进行革新,将自动码垛设备安装在平板车上,减少物料运输环节,属国内首创。样机已完成9万吨化肥作业量,运输成本节约22.5万余元(按照2015年标准,运输单价2.5元/吨)。拆堆装船或装车作业时,无须大量劳动力,降低对工人数量的需求。成组网络上堆的工艺,取代了人工打堆的模式,极大地降低袋肥上堆、拆堆作业的事故概率。

(6)东莞玖龙码头有限公司2个5万吨级散杂货码头工程

项目于2012年9月开工,2020年2月竣工。

项目建设依据:2007年,中交第二航务工程勘察设计院有限公司完成工程可行性研究报告;2010年,广东省交通运输厅《关于东莞玖龙码头有限公司2个5万吨级散杂货码头项目初步设计的批复》(粤交基〔2010〕1866号)。2007年8月,广东省环境保护局《东莞玖龙码头有限公司2个5万吨散杂货码头工程环境影响报告书的批复》(粤环审〔2007〕302号);2006年12月,广东省国土资源厅《东莞虎门港麻涌港区新沙南作业6#、7#泊位用地预审意见》(粤国资(预)函〔2006〕110号);2010年11月,广东省海洋局《东莞玖龙码头有限公司2个5万吨散杂货码头项目用海的批复》(粤海渔函〔2010〕854号);2008年4月,交通部《关于虎门港东莞玖龙码头有限公司通用泊位工程使用港口岸线的批复》(交规划发〔2008〕37号)。

项目建设2个5万吨级散杂货码头泊位、港区总面积36.8万平方米,其中码头前沿作业地带2.9平方米,绿化面积3.7万平方米,道路堆场总面积24.7万平方米。后方辅助区总建筑面积2.61万平方米,包括综合办公楼2层、候工楼2层,1号仓库、2号仓库、1号变电所、2号变电所、给水加压站、煤污水处理站、维修车间、海员通道用房及含油污处理站。码头结构形式采用重力式,码头平面布局形式为顺岸式。码头设计靠泊能力5.0万吨,码头水工建筑允许靠泊能力5.0万吨。码头前沿水深15.2米,岸线总长525.0米。堆场面积13.0万平方米,堆场堆存能力17.7万吨;仓库面积1.5万平方米,停车场面积4737.0万平方米。项目总投资6.78亿元,均为业主自有资金。项目用地面积约36.8万平方米,其中水域约26.67万平方米,陆域约10.13万平方米。陆域用地面积10.14万平方米,填海造地面积19.0公顷。

建设单位为东莞玖龙码头有限公司;设计单位为中交第二航务工程勘察设计院有限公司;施工单位为长江航道局、广州建港工程公司、长江宜昌航道工程局;监理单位为广州华申建设工程管理有限公司;质检单位为广州港工程管理有限公司、东莞市交通工程检测中心。

(7)东莞市虎门港麻涌港区海昌散杂货码头项目

项目于2013年4月开工,2015年2月竣工,2016年7月试运行。

项目建设依据:2010年8月,中交第四航务工程勘察设计院有限公司完成工程可行性研究报告;2011年7月,东莞市交通运输局《关于东莞市虎门港麻涌港区海昌散杂货码头工程初步设计的批复》(东交复〔2011〕13号)。2008年8月,广东省环境保护局《关于东莞市海昌50000DTW散杂货码头环境影响报告书的批复》(粤环审〔2008〕327号);2009年9月,广东省国土资源厅《关于东莞市海昌50000DTW散杂货码头工程建设项目预审意见》(粤国土资(预)函〔2009〕155号);2011年12月,广东省海洋与渔业局《关于东莞海昌50000吨散杂货码头工程用海预审遇见的函》(粤海渔函〔2009〕1075号);2010年11月,交通运输部《关于东莞市虎门港麻涌港区海昌散杂货码头工程使用港口岸线的批复》(交规划发〔2010〕696号)。

项目建设2个5万吨级散杂货泊位,结构按靠泊7万吨级散货船设计使用港口岸线580米。码头结构形式采用重力式,码头平面布局形式为顺岸式。码头设计靠泊能力65.0万吨。码头前沿水深15.0米。堆场面积18万平方米,堆场堆存能力81.9万吨。主要装卸设备配置包括有额定生产率为1000~2000吨/小时的桥式抓斗起重机4台,额定生产率为1000~3000吨/小时的其他输送机25台。项目总投资为9.81亿元,其中业主自有资金3.81亿元,银行贷款6亿元。项目用地面积12.62万平方米,用海面积46.87公顷,其中填海用海面积28.26公顷,港池用海18.61公顷。陆域用地面积12.6万平方米,填海造地面积28.3万平方米。

建设单位为东莞市海昌船务有限公司;设计单位为中交第四航务工程勘察设计院有限公司;施工单位为中交一航局第五有限公司、长江宜昌航道工程局;监理单位为深圳海勤工程监理有限公司;质监单位为东莞市交通工程质量监督站。

项目货物主要运输至广州、东莞、中山、佛山、惠州、清远、广西等地。随着深圳港散杂货运输功能向外迁移,项目成为重要承接者;随着麻涌镇饲料、粮食等大型加工企业及其他临港配套产业的开发建设,项目承担更多散杂货集疏运任务。

(三)沙田港区

1.港区综述

(1)港区建设和运营概况

沙田港区位于东莞港中部、麻涌港区南部,主要发展集装箱、多用途和石油化工产品及液化气运输,兼顾发展汽车滚装、散杂货运输,水上观光、游艇等港口休闲服务及港口支持系统功能,发展临海工业及保税物流等业务。沙田港区主要分5个作业区:立沙岛作业区、东莞河口作业区、洪梅作业区、道滘作业区以及西大坦作业区。其中,西大坦作业区以发展外贸集装箱近洋运输为主,并发展仓储保税业务,同时兼顾发展汽车滚装、水上观光、游艇等港口休闲服务及港口支持系统功能,已建成1万吨级、2万吨级多用途泊位各1个,3万吨级多用途泊位5个,3.5万吨级多用途泊位2个,7万吨级多用途泊位2个;立沙岛作业区主要发展油气化工泊位和大型临海工业泊位,已建成2万吨级液体化工泊位1个,3万吨级液体化工泊位5个,5万吨级液体化工泊位3个,8万吨级液体化工泊位3个。2015年沙田港区完成港口货物吞吐量6417万吨,占全港港口货物吞吐量的48.80%。

(2)港区地理条件和集疏运概况

沙田港区位于东莞港中部、麻涌港区南部,后方连接港口大道、进港北路、进港中路、进港南路等道路,再与沿江高速公路、番莞高速公路、疏港快速路以及广深高速公路等高一级路网相接,通达广州、深圳及香港等城市,并在东莞市域内联系厚街、虎门及长安等镇。

2.港区工程项目

(1)广东省物资总公司泥洲煤炭码头工程

项目于1992年10月开工,1994年10月竣工。

项目建设依据:1988年8月,广东省计划委员会《关于省燃料公司新建煤场、码头项目建议书的批复》(粤计交〔1990〕167号);1990年4月,广东省计划委员会《关于东莞煤炭码头建设计划任务书的批复》(粤计交〔1990〕167号)。1989年12月,广东省环境保护局《关于东莞泥洲煤炭码头环境影响评价报告书的审批意见》(粤环建字〔1989〕054号);2000年11月,东莞市国土资源局《国有土地使用证》(东府国用〔2000〕字第19001400006号);1990年6月,广州港务局《关于对你公司建造煤码头及驳船码头的岸线批复》(穗港局港政字〔1990〕025号)。

项目完成后方场地平整及3.5万吨级码头1座,500~1000吨级码头2座,码头结构形式采用重力式,码头平面布局形式为顺岸式。岸线总长230.0米(泊位长度大于岸线总长),码头前沿水深11.5米。码头设计靠泊能力3.5万吨,码头水工建筑允许靠泊能力3.5万吨。项目总投资1.52亿元,业主自有资金。码头工程陆域场地面积20.73万平方米,填海造地新增项目用地4.314万平方米,合计项目面积25.05万平方米。陆域用地面积20.73万平方米,填海造地面积4.31万平方米。

建设单位为广东省物资产业(集团)有限公司;项目工程可行性研究单位广东省工程咨询公司开展前期项目工可咨询工作;施工单位为汕头市建筑安装工程总公司;设计单位为中交第四航务工程勘察设计院;监理单位为广州南华工程管理公司。

泥洲煤炭码头工程1992年10月开工,1994年10月完成后方场地平整及3.5万吨级码头1座,500~1000吨级码头2座,由于后续资金问题,1995年10月项目停缓建设,2003年3月经广东省交通工程质量监督站出具检验报告,码头水工结构及附属设施总体质量基本符合设计要求,码头主体结构稳定正常,同意按设计标准投入使用。

泥洲煤炭码头工程在1992年10月开工建设,由于后续资金问题,项目1995年10月停缓建设,2000年7月开始出租给中威预制混凝土产品有限公司使用至今,经营单位主要以经营水泥预制混凝土构件为主。

(2)金明石化码头

项目于2000年10月开工,2002年1月竣工。

项目建设依据:1999年5月,东莞市发展计划委员会《关于东莞市金明商贸发展有限公司沙田油码头可行性研究报告的批复》(东计〔1999〕075号)。2001年11月,东莞市环境保护局《环境影响报告书》(东环建〔2001〕1238号);2002年6月,国家土地管理局《国有土地使用证》(东府国用〔1999〕字135);2005年1月,东莞市海洋与渔业局《海域使用权证》(国海证084419002号)。广东省东莞港务监督局《关于沙田水道左岸百亩村河段原拟建5000吨甲类(A)油、气码头改建为20000吨级码头批复》、东莞海事局《关于同意金明石化码头试产的复函》(粤莞海事函〔2003〕33号)、东莞海事局《关于金明石化码头验收的意见》(粤莞海事〔2003〕73号)及《关于同意金明石化码头投产意见》(粤莞海事〔2004〕73号),东莞海事局《关于金明石化码头升级为3万吨级石化码头的建设的复函》。

项目建设1个2万吨级成品油码头泊位,码头设计靠泊能力2.0万吨,岸线总长345.25米,泊位长度235米。码头结构形式为高桩式,码头平面布局形式采用引桥式。码头前沿水深12.5米。项目总投资3000万元,为业主自有资金。

建设单位为东莞市金明商贸发展有限公司;施工单位为广东省八建集团有限公司;设计单位为深圳天阳工程设计有限公司;监理单位为天津辰达工程监理公司;质检单位为广东省地质建设工程勘察院。

(3)东莞三江港口储罐有限公司石化码头

项目于2005年5月开工,2007年9月试运行,2013年4月竣工。

项目建设依据:2002年12月,东莞市发展计划局《关于东莞三江港口储罐有限公司化工码头及仓储工程可行性研究报告的批复》(东计〔2003〕62号);2009年12月,东莞市交通运输局《关于东莞三江港口储罐有限公司三江港口储罐码头改造工程设计方案的批复》(东交复〔2010〕11号)。2012年11月,东莞市环境保护局《关于东莞三江港口储罐有限公司三江港口储罐码头改造工程项目环境影响报告书的批复》(东环建〔2012〕11625号);2003年6月,东莞市国土资源局《关于三江石化码头及储罐工程项目用地预审的批复》(东国土资(规划)预审字〔2003〕0348);2013年5月,东莞市海洋与渔业局《海域使用权证书》(2054-8-10DGG-20130002)。

项目建设1个2万吨级成品油码头泊位(兼顾10000吨级和5000吨级),码头设计靠泊能力2.0万吨,岸线总长300米。码头采用顺岸式布局,高桩式结构。码头总长3000米,宽18米。码头前沿停泊水域宽64米,底高程为-12.84米。回旋水域按椭圆形布置,宽度270米,长度取400米。航道设计宽度为131米,底高程为-10.26米。主要装卸设备配置包括额定生产率小于1000吨/小时的输油臂6台。项目总投资918.7万元,业主自有资金。项目用地面积18.50万平方米(全部为陆域用地,不存在填海造地),项目用海面积3.20公顷(其中码头及引桥用海面积0.56公顷、港池面积2.64公顷)。

建设单位为东莞三江港口储罐有限公司;施工单位为中国水产广州建港工程公司;设计单位为中交四航局港湾工程设计院有限公司;监理单位为广州海荣建设监理有限公司;质监单位为东莞市交通工程质量监督站。

(4)东莞港沙田港区5号、6号泊位工程

项目于2006年3月开工,2008年9月试运行,2013年5月竣工。

项目建设依据:2004年8月,国家发展和改革委员会《关于广东虎门港沙田港区5号和6号泊位项目建议书意见的函》(交函规划〔2004〕306号);2005年9月,交通部《关于广东虎门港沙田港区5号和8号泊位工程初步设计的批复》(交水发〔2005〕396号)。2005年10月,国家环境保护总局《关于东莞市虎门港沙田港区5#、6#泊位工程环境影响报告书的批复》(环审〔2005〕909号);2004年10月,国土资源部办公厅《关于确认东莞市虎门港沙田港区5#、6#泊位工程建设用地预审意见的函》(国土资源厅函〔2004〕668号)。

项目建设2个3万吨级多用途泊位(码头水工结构按靠泊5万吨级集装箱船建设),码头岸线长度678米,码头面顶高程5米,前沿底高程-14.3米,停泊水域宽65米。码头采用顺岸式布局,重力式结构。项目后方堆场面积2939万平方米,堆存能力60万吨。停车场面积1800平方米,有128个标准车位。项目总投资9.17亿元,其中政府投资2085万元,业主自有资金3亿元,银行贷款5.96亿元。码头陆域纵深800米,陆域用地面积48.46万平方米。

建设单位为东莞港国际集装箱码头有限公司;设计单位为中交第四航务工程勘察设

计院;施工单位为中交第四航务工程局有限公司、深圳市市政工程总公司、上海振华(香港)有限公司。监理单位是上海华申工程建设监理咨询有限公司。质检单位为广东省东莞市交通工程质量监督站。

(5)东莞市虎门港同舟石化码头有限公司立沙岛石化仓储项目公用码头工程

项目于 2006 年 7 月开工,2007 年 10 月试运行,2009 年 10 月竣工。

项目建设依据:2003 年 9 月,中交第四航务工程勘察设计院有限公司完成工程可行性研究报告;2006 年 1 月,广东省交通厅《关于东莞市虎门港同舟石化码头有限公司立沙岛石化仓储项目公用码头工程初步设计的批复》(粤交基〔2006〕50 号)。2005 年 6 月,广东省环境保护局《关于东莞市虎门港同舟石化码头有限公司立沙岛石化仓储项目公用码头工程环境影响报告书审批意见的函》(粤环函〔2005〕646 号);2005 年 7 月,东莞市国土资源局《关于立沙岛石化码头项目用地的预审意见》(粤国土资(预)函〔2005〕110 号);2006 年 4 月,东莞市海洋与渔业局《海域使用权批准通知书》(东莞市海洋与渔业局);2004 年 9 月,交通部《关于东莞市同舟液体化工公用码头使用岸线的批复》(交规划发〔2004〕530 号)。

项目建设规模为 3 万吨级液体化工码头泊位及 2000 吨级化工码头泊位各 1 个(码头水工结构按 5 万吨级设计),使用港口岸线 335 米。码头总平面连片式布置方案,码头泊位长度为 335 米,码头面高程为 6.4 米(当地理论最低潮面),宽度为 20 米;引桥长度约110 米,宽度为 12.5 米;码头前沿停泊水域水深为 13.4 米。码头结构采用高桩梁板结构,码头平面布局形式采用引桥式。码头总年设计通过能力 160.0 万吨。项目总投资2.02 亿元,其中地方政府投资 1675 万元,业主自有资金 9492 万元,银行贷款 9000 万元。工程位于港口码头工程,主要用海建化工码头,用海面积 18.28 公顷。

建设单位为东莞市虎门港同舟石化码头有限公司;设计单位为中交第四航务工程勘察设计院有限公司;施工单位为中交四航局第二工程有限公司;监理单位为广州海建工程监理公司;质检单位为东莞市交通工程质量监督站。

(6)东莞市九丰能源有限公司 LPG 公用码头工程

项目于 2007 年 10 月开工,2009 年 9 月试运行,2011 年 7 月竣工。

项目建设依据:2007 年 4 月,广东省交通厅《关于东莞市九丰能源有限公司 LPG 公用码头工程初步设计的批复》(粤交基〔2007〕329 号)。2005 年 7 月,广东省环境保护局《关于东莞市九丰能源有限公司 LPG 公用码头工程环境影响报告书审批意见的函》(粤环函〔2005〕732 号);2005 年 3 月,东莞市城建规划局《关于虎门港九丰石化码头有限公司立沙岛 LPG 公用码头项目规划的复函》(东规函〔2005〕42 号);2004 年 8 月,东莞市海洋与渔业局《关于东莞市九丰能源有限公司 LPG 公用码头工程立项海域使用意见的复函》(东海渔〔2004〕40 号);2005 年 3 月,交通部《关于东莞市虎门港沙田港区 LPG 公用码头使用岸线的批复》(交规划发〔2005〕98 号)。

项目建设 1 座 5 万吨级液化气(LPG/LNG)码头(水工结构按 8 万吨级设计),可兼靠 2 艘 3000 吨级 LPG 船,码头岸线总长 301 米,年设计吞吐能力 190 万吨,码头前沿水深 15.0 米。码头结构形式为高桩式,码头平面布局形式采用引桥式。储罐容量 30.4 万立方米。项目总投资 1.31 亿元,业主自有资金。项目均在水域范围内,用海面积为 16.59 公顷。

建设单位为东莞市九丰能源有限公司;设计单位为中交四航院;施工单位为中交四航局二公司;施工监理为广州海建工程咨询有限公司;质监单位为东莞市交通工程质量监督站。

项目建成投产后,对珠江三角洲及广东省的液化石油气及能源供给起到了应急、调峰及有益补充,同时提供的清洁能源对环境保护也作出了积极贡献。

(7)广东省东莞虎门港沙田港区油气化工码头工程

项目于 2007 年 11 月开工,2011 年 9 月试运行,2013 年 1 月竣工。

项目建设依据:2007 年 2 月 3 日,交通部《关于东莞虎门港沙田港区油气化工码头工程初步设计批复》(交水发〔2007〕42 号)。2006 年 8 月,国家环境保护总局《关于东莞项目环保影响报告书的批复》(环审〔2006〕388 号);2005 年 5 月,国土资源部《关于东莞市沙田港区油气化工码头项目用地预审意见的复函》(国土资源预审字〔2005〕138 号);2007 年 2 月,水利部水利委员会《河道管理范围内建设项目审查同意书》(国珠建字〔2007〕005 号);2005 年 9 月,国家发展和改革委员会《关于广东省东莞虎门港沙田港区油气化工码头工程项目核准的批复》(发改交运〔2005〕1670 号)。

项目工程地处广东省珠江干流狮子洋中段东岸、东莞市沙田镇西岸线,属虎门港总体布局规划危险品专用泊位区沙田港区的立沙岛作业区。项目建设 8 万吨级油品化工泊位 1 个(结构按 10 万吨级设计)和 5 万吨级油气化工泊位 1 个。前沿水深 13.5 米。码头岸线总长 650 米,泊位总长 635 米,两泊位均可同时兼靠 2 艘 5000 吨级或 3 艘 2000 吨级船舶,年吞吐量 580.0 万吨。码头结构采取高桩连片式,码头平面布局形式采用引桥式,宽 25 米,引桥 1 座(79.5 米×15 米),后方陆域建设储存库区,以及相应的安全、消防、环保等配套设施。仓库面积 4777.5 万平方米,储罐容量 26.36 万立方米。主要装卸设备配置有额定生产率 1000 ~ 3000 吨/小时的输油臂 24 台,额定生产率 3000 ~ 6000 吨/小时的输油臂 8 台。项目总投资为 8.26 亿元,其中业主自有资金 3.74 亿元,银行贷款 4.52 亿元。项目陆域用地为后方库区用地,主要由码头港池及掉头水域内疏浚泥沙物料吹填至后方库区陆域,项目吹填自 2006 年 7 月开始建设,2007 年 6 月完成,库的软基处理费用为 2158.08 万元人民币。陆域用地面积 51.58 万平方米。

建设单位为东莞市东洲国际石化仓储有限公司;设计单位为中交四航局港湾工程设计院有限公司、深圳天阳工程设计有限公司;施工单位为中交第三航务工程局有限公司、中国石油天然气第一建设公司、广东省石油化工建设集团有限公司;监理单位为广州港工程监理咨询公司、岳阳长岭炼化方元建设监理咨询有限公司;质检单位为广东省交通运输工程质量监督站、东莞市建设工程质量监督站。

(8)虎门港中海石油炼化东莞油品储运有限公司立沙油品码头工程

项目于2007年11月开工,2009年7月试运行,2011年12月竣工。

项目建设依据:2006年12月,中交四航局港湾工程设计院有限公司完成工程可行性研究报告;2009年7月,交通运输部《关于虎门港中海石油炼化东莞油品储运有限公司立沙油品码头工程初步设计的批复》(交水发〔2009〕366号)。2007年10月,国家环境保护总局《关于东莞立沙油品储运项目码头工程环境影响报告书的批复》(环审〔2007〕419号);1996年2月,广东省人民政府《国有土地使用证》(东府国用〔1996〕字第特3号);2008年6月,国家海洋局《关于立沙油品储运项目用海预审意见的函》(国海管字〔2008〕327号);2006年9月,东莞市港务管理局《关于中海石油炼化有限责任公司立沙油品与液体化工储运项目使用港口岸线的意见》(东港函〔2006〕111号)。

项目建设1个5万吨级泊位和1个5000吨级泊位(码头外侧可同时兼靠4艘1000吨级油船,水工结构按8万吨级考虑)。码头结构形式采用高桩式,平面布局形式为引桥式。码头前沿水深13.5米。年货物吞吐量项目一期为190万吨,最终规模500万吨。按最终规模建设。主要装卸设备配置包括:卸船,10号柴油卸船;装船,93号和97汽油、-10号和0号柴油。项目总投资2.86亿元,其中业主自有资金8016万元,其他国企投资2004万元,其他银行贷款1.86亿元。

建设单位为中海油销售东莞储运有限公司;设计单位为中交第四航务工程勘察设计院有限公司;施工单位为中交第四航务工程局有限公司;监理单位为广州南华工程管理有限公司;质检单位为东莞市交通工程质量监督站。

码头保障了中海油惠州炼化项目生产的顺利运营,提高了中海油惠州炼化成品油的吞吐能力。

(9)东莞市虎门港沙田港区二期

项目于2008年11月开工,2011年5月试运行,2016年2月竣工。

项目建设依据:2006年6月,中交第四航务工程勘察设计院完成工程可行性研究报告;2008年4月,广东省交通厅《关于东莞市虎门港沙田港区二期工程初步设计的批复》(粤交基〔2008〕375号)。2006年4月,广东省环境保护局《关于东莞市虎门港二期工程环境响报告书审批意见的函》(粤环函〔2006〕590号);2007年7月,广东省国土资源厅《关于东莞市虎门港沙田港区7#、8#泊位项目用地的预审意见》(粤国土资(预)函〔2006〕66号);2014年5月,东莞市海洋与渔业局《海域使用权证书》(国海证2014C44198300515号);2006年9月,交通部《关于东莞市虎门港沙田港区二期工程使用岸线的批复》(交规划发〔2006〕286号)。

工程位于东莞市虎门港沙田港区西大坦作业区,项目建设2个3万吨级多用途泊位(结构按5万吨级集装箱船设计),设计年吞吐能力为件杂货120万吨和集装箱10万TEU。码头为顺岸式布置,与一期工程过渡渡衔接100米,码头前沿顶高程为5.0米(当时理论最低潮面,下同),码头前沿停泊水域宽度65米,底高程为-13.0米,港区陆域面积48.4万平方米,前方有65米为前沿作业带,后方布置堆场区、预留堆场区及生产生活辅助区。码头结构采用大沉箱方案,上部结构采用现浇胸墙结构,护岸及临时防波堤采用斜坡式结构。项目进出港主航道利用广州港出海航道,通过开挖挖码头加旋水域与广州港出海航道相连接。码头岸线总长678.0米。堆场面积23.12万平方米,仓库面积1.13万平方米。项目总投资16.30亿元,其中业主自有资金6.70亿元,银行贷款9.60亿元。陆域用地面积48.43万平方米,软基处理面积45.98万平方米,堆场道路工程面积37.98万平方米,辅助建筑物总建筑面积2.72万平方米。

建设单位为东莞港集装箱港务有限公司;设计单位为中交第四航务工程勘察设计院;施工单位为中交第四航务工程局有限公司、广州工程总承包集团有限公司、上海振华重工(集团)有限公司、卡哥特科工业(中国)有限公司;监理单位为广州港水运工程监理有限公司;质监单位为东莞市交通工程质量监督站。

(10)东莞市虎门港立沙岛液体化工品码头工程

项目于2010年9月开工,2013年10月试运行,2016年5月竣工。

项目建设依据:2007年8月,广东省航道勘测设计研究院有限公司完成工程可行性研究报告;2010年1月,广东省交通运输厅《关于东莞市虎门港立沙岛液体化工品码头工程初步设计的批复》(东交〔2010〕194号)。2006年1月,广东省环境保护局《关于东莞阳鸿石化储运有限公司立沙岛石油化工码头工程环境影响报告书审批意见的函》(粤环函〔2006〕15号);2007年5月,东莞市国土资源局《国有土地使用证》(东府国用〔2007〕第特268号);2010年9月,东莞市海洋与渔业局《海域使用权证书》(国海证104419002S号);2008年7月,交通运输部《关于虎门港沙田港区立沙岛作业区阳鸿液体化工品泊位工程使用港口岸线的批复》(交规划发〔2008〕180号)。

项目建设1个3万吨级化学品码头泊位(码头水工建筑允许靠泊能力5万吨级),岸线总长331米,项目总年设计通过能力为194万吨。码头结构形式为高桩式,码头平面布局形式采用引桥式。码头前沿水深12.7米。项目总投资6961.03万元,业主自有资金。码头用海区域面积为0.83公顷,港池用海区域面积为6.51公顷。工程海域使用总面积为7.34公顷。

建设单位为东莞阳鸿石化储运有限公司;设计单位为中铁建港航局集团勘察设计院有限公司(原广东省综合交通勘察设计院有限公司/广东省航道勘测设计研究院有限公

司)、湖南大学设计研究院有限公司;施工单位为广州航达工程公司、茂名建筑集团工业设备安装有限公司;监理单位为武汉中澳工程项目管理有限责任公司、广东顺业石油化工建设监理有限公司;质监单位为东莞市交通工程质量监督站。

(11)东莞市虎门港立沙岛联兴化工公用码头工程

项目于2011年2月开工,2014年6月竣工。

项目建设依据:2005年,中交第二航务工程勘察设计院完成工程可行性研究报告;2009年6月,广东省交通运输厅《关于东莞市虎门港立沙岛联兴化工公用码头初步设计的批复》(粤交基〔2009〕584号)。2006年2月,广东省环境保护局《关于东莞联兴立沙岛化工公用码头工程环境影响报告书审批意见的函》(粤环函〔2006〕211号);2005年7月,广东省国土资源厅《关于虎门港立沙岛港区联兴化工公用码头项目用地的预审意见》(粤国土资(预)函〔2005〕122号);2011年1月,东莞市海洋与渔业局以《海域使用权批准通知书》;2006年7月,交通部《关于东莞联兴化工公用码头工程使用港口岸线的批复》(交规划发〔2006〕336号)。

项目建设3万吨级及500吨级化工泊位各1个(水工结构按靠泊5万吨级船舶设计),岸线总长298米。码头结构形式为高桩式,码头平面布局形式采用引桥式。码头前沿水深14.7米。项目总投资1.46亿元,其中业主自有资金5900万元,政策性银行贷款8700万元。

建设单位为东莞联兴码头有限公司;设计单位为中交第四航务工程勘察设计院有限公司、浙江省天正设计工程有限公司;施工单位为中交四航局第二工程有限公司、中石化第四建设有限公司;监理单位为广州南华工程管理有限公司、上海金申工程建设监理有限公司;质监单位为东莞市交通工程质量监督站。

(12)东莞市虎门港沙田港区立沙岛作业区鸿源航空油品码头工程

项目于2013年4月开工,2015年1月竣工。

项目建设依据:2012年5月14日,中交第二航务工程勘察设计院有限公司完成工程可行性研究报告;2013年4月,广东省交通运输厅《关于东莞市虎门港沙田港区立沙岛作业区鸿源航空油品码头工程初步设计的批复》(粤交基〔2013〕369号)。2008年6月,广东省环境保护局《关于东莞市鸿源码头有限公司3万吨级石油化工码头环境影响报告书的批复》(粤环审〔2008〕216号);2013年2月,东莞市海洋与渔业局《海域使用证》(国海证2013C44198300150);2011年9月,交通运输部《关于虎门港沙田港区立沙岛作业区鸿源航空油品码头工程使用港口岸线的批复》(交规划发〔2011〕496号)。

项目建设1个3万吨级航空油品专用泊位,码头水工结构按照靠泊5万吨级船舶设计。码头结构形式为高桩式,码头平面布局形式采用引桥式。码头前沿水深为13.7米。主要装卸设备配置包括输油臂3台。项目总投资1.23亿元,其中业主自有资金6000万元、银行贷款6300万元。

建设单位为东莞市鸿源码头有限公司;设计单位为中铁建港航局集团勘察设计院有限公司;施工单位为广东航达工程有限公司、茂名建筑集团工业设备安装有限公司;监理单位为武汉中澳工程项目管理有限责任公司、广州石化建设监理有限公司;质监单位为东莞市交通工程质量监督站。

(13)东莞市虎门港沙田港区三期工程

项目于2015年7月开工,在建。

项目建设依据:2014年3月,广东省交通运输厅《广东省交通运输厅关于东莞市虎门港沙田港区三期工程初步设计的批复》(粤交基〔2014〕276号)。2013年5月,东莞市环境保护局《关于东莞市虎门港沙田港区三期工程环境影响报告书的批复》(东环建〔2013〕10596号);2017年4月,东莞市国土资源局《不动产权证书》(NO D445200);2016年8月,广东省海洋与渔业局《海域使用权证书》(非透:国海证2016B44198301253号;港池:国海证2016B44198301264号;填海:国海证2016B44198301247号);2014年5月,交通运输部《港口岸使线用证》(交港海岸〔2014〕第1号)。

项目建设2个5万吨级多用途泊位(码头水工结构按7万吨预留),泊位长648米。码头结构形式为高桩式,平面布局形式采用引桥式。码头前沿水深14.3米,总年设计通过能力60万吨、20.0万TEU、26.0万车。堆场面积29.66万平方米,堆场堆存能力4.6万吨,1.3万TEU,仓库面积1.05万平方米,仓库堆存能力1.5万吨。项目总投资10.79亿元,其中业主自有资金4.44亿元、银行贷款6.35亿元。陆域总面积为49.0万平方米,填海造地面积3.41万平方米,辅助建筑20栋,总建筑面积2.9万平方米。

建设单位为广东鸿福实业投资有限公司;设计单位为中交第二航务工程勘察设计院有限公司;施工单位为中交第四航务工程局有限公司;监理单位为武汉中澳工程项目管理有限责任公司;质检单位为东莞市交通工程质量监督站。

(四)沙角港区

1. 港区综述

(1)港区建设和运营概况

沙角港区位于沙田港区南部,主要为太平河口作业区,包括太平河口南岸岸线及威远岛岸线,以发展多用途、杂货泊位为主,兼作城市生活及旅游景观岸线。已建成5万吨级散货泊位3个,3.5万吨级散货泊位1个。万吨级以上码头为电厂自用码头,装卸货种主要为煤炭。2015年完成港口货物吞吐量851万吨,占全港港口货物吞吐量的6.47%。

(2)港区地理条件和集疏运概况

沙角港区位于沙田港区南部,太平河口作业区作业区后方与规划环岛路相接。

2.港区工程项目

(1)沙角A电厂码头1号、2号泊位

项目于1985年3月开工,1986年12月竣工。

项目建设依据:1982年7月,广东省航运规划设计院《沙角电厂煤码头初步设计》;2007年6月,广东省环境保护局《关于沙角A电厂煤码头二号泊位技术改造项目环境影响报告书的批复》(粤环审[2007]202号);2008年8月,东莞市海洋与渔业局《海域使用权证书》(国海证084419004号)。

项目建设规模为沙角A电厂煤码头2号泊位由3.5万吨级升级改造为5万吨级散货泊位。在码头泊位长度方向设置2个靠船墩,2个靠船墩中心间距为90米;每墩宽26.4米,沿横向排架方向宽度为20.4米。2个墩共加打32根直径1200毫米灌注桩,加设1.5米厚混凝土底板,码头长度保持原长度228.5米,同时对码头上部结构存在的A~D级锈蚀裂缝和混凝土表面缺陷进行修补以及对码头个别构件局部损伤进行修复,增加污水收集系统。码头水工建筑允许靠泊能力7.0万吨。码头采用引桥式布局,高桩式结构。码头前沿水深12.8米。项目总投资2457万元,为业主自有资金。

建设单位为广东电力发展股份有限公司沙角A电厂;设计单位为广东省航运规划设计院;施工单位为交通部四航一公司、中交四航局第二工程有限公司;监理单位为广州港水运工程监理公司。

(2)深圳市广深沙角B电力有限公司沙角B火力发电厂码头煤泊位

项目于1985年6月开工,1987年4月试运行,1987年6月竣工。

项目建设依据:1986年,黄埔港务监督《关于沙角"B"电厂建设码头的批复》(埔港监航字[1986]036号);1986年,黄埔港务监督《关于沙角"B"电厂厂区使用水域的批复》(埔港监航字[1986]180号)。

项目建设1个5万吨级煤炭码头泊位,码头设计靠泊能力5万吨级,岸线总长286米。码头采用引桥式布局,高桩式结构。码头前沿水深13.2米。项目总投资3792.42万元,业主自有资金。

沙角B电厂是20世纪80年代初国家实行改革开放政策后国内首先采用BOT(建设—运行—移交)模式建成的大型火力发电厂,由深圳经济特区电力开发公司(现改组为深圳能源集团)与香港合和电力(中国)有限公司合作兴建;1987年4月投产。1987年4月至1999年7月,电厂由香港合和电力(中国)有限公司运营。1999年8月电厂产权移交内地管理。由深圳能源集团(占64.77%)和广州广发电力投资有限公司(占35.23%)共同拥有电厂产权,两家企业共同组成深圳市广深沙角B电力有限公司对电厂进行生产经营管理。

建设单位为深圳市广深沙角B电力有限公司沙角B火力发电厂;设计单位为奥雅纳

工程顾问公司(OVE ARUP & PARTENERS)及占士伟信工程公司(JAMES WILLIAMSON ASSOCIATED,LTD.);监理单位为滑模工程有限公司(SLIPEFORM ENGNERING,LTD.);施工单位为广州第四航务工程局二公司。工料测量单位为华信(HK)公司(Frank & Vargeson HK);顾问单位为广东电力勘测设计院(GEDI)。于1986年建成投入使用为3.5万吨级码头。

截至2017年,沙角B电厂累计发电1176亿千瓦时,吞吐量4805万吨,煤炭消费4768万吨,成为广东电网主力电厂之一,为广东的电网稳定和经济建设作出积极贡献,推动东莞地区经济社会发展。

(3)沙角C电厂煤码头

项目于1993年6月开工,1995年5月竣工。

项目建设依据:2008年8月,东莞市交通运输局《关于沙角C电厂煤码头维护加固方案核准的函》(东交函〔2008〕189号);2013年2月,交通运输部《关于东莞虎门港沙角C电厂煤码头结构加固改造工程方案的批复》(厅水便〔2013〕29号)。1992年12月,广东省国土资源厅《关于沙角C电厂厂区用地问题的复函》(粤地政函〔1992〕12号);1992年5月,广州港务局《关于广东沙角电厂(C厂)煤码头厂区和储灰场使用水域岸线的批复》(穗港局港政字〔1992〕015号);

项目初建为3.5万吨级泊位,水工结构按5万吨设计建设;第一次升级改造:按5万吨级要求,对系缆镦、橡胶护舷进行更换升级,港池按5万吨级要求疏浚;第二次升级改造:水工结构按10万吨级升级改造,对系缆镦、橡胶护舷进行更换升级,港池按7万吨级要求浚深至14.8米。码头结构形式为重力式,码头平面布局形式采用引桥式。岸线总长212米。码头前沿水深12.8米。主要装卸设备配置包括额定生产率1000~2000吨/小时的连续卸船机1台,额定生产率1500~3000吨/小时的皮带输送机2台。项目总投资3.54亿元,均来自业主自有资金,其中初建投资1.7亿元,第一次升级改造投资3394.41万元,第二次升级改造投资1.50亿元。项目用海面积为55.05公顷。

初次建设单位为广东省电力工业局沙角发电总厂,主要完成3.5万度级煤码头的基建。第一次升级改造建设单位为广东省粤电集团有限公司沙角C电厂,主要完成5万吨级煤码头维护加固升级改造。第二次升级改造建设单位为广东省粤电集团有限公司沙角C电厂,主要完成10万吨级煤码结构加固改造。

初次建设:施工单位为中交四航局第一工程有限公司,主要完成码头水工工程的施工;设计单位为英国奥雅纳工程顾问公司,主要完成码头设计工作;监理单位为香港泰利文工程咨询有限公司,主要完成码头的施工监理;质检单位为广州水运工程质量监督站,主要完成质量监督工作。

第一次升级改造:中交一航局第三工程有限公司,主要完成码头水工工程的施工;设计单位为中交第四航务工程勘察设计院,主要完成码头设计工作;监理单位为广州南华工程管理有限公司,主要完成码头的施工监理;质检单位为东莞市交通质量监督站,主要完成质量监督工作。

第二次升级改造:施工单位为中交四航局第二工程有限公司,主要完成码头水工工程的施工;设计单位为中交四航局港湾工程设计院有限公司,主要完成码头设计工作;监理单位为广州粤科工程建设监理咨询有限公司,主要完成码头的施工监理;质检单位为东莞市交通工程质量监督站,主要完成质量监督工作。

项目为火电厂机组建设配套项目,煤码头建成后,电厂燃煤直接由轮船海运至煤码头卸料后输送至后方煤场或锅炉原煤仓,安全可靠性高,运输成本低,取得了良好的社会经济效益。

七、广州港

(一)港口概况

1.港口综述

广州港位于珠江入海口和珠江三角洲中心地带。濒临南海,毗邻香港和澳门,东江、西江、北江在此汇流入海。通过珠江三角洲水网,广州港与珠三角各大城市以及与香港、澳门相通,由西江联系中国西南地区,经伶仃洋出海航道与我国沿海及世界诸港相连。广州港历史悠久,自古以来就是我国对外开放交流的重要窗口。秦汉时期,广州古港是我国对外贸易的港口。唐宋时期,"广州通海夷道"是远洋航线。清朝,广州成为我国对外通商口岸和对外贸易的港口。改革开放以来,广州港发展成为我国综合运输体系的重要枢纽和华南地区对外贸易的重要口岸。2006年2月,交通部、广东省人民政府联合批复的《广州港总体规划》中确定,广州港由南沙港区、黄埔港区、新沙港区、内港港区和珠江口水域锚地组成。

南沙港区是广州港的核心区域,主要承担集装箱、能源、石化、粮食、造船、滚装汽车和国际邮轮运输。黄埔港区是广州港的主力港区,主要承担集装箱和煤炭、粮食、石油化工、件杂货运输,主要服务广州开发区临港工业和内陆腹地。新沙港区是广州港核心散货作业区、重要的外贸汽车进口口岸,位于东莞市麻涌镇,主要承担集装箱、煤炭、矿石、粮食、商品汽车等物资运输。内港港区位于广州中心城区,大部分码头已随城市发展逐步搬迁、改造,主要为城市生活配套及旅客运输服务。

广州港出海航道是广州港主航道,自黄埔港区至珠江口外隘洲岛南侧的天然水深区,沿经珠海、深圳、中山、东莞等市,全长约160千米,包括口门航道、大濠水道分道通航区、大濠水道、榕树头水道、伶仃航道、川鼻航道、大虎航道、坭洲航道、莲花山东航道、莲花山西航道、新沙航道、赤沙航道、大濠州航道、黄埔航道。至2016年,黄埔港区西基掉头区至南沙港区段出海航道底高程为 – 13 米,底宽 160 米,可满足 5 万吨级船舶乘潮进出港;南沙港区至珠江口外隘洲岛南侧的天然水深区出海航道底高程为 – 17 米,有效宽度243 米,可满足 10 万吨级集装箱船不乘潮单向通航、兼顾 12 万吨级散货船乘潮单向通航、5 万吨级船舶不乘潮双向通航进出南沙港区。

广州港其他航道总里程约 167 千米,包括西河道、东河道、南河道、沥滘水道、东洛围水道、小洲水道、官洲水道、新洲水道、仑头水道、元岗沙水道、三枝香水道、汾水头水道、海心岗水道、新造水道、铁桩水道、浮莲岗水道、小虎沥水道、大虎西水道、蒲州水道、龙穴南水道、凫洲水道等。

广州港有锚地 88 个,其中生产用锚地 52 个,最大锚泊能力 30 万吨;拥有浮筒 23 个。

2. 港口水文气象

广州港地处珠江三角洲珠江口内,濒临南海,海洋性气候特征显著,属南亚热带季风气候。年平均气温 22.0 摄氏度,年平均降水量 1702.5 毫米,年平均相对湿度为 69% ~ 86%,年平均风速 2.1 米/秒,年平均雾日数为 5.7 天,年平均雷暴日数为 74.9 天,广州港海域的灾害性天气主要是台风,据统计,在珠江口登陆的台风平均每年 1.3 次影响到该港区。珠江三角洲水网由西江、东江和北江汇流而成,流域雨量丰沛,多年平均年径流量 3260 亿立方米,虎门以内河道水域的掩护条件好、风区短,难以生成较大的波浪,不会对港区形成大的威胁。

3. 发展成就

1999 年 12 月,广州港全港吞吐量突破 1 亿吨,继上海港之后第二个跨入世界亿吨大港行列。2002 年 12 月,广州港全港吞吐量达到 1.5 亿吨,货物吞吐量突破 1 亿吨,双双迈上新的台阶。2003 年 3 月,国务院同意并由国家计划委员会正式下文批准南沙港区一期工程项目立项。2004 年 9 月,南沙港区一期工程建成投产,工程建设 4 个 5 万吨级多用途泊位和 5 个 3000 吨级驳船泊位。2007 年 9 月,南沙港区二期工程建成投产,建设规模为 6 个 10 万吨级集装箱泊位。

2012 年 6 月南沙港区三期工程开工建设,建设规模为 6 个 15 万吨级集装箱泊位,24 个2000 吨级集装箱驳船泊位及工作船泊位。

截至 2015 年,广州港共有生产性泊位 514 个,其中万吨级以上泊位 71 个。2015 年完成港口货物吞吐量 1.19 亿吨,集装箱 1739.6 万 TEU。

广州港港区分布图如图 8-9-6 所示。

广州港基本情况见表 8-9-7。

图 8-9-6 广州港港区分布图

(二)新沙港区

1. 港区综述

(1)港区建设和运营概况

新沙港区位于东莞市麻涌镇、珠江狮子洋东岸,港区岸线 3.5 千米,已建成 10 个 3.5 万吨级泊位,截至 2015 年,新沙港区年设计通过能力 1844 万吨、90 万 TEU。新沙港

表 8-9-7

广州港基本情况表

序号	港区名称	港口岸线		2015年港口生产用泊位				其中:1978—2015年建成的生产用泊位				2015年港口货物和旅客吞吐量						
		港口规划岸线	其中:2015年前已建成岸线	生产用泊位数	其中:万吨级及以上	生产用泊位总长	其中:万吨级及以上	生产用泊位数	其中:万吨级及以上	生产用泊位总长	其中:万吨级及以上	货物吞吐量	其中:外贸货物吞吐量	集装箱	滚装车辆		旅客	其中:国际航线旅客
															数量	质量		
		千米	千米	个	个	米	米	个	个	米	米	万吨	万吨	万TEU	万辆	万吨	万人	万人
1	内港港区	19.5	16.2	267	1	13701	160	55	1	4291	160	1370	—	15.83	—	—	2437	—
2	黄埔港区	9	15	108	23	12110	4436	73	9	8037	1876	13649	—	442.48	—	—	—	—
3	新沙港区	3.5	2.9	20	10	2770	2000	20	10	2770	2000	6538	—	96.15	—	—	—	—
4	南沙港区	72.3	21.3	99	37	17709	10875	98	37	17659	10875	28161	—	1177.37	—	—	26.25	26.25
5	广州港港点	3.6	1.7	20	—	1456	—	20	—	1456	—	334	—	7.83	—	—	35.06	35.06
	合计	107.9	57.1	514	71	47746	17471	266	57	34213	14911	50053	11993	1739.66	—	—	2498.31	61.31

区是以集装箱、煤炭、矿石、粮食和化肥等物资运输为主的综合性港区。新沙港区是国务院批准的首批"国家煤炭应急储备基地"、华南地区重要的煤矿集疏运中心,是中国三大商品车整车进口口岸之一,也是国家进境粮食首批 A 类指定口岸。

项目建成后年吞吐量分别为 2011 年 6012 万吨,2012 年 6264 万吨,2013 年 6423 万吨,2014 年 6618 万吨,2015 年 6538 万吨。

(2)港区地理条件和集疏运概况

港区距广州约 40 千米,位于狮子洋东岸东江口下游的新沙边滩,紧靠珠江主航道,陆域平坦,岸线顺直。港内水深 4～12.5 米,主航道水深 13 米。

港区地处东莞麻涌,珠江三大支流东、西、北江汇流于此,水陆运输十分便捷;京珠、广深、沿江三条高速公路经附近平行而过,沿江高速公路麻涌出口直通港区大门;疏港铁路经夏园编组站与广深铁路对接。

2. 港区工程项目

(1)广州港新沙港区一期工程 1 号～5 号泊位

项目于 1987 年 2 月开工建设,1995 年 6 月试运行,1995 年 8 月竣工。

项目建设依据:1985 年,交通部《关于埔港新沙港区第一期工程初步设计的批复》(交基字[85]1826 号)。1985 年,广东省环境保护局《关于对黄埔新沙港区建设项目环境影响评价报告的审查意见》(粤环[1985]159 号)。

项目建设 5 个 3.5 万吨级煤炭码头泊位(码头水工建筑允许靠泊能力 3.5 万吨级),岸线总长 1000 米。码头采用顺岸式布局,板桩式结构。码头前沿水深 12.5 米。项目后方堆场面积 18.21 万平方米。主要装卸设备配置包括斗轮堆取料机 11 台、港口门座式重机 9 台、桥式抓斗起重机 2 台、散货装船机 6 台。项目总投资 7.06 亿元,为政府投资。项目陆域用地面积 127.5 万平方米。

项目建设单位为广州市黄埔港建港指挥部;设计单位为交通部四航院;施工单位为交通部二航院四公司、西德翠柏林公司、广州航道局;监理单位为丹麦金硕太平洋公司;质监单位为水运工程质量监督站。

(2)广州港新沙港区一期工程 6 号～10 号泊位

项目于 1994 年 6 月开工建设,1999 年 10 月试投运,2000 年 5 月竣工。

项目建设依据:1985 年,交通部《关于黄埔港新沙港区第一期工程初步设计的批复》(交基字[85]1826 号)。1989 年,广州市房地产管理局《使用土地通知书》(1989 年房地字 371 号)同意工程使用土地。

项目建设 5 个 3.5 万吨级散粮码头泊位(码头水工建筑允许靠泊能力 3.5 万吨级),岸线总长 1000 米。码头采用顺岸式布局,斜坡式结构。码头前沿水深 12.5 米。项目后方堆场面积 18.38 万平方米。主要装卸设备配置包括岸边集装箱起重机 8 台和港口门座式重机2台。项目总投资5.75亿元,为政府投资。项目用地面积127.51万平方米。

项目建设单位为广州市黄埔港建港指挥部;设计单位为交通部第四航务工程勘察设计院;施工单位为中港第四航务工程局、天津航道局、广东省第二建筑工程公司等;监理单位为广州港水运工程监理公司;质监单位为广州港建设工程质量监督站。

2003年11月1日,项目获第三届詹天佑土木工程大奖。

广州港新沙港区一期工程(1～10号泊位)投产以来,新沙码头依托东江、西江、北江三江汇聚的江河网络、四通八达的铁路疏运网、高速公路网,将世界各地的货物,输送到华南、西南各地,为华南地区蓬勃发展的制造业、服务业、商贸业和其他产业提供便捷、高效的物流服务。

(三)南沙港区

1.港区综述

(1)港区建设和运营概况

南沙港区由沙仔岛、小虎、芦湾和南沙4个作业区组成,规划港区总面积84平方千米,规划港口岸线71.8千米,是以集装箱、能源、液体化工、原材料、保税物流、商品汽车为主的综合港区。南沙港区拥有生产性泊位135个,其中万吨级及以上泊位有51个,可靠泊5万吨级以上船舶泊位42个,可靠泊10万吨级以上船舶泊位29个。截至2015年,南沙港区年设计通过能力19691万吨、866万TEU、369万人次、1034万标辆。项目建成后,年吞吐量分别为2011年1.63亿吨,2012年2.00亿吨,2013年2.38亿吨,2014年2.52亿吨,2015年2.82亿吨。

(2)港区地理条件和集疏运概况

南沙港区位于广州市南沙区、珠江干流狮子洋至伶仃洋段的西岸,港区范围从珠江西岸沙仔岛至龙穴岛东侧新港址岸线南端,距离外海较远,属常规气象条件,台风在珠江口区域登陆时对本规划港区有影响,但相较处于外海的港区来说,风暴一般在该区会有所减小,雨量充沛。外海传至该区域的波高已经有较大的衰减,该区主要受风区浪的作用,属于波浪条件较好的港区。

港内水深4～16米,主航道水深17米。南沙港区集疏运条件优越。南沙港区集疏运以水水中转方式为主,开通60多条驳运支线,通过发达的珠江—西江水系,连接黄埔、东莞、中山、江门、珠海、肇庆、佛山、惠州、清远、梧州、洋浦、钦州等地区,是珠三角境内最大的水水中转港区。公路集疏运条件优良,港区主要通过南沙港快速路接入珠三角高速公路网,到珠三角各市大部分区域的公路集疏运距离在100千米;东向跨江通道以虎门大桥为主,随着虎门二桥建成通车和深中通道(含南沙连接线)开工建设,南沙港区对珠江东岸的辐射能力将进一步增强。在建南沙疏港铁路将在鹤山南站接入广珠铁路,并入全国铁路网,通车后南沙港区海铁联运货物可经铁路直通衡阳、昆明等内陆无水港。

2.港区工程项目

(1)珠江电厂工程煤码头项目

项目于1990年10月开工建设,1993年4月试运行,1993年4月竣工。

项目建设依据:1988年,中国国际工程咨询公司批复工程可行性报告(咨能〔1988〕210号);1992年,广州市人民政府环境保护办公室《关于广州珠江电厂一期工程(2 300兆瓦)建设项目环境保护批复意见》(穗府环控字〔1992〕111号);交通部黄埔港务管理局《关于珠江电厂煤码头使用岸线报告的复函》(埔港局字〔87〕第080号)。

项目建设1个3.5万吨级煤炭码头泊位(码头水工建筑允许靠泊能力3.5万吨级),岸线总长250米。码头采用引桥式布局,高桩式结构。堆存能力30万吨。主要装卸设备配置包括桥式抓斗起重机2台。项目总投资819.03亿元,均为政府投资。

项目建设单位为广州珠江电力工程公司;设计单位为中交四航局设计所;施工单位为中交四航局二公司。

工程建成后,为珠江电厂现有的4×300兆瓦机组供煤。

(2)广州南沙港口开发有限公司南沙港通用泊位——南伟码头

项目于1993年4月开工建设,1995年11月竣工。

项目建设依据:2000年,广州南沙经济技术开发区国土办公室《关于广州南沙经济技术开发区港口开发总公司用地的批复》(南国土地批字〔2000〕第79号、第80号);1993年,广州港务局岸线批复(穗港局港政字〔1993〕020号)。

项目建设1个3万吨级、1个1万吨级杂货码头泊位(码头水工建筑允许靠泊能力2.5万吨级),岸线总长425米。码头采用顺岸式布局,重力式结构。码头前沿水深12米。项目后方堆场面积6.8万平方米。仓库面积0.66万平方米。主要装卸设备配置包括港口门座式重机6台。项目总投资2.8亿元,全部为企业自筹。项目陆域用地面积11.38万平方米。

项目建设单位广州南沙港口开发有限公司;设计单位为交通部第四航务工程局工程勘察设计院;施工单位为交通部第四航务工程局;监理单位为南华建设监理所。

广州南沙港口开发有限公司主营港口装卸、仓储业务,提供报关报检、陆路运输、船舶代理等物流配套服务。南伟码头已形成以国际直航件杂货和港澳集装箱为主,兼营国内沿海件杂货的生产格局,是华南地区进口原木、内贸钢材集散地。

(3)广州港出海航道一期工程

项目于1998年11月开工建设,2000年9月竣工。

项目建设依据:1998年6月,国家发展计划委员会批复工可报告(计交能〔1998〕1091

号),1998年7月,交通部批复初步设计(交基发〔1998〕448号)。1998年8月,国家环境保护总局《关于广州港黄埔出海航道疏浚工程环境影响报告书审批意见的复函》(环发〔1998〕214号)。

工程范围自广州港黄埔西基掉头区,经莲花山东航道、新沙航道、伶仃西航道和大濠水道至珠江口桂山岛引水锚地,航道全长115千米,按通航3.5万吨级船舶的标准进行建设,设计底高程-11.5米、底宽160米。工程总投资5.83亿元,交通部安排港口建设基金2.5亿元,广州市自筹3.33亿元。

项目建设单位为广州市黄埔港建港指挥部;设计单位为广州水运工程设计研究院、广州海上安全监督局航标设计研究所;施工单位为广州航道局;监理单位为广州港水运工程监理公司;质监单位为广州港建设工程质量监督站。

1991年,国家将"珠江口伶仃洋3.5万吨级航道的整治技术研究"列为国家"八五"重点科技攻关项目。通过1991年10月—1995年4月的科学研究,项目课题组提出了广州港出海航道的疏浚以选择西线为有利,并给出了伶仃洋航道的经济合理的抛泥方式和抛泥区。

广州港出海航道一期工程于2001年2月竣工,并通过国家验收。2000年投入使用后航道运行情况良好,给港口生产带来了巨大的经济效益和社会效益,1999年广州港继上海港之后成为我国第二个吞吐量超亿吨大港,且连续3年保持良好增长态势,2001年全港吞吐量达1.26亿吨,集装箱吞吐量亦达162.83万TEU。

(4)粤海小虎石化库2号石化码头改造项目

项目于1999年1月开工建设,2004年8月竣工。

2008年10月,广东省经济贸易委员会工可批复(粤经贸技改〔2008〕786号);2009年10月,广州港务局初设批复(穗港局函〔2009〕236号)。2014年9月,广东省环境保护厅环评批复(粤环审〔2014〕264号);国有土地使用证(粤府国用〔2000〕字第12号);2008年11月,广州港务局《关于粤海小虎石化库2号泊位改造工程使用岸线的复函》(穗港局函〔2008〕250号)。

项目建设粤海小虎石化库2号泊位是按2万吨级设计,在原1号泊位的基础上向南延伸248米续建改造而成(码头水工建筑允许靠泊能力2万吨级),岸线总长248米。码头采用引桥式布局,重力式结构。码头前沿水深10.5米。主要装卸设备配置包括输油臂1台。项目总投资4020万元,全部为企业自筹。

项目建设单位为粤海(番禺)石油化工储运开发有限公司;设计单位为广州港湾工程设计院;施工单位为中港四航局第二工程公司;监理单位为广东南港水运工程监理有限公司;质监单位为广州港建设工程质量监督站。

项目投产后,减轻了1号码头的压力,提高了码头的周转率和使用率。

(5)广州港建滔国际石油化工码头有限公司石化码头工程

项目于2002年1月开工建设,2009年9月试运行,2011年10月竣工。

项目建设依据:2005年11月,广东省环境保护局《关于建滔(番禺南沙)石化有限公司石化码头环境影响报告书审批意见的函》(粤环函〔2005〕1273号);2004年,项目获得《海域使用权证书》(国海证044401027号);2004年,交通部岸线批复(交规划发〔2004〕94号)。

项目建设1个5万吨级和2个1000吨级化工泊位及相应配套设施(码头水工建筑允许靠泊能力5万吨级),岸线总长271米,项目总年设计通过能力为91万吨。码头采用引桥式布局,高桩式结构。码头前沿水深13.5米。主要装卸设备配置包括输油臂2台。项目总投资3488万元,全部为企业自筹。

项目建设单位为广州港建滔国际石油化工码头有限公司(原为建滔(番禺南沙)石化有限公司);设计单位为中交第四航务工程勘察设计院有限公司;施工单位为中交第四航务工程勘察设计院工程总承包有限公司;监理单位为广州南华工程管理有限公司(原南华建设监理所);质监单位为广东省交通工程质量监督站。

(6)广州港发石油化工码头工程

项目于2003年3月开工建设,2004年5月试运行,2004年8月竣工。

项目建设依据:2002年12月,广州市发展计划委员会《关于广州港发石油化工码头可行性研究报告的批复》(穗计城〔2002〕146号);2003年4月,广州市发展计划委员会《关于广州港发石油化工码头工程初步设计的批复》(穗计城〔2003〕30号)。2001年11月,广州市环境保护局《关于广州发展油品经营有限公司南沙油库建设项目环境影响报告书审批的函》(穗环管影〔2001〕465号);2002年3月,广州港务局《关于在狮子洋右岸珠江电厂煤码头上游兴建石油化工码头的复函》(穗水函〔2003〕42号);2002年10月,交通部《关于广州港港发石油化工码头使用岸线的批复》(交规划发〔2002〕503号)。

项目建设1个8万吨级化学品码头泊位(码头水工建筑允许靠泊能力10万吨级),岸线总长535米,项目总年设计通过能力为490万吨。码头采用引桥式布局,高桩式结构。码头前沿水深14.2米。主要装卸设备配置包括23台输油臂装卸(6-730H液体装卸臂2台,6-730M型液体装卸臂设备21台),水平运输采用油品管线,管线约2.3万米(管径包括DN400-100)。项目总投资1.7亿元总投资,项目资本金7000万元,银行贷款1亿元。

项目建设单位为广州港能源发展有限公司和广州发展碧辟油品有限公司,共同组建广州港发石油化工码头建设项目部;设计单位为中交第四局港湾工程设计院有限公司;施工单位为广东省金东海集团有限公司、广东省石油化工建设集团公司、广州市机电安装公司;监理单位为茂名石化工程建设监理公司;质监单位为茂名石化工程建设监理公司。

自项目投产以来,广州港发石油化工码头有限公司逐渐发展成为华南地区规模最大、设施条件最好的专业化工码头,也是华南地区最大的甲醇装卸基地。助力广州国际航运中心建设,近几年营业收入、利润同比均有较大增长,为广东自贸区经济持续健康发展奠定了坚实基础。

(7)广州港南沙港区一期工程

项目于 2003 年 4 月开工建设,2004 年 9 月试运行,2005 年 11 月竣工。

项目建设依据:2003 年 12 月,国家发展和改革委员会《关于审批广州港南沙港区一期工程可行性研究报告的请示的通知》(发改交运〔2003〕2123 号);2004 年 8 月,交通部《关于广州港南沙港区一期工程初步设计的批复》(交水发〔2004〕438 号)。2003 年 9 月,国家环境保护总局《关于广州港南沙港区一期工程环境影响报告书审查意见的复函》(环审〔2003〕249 号);2004 年 4 月,国土资源部《关于广州港南沙港区一期工程用地预审意见的复函》(国土资厅〔2004〕134 号);2007 年 9 月,广东省海洋与渔业局《海域使用权证书》(国海证 074400018)、《海域使用权证书》(国海证 074400019)。

项目建设 4 个 5 万吨级多用途泊位(码头水工建筑允许靠泊能力 10 万吨级),岸线总长 1400 米,项目总年设计通过能力为 160 万吨。码头采用顺岸式布局,重力式结构。码头前沿水深 14.5 米。项目后方堆场面积 88.2 万平方米,仓库面积 1.5 万平方米。主要装卸设备配置包括岸边集装箱起重机 8 台,港口门座式重机 5 台,轮胎式集装箱门式起重机 16 台。项目总投资 25.7 亿元,企业自筹。用地面积 173 万平方米。

项目建设单位为广州港集团有限公司;设计单位为中交第四航务工程勘察设计院;施工单位为广州航道局、中港第一航务工程局第一工程公司与长江航道局联合体、中港第一航务工程局第五工程公司等;监理单位为广州港水运工程监理公司、南华建设监理所、广州海建工程监理公司;质监单位为广州港建设工程质量监督站。

在工程实施过程中,建设单位综合考虑了工期、质量及施工设备等因数,经与专家和设计单位研究,决定采用大沉箱方案,将原设计 980 吨沉箱加卸荷板的结构方案改为 2212 吨的整体沉箱结构。更改后的沉箱可一次出水,减少了施工工序,简化了施工工艺,使工程的总工期更有保证,且提高了码头的稳定性和耐久性,为华南地区在码头工程中采用的最大沉箱。

工程地基处理全部采用真空预压和真空联合堆载预压的施工方案,软基处理面积达 150 万平方米,真空预压密封技术采用双排长短搅拌桩密封墙,大面积膜下真空度长期维持在不小于 85 千帕,成功解决了密封墙双向渗透与开裂的技术难题,为南沙地区大面积软基处理提供了很好的经验。

广州港南沙港区一期工程获 2008 年国家优质工程银质奖(国工质字〔2008〕8 号)。

广州港南沙港一期工程于 2004 年 9 月投产,经过十多年不断发展,已经形成布局合理、层次分明、功能齐全、海河兼顾、优势互补、配套设施完善、现代化程度高的大型化、深水化、专业化港口码头。

(8)广州港出海航道二期工程

项目于 2004 年 3 月开工建设,2006 年 12 月试运行,2009 年 3 月竣工。

项目建设依据:2005 年,国家发展和改革委员会批复工程可行性报告(发改基础〔2005〕1722 号);2006 年,交通运输部批复初步设计(交水发〔2006〕54 号)。2004 年,国家环境保护总局环评批复(环审〔2004〕466 号)。

项目按乘潮 5 万吨级船舶的单向航道为通航标准建设,航道设计底宽 160 米,设计底高程 –13.0 米(莲花山东航道岩石段 –13.2 米)。工程范围由大濠水道入口处航道起至西基掉头区止,全长约 115 千米。项目总投资 5.69 亿元,其中政府投资 5.69 亿元。

项目建设单位为广州港务局;设计单位为中交第四航务工程勘察设计院有限公司;施工单位为中交广州航道局有限公司;监理单位为广州港水运工程管理有限公司;质监单位为广州港建设工程质量监督站。

莲花山东航道岩石段施工采用了"凿岩棒"的新工艺。工程莲花山东航道有约100 万立方米风化岩需清除,传统上只有爆破和大功率绞吸船开挖两种施工方法。由于炸礁对环境影响很大,而当时疏浚市场挖岩船舶又非常紧缺,因此设计及时改变了施工方法,调整了施工工艺,采用了抓斗船配"凿岩棒"的新工艺,很好地解决了莲花山东航道风化岩的疏浚施工问题。2010 年 7 月,项目获得中国水运建设行业协会颁发的"2010 年度水运交通优秀设计二等奖"。

工程 2004 年 3 月开工建设,2006 年 12 月完工。其中二期预备工程(至南沙港区)于2004 年 9 月与南沙港区一期工程同时完工试运行。2005 年,南沙港区提前半个月就完成了全年 100 万 TEU 的目标,仅用一年时间就达到了同类港口 4～5 年才能达到的生产水平。

(9)小虎石化码头一期工程

项目于 2004 年 5 月开工建设,2006 年 8 月试运行,2006 年 8 月竣工。

项目建设依据:2003 年,广州南沙开发区经济发展局《关于小虎石化码头一期工程可行性研究报告的批复》(穗南指经复〔2004〕36 号);2004 年,广州港务局《关于小虎岛石化码头一期工程初步设计审查意见的函》(穗港局函〔2004〕99 号)。2004 年,广州市环境保护局《关于广州南沙资产经营有限公司小虎岛石化码头一期工程环境影响报告书审批意见的函》(穗环南管影〔2004〕4 号);2005 年,广州市国土资源和房屋管理局南沙分局《广州南沙开发区建设项目用地预审意见》(穗南地预审字〔2005〕20 号),同年办理了《建设用地规划许可证》(穗南规地证〔2005〕63 号),2008 年取得了《建设用地批准书》(穗南国土建用字〔2008〕0007 号);2005 年,项目获得《海域使用权证书》(国海证 064401001 号);

2003 年,广州港务局《关于小虎岛石化码头一期工程使用岸线的批复》(穗港局港政〔2003〕18 号)。

项目建设 6 个 1000 吨级成品油码头泊位(码头水工建筑允许靠泊能力 0.2 万吨级),岸线总长 667 米。码头采用顺岸式布局,高桩式结构。码头前沿水深 4.7 米。码头作为公共码头,无堆场,无仓储。项目总投资 1.88 亿元。项目陆域用地面积 6.54 万平方米。

项目建设单位为广州小虎石化码头公司;设计单位为中交第四航务工程勘察设计院;施工单位为中港第四航务工程局二公司、中港第三航务工程局;监理单位为上海华申工程建设监理咨询有限公司、南京公正工程监理有限公司;质监单位为广州港建设工程质量监督站。

广州小虎石化码头工程是广州市南沙开发的重点建设项目之一,项目的建成投产将促进广州港区发展,成为小虎岛石化工业区石油化工产品储运、配送集散的重要枢纽,对实现南沙地区的总体规划、服务区域经济建设具有重大意义。

(10)小虎石化码头二期工程

项目于 2004 年 5 月开工建设,2006 年 8 月试运行,2006 年 8 月竣工。

项目建设依据:2005 年 1 月,广州港务局《小虎岛石化码头二期工程初步设计评审会会议纪要》(穗港局纪要〔2005〕10 号)。2006 年 5 月,广州市环境保护局《关于小虎岛石化码头二期主体工程建设项目环境影响报告书审批意见的函》(穗环管影〔2006〕165 号);2005 年,广州市国土资源和房屋管理局南沙分局《广州南沙开发区建设项目用地预审意见》(穗南地预审字〔2005〕20 号),同年办理了《建设用地规划许可证》(穗南规地证〔2005〕63 号),2008 年,取得了《建设用地批准书》(穗南国土建用字〔2008〕0007 号);2005 年,项目获得《海域使用权证书》(国海证 064401001 号);2005 年 8 月,交通部《关于广州港小虎岛液体化工码头工程使用港口岸线的批复》(交规划发〔2005〕383 号文),2006 年 6 月,交通部《关于广州港南沙港区小虎作业区 1 号液体化工码头工程使用港口岸线的批复》(交规划发〔2006〕269 号文)。

项目建设共建设 2 个 5 万吨级(水工结构分别为 8 万吨级、10 万吨级设计,前沿水深为 14.4 米)、1 个 2 万吨级(前沿水深 7.7 米)、1 个 5000 吨级(前沿水深 7.7 米)、2 个 3000 吨级液体化工码头(前沿水深 6.7 米),共 6 个泊位,岸线总长 585 米。码头采用引桥式布局,高桩式结构。码头作为公共码头,无堆场,无仓储。主要装卸设备配置包括电动装卸臂 8 台(16 英寸),手动装卸臂 21 台(8 英寸)。项目总投资 2.58 亿元,企业自筹。用地面积 6.54 万平方米。

项目建设单位为广州小虎石化码头公司;设计单位为中交第四航务工程勘察设计院;施工单位为中港第四航务工程局二公司、广东省基础工程公司、中建八局工业设备安装有限责任公司;监理单位为上海华申工程建设监理咨询有限公司、南京公正工程监理有限公司、广州石化建设监理有限公司;质监单位为广州港建设工程质量监督站、广州市南沙区建设工程质量安全监督站。

(11)广州港南沙港区二期工程项目

项目于2005年2月开工建设,2007年9月试运行,2008年11月竣工。

项目建设依据:2006年,交通部《关于广州广州港南沙港区二期工程初步设计的批复》(交水运发〔2006〕20号文)。2005年,国家环境保护总局《关于广州港南沙港区二期工程环境影响报告书审查意见的复函》(环审〔2005〕32号文);2004年,国土资源部《关于广州港南沙港区扩建二期工程建设用地预审意见的复函》(国土资厅〔2004〕786号文);2009年,国家海洋局《关于广州港南沙港区二期工程项目用海的批复》(国海管字〔2009〕656号);2004年,水利部珠江水利委员会《关于河道管理范围内建设项目审查同意书》(珠水规计函〔2004〕32号)。

项目建设6个10万吨级集装箱码头泊位(码头水工建筑允许靠泊能力10万吨级),岸线总长2100米。码头采用顺岸式布局,重力式结构。码头前沿水深17米。项目后方堆场面积138.43万平方米。仓库面积5.44万平方米。主要装卸设备配置包括22台65吨级集装箱装卸桥、64台41吨级轮胎式龙门起重机(堆高为5+1箱),8台门式起重机,16台空箱堆箱机,6台正面吊运机。项目总投资44.97亿元,其中企业自筹14.03亿元人民币、银行贷款30.94亿元人民币。项目陆域用地面积239.47万平方米。

项目建设单位为广州港集团有限公司;设计单位为中交第四航务工程勘察设计院有限公司;施工单位为长江航道局、中交广州航道局有限公司、中交四航局第二工程有限公司等;监理单位为广州港水运工程监理有限公司、广州南华工程管理有限公司、上海华申工程建设监理咨询有限公司;质监单位为广州港建设工程质量监督站。

由于集装箱装卸设备型号的轮压参数调整,码头水工结构的基床顶面应力相应增加,需对结构沉箱断面进行优化设计,采用沉箱海侧仓格部分回填的措施,减少回填料高度,从而减少结构自重,有效降低基床顶面应力,适应了更大的轮压荷载条件。

广州港南沙港区二期工程获2010年第十届詹天佑土木工程奖。

广州港南沙港区二期工程建成后由广州南沙海港集装箱码头有限公司负责运营,其间与中远海运、马士基、地中海、达飞、K-Line、NYK、韩进、MOL、阳明等世界著名班轮公司开展业务合作,开通外贸航线和港澳驳船作业,航线业务基本覆盖国内沿海及世界主要港口。承担着广州港集装箱运输的主要任务,已经成为广州港最繁忙的码头之一,取得较大的经济效益,达到了投资建设的目的,创造了良好的社会效益。2011—2015年,共完成2181.03万TEU集装箱装卸业务量。

(12)广州港南沙沙仔岛多用途码头工程

项目于2005年3月开工建设,2006年6月试运行,2008年12月竣工。

项目建设依据:2007年10月,广东省交通厅《关于广州港南沙沙仔岛多用途码头工程初步设计的批复》(粤交基〔2007〕958号)。2006年6月,广东省环境保护局《关于广州港南沙沙仔岛多用途码头建设项目环境影响报告书审批意见的函》(粤环函〔2006〕880号);2006年3月,广州市国土资源和管理局南沙分局《广州港南沙开发区建设项目用地预审意见》(穗南地预审字〔2006〕11号),2006年4月,广州市城市规划局南沙分局《建设用地规划许可证》(穗南规地证〔2006〕28号);2008年8月,广州市海洋与渔业局《海域使用权证》(CAN-2008004);2006年2月,交通部《关于广州港南沙港区沙仔岛作业区汽车滚装及杂货码头工程使用港口岸线的批复》(交规划发〔2006〕65号)。

项目建设3个3万吨级泊位(其中汽车滚装专用泊位2个,件杂货泊位1个、码头水工建筑允许靠泊能力5万吨级)及相应的配套设施,岸线总长623米。码头采用顺岸式布局,重力式结构。码头前沿水深12米。项目后方堆场面积28.95万平方米,堆存能力57.9万吨。仓库面积0.1万平方米,堆存能力2万吨。项目总投资2.13亿元,银行贷款2亿元,其余企业自筹。项目陆域用地面积41.38万平方米。

项目建设单位为广州港集团有限公司;设计单位为广东省航运规划设计院、广州港工程设计所;施工单位为中交第四航务工程局有限公司、中交广州航道局有限公司、中交一航局第五工程有限公司等;监理单位为广州港水运工程监理公司;质监单位为广州港建设工程质量监督站。

自项目投产以来,南沙汽车码头逐渐发展成为华南地区规模最大、设施条件最好的专业滚装码头,也是广东省整车水路运输的主要枢纽,满足腹地经济发展需要,完善港口总体布局,提高和协调广州港南沙港区的货物通过能力,助力广州国际航运中心建设。

(13)珠江电厂煤码头技术改造工程

项目于2006年2月开工建设,2006年12月试运行,2008年1月竣工。

项目建设依据:2004年11月,广州市环境保护局《关于广州珠江电厂煤码头技术改造工程环境影响报告书的审查意见》(穗环南管影〔2004〕33号);2005年,交通部《关于广州珠江电厂码头技术改造工程使用港口岸线的批复》(交规划发〔2005〕267号)。

项目建设1个5万吨级煤炭码头泊位(码头水工建筑允许靠泊能力5万吨级),岸线总长290米。码头采用引桥式布局,高桩式结构。码头前沿水深14.3米。主要装卸设备配置包括桥式抓斗起重机3台。项目总投资投资为6258万元,资金来源为企业自筹。

项目建设单位为广州珠江电力燃料有限公司;设计单位为中交四航局港湾工程设计有限公司;施工单位为广东省航盛工程有限公司;监理单位为广州海荣建设监理有限公司;质监单位为广州港建设工程质量监督站。

工程建成后,与现有的34万吨露天煤场及相应的输煤系统相连,共同为珠江电厂现有的4×300兆瓦机组供煤。

(14)中石化广东石油分公司小虎岛成品油储备库配套 5 万吨级和 3000 吨级码头工程

项目于 2006 年 7 月开工建设,2009 年 2 月试运行,2009 年 12 月竣工。

项目建设依据:2003 年,广州南沙开发区经济发展局初步设计批复(穗南指经复〔2003〕56 号)。2007 年,国家环境保护总局环评批复(环审〔2007〕149 号);2008 年,国土资源部用地批复(国土资预审字〔2008〕250 号);2008 年,国家发展和改革委员会岸线批复(发改能源〔2008〕2857 号)。

项目建设 1 个 5 万吨级成品油泊位和 1 个 3000 吨级成品油泊位,以及相应的引桥等配套设施(码头水工建筑允许靠泊能力 8 万吨级),岸线总长 545 米,项目总年设计通过能力为 470 万吨。码头采用引桥式布局,高桩式结构。码头前沿水深 15.4 米。主要装卸设备配置包括 8 台不同规格的输油臂。项目总投资 3.55 亿元,全部为企业自筹。项目用海面积 10.4 公顷。

项目建设单位为中国石油化工股份有限公司广东石油分公司;设计单位为中交第四航务工程勘察设计有限公司;施工单位为广东中海工程建设总局、中交四航局第二工程有限公司、广州鑫铭疏浚工程有限公司等;监理单位为上海华申工程建设监理咨询有限公司;质监单位为广州港工程质量监督站、中国石油化工工程质量监督总站江汉石油分站。

小虎岛油库作为珠三角管道系统的总数库和集输泵站所在地,解决了中石化广东省公司在珠三角地区现有库容不足,尤其是缺乏具有配套深水码头的大型油库而难于满足经营需要的问题。小虎岛油库具备良好的储存、中转和经营功能,对优化广东省成品油资源配置、稳定成品油市场、提升中石化市场竞争能力具有重大意义。油库建成后运营良好。

(15)广州港鸿业石化码头项目

项目于 2007 年 2 月开工建设,2010 年 1 月试运行,2011 年 5 月竣工。

项目建设依据:2008 年 4 月,广东省交通运输厅《广州港鸿业石化码头可行性研究报告审查意见的函》(粤交规函〔2008〕615 号);2009 年 9 月,交通运输部《广州港鸿业石化码头工程初步设计的批复》(交水发〔2009〕468 号)。2007 年 9 月,国家环境保护总局《广州港鸿业石化码头工程环境影响报告书的批复》(环审〔2007〕399 号);2007 年 11 月,广州市国土资源和房屋管理局《国有土地使用权证》(07 国用(04)第 000043 号);2009 年 10 月,国家海洋局《海域使用权证书》(国海证 091100038 号);2006 年 10 月,广州港务局《关于广州港鸿业石化码头一期工程使用港口岸线的批复》(穗港局函〔2006〕300 号)。

项目由东向西依次布置建设 5 万吨级卸船泊位 1 个,5000 吨级装船泊位 1 个,3000 吨级装船泊位 2 个,2000 吨级装船泊位 3 个(码头水工建筑允许靠泊能力 5 万吨级),岸线总长 1069 米。码头采用顺岸式布局,重力式、高桩式结构。码头前沿水深 14.6

米。主要装卸设备配置包括输油臂4台。项目总投资9.99亿万元,资金主要来源为企业自筹。项目陆域用地面积3.18公顷。

项目建设单位为广州港鸿业石化码头有限公司;设计单位为中交第二航务工程勘察设计院有限公司;施工单位为中交第二航务工程局有限公司、茂名建筑集团工业设备安装有限公司;监理单位为广东国信工程监理有限公司、成都万图工程监理有限公司;质监单位为广州港建设工程质量监督站、广东省石油化工建设工程质量监督站。

该码头与后方油库建设工程互为配套工程,油库依托码头收发油,配套油库工程是中石油在华南地区已建成的最大成品油库,作为油库配套码头,建成投产后对保障华南地区油品供应、加强沿海仓储物流管理建设发挥了重要作用,是支持广东地方经济建设的重要成品油商业储备项目的配套码头之一。

(16)广州华润热电有限公司3.5万吨煤码头

项目于2008年7月开工建设,2009年9月试运行,2009年9月竣工。

项目建设依据:2013年1月,环境保护部《关于广州华润热电有限公司2 300兆瓦热电机组工程环境影响报告书的批复》(环审〔2013〕55号);2009年7月,广东省海洋与渔业局《关于广州华润热电有限公司码头项目开展用海前期工作的批复》(粤海渔函〔2009〕477号);2009年10月,交通运输部《关于广州华润南沙热电"上大压小"新建工程配套码头工程初步设计的批复》(交水发〔2009〕572号)。

项目建设1个3.5万吨级煤炭泊位(码头水工建筑允许靠泊能力5万吨级),岸线总长230米。码头采用顺岸式布局,高桩式结构。码头前沿水深11.9米。项目后方堆场面积0.78万平方米。主要装卸设备配置包括连续卸船机1台和桥式抓斗起重机1台。项目总投资1.19亿元,其中自有资金30%、银行贷款70%。项目使用海域总面积为14.98公顷。

项目建设单位为广州华润热电有限公司;设计单位为中交第二航务工程勘察设计院有限公司;施工单位为中交第三航务工程局有限公司;监理单位为广州海建工程监理公司;质监单位为广州港湾工程质量检测有限公司。

广州华润热电有限公司配套建设的3.5万吨级码头,岸线长度为230米。于2008年7月开工建设,2009年8月竣工,并于2009年9月正式开港试营运。码头运行以来,在港口相关行政管理部门各级领导的关心和指导下,年均卸煤量200万吨,切实保障了电厂发电用煤,在促进小火电机组关停工作、优化电源结构、提高能源利用效率、改善环境等方面发挥了较大作用。

(17)广州港南沙港区粮食及通用码头工程

项目于2009年2月开工建设,2012年11月试运行,2013年12月竣工。

项目建设依据:2008年8月,广东省交通运输厅《关于广州港南沙港区粮食及通用码头工程可行性研究报告审查意见的函》(粤交规函〔2008〕1489号);2009年3月,广东省交通运输厅《关于广州港南沙港区粮食及通用码头工程初步设计的批复》(粤交基〔2009〕298号)。2008年9月,广东省环境环保局《关于广州港南沙港区粮食及通用码头工程环境影响报告书的批复》(粤环审〔2008〕389号);2010年12月,广东省国土资源厅《关于广州港南沙港区粮食及通用码头工程建设项目用地的批复》(粤国土资(建)字〔2010〕920号);2009年4月,广州市海洋局《关于广州港南沙港区粮食及通用码头工程使用海域的意见》(穗海函〔2009〕15号);2009年4月,广州市海洋局《关于广州港南沙港区粮食及通用码头工程使用海域的意见》(穗海函〔2009〕15号);2007年11月,交通部《关于广州港南沙港区粮食及通用泊位工程使用港口岸线的批复》(交规划发〔2007〕693号)。

项目建设1个10万吨级、3个5万吨级、2个7万吨级、5个1万吨级散粮码头泊位(码头水工建筑允许靠泊能力10万吨级),岸线总长2205米,项目总年设计通过能力为2330万吨。码头采用顺岸式、突堤式布局,重力式、高桩式、板桩式结构。码头前沿水深14.8米。项目后方堆场面积36.08万平方米,堆存能力216.46万吨。主要装卸设备配置包括港口门座式重机20台、连续卸船机2台和散货装船机4台。项目总投资28.92亿元,其中政府投资800万元,其余企业自筹。项目陆域用地面积129.55万平方米。

项目建设单位为广州港集团有限公司;设计单位为中交第四航务工程勘察设计院有限公司及国家粮食储备局郑州科学研究设计院;施工单位为中交广州航道局有限公司、中交一航局第一工程有限公司、中交第四航务工程局有限公司;监理单位为广州港工程管理有限公司、广州海建工程监理公司;质监单位为广州港建设工程质量监督站。

为满足生产业务发展需要和口岸开放的要求,2012年4月经广州港务局和广东省交通运输厅批准,同意进行设计变更(《转发〈关于广州港南沙港区粮食及通用码头工程设计变更的批复〉的通知》(穗港局〔2012〕116号))。增建钢杂仓库1座、粮食平仓1座、综合业务楼1座、新增37.3万平方米堆场软基处理、4台门座式重机等。

项目投产后,为地方经济发展注入了新动力。项目盈利能力也得到验证,全面投产后约5年时间,实现了扭亏,营业收入和利润都呈逐年增长发展趋势。

(18)广州港出海航道三期工程

项目于2009年11月开工建设,2012年7月试运行,2014年10月竣工。

项目建设依据:2008年,国家发展和改革委员会批复工程可行性报告(发改基础〔2008〕2853号);2008年,交通运输部批复初步设计(交水发〔2008〕471号);2011年,交通运输部办公厅批复初设变更(厅水字〔2011〕246号)。2008年,环保部批复环评报告(环审〔2008〕293号);2008年,国家海洋局批复用海(国海管字〔2008〕488号)。

项目按10万吨级集装箱船不乘潮单向通航、兼顾12万吨级散货船乘潮单向通航、5万吨级船舶不乘潮双向通航的标准设计,航道有效宽度243米,设计底高程-17.0米,航道长度约 71.8 千米。工程范围南起珠江口外隘洲岛南侧的天然水深区,北至广州港南沙港区中部挖入式港池口门北边线,自南向北包括口门航道、大濠水道分道通航区、大濠航道、伶仃航道和南沙作业区公用进港航道。项目总投资 22.06 亿元,其中政府投资 22.06 亿元。

项目建设单位为广州港务局;设计单位为中交第四航务工程勘察设计院有限公司;施工单位为中交广州航道局有限公司、长江航道局、长江南京航道工程局;监理单位为广州港工程管理有限公司;质监单位为广州港建设工程质量监督站。

在华南地区首次开展沿海大型航道的通过能力专题研究,填补了科研空白,为建设规模和建设时机的确定提供了量化支撑数据,也为今后类似航道项目的建设和设计提供了新的研究手段和思路。总平面布置上,创造性地提出了在长航道中段设置应急避让区航段的设计方案,为超长单向航道上大型船舶会遇通航问题提供了一种经济的解决方案;同时与现有的大濠水道分道通航区合理衔接,与南沙作业区在建和规划建设的一系列大型码头完美结合,满足经济性、安全性、合理性的需求。创造性地提出了非直接接触式的特殊施工工艺,成功解决了在海底天然气管线上方进行疏浚施工的技术难题,确保了管线和施工船舶的安全。采用带高压冲水耙头的大型耙吸船或者大型抓斗挖泥船施工的手段,成功解决了伶仃航道局部存在的约 180 万立方米硬黏土、密实砂和铁质胶结砂层的开挖难题,避免了炸礁施工对环境和航道通航的负面影响。

项目于 2008 年 12 月获得中国工程咨询协会颁发的 2008 年度全国优秀工程咨询成果二等奖;交通运输部颁发的 2008 年度交通运输部优秀水运工程咨询成果一等奖;中国水运建设行业协会颁发的 2016 年度水运交通优秀设计奖二等奖和 2015 年度水运交通优秀勘察三等奖。

(19)广州港南沙港区三期工程

项目于 2012 年 6 月开工建设,2014 年 9 月试运行,2017 年 5 月竣工。

项目建设依据:2012 年,交通运输部《关于广州港南沙港区三期工程初步设计的批复》(交水发〔2012〕129 号)。2008 年,环境保护部环评批复(环审〔2008〕294 号);2013 年,国土资源部《关于广州港南沙港区三期工程建设用地的批复》(国土资函〔2013〕599 号);2008 年,国家海洋局《关于广州港南沙港区三期工程项目用海的批复》(国海管字〔2011〕922 号);2009 年,水利部珠江水利委员会《关于广州港南沙港区三期工程建设方案的批复》(珠水规〔2009〕190 号)。

项目建设 4 个 10 万吨级和 2 个 7 万吨级集装箱码头泊位(码头水工建筑允许靠泊能力 15 万吨级),岸线总长 4178 米。码头采用顺岸式布局,重力式结构。码头前沿水深 16 米。项目后方堆场面积 85 万平方米,堆存能力 10.65 万 TEU。主要装卸设备配置包括岸桥 20 台、场桥 60 台、门座式重机 8 台、空箱轨道式起重机 8 台。项目总投资 65.17 亿元,业主自筹 45.12 亿元、政策性银行 8.63 亿元、其他银行 11.42 亿元。项目陆域用地面积 238.06 万平方米。

项目建设单位为广州港股份有限公司;施工单位为中交广州航道局有限公司、中交天津航道局有限公司、中交第四航务工程局有限公司等;监理单位为广州港工程管理有限公司、广州海建工程咨询有限公司、广州南华工程管理有限公司;质监单位为广州港建设工程质量监督站。

因广州南沙港铁路在南沙港区三期工程内设置集装箱海铁联运铁路装卸线以及项目口岸开放、生产经营需要等事项影响,在基本不改变项目建设规模及主要建设内容的基础上,对建设内容进行如下调整。

生产辅助设施区的平面布置调整,主要包括进出闸口位置和数量优化,拆装箱库建设位置调整,5 号变电所位置调整;危险货物集装箱堆场位置及规模调整;驳船码头多用途门座式重机和轻型集装箱装卸桥数量调整;新增建筑面积 2160 平方米仓库 1 座;挖入式港池口门直立式岸壁增加系船柱和橡胶护舷;挖入式港池南北侧口门段驳船泊位码头结构调整;新增 FS6000 查验系统;拆装箱库建设规模调整;地基处理面积调整;结合生产经营需要,将工程内预留堆场全部进行软基处理,新增地基处理面积约 50 万平方米;优化重箱堆场 ERTG 供电系统;为预留实现自动化空间,进行空箱堆场轨距调整;办公楼、宿舍楼规模调整;港池水域礁石清除;取消 1 号码头前沿办公用房;施工期港池清淤工程量调整;港池疏浚泥沙外抛。

项目的建设对于满足广东省特别是珠江三角洲集装箱运输快速发展需求,适应集装箱船舶大型化,提高广州港集装箱通过能力,充分发挥南沙港区对腹地经济发展的辐射和带动作用具有重要意义。随着南沙集装箱三期工程 6 个深水泊位的竣工,将与 2004 年、2006 年陆续投产的南沙集装箱一期、二期工程 10 个深水泊位连成一体运作,广州港南沙港区的规模化、集约化、智能化水平将得到进一步提高,服务南沙新区、泛珠三角地区经济发展的能力迈上一个新的台阶,进一步巩固和夯实广州国际航运中心和航运枢纽的基础,为广州市参与粤港澳大湾区和“21 世纪海上丝绸之路”建设发挥更大的作用。

(20)广东珠江电厂煤码头扩建工程

项目于 2013 年 1 月开工建设;2014 年 4 月试运行,2015 年 10 月竣工。

项目建设依据:2012 年 6 月,交通运输部《关于广东珠江电厂煤码头扩建工程初步设计的批复》(交水发〔2012〕260 号)。2010 年 7 月,《关于珠江电厂煤码头 7 万吨级泊位扩建工程环境影响报告书的批复》(环审〔2010〕222 号);2010 年 9 月,《关于广州珠江电厂煤码头 7 万吨级泊位扩建工程建设用地预审意见的复函》(国土资预审字〔2010〕257号);2009 年 12 月,《关于珠江电厂煤码头 7 万吨级泊位扩建工程用海预审意见的函》(国海管字〔2009〕639 号)。

项目建设 1 个 7 万吨级煤炭接卸泊位(码头水工建筑允许靠泊能力 10 万吨级),岸线总长 275 米。码头采用引桥式布局,高桩式结构。码头前沿水深 14.7 米。项目后方堆场面积 8.2 万平方米,堆存能力 30 万吨。主要装卸设备配置包括连续卸船机 2 台。项目总投资 5.28 亿元,资金来源为企业自筹。项目用海总面积 11.13 公顷。

项目建设单位为广州发展燃料港口有限公司(原广州原实投资管理有限公司);设计单位为中交第四航务勘察设计院有限公司;施工单位为中交第四航务工程局有限公司;监理单位为广州粤科工程建设监理咨询有限公司;质监单位为州港建设工程质量监督站。

工程建成后,可与后方陆域 20 万吨圆形煤场及相应的输送系统一起,与现有的 34 万吨露天煤场及相应的输煤系统相连,共同为珠江电厂现有的 4×300 兆瓦机组和拟建的百万机组供煤。项目施工采用资源利用率高、污染物排放少的设备和工艺,采取经济合理的废弃物综合利用技术和污染物处理技术,制定环境保护制度及有效落实环境保护措施。环境保护基本达到国家相关法律法规要求,没有对施工周围环境造成破坏。

(四)黄埔港区

1. 港区综述

(1)港区建设和运营概况

黄埔港区位于黄埔至东江口段,共有 100 个泊位,万吨级以上泊位 23 个,码头总长度 13352 米,截至 2015 年,黄埔港区年设计通过能力 7232 万吨、246 万 TEU、31 万人次。主要承担近洋和沿海集装箱运输以及煤炭、粮食、钢材、化肥、成品油等散货运输。港区年吞吐量分别为 2011 年 14172 万吨,2012 年 13216 万吨,2013 年 13374 万吨,2014 年 14748 万吨,2015 年 13649 万吨。

(2)港区地理条件和集疏运概况

黄埔港区位于南海珠江河口内,广州市东南侧,处珠江三角洲的经济中心,地理位置优越。港内水深 4～13 米,主航道水深 13 米,为沙泥底质。

港区内设有铁路专用线,与京广、广深铁路相连,通往全国各地;内河航道与珠江三角洲河网及珠江水系相通;陆路直通 105 国道、广深、京珠高速公路等主要干道。

2. 港区工程项目

(1)黄埔新港二期工程

项目于 1978 年 4 月开工建设,1981 年 8 月试运行,1985 年 10 月竣工。

项目建设依据:1975 年,交通部《关于黄埔新港"五·五"衔接工程初步设计的批复》(交水基字〔76〕585 号)。

项目建设 2 万吨级钢铁泊位 1 个,长 188 米,码头前沿水深 11 米,2 万吨级集装箱泊位 2 个,长 471 米,码头前沿水深 12 米(码头水工建筑允许靠泊能力 2 万吨级),岸线总长 659 米。码头采用顺岸式布局,重力式结构。项目后方堆场面积 14.1 万平方米,堆存能力 2 万 TEU。仓库面积 2.58 万平方米,堆存能力 2 万吨。主要装卸设备配置包括港口门座式重机 2 台、轮胎式集装箱门式起重机 7 台。项目总投资 8472.67 万元,其中政府投资 8024.67 万元。项目陆域用地面积 28.3 万平方米。

项目建设单位为广州市黄埔港建港指挥部;设计单位为交通部第四航务工程局设计研究院;施工单位为交通部第四航务工程局第一工程处。

集装箱泊位码头的陆侧桥式起重机轨道基桩于 1980 年 1 月开工。原设计轨道基桩 93 根,其中 93 号桩位于护岸棱体坡脚(已抛石做完),沉桩有困难。经建设、设计、施工单位共同研究,考虑到该桩已在第 8 泊位以外的预留段上,今后若要顺延轨道,也将难以在护岸上沉桩,必须改变基础形式,因此,一致同意取消 93 号桩,缩短轨道一跨。1981 年,7—12 月挖沙浇注轨道梁时,发现个别桩位增大(由原 17 厘米增大至 35 厘米);经设计单位修改设计,增设桩帽 12 个,将轨道梁由全长连续改为分段连续及简支相结合的结构。由于集装箱堆场强夯加固作用不显著,8 泊位的堆场地基不作强夯处理;另为加强堆场基础,将 8 泊位堆场基础由混凝土条形基础调整为采用手摆片石基础。

项目地处珠江三角洲的经济中心,拥有广阔的经济腹地和便利的水运、铁路、公路交通网络。水路方面:位于珠江干流的出海通道,坐拥珠江、东江两江航道,内河网络连接广西、佛山、中山、湛江、惠州、肇庆等地,航运网络四通八达;铁路方面:通过铁路班列贯通码头港区至云南、湖南、江西等"无水港",源自内地的货物均可在 GCT 集疏运,并从这里中转至世界各地;公路方面:GCT 毗邻京港澳高速公路、广澳高速公路、广深沿江高速公路等多条公路干线,可通过公路快速集疏运连通省内外。

(2)黄埔油库一区 2.4 万吨级东码头初建工程

项目于 1979 年 2 月开工建设,1980 年 4 月竣工。

项目建设依据:1978 年,广东省基本建设委员会《关于墩头基油码头初步设计的批复》(粤革〔1978〕304 号)。1978 年,广州市房地产管理局革命委员会《同意使用土地通知书》(〔1978〕房地字 194 号)。

项目建设 1 个 2.4 万吨级油码头泊位,岸线总长 335 米。码头采用引桥式布局,高桩式结构。码头前沿水深 10 米。项目总投资 244.87 万元,全部为企业自筹。

项目建设单位为中石化广东石油分公司;设计单位为广东省航运设计院;施工单位为广东省交通局公路工程处一施工队;监理单位为广州海建工程监理公司;质监单位为广州港建设工程质量监督站。

(3)洪圣沙水转水泊位工程

项目于 1981 年 12 月开工建设,1984 年 5 月试运行,1985 年 10 月竣工。

项目建设依据:1981 年,交通部《关于黄埔港洪圣沙水转水泊位初步设计审查的批复》(交计字〔81〕1936 号)。1983 年,广州市环境保护科研所、广州市环境监测中心站《洪圣沙矿石码头环境影响评价报告书》。

项目建设 1 万吨级杂货泊位 2 个,驳船 500 吨级泊位 3 个,岸线总长 518 米。码头采用顺岸式布局,高桩式结构。码头前沿水深 9 米。项目后方堆场面积 20.3 万平方米,堆存能力 62.5 万吨。仓库面积 32 万平方米,堆存能力 6.34 万吨。主要装卸设备配置包括 6 吨轮胎式起重机 5 台,5 吨门座式重机 6 台,5 吨内燃叉车 8 台。项目总投资 4042.48 万元,其中政府投资 4042.48 万元。项目陆域用地面积 43.10 万平方米。

项目建设单位为黄埔港务管理局黄埔建港指挥部;设计单位为交通部第四航务工程局勘察设计院;施工单位为交通部第四航务工程局第二工程公司。

项目主要业务包括件杂货及集装箱的装卸和储运业务。外贸进口货类主要是日本、韩国的设备,泰国的粮食、饲料,以及从香港中转进口各类货物。外贸出口货类主要是通过香港中转出口的钢材、机械设备、化工原料、日用工业品、韩国、新加坡的钢材、印度的石油制品等。按照 2015 年广州市 54 个江心岛整体保护规划,洪圣沙计划搬迁现状码头堆场,于 2015 年 6 月停止煤炭货类作业;到 2018 年 9 月全面停止装卸作业;广州港股份公司已于 2018 年 9 月与黄埔区土地开发中心签订相关协议,将洪圣沙约为 43.10 万平方米面积地块交储黄埔区。预计 2019 年完成土地交储。

(4)黄埔港墩头西基煤码头工程

项目于 1982 年 8 月开工建设,1986 年 12 月试运行,1987 年 3 月竣工。

项目建设依据:2004 年,广州市发展和改革委员会《关于广州港西基煤炭系统改造工程可行性研究报告的批复》(穗计城〔2004〕36 号);1981 年,国家建设委员会《关于黄埔港墩头西基煤炭码头工程初步设计的批复》(建发交字〔1981〕287 号),2004 年,广州市发展和改革委员会《关于广州港西基煤炭系统改造工程初步设计的批复》(穗计城〔2004〕64 号)。1985 年,广州市环境保护办公室《关于黄埔港西基煤码头报建问题的复文》(穗府环管控字〔1985〕93 号);2004 年,广州市环境保护局《关于广州港西基煤炭系统改造工程建设项目环境影响报告书的批复》(穗环管影字〔2004〕126 号);广州市城规局征用土地通知书批准(81 城地批字第 889 号);1985 年,黄埔港务监督《关于建墩头西基煤码头岸线申请的批复》(埔港监航字〔81〕第 042 号);2003 年,广州港务局《关于西基港务公司煤码头改造工程的批复》(穗港局港政〔2003〕25 号)。

项目建设 3.5 万吨级深水泊位 2 个(码头水工建筑允许靠泊能力 7 万吨级),岸线总长 927 米。码头采用顺岸式布局,重力式结构。码头前沿水深 12.5 米。项目后方堆场面积 13.3 万平方米,堆存能力 75.7 万吨。主要装卸设备配置包括 4 台 500 吨/小时移动式带斗门座式重机和 4 台堆取能力分别为 1500 吨/小时、1000 吨/小时斗轮堆取料机,2 台装船能力分别是 1000 吨/小时、500 吨/小时装船机。项目总投资 7517.4 万元。项目陆域用地面积 30 万平方米。改造后原码头泊位向上游延长 87 米,改造建设成为 2 个 5 万吨级深水泊位,新建重力式扶壁结构,码头前沿水深 12.5 米。改造后岸线长 527 米,新增堆场 1.66 万平方米,新增机修间、候工楼、变电站等生产辅助面积 1.62 万平方米,新增堆存能力 11.9 万吨,新增码头年通过能力 600 万吨,另外改造供配电、通信、斗轮机、转载房、皮带机、卸船机等设施。主要设备为 2 台 1000 吨/小时桥式卸船机和 2 台堆取能力分别为 2000 吨/小时、1500 吨/小时斗轮堆取料机。新增工程总投资 2.00 亿元,为政府投资。

项目建设单位为广州市黄埔港建港指挥部;设计单位为交通部第四航务工程勘察设计院;施工单位为交通部第四航务工程局一公司、交通部第三航务工程局一公司、交通部上海港机厂。改造工程项目设计单位为交通部水运科学研究所、中交第二航务工;施工单位为中港二航局、上海振华港口机械有限公司、江门振达机电工程公司等。

1993 年 9 月,项目荣获交通部改革开放以来全国"十大水运工程"光荣称号。

黄埔港墩头西基煤码头为华南地区最早的现代化煤炭装卸专业码头和重要的煤炭集散中转地,在国家"北煤南运"中发挥着重要的作用。投产以来,保证了广东省乃至江西、湖南等地区客户的煤炭能源供应,同时为国家煤炭的战略储备、中转调剂、地区煤炭应急需要提供保障。

八、中山港

(一)港口概况

1.港口综述

中山港位于珠江三角洲中南部,珠江口西岸,西江、北江下游出海口,北接广州、佛山,南邻珠海,西靠江门,东隔伶仃洋与深圳和香港相望,水路距香港 52 海里,至广州南沙 40 海里,至深圳蛇口 45 海里。根据《中山港总体规划》,中山港确定为"一港五区",分别为中山港区、马鞍港区、黄圃港区、小榄港区和神湾港区。

中山港区、马鞍港区为沿海港区,黄圃港区、小榄港区和神湾港区为内河港区,各港区规划有数量不等的作业区。中山港区依托火炬高新技术产业开发区等中山市东部地区,其功能是以为周围地区的外向型经济发展、临港产业开发承担内、外贸集装箱、散货等运输为主。马鞍港区位于马鞍岛,已批为一类货运口岸,对港澳台和外国籍船舶开放,是中山市未来港口经济的重要增长点;规划该港区主要为后方临港工业区装备制造、建材、加工等产业承担原材料、产品、设备及其他各类物资运输服务并兼备集装箱、散杂货等物资转运功能的综合性港区。小榄港区已批为一类货运口岸,对中国籍船舶开放,经营货类包括集装箱、水产品等,无危险货物作业。神湾港区已批为一类货运口岸,对港澳台和外国籍船舶开放,经营货类包括集装箱、煤炭、粮食等,无危险货物作业。黄圃港区位于经济较发达的中山市北部,已批为一类货运口岸,对中国籍船舶开放,其功能是以为周围地区的外向型经济发展、沿江临港产业开发承担内、外贸集装箱、液体散货等运输为主。

20世纪50年代至2015年,中山市主要港区从石岐城区逐步向外扩散,至20世纪90年代,随着中山市主要龙头港口企业中山港航集团的兴起发展,并由该企业在火炬开发区、小榄镇、神湾镇分别建设了3家千吨级以上的集装箱码头,石岐河港区逐渐退出历史舞台。至21世纪初,全市形成了一港三区的面貌,即中山(开发区)港区、小榄港区、神湾港区,其中以中山(开发区)港区、小榄港区最为繁忙,为中山市众多工厂企业的内外贸运输提供了强有力支撑。2013年2月《中山港总体规划》印发实施,《中山港总体规划》明确了"一港五区"的基本格局。

中山市主要航道有:磨刀门水道、小榄水道、横门水道、洪奇沥水道、横门出海水道等。中山市内河水网密布,自然条件良好,且主要水道均可实现江海直达运输,岸线资源丰富,但由于受水深、水流及风浪的影响,优质岸线有限。海岸线总长为26千米,海域172平方千米,六级以上内河航道约312千米。其中流经西部边界的磨刀门水道长44千米,流经东北边界的洪奇沥水道长41千米,境内小榄水道长33千米,横门水道长12千米,横门出海航道长38千米,鸡鸦水道长33千米,黄沙沥水道长10千米,中山港港区和码头主要分布在这几条水道上。主要航道具有1000~5000吨级海船、江海船进出条件。

中山港船舶停泊执行的是2000年中山海事局发布的《中山港船舶停泊规定》,2015年在用的锚地共12个,包括引航联检锚地、国际航线船舶检查检验锚地、危险品船锚地、货船锚地、防台风船舶锚地等。

2.港口水文气象

中山市地处低纬度区,全境均在北回归线以南,属亚热带季风气候,光热充足,雨量充沛,太阳辐射能量丰富。总辐射量以7月最多。历年平均日照时数为1843.4小时。年平均气温为21.8摄氏度。月平均气温以1月最低,为13.2摄氏度;7月最高,达28.4摄氏度。

中山市濒临南海,夏季风带来大量水汽,成为降水的主要来源,年平均降水量为1791.3毫米。影响全市的灾害性天气有台风、暴雨、低温、霜冻、低温阴雨、干旱和雷暴。每年10月至翌年3月雾较多,在此期间,平均每月均有雾2~3天。1月份最多,7—8月份最少。历年平均雾天数16.5天。多年平均相对湿度83%,每年平均相对湿度都在80%以上。5—6月,春夏之交期间,相对湿度较大,可达100%。秋冬季节相对湿度较小,最小相对湿度在10%以下。

全年常风向为N,频率为11.6%,其次为SSE,频率为8.4%。强风向为NNE,最大风速为 28 米/秒,次强风向为 N、SE、NNW,风速达 24 米/秒。据以往 40 年数据统计,对中山市有较大影响的台风共 168 次,平均每年 4.2 次,最多的一年达 9 次,在中山市及其附近登陆的台风有 30 次,热带风暴 23 次,平均每年 1.3 次,最多的一年为 5 次。台风的风向随其路径及登陆地点不同而变化,登陆时风力可达 12 级以上。

中山港潮汐属不正规半日潮混合潮型,即每日出现两次高潮和两次低潮,但潮高和潮时存在着不等现象。

本港只有中山港区和马鞍港区属于海港,受波浪影响较大。马鞍港区位于珠江口,口外波浪很大,但珠江口岛屿星罗棋布,成为珠江口防浪的天然屏障,加上本港区向海的前沿是一大片滩涂,波浪向本港区传播过程中能量锐减,但从珠江口的岛屿到本港区还有约 50 千米的风区,考虑口外涌浪的同时,还需考虑本港区的风浪。平原地区河网深受南海海洋潮汐的影响,具典型河口区特点。

3. 发展成就

"十二五"时期是中山市港口基建快速推进、港口吞吐量迅猛爬升的阶段。《中山港总体规划》2013 年 2 月实施以来,推进了中山市的港口项目建设、港区功能布局、岸线资源合理利用,充分盘活了有限的港口岸线资源,助推了港口经济的快速发展。截至 2015 年,中山港共有码头泊位数 136 个,泊位长度 8944 米;其中沿海港区泊位数 62 个,泊位长度 4476 米;内河港区泊位数 74 个,泊位长度 4468 米;港口吞吐量从 2010 年的 4797 万吨增长到 2017 年的 8044 万吨,超过了港口规划 2030 年的水平,矿建材料是港口运输最主要货种,年均占比近 67%,其他主要货种包括煤炭及制品、成品油、钢铁、水泥、机械设备电器、化工原料、轻工产品等。这期间,外贸运输常年保持平稳,公用集装箱运输和港口客运保持稳中有增。

中山港港区分布图如图 8-9-7 所示。

中山港基本情况见表 8-9-8。

(二)黄圃港区

1. 港区综述

(1)港区建设和运营概况

黄圃港区属于中山港最新的港区,有黄圃作业区和龙九顷作业区,分别规划为公共运输功能和液体散货危化品作业功能。黄圃港区形成于 2010 年后期,有中山市黄圃港货运联营有限公司、中山市马新经济联营开发有限公司、中山市信来化工有限公司(危险品)3 家港口企业,分别有 3 个集装箱泊位(1000 吨级)、1 个普通货物泊位(1000 吨级)、1 个液体化工泊位(1000 吨级)。其中,中山市黄圃港货运联营有限公司开通了至广州、深圳、港澳等地的集装箱内外贸航线,山市信来化工有限公司主要经营国内危化品液体散货运输。

图8-9-7 中山港港区分布图

（2）港区地理条件和集疏运概况

黄圃港区地处中山市北方,与顺德比邻,主要包括黄圃镇、南头镇等镇区,河道主要为洪奇沥水道、鸡鸦水道等。

2015年黄圃港进出港公路建成,与周边高速公路直接连通,集疏运条件已逐步完善,港区其他码头的集疏运条件基本较为完善,水转陆运输条件便利。

表 8-9-8

中山港基本情况表(沿海)

序号	港区名称	港口岸线		2015 年港口生产用泊位			其中:1978—2015 年建成的生产用泊位			2015 年港口货物和旅客吞吐量							
		港口规划岸线	其中:2015 年已建成岸线	生产用泊位数	其中:万吨级及以上	生产用泊位总长	生产用泊位数	其中:万吨级及以上	生产用泊位总长	其中:万吨级及以上	货物吞吐量	其中:外贸货物吞吐量	集装箱	滚装车辆		旅客	其中:国际航线旅客
														数量	质量		
		千米	千米	个	个	米	个	个	米	米	万吨	万吨	万 TEU	万辆	万吨	万人	万人
1	中山港区	14.7	14.7	51	0	2944	51	0	2944	0	3370.06	468.6	81.81	0	0	121.22	121.22
2	马鞍港区	14.6	13	—	—	—	—	—	—	—	0	0	0	0	0	0	0
	合计	29.3	27.7	51	0	2944	51	0	2944	0	3370.06	468.6	81.81	0	0	121.22	121.22

正在建设中的南沙港铁路将经过园区,离黄圃港约 1.5 千米;港区附近还有 4 条公路,广中江高速公路,可连接南沙、小榄、江门等;加六线干线公路(原纵四线)可连接顺德容桂、中山北外环快速公路;东部外环高速公路可接民众、中山港、翠亨新区和深中通道;加二线,连接民众、三角、南头、东凤、小榄等,可连接广中江、加六线,是进入黄圃港的主干道。这里将形成"一港口、一铁路、四陆路"的交通网络。

2. 港区工程项目

(1)中山港黄圃港区多用途码头及配套工程(一期工程)

项目于 2012 年 7 月开工。

项目建设依据:2010 年 12 月,广东省交通运输厅批复广东省航运规划设计院编制的《中山港黄圃港区多用途码头工程工程可行性研究报告》;2011 年 12 月,广东省交通运输厅批复广东省航运规划设计院编制的中山港黄圃港区多用途码头及配套工程初步设计。2009 年 12 月,广东省中山市环境保护局批复环境保护部华南环境科学研究所编制的中山港黄圃作业区码头工程环境影响报告书;2009 年 6 月,中山市水利局《关于中山港口岸黄圃港区临时使用三乡围堤围保护范围用地的批复》(中水复〔2009〕47 号);2013 年 7 月,中山市国土资源局《关于中山市黄圃港货运联营有限公司申请受让土地作港口码头用地的批复》(中国土供复〔2013〕62 号);2010 年 9 月,交通运输部《岸线批复》(交规划发〔2010〕514 号)关于中山港黄圃港区多用途码头工程使用港口岸线的批复。

项目一期工程已建有 3 个 1000 吨级、长 182 米的码头泊位,码头前沿水域条件良好,前沿处水深超过 6 米,航道平均水深为 7 米以上。码头港区规划陆域总占地面积约 16 万平方米,堆场面积约 8 万平方米,泊位长度为 300 米,建设 5 个 1000 吨级多用途泊位(结构按靠泊 3000 吨级船舶预留),设计年吞吐量 40 万标准集装箱,件杂货 112 万吨以上。生产辅助区包括综合办公楼 1 座、道路堆场、监管设施建筑监管仓、查验平台等。项目投资总额为 3.47 亿元,其中资本金为 1.16 亿元。

建设单位为中山市黄圃港货运联营有限公司;设计单位为广东省航运规划设计院;施工单位为安徽省路港工程有限责任公司;监理单位为广州海建工程监理公司;质监单位为中山市交通工程质量监督站。

(2)信来化工码头工程

项目于 2013 年 3 月开工,2013 年 8 月交工。

项目建设依据:2011 年,中山市发展和改革局《关于中山港黄圃港区信来化工码头项目核准的批复》(中发改核准〔2011〕756 号);2011 年,交通运输部《关于中山港黄圃港区信来化工码头工程使用港口岸线的批复》(交规划发〔2011〕428 号);2012 年,中山市交通运输局《关于中山港黄圃港区信来化工码头工程初步设计的批复》(中交港〔2012〕23 号)。

建设 1000 吨级液体化工泊位 1 座。码头按 T 形栈桥布置，码头长 85 米，码头前沿线离堤岸约 62 米，距上游德俊码头约 26 米。码头设 2 个 7 米×8 米靠船墩，1 个 17 米×7 米工作平台，上下游各设 1 个 5 米×6 米系缆墩，各系缆墩间设 2 米宽人行桥。引桥长 54.5 米，宽 5 米。工作平台东南侧设有 1 座工作间（10 平方米，一层，建筑高度 3.2 米），工作间采用混凝土结构。工程实际完成投资 907 万元，企业自筹。

项目建设单位为中山市信来化工有限公司；设计单位为安徽省交通勘察设计院有限公司；施工单位为汉通控股集团有限公司；监理单位为广州海建工程监理公司；监督单位为中山市交通工程质量监督站。

（三）小榄港区

1.港区综述

（1）港区建设和运营概况

小榄港区形成于 20 世纪 90 年代，有中山市小榄港货运联营有限公司、广东省中山食品水产进出口集团有限公司 2 家港口企业，分别有 6 个集装箱泊位（1000 吨级）和 2 个普通货物泊位，均不经营危险货物。其中，中山市小榄港货运联营有限公司开通了至广州、深圳、港澳以及国内其他地区的集装箱内外贸航线，广东省中山食品水产进出口集团有限公司开通了中山—香港的固定航线。

（2）港区地理条件和集疏运概况

小榄港区地处中山市西北方向，主要包括小榄镇、古镇镇、东升镇等镇区，河道主要为小榄水道。港区的集疏运体系较为完善，条件较好，周边道路运输发达，道路交通网线密集，中江高速公路、广珠西线高速公路、国省道贯穿港区，所属镇区是中山市经济较为发达的区域，集疏运条件极为便利。

2.港区工程项目

小榄港一期、二期码头工程项目

项目于 1992 年 10 月开工，1994 年 1 月竣工。

项目建设依据：1991 年 11 月，中山市人民政府《关于同意小榄沙口装卸点扩建小榄码头项目立项的批复》（市府办〔1991〕239 号）；1992 年 10 月，中山市人民政府办公室批准中山市水利电力局的工程意见，同意工程可边报省审批边施工（中府办〔1992〕143 号）。1992 年 11 月，中山市港务监督局批复同意兴建小榄港码头，码头岸线 238 米；1992 年 11 月，广东省航道局批复同意在小榄水道右岸沙口河段兴建 1000 吨级码头，岸线 238 米；1993 年 4 月，广东省水利厅批准兴建码头工程；1993 年 5 月，广东省人民政府口岸办公室批准工程，同意征地 180 亩开展码头工程建设；1997 年 10 月，广东省人民政府口岸办公室同意小榄装卸点扩建工程验收,批准自 2017 年 11 月 8 日起正式投入使用。

项目建有 1000 吨级泊位 4 个,岸线长度 238 米,港区用地 12 万平方米,码头后方建设了集装箱及散杂货堆场、散杂货仓库、办公楼、港口机械维修车间等配套设施。码头年设计通过能力为集装箱 20 万 TEU、散杂货物吞吐量 50 万吨。码头长 238 米,宽 30 米,码头顶面高程 4.6 米(珠基)。结构形式是钢筋混凝土结构架空式。前沿水深 6 米,码头设计靠泊能力为 1000 吨级。堆场面积 5 万平方米,仓库面积 9600 平方米,配套 4 台岸边起重机,后面堆场主要采用正面吊运机、叉车、水平运输车等机械设备。项目总投资 1172 万元,资金全部由企业自筹解决,不占用财政资金。建设单位为中山市小榄港货运联营有限公司。

(四)神湾港区

1. 港区综述

(1)港区建设概况和运营情况

神湾港区经营企业是中山港航集团等,码头岸线长度为 240 米,现有 4 个货运泊位,均为外贸泊位。该作业区位于神湾镇磨刀岛上,主要为中山市南部地区外向型经济服务,以集装箱运输为主,陆域条件较好,有利于港口发展。2015 年,港区完成货物吞吐量 749.72 万吨。

(2)港区地理条件及集疏运情况

神湾港区位于中山市南部的神湾镇,南临磨刀门水道,对岸为珠海市斗门县。

港区交通便利,公路可通过 G228 汇入周边的西部沿海高速公路、广佛江高速公路等高速公路网。水路可通过磨刀门水道向西可直达广西,向东可至及港澳、广州、深圳等大城市。

2. 港区工程项目

广东省储备粮中山直属库码头工程

项目于 2003 年 8 月开工,2005 年 11 月竣工。

项目建设依据:2002 年 8 月,广东省发展计划委员会《关于广东省储备粮中山直属库可行性研究报告的批复》(粤计粮计〔2002〕723 号);2002 年 10 月,广东省建设厅《关于省储备粮中山直属库初步设计的批复》(粤建设函〔2002〕436 号);2002 年 11 月,中山市水利局《关于广东省储备粮中山直属库粮食专用码头建设的初审意见》(中水〔2002〕93 号)。

码头建设规模为 1000 吨级,长 80 米,宽 20 米,栈桥长 102 米,宽 10 米,年吞吐量 5.1 万吨。

项目建设单位为广东省储备粮管理总公司中山直属库;设计单位为国家粮食储备局郑州科学研究设计院、广东省航道勘测设计科研所;施工单位为湖南省建筑工程集团总公司、中国水产广州建港工程公司;监理单位为广州石化建设监理公司;质量监督单位为中山市交通工程质量监督站。

九、珠海港

(一)港口概况

1.港口综述

珠海市位于广东省南部、珠江口西岸,濒临南海。东与深圳、香港隔海相望,陆路东南与澳门接壤,西连江门,北邻中山,距广州约 140 千米。珠海港是珠江三角洲西部地区主要的出海口岸。珠海港位置优越,高栏主港区地理坐标为 21°55′N,113°11′E。海路横渡珠江口可达深圳和香港,距香港 36 海里;北距上海 928 海里;南距湛江、海口分别为 217 海里和 255 海里。珠海港现已形成以高栏港区为主、万山、洪湾港区为辅,九洲、香洲、唐家、斗门港区为补充的"一港七区"格局。

其中,高栏港区以油气化工品、矿石、煤炭等大宗散货、集装箱和杂货运输为主的综合性港区,并发展临港工业和现代物流服务。万山港区以大宗散货转运为主,并为海岛物资运输和旅游客运服务。九洲港区重点发展珠海至香港、深圳的水上高速客运。香洲港区以陆岛运输和海岛旅游客运为主。唐家港区以客运及旅游服务为主。洪湾港区以集装箱、建筑材料和散杂货运输为主。斗门港区以集装箱、建筑材料、农副产品运输为主。

珠海 1979 年立市,1980 年成立经济特区,同年建港。20 世纪 90 年代以前,珠海港是香港的喂给港,主要服务于珠海城市建设和对港贸易,20 世纪 90 年代开始,珠海港加快建设高栏港区,发展煤炭运输及油品运输等,逐渐成为珠江三角洲地区的油气品转运基地,珠海港开始进入综合运输枢纽的发展阶段。

珠海港主要航道有 7 条,高栏和九洲港区为人工开挖的进港航道;万山、唐家和香洲为天然航道。其中,高栏主航道、珠海电厂分航道具备乘潮通航 5 万吨级船舶的条件,桂山港区航道具备乘潮通航 10 万吨级船舶的条件。

港口水域布置有 30 个锚地。高栏港区锚地位于高栏岛南侧。九洲、唐家港区利用头洲引航锚地、九洲港澳小型船舶引航锚地、头洲候潮和装卸锚地及桂山引航、检疫和装卸锚地等多处锚地。桂山港区利用桂山国际锚地。

2.港口水文气象

珠海市属亚热带海洋性气候,冬季多偏北风,空气干燥;夏季多东南风,光照充足、气温高、湿度大;夏秋季常受台风影响,风力强、雨量大;春季冷暖气流交替,阴雨多雾。珠海市海域、陆域面积较大,规划港口范围内有 8 个主要港区,由于地理位置不同及地形的差异,各港区的气象状况有少量差异。

多年平均气温 22 摄氏度;每年 3 ~ 10 月为雨季,多年平均降水量 2271.6 毫米;多年平均日降水量≥25 毫米的天数 26.4 天。多年平均雾日数(能见度小于 1 千米)6 天,最多年份 11 天。珠海市地处台风多发地区,每年 4 ~ 11 月为台风影响期,6 ~ 9 月为台风盛行期。

潮汐为不正规半日混合潮型,潮汐日不等现象异常明显。由于岛屿众多、潮波反射和海底摩擦作用,局部潮汐特征有明显差异。本海域为弱潮海区,潮差较小,自珠江口向西潮差加大。台风侵袭期间有风暴增水现象发生,台风增水值一般为 1.6 ~ 1.9 米。

平均潮位在 1.32 ~ 1.60 米之间,平均潮差在 0.86 ~ 1.37 米之间;波浪最大波高在 3.0 ~ 11.9 米之间;海流以潮流为主,并伴有南海沿岸流和风海流,径流影响很小。潮流为不正规半日混合潮流,多位往复流,涨潮流向 NW,落潮流向 SE,余流终年为向西的沿岸流,流速一般在 0.2 ~ 0.5 米/秒之间。

3. 发展成就

珠海港在 20 世纪 70 年代末开始商业化运营以来,经过 30 多年的发展,由过去的小渔港逐步成为我国沿海主要港口之一,在珠海市改革开放及珠三角地区外向型经济崛起过程中发挥了积极作用。随着港口建设的推进,"十二五"期间,珠海港建设发展取得显著成绩,港口吞吐量实现跨越式发展,港口集疏运网络初具规模,港口货源腹地不断延伸,港口绿色发展逐步深化。

"十二五"期间,珠海港共开通国内外航线 48 条。其中,开通外贸航线 13 条,分别通往越南、日本等国家和中国的港澳台地区;开通沿海干线 13 条,通往海口、日照、厦门、连云港、青岛、宁波、上海等全国沿海主要港口;开通内支线 2 条及西江驳船支线 20 条,通往贵港、梧州、云浮、肇庆等西江沿线主要港口。

2015 年,珠海港完成货物吞吐量 11208.8 万吨,其中外贸 2075.2 万吨,港口集装箱吞吐量 134 万 TEU,旅客吞吐量 765.9 万人次,吞吐量从"十一五"期末的 6056 万吨增至 11208.8 万吨,成功实现了亿吨大港的突破,在珠三角港口群中的货物吞吐量占比逐年上升。

珠海港港区分布图如图 8-9-8 所示。

珠海港基本情况见表 8-9-9。

图 8-9-8　珠海港港区分布图

(二)万山港区

1.港区综述

(1)港区建设和运营概况

作为珠海的辅助港区,万山港区以大宗散货和集装箱转运为主,并为海岛物资(含危货)运输和旅游客运服务。远期可发展成为以散货和集装箱转运为主的珠江口超大型深水港区。拥有万吨级以上泊位 1 个。

万山港区作为中转港,开通有中国香港,东南亚、中东及中国国内 A 类航区船舶的内外贸航线。2015 年,万山港区完成货物吞吐量 623.76 万吨。

(2)港区地理条件和集疏运概况

万山港区位于珠江口外,岛屿众多,天然水深大,珠江入海泥沙影响甚微,在近岸浅水区回淤强度很小。

为适应腹地不断增长的运输需求,万山群岛将作为远期珠海港拓展港口发展空间的储备资源。近期以维持现状为主,适度发展大宗危险品货物中转功能,远期选址研究建设大型集装箱港区方案,适应未来可能出现的 20 万吨级以上超大型集装箱船发展需要,作为珠三角重要的集装箱储备港口。远景规划万山经横琴至高栏的港口联系通道,与珠江、太澳高速公路衔接。规划桂山大道作为桂山作业区的主要疏港道路。

表 8-9-9

珠海港基本情况表

序号	港区名称	港口岸线		2015年港口生产用泊位				其中:1978—2015年建成的生产用泊位				2015年港口货物和旅客吞吐量						
---	---	---	---	---	---	---	---	---	---	---	---	---	---	---	滚装车辆		---	---
		港口规划岸线	其中:2015年前已建成岸线	生产用泊位数	其中:万吨级及以上	生产用泊位总长	其中:万吨级及以上	生产用泊位数	其中:万吨级及以上	生产用泊位总长	其中:万吨级及以上	货物吞吐量	其中:外贸货物吞吐量	集装箱	数量	质量	旅客	其中:国际航线旅客
		千米	千米	个	个	米	米	个	个	米	米	万吨	万吨	万TEU	万辆	万吨	万人	万人
1	高栏港区	70.4	32.3	61	26	12198	7660	61	26	12198	7660	7062	1693	86	—	—	0	0
2	九洲港区	1.3	1.3	14	0	679	0	14	0	679	0	92	92	15	—	—	515	26
3	洪湾港区	2.8	0.9	30	0	1814	0	30	0	1814	0	1538	163	24	—	—	103	0
4	斗门港区	1.2	0.5	19	0	1038	0	19	0	1038	0	1879	69	7	—	—	2	0
5	万山港区	30.6	1.0	15	1	1053	333	15	1	1053	333	624	48	0	—	—	0	0
6	唐家港区	1.6	0.3	5	0	344	0	5	0	344	0	3	0	0	—	—	0	0
7	香洲港区	0.4	0.4	3	0	140	0	3	0	140	0	9	9	1	—	—	146	0
	合计	108.3	36.6	147	27	17266	7993	147	27	17266	7993	11209	2075	134	—	—	766	26

2. 港区工程项目

珠海港万山港区珠海中燃桂山油库多点系泊技术改造工程

项目于 2012 年 3 月开工建设,2014 年 8 月试运行,2016 年 9 月竣工。

2008 年,交通运输部《关于报送珠海中燃桂山油库多点系泊码头技术改造工程可行性研究报告审核意见的函》(交规水函字〔2008〕159 号);2011 年 5 月,交通运输部《关于珠海港万山港区桂山油库多点系泊码头技术改造工程初步设计的批复》(交水发〔2011〕251 号)。2006 年,国家环境保护总局环评批复(环审〔2006〕555 号);2011 年,珠海市人民政府用海批复(国海证 114404010s 号)。

项目拆除原有安全和环保风险重大的多点系泊码头,原址改建为 1 座 10 万吨级(结构预留为 15 万吨级)成品油泊位(码头水工建筑允许靠泊能力 15 万吨级),岸线总长385 米。码头采用引桥式布局,高桩式结构。码头前沿水深 17 米。主要装卸设备配置包括港口门座式重机 1 台、输油臂 2 台。项目总投资 2.38 亿元,全部为企业自筹。

项目建设单位为珠海中燃石油有限公司;设计单位为中交第四航务工程勘察设计院有限公司;施工单位为中交第四航务工程局有限公司;监理单位为广州华申建设工程监理有限公司;质检单位为珠海市交通工程质量监督检测站。

珠海港万山港区珠海中燃桂山油库多点系泊技术改造工程于 2014 年 8 月投产,发挥了预期的作用,取得了较好的效果,初步开始承担中国船燃华南中心油库接收油品的任务,与此有关的港口营运相关配套已经完全恢复,具备以其为龙头在珠江口地区建设航运供油中心的条件。但试运行以来受国内保税油政策的不利影响,还未能如期将足够多的新加坡等境外船舶供油市场需求到本地。

(三)高栏港区

1. 港区综述

(1)港区建设和运营概况

高栏港区原是一个小渔港,港口的规模较小,1992 年吞吐量仅 406 万吨,主要服务于城市建设和对港贸易;但集装箱运输发展很快,成为珠江口西岸地区到香港的主要喂给港。20 世纪 90 年代后,为突出高栏港区在综合运输服务中的枢纽性作用,规划该港区以油气化工品、矿石、煤炭等大宗散货、集装箱和杂货运输为主的综合性港区,为发展临港工业和现代物流服务。高栏港区逐渐成为珠江三角洲地区的油气品转运基地。

高栏港区主要经营成品油、多用途、集装箱、煤炭、散装粮食、通用件杂货、通用散货、液化石油气、液化天然气、液体化工,拥有万吨级以上泊位 26 个。

珠海港"十二五"期间高栏港区共开通国内外航线 39 条。其中,开通外贸航线 5 条,沿海干线13条,内支线2条及西江驳船支线19条。

2015年,高栏港区完成货物吞吐量7062.24万吨,其中外贸货物1693.11万吨;完成港口集装箱吞吐量86.33万TEU,其中外贸货物14.37万TEU。

(2)港区地理条件和集疏运概况

高栏港区地理坐标为21°55′N,113°11′E。海路横渡珠江口可达深圳和香港,距香港36海里;北距上海928海里;南距湛江、海口分别为217海里和255海里。

"十二五"期间,高栏港区已建成15万吨级进港主航道,广珠铁路于2012年12月正式通车,高速公路网络已形成,航线陆续开通,港口集疏运网络初具规模。随着集疏运网络的完善,扩大了珠海港的服务范围,大大提升了货物的集疏运效率。

2. 港区工程项目

(1)珠海港起步工程

项目于1992年7月开工建设,1995年7月竣工。

项目建设依据:1991年,广东省计划委员会《关于中外合资建设珠海市高栏港起步工程设计任务书的批复》(粤计交〔1991〕808号);1992年1月,广东省建设委员会《关于珠海市高栏港起步工程初步设计的批复》(粤建函〔1992〕045号)。1991年,广东省环境保护局《关于高栏港起步工程环境影响报告书的审批意见》(粤环建字〔1991〕045号)。

项目建设2个2万吨级多用途码头泊位,岸线总长410米。码头采用顺岸式布局,高桩式结构。码头前沿水深10.5米。项目后方堆场面积14.7万平方米。仓库面积9564万平方米。主要装卸设备配置包括总台数76台(含芬兰产40吨多用途门座式重机1台、国产10吨门座式重机3台)。项目总投资4.51亿元,向国家交通投资公司贷款2300万元人民币,其余自筹。

项目建设单位为珠海港务集团公司;设计单位为广东航院规划设计院;施工单位为交通部第一航务工程局;监理单位为交通部华通建设工程监理事务所;质检单位为珠海市交通工程质量监督检测站。

(2)广东省珠海发电厂5万吨煤码头1号泊位

项目于1994年11月开工建设,1999年5月竣工。

项目建设依据:1995年,广东省珠海发电厂工程可行性批复(计交能〔1995〕896号)。1994年,国家环境保护总局环评批复(环监〔1994〕271号);1996年,广东珠海市人民政府《国有土地使用证》(珠国用〔1996〕字第0403号1500015);2005年,珠海市海洋与渔业局《海域使用权证书》(国海证054404003号);1996年,珠海市人民政府批复岸线批复(珠国用〔1996〕字第0403号1500026)。

项目建设2个7万吨级煤炭码头泊位(码头水工建筑允许靠泊能力10万吨级),岸线总长790米。码头采用顺岸式布局,重力式结构。码头前沿水深14.4米。项目后方堆场面积 13 万平方米,堆存能力 100 万吨。主要装卸设备配置包括桥式抓斗起重机 4 台、斗轮堆取料机 2 台、皮带输送机 18 台。项目总投资 1.07 亿元,来自企业投资和利用外资。

项目建设单位为广东省珠海发电厂工程建设有限公司;设计单位为中交第二航务工程勘察设计院有限公司;施工单位为中交四航局第二工程有限公司;监理单位为广州粤科工程建设监理咨询有限公司;质检单位为珠海市交通工程质量监督检测站。

广东省珠海电厂煤码头于 1999 年 7 月投产后,为珠海电厂一期工程四台机组发电用煤提供了保障,珠海电厂项目的投产缓解了广东电网供电紧缺的形式、有效促进粤港澳地区的经济增长,1999—2017 年,已累计发电 1410.11 亿千瓦时,并连续多年荣获广东省经贸委"迎峰度夏先进单位",为缓解广东电网供电紧缺的形势、有效促进粤港澳地区的经济增长作出了巨大贡献。

(3)珠海经济特区华南联合石油有限公司 30 万吨油库及其配套码头工程

项目于 1995 年 11 月开工建设,1998 年 11 月试运行,1998 年 11 月竣工。

项目建设依据:1994 年,《关于中外合资珠海经济特区华南联合石油有限公司可行性研究报告的批复》(珠特计(工)字〔1994〕27 号);1995 年 1 月,珠海市建设委员会《关于华南联合石油有限公司 30 万吨成品油库初步设计的技术评估意见》(珠府建〔1995〕19 号)。1993 年,珠海市规划局用地批复(规地复字〔93〕年〔093〕号);1994 年,珠海市规划局珠海港分局用海批复(港规地复字〔94〕年〔057〕号)。

项目建设 8 万吨级、1 万吨级成品油码头泊位,项目总年设计通过能力为 600 万吨。码头采用突堤式布局,高桩式结构。码头前沿水深 13.5 米。主要装卸设备配置包括 5 台液压输油臂。项目总投资 2.45 亿元,全部为企业自筹。项目用地面积 14.76 万平方米。

项目建设单位为珠海经济特区华南联合石油有限公司;设计单位为中国石油天然气管道勘察设计院和交通部一航院珠海勘察设计工程公司;施工单位为交通部第四航务工程局第二工程公司、中国石化茂名石油化工建设公司;监理单位为南华建设监理所、广东顺业石油化工建设监理有限公司;质检单位为珠海市交通工程质量监督检测站。

珠海经济特区华南联合石油有限公司 30 万吨油库及其配套码头工程于 1998 年 11 月投产,发展为中石油广东销售公司的一级库,是该公司年中转量最大的油库,可确保广东地区的油品中转供应,并向社会客户提供液体化工品的中转服务,取得了良好的经济社会效益。

(4)珠海九丰 LPG"浮仓"迁建工程

项目于 1997 年 6 月开工建设,1998 年 12 月试运行,1998 年 12 月竣工。

项目建设依据:1997 年,《关于珠海市九丰液化石油气浮仓迁建工程可行性研究报告的批复》(珠计外字〔1997〕05 号);1997 年 11 月,珠海市建设委员会初步设计批复(珠府建〔1997〕334 号)。1997 年,广东省环境保护局《关于珠海九丰液化石油气浮仓迁建工程环境影响报告书的批复》(粤环建字〔1997〕63 号);2006 年,珠海市海洋与渔业局用海批复(ZUH-20060004);1997 年,广东省环境保护局《关于珠海九丰液化石油气浮仓迁建工程环境影响评价大纲的审查》(粤环建字〔1997〕21 号)。

项目建设 2 个 5 万吨级液化气泊位(码头水工建筑允许靠泊能力 5 万吨级)及 2 个 3000 吨级泊位,岸线总长 310 米。码头采用引桥式布局,高桩式结构。码头前沿水深 13.5 米。主要装卸设备配置包括输油臂 2 台。项目总投资 1.69 亿元,全部为企业自筹。

项目建设单位为珠海龙华石油化工有限公司;设计单位为交通部第四航务勘察设计院;施工单位为交通部第四航务工程局;监理单位为华建设计监理工程公司;质检单位为珠海市交通工程质量监督监测站。

珠海九丰液化石油气浮仓迁建工程于 1998 年 12 月投产,促进了华南区油气进出口经济贸易,取得了良好的经济社会效益。

(5)珠海岩谷液化石油气有限公司码头工程

项目于 1998 年 12 月开工建设,1999 年 10 月竣工。

项目建设依据:1997 年,《关于中外合资建设经营珠海液化石油气码头工程可行性研究报告的批复》(粤计交〔1997〕053 号);1998 年 4 月,珠海市建设委员会办公室《关于珠海岩谷液化石油气有限公司码头工程及气库工程初步设计的批复》(珠府建复〔1998〕58号)。1997 年,珠海市环境保护局环评批复(珠环监〔1997〕07 号);1998 年,珠海市规划局西区分局用地批复(珠规西地字〔1998〕第 239 号);2006 年,珠海市海洋与渔业局用海批复(国海证 064404009 号)。

项目建设 1 个 5 万吨级液化气码头泊位(码头水工建筑允许靠泊能力 5 万吨级),岸线总长 340 米。码头采用引桥式布局,高桩式结构。码头前沿水深 12.9 米。主要装卸设备配置包括液化石油气装卸臂 3 台。项目总投资 4298.4 万元,全部为企业自筹。

项目建设单位为珠海岩谷液化石油气有限公司;设计单位为交通部第四航务工程勘察设计院;施工单位为中港三航局珠海工程公司;监理单位为四航院南华监理所;质检单位为珠海市交通质检站。

码头前身为珠海岩谷液化石油气有限公司液化石油气码头,建设单位为珠海岩谷液化石油气有限公司。2004 年 3 月新海能源(珠海)有限公司收购珠海岩谷液化石油气有限公司,获得该码头的经营权。

珠海岩谷液化石油气有限公司码头工程于 2000 年 8 月投产后,是华南地区液化石油气仓储运营的基地,取得了良好的经济社会效益。

(6)珠海恒基达鑫国际化工有限公司码头及仓储工程

项目于 2001 年 5 月开工建设,2002 年 4 月试运行,2007 年 11 月竣工。

2001 年 2 月,广东省发展计划委员会《关于中外合资珠海珠海恒基达鑫国际化工有限公司码头及仓储工程可行性研究报告的批复》(粤计基〔2001〕157号);2001年3月,珠海市建设委员会初步设计批复(珠府建复〔2001〕037号)。2001年,珠海市环境保护局环评批复(珠环建〔2001〕01号);2000年,项目获得用地批复(珠国土合字〔临港〕〔2000〕第5号);2006年,项目获得《海域使用权证书》(国海证NO064404002号)。

项目建设1个5万吨级(码头水工建筑允许靠泊能力8万吨级)、1个5000吨级和2个3000吨级(水工结构可兼顾50000吨级)泊位,岸线总长668米,项目总年设计通过能力为600万吨。码头采用引桥式布局,高桩式结构。码头前沿水深13.9米。项目总投资1.02亿元,全部为企业自筹。项目用地面积21.45万平方米。

项目建设单位为珠海恒基达鑫国际化工仓储股份有限公司;设计单位为中交第四航务工程勘察设计院;施工单位为中港第一航务工程局;监理单位为深圳海勤工程监理公司;质检单位为珠海市交通工程质量监督检测站。

2003年、2006年分别对码头分别进行升级改造,升级改造后,码头岸线长668米,码头共有4个泊位,包括5万吨级(可靠泊8万吨级)和5000吨级泊位各1个,以及3000吨级泊位2个(兼靠5万吨级),泊位分类为液体化工泊位。

珠海恒基达鑫石化码头工程于2002年4月投产后,是华南地区石化物流仓储基地,取得了良好的经济社会效益。

(7)珠海港高栏港区集装箱码头工程

项目于2005年6月开工建设,2009年6月试运行,2015年8月竣工。

项目建设依据:2005年,国家发展和改革委员会《关于粤港合资建设经营珠海港高栏港区集装箱码头工程项目核准的批复》(发改交运〔2005〕359号);2005年10月,交通部《关于珠海港高栏港区集装箱码头工程初步设计的批复》(交水发〔2005〕496号)。2005年,国家环境保护总局环评批复(环审〔2005〕2号);2005年,国土资源部用地批复(国土资厅函〔2005〕57号);2007年,国家海洋局用海批复(国海管字〔2007〕40号)。

项目建设2个5万吨级装箱船码头泊位(码头水工建筑允许靠泊能力7万吨级),岸线总长824米。码头采用顺岸式布局,高桩式结构。码头前沿水深14.6米。项目后方堆场面积50万平方米,堆存能力3.7万TEU。主要装卸设备配置包括岸边集装箱起重机8台、轮胎式集装箱门式起重机25台、其他港口流动机械12台。项目总投资18.7亿元,来自企业投资和银行贷款。用地面积56.42万平方米。

项目建设单位为珠海国际货柜码头(高栏)有限公司;设计单位为中交第一航务工程勘察设计院、中交第四航务工程勘察设计院;施工单位为中交第四航务工程局;监理单位为上海东华建设管理有限公司;质检单位为珠海市交通工程质量监督检测站。

珠海港高栏港区集装箱码头工程于2009年6月投产,为当地经济增长和社会发展作出了应有贡献,为珠海港口事业开疆拓土,是珠海以港立市的重要力量。

(8)珠海港高栏港区中化格力石化码头工程

项目于 2005 年 9 月开工建设,2007 年 10 月试运行,2009 年 5 月竣工。

项目建设依据:2009 年 10 月,珠海市住房和城乡建设局《关于中化格力石化公用码头初步设计的批复》(珠建技〔2009〕3 号)。2007 年,国家环境保护总局环评批复(环审〔2007〕13 号);2006 年,珠海市国土资源局临港分局用地批复(珠国土用字第 2006-001 号);2008 年,广东省海洋与渔业局用海批复(粤海渔函〔2008〕912 号);2005 年,珠海市港务管理局岸线批复(珠港复〔2005〕12 号)。

项目建设 2 个 8 万吨级原油码头泊位(码头水工建筑允许靠泊能力 15 万吨级),岸线总长 1354 米,项目总年设计通过能力为 1370 万吨。码头采用突堤式布局,高桩式结构。码头前沿水深 14.2 米。主要装卸设备配置包括输油臂 17 台。项目总投资 2.57 亿元,业主自有资金 1.11 亿元,银行贷款 1.46 亿元。项目用地面积 2000 平方米。

项目建设单位为中化格力港务有限公司;设计单位为中交第二航务工程勘察设计院有限公司;施工单位为中交四航局、中国水产广州建港工程公司;监理单位为广州港水运工程监理公司、武汉华通工程建设监理所、广州石化建设监理有限公司;质检单位为珠海市交通工程质量监督检查、珠海市金湾区建设工程质量监督检测站。

工程于 2007 年 10 月投产,发挥了珠海深水岸线的资源优势,促进了珠江三角洲和珠海高栏港石化产业发展,满足珠江三角洲成品油商业和战略储备需要的作用,取得了良好的经济效益,为高栏港区形成石化储运产业集中优势作出了较大贡献,为周边临海化工产业提供了良好的服务,促进了周边化工企业的发展。

(9)珠海港高栏港务有限公司 5000 吨级多用途码头工程

项目于 2007 年 5 月开工建设,2009 年 2 月竣工。

项目建设依据:2007 年,珠海市发展和改革委员会《关于核准高栏港区 5000 吨级多用途码头工程可行性研究报告的批复》(珠发改基〔2007〕91 号);2007 年 5 月,珠海市港务管理局《关于珠海格力汇华 5000 吨级多用途码头工程施工图设计文件的批复》(珠港复〔2007〕9 号)。2007 年,珠海市环境保护局高栏港分局环评批复(珠港环建〔2007〕016 号);2009 年,珠海市国土资源局用地批复(高栏港)(珠海国土用字第 2009-005 号);2009 年 8 月,广东省海洋与渔业局用海批复 GD20090023／GD20090024;2008 年 2 月,广东省交通厅岸线批复(粤交规〔2008〕119 号)。

项目建设 2 个 5000 吨级多用途泊位(码头水工建筑允许靠泊能力 2 万吨级),岸线总长 375 米。码头采用顺岸式布局,高桩式结构。码头前沿水深 11 米。项目后方堆场面积 3.8 万平方米。仓库面积 2.3 万平方米。主要装卸设备配置包括港口门座式重机 6 台。项目总投资 3.05 亿元,全部为企业自筹。

项目建设单位为珠海港高栏港务有限公司;设计单位为中交第二航务工程勘察设计

院;施工单位为中交第四航务工程局;监理单位为广州南华工程管理有限公司。

2012年广东省交通运输厅《关于珠海港高栏港区5000吨级多用途码头结构加固改造工程方案的批复》(粤交基〔2012〕1396号),改造码头等级为5000吨级多用途泊位2个,可安全靠泊2万吨级杂货船、集装箱船舶作业。

(10)珠海港高栏港区南水作业区煤炭码头工程

项目于2011年3月开工建设,2014年6月试运行,2016年11月竣工。

项目建设依据:2006年,广东省交通厅《关于珠海港北顺岸公用干散货煤码头工程可行性研究报告审查意见的函》(粤交规函〔2006〕1482号);2010年8月,交通运输部《关于对珠海港高栏港区南水作业区煤炭码头工程初步设计的批复》(交水发〔2010〕411号)。2007年,国家环境保护总局环评批复(环审〔2007〕21号);2007年,国土资源部用地批复(国土资预审字〔2007〕213号);2009年,国家海洋局用海批复(国海管字〔2009〕533号);2008年,交通运输部岸线批复(交函规划〔2008〕144号)。

项目建设1个10万吨级泊位(水工结构按15万吨级散货船设计)、3个3000吨级泊位和1个2000吨级泊位(水工结构按7万吨级散货船设计),岸线总长709米。码头采用引桥式布局,高桩式结构。码头前沿水深15.7米。项目后方堆场面积24.7万平方米,堆存能力76万吨。主要装卸设备配置包括2台桥式抓斗卸船机、3台装船机。项目总投资18.59亿元,来自企业自筹和银行贷款。填海造地新增项目用地34.03万平方米。

项目建设单位为珠海秦发港务有限公司(后更名为珠海港弘码头有限公司);设计单位为中交第二航务工程勘察设计院有限公司;施工单位为中交第四航务工程局有限公司、大连华锐重工集团股份有限公司;监理单位为广州海建工程监理公司、武汉中澳工程项目管理有限责任公司、中国船级社实业公司;质检单位为珠海市交通工程质量监督检测站。

珠海港高栏港区南水作业区煤炭码头工程于2014年6月投产,为西江流域、铁路沿线(粤北、湖南)等地的大型终端用煤客户提供装卸仓储服务,保障大型终端客户原料供应,提供稳定的物流链,保障货物的安全作用,保障腹地范围的钢厂、电厂生产营运安全,降低当地用电成本,提高钢材市场的活跃度。

(11)珠海港高栏港区南水作业区干散货码头工程

项目于2010年3月开工建设,2011年12月试运行,2016年7月竣工。

项目建设依据:2010年7月,交通运输部《关于珠海港高栏港区南水作业区干散货码头工程初步设计的批复》(交水发〔2010〕307号)。2007年,国家环境保护总局环评批复(环审〔2007〕150号);2007年,国土资源部用地批复(国土资预审字〔2007〕76号);2007年,国家海洋局用海批复(国海管字〔2007〕696号);2015年,交通运输部岸线批复(交港海岸2015第63号)。

项目建设 2 个 15 万吨级专用散货卸船泊位码头泊位(码头水工建筑允许靠泊能力 20 万吨级),岸线总长 668 米。码头采用引桥式布局,高桩式结构。码头前沿水深 19 米。项目后方堆场面积 11.49 万平方米。主要装卸设备配置包括港口门座式重机 4 台、桥式抓斗起重机 4 台、连续卸船机 2 台。项目总投资 21.74 亿元,来自股东投资 6.6 亿元,银行贷款 15.14 亿元。

项目建设单位为珠海港鑫和码头有限公司干散货码头工程项目管理部;设计单位为中交第四航务工程勘察设计院;施工单位为中交第四航务工程局有限公司、国基建设工程(集团)有限公司、中交四航岩土工程有限公司等;监理单位为广州南华工程管理有限公司、广州海建工程监理咨询有限公司;质检单位为珠海市交通工程质量监督检测站。

2016 年 12 月,项目取得专利"重型筒体垂直吊装夹具",专利号为:ZL201510343943.9。

珠海港高栏港区南水作业区干散货码头于 2011 年 12 月投产,发展为华南地区重要的矿石等大宗干散货物资运输的主要中转港区,取得了良好的经济社会效益。

(12)珠海港高栏港区神华煤炭储运中心一期工程

项目于 2011 年 8 月开工建设,2013 年 1 月试运行,2017 年 10 月竣工。

项目建设依据:2012 年,《关于珠海高栏港区神华煤炭储运中心一期工程可研报告的批复》(中国神华规〔2012〕416 号);2013 年 2 月,交通运输部《关于广东珠海高栏港区神华煤炭储运中心一期工程初步设计的批复》(交水发〔2013〕97 号)。2012 年,环境保护部环评批复(环审〔2012〕93 号);2017 年,珠海市国土资源局用地批复(珠海市〔高栏港〕珠国土用字第 2017-015 号);2013 年,国家海洋局用海批复(国海管字〔2013〕264 号);2012 年,交通运输部岸线批复(交函规划〔2012〕55 号)。

项目建设 2 个 10 万吨级、1 个 5 万吨级煤炭码头泊位(码头水工建筑允许靠泊能力 15 万吨级),岸线总长 1308 米。码头采用突堤式布局,高桩式结构。码头前沿水深 19 米。项目后方堆场面积 55 万平方米,堆存能力 220 万吨。主要装卸设备配置包括桥式抓斗卸船机 4 台、链斗连续卸船机 2 台、移动回转式装船机 4 台、8 台堆取料机、2 台取料机以及筛分系统和皮带转运设备等。项目总投资 45.34 亿元,来自企业自筹和银行贷款。填海造地新增项目用地 101 万平方米。

项目建设单位为神华粤电珠海港煤炭码头有限责任公司;设计单位为中交第一航务工程勘察设计研究院有限公司;施工单位为中交第一航务工程局有限公司、中交第四航务工程局有限公司、中交第四航务工程局有限公司等;监理单位为京水规院京华工程管理有限公司、广州南华工程管理有限公司码头工程、天津港工程监理咨询有限公司;质检单位为珠海市交通工程质量监督检测站。

神华粤电珠海港煤炭码头有限责任公司、中交第四航务工程局有限公司参与的超软弱吹填土复杂地基处理关键技术研究于 2014 年 12 月 5 日取得了中国航海学会颁发的科学技术奖一等奖。神华粤电珠海港煤炭码头有限责任公司参与的珠海港高栏港区神华煤炭储运中心综合管控一体化系统于2014年9月取得了神华集团有限责任公司二等奖。中交第一航务工程勘察设计院有限公司参与的水运工程优秀咨询奖于2014年8月取得了中国水运建设行业协会水运工程优秀咨询奖。2016年6月,项目取得发明专利"堆场管理系统",专利号:ZL 2015 2 1134725.6。

2014年4月,神华煤炭储运中心一期工程投产后,成为华南地区煤炭储运基地,取得了良好的经济社会效益。

(13)广东珠海液化LNG项目一期工程码头工程

项目于2012年3月开工建设,2013年8月竣工。

项目建设依据:2010年3月,国家发展和改革委员会工可批复(发改能源〔2010〕461号);2011年,交通运输部《关于广东珠海LNG项目一期工程码头工程初步设计的批复》(交水发〔2011〕387号)。2008年,环境保护部环评批复(环审〔2008〕307号);2009年,国土资源部用地批复(国土资预审字〔2009〕78号);2010年,国家海洋局用海批复(国海管字〔2010〕636号)。

项目建设18.5万吨级码头泊位,岸线总长1829.9米。码头采用引桥式布局,高桩式结构。码头前沿水深13.9米。项目总投资7.96亿元,来自企业投资和银行贷款。项目用地面积40.13万平方米。

项目建设单位为广东珠海金湾液化天然气有限公司;设计单位为中交第四航务工程勘察设计院有限公司、中交第四航务工程勘察设计院有限公司;施工单位为广东省航盛建设集团有限公司、葛洲坝集团第七工程有限公司、中交第一航务工程局有限公司等;监理单位为上海华申工程建设监理咨询有限公司、大连港口建设监理咨询有限公司;质检单位为珠海市交通工程质量监督检测站。

广东珠海金湾液化天然气有限公司参与的广东珠海LNG项目接收站取水口工程设计和施工研究,事先在规划的取水口区域内选择矩形区域有选择性地回填;采用单流道单泵室方案;每个海水泵基础均按大流量泵基础设计以便后期更换及安装;采用分节预制、一次下沉的沉井工艺为中国海油LNG项目的首次应用。

单流道单泵室方案在珠海项目应用成功后,该方案在中国海油内部得以推广,海南LNG、深圳LNG和广西LNG等均采用单流道单泵室方案。广东珠海LNG项目一期工程海水取水口泵房为当时我国最大平面尺寸的沉井结构取水泵房。2013年4月,该方案获得"中海石油气电集团有限责任公司科技进步三等奖";2014年4月,该方案获得了"气电集团科技进步三等奖";2014年12月,该方案获得"全国工程建设优秀质量管理小组";2015年12月,该方案获得"中国交建优质工程奖"。

广东珠海LNG项目一期工程码头工程于2014年11月投产后,发挥了优化广东及周边省份能源结构及环境保护的作用,取得了积极的经济社会效益。

(14)荔湾3-1气田总体开发项目配套码头工程

项目于2012年8月开工建设,2014年4月试运行,2014年4月竣工。

项目建设依据:2012年,国家发展和改革委员会《关于荔湾3－1气田总体开发项目核准的批复》(发改能源〔2012〕4024号);2014年8月,交通运输部《关于荔湾3－1气田总体开发项目配套码头工程初步设计的批复》(交水函〔2014〕676号)。2011年,国家海洋局《关于荔湾3－1气田开发工程环境影响报告书核准意见的复函》(国海环字〔2011〕717号);2014年,国家海洋局《关于荔湾3－1气田珠海高栏港陆上终端项目用海的批复》(国海管字〔2014〕120号);2014年,交通运输部《关于荔湾3－1气田总体开发项目配套码头工程使用港口岸线的批复》(交规划函〔2014〕615号)。

项目建设1个3万吨级油船泊位和1个5000吨级LPG船码头泊位(码头水工建筑允许靠泊能力3万吨级),岸线总长452.2米。码头采用引桥式布局,高桩式结构。码头前沿水深13.7米。主要装卸设备配置包括输油臂5台。项目总投资3.44亿元,全部来自企业自筹。

项目建设单位为中海石油深海开发有限公司南海深水天然气开发项目组;设计单位为中海石油研究中心、中交第四航务工程勘察设计院有限公司;施工单位为渤海石油航务建筑工程有限责任公司/舟山市海军工程建设局;监理单位为广东国信工程监理有限公司;质检单位为珠海市交通工程质量监督检测站。

截至2015年,荔湾3－1气田总体开发项目配套码头工程还未正式运营。

(15)珠海港高栏港区南迳湾作业区宝塔公用5万吨级液体化工码头工程

项目于2014年5月开工建设,2018年6月试运行,2018年6月竣工。

项目建设依据:2014年1月,广东省交通运输厅初步设计批复(粤交基〔2014〕86号)。2013年,广东省环保厅环评批复(粤环审〔2013〕55号);2013年,珠海市住房和城乡规划建设局高栏港规划分局用地批复(珠规建高栏港(用地)〔2011〕011号);2014年,珠海市海洋农渔和水务局用海批复(国海证2014C44040001486号);2013年,交通运输部岸线批复(交规划发〔2013〕378号)。

项目建设1个5万吨级液体化工品码头泊位(码头水工建筑允许靠泊能力8万吨级),岸线总长320米。码头采用突堤式布局,高桩式结构。码头前沿水深14.5米。仓库面积20万平方米。项目总投资2.02亿元,全部为企业自筹。

项目建设单位为珠海宝塔石化有限公司码头项目指挥部;设计单位为中交第二航务工程勘察设计院有限公司;施工单位为广东京东海集团有限公司;监理单位为大连港口建设监理咨询有限公司;质检单位为珠海市交通工程质量检测监督站。

2018年6月,南迳湾作业区宝塔石化5万吨级液体公用码头投产后,发挥了石油化工品集散疏运作用,取得了良好经济社会效益。

十、江门港

(一)港口概况

1. 港口综述

江门市位于广东省中南部、珠江三角洲的西南,西江下游,东临中山、珠海,西连阳江、云浮,北接佛山,南临南海。江门市下辖三区四市,分别为蓬江、江海、新会三区和代管的台山、开平、恩平和鹤山4个县级市。江门市所处地理位置十分优越,既面对香港、澳门、广州、深圳、珠海等华南地区最具国际性的金融、信息、商贸、工业及口岸城市群体,又背靠粤西、粤北等资源丰富的经济腹地,是我国对外开放前沿地带,是西江流域以及粤西沿海交通的重要门户。通过崖门、西江、劳龙虎水道可沟通珠三角、港澳地区,经西江而上可联系我国西南地区,往下出南海可与我国沿海地区及东南亚等国家通航。佛开、江鹤、江珠、西部沿海等多条高速公路以及新兴—台山广海铁路更是将江门与珠江三角洲和西南地区紧密地联系在一起。

江门沿海港区包括广海湾、恩平、新会3个港区。广海湾港区主要为江门市沿海临港产业、物资中转和旅游客运服务,以大宗散货和件杂货、液体化工、集装箱运输及旅游客运运输为主。恩平港区为恩平市经济发展服务,逐步发展散货、件杂货运输。新会港区为新会区经济发展、临港产业、西江流域物资中转服务,以集装箱、工业原材料及制成品、矿建材料以及旅游客运的运输为主。

江门内河港区包括主城港区、开平港区、鹤山港区、台山港区。其中,主城港区规划包括外海作业区和江海作业区,主要为城区及周围地区的外向型经济发展、沿江临港产业开发,其主要功能是承担内外贸集装箱和件杂货等运输为主。开平港区,以集装箱、通用货物运输为主,满足开平市区货运码头的搬迁需要,同时能够满足工业东移的发展需要。鹤山港区为鹤山市经济发展及国际物流港运输服务,为沿江工业服务,主要承担集装箱、件杂货、旅客水上运输任务。台山港区台山市北部地区及邻近县(市)的货物运输任务,以外贸集装箱装卸为主,兼顾杂货。

党的十一届三中全会后,江门市地方政府十分重视港口的发展和建设,到20世纪90年代中期,相继建设了西河口作业区、高沙作业区、开平三埠作业区、恩平港作业区等1000吨级以上的码头泊位,特别是1996年建成的天马作业区2个5000吨级多用途泊位,标志着江门港由单一的内河运输功能向沿海运输、内河运输以及江海联运等多功能方向发展。进入21世纪后,招商引资力度逐渐加大,大型企业开始纷纷落户江门,为临港沿江工业服务的大型深水泊位出现,建成国华粤电1个5万吨级泊位、中油星光1个1万吨级泊位;内河以银洲湖和西江为主,建成了南洋船舶、裕大管桩、江门发电厂、外海发电厂等码头泊位。

江门港沿海地区建有台山电厂出海航道和崖门出海航道。台山电厂出海航道北起电厂环抱港池口门,中间横跨三峡口,南至深水海域,航道全长 14.75 千米,底宽 155 米,设计水深 13.5 米。崖门出海航道自崖门大桥下经黄茅海伸至荷包岛北侧,航道全长 41 千米,航道尺度 90 米×7.2 米,全潮通航 5000 吨级海船、乘潮通航 1 万吨级海船。

江门港现有 8 个锚地,分别为潒洲锚地、船舶检验和引水锚地、广海港第二引航锚地、青栏头锚地、大襟锚地、围夹岛危险品作业区,主要供进出港船舶候泊、联检、引航、装卸货物和防台之用。

2. 港口水文气象

江门市濒临南海,属亚热带海洋性季风气候,雨量充沛,温暖湿润,无霜期长。夏季多台风,冬季有寒潮,热带气旋对航运影响较大。其中上、下川岛海域属副热带海洋性季风气候,秋、冬季受大陆气团控制,干燥少雨;春季为季风转换期,雨季较长;夏季高温多雨,常出现强对流天气,暴雨频繁。本区多年平均气温 21.7~22.5 摄氏度,降雨量较丰富,年际变化较大,年内分配不均。风向季节性明显,冬季盛行偏北风,夏季盛行偏南风。本区每年 11 月到翌年 4 月为雾季,以 1—4 月较多,一般出现于夜晚,次日上午消散,也有持续到午后,对船舶安全航行有一定影响。江门市平均相对湿度为 79.6%~81.6%,5 月平均相对湿度较大,11 月相对湿度较小。川岛海域相对湿度较大,平均相对湿度 81.6%。江门市域雷暴多发生在 4—9 月,多年平均雷暴日为 73.3~88.9 天。

因江门市滨江滨海,其境内海域和内陆水文特征存在很大的不同,故分沿海和内陆分别描述水文特征。

(1)沿海部分

川岛海域属不正规半日混合潮型,浅海分潮较为明显,平均潮差在 1.34~1.60 米之间,整个海区潮差是从东往西逐渐增大。在强度较大的台风影响下,可导诱大幅度增水。

江门海区是以涌浪为主的混合浪。常浪向为 SE 向,频率为 55.9%,次常浪向为 ESE 和 S 向,频率分别为 16.5% 和 10.9%。川岛海域潮流多为旋转流,受地形约束的峡口常以往复流为主。上、下川岛之间海域的水流呈南北方向的往复流,向南至开阔水域潮流旋转性较大,广海湾三峡口为东南~西北方向的往复流。

(2)内陆部分

境内主要河流位于珠江三角洲网河区,河道水位既受径流影响,又受南海潮汐影响。南海潮汐属不规则半日潮,日潮不等现象显著;主要河道的潮流界、潮区界随洪、枯季节及径流、潮流的大小而变化。一般每年 11 月至次年 3 月为枯水期,主要水道以潮流动力为主;4—10 月为汛期,在此期间,潮流界在本区徘徊移动,区内上游河段当有洪水过境时,以径流控制为主,但感潮现象显著。

珠江流域年径流量为 3260 亿立方米,总输沙量 7098 万吨,分由八大口门入海。江门境内主要河流位于珠江三角洲西部,承泄来自西江和潭江的水沙,由崖门、虎跳门入海。崖门多年平均入海径流量 196 亿立方米,占珠江流域入海总径流量的 6.0%,入海沙量363 万吨;虎跳门多年平均入海径流量为 202 亿立方米,入海沙量为 509 万吨。径流量年际变化较大,年内分配不均匀。银洲湖黄冲站径流量丰枯比约为 2.7,汛期 4—9 月径流量约占年径流量的 67%。

3. 发展成就

至 2015 年,江门市已领取港口经营许可证的港口经营企业共 129 家,其中从事危险货物港口作业资质的 33 家。全市共有生产经营性泊位 307 个(其中 3 个万吨级泊位),泊位总延长 18573 米,年通过能力散杂货 4159.7 万吨、集装箱 168 万 TEU 和旅客 232 万人次。2015 年江门市完成港口货物吞吐量 7524.62 万吨,完成集装箱吞吐量 108.79万 TEU。

江门港港区分布图如图 8-9-9 所示。

江门港基本情况见表 8-9-10。

(二)新会港区

1. 港区综述

(1)港区建设和运营概况

新会港区包括潭江下游、西江下游以及潭江与西江支流汇合银洲湖水道上的码头作业区。新会港区现状主要有西河口作业区和天马作业区,西河口作业区受陆域条件限制,基本无发展空间;天马作业区现状建有 2 个 5000 吨级多用途泊位,水陆域条件好,具有很大的发展空间,为大型深水货运区。另外,还分布有大鳌、睦州、沙堆等码头以及双水发电厂煤码头、外贸码头、南洋船舶码头、裕大管桩码头等。港区货类以钢铁、煤炭、集装箱、粮食、非金属矿石等为大宗,进出地为珠江三角洲、香港及我国沿海港口。新会港区包括西河口作业区、天马作业区、双水作业区、崖门作业区、三江作业区、古井第一作业区、古井第二作业区。

(2)港区地理条件和集疏运概况

新会港区南临南海,潭江出海口银洲湖水道河面宽阔,水深潮平,具有通航万吨级海船的水域条件,发展江海联运条件十分优越。

新会港所处的中心水域银洲湖南北长 35.1 千米,宽 1.5～2 千米,天然水深 8～15 米,近百年基本无淤积。银洲湖总面积 65 平方千米,经国务院批准成为新会港口岸扩大开放的水域。湖区与西江和潭江两大水系相连,沿潭江而上可达台山、开平、恩平等市与粤西地区沟通,经劳龙虎水道或虎跳门水道溯西江而上,可达肇庆、广西梧州、贵港等;其出海航道是珠江八大出海口中除虎门外最为优越的崖门航道。崖门口出海航道首期整治工程于 1995 年完成,开挖出水深 6 米、宽 80 米、长 38 千米的航道槽,3000 吨级海船全潮、5000 吨级海船可乘潮进港。随着该航道第二期的进一步浚深,万吨级海船可乘潮进港。

图 8-9-9　江门港港区分布图

表 8-9-10

江门港基本情况表（沿海）

序号	港区名称	港口岸线		2015年港口生产用泊位				其中:1978—2015年建成的生产用泊位				2015年港口货物和旅客吞吐量						
		港口规划岸线	其中:2015年前已建成岸线	生产用泊位数	其中:万吨级及以上	生产用泊位总长	其中:万吨级及以上	生产用泊位数	其中:万吨级及以上	生产用泊位总长	其中:万吨级及以上	货物吞吐量	其中:外贸货物吞吐量	集装箱	滚装车辆 数量	滚装车辆 质量	旅客	其中:国际航线旅客
		千米	千米	个	个	米	米	个	个	米	米	万吨	万吨	万TEU	万辆	万吨	万人	万人
1	鹤山港区	4.6	3.1	22	0	1481	0	22	0	1481	0	1085.16	82.00	8.52	—	—	6.82	6.82
2	开平港区	8.8	0.1	35	0	1602	0	35	0	1602	0	985.19	72.57	11.64	—	—	—	—
3	主城港区	10.96	2.16	93	0	4872	0	93	0	4872	0	1630.54	246.91	44.83	—	—	15.39	15.39
4	台山港区	6.8	0.2	15	0	1159	0	15	0	1159	0	228.06	58.63	14.58	—	—	—	—
5	新会港区	81.42	11.86	130	1	7796	161	130	1	7796	161	2823.57	121.83	29.22	—	—	—	—
6	广海湾港区	76.91	6.2	8	2	1246	580	8	2	1246	580	760.67	—	—	—	—	—	—
7	恩平港区	2.0	0.4	4	0	405	0	4	0	405	0	11.42	0	—	—	—	—	—
	合计	191.49	24.02	307	3	18561	741	307	3	18561	741	7564.61	581.94	108.79	—	—	22.21	22.21

新会港交通十分方便,陆路东靠 S270 金门公路、西连 S271 省道南门公路,南接广东西部沿海高速公路,北通佛开高速公路;水路通过潭江、西江两大水系分别与珠江三角洲西部和西江流域相连,沿潭江而上可抵台山、开平、恩平等市与粤西地区衔接,经劳龙虎水道或虎跳门水道溯西江而上,直通往肇庆、广西梧州、贵港等地,航道深入内陆,水上转驳便捷,陆上集疏条件具备。

2.港区工程项目

(1)新会港二期工程项目

项目于 2007 年 3 月开工,2015 年 3 月试运行,2018 年 7 月竣工。

项目建设依据:2003 年 10 月,广东省发展计划委员会《关于江门新会港二期工程可行性研究报告的批复》(粤计基〔2003〕1004 号);2005 年 2 月,广东省交通厅《关于新会港二期工程 10000 吨级泊位初步设计的批复》(粤交基〔2005〕93 号)。2015 年 2 月,江门海事局《关于新会港二期码头通航安全核查意见的函》(粤江海事函〔2015〕20 号)。

项目建设 2 个 1 万吨级多用途码头泊位(码头水工建筑允许靠泊能力 3 万吨级),岸线总长 355 米。码头采用顺岸式布局,高桩梁板式结构。码头前沿水深 8.9 米。项目后方堆场面积 2080.5 平方米。仓库面积 11760 平方米。主要装卸设备配置包括 2 台 40 吨门座式重机(SMQG40-36-A7)。总投资 2.43 亿元,资金来源于政府、企业、银行、外资。项目陆域用地面积 27.1 万平方米,用海面积 11.36 公顷。

建设单位为广东新会港国际货运码头有限公司;工程可行性设计单位为中交第四航务工程勘察设计院;初步设计单位为中铁建港航局集团勘察设计院有限公司,广东省航道勘测设计研究院有限公司;施工单位为中铁港航局集团有限公司;监理单位为广州华申建设工程管理有限公司;质监单位为江门市交通运输工程质量监督站。

(2)江门港新会港区天马作业区良发粮食码头工程

项目于 2013 年 8 月开工,2015 年 11 月试运行,2017 年 1 月竣工。

项目建设依据:2011 年 6 月,江门市发展和改革局《关于江门港新会港区天马作业区良发粮食码头项目核准的批复》(江发改交能〔2011〕389 号)。2012 年 6 月,江门市交通运输局《关于江门港新会港区天马作业区良发粮食码头工程初步设计的批复》(江交规建〔2012〕207 号)。2010 年 12 月,江门市环境保护局《关于江门港新会港区天马作业区良发粮食码头工程环境影响报告书的批复》(江环审〔2010〕126 号);2008 年 12 月,江门市国土资源局《江门市新会区建设项目用地预审意见书》(江国土资新(预审)函 20080038 号);2009 年 2 月,新会区海洋与渔业局《关于同意良发贸易仓储有限公司使用海域兴建码头的复函》(新海渔函〔2009〕02 号);2010 年 9 月,交通运输部《关于江门港新会港区天马作业区良发粮食码头工程使用港口岸线的批复》(交规划发〔2010〕528 号)。

项目建设 1 个 1 万吨级粮食码头泊位,码头设计靠泊能力 1 万吨级。岸线总长

190米,项目总年设计通过能力为100万吨。码头采用顺岸式布局,高桩梁板式结构。码头前沿水深10.6米。项目后方堆场面积6199.2平方米。仓库面积20367.67平方米。主要装卸设备配置包括1台MG1645起重机、1台MQ5038起重机。项目总投资10050.37万元(其中建安费8563.22万元),资金来源企业自筹及银行贷款。项目用地23709万平方米,用海1.30公顷。

建设单位为江门市新会良发贸易仓储有限公司;工程可行性设计单位为中交第四航务工程勘察设计院;设计单位为中铁建港航局集团勘察设计院有限公司(原广东省 综合交通勘察设计院有限公司);施工单位为广东航达工程有限公司;监理单位为广州粤科工程建设监理咨询有限公司;质监单位为江门市交通运输工程质量监督站。

(3)江门市亨源石油化工有限公司油气码头扩建工程

项目于2011年8月开工,2012年7月竣工。

项目建设依据:2010年11月,交通运输部《关于江门港新会港区古井第二作业区亨源油气化工码头扩建工程使用港口岸线的批复》(交规划法〔2010〕628号);2011年,广东省发展和改革委员会《关于江门港新会港区古井第二作业区亨源油气化工码头扩建工程项目核准的批复》(粤发改交通〔2011〕812号);2010年,广东省航道局《关于同意在崖门水道古井河段左岸水域扩建码头的函》(粤航道函〔2010〕41号);2010年,江门市国土资源局《关于江门港新会港区古井第二作业区亨源油气化工码头扩建工程用地意见的复函》(江国土资(规保)函字〔2010〕708号)。

项目建设1个1万吨级和1个1000吨级的液体化工泊位(码头设计靠泊能力1万吨级),岸线总长161米。码头采用带引的顺岸式布局,高桩梁板式结构。码头前沿水深10.05米。主要装卸设备配置管道。项目总投资2300万元,资金来源企业、银行贷款。项目陆域用地面积2.34万平方米,用海面积9.05公顷。

建设单位为江门市亨源石油化工有限公司;工程可行性设计单位为广东正方圆工程咨询有限公司;设计单位为中交四航局港湾工程设计院有限公司;施工单位为广州航达工程有限公司;监理单位为上海海达工程建设咨询有限公司;质监单位为江门市交通运输工程质量监督站。

(三)广海湾港区

1.港区综述

(1)港区建设和运营概况

广海湾港区包括分布在台山市南端广海湾和上下川岛的码头泊位。港区内原广海作业区位于广海湾内烽火角水闸下游,建有3个泊位,1988年建成投入使用,设计吞吐量为20万人次和30万吨,最大靠泊1000吨级船舶,但因多年周边围垦造地、海洋养殖、淤泥沉积等,导致航道淤积严重,加上码头破旧严重,码头已停用。广海鱼塘作业区水域面积广,交通畅顺,已初步建成 2 个 5000 吨级泊位,设计吞吐能力 75 万吨,其中集装箱 3.8 万TEU。位于铜鼓湾的台山电厂专用煤码头,设计最大靠泊能力为 5 万吨,吞吐能力1000 万吨,首期泊位已随电厂投入使用,主要从北方主要煤港进煤发电。另外,拥有 3 个陆岛交通客运码头,共 12 个 300 吨级泊位,连接台山市上下川岛与大陆。

(2)港区地理条件和集疏运概况

广海湾港区位于台山市南端,濒临南海,包括广海湾和上下川岛码头泊位。川岛及广海湾为基岩港湾海岸,沿岸以花岗岩组成的丘陵地貌为主,间有小型海积平原,除湾顶区外,岸滩不发育,有岩滩、沙滩和沙泥滩。0 ~ −5 米间水下岸坡平缓,底质以粉砂质黏土为主,局部有浮泥。本区位于珠江口西侧,南临南海,潮流和波浪是主要动力因素。受珠江来沙影响,海域长期处于淤积状态,在小型平原和港湾隐蔽段,沙泥质潮滩也较发育,前者属粉砂淤泥质平原海岸,后者属浅滩型基岩海岸。

广海湾港区后方路网密集,东西向疏港主要依托西部沿海高速公路及 365 省道,南北疏港方向有 273 省道、274 省道及新台高速公路,通过这几条疏港通道,连接后方佛开、开阳、江鹤、江中等高速公路,形成纵横交错的港区后方集疏运系统,可方便进出广州、珠海、深圳及以远地区。在航道方面,上下川岛航道总里程 35 千米,是连接台山市上下川岛与大陆的沿海航道,航道维护水深 2.0 米。台山电厂进出港专用航道北起电厂环抱港池口门,中间横跨三峡口,南至深水海域,航道全长 14.75 千米,底宽 155 米,设计水深13.5米。

2.港区工程项目

台山电厂煤码头工程项目

项目于 2007 年 10 月开工,2009 年 5 月试运行,2018 年 5 月竣工。

项目建设依据:2012 年 10 月,交通运输部工程可行性批复(交函规划〔2012〕265〕;2012 年 12 月,国家发展和改革委员会《关于广东国华粤电台山电厂 6、7 号机组"上大压小"扩建工程项目核准的批复》(发改能源〔2012〕4112 号)同意核准项目,码头工程为其中配套建设内容;2015 年 12 月,交通运输部《交通运输部关于广东国华粤电台山电厂 6、7 号机组"上大压小"扩建工程配套码头工程初步设计的批复》(交水函〔2015〕921 号)。2014 年 9 月,环境保护部出具项目竣工环境保护验收合格意见(环验〔2014〕178 号);2010 年 6 月,国家海洋局(国海管字〔2012〕307 号)。

项目建设 1 个 1 万吨级煤炭散货泊位(码头水工建筑允许靠泊能力 10 万吨级),岸线总长 285 米。码头采用顺岸式布局,高桩梁板式结构。码头前沿水深 7.6 米。主要装卸设备配置包括 2 台桥式抓斗卸船机(1 台 1500 吨/小时、1 台 1750 吨/小时),水平运输采用 3 路带式输送机(带宽 1.8 米,3000 ~ 3600 吨/小时)。项目总投资 1.47 亿元,资金来源为企业投资。

建设单位为广东国华粤电台山发电有限公司;设计单位为中交第四航务工程勘察设计院有限公司、中国能源建设集团广东省电力设计研究院有限公司;施工单位为中交第三航务工程局有限公司、中供能源建设集团东北电业管理局第一工程公司;监理单位为中交二航院工程咨询监理有限公司、上海电力监理咨询有限公司;质监单位为江门市交通运输工程质量监督站。

(四)主城港区

1. 港区综述

(1)港区建设概况和运营情况

主城港区现有泊位数70个,其中千吨级泊位43个,最大可靠泊3000吨级船舶。主要有高沙作业区、外海外贸码头、甘化厂码头、港澳客运码头、江门市发电厂燃油码头等。高沙作业区、外海外贸码头主要以集装箱及外贸货运输为主,目前已经饱和,已无继续发展的空间。其余码头基本为企业专用码头。作业区主要货类为集装箱、石油制品、煤炭、化工原料、轻工医药品、建材、杂货等,进出地为珠江三角洲地区、港澳及沿海各港口。

(2)港区地理条件及集疏运情况

主城港区位于珠江水系干流西江下游。江门已初步形成以公路、沿海港口和内河水运等运输方式为主的现代化交通运输体系。公路有佛开高速公路、西部沿海高速公路、江珠高速公路、新台高速公路、325国道贯穿江门全境,众多的省道及县乡道路沟通了江门市各个区域为港口发展提供了良好的集疏运通道。内河航道主要有西江、潭江、劳龙虎等水道,可常年通航1000吨级以上船舶,向西可直达南宁,向东可至珠江三角洲及香港、澳门等地区。

2. 港口工程项目

信义玻璃码头工程

项目于2009年10月开工,2010年6月竣工。

项目建设3000吨级码头泊位1个,引桥1座及皮带廊道支墩7个。码头长138米,宽25米,高桩梁板式结构。项目总投资为1859.1万元,企业自筹。

项目建设单位为信义环保特种玻璃(江门)有限公司;施工单位为广州航达工程有限公司;监理单位为广州正方圆工程咨询有限公司;监督单位为江门市交通工程质量监督站。

(五)鹤山港区

1. 港区综述

(1)港区建设概况和运营情况

港区主要分布有鹤山口岸客货运码头、东坡面粉厂码头、造纸厂码头、近年新建的南方实业公司油码头等,货物进出主要有粮食、煤炭、石油、集装箱等,流向珠江三角洲地区、港澳和沿海各港。鹤山口岸客货运码头是鹤山港区中综合通过能力较大、功能设备较齐备的公共港口,属国家一类对外开放港口。现有货运泊位 3 个,客运泊位 1 个。

（2）港区地理条件及集疏运情况

鹤山港区位于江门市北部前沿、西江下游右岸。港口集疏运较为便捷,公路有佛开高速公路、西部沿海高速公路、江珠高速公路、新台高速公路、325 国道贯穿江门全境,众多的省道及县乡道路沟通了江门市各个区域为港口发展提供了良好的集疏运通道。内河航道主要有西江、潭江、劳龙虎等水道,可常年通航 1000 吨级以上船舶,向西可直达南宁,向东可至珠江三角洲及香港、澳门等地区。

2.港口工程项目

鹤山港扩建工程

项目于 1998 年 3 月开工,1999 年 5 月竣工。

1990 年,广东省计划委员会对鹤港货运合营有限公司工程予以批复（粤计交〔1990〕384 号）。

项目建设 3000 吨级泊位 1 个,码头及起重机 1902 平方米,仓库 937 平方米,办公室、宿舍 3973 平方米,堆场 2000 平方米等设施。本合资项目总投资金额为 1400 万元,企业自筹。

项目建设单位为鹤山市鹤港货运合营有限公司;设计单位为珠江航运规划设计室;施工单位为广东省航务工程总公司。

（六）开平港区

1.港区综述

（1）港区建设概况和运营情况

开平港区现有泊位 26 个,其中千吨级以上泊位 6 个。开平港区主要码头有三埠客货运合营公司码头、粮油食品进出口公司码头、一运集团公司码头等,其余为企业货主码头。完成主要货物为钢铁、集装箱、化工原料、煤炭、机械设备等,流向珠江三角洲及港澳地区。三埠客货运合营公司码头是开平港区中综合通过能力和靠泊能力最大的公共作业区,现建有泊位 6 个,包括多用途杂货泊位、集装箱泊位各 1 个,客运泊位 4 个,最大靠泊能力 1000 吨级。作业区所处位置靠近城市中心,作业区没有继续发展的空间。

（2）港区地理条件及集疏运情况

开平港区位于潭江中上游。港口集疏运较为便捷,公路有佛开高速公路、西部沿海高速公路、江珠高速公路、新台高速公路、325 国道贯穿江门全境,众多的省道及县乡道路沟通了江门市各个区域为港口发展提供了良好的集疏运通道。内河航道主要有西江、潭江、劳龙虎等水道,可常年通航 1000 吨级以上船舶,向西可直达南宁,向东可至珠江三角洲及香港、澳门等地区。

2. 港口工程项目

三埠港货运码头

三埠港口岸是三埠港货运码头装卸点和三埠港客运码头总称,三埠港货运码头装卸点(又称三埠港货运口岸)于 1985 年 5 月建成启用,是目前江门市唯一正常运作的二类口岸。

项目于 1997 年 8 月开工,1998 年 1 月竣工。

项目建设依据:1998 年 12 月,广东省人民政府口岸办公室《关于同意开平市三埠港货运码头作为进出口货物装卸点的批复》(粤府口函〔1998〕126 号)。

项目建设 2 个 1000 吨级集装箱货运泊位,泊位总长度为 206 米,年设计吞吐能力为集装箱 8 万 TEU,总货物吞吐量 200 万吨。项目投资 310 万元,政府投资。

项目建设单位为三埠港客货运输合营有限公司;施工单位为广东省开平市土木工程集团公司。

2013 年 1 月 30 日,开平市交通运输局《关于江门港开平港区三埠港 3#码头施工图设计的批复》(开交字〔2013〕18 号)批准 3 号码头维修加固工程建设的项目。

工程在原址建设 1000 吨级多用途集装箱船泊位,改造的码头港口岸线长度为 50 米,码头前作业平台宽 15 米,后作业平台宽 14 米,采用高桩梁板式结构,工程投资 694 万元。码头加固工程升级改造后,年集装箱吞吐能力 10 万 TEU,货物吞吐量可达 250 万吨。港区东边是海关监管货运场区和转关车查验场,面积约 3.2 万平方米,岸线 305 米,包含 1000 吨级泊位 2 个,综合联检楼、海关报关报检大厅、监管仓库、监管地磅、查检台和货柜堆场及智能卡口等。西边原为客运功能区,现为作业区,包含 1000 吨级泊位 2 个,面积约 2.15 万平方米,岸线 232 米。

(七)台山港区

港区综述

(1)港区建设概况和运营情况

现有 1000 吨级泊位 4 个,货类主要为集装箱、钢铁、有色金属等,进出地多为港澳地区。

(2)港区地理条件及集疏运情况

台山港区主要是指建在台山市北面潭江公益大桥下游的公益港。港口集疏运较为便捷,公路有佛开高速公路、西部沿海高速公路、江珠高速公路、新台高速公路、325 国道贯穿江门全境,众多的省道及县乡道路沟通了江门市各个区域为港口发展提供了良好的集疏运通道。内河航道主要有西江、潭江、劳龙虎等水道,可常年通航 1000 吨级以上船舶,向西可直达南宁,向东可至珠江三角洲及香港、澳门等地区。

十一、阳江港

(一)港口概况

1. 港口综述

阳江港位于广东省西南沿海,紧邻珠三角,毗邻港澳,处于珠三角经济发达区和粤西经济发展区之间,具有承东启西的经济和地理双重优势。

阳江港分为海陵湾港区、青湾仔港区。其中海陵湾港区包括吉树作业区、丰头作业区以及闸坡作业点。吉树作业区以煤炭、矿石、粮食、石油及其制品等大宗散杂货运输为主、集装箱运输为辅;丰头作业区以散杂货及集装箱运输的临港工业基地为主,兼顾大型海洋重工开发功能;闸坡作业点规划开发邮轮及港澳客运港区。青湾仔港区规划为大宗煤炭和重件运输。

1988 年,阳江建市。建市前只有石觉头、北津 2 个靠泊 300 吨以下小船的货运小码头。1988 年 10 月,闸坡蝴蝶洲 3500 吨汽油泊位投入使用。1992 年,吉树作业区建成 1 万吨级通用泊位 2 个,1995 年又建成 2 万吨级和 1000 吨级汽油泊位各 1 个。截至 2015 年,已建成 12 个码头泊位,建设中的码头泊位 10 个,推进前期工作的码头泊位 8 个。

阳江港 5 万吨级航道从阳江港湾口引航检疫锚地至阳江港 5 万吨级通用码头港池与航道交点,全长约 18.74 千米,底宽 150 ~ 180 米,航道底高程为 – 12 米。

阳江市水域范围共有锚地 12 处。海陵湾水域引航检疫锚地设在马尾洲西南方,水深在 15.8 ~ 18 米;危险品专用锚地设在引航检疫锚地西面,水深 16.8 ~ 18 米。

阳江港作为广东沿海的地区性重要港口,是阳江市承接珠三角产业转移、临港产业发展和新型城镇化发展的基础依托,是积极参与珠江西岸先进装备制造产业带和湛茂阳沿海经济带建设的重要支撑。

2. 港口水文气象

阳江港处于低纬度地带,属南亚热带海洋气候,温湿多雨。极端最高气温 36.20 摄氏度,极端最低气温 1.50 摄氏度,年平均气温 22.70 摄氏度。该地区降水比较丰富,但年内分配不均,夏多冬少相当突出,年平均降水为 1721.8 毫米,年最大降水量为 3030.5 毫米,年最小降水量为 977.8 毫米,年平均降水日数为 131.3 天。港区常风向为 NE 向,频率为

20.3%,其次为 ESE 向,频率为 14.3%,最少为 WNW 向,频率为 0.3%;强风向为 ENE 向,最大风速 28 米/秒,其次为 NNW 向,风速为 27 米/秒。全年平均雾日为 9 天,全年雾日主要集中在 1~4 月。无冰冻史。

港口海域潮汐为不规则型半日潮,即每一太阳日有两次涨潮、两次落潮,一个潮高、一个潮低。每月两次大潮中,一次较大,一次较小。潮差自湾口(闸坡站)至吉树(港址)有递增的趋势,但数值很小,平均潮差 1.56 米。港口海域潮流属不规则半日混合潮流。其特征为往复流,流速的量值随潮汐的变幅而变化。单宽输水状况表明,落潮流输水量稍大于涨潮输水量,最大落潮流速大于最大涨潮流速,但平均落潮流速小于平均涨潮流速。

3.发展成就

1989 年 12 月,阳江港建设工程破土动工,1992 年 12 月建成 2 个万吨级通用码头及其配套设施。截至 2015 年,阳江港已建成码头泊位 12 个,其中万吨级以上泊位数 9 个;2015 年完成货物吞吐量 2139 万吨,形成了以煤炭及制品和金属矿石为主要种类的货物吞吐结构。

阳江港港区分布图如图 8-9-10 所示。阳江港基本情况统计表见表 8-9-11。

(二)海陵湾港区

1.港区综述

(1)港区建设和运营概况

港区有吉树作业区、闸坡作业点。其中油气泊位 3 个。1988 年 10 月,位于闸坡作业点的 3000 吨级汽油泊位开始投入使用,长 154 米,设计年吞吐能力 59 万吨。

1992 年建成 2 个 1 万吨级通用码头泊位。截至 2015 年,港区已形成码头岸线 2381 米,共有各类生产性泊位 10 个,其中油气泊位 3 个。

(2)港区地理条件和集疏运概况

阳江市地处珠江三角洲经济发达区以及粤西经济发展区之间,同时阳江港也位于这两大港口集群之间,具备成为珠三角通向粤西的交通枢纽、广东省产业转移向粤西推进的转承点的有利条件。港区 5 万吨级航道从阳江港湾口引航检疫锚地至阳江港 5 万吨级通用码头港池与航道交点,全长约 18.74 千米,底宽 150~180 米,航道底高程为 -12 米。港区天气平稳,海域受外海影响小,对港区的发展比较有利。

阳江港 40 米的港前公路为港口各功能区主要联系通道,该通道通过站港一级公路与 325 国道、广湛高速公路、西部沿海高速公路以及区内其他主要省道连通,构成了畅通的交通运输网络,满足港口集疏运的要求。截至 2015 年,有现状铁路 3 条、在建铁路 1 条。

阳阳铁路为粤西地区的燃煤火力发电厂的煤炭运输提供了一条更可靠、快捷和便宜海铁联运的通道,而且通过罗定线等地方铁路与广西的黎湛铁路接轨,实现了与大西南的连接,为大西南货物的进口与出运提供另外的选择。

图 8-9-10　阳江港港区分布图

2.港区工程项目

(1)阳江 3 万吨级粮食码头

项目于 2003 年 5 月开工,2004 年 7 月试运行,2010 年 6 月竣工。

项目建设依据:2003 年 1 月,广东省发展计划局《关于阳江港 3 万吨级粮食专用码头可行性研究报告》(粤计基〔2003〕103 号);2004 年 4 月,广东省交通厅《阳江 3 万吨级粮食码头工程初步设计》(粤交基〔2004〕166 号)。2004 年 12 月,广东海事局《关于阳江港

表 8-9-11

阳江港基本情况表

序号	港区名称	港口岸线		2015年港口生产用泊位				其中:1978—2015年建成的生产用泊位				2015年港口货物和旅客吞吐量						
		港口规划岸线	其中:2015年前已建成岸线	生产用泊位数	其中:万吨级及以上	生产用泊位总长	其中:万吨级及以上	生产用泊位数	其中:万吨级及以上	生产用泊位总长	其中:万吨级及以上	货物吞吐量	其中:外贸货物吞吐量	集装箱	滚装车辆		旅客	其中:国际航线旅客
															数量	质量		
		千米	千米	个	个	米	米	个	个	米	米	万吨	万吨	万TEU	万辆	万吨	万人	万人
1	海陵湾港区	26.3	2.38	10	8	2081	1827	18	8	2253	1827	1702.13	1703	0.4	0	0	0	0
2	菁湾仔港区	0.82	0.45	2	1	458	315	2	1	458	315	436.86	6.21	0	0	0	0	0
	合计	27.12	2.83	12	9	2539	2142	20	9	2711	2142	2138.99	1709.21	0.4	0	0	0	0

粮食码头投入使用的批复》(粤海事通〔2004〕605 号);2006 年 9 月,广东省交通厅《关于阳江港粮食码头靠泊能力的批复》(粤交港〔2006〕843 号)。2006 年 11 月,阳江市对外贸易经济合作局《关于设立合资公司阳江良港码头有限公司的批复》(阳市外资〔2006〕40号);2009 年 2 月,交通水运安全评审中心《关于阳江市保丰码头有限公司 3 万吨级粮食专用码头项目安全验收评价报告》通过备案审核的函(交水安评审核函〔2009〕014 号);2009 年 3 月,阳江市安全生产监督管理局《关于阳江市保丰码头有限公司 3 万吨级粮食专用码头项目安全验收评价报告备案的函》(阳安监函〔2009〕12 号);2010 年 6 月 8 日,广东省交通运输厅《港口工程竣工验收证书》(2010001 号);2007 年 3 月,阳江市港航局《关于同意阳江良港码头有限公司从事港口经营业务的批复》,同时,核发港口经营许可证(阳港航〔2007〕8 号)。2009 年 2 月,广东省环境保护局《关于阳江港 3 万吨级粮食专用码头项目竣工环境保护验收意见的函》(粤环审〔2009〕62 号);2008 年 7 月,交通运输部《关于变更阳江港 10 号泊位岸线使用人的批复》(交规划发〔2008〕217 号);2006 年 12月,交通部《关于阳江港 10 号泊位工程使用港口岸线的批复》(交规划发〔2006〕711 号)。

项目建设 3 万吨级粮食码头专用泊位 1 个,码头岸线 230 米,设计吞吐能力 180 万吨。港区占地面积约 1.7 万平方米,码头结构采用重力式结构。项目为粮食专用码头,主要运输大豆等粮食。项目工程包括水域和陆域工程两部分,水域工程包括码头、泊位、护岸工程、港池疏浚,陆域工程包括陆域吹填、皮带机栈桥等。项目采用全自动封闭装卸和气垫式输送工艺;港池施工采用环境影响较小的绞吸式挖泥船,疏浚泥土全部吹填形成码头陆域,吹填区设置了围堰。还包括计算机管理、供电照明、消防、通信、给排水、土建工程等配套工程设施。码头为南北向布置,设计高水位 3.39 米,设计低水位 0.51 米。码头前沿顶高程为 4.7 米,3 万吨级码头前沿停泊水域底高程为 -13.6 米(满足 5 万吨级船舶靠泊要求),港池、回旋水域底与航道底高程为 -12.2 米,港内航道宽 120 米。外航道为公用航道,宽 150 米,设计底高程为 -12.3 米。码头主要为陆域后方加工能力为 3700 吨/天的大豆压榨厂配套使用,主要装卸散装粮食,安装的散粮接收系统主要由接粮斗、皮带机、提升机、散粮秤组成,实际散粮接收能力达到近 3 万吨/天。配套的仓储设施主要有占地面积 1.2 万平方米、设计仓储能力 8 万吨的平房仓 1 座,1.5 万吨立筒仓 5 座,总仓储能力达到 15.5 万吨。总投资概算 1.01 亿元,资金全部由业主自行筹措。

建设单位为阳江市保丰码头有限公司;设计单位为中交第四航务工程勘察设计院;施工单位为中国水产广州建港工程公司;监理单位为广东南港水运工程监理所;质监单位为阳江市安全生产监督管理局。

良港码头以散粮装卸作业为主,码头在拓展主营业务的同时,努力发展绿色环保类货物的装卸业务,为周边临港企业提供原材料、产品中转服务,综合年吞吐能力约 300 万吨。良港码头地理位置优越,集装卸、仓储、水路、公路、铁路运输于一体,水路接香港、海口、广州,陆路连接开阳高速公路、西部沿海高速公路、广湛高速公路、云阳高速公路及 325 国道,铁路有三茂铁路阳春—阳江港段。

(2)阳江港 8 号通用泊位工程

项目于 2006 年 4 月开工,2008 年 3 月试运行,2009 年 10 月竣工。

项目建设依据:2005 年 8 月,广东省交通厅《阳江港 8#泊位通用工程初步设计》;2006 年,广东省交通厅《关于阳江港 8#泊位调整建设规模审查意见的函》(粤交规函〔2006〕612 号);2006 年,广东省发展和改革委员会《关于调整阳江港 8#泊位建设规模的复函》(粤发改交函〔2006〕2561 号);2006 年,广东发展和改革委员会《关于阳江港 8#泊位调整建设规模有关问题的复函》(粤发改交函〔2006〕1907 号);2001 年,广东省发展计划委员会《关于阳江港多用途码头工程可行性研究报告的批复》(粤计基〔2001〕1151 号)。2006 年,广东省环境保护局《关于阳江港 8#泊位及其铁路专用线工程环境影响报告书审批意见函》(粤环函〔2006〕1275);2006 年,广东省水利厅《关于批准阳江港 8#通用泊位及其铁路专用线工程水土保持方案的函》(粤水农〔2006〕78 号);2008 年,交通部《关于阳江港 8 号通用泊位工程使用港口岸线的批复》(交规划〔2008〕91 号)。

项目新建 5 万吨级 8 号泊位通用泊位 1 个,码头岸线 303 米,港池、支航道按 5 万吨级设计,一期吞吐量为 195 万吨,二期吞吐量为 400 万吨。码头结构为沉箱重力式码头,码头泊位总长度 303 米,码头面顶高程 +4.85 米,码头底高程 -13.85 米;码头前沿停泊水域(港池)宽度 65 米,底高程 -13.85 米;回旋水域直径 450 米,底高程 -12.4 米;进港支航道长 1500 米,有效宽度 150 米,底宽 146 米,底高程 -12.4 米;主要装卸设备配置 4 台 25 吨门座式起重机、2 台斗轮式堆取料机及皮带系统等;配套 8 号通用泊位铁路专用线于长 1528 米;其他主要配套设施:堆场、道路、配电房等。项目总投资 3.19 亿元,其中 9650 万元由广东阳江港港务股份有限公司安排自有资金投入,其余 22250 万元使用国内贷款解决。项目港池用海面积 5.10 公顷。

阳江港 8 号通用泊位是阳江市重点工程,它的建设带动和促进了阳江港口发展,解决阳江港接卸力不足问题,实现海港—铁路联运,极大提高了货物疏港效率。

建设单位为广东阳江港港务股份有限公司;设计单位为中交第四航务工程勘察设计院有限公司;施工单位为中交第四航务工程局有限公司;监理单位为江苏科兴工程建设监理有限公司;质监单位为阳江市交通工程质量监督站。

(3)广东华厦阳西电厂新建工程配套码头项目

项目于 2006 年 11 月开工,2013 年 8 月试运行,2014 年 9 月竣工。

项目建设依据:2004 年,中交第四航务工程勘察设计院《广东阳西火力发电厂配套码头工程工程可行性研究报告》,并于 2005 年通过评审;2009 年,交通运输部《广东华厦阳西电厂配套码头工程初步设计》(交水发〔2009〕663 号)。2005 年 9 月,国家环境保护总局《广东华厦阳西电厂环境影响报告书》(环审〔2005〕738号);2006年6月,阳西县人民政府土地使用证(西府国用〔2006〕第0275号);2010年3月,国家海洋局《关于华厦一期工程用海方案调整的批复》(国海管字〔2010〕129号);2005年7月,广东省交通厅《关于广东华厦阳西电厂配套码头工程建设使用岸线的复函》(粤交规函〔2005〕1013号)。

项目建设1个7万吨级煤炭码头泊位(水工结构按靠泊15万吨级散货船舶设计)和1个3000吨级重件码头泊位(水工结构容许靠泊能力3000吨级)。港口岸线315米,泊位1个;重件码头港口岸线143米,泊位1个。卸煤泊位采用与防波堤合并布置的单突堤布置形式,由煤码头、防波堤及引堤组成,码头采用重力式沉箱结构,卸煤泊位外侧防波堤为斜坡堤结构,引堤采用斜坡堤结构;重件码头顺岸布置,采用重力式沉箱结构。煤码头前沿设计底高程为-15.8米(85高程,下同),重件码头前沿设计底高程为-7.8米。码头为电厂配套项目,面积9.9万平方米、堆存容量36.5万吨。主要装卸设备配置为卸煤码头前沿采用2台1600吨/小时桥式抓斗卸船机进行卸煤,水平运输通过建设2条3200吨/小时的皮带机输送到煤场转运站。项目总投资7.03亿元,由企业自筹资金。工程为新建项目,配套码头不占用用地及自然岸线,采用填海造地,总用海面积为70.88公顷,其中码头非透水用海6.13公顷。

建设单位为阳西海滨电力发展有限公司;设计单位为中交天津港湾工程设计院有限公司;施工单位为中交第三航务工程局有限公司、中铁港航局集团有限公司(原广东中海建设集团有限公司)、中国铁建港航局集团有限公司(原广东航盛建设集团有限公司);监理单位为广州港工程管理有限公司(原广州港水运工程监理公司);质监单位为阳江市交通工程质量监督站。

十二、茂名港

(一)港口概况

1.港口综述

茂名港位于广东省茂名市区东南水东湾、博贺湾及北山岭,陆路至广州380千米、湛江100千米;茂名港水路东距香港178海里、广州246海里,西距湛江68海里、海口134海里,截至2015年,与40多个国家和地区口岸建立了贸易往来。

水东港区是茂名港的主要港区之一。1958年,广东省航运厅投资在水东湾建成50吨级泊位6个;1987年前,仅有停靠30~50吨木帆船的小码头,长度300多米,年吞吐量约14万吨。1987年,茂名市和电白县联合在水东湾口西侧兴建500吨级泊位码头2座、仓库16座;1991年,茂名石化公司投资在水东湾口炮台岸段建成1座3万吨级成品油泊位,并逐步建设数个千吨级杂货和成品油泊位,奠定了水东港区的基本格局。1988年,经国务院批准,水东港成为对外一类开放口岸。1998年经交通部批准,水东港更名为茂名港。

进入21世纪以来,水东港区陆续建成多个5000~30000吨级泊位,港口规模稳步提升。2015年,茂名港建有水东、博贺、博贺新港3个港区。港域拥有3万吨级航道1条,近期规划10万吨航道1条,远期规划30万吨级航道1条。2015年,茂名港在用的锚地共14个,1~4号锚地具有引航检疫、危险品、避风等功能,主要服务于水东港区;5~7号锚地主要服务于博贺渔港;8号锚地为万吨级以上船舶过驳、候泊、防台锚地;9~14号锚地为30万吨级候泊、防台锚地,主要服务于博贺新港区,尤其是单点系泊。

2.港口水文气象

茂名港所在区域属南亚热带海洋性气候,气候潮湿,雨量充沛。该区年平均相对湿度为80%,年平均气温22.3摄氏度,历年极端最高气温37.2摄氏度,历年极端最低气温3摄氏度。年平均雾日数16天,年最少雾日数9天。雾多出现于每年的2~4月,持续时间一般小于1天。

茂名港海域为雷暴多发区域,平均雷暴日数为34天,年平均降水量为1265毫米。降水主要集中在4~9月,约占年降水总量的92%。根据茂名市滨海新区电城气象站资料统计分析,该区域常风向为ESE向,出现频率为16.0%;次常风向为ENE向,出现频率为15.0%;强风向为WNW向,最大风速为30米/秒。年平均风速为2.6米/秒,偏东向平均风速较大,可达3.2米/秒。据1954—2007年台风资料统计,影响茂名地区的台风共有279个,平均每年约5个,其中每年的5—11月是台风影响期,7—9月是台风频发期。台风影响时的最大风速超过12级,极大风速可达40米/秒,风向多为NNW向,其次为ENE向。

茂名港海域属弱潮海区,为不正规半日混合潮性质,即每日出现两次高潮和两次低潮,但潮高和潮时存在着不等现象;潮流性质属于非正规半日潮,潮流运动形式总体上为往复流,涨潮流向指向西偏北,落潮流向指向东偏南,潮汐通道处的流向与泻湖通道方向基本一致。工程海域常浪向位于E向、SE向之间,强浪向位于ESE向、S向之间,年均波高不超过1.5米,年均波周期在6秒以下。

茂名地区没有较大的河流入海,陆域来沙较少,泥沙主要以岸滩供沙为主;岸线基本稳定,但是波浪作用对泥沙运动影响显著。西南向和东南向波浪对水东港区至博贺湾一带海域泥沙运动作用突出,水东湾进港航道年平均回淤强度为0.45米。博贺湾的水流泥沙运动主要受西南向波浪和涨落潮水流的影响,博贺湾口落潮三角洲发育,博贺滩面呈淤长趋势,年平均沉积速率为2.15厘米。

3. 发展成就

　　自 20 世纪 80 年代起,茂石化公司先后投资开辟水东港区进港航道,建设了一批万吨级深水泊位和相对完整的配套设施。1994 年,茂名石化公司在北山岭建设了 25 万吨级单点系泊装置及配套储油库,从此茂名港拥有了大型深水泊位。2013 年 3 月,博贺新港区的首个泊位广东茂名港博贺新港区粤电煤炭码头开工建设。2015 年,货物吞吐量达 2685 万吨。

　　茂名港港区分布图如图 8-9-11 所示。茂名港基本情况见表 8-9-12。

图 8-9-11　茂名港港区分布图

茂名港基本情况表(沿海)

表 8-9-12

序号	港区名称	港口岸线		2015 年港口生产用泊位				其中:1978—2015 年建成的生产用泊位				2015 年港口货物和旅客吞吐量						
		港口规划岸线	其中:2015 年前已建成岸线	生产用泊位数	其中:万吨级及以上	生产用泊位总长	其中:万吨级及以上	生产用泊位数	其中:万吨级及以上	生产用泊位总长	其中:万吨级及以上	货物吞吐量	其中:外贸货物吞吐量	集装箱	滚装车辆		旅客	其中:国际航线旅客
															数量	质量		
		千米	千米	个	个	米	米	个	个	米	米	万吨	万吨	万 TEU	万辆	万吨	万人	万人
1	水东港区	36.2	15.5	11	8	2021	1611	11	8	2021	1611	1475	268	11	0	0	0	0
2	博贺新港区	16.88	0	0	0	0	0	0	0	0	0	1210	1210	0	0	0	0	0
3	博贺港区	0	0	0	0	0	0	0	0	0	0	0	0	0	0	0	20	0
	合计	53.08	15.5	11	8	2021	1611	11	8	2021	1611	2685	1478	11	0	0	20	0

(二)水东港区

1.港区综述

(1)港区建设和运营概况

水东港区是现有茂名港的主体港区,港区以成品油、液体化工品运输为主,兼顾散杂货及集装箱运输,是具有一定规模的综合性港区。水东港区利用水东湾潮汐通道水深和掩护条件,通过人工开挖和围填,沿通道两岸形成各类生产性泊位 14 个,建有 3000 ~ 30000 吨级油气码头 7 个、500 ~ 30000 吨级通用码头 7 个。2015 年实际完成吞吐量超 1400 万吨。港区库场总面积 38 万平方米,其中仓库 11 座,面积约 6 万平方米;件杂货堆场 27 万平方米;集装箱堆场 5 万平方米。港区拥有煤油、柴油、汽油、液体化工品等储罐共 60 万立方米,并有 38 千米长的成品油管线连接码头与后方石化企业,港区拥有配套完整的港口起重运输机械及港作车船。

(2)港区地理条件和集疏运概况

水东港区位于电白区水东镇水东湾。水东湾为一个半封闭的古潟湖湾,周围分布着大面积的起伏缓和的堆积台地,南部有晏镜岭、后载岭、尖岗岭等地势陡峻的高山以及变质岩残丘和沙坝。湾内面积约为 3200 公顷,潮汐通道长约 5 千米、宽 500 ~ 800 米、深 5 ~ 15 米,水道末端存在拦门沙堆积体,水深较浅。

水东港后方具备公路、铁路、管道等多种运输方式。通过沈海高速公路(广湛高速公路)、325 国道、207 国道、高水一级公路及拟建的包茂高速公路可通往全国各地;通过洛湛铁路、广茂线、河茂线及在建的广东沿海铁路可接入国铁干线网络;已建的各类管道是水东港区、博贺新港区与后方炼厂、石化园区连接的重要通道。

2.港区工程项目

(1)茂名石化水东港 3 万吨成品油码头项目

项目于 1990 年 8 月开工,1991 年 9 月竣工。

项目建设依据:1989 年 5 月,中国石油化工总公司《关于对茂名石油工业公司茂名油港项目建议书的批复》(中石化计字〔1989〕32 号);1989 年 6 月,中国石油化工总公司《关于对茂名石油工业公司茂名油港工程可行性报告的批复》(中石化计字〔1989〕48 号);1989 年 12 月,中国石油化工总公司《关于对茂名石油工业公司水东港码头初步设计的批复》(中石化建字〔1989〕318 号)。1993 年,国家海洋局印制 5 万吨级、3000 吨级成品油码头工程《海域使用权证书》(国海证 0444090302 号)。

项目建设 1 个 3 万吨成品油码头,泊位长度 276 米,掉头区直径 430 米,与航道合并使用。码头采用丁字形单引桥沉箱重力墩式结构。主要装备为 DN300 输油臂 2 台、

DN250 输油臂 1 台、DN200 输油臂 2 台,最大装卸油能力 1000 立方米/小时。码头采用引桥式布局,重力式结构。码头前沿水深 12.1 米。项目总投资 1.20 亿元,由企业自筹。

建设单位为茂名石油工业公司;设计单位为交通部第四航务工程勘察设计院;施工单位为海军第八工程建筑处。

(2)茂名市港口经营有限公司万吨级码头

项目于 1992 年 7 月开工,1994 年 4 月竣工。

项目建设依据:1991 年 8 月,广东省交通厅批复万吨级码头初步设计(粤交基〔1991〕666 号)。《关于使用水东港海岸线及水域的批复》(粤水监复字〔1986〕031 号);《关于使用沿海岸线及水域的批复》(茂水港监〔1991〕037 号)。

项目建设 1 个 1 万吨级通用散货码头泊位(码头水工建筑允许靠泊能力 1 万吨级),岸线总长 189 米。码头采用顺岸式布局,空心方块重力式结构。码头全长 189 米、宽60 米,码头前沿水深 7.5 米。项目后方堆场面积 6 万平方米。仓库面积 5500 平方米,堆存能力 2 万吨。储罐容量 1.2 万立方米,停车场面积 2000 立方米,停车数量为 125 标准车位。主要装卸设备配置额定起重量 10 ~ 25 吨的港口门座式重机 1 台、额定起重量 >25 吨的港口门座式重机 2 台。项目总投资 2290 万元,其中广东省预算内补助 150 万元,向交通投资公司申请补助 800 万元,其余由茂名市政府负责解决。

建设单位为茂名市港口经营有限公司(原茂名市港务管理局);初始建设单位为茂名市政府临时成立的茂名市水东港扩建工程指挥部,建成后移交给茂名市港务管理局(现在的茂名市港口经营有限公司);设计单位为广东省航运规划设计院;施工单位为广东省航务工程公司。

项目初建成投产后,对茂石化产成品运输起到了关键性作用,适当开展煤炭、散杂货运输和集装箱等业务,满足了城市生产、生活和商业贸易的发展需要,带动临港加工工业和对外贸易的发展,为地方经济发展创造了条件。

(3)茂名石化水东港 2 万吨级杂货、重件码头项目

项目于 1993 年 12 月开工,1994 年 4 月竣工。

项目建设依据:1991 年 12 月,中国石油化工总公司《关于对茂名石油化工公司水东港杂货、重件码头工程项目建议书的批复》(中石化计字〔1991〕151 号),批准了水东港杂货、重件码头工程项目建议书;1992 年 1 月,中国石油化工总公司《关于对茂名石油化工公司水东港两万吨级杂货、重件码头工程可行性研究报告的批复》(中石化计字〔1992〕11号);1992 年 3 月,中国石油化工总公司《关于对茂名石化公司水东港两万吨级杂货、重件码头工程初步设计的批复》(中石化建设字〔1992〕78 号)。1993 年,国家海洋局印制 2 万吨级杂货码头工程《海域使用权证书》(国海证 0444090304)。

项目建设1个2万吨级杂货码头泊位,泊位长233米。码头采用重力式空心方块结构,掉头区直径350米,与航道合并使用。码头前沿水深11.4米。项目后方堆场面积2.57万平方米。拥有大型仓库1座,总面积1648平方米。码头前方作业地带1.06万平方米。拥有40吨多用途门座式重机和16吨门座式重机各1台,45吨正面吊1台,120吨地磅2台,拖车5辆、叉车6辆、平板车18辆等装卸、运输设备。项目总投资4882万元,由企业自筹。

建设单位为茂名石油化工公司;设计单位为广州建港工程勘察设计所;施工单位为中国水产广州建港工程公司。

(4)水东港万吨级液化石油气码头

项目于1996年7月开工,1997年12月竣工。

项目建设依据:1995年,广东省计划委员会批复茂名市计划委员会的立项报告(粤计交〔1995〕266号);1998年,广东省港务监督局《关于水东港万吨级液化石油气码头申请投产的情况报告》(粤港监督〔1998〕12号)。2003年,国家海洋局印制茂名市鑫龙发展有限公司码头工程《海域使用权证书》(国海证034409D03号);1996年,茂名市人民政府原则同意水东港万吨级液化石油气码头项目使用岸线约400米(茂府复〔1996〕2号)。

项目建设10000吨级和3000吨级泊位各1个,成品油、液化石油气和化工品共用泊位。码头设计年吞吐量为60.5万吨,岸线总长460米。码头呈突出堤岸的T形布置,为高桩梁板式码头,全长140米、宽10米。通过长150米、宽10米的引桥与陆域库区连接。码头前沿设计水深9米,回旋水域直径约300米,码头靠泊船吃水深度7.1~7.8米(由广州海事测绘中心于2014年5月测量)。储罐容量60600万立方米。

建设单位为茂名市中油王港石化有限公司。

该码头为茂名地区石化企业原料供应和产品外销海上运输提供便利,有利于缓解茂名地区新增油品及化工原料产品日益增长的中转及储运压力。

(5)茂名市天源码头经营有限公司3万吨级综合码头

项目于1998年7月开工,2008年11月试运行,2010年4月竣工。

项目建设依据:1995年,广东省计划委员会《关于茂名市水东港三万吨级煤炭码头工程可行性研究报告的批复》(粤计交〔1995〕229号);1995年,广东省建设委员会《关于茂名市水东港三万吨级煤码头工程初步设计的批复》(粤建函〔1995〕271号)。1994年,茂名市环境保护局《关于〈茂名市水东港三万吨级煤码头环境影响报告书〉审批意见的函》(茂环函〔1994〕46号);1998年,茂名市国土局《土地证》(地号2103198002)批准项目用地;2006年,茂名市茂港区海洋与渔业局《海域使用权证书》(登记编号4409平方米0030004)批准项目用海;1997年,茂名市人民政府《关于市港务局三万吨级综合码头使用岸线问题的批复》(茂府办复〔1997〕42号)。

项目建设3万吨级通用泊位1个(码头水工建筑允许靠泊能力3万吨级),码头岸线总长230米。码头采用重力式空心方块结构,顺岸式平面布局,码头前沿水深为11.55米,可靠泊3万吨级船舶。堆场总面积约为4万平方米,堆场容量约为10万吨。3万吨级码头泊位配置港口门座式起重机3台、装载机2台。码头相应配套建设生产及生活辅助建筑物、给排水、环境保护、消防、供电照明、疏运系统、通信导航等。主要装卸设备配置额定起重量10~25吨的港口门座式重机2台、额定起重量大于25吨的港口门座式重机1台。项目总投资约1.10亿元,资金由建设单位自筹。

建设单位为茂名市天源码头经营有限公司;设计单位为中交四航港湾工程设计院有限公司(原称广州港湾工程设计院);施工单位为中海工程建设总局南海工程建设局;监理单位为广东正方圆工程咨询有限公司;质监单位为茂名市建设工程质量监督站。

2008年11月,码头建成投产后,开展煤炭、散杂货运输和液体散装货物等业务,满足了城市生产、生活和商业贸易的发展需要。

(6)茂名石化水东港1万吨成品油码头项目

项目于2000年6月开工,2001年8月竣工。

项目建设依据:1999年2月,茂名石油化工公司《关于水东港扩大乙烯原料码头配套改造可行性研究报告的批复》(茂名石化〔1990〕30号);1999年11月,茂名石油化工公司召开水东港新建10000吨级油码头工程初步设计审查会,通过了项目的初步设计,批准了水东港新建10000吨级油码头的建设。1993年,国家海洋局印制2万吨级杂货码头工程《海域使用权证书》(国海证0444090304)。

项目建设1个1万吨级原油码头,泊位长210米,利用2万吨或3万吨码头掉头区。码头采用丁字形单引桥沉箱重力墩式结构。码头前沿水深10.15米。主要装备为DN250输油臂2台,最大装卸油能力400立方米/小时。项目总投资3839万元,由企业自筹。

建设单位为茂名石油化工公司;设计单位为交通部第二航务工程勘察设计院;施工单位为中港四航局第三工程有限公司。

(7)茂名市长晟油脂工业有限公司综合码头工程

项目于2007年6月开工,2008年12月竣工。

项目建设依据:2007年1月,茂名市茂港区经济贸易局《茂名市长晟油脂工业有限公司综合码头填海工程海域使用论证报告》(茂港经贸批〔2007〕2号)。2007年,茂名市环境保护局《关于茂名市长晟油脂工业有限公司年吞吐量80万吨散货码头建设项目环境影响报告表的批复》(茂环建字〔2007〕80号);2008年3月,广东省海洋与渔业局《关于茂名市长晟油脂工业有限公司综合码头项目填海工程海洋环境报告书核准的意见》(粤海渔函〔2008〕154 号);2008 年 7 月,经省人民政府批准,获得广东省海洋与渔业局《关于茂名长晟油脂工业有限公司综合码头项目用海的批复》(粤海渔函〔2008〕531 号);2007 年 5 月,经茂名市人民政府批准,获得茂名市港航管理局《关于调整港口岸线使用长度的批复》(茂港航复〔2007〕3 号);2009 年 10 月,获得茂名市人民政府口岸办公室转发广东省人民政府《关于同意茂名市长晟油脂工业有限公司万吨级综合码头对外开放的批复》(粤府函〔2009〕215 号)。

项目建设 1 个能靠泊 1 万吨级船舶的综合码头(码头水工建筑允许靠泊能力 1 万吨级),拥有岸线 188.5 米。码头前沿水深为 9.3 米,码头前沿的顶高程取 6.0 米。码头后方堆场回填 13.30 万立方米,港池疏浚 58.60 万立方米,港池清礁 8.25 万立方米,新增护岸西、北护岸 285 米。码头结构形式采用重力式,码头平面布局形式为顺岸式。项目后方堆场面积 6 万平方米,堆存能力 80 万吨、集装箱 6 万 TEU。仓库面积 0.6 万平方米,堆存能力 2 万吨。主要装卸设备配置额定起重量 10～25 吨的港口门座式重机 1 台、额定起重量 >25 吨的港口门座式重机 2 台。项目总投资 1.87 亿元,资金由建设单位自筹。项目工程共用海 2.84 公顷,其中填海面积 1.59 公顷,非透水构筑物用海 0.31 公顷,港池用海 0.94 公顷。拟建码头和护岸后方回填形成陆域,陆域总面积约为 6 万平方米,纵深 280 米。

建设单位为茂名市长晟油脂工业有限公司;设计单位为海军南海工程设计院;施工单位为珠海市海骏工程建筑处;监理单位为广东正方圆工程咨询有限公司;质监单位为茂名市交通工程质量监督站。

(8)茂名市正源商贸发展有限公司万吨级码头工程项目

项目于 2008 年 10 月开工,2009 年 12 月竣工。

项目建设依据:2009 年,中交四航局港湾工程设计院有限公司《茂名市正源商贸发展有限公司正源码头工程可行性研究报告》;2008 年,茂名市港航管理局《茂名市正源商贸发展有限公司正源码头初步设计》(茂港航复〔2008〕8 号)。2010 年,茂名市环境保护局《茂名市正源商贸发展有限公司万吨级杂货码头工程环境影响报告书》(茂环建字〔2010〕116 号);2009 年 8 月、10 月,茂名市国土资源局《国有土地使用证》,分别为茂港国用〔2009〕第 141 号、茂港国用〔2009〕第 154 号;2008 年,茂名市茂港区海洋与渔业局《关于茂名市正源公司综合码头使用海域的申请的复函》(茂港海渔函〔2018〕69 号);2010 年,交通运输部《茂名市正源商贸发展有限公司码头工程使用港口岸线的批复》(交规发〔2010〕372 号)。

项目建设 1 个 1 万吨级码头泊位,码头泊位长度 144.5 米,东护岸 52.37 米,码头面置 2 条 QU80 型吊机轨道,轨道间距 10.5 米;码头岸线 144.5 米,建设范围主要为码头及完善相应配套设施。码头结构形式采用重力式,码头平面布局形式为挖入式。码头前沿水深 9 米。项目后方堆场面积 2.35 万平方米。仓库面积 1.44 万平方米。项目总投资 4404.13 万元,全部由茂名市正源商贸发展有限公司自筹。用海总面积达到 1.32 公顷, 其中填海面积 0.74 公顷,主要为建筑用海,用于码头填海造陆;港池面积 0.58 公顷,主要 为船舶用海。

建设单位为茂名市正源商贸发展有限公司;设计单位为中交四航局港湾工程设计院 有限公司;施工单位为珠海海骏工程建设处、粤恒力输变电有限公司;监理单位为华海达 (北京)工程管理咨询有限公司;质监单位为茂名市交通工程质量监督站。

(三)博贺新港区

1. 港区综述

(1)港区建设和运营概况

博贺新港区建于 1994 年,拥有 30 万吨级单点系泊装置 1 个,是我国首套海上单点原 油接卸系统。该装置通过 14.5 千米海底管线和 63.8 千米输油管线将单点系泊装置与茂 石化炼厂连接,陆上配套建有 272 万立方米罐区,泊位设计年接卸能力为 1100 万吨,2015 年实际完成原油进口 1210 万吨。2015 年在建项目有广东茂名港博贺新港区粤电煤炭码 头和茂名港博贺新港区东、西防波堤工程。

(2)港区地理条件和集疏运概况

博贺新港区位于滨海新区博贺镇莲头岭和北山岭之间。2015 年,博贺新港区仅有单 点系泊装置 1 个,通过管道与后方企业连接,集疏运体系建设尚未完善,高速公路和疏港 铁路等其他集疏运方式正在积极筹划之中。

2. 港区工程项目

(1)广东茂名港博贺新港区粤电煤炭码头

项目于 2013 年 3 月开工,2019 年 6 月竣工。

项目建设依据:2010 年,中交第四航务工程勘察设计院有限公司《广东粤电茂名港博 贺港区煤炭码头工程工程可行性研究报告》通过评审;2012 年,国家发展和改革委员会 《关于广东茂名港博贺新港粤电煤炭码头工程项目核准批复意见》(发改基础〔2012〕1900 号);2012 年 11 月,交通运输部《广东茂名港博贺新港区粤电煤炭码头工程初步设计审查 意见》;2010 年,国家环境保护部《关于广东粤电茂名港博贺港区煤炭码头工程环境影响 报告书的批复》(环审〔2010〕416 号);2010 年 9 月,国土资源部《关于广东粤电茂名港博 贺港区煤炭码头建设用地预审意见的复函》(国土资预审字〔2010〕214 号)批复项目用 地;2015 年,国家海洋局《关于广东茂名港博贺新港区粤电煤炭码头项目用海的批复》(国 海管字〔2015〕121 号),同意用海申请,并印制广东茂名港博贺新港区粤电煤炭码头工程项目《海域使用权证书》(国海证 2015A44090300332 号、2015A44090300341 号、2015A44090300352 号)。

项目建设1个10万吨级接卸泊位(水工结构按靠泊15万吨级散货船舶设计),泊位长度为343米,北侧过渡段长度约为47米,南侧过渡段长度约为53米;1个3.5万吨级煤炭装船泊位(水工结构按靠泊5万吨级散货船舶设计),泊位长度为258米,过渡段长度为44米;2个工作船泊位(水工结构按靠泊1万吨级散货船舶设计),泊位长度为95米。建设相应配套的防波堤、港内护岸、简易护岸、港池及航道、堆场、给排水、环境保护、消防、供电照明、生产辅助建筑物、通信导航等。码头为重力式结构,采用顺岸式布置方案。岸线总长787米。10万吨码头顶面高程为6.2米,码头前沿停泊水域宽度为86米,设计底高程为-16.26米;3.5万吨码头顶面高程为6.2米,码头前沿停泊水域宽度为65米,设计底高程为-12.7米;工作船码头顶面高程为6.2米,设计底高程为-7.2米。各泊位均采用重力式沉箱结构,并共用一个回旋水域,回旋水域呈圆形布置,直径为578米,设计底高程为-15.1米。煤炭堆场总面积约为31.1万平方米,堆场容量131.8万吨,其中露天堆场面积为22万平方米、干煤棚面积为9.1万平方米。煤炭堆场周边布置防风抑尘网。10万吨级煤炭接卸泊位卸船配置3台额定能力为1800吨/小时的桥式抓斗卸船机;3.5万吨级煤炭装船泊位配置1台额定装船能力为3600吨/小时的轨道式移动装船;另外有额定生产率>3000吨/小时的取料机2台、额定生产率>3000吨/小时的斗轮堆取料机4台、额定生产率为3000~6000吨/小时的皮带输送机2台;火车装车采用固定式装车机方案,装车额定能力为3600吨/小时;汽车装车采用单斗装载机。项目总概算为29.33亿元,其中资本金占30%,由广东电力发展股份有限公司以自有资金投入;资本金以外的70%由国内银行贷款。用海总面积135.85公顷,其中建设填海面积72.64公顷,码头及防波堤用海面积12.04公顷,进港道路用海面积5.43公顷,港池用海面积45.73公顷。形成陆域总面积66.5万平方米。

建设单位为广东粤电博贺煤电有限公司;设计单位为中交第四航务工程勘察设计院有限公司;施工单位为中国水产广州建港工程公司、中交第四航务工程局有限公司、广东宏大广航工程有限公司;监理单位为山东省交通工程监理咨询有限公司;质监单位为广东省交通工程质量监督站。

(2)茂名港博贺新港区东防波堤工程

项目于2013年12月开工,2017年12月竣工。

项目建设依据:2015年,广东省发展和改革委员会《茂名港博贺新港区防波堤二期工程(东防波堤)可行性研究报告》(粤发改交通函〔2015〕5010号);2016年,广东省交通运输厅《茂名港博贺新港区防波堤二期工程(东防波堤)初步设计》(粤交基〔2016〕227号)。2013年10月,茂名市环境保护局批复环评(茂环行字〔2013〕97号);2016年5月,广东省海洋与渔业厅批复用海(粤海渔函〔2016〕335号)。

东防波堤工程位于茂名市电白区电城镇莲头岭东部海域,全长5423米,最大抛石断面宽度为132.70米,最大抛石断面面积为1339.28平方米,最大抛填水深为15.5米。按照结构形式划分为抛石斜坡式和沉箱直立式,其中0～1925米里程段为宽堤不越浪段、1925～5344.55米里程段为窄堤越浪段、5344.55～5423米里程段为堤头沉箱直立段。

工程合计填筑堤心石等石料约520万立方米,3～30吨扭王字块约4.1万块,5.2米高挡浪塘约1860延米,浇筑混凝土合计约2.2万立方米;沉箱胸墙(尺寸为长78米×宽21米×高9米),浇筑混凝土约0.86万立方米;6米宽灌砌块石堤顶路面约1860延米,浇筑混凝土合计约0.44万立方米;3个4750吨沉箱(尺寸为长26.05米×宽19.55米×高17.00米)。1座12米高航标灯和2座灯浮标。工程总投资估算为14.89亿元,除申请交通运输部补助外,其余资金由茂名市政府自筹解决;项目采用BT模式投资建设,由茂名港集团属下茂名港开发建设有限公司负责融资,中国港湾工程有限责任公司负责总承包施工。

建设单位为茂名市港航管理局;设计单位为中交第一航务工程勘察设计院有限公司;施工单位为中国港湾工程有限责任公司;监理单位为广州华申建设工程管理有限公司;质监单位为茂名市交通工程质量监督站。

防波堤建成后,大大改善了港内泊稳条件,降低港区内码头的建设标准和成本。东西防波堤能形成环抱式港池面积600公顷,码头作业面积为11.2平方公里,岸线长度10.4千米。可建设万吨级以上液体化工、煤炭矿石、集装箱通用泊位、原油、LNG等各种专业生产性泊位33个,形成吞吐能力约1.5亿吨。

(3)茂名港博贺新港区西防波堤工程

项目于2015年2月开工,2018年7月竣工。

项目建设依据:2015年,广东省发展和改革委员会《茂名港博贺新港区防波堤一期工程(西防波堤)可行性研究报告》(粤发改交通函〔2015〕2855号);2015年,广东省交通运输厅《茂名港博贺新港区防波堤一期工程(西防波堤)初步设计》(粤交基〔2015〕1166号)。2013年10月,茂名市环境保护局《茂名港博贺新港区西防波堤工程环境影响报告书》(茂环行字〔2013〕98号);2016年5月,广东省海洋与渔业厅《茂名市人民政府关于茂名港博贺新港区西防波堤工程项目使用海域的请示》(粤海渔函〔2016〕334号)。

西防波堤工程位于茂名市电白区电城镇莲头岭东部海域,全长3315米,最大抛石断面宽度为123.85米,最大抛石断面面积为1419.64平方米,最大抛填水深为15.5米。按照结构形式划分为抛石斜坡式和沉箱直立式,其中0～2590米里程段为宽堤不越浪段、2590～3236.55米里程段为窄堤越浪段、3236.55～3315米里程段为堤头沉箱直立段。

工程合计填筑堤心石等石料约345万立方米,3～30吨扭王字块约2.9万块,5.2米高挡浪墙约 1488 延米,浇筑混凝土合计约 2.3 万立方米;沉箱胸墙(尺寸为长 78 米×宽 21 米×高 9 米),浇筑混凝土约 0.86 万立方米;3 个 4750 吨沉箱(尺寸为长 26.05 米×宽 19.55 米×高 17.00 米)。1 座 12 米高航标灯和 1 座灯浮标。工程总投资估算为98688 万元,除申请交通运输部补助外,其余资金由茂名市政府自筹解决;项目采用 BT 模式投资建设,由茂名港集团属下茂名港开发建设有限公司负责融资,中国港湾工程有限责任公司负责总承包施工。西防波堤工程于 2013 年 3 月向广东省海洋与渔业厅申请开展项目海域使用论证工作,于 2016 年 5 月获广东省海洋与渔业厅批复项目用海,7 月获得海域使用权证。填海造地 3.82 万平方米。

设计单位为中交第一航务工程勘察设计院有限公司;施工单位为中国港湾工程有限责任公司;监理单位为广州华申建设工程管理有限公司;质监单位为茂名市交通工程质量监督站。

防波堤建成后,可大大改善港内泊稳条件,降低港区内码头的建设标准和成本。东西防波堤能形成环抱式港池面积 600 公顷,码头作业面积为 11.2 平方公里,岸线长度10.4 千米。可建设万吨级以上液体化工、煤炭矿石、集装箱通用泊位、原油、LNG 等各种专业生产性泊位 33 个,形成吞吐能力约 1.5 亿吨。

十三、湛江港

(一)港口概况

1.港口综述

湛江港位于中国大陆最南端的广东省雷州半岛,东临南海,南望海南岛,西靠北部湾,北倚大西南。湛江港素以天然深水良港著称,是中国大陆通往东南亚、非洲、欧洲和大洋洲航程最短的港口,是中国大西南和华南地区货物的出海主通道,现已与世界 100 多个国家和地区通航。

湛江港前身为"广州湾"(也是湛江旧称)。湛江港是新中国成立后第一个自行设计建造的深水海港,自 1956 年开港以来,经过 60 多年的发展,已成为中国大陆沿海 25 个主要港口之一、"一带一路"倡议支点港口、西南沿海港口群的主体港、中西部地区货物进出口的主通道和中国南方能源、原材料等大宗散货的主要流通中心。2015 年拥有 30 万吨级航道,是华南沿海地区通航条件和原油、铁矿石接卸条件良好的港口。湛江港规划为12 个港区,其中分布在湛江湾内的有 7 个港区,包括调顺岛港区、霞海港区、霞山港区、宝满港区、东海岛港区、南三岛港区、坡头港区,分布在县(市)区域的有 5 个港区,包括吴川港区、廉江港区、雷州港区、遂溪港区、徐闻港区。

霞山港区是湛江港发展最成熟的大型综合性港区,湛江港大型原油、铁矿石泊位多布局于该港区,主要承担西南、中南地区以及湛江市石油化工品、散装化肥、散装粮食以及矿石等货物的进出口运输。调顺岛港区主要承担腹地非金属矿石出口、腹地所需的部分铁矿石以及燃料煤的接卸。霞海港区是湛江港发展较早的港区,主要服务对象是湛江市本地企业,主要货类以散杂货为主,今后霞海港区拟发展客运功能,以邮轮及客运旅游功能为主。宝满港区以集装箱接卸运输为主,并建有少量的油气专用泊位。东海岛港区是湛江港工业港区,以大宗原材料和能源物资为主,件杂货为辅。坡头港区建有少量的通用件杂泊位,属中海油能源湛江南海西部物资分公司。徐闻港区是以琼州海峡滚装运输为特色的港区。雷州港区现有泊位在流沙作业区,拥有 1 个 5000 吨级通用件杂和 1 个 5000 吨级车渡泊位。吴川港区原有黄坡港和梅菉港属内河港,因鉴江截流,已失去功能,现吴川市仅有零星装卸点,配套设施落后,基本处于停运状态。2015 年,遂溪港区有泊位在北潭作业区,为 5 个千吨级以下件杂泊位,货运量较小,泊位基本处于闲置状态。廉江港区现有泊位分布在营仔、安铺作业区,均为 500 吨级以下的泊位,安铺作业区基本处于闲置状态。南三岛港区为预留发展港区,根据湛江市城市总体规划定位,南三岛主要发展旅游业,同时兼顾服务海工装备、修造船的码头设施。

湛江港拥有航道里程全长 195 千米,主要包括湛江港主航道、斗龙村航道和湛江港湾外各港区(作业区)航道,其中湛江港主航道从调顺岛港区港池航道经龙腾航道内段(湛江湾口处)至龙腾航道,全长约 71.59 千米。另外,湛江港还有航道包括:东砌航道(东南码头至淡水)长度 8 千米,底高程 -5.0 米;吴川港区黄坡作业区主航道(利剑门航道)长 26.67 千米,底宽 200 米,底高程 -4.0 米;徐闻港区海安作业区主航道长 10 千米,底宽 100 米,底高程 -4.5 米;徐闻港区火车轮渡北港航道:长 0.93 千米,维护水深 7.4 米;雷州港区流沙作业区主航道:长 5.0 千米,底宽 150 ~ 300 米,底高程 -10.0 米;遂溪港区北潭作业区主航道:长 10.37 千米,底宽 100 米,底高程 -3.0 米;廉江港区营仔作业区主航道:长 40.19 千米,底宽 100 米,底高程 -3.0 米。

2015 年,湛江港湾内及湾口区域拥有锚地 34 处,其中万吨级及以上锚地 26 处,面积约 133.6 平方千米,天然水深 10 ~ 18 米;小型舰艇锚地区 8 处,面积 1.5 万平方千米,天然水深 2 ~ 10 米。其中,湛江港湾口门内有万吨级以上锚地 22 处,天然水深 10.2 ~ 18 米,底质为泥沙;湛江港湾口门外设万吨级以上锚地 4 处,北方锚地(万吨级)、大型过驳锚地(10 万吨级)、超大型过驳锚地(30 万吨级)、钻井平台维护锚地(位于港界外)。湛江港湾内小型船舶锚泊区 8 处,天然水深 2 ~ 10 米,底质为泥沙。另外,吴川港区有锚地 2 处,徐闻港区有锚地 9 处,雷州港区有锚地 3 处,遂溪港区有锚地 1 处,廉江港区有锚地 2 处,面积共约 22 平方千米。

2.港口水文气候

湛江港主要风向为东风及东南风,每年 2 ~ 4 月盛行东风,4 ~ 9 月盛行东南风,10 月至次年3月盛行北风。每年5~11月有台风侵袭,主要集中在8~9月,年平均波及本港5~6次,最大风速达50米/秒。年平均降水量为1567.30毫米,4~9月为雨季,8月降水量最多,最大日降水量为351.10毫米,历年最大降水量为2411.30毫米。年平均雾日约25天,一般集中在1~4月,晨夜雾的浓度最大,上午10时后逐渐消退。年平均气温23.1摄氏度,最高气温38.1摄氏度,最低气温2.8摄氏度,7月最热,平均气温28.9摄氏度,1月最低,平均气温15.5摄氏度。

潮汐属不规则半日潮,每一太阳日有两次高潮出现,潮差较大,达4~6米,平均高潮位4.33米,平均低潮位2.04米,最高潮位7.09米,最低潮位-0.65米,平均潮差0.57米,港内一般波高0.3米,最高0.8米,台风时浪高一般不超过1米。潮流方向与航道方向基本一致,在正常情况下,落潮时流速比涨潮时流速快,进口航道最大流速,涨潮1.54米/秒,落潮1.95米/秒,由于涨潮历时大于落潮历时,落潮流速又大于涨潮流速,因此落潮的水流有利于泥沙的搬运,也有利于将北面的泥沙带动向南移动。

3. 发展成就

1955年7月黎湛铁路通车。1956年5月,湛江港第一作业区2个万吨级泊位提前使用。1958年下半年,第二作业区投产。1970年5月第三作业区投产。1978年,湛江港拥有3个作业区,码头泊位17个,港口年通过能力1025万吨。1979年,湛江港货物吞吐量首次突破1000万吨,是当时全国沿海八大港口之一。"六五"期间,建成三区1个3.5万吨级磷矿泊位、一区南一期工程1个3.5万吨级散粮泊位和5个万吨级综合性泊位,投资2.28亿元,新增吞吐能力385万吨。"七五"期间,1986年12月,湛江港完成第一次港口管理体制改革,由交通部直接领导改为交通部和地方政府双重领导,以地方政府为主,进一步增大了港口自主权。1987年接收了原广州海运局霞海船厂,并以此于1991年成立第五作业区。1987—1989年对一区5个老码头进行改造,同时建成一区北突堤2个5000吨级泊位,新增吞吐能力60万吨。"八五"期间,先后建成了三区件杂货泊位1个,五区过驳泊位1个和一区南二期工程5个深水泊位,总投资6.28亿元,新增吞吐能力243万吨。其中一区南二期工程2个1.5万吨级集装箱码头的建成投产,结束了湛江港没有集装箱泊位的历史。"九五"时期,在1997年,完成五区1个万吨级和1个5000吨级泊位建设投产。1979—1998年,湛江港新建成码头泊位26个,新增吞吐能力878万吨。2000年,湛江港实施"大型化、深水化、专业化、信息化和适度多元化"的发展战略,实施了深水航道、30万吨级原油码头和20万吨级铁矿石码头"三大工程"建设。2003年4月,加大改革力度,大力推进"三大工程"和老港区改造建设。2004年4月,湛江港务局管理体制进行了划时代的改革,实行政企分开,转制成立湛江港集团有限公司,先后剥离政府行政职能和环保、卫生、教育等社会功能。至2005年,"三大工程"相继建成投产,拥有全国最大的30万吨级陆岸原油码头、华南地区最大的20万吨级铁矿石码头和最深的25万吨级航道,28 万吨级船舶满载可乘潮进出,成为环北部湾及华南地区通航条件最好的对外贸易港口。2005 年 2 月,湛江港 25 万吨级航道吹填区工程获国务院批准,为推进港口开发和临港工业基地建设创造良好条件。2008 年 10 月,30 万吨级航道建成通航。"三大工程"投产后,带来筑巢引凤效应,吸引大连华农制油、辽宁富虹大豆加工项目、俄罗斯米克化能液氨项目、中油奥里油油库及发电厂、中星 50 万吨重交沥青等一大批临港工业项目相继落户,形成重化炼油、粮食加工、煤炭配送等临港强势产业集群,每年为湛江港新增吞吐量 1000 多万吨,5 年累计为湛江市吸引投资 150 亿元。"十五"期内,湛江港全面提升整体实力和管理水平,经营能力和核心竞争力明显增强,生产建设快速发展,实现了历史性跨越。5 年中新建码头 5 个,新增年通过能力 2600 万吨,是 2000 年港口能力 1832 万吨的 1.4 倍;营业收入、资产总额、员工收入也比 2000 年翻了一番多。"十一五"期间累计完成货物吞吐量 5.3 亿吨,比"十五"累计吞吐量净增 3.1 亿吨。其中,2008 年湛江港集团完成货物吞吐量 5956 万吨,助推湛江港货物吞吐量突破 1 亿吨,成为西南沿海第一个亿吨大港。

　　2010 年 12 月,霞山港区第 2 个 30 万吨级原油码头建成,调顺岛港区 300 号泊位升级改造为 15 万吨级煤炭码头。2013 年 11 月,宝满集装箱码头一期工程 2 个 5 万吨级(水工结构 15 万吨级)集装箱泊位试运行,年设计通过能力 80 万 TEU,宝满港区开港运营。2014 年 9 月,霞山港区散货码头工程 1 个 30 万吨级矿石泊位(水工结构为 40 万吨级)和 1 个 5 万吨级(水工结构为 7 万吨级)转水泊位重载调试,年设计通过能力 2000 万吨,为全国最大的铁矿石码头之一;同年 10 月,湛江保税物流中心(B 型)项目获国家批准设立,为粤西地区首个保税物流中心。2015 年 3 月,湛江港成为国家"一带一路"倡议中 15 个沿海重点建设港口之一。

　　"十二五"期间累计货物吞吐量 9.3 亿吨,比"十一五"净增 3.97 亿吨,增幅达 74.6%,实现核心货类由铁矿、石油两大货类转向铁矿、石油、煤炭、集装箱四大货类,其中煤炭已成为 1000 万吨货源。2014 年,湛江港集团完成货物吞吐量 8508 万吨,其中集装箱 57.5 万 TEU,均创历史新高,增速在全国沿海港口企业中名列前茅,助推湛江港货物吞吐量突破 2 亿吨,成为西南沿海港口群首个 2 亿吨大港、广东省第二大港口。

　　湛江港港区分布图如图 8-9-12 所示。

　　湛江港基本情况见表 8-9-13。

　　(二)调顺岛港区

1. 港区综述

(1)港区建设和运营概况

调顺岛港区是湛江港两个拥有铁路支线的港区之一,主要承担腹地非金属矿石出口、

图 8-9-12　湛江港港区分布图

表 8-9-13

湛江港基本情况表（沿海）

序号	港区名称	港口岸线		2015 年港口生产用泊位				其中:1978~2015 年建成的生产用泊位				2015 年港口货物和旅客吞吐量						
		港口规划岸线	其中:2015 年已建成岸线	生产用泊位数	其中:万吨级及以上	生产用泊位总长	其中:万吨级及以上	生产用泊位数	其中:万吨级及以上	生产用泊位总长	其中:万吨级及以上	货物吞吐量	其中:外贸货物吞吐量	集装箱	滚装车辆		旅客	其中:国际旅客
															数量	质量		
		千米	千米	个	个	米	米	个	个	米	米	万吨	万吨	万 TEU	万辆	万吨	万人	万人
1	廉江港区	3.2	0.03	5	0	265	0	5	0	265	0	11.37	0	0	0	0	0	0
2	遂溪港区	5.8	0.09	18	0	948	0	18	0	948	0	2.54	0	0	0	0	0	0
3	吴川港区	17.5	0.05	4	0	500	0	4	0	500	0	122.22	0	0	0	0	0	0
4	调顺岛港区	5.6	2.46	15	7	2381	1603	13	5	2017	1239	1710.82	1056	0	0	0	0	0
5	霞海港区	1.7	0.50	4	1	498	172	4	1	498	172	0	0	0	0	0	0	0
6	霞山港区	5.6	8.51	44	21	7561	5547	37	19	6906	5285	6747.64	5020	1.61	0	0	0	0
7	宝满港区	9.0	0.94	4	2	941	678	4	2	941	678	789	101	58.5	0	0	0	0
8	坡头港区	3.2	0.38	5	0	384	0	0	0	0	0	36.97	0	0	0	0	0	0
9	东海岛港区	28.3	2.10	7	4	2104	1518	7	4	2104	1518	542.52	217	0	0	0	0	0
10	雷州港区	28.5	0.41	4	0	407	0	1	0	156	0	15.37	0	0	0	0	0	0
11	徐闻港区	47.7	1.94	35	1	1782	163	14	1	794	163	12057.7	0.1	0.01	225	10844	1300	0
12	南三岛港区	8.1	0.07	7	0	70	0	0	0	0	0	0	0	0	0	0	0	0
	合计	164.2	17.48	152	36	17841	9681	107	32	15129	9055	22036	6394	60.12	225	10844	1300	0

腹地所需的部分铁矿石以及湛江电力有限公司燃料煤的供应。现有千吨级以上泊位12个,年吞吐能力1886万吨,万吨级以上泊位7个。主要运营企业为湛江港(集团)股份有限公司第三分公司,所属6个万吨级以上专业化散货泊位,其中15万吨级码头专用泊位1个,1.5万吨级杂货泊位3个,1万吨级杂货泊位2个,年通过能力1305万吨。库场总面积38万平方米,容量150万吨;湛江电力有限公司1个5万吨级煤炭码头,年吞吐能力400万吨。另外,还有四航局三公司3个施工船泊位、奥里油电厂煤码头和湛江海洋渔业公司5个通用泊位。随着广东省推进城市煤电厂退役、搬迁以及湛江市城市发展需要,调顺岛港区将逐步退出货运功能。

(2)港区地理条件和集疏运概况

调顺港区公路通过市政公路与325国道、207国道、广湛高速公路、渝湛高速公路、粤海高速公路连接。调顺岛港区是湛江港两个拥有铁路支线的港区之一,铁路从湛江东站接入,港口自有铁路总延长4.62千米,通过该铁路与黎湛铁路、粤海铁路、广湛铁路、洛湛铁路等,到达华南、西南、华东等经济腹地。

2.港区工程项目

(1)湛江港新建矿砂码头工程(303号、304号泊位)

项目于1973年10月开工建设,1975年10月试运行,1978年5月竣工。

项目建设依据:1973年10月,《关于湛江港矿砂码头扩初设计的批复》(交水基字〔73〕2472号)。

工程建设2个1.5万吨级泊位,码头长度400米,水深12.3米。新建堆场面积21840平方米。铁路2023米,主要装卸设备配置包括8台10吨门座式重机,堆取料机2台(2000吨/小时),皮带1120米。总投资4769.13万元,为政府投资。

建设单位为交通部湛江港务管理局;设计单位为交通部第四航务工程局勘察设计院、柳州铁路局勘察设计所;施工单位为交通部第四航务工程局第三工程处、交通部广州航道局、柳州铁路局工程处等。

(2)湛江港三区磷矿码头工程(300号泊位)

项目于1976年8月开工建设,1983年12月23日竣工。

1975年4月,国家计划委员会《关于扩建天津港、湛江港、广州文冲船长、改建上海港十六铺客运码头计划任务书的复文》(计委〔75〕187号),同意湛江港扩建一区南货运码头5个泊位、三区磷矿码头一个泊位。1975年5月,交通部《关于转发国家计委对扩建天津港、湛江港、广州文冲船长、改建上海港十六铺客运码头计划任务书的复文的通知》(交通部〔75〕1643号),并对湛江港做补充说明:三区磷矿码头按停靠3.5万吨船舶的磷矿石码头一个泊位,年通过能力250万~300万吨左右设计;一区南货运码头,按停靠3.5万吨船舶的散杂货码头1个泊位、2万吨船舶的杂货码头4个泊位设计。1975年8月,交通部

《关于湛江港"五·五"衔接项目设计方案的批复》(交水基字〔75〕1143 号)。1976 年 3 月,交通部《关于湛江港一区南新建港区及三区磷矿码头初步设计的批复》(交水基字〔76〕289 号)。

工程建设 1 个 3.5 万吨泊位,长度 202 米,水深 12 米,码头采用重力式结构,年通过能力 200 万吨。总投资 5583 万元,为政府投资。占地面积 29.47 万平方米,分别为三区填海 9.53 万平方米、许屋征地 14.87 万平方米、塘口回收 5.07 万平方米。

项目建设单位为交通部湛江港务管理局;设计单位为交通部第四航务工程局勘察设计院、柳州铁路局勘察设计所;施工单位为交通部第四航务工程局第三工程处、交通部广州航道局、柳州铁路局工程处等。

2010 年 12 月技术改造后,该泊位升级为 15 万吨级煤炭泊位,年通过能力 1000 万吨,经济效益和社会效益明显提升。

(3)湛江港第三作业区特资码头工程(305 号泊位)

项目于 1989 年 4 月开工建设,1991 年 6 月试产,1991 年 12 月 12 日竣工。

项目建设依据:1988 年 9 月,交通部《关于湛江港第三作业区特资码头初步设计的批复》(交基字〔88〕575 号)。

工程建设 1.5 万吨级 1 个,长度 202 米,水深 11.3 米,码头采用实心方块重力式结构。堆场 1.40 万平方米,其中前方 5119 平方米,后方 8838 平方米。仓库 3 座 1.91 万平方米。铁路 737 米。装卸机械 11 台,其中铲车 6 台,拖头 5 台,平板车 14 台。

建设单位为湛江港务局;设计单位为交通部第四航务工程局勘察设计院、柳州铁路局勘察设计所;施工单位为交通部第四航务工程局第三工程处、交通部广州航道局、柳州铁路局工程处等。

三区特资码头的建成,使特资运输有独立的作业场地,避开了原来特资与其他货种作业相交叉混杂一起的状况。

(4)湛江奥里油发电厂油改煤项目煤码头工程

项目于 2009 年 12 月开工建设,2010 年 10 月竣工。

项目建设依据:2015 年 11 月,广东省交通运输厅初设批复(粤交基〔2015〕1263 号)。2014 年 8 月,交通运输部岸线批复(交规划函〔2014〕666 号);2009 年 9 月,环境保护部环评批复(环审〔2009〕397 号)。

项目建设规模为 1 个 5 万吨级煤炭散货泊位(水工结构按照靠泊 7 万吨级船舶设计和建设),年设计通过能力 610 万吨。码头采用 L 形布置,通过引桥与后方厂区连接。码头泊位长度为 272 米,前沿顶高程 7.0 米,引桥长 128 米,宽 14 米。码头配备带式输送机系统,码头平台北端布置一座转换房(14 米×14 米),通过皮带机廊道与电厂陆域第一个转换房相接。项目总投资 2.62 亿元,企业投资。

建设单位为湛江中粤能源有限公司;设计单位为中交第四航务工程勘察设计院有限公司。

(5)湛江电力有限公司煤码头

项目于1992年开工建设,1995年竣工。2014年2月改建,2014年9月竣工。

项目建设5万吨级煤炭码头泊位,2014年改建后码头等级为7万吨级。

(三)霞海港区

1.港区综述

(1)港区建设和运营概况

霞海港区是湛江港发展较早的港区,主要服务对象是湛江市本地企业。随着城市发展的需要,2015年,下列泊位关停:湛江航运集团有限公司霞海港务局1个1万吨级散杂货泊位和2个3000吨级通用件杂货泊位,中外运湛江储运公司1个5万吨级散杂货泊位和1个2万吨级集装箱泊位,湛江港集团第五分公司1个1万吨级散杂货泊位(503号泊位)和2个5000吨级散货泊位(501号、502号泊位)。霞海港区将发展以邮轮及客运旅游功能为主客运能。

(2)港区地理条件和集疏运概况

霞海港区地处湛江经济技术开发区滨海沿岸,陆路集疏运是通过市政公路与325国道、207国道、广湛高速公路、渝湛高速公路、粤海高速公路连接。

2.港区工程项目

湛江港霞海作业区一期工程(502～503号泊位)

项目于1995年开工建设,1997年竣工。

项目建设依据:1993年12月,交通部《关于湛江港霞海作业区一期工程可行性研究报告的批复》(交计发〔1993〕1283号);1994年4月,国家交通投资公司《关于湛江港霞海作业区一期工程初步设计的批复》(交投水〔1994〕35号)。1989年3月,湛江市人民政府《关于霞山深水岸线新建港口的批复》(湛府〔1989〕6号)。

项目建设5000吨级泊位1个、1万吨级泊位1个;总年设计通过能力55万吨,码头岸线长度306.94米,水深9.7米,码头采用高桩空心大阪码头结构。主要装卸设备包括2台M10-30门座式重机,16吨轮胎式起重机6台,5吨叉车6台,Q20牵引车4台,平板车24台,推扒机1台,单斗机2台。新建仓库面积8208平方米,堆场面积1.6万平方米。核定工程概算1.43亿元。

工程2个泊位于2010年8月腾退给湛江市。

（四）霞山港区

1. 港区综述

（1）港区建设和运营概况

霞山港区是湛江港发展最成熟的大型综合性港区，湛江港大型原油、铁矿石泊位多布局于该港区，主要承担西南、中南地区以及湛江市石油化工品、散装化肥、散装粮食以及矿石等货物的进出口运输。拥有 30 个千吨级以上泊位，其中万吨级以上 18 个，千吨级以上泊位年吞吐能力 8780 万吨。主要运营企业为湛江港（集团）股份有限公司下属的第一分公司、第二分公司、石化码头公司。其中第一分公司拥有 11 个 1.5 万～10 万吨级矿石、通用散货、件杂和散粮泊位，其中 7 万吨级散货泊位 3 个，3.5 万吨级散粮泊位 1 个，年通过能力 830 万吨；第二分公司拥有生产性泊位 3 个，下属 1 个 30 万吨级（结构按 40 万吨级预留）、1 个 20 万吨级和 1 个 7 万吨级金属矿石泊位，年通过能力 2850 万吨；石化码头公司拥有生产性泊位 14 个，下属 2 个 30 万吨级、1 个 5 万吨级原油泊位、1 个 2.5 万吨级和 9 个 1000～20000 吨级成品油泊位，年通过能力 4198 万吨。另外，港区还拥有湛江航运集团长桥港务分公司 1 个 1000 吨级汽车滚装和 1 个 1000 吨级通用件杂泊位、宝盛物流公司 1 个 5000 吨级应急保障战备码头以及联运公司客运码头。

（2）港区地理条件和集疏运概况

霞山港区四种集疏运方式齐全。公路通过疏港大道与 325 国道、207 国道、广湛高速公路、渝湛高速公路、粤海高速公路连接全港公路网。铁路从湛江南站接入，港口自有铁路总延长 99.84 千米，其中装卸线 28.51 千米，与黎湛铁路、粤海铁路、广湛铁路、洛湛铁路连接全港铁路网，到达华南、西南、华东等经济腹地。管道通过现有两条原油输送管道，一条是湛江港至茂名石化的茂湛管线，建于 1980 年，长 115.49 千米，管径 529 毫米，输送能力 1000 万吨，主要承担茂名石化加工的沿海和近洋原油运输任务；另一条是输往东兴炼厂的原油管线，长 5 千米，管径 529 毫米，年输送能力 875 万吨。通过成品油输油管道与珠江三角洲及贵阳、昆明等地连接。水路与国内外港口连接。

2. 港区工程项目

（1）湛江港一区南一期工程（401～406 号泊位）

项目于 1977 年 12 月开工建设，1985 年 12 月竣工投产。

项目建设依据：1976 年 3 月，交通部《关于湛江港一区南新建港区及三区磷矿码头初步设计的批复》（交水基字〔76〕289 号）。

工程建设 6 个 3.5 万吨级泊位，水深 12.5 米，岸线总长 1250 米，高桩式结构。堆场面积 6.81 万平方米，容量 40.85 万吨；仓库面积 4.56 万平方米，容量 18 万吨。主要装卸设备包括 M10-25 型门座式重机 3 台;M3-30 型门座式重机 5 台;Q161 型轮胎起重机 3 台;门式吸粮机 120 吨/小时;斗轮提升机 2 台;平板车 36 台;铲车 53 台;单斗机 3 台;牵引车 6 台。总投资 18679 万元,为政府投资。

建设单位为交通部湛江港务管理局;设计单位为交通部第四航务工程设计院、交通部水运科学研究所、柳州铁路局;施工单位为交通部第四航务工程局、交通部广州航道局。

工程散粮泊位装卸工艺的集中控制系统具有国内先进水平,埋刮板机和波形挡边皮带在散粮泊位使用在国内尚属首次,水工建筑得到交通部嘉奖。工程 6 个泊位(401~406 号)投产后有很好的经济效益和社会效益。2006 年 10 月,404 号泊位升级改造投产,年通过能力由 50 万吨,提升至 280 万吨;2007 年 11 月,401~403 号泊位 3 个 1.5 万吨泊位升级改造为 2 个 7 万吨级泊位。

(2)湛江港一区老码头改造工程(101~104 号泊位)

项目于 1986 年 8 开工建设,1989 年 4 月竣工。

项目建设依据:1985 年,交通部《关于湛江港一区老码头改建工程初步设计审查意见的通知》(交基函字〔85〕233 号)。

项目建设 1.5 万吨级泊位 4 个(码头水工建筑允许靠泊能力 1.5 万吨级),岸线长度 905 米,码头前沿水深 10.3 米。堆场面积 3.06 万平方米,仓库面积 5098 平方米。项目总投资 5493.46 万元,其中中央投资 3640.46 万元。

建设单位为湛江建港指挥部;设计单位为第四航务工程勘察设计院;施工单位为第四航局三公司。

工程码头改建工程采用格型钢板桩结构,在国内属首次。工程验收项目 20 项,评为优良的 20 项,占总数 100%。工程建成投产后,年设计通过能力由原来的 130 万吨,提高到 230 万吨(核对 160 万吨),每年收益 800 万元以上。2013 年 8 月 5 日,一区老码头改建工程的 103 号泊位(188 米)、104 号泊位(189 米)、登陆艇码头(20 米)和登陆艇码头与 104 号泊位间过渡段(30 米)共 427 米,年设计通过能力 120 万吨(实际 80 万吨)退出给湛江市原点广场。

(3)湛江港一区南二期工程(407~411 号泊位)

项目于 1990 年开工建设,1994 年 12 月竣工。

项目建设依据:1982 年,交通部工程可行性批复(交工字〔82〕1160 号);1984 年,交通部初设批复(交基字〔84〕525 号),从 1985 年开始,因国民经济治理整顿,工程缓建。1989 年,国家计划委员会以投资(1989)145 号文将一区南二期工程列入新开工大中型项目,并列入"八五"计划国家重点建设项目。1983 年,交通部《关于转发国家计委〈关于连云港三个港口扩建工程任务书的批复〉的通知》(交计字〔83〕894 号),批复工程建设任务书。1989 年 11 月,国家计划委员会《关于转发湛江港一九八九年基本建设新开工大中型单项工程计划的通知》（交投综〔1989〕号）。1989年12月，交通部《关于同意湛江港一区南二期工程开工的批复》（交工字〔89〕695号）。1989年12月，交通部《关于下达一九八九年基本建设新开工大中型单项工程湛江港一区南二期工程计划的通知》（交工字〔89〕696号），下达工程计划。

项目建设3个2万吨级、2个1.5万吨级码头泊位，岸线总长1357米，项目总年设计通过能力为200万吨。码头采用顺岸式、突堤式布局，高桩式结构。码头前沿水深11.3米。项目后方堆场面积19.65万平方米，堆存能力117.89万吨。仓库面积2.18万平方米，堆存能力8.7万吨。项目总投资4.08亿元，其中政府投资2.87亿元。

建设单位为湛江港务局；设计单位为第四航务工程勘察设计院；施工单位为第四航局三公司负责建设。

（4）湛江港202号泊位技术改造工程（200号泊位）

项目于2000年8月开工，2002年9月10日竣工。

项目建设依据：2000年，湛江市经济贸易委员会《关于湛江港务局原油码头配套改造工程项目可行性研究报告的批复》（湛经科〔2000〕78号），2001年，广东省经济贸易委员会《关于湛江港务局原油码头配套改造项目可行性研究报告的批复》（粤经贸〔2001〕910号）。2000年，广东省环境保护局《湛江港务局关于湛江二区202号泊位技术改造工程环境影响报告的批复》（粤环建字〔2000〕78号）。

项目建设1个15万吨级码头泊位（码头水工建筑允许靠泊能力30万吨级），码头采用桩基墩式结构、蝶形布置，泊位长度470米，前沿水深18.6米，年设计通过能力，近期1050万吨、远期1524万吨。9米宽栈桥432米，12米栈桥532米，人行桥216米，12米宽引堤672米。主要装卸设备配置包括输油臂（DN400）2台，输油管线（DN700）2条。港池宽126米，水深18.6米，掉头圆直径700米。水深17.4米。项目总投资1.95亿元。

设计单位为中交第四航务工程勘察设计院；施工单位为中港第四航务工程局、中原石油勘察局建设总公司、连云港远洋流体设备有限公司；监理单位为广州海建建工工程监理公司；质监单位为湛江港基本建设工程质量监督站。

202泊位技术改造工程建成投产后，对粤西乃至西南地区经济发展发挥了重要作用。

（5）湛江港铁矿石码头改扩建工程（400号泊位）

项目于2002年10月开工2005年7月竣工。

项目建设依据：2001年12月，交通部《关于湛江港铁矿石码头改扩建工程可行性研究报告的批复》（交规发〔2001〕737号）；2002年4月，交通部《关于湛江港铁矿石码头工程改扩建工程初步设计的批复》（交水字〔2002〕153号，2006年4月，交通部《关于湛江港铁矿石码头工程改扩建工程初步设计调整的批复》（厅水字〔2006〕116号）。

项目建设10万吨级铁矿石泊位1个（改造后码头水工建筑允许靠泊能力20万吨

级），码头总长度372米，其中工作平台长330米，宽34米，水深19米。项目后方堆场面积21.95万平方米。配置2台2250吨/小时桥式抓斗卸船机，码头至堆场配置2路总长度2320米的带式输送机，堆场配置2台斗轮堆取料机，装车配置装车楼系统，并设置转换房、栈桥等配套设施。工程实际总投资3.83亿元，国家投资2.53亿元，银行借款1.3亿元。

建设单位为湛江港集团有限公司；设计单位为中交第四航务工程勘察设计院；监理单位为中国船级社实业公司、南华建设监理所；施工单位为中港第四航务工程局、湛江港务局建筑安装工程公司、广东省工业设备安装公司等。

（6）广东省湛江股份有限公司成品油码头项目（211～213号泊位）

项目于2007年10月开工，2010年9月竣工。

项目建设依据：2008年1月，广东省交通厅《关于广东省湛江股份有限公司成品油码头项目初步设计的批复》（粤交基〔2008〕17号）。2004年1月，国家环境保护总局《关于广东省湛江股份有限公司成品油码头工程环境影响报告书审查意见的复函》（环审〔2004〕22号）；2007年4月，广东省交通厅《关于广东省湛江股份有限公司成品油码头工程使用港口岸线的批复》（粤交基〔2007〕300号）。

工程建设3个5000吨级成品油码头（南端211号泊位按2万吨级结构设计），使用岸线456米，年设计通过能力180万吨。工作平台采用连片式高桩梁板结构，系缆墩采用高桩墩式，引桥采用高桩空心大板结构。装卸船作业采用装卸臂，采用DN400、DN500输油管线。项目总投资1.39亿元，全部为银行贷款。

项目建设单位为湛江港（集团）股份有限公司工程建设指挥部（石化码头项目组）；设计单位为中交第四航务工程勘察设计院有限公司；监理单位为广州海建工程监理有限公司，广东顺业石油化工建设监理有限公司；质量质监单位为湛江市港口基本建设工程质量监督站；施工单位为中交第四航务工程局、港中交广州航道局有限公司、黑龙江省安装工程公司等。

（7）湛江港霞山港区散货码头工程（601号、602号泊位）

项目于2010年4月开工，2014年9月竣工。

项目建设依据：2010年12月，交通运输部《关于广东湛江港霞山港区散货码头工程初步设计的批复》（交水发〔2010〕759号）。2008年7月，环境保护部《关于湛江港霞山港区散货码头工程环境影响报告书的批复》（环审〔2008〕227号）；2008年8月，国土资源部《关于广东湛江港霞山港区散货码头项目建设用地预审意见的复函》（国土资预审字〔2008〕287号）；2010年8月，国家海洋局《关于湛江港霞山港区散货码头工程项目用海的批复》（国海管字〔2010〕491号）。

项目建设30万吨级散货泊位1个，码头长度450米，宽37米，码头前沿水深21.5米，顺岸式布置，高桩梁板结构，钢管桩，栈桥式布置，年通过能力1500万吨。7万吨级散货泊位 1 个,码头岸线长 331 米,宽 35.2 米,码头前沿水深 13.6 米。陆域码头纵深 1575 米,总面积 107.1 万平方米。配备 3 台 2250 吨/小时桥式抓斗卸船机,2 台斗轮堆取料机(堆料 4500 吨/小时,取料 3000 吨/小时),3000 吨/小时的火车装车系统。项目总投资 27.22 亿元,其中项目资本金 9.53 亿元,占总投资 35%,由湛江港(集团)股份有限公司以自由资金出资,资本金以外投资 17.69 亿元利用国内银行贷款解决。项目用地面积 88.64 万平方米。

建设单位为湛江港(集团)股份有限公司;设计单位为中交第四航务工程勘察设计院有限公司;监理单位为广州华申建设工程管理有限公司、深圳市东鹏工程建设监管有限公司、重庆赛迪工程咨询有限公司;施工单位为中交第四航务工程局有限公司、中交第四航务工程局有限公司、中交第四航务工程局有限公司等;质监单位为湛江市港口基本建设工程质量监督站。

(五)宝满港区

1.港区综述

(1)港区建设和运营概况

宝满港区现有 4 个千吨级以上泊位,其中 2 个 5 万吨级集装箱泊位,属湛江港国际集装箱码头有限公司(湛江港宝满集装箱码头一期工程是国家发展和改革委员会批准立项的省重点建设项目,2015 年已建成 2 个 5 万吨级集装箱专用泊位(水工结构按 15 万吨级设计),可停靠 1.25 万 TEU 船舶。堆场面积 19 万平方米,一次堆存能力为 5.1 万 TEU。现有集装箱岸边桥式起重机 7 台,集装箱场地龙门式起重机 5 台,轮胎式集装箱龙门起重机 16 台。闸口进出口通道为 8 进 5 出。二期工程 2 个 5 万吨级集装箱专用泊位(水工结构按 15 万吨级设计)正在开展前期工作);另有中石化湛江分公司 1 个 5000 吨级原油泊位和湛江富多煤气有限公司 1 个 5000 吨级液化气泊位。2015 年宝满港区年吞吐能力 1070 万吨(含集装箱 960 万吨)。

(2)港区地理条件和集疏运概况

2015 年,宝满港区陆路集疏运通过疏港大道与 325 国道、207 国道、广湛高速公路、渝湛高速公路、粤海高速公路连接。港区陆路集疏运靠公路运输完成。铁路正在开展工程可行性研究,拟建湛江东海岛铁路宝满港区支线,其中湛江东海岛铁路已建成。

2.港区工程项目

湛江港宝满集装箱码头一期工程(801 号、802 号泊位)

项目于 2008 年 1 月开工,2013 年 10 月竣工。

2006 年 12 月,交通部《关于湛江港宝满集装箱码头一期工程初步设计的批复》(交水发〔2006〕690 号)。2005 年 12 月,国家环境保护总局《关于湛江港宝满集装箱码头一期工程环境影响报告书的批复》(环审字〔2005〕953号);2006年3月,国土资源部《关于湛江港宝满集装箱码头一期工程建设用地预审意见的函》(国土资预审字〔2006〕69号);2007年7月,国家海洋局《关于湛江港宝满集装箱码头一期工程项目用海的批复》(国海管字〔2007〕508号)。

项目建设2个5万吨级集装箱码头泊位,岸线总长678米,项目总年设计通过能力为80万TEU。码头采用高桩梁板结构。码头前沿水深14.5米。主要装卸设备配置包括集装箱岸边装卸桥。项目总投资17.42亿元,来自企业自筹和银行贷款。

建设单位为湛江港(集团)股份有限公司;设计单位为中交第四航务工程勘察设计院有限公司;施工单位为中交第四航务工程局有限公司、中交广州航道局有限公司、长江南京航道工程局等;监理单位为广州海建工程监理公司、中交二航院工程咨询监理有限公司、武汉中澳工程项目管理有限公司等。

(六)东海岛港区

1. 港区综述

(1)港区建设和运营概况

东海岛港区是湛江港工业港区,以大宗原材料和能源物资为主,件杂货为辅。2017年吞吐量占全港总吞吐量的14%,其中煤炭、金属矿石和钢铁占港区总吞吐量的88%。现有11个千吨级以上泊位,万吨级以上泊位8个,均属于宝钢湛江钢铁有限公司,其中1个30万吨级和1个25万吨级金属矿石泊位、2个7万吨级、1个3.5万吨级、1个1万吨级通用散货泊位;1个5万吨级、1个1万吨级件杂货和1个5千吨级全天候件杂泊位、1个5000吨级重件泊位和1个3000吨级液体化工泊位,综合年通过能力6180万吨。

东海岛现有在建工程3个,分别是湛江港集团东海岛杂货码头工程,该工程包括2个2万吨级杂货泊位(水工结构按20万吨级泊位设计),计划2019年完工;中科炼化项目配套码头工程,目前该项目离岸码头工程正在施工,包括1个30万吨级原油泊位、1个10万吨级成品油泊位、1个7万吨级煤炭泊位、1个1万吨级液体化工泊位、1个5000吨级液体化工泊位、1个5000吨级液态烃泊位、1个5000吨级件杂货泊位、1个工作船泊位以及1个1万吨级临时滚装泊位;日光集团东海岛物流通用杂货码头工程,包括3个2万吨级通用杂货泊位。

(2)港区地理条件和集疏运概况

东海岛港区规划近中期经疏港大道接玉湛高速公路,往北连接湛徐高速公路、茂湛高速公路和渝湛高速公路等。往南接东雷高速公路;远期经海底隧道连接汕湛高速公路、茂湛高速公路。

2.港区工程项目

宝钢广东湛江钢铁基地项目码头及其配套工程建设项目(一期工程)

工程于2009年6月开工,2015年9月竣工。

2015年,交通运输部《关于宝钢广东湛江钢铁基地项目码头及其配套工程初步设计的批复》(交水函〔2015〕306号);2012年,国家发展和改革委员会《关于广东湛江钢铁基地项目核准的批复》(发改产业〔2012〕1507号);2014年,国家发展和改革委员会办公厅《关于同意调整宝钢广东湛江钢铁基地项目码头及其配套工程建设规模的复函》(发改办产业〔2014〕836号);2015年,《关于广东湛江钢铁基地项目变更环境影响报告书的批复》(环审〔2015〕45号);2014年,国家海洋局《关于广东湛江钢铁基地项目用海的批复》(国海管字〔2014〕350号);2008年,《关于广东湛江钢铁工程建设用地预审意见的复函》(国土资审字〔2008〕243号);2014年,交通运输部《关于宝钢湛江钢铁基地项目配套码头工程的意见》(交函规划〔2014〕143号);中华人民共和国港口岸线使用证(交港海岸2014第22号);2014年,交通运输部《交通运输部关于宝钢湛江钢铁基地项目配套项目配套码头工程的意见》(交函规划〔2014〕143号)。

码头及其配套工程位于湛江市东海岛东北部的龙腾到蔚律深水岸线区段,码头采用双挖入式港池及顺岸岸线相结合的布置形式,两端通过疏浚形成东、西两个挖入式港池,中部为顺岸。泊位总年设计通过能力6110万吨,码头岸线总长度3195米。工程建设工期约42个月,总概算为37.34亿元,企业自筹。

东港池东侧岸线布置1个5万吨和2个1万吨杂货码头泊位、南侧岸线布置4个工作船泊位、西侧岸线布置1个3000吨杂货泊位。中部岸线码头通过引桥接岸布置30万吨和25万吨矿石泊位各1个。西港池东侧岸线布置3.5万吨和1万吨散货泊位各1个、南侧岸线依次布置2个7万吨散货泊位和1个5000吨重件泊位,并将原LPG泊位改建为1个3000吨液体化工泊位。

建设单位为宝钢湛江钢铁有限公司;设计单位为中交第四航务工程勘察设计院有限公司、中交第三航务工程勘察设计院有限公司;施工单位为中交第四航务工程局、中交广州航道局有限公司;监理单位为连云港科谊工程建设监理有限公司;质监单位为湛江市港口基本建设工程质量监督站。

(七)徐闻港区

港区综述

(1)港区建设和运营概况

徐闻港区是以琼州海峡滚装运输为特色的港区,现有海安作业区、荔枝湾作业区和火车轮渡北港作业区共3个作业区,千吨级以下泊位较多,千吨级及以上泊位8个,其中万吨级以上泊位 1 个。海安作业区拥有 3 个 2000 吨级滚装泊位，属广东徐闻港航控股有限公司海安港务分公司所有；荔枝湾作业区拥有 3 个 1000 吨级滚装泊位，另有 1 个 1000 吨级通用件杂泊位，均属海安新港港务有限公司所有；火车轮渡北港作业区拥有 1 个 2 万吨级滚装泊位，属粤海铁路有限责任公司所有，项目不做具体介绍。

徐闻港区现有在建工程是南山作业区滚装码头工程，包括 16 个 5000 吨级滚装泊位和 1 个 5000 吨级危险品专用泊位，于 2016 年开工，计划 2018 年完工。

（2）港区地理条件和集疏运概况

海安作业区经 207 国道进入湛徐高速公路；南山作业区经徐闻港进港公路接湛徐高速公路或 207 国道。

十四、潮州港

（一）港口概况

1.港口综述

潮州港地处广东省潮州市境内，紧邻台湾海峡，东隔台湾海峡与台湾地区相望，是潮州市对外开放的重要窗口。潮州市为广东的东大门，东与福建省相接，左右两翼有汕头和厦门经济特区，是广东省距离台湾地区最近的城市，具有开展对台贸易、旅游和商务往来的区位优势。

1977 年，潮州三百门码头建成，由隶属汕头航运局的饶平港务所管理。1984 年，汕头航运局批准成立了三百门港务局，下辖饶平海山、澄海东里、南澳 3 个港务所；1986 年，交通部批准三百门港划归汕头港务局，隶属汕头港第三作业区；1992 年 9 月，交通部批准三百门港移交潮州市管辖。1993 年，潮州市政府将三百门港务公司更名为潮州市三百门港务局。1994 年，经国务院批准，将三百门港更名为潮州港，列为国家一类对外开放口岸。1995 年，潮州市政府批准成立潮州港务管理局。《中华人民共和国港口法》出台后，潮州市政府将韩江内河的港政管理划归港务局，并于 2006 年 11 月更名为潮州市港口管理局。经过多年的发展，潮州港港口建设取得了较大的成就，相继建设了一批公用码头和货主码头，港口在潮州乃至区域经济的发展中发挥了重要的作用。

潮州港是国家一类对外开放口岸，界定水域面积 23000 公顷，其中开放水域 115000 公顷。潮州港下辖三百门、西澳、金狮湾和韩江 4 个港区，其中韩江港区属内河港区。潮州港海上至汕头 27 海里，至厦门 89 海里，至广州 299 海里，至香港 183 海里，至高雄 177 海里。潮州港对外交通相对便利。324 国道、汕汾高速公路从港区边缘通过，已建和在建的疏港公路连接了汕汾高速公路和三百门、西澳、金狮湾港区，规划建设的大潮（大埔—潮州）高速公路可直通潮州港；广梅汕、厦深铁路可与国家铁路网连接；汕头机场距港口

40 千米,在建的潮汕机场距港口约 50 千米,航空运输相对便利;港口紧临远洋航线,海上货物运输可直达全国各大、中、小港口和其他国际港口。

2. 港口水文气象

潮州市沿海港区西起柘林湾西部,东至大埕湾,北起柘林湾北部,南至南澳岛,东西约 20 千米,南北约 13 千米,地域跨度不大,气候条件差异很小。多年平均气温 21.6 摄氏度,历年极端最高气温 38.6 摄氏度。雨量充沛,每年 5~8 月为雨季,降水量占全年的 60%,各月降水量都在 200 毫米以上,但年内雨量分配不均。多年平均降水量 1506.5 毫米。

该地区受冬、夏季风的影响明显,风向的季节变化较大,冬季盛行偏北风,夏季盛行偏南风,且冬季的风速大于夏季。西太平洋的南海生成的台风每年 6—10 月对港区的影响较大。多年平均雾日数 10.1 天,多年平均相对湿度 79%。

潮汐类型属不规则半日潮。其主要特征是潮差主要随月球赤纬变化,而与月相的变化关系不大。在回归潮期间,潮差最大。且日潮不等现象非常明显。高潮发生时间约在月中天后 20 小时,低潮发生时间除大潮外约在月中天后 5 小时,大潮期间的低潮发生时间约在月中天后 1.4 小时。潮位特征值:平均海面 1.62 米,平均高潮位 2.47 米,平均低潮位 0.78 米。

3. 发展成就

截至 2015 年,潮州港共有生产用码头泊位 16 个,其中万吨级以上泊位 2 个。2015 年,潮州港完成货物吞吐量 1144.45 万吨,形成了以煤炭及油气制品为主的货类结构。

潮州港基本情况(沿海)见表 8-9-14。

(二)金狮湾港区

1. 港区综述

(1)港区建设概况和运营情况

目前除已建华丰 50000、5000 和 2000 吨级油气泊位各 1 个;已建电厂煤码头和重件码头各 1 座;已建潮州港亚太散货码头 1 座,共 2 个泊位;复建怡华 3 万吨级码头外,其余岸线均为自然状态,尚未开发利用。港区是潮州港重要的工业港区,以服务临港产业开发为主,以承担煤炭、矿石、水泥、成品油、天然气等大宗散货的中转运输为主。金狮湾港区是潮州港集大宗散货水陆中转运输和临港重化工业开发等多功能为一体的综合性港区。

(2)港区地理条件和集疏运概况

港区西起虎嘴,东至大埕湾埕南河口,岸线长约 10.4 千米。港区自然条件较优越,－10 米等深线距岸最近为 300 米,水域开阔,因无南澳岛掩护,泊稳条件较差。港区距深水航道近,船舶进出港便利。港区岸线稳定,基本不淤;陆域多平原间有丘陵,但有足够的陆域纵深可以利用。

表 8-9-14

潮州港基本情况统计表（沿海）

序号	港区名称	港口岸线		2015年港口生产用泊位				其中:1978—2015年建成的生产用泊位				2015年港口货物和旅客吞吐量						
		港口规划岸线	其中:2015年前已建成岸线	生产用泊位数	其中:万吨级及以上	生产用泊位总长	其中:万吨级及以上	生产用泊位数	其中:万吨级及以上	生产用泊位总长	其中:万吨级及以上	货物吞吐量	其中:外贸货物吞吐量	集装箱	滚装车辆		旅客	其中:国际航线旅客
															数量	质量		
		千米	千米	个	个	米	米	个	个	米	米	万吨	万吨	万TEU	万辆	万吨	万人	万人
1	三百门港区	8.56	1.9	4	—	575	—	4	—	575	—	135.68	1.21	996.5	—	—	—	—
2	金狮湾港区	13.79	4.6	6	4	1392	1161	6	4	1392	1161	1000.92	424.58	—	—	—	—	—
	合计	22.35	6.5	10	4	1967	1161	10	4	1967	1161	1136.60	425.79	996.5	—	—	—	—

港区集疏运方式采用公路和铁路。目前港区疏港公路主要以县道081(碧冈—铁炉冈)和县道082(所城—柘林)为依托。近期规划县道081扩建为一级公路,双向四车道,县道082扩建为二级港外公路并延伸至虎嘴,双向两车道,规划一条白柘疏港快速路连接国道G324和汕汾高速公路;远期还将规划一条大潮高速公路连接梅州地区。根据铁路部门规划,连接中国两个经济最发达地区——长三角和珠三角的"厦深铁路"已经动工建设,该港区的铁路可以与其连接,在饶平站建设分区车场,以联络线接至港区。这些公路、铁路建成后,港区将具有较好的集疏运条件。

2.港区工程项目

亚太通用码头一期工程

项目于2010年12月开工,2012年7月试运行,2013年4月竣工。

项目建设依据:2008年,广东省发展和改革委员会《关于潮州港亚太通用码头工程的核准意见》(粤发改交〔2008〕824号);2008年,广东省交通厅《关于潮州港亚太通用码头工程可行性研究报告审查意见的函》(粤交规函〔2008〕1091号);2010年,广东省海洋与渔业局《关于潮州亚太通用码头工程(一期)项目海域使用的批复》(粤海渔函〔2010〕39号);2010年,广东省交通运输厅《关于潮州港亚太通用码头一期工程初步设计的批复》(粤交基〔2010〕519号);2008年,交通运输部《关于潮州港金狮湾港区亚太通用码头一期工程使用港口岸线的批复》(交规划发〔2008〕68号)。

项目新建1个5万吨级通用泊位和1个3万吨级多用途泊位,码头岸线长551米。实际结构码头结构均按10万吨级建设,结构设计高程为－16.1米;港池航道水域按7万吨级疏浚。项目投资规模为7.89亿元,由企业自筹。

建设单位为潮州市亚太港口有限公司;设计单位为中交第四航务工程勘察设计院有限公司;施工单位为中交第二航务工程局有限公司、中交第四航务工程局有限公司、中交广州航道局有限公司等;监理单位为广州港工程管理有限公司等。

十五、揭阳港

(一)港口概况

1.港口综述

揭阳市位于广东省东南部,地处115°36′24″~116°37′45″E,22°53′20″~23°46′30″N之间,北回归线横穿揭阳市的中部。北与梅州的丰顺、五华两县接壤,西及西南与汕尾市的陆河、陆丰两县相连,南濒临南海,东、东北及东南部分分别与潮州市的潮安县、汕头市及其所辖的潮阳区毗邻。在粤东地区与潮州、汕头形成三足鼎立的区域状况。

揭阳市区域位置优势明显。揭阳市位于广东省东部沿海地区,邻近香港、澳门及东南亚。与东邻的潮州市、南接的汕头市形成广东省内继珠江三角洲发达城市群后又一个有发展潜力的城市群——榕江、韩江三角洲城市群。揭阳所辖的惠来县面临南海,可以依托海岸向腹地发展港口工业和以外贸为主的工贸港。

揭阳港主要由依托榕江的沿江两岸港区和位于惠来县沿海港区组成。揭阳港周边水陆交通条件便利。水路交通方面,境内有"黄金水道"——榕江,自出海口至榕城,通航里程 58 千米,5000 吨级海轮可乘潮直达,实现江海直运。惠来沿海岸线长达 109.5 千米,拥有神泉、靖海、资深等优良深水港湾,多处可建 10 万~30 万吨的深水泊位且距离国际航道仅 10 余千米,发展大港口和远洋运输条件优越。与港口互为依托的陆空综合运输体系正在加速形成:全市现有公路通车里程 6288 千米(其中高速公路 190.7 千米),公路密度每百平方公里 120 千米;广梅汕铁路和深汕、普惠、揭普、梅揭高速公路先后建成通车,厦深铁路、汕揭、潮揭高速公路正在加快建设,汕头至揭西、潮州至惠州和揭阳至惠来高速公路前期工作正在积极推进。

2. 港口水文气象

揭阳市地处广东省的南部,纬度较低,北回归线拦腰穿过,濒临南海,受海洋气象的调节,季风影响明显,属南亚热带季风气候,长夏无冬,日照充足,雨量充沛,年平均日照为 2068~1098 小时。揭阳地区雨量充沛,每年 4—9 月为雨季,各月的平均雨量为 164~283 毫米。10 月至次年的 3 月为旱季,月雨量为 34~110 毫米。台风是榕江水系及惠来沿海的主要天气灾害,每年的 7—9 月为台风季节。台风除带来强风、龙卷风等灾害外,还带来大暴雨和风暴潮引起的海水倒灌等灾害。揭阳榕江水系、惠来沿海全年都可能出现有雾天气。年平均雾日,榕城为 22.2 天,惠来为 7.5 天。榕城雾日多发生在 11 月至次年 3 月,月雾日大于 3.0 天。惠来沿海 3—4 月雾日较多,月平均雾日也大于 3.0 天。榕江雾日最多年达 33 天。

(1)惠来沿海水文特征

惠来沿海自海门湾西端到神泉作业区湾,海岸线长约 109.5 千米,潮汐系数 K 自海门湾的 2.01 递增至神泉作业区的 4.5,均属于不规则日潮混合潮型,K 值越大,出现日潮的天数越多。多数天数是一天一次高低潮,其余为混合性质,且潮差较小。靖海以东为不正规的半日潮,神泉作业区为非正规全日潮,最大潮位 2.0~2.5 米,平均潮差在 1.5 米以下,平均涨潮时大于落潮时,两者差时为 0.5~4.0 小时,最高潮位 2.02 米,平均最高潮位 1.16 米,最低潮位 -1.60 米,平均最低潮位 -1.39 米。大陆平均海平面为 -0.19 米,平均高潮间隙在 1 小时以内。

神泉湾属于弱流区(平均潮差仅 0.82 米),潮流流速很小,涨潮流自东南流向西北,落潮流自西北流向东南,在拦沙堤中段附近,涨落潮最大流速分别为 0.12 米/秒和 0.10 米/秒,口门附近则分别为 0.30 米/秒和 0.35 米/秒。

(2)榕江水系水文特征

榕江水系的潮汐属于不正规半日混合潮型,一日大多数时间有两次高潮和两次低潮。榕江水系的潮流随潮汐的变化而变化,其特征是往复流。年平均潮差最大为北河站1.33米,最小为妈屿站1.05米。

3.发展成就

改革开放以来,特别是揭阳建市以后,地方经济快速发展,外向程度不断提高,揭阳港也得到快速发展。截至2015年,已建成包括件杂货、散货、油气化工、集装箱、通用泊位等各类码头泊位46个,其中万吨级以上泊位1个,泊位年通过能力2018万吨。2015年,揭阳港完成货物吞吐量2851.3万吨,形成了以煤炭及油气制品为主的货类结构。

揭阳港基本情况见表8-9-15。

(二)惠来港区(沿海)

1.港区综述

(1)港区建设概况和运营情况

惠来沿海港区主要由神泉作业区、靖海作业区、资深作业区和澳角港等区域码头构成。其中,神泉作业区在1996年以前是惠来县主要的渔港和商港,是对外贸易的重要口岸,也是粤东中心渔场。但从1996年以后,由于龙江河改道及缺乏综合管理和维护,神泉作业区港内淤积严重,水深不断下降,大吨位船舶无法进港,处于半瘫痪状态。主要码头为神泉港务管理所码头,位于神泉海湾内,原龙江河入海口处,2015年拥有码头1座,2个泊位均为500吨级,码头长81.7米、宽11.7米,仓库面积1080平方米,堆场面积5000平方米。

靖海作业区位于惠来县靖海镇东2千米的海岸边,港区水域面积46.82公顷,航道水深2~4米,进出口维护里程7.9千米,航道宽度66米。属渔港和商港共用。该港区新建惠来火力发电厂,一期港口工程建设7万吨级煤码头1个、3000吨级综合码头1个、防波堤1座及相应的护岸等,2007年建成投产。资深作业区首期2个30万吨级码头也正在规划建设。

(2)港区地理条件及集疏运情况

港区位于惠来县东南沿海,跨海门湾和甲子、碣石湾两个海区,北邻汕头港,西南毗邻甲子港,东南面临南海。北距惠来县城7.5千米,西距甲子港22海里,东距海门港31海里,水路至汕头60海里,西至香港137海里、广州237海里,陆路至汕头82千米、广州413千米,地理坐标为116°18′E,22°58′N。

港区集疏运主要以公路运输方式为主,境内有揭惠高速公路、沈海高速公路、潮惠高速公路等高等级公路。

表 8-9-15

揭阳港基本情况表

序号	港区名称	港口岸线		2015年港口生产用泊位				其中:1978—2015年建成的生产用泊位				2015年港口货物和旅客吞吐量							
		港口规划岸线	其中:2015年前已建成岸线	生产用泊位数	其中:万吨级及以上	生产用泊位总长	其中:万吨级及以上	生产用泊位数	其中:万吨级及以上	生产用泊位总长	其中:万吨级及以上	货物吞吐量	其中:外贸货物吞吐量	集装箱	滚装车辆		旅客	其中:国际航线旅客
															数量	质量		
		千米	千米	个	个	米	米	个	个	米	米	万吨	万吨	万TEU	万辆	万吨	万人	万人
1	惠来港区（沿海）	43.1	998	4	2	998	783	4	2	998	783	546.96	164.14	—	—	—	—	—
2	榕江港区（内河）	—	5.86	23	23（千吨级）	—	—	38	36	4176.36	3549.08	1116	—	—	—	—	—	—

2.港区工程项目

广东粤电惠来电厂 3 号、4 号机组码头工程

项目于 2009 年 6 月开工,2015 年 6 月竣工。

项目建设依据:2013 年,广东省发展和改革委员会《关于广东粤电惠来电厂 3、4 号机组码头工程项目核准的批复》(粤发改交通函[2013]3635 号);2014 年,广东省交通运输厅《关于广东粤电惠来电厂 3 号 4 号机组码头工程初步设计的批复》(粤交基[2014]496 号);2012 年,环境保护部《关于广东粤电惠来电厂 3、4 号机组扩建工程(2×1000 兆瓦超超临界机组)环境影响报告书的批复》(环审[2012]172 号);2010 年,国家海洋局《关于广东惠来电厂一期 3、4 号 2×1000MV 机组建设项目用海预审意见的函》(国海管字[2010]367 号);2013 年,交通运输部《关于广东粤电惠来电厂 3 号 4 号机组配套码头工程使用港口岸线的批复》(交规划发[2013]589 号)。

项目建设 1 个 10 万吨级码头泊位(结构为 15 万吨级),设计年吞吐量 487 万吨,水工建筑 283 米,码头结构形式为重力墩式,宽度 26.5 米,码头面高程 8.5 米,结构设计底高程 −19 米,前沿水域设计高程 −16.1 米。

建设单位为广东粤电靖海发电有限公司;设计单位为中交第四航务工程勘察设计院有限公司;施工单位为中交第四航务工程局有限公司;监理单位为广州南华工程管理有限公司;质监单位为汕头港港口工程质量监督站。

(三)榕江港区(内河)

1.港区综述

(1)港区建设概况和运营情况

榕江港区主要由北河沿江码头、南河沿江码头、双溪嘴下游榕江沿岸码头组成。其中,榕江北河沿岸码头分布在梅东大桥至榕东大桥之间,共有 1000~5000 吨级各类码头 16 座,进出口货种有甘蔗、粮食、建材、油气品和其他生产资料等件杂货。榕江南河沿岸码头均分布在榕城区榕江大桥以下至双溪嘴之间,共有 1000~5000 吨级各类码头 10 座,进出口货种有钢铁、煤炭、建材、粮食、油气化工品及其他生产资料。双溪嘴下游榕江沿岸码头榕江南北河在双溪嘴汇合后,江面更宽阔,建港条件更优越,共有 1000~5000 吨级各类码头 12 座,主要有揭阳市东山区石油有限公司天山油库码头、汕头经济特区潮汕中油石油有限公司码头等。

(2)港区地理条件及集疏运情况

榕江是揭阳市的主要河流,由发源于汕尾市陆河县境的榕江南河和发源于梅州市丰顺县境的榕江北河在双溪嘴汇合后顺流出海,横贯潮汕平原中部,连接揭阳市中心地带、

汕头经济特区及汕头港,并深入粤东山区腹地。境内榕城以下河段属冲积平原和潮成平原河流,比降小,曲度大,河道宽200~700米,河床形态为U形,水流平缓,水深滩少,经整治后,由出海口(汕头礐石大桥)溯流直上榕城58千米可通3000~5000吨海轮,素有"黄金水道"之称,适合于发展航运事业。目前榕江沿岸分布着三十多座港口码头,主要位于榕江南河港务公司码头(榕江大桥下游)及北河大桥以东至地都镇光裕村。通航功能逐步向外贸、江海直达运输方向发展,为粤东山区、闽西、赣南经济发展提供了优良的水路运输条件。

除发达的水路交通外,区域内还有沈海、汕坤、潮惠等高速公路,集疏运条件较好。

2.港区工程项目

国鑫货运码头工程

项目于2013年开工,2015年竣工。

项目建设依据:2012年5月,揭阳市人民政府《关于同意揭阳港榕江港区地都作业区规划方案的批复》(揭府函〔2012〕77号)。2012年5月,广东省交通运输厅对工程可行性研究报告进行了批复。2012年6月,广东省交通运输厅《关于揭阳港榕江港区地都作业区国鑫货运码头工程使用港口岸线的批复》。

项目建设4个5000吨级散杂货泊位,泊位长度548米,码头宽度25米,引桥3座,总长992米,设计年总吞吐量180万吨。码头结构采用高桩梁板式结构,工程总投资2.73亿元,为企业投资。

第十节　广西壮族自治区

一、综述

(一)广西区情

广西壮族自治区,简称桂,地处祖国南疆,北回归线横贯中部。东连广东,南临北部湾并与海南省隔海相望,西与云南省毗邻,东北接湖南省,西北靠贵州省,西南与越南接壤。行政区域土地面积23.76万平方公里,管辖北部湾海域面积约4万平方公里。广西河流众多,大多随地势从西北流向东南。河流分属珠江、长江、桂南独流入海、百都河四大水系。其中,桂南独流入海水系流域面积占广西土地总面积的10.7%,较大河流有南流江、钦江、北仑河。2015年,广西人口5518万人,比1978年(3402万人)增长62.2%;共14个地级市、110个县(市、区)。地区生产总值16870.04亿元,为1978年(75.85亿元)的

222.41 倍,居全国第 19 名。

广西矿产资源种类多、储量大,尤以铝、锡等有色金属为最,是全国 10 个重点有色金属产区之一。全自治区发现矿种 145 种(含亚矿种),占全国探明资源储量矿种的45.8%;探明储量的矿藏有 97 种,其中 64 种储量居全国前 10 位,有 12 种居全国第 1 位。在 45 种国民经济发展支柱性矿藏中,广西探明资源储量的有 35 种。

(二)综合运输

铁路:1978 年,铁路完成客运量 1368 万人,货运量 2118 万吨。里程无统计资料。2015 年,铁路营业里程 5086 千米,完成客运量 7046 万人、货运量 5779 万吨。

公路:1978 年,广西公路总里程 29773 千米,其中干线公路 10720 千米。至 2015 年,广西公路总里程 117993 千米,其中等级公路 105019 千米(高速公路 4288 千米、一级公路1079 千米、二级公路 11147 千米、三级公路 8269 千米、四级公路 80236 千米),占公路总里程的 89%。1978 年,全区公路运输部门共有汽车 4945 辆,其中客车 1187 辆、47351 客位,货车 3758 辆、12783 吨位。完成客运量 4628 万人、货运量 2579 万吨。至 2015 年,全区民用汽车 366.52 万辆,其中载客汽车 302.56 辆、载客量 1861.34 万客位;载货汽车 58.71 万辆、载货量 182.40 万吨位。完成客运量 41522 万人、货运量 119194 万吨。

航空:新中国的广西民航事业创办于 1952 年。1978 年前,广西通航点仅南宁、桂林两处,通往北京、天津等 10 个城市,航线 8 条,旅客吞吐量 10 万人,货运吞吐量 2800 吨。1978 年改革开放以来,广西民航发展成就日新月异,构筑了立足广西、通达全国、飞向东盟、连通世界的航空网络。截至 2015 年,广西通航航线 240 条,可通航国内 75 个城市以及 14 个国家和地区 28 个城市。2015 年完成旅客吞吐量 1885.5 万人次、货邮吞吐量13.36 万吨。

海运:广西海运历史悠久。主要包括普通货物运输、客滚船运输、高速旅游客运、集装箱(班轮)运输、危险品运输等。广西海运船队规模偏小,结构单一,干散货船占比重。海运企业中绝大多数为私营企业。集装箱班轮运输、原油运输、液化天然气运输、特种运输等专业化运输方式基本由区外大型航运企业承担。沿海航线有沿海南北航线、港澳台航线、东盟航线和远洋运输,主要货种有煤炭及制品、石油、天然气及制品、金属矿石、非金属矿石、钢铁、建材、粮食、化肥等。货物主要流向广西、广东、海南、上海、天津、福建、浙江、山东、辽宁等地的港口;集装箱货主要流向大陆沿海城市和港澳台地区等,并通过粤港澳流向世界各港口。

广西海运业是广西经济社会发展重要的基础产业。近年来,广西北部湾港港口运输能力和服务水平不断提升,现已发展成为西南地区物资的重要出海口和我国对东盟国家海上贸易的重要口岸,对推动广西及西南地区开放开发、促进重大产业布局和临海工业发展发挥了重要作用。

1978 年,广西沿海运输船舶 147 艘,17455 载重吨,100 客位。全年完成沿海货运量 104 万吨、客运量 2 万人。至 2015 年,广西维护沿海航道 290.8 千米,共有沿海海运企业 84 家,运输船舶 614 艘,1908668 载重吨,9146 客位。全年完成沿海货运量 5049 万吨、客运量 263 万人。

(三)港口概况

广西沿海港口海运历史悠久,早在秦汉时期,合浦港(今北海铁山港区、北海石埠岭港区至大风江口一带水域)便成为我国对外贸易的重要港口,是我国"海上丝绸之路"的始发港之一。自秦汉至明代,越南沿海—合浦港(廉州港)—南流江—北流江—桂江—灵渠—湘江—中原的通道,是我国进出口商品主要通道。其中灵渠(湘桂运河)为秦始皇三十三年(公元前 214 年)建成的沟通长江、珠江水系的人工运河。

1876 年,中英《烟台条约》正式辟北海为对外通商口岸,北海港成为广西最早开放对外的港口,但是一直处于自然港口的落后状态。

1970 年 10 月,北海港由交通部下放给广西地方管辖。1984 年 4 月,国务院将北海市列为全国 14 个沿海开放城市之一后,北海港港口基础设施建设快步发展。防城港于 1968 年 3 月作为对越南援助的战备港口开始建设,定名"广西 322 工程",1970 年初简易投产,1972 年 6 月起担负援越物资的中转任务。1974 年,国务院批准将防城港逐步扩建为对外开放的贸易港口,1983 年 10 月,防城港举行开港典礼,宣布对外开放。钦州港域早在 1924 年就被孙中山先生在《建国方略》中列为中国"南方第二大港",1994 年正式开港。此后,以防城、钦州、北海三港为主体,其他地方商贸、工业码头为补充的总体格局初步形成。2009 年,经交通运输部同意,广西将防城港、钦州港、北海港合并成为广西北部湾港。

1978 年 12 月党的十一届三中全会至 1992 年 1 月,广西重点建设防城港 1~7 号7 个万级深水泊位、北海港石步岭港区一期工程 2 个万吨级泊位。1992 年 1 月—2002 年 11 月,广西贯彻落实党中央确定的"要充分发挥广西作为西南地区出海通道的作用"的战略决策,加快沿海港口设施建设步伐。防城港第 8 泊位投产使用(1992 年 12 月),这是当时广西最大的深水泊位,可靠泊 3 万吨级船舶。此外,防城港部分中级泊位、散货通用泊位、集装箱专用泊位建成投产;北海港石步岭港区二期工程散货泊位和多用途泊位建成投产;钦州港于 1992 年 8 月 1 日正式动工兴建,1994 年 1 月 2 个万吨级起步码头建设成投产。2002 年 12 月—2015 年 12 月,这一时期,广西紧紧抓住西部大开发、建设中国-东盟自由贸易区等重大战略机遇,积极实施广西北部湾经济区发展规划的战略决策。2004 年起,自治区党委、政府先后实施了沿海基础设施大会战一、二期工程,开工建设了防城港西湾

10 万吨级航道、防城港东湾 10 万吨级航道、防城港 20 万吨级航道工程、钦州港域10 万吨级航道、北海港石埠岭 5 万吨级航道、铁山港区深水航道以及一大批大型深水专业泊位等港口重点项目,大幅提高港口的集疏运能力,并成功实现我国西部地区第一个保税港区——钦州保税港区的封关运作。

2002 年以前,沿海港口行政管理体制是北海、防城、钦州 3 个港务局政企合一。2002 年之后,沿海三市港口管理体制基本按照港口管理局、港务集团公司"政企分开""一港一政"的模式运行。其中,北海市港务管理局于 2003 年 3 月挂牌成立,为正处级事业机构,归口北海市交通局管理;2003 年 6 月,单独设立。防城港市港口管理局于 2004 年 9 月组建,为防城港市人民政府工作部门;2006 年,防城港市港口管理局划入防城港市交通局;2010 年 1 月,防城港市设立防城港市港口建设管理办公室,为防城港市人民政府直属事业单位,正处级。钦州市港口管理局于 2004 年 9 月设立,为市人民政府工作部门,正处级行政单位。

2007 年 2 月,广西北部湾国际港务集团有限公司成立,北海、防城、钦州 3 个港口国有部分的生产资源得到整合,广西沿海港口开始迈向一体化。在统一经营模式下,3 个港区统一船舶生产调度,进一步压缩管理链条,实现了"一港三域"生产指挥监控的统一;统一市场开拓和商务合作,进一步提升服务水平;统一港口生产作业系统,逐步解决北部湾港一体化指挥调度和数据共享的瓶颈问题。

2009 年 3 月,自治区人民政府批准防城港、钦州港域和北海港统一使用"广西北部湾港"名称;2009 年 4 月,交通运输部同意将防城港、钦州港、北海港三港纳入广西北部湾港港口统计范围,统称"广西北部湾港";2009 年 12 月,交通运输部正式对外公告启用"广西北部湾港"名称。

2011 年 1 月 1 日起施行的《广西壮族自治区港口条例》,为整合港口资源理顺管理体制,保护和合理开发利用港口资源提供了法律保障。

2015 年 10 月,自治区北部湾港口管理局成立,上收整合北海市港务管理局、钦州市港口管理局、防城港市港口建设管理办公室,履行对广西沿海港口统一规划、统一建设、统一管理,实现沿海港口一体化管理。港口管理法治化、制度化、规划化和服务水平大幅提升,体制机制运行更加高效。

近年来,广西以北部湾港为核心,大力拓展与东盟各国的合作。2015 年,北部湾港已与 7 个东盟国家的 47 个港口建立了国际运输往来,与全球 80 多个国家和地区的 221 个港口通航,开通集装箱班轮航线 46 条,其中内贸 21 条、外贸 25 条、海上穿梭巴士 3 条,我国内陆腹地以广西北部湾港为枢纽走向印度洋太平洋地中海的海上大通道正加速建设。

2010—2015 年,广西北部湾港完成货物吞吐量分别为 11923 万吨、15331 万吨、

17438 万吨、18674 万吨、20189 万吨、20482 万吨。其中,集装箱吞吐量分别为 56 万 TEU、74 万 TEU、82 万 TEU、100 万 TEU、112 万 TEU、142 万 TEU。

广西地处低纬度,北回归线横贯中部,南临热带海洋,北接南岭山地,西延云贵高原,属亚热带季风气候区。气候温暖,雨水丰沛,光照充足。夏季日照时间长、气温高、降水多,冬季日照时间短、天气干暖。受西南暖湿气流和北方变性冷气团的交替影响,干旱、暴雨、热带气旋、大风、雷暴、冰雹、低温冷(冻)害气象灾害较为常见。广西沿海地区盛行季风,年均气温 21.9 ~ 22.6 摄氏度,年平均降水量 1682.7 ~ 2362.6 毫米,平均雾天数 13.2 ~ 22.2 天。

广西大陆海岸线东起合浦的洗米河口,西至中越边界的北仑河口,全长 1595 千米(2008 年新测算的结果为 1628.59 千米)。海岸类型为分冲积平原海岸和台地海岸两种,迂回曲折,多溺谷,港湾、岛屿众多。海岸走向呈东西向。

广西北部湾港腹地范围主要包括广西、云南、贵州、四川、重庆、湖南、湖北等省(自治区、直辖市),覆盖我国西南、中南等地区,并辐射东盟各国。2010 年 3 月,自治区人民政府批复实施《广西北部湾港总体规划》,并于 2018 年 5 月修编。原则同意广西北部湾港"一港、三域、八港区、多港点"的港口布局体系和各港域、港区、港点的功能定位。"一港"即广西北部湾港,"三域"即防城港域、钦州港域和北海港域,"八港区"即渔氵万港区、企沙港区、金谷港区、大榄坪港区、三墩港区、石步岭港区、铁山港西港区、铁山港东港区 8 个规划期内重点发展的枢纽港区,"多港点"即沿海分散布局的小港点。

广西北部湾港分为防城港域、钦州港域和北海港域,是我国西南中南地区开放发展的重要出海通道和最便利出海口,是构建面向东盟的国际大通道、打造西南中南地区开放发展新的战略支点、形成"一带一路"有机衔接重要门户的重要枢纽和平台。将发展成为具备装卸仓储、多式联运、临港工业、现代物流、保税、航运服务、旅游客运和区域性国际邮轮母港等功能的区域性国际航运中心,满足港口腹地经济及临港产业对以集装箱、矿石、煤炭、石油等大宗型货物为主的货物运输需求,以及对休闲旅游客运的需求。规划利用港口岸线 219.11 千米(深水岸线 164.06 千米),可建 834 个生产性泊位(深水泊位 566 个),年货物通过能力约 21.0 亿吨、年旅客通过能力约 2433 万人次、年车辆通过能力约 43 万辆。

(四)港口发展成就

1978 年,广西沿海港口主要是北海港,其码头长度 715 米,生产性泊位 9 个。1978 年,广西沿海港口完成货物吞吐量 123.59 万吨,其中外贸货物 13 万吨。

截至 2015 年,广西北部湾港航道里程共 290.8 千米,其中防城港域 32.25 千米,钦州港域 189.90 千米,北海港域 68.65 千米。广西北部湾港共有生产性泊位 256 个,其中万吨级以上泊位 79 个,码头长度 35343 米,最大靠泊能力 20 万吨。2015 年,广西北部湾港共完成货物吞吐量 20482 万吨,其中外贸货物 12556 万吨,占该港货物吞吐量的 61.3%,出港货物 6410 万吨;集装箱吞吐量 141.5 万 TEU;旅客吞吐量 19.92 万人。

广西北部湾港区域内有南防线、钦北线、黎钦线、钦港线、玉铁线等铁路线连接,并有进港铁路直通至港口码头,连通云南、贵州、湖南等中西部地区;港口为高速公路网所覆盖,区域内已形成以南宁—钦州、六景—钦州港、崇左—钦州、钦州—防城港、防城港—东兴、钦州—北海、北海—山口—广东、合浦—贵港、玉林—铁山港等高速公路为骨架、辅以二级公路网,各港区通过一级以上的疏港公路与公路网连接并通达西南地区及越南各地,此外,连接各港区的广西滨海公路已部分建成通车;各港区已开通多条国内外航线,海运可直达海南、广东、港澳等我国沿海地区及世界各国主要港口;区域内已建成的北海福成机场,为国内次干线机场,飞行区等级 4C,已开通多条国内航线。

广西壮族自治区沿海港口基本情况表见表 8-10-1。

二、北部湾港

(一)港口概况

1.港口综述

广西壮族自治区地处我国华南沿海,东邻广东,西靠云南,北接湖南、贵州,南濒南中国海,与越南接壤,具有沿海沿边沿江的区位优势。海岸线长 1629 千米,曲折的海岸线和众多的港湾水道使广西沿海有天然港群之称。根据自治区批复实施的《广西北部湾港总体规划》,广西北部湾港由防城港域、钦州港域、北海港域组成,其背靠大西南,面向东南亚,是西南、中南地区开放发展的重要出海通道和最便利的出海口,近年来港口基础设施建设加快,货运吞吐量保持持续较快增长,临港产业加快发展,有力地助推了广西的开放和发展。

(1)防城港域

防城港地处广西壮族自治区西南端,北连南宁市,南临北部湾,东接钦州市,西邻越南。始建于 1968 年,1970 年成立港务局,1974 年扩建为对外贸易港口,1983 年经国务院批准正式对外开放,至 1986 年建成投产 7 个 1 万~2.5 万吨级深水泊位,1992 年建成第 1 个 3 万吨级泊位;1968 年 3 月 22 日,为落实 1967 年中越双方签订的《关于战时使用中越两国海上隐蔽航线和越南船舶疏散到中国港口的议定书》,国务院批准在东兴县辖区兴建防城港。

表 8-10-1

广西壮族自治区沿海港口基本情况表

港口名称	港口岸线		2015年港口生产用泊位				其中:1978—2015年建成的生产用泊位				2015年港口货物和旅客吞吐量							
	港口规划岸线	其中:2015年前已建成岸线	生产用泊位数	其中:万吨级及以上	生产用泊位总长	其中:万吨级及以上	生产用泊位数	其中:万吨级及以上	生产用泊位总长	其中:万吨级及以上	货物吞吐量	其中:外贸货物吞吐量	集装箱	滚装车辆		旅客	其中:国际旅客
	千米	千米	个	个	米	米	个	个	米	米	万吨	万吨	万TEU	数量 万标辆	质量 万吨	万人	万人
规模以上港口 北部湾港(防城港域)	57.57	15.2	119	35	15200	9793	116	35	15000	9793	11503.57	8671.65	36.86	0	0	0	0
北部湾港(北海港域)	87.59	6.68	58	12	6679	3035	49	12	5915	3035	2468.25	1015.98	10.48	2	78.8	19.9	—
北部湾港(钦州港域)	74.54	13.46	79	32	13464	9125	79	32	13464	9125	6510.24	2868.37	94.18	0	0	0	0
合计	219.70	35.34	256	79	35343	21953	244	79	34379	21953	20482.06	12556	141.52	2	78.8	19.9	0

　　防城港域规划有渔澫港区、企沙港区,以及白龙、榕木江、茅岭等港点,远景预留大小冬瓜岸线;其中渔澫港区和企沙港区规划为中转运输枢纽港区,企沙港区兼顾为临港工业服务,其他港点则主要服务地方生产生活物资运输和旅游客运。规划港口岸线94.86千米(深水岸线71.66千米),可建379个生产性泊位(深水泊位260个),年货物通过能力达到10.35亿吨、年旅客通过能力440万人次,港区面积8712公顷。

　　港域具有水域宽阔、纳潮量大、水深浪小、掩护条件好、港池航道淤积少等良好的天然水域条件和广阔的陆域,开发潜力巨大,是我国西南沿海地区的深水良港,已发展成为我国沿海26个主要港口之一、西南沿海第一大港、广西沿海龙头港和主力港,是我国最大的硫黄中转、磷酸出口港以及铁矿石、煤炭、化肥等重要物资的中转基地,是中国南方能源和原材料的转运中心,与世界100多个国家和地区的220多个港口通航,海运网络覆盖全球。

　　防城港域现有进港航道呈Y形,由进港航道、防城湾内的西湾航道和东湾航道组成,航道里程达到26.16千米,最大通航等级为20万吨级三牙进港航道;根据规划,还将建设湾口的企沙南航道、企沙半岛东南侧的企沙东航道以及珍珠湾口东侧的白龙航道。

　　防城港现有锚地为0号锚地、1号锚地和2-1号、2-2号锚地共4处,根据《防城港港口总体规划》,防城湾外规划8个锚地,其中万吨级锚地1个、1万~10万吨级锚地2个、10万吨级锚地1个、LNG船及危险品船锚地1个、15万吨级锚地1个、20万吨级锚地1个、30万吨级锚地1个,总面积约509.1平方公里。

　　截至2015年,防城港已建成泊位124个,其中生产性泊位119个,其中万吨级以上泊位35个,已利用码头岸线长19.66千米,其中深水岸线16.24千米;全港完成港口货物吞吐量1.15亿吨,其中集装箱完成36.86万TEU;主要在渔澫港区和企沙港区完成,港口营运货种主要为煤炭、金属矿石、钢铁、化工原料及制品、粮食、化肥及农药、农林牧渔产品和矿建材料。

　　(2)钦州港域

　　钦州港域位于中国南方沿海,北部湾湾顶的钦州湾内,三面环陆,南面向海,地理位置十分优越,东南向与北海距48海里,西南向与防城港相距35海里,距海口150海里、湛江港250海里、香港430海里、上海港1240海里,距越南海防港155海里,交通便捷发达,建港条件优越,后方陆域广阔,建港成本低,曾是孙中山先生在《建国方略》中规划的南方第二大港,仅次于广州港。

　　1992年8月,钦州市委、市政府号召全市人民"捐资建港",钦州港域自此拉开了建港的帷幕,开启了全民捐资建港的先河。在交通部和广西壮族自治区、钦州市等各级政府的关怀和大力支持下,1994年1月,钦州港2个万吨级起步码头(钦州港域一期工程)建成投产运营,结束了钦州"有海无港"的历史。

1993年4月17日,交通部部长黄镇东视察钦州港,钦州港2个万吨级起步码头第一块沉箱预制件吊装成功。1997年6月,钦州港成为国家一类口岸。2000年8月,钦州港二期工程正式列入国家计划。2000年9月和12月,3万吨级航道和钦州港二期工程动工建设,实现了港口建设的历史性跨越。2004年2月,10万吨级航道开工建设。钦州港建港20多年来,在资金缺乏的情况下,不等不靠,依靠体制创新、招商引资和全社会各方力量,抢抓机遇,艰辛创业,锐意进取,努力拼搏,取得了辉煌成就;港口实现了从无到有、从小到大的历史性跨越。至2015年,通过市场化运作,钦州港现已建成投产的公共、工业泊位共79个,其中万吨级以上32个,已利用港口岸线14.76千米。船舶进出钦州港域主要利用钦州港东、西两航道、金鼓江航道和30万吨级航道。

钦州港域规划金谷港区、大榄坪港区、三墩港区3个枢纽港区,以及茅岭港点、龙门港点、沙井港点和三娘湾港点等。

钦州港域定位是钦州市临港产业布局和西南部分地区经济社会发展的重要依托,是广西北部湾经济区开发开放的重要支撑。钦州港以集装箱和石油化工运输为主,依托钦州保税港区着力打造成为国际集装箱干线港。钦州港域规划港口岸线65.64千米(深水岸线49.82千米),可建设229个生产性泊位(深水泊位153个),年货物通过能力约为5.3亿吨、年旅客通过能力约316万人次,港区面积5688公顷。

钦州港域通过正确处理港口与工业、城市的关系,通过港口发展带动产业升级,陆续引入中石油炼化、国投电厂、中粮粮油、金桂浆纸、中船修造等大批大型工业和物流项目进入港区。同时,争取国家支持,先后设立了国家级港口经济技术开发区、保税港区、汽车整车进口口岸、中国东盟港口城市合作网络钦州基地、中马钦州产业园等多个国家级港口、物流、产业发展平台。钦州港按照中央、自治区党委政府和交通运输部的部署,加快建设"一带一路"倡议中新互联互通南向通道陆海枢纽,正逐步发展成为以集装箱干线港和工业港为主的综合性现代国际港口,形成了港口与工业、城市良性互动快速发展的局面。钦州港域将发挥越来越重要的作用。

(3)北海港域

北海港位于广西海岸东部,北部湾东北岸,109°4′E,21°28′N。毗邻广东、与海南省及越南隔海相望,是东南亚、西亚、非洲、欧洲抵达中国大陆的最近港口之一,是中国西南地区以及华南、华中部分地区便捷的出海口,处于西南经济区域,泛珠三角经济圈,亚太经济区域和中国-东盟"一轴两翼"区域经济合作新格局的中心枢纽位置。北海是一个基础设施较为完善的城市,拥有高速铁路、高速公路、海港、空港,已建立起便捷的海陆空立体交通网络。北海机场是全天候民用机场,北海铁路与全国铁路网连接并直达北海港。北海初步形成了北至桂林,西至重庆、成都,东至广东的高速公路网络体系。

北海对外开放历史源远流长,是中国最早的海上丝绸之路始发港之一。北海合浦自西汉元鼎六年（公元前 111 年）设置合浦郡，是汉朝南海对外海上贸易的中心和枢纽，是中国南方重要的对外开放窗口，还是中国从海上走向东南亚、南亚、欧洲的最便捷的海上通道。

据《汉书地理志》记载，汉武帝曾派商船从合浦、徐闻起航，到东南亚地区以及天竺（今印度、巴基斯坦、孟加拉国等国境内）、波斯（伊朗）等地进行"朝贡"贸易。合浦汉墓出土的琥珀、水晶、琉璃、玛瑙，大多通过海上丝绸之路流入。西方使者和商人到北海港后，一部分上溯南流江北上中原，另一部分东进徐闻而达番禺（广州）、泉州等地。到宋朝，合浦辟为与交趾（越南）的互市口岸，成为当时中国对外贸易的重要港口。随着航海技术的发展及船舶吨位的增大，北海港在明代已逐渐由河口港转变为沿海港。据《广东通志》记载，明嘉靖中期，我国商船已不定期从"广东廉州冠头岭发舟"，开往东南亚各国进行商贸。冠头岭一带海域，即是现在北海港的深水区域。1876 年，中英《烟台条约》辟北海为对外通商口岸。此后，西方列强纷至沓来，在北海开设领事机构和商务机构。1879 年，英国派人对北海港进行勘探，1881 年，英国皇家海军向世界公布了北海港的海港地图。此后，中外船只纷纷抵达。自清朝光绪四年（1878 年）至民国二十六年（1937 年）的59 年间，以北海港为中转港或终点港的定期或不定期的航线就有 8 条，开辟有至上海、海口、香港、澳门、海防、新加坡、苏门答腊等直达航线。有英、法、德、葡、日、奥、丹麦等外国的货轮驶达北海港。

北海港成为改革开放中崛起的港口之一。1984 年，北海港被定为全国首批 14 个沿海开放城市。1985 年，北海港石步岭港区开始动工建设，兴建万吨级泊位2 个，北海港域发展翻开新篇章。随着港口体制改革和国家加大大西南地区和中西部地区经济建设的力度，大力发展北部湾经济区成为国家重点战略目标，将成为我国继珠三角经济区、长三角经济区以及环渤海经济区之后经济发展的第四极。北海港也迎来新的发展机遇，主动适应经济发展新常态，全面贯彻落实国家"一带一路"倡议和自治区"双核驱动"战略，推进港口发展稳步前进。2015 年，北海港下辖铁山港区、石步岭港区，已开通海上航线 120 多条，已与 98 个国家和地区的 218 个港口有贸易往来。

根据《广西北部湾港口总体规划》，北海港域包括石步岭港区、铁山港西港区和铁山港东港区三个枢纽港区，海角港点、侨港港点和涠洲岛港区等小港点、小港区，规划港口岸线 58.62 千米（深水岸线 42.58 千米），可建设 226 个泊位（深水泊位 153 个），年货物通过能力约 5.3 亿吨、年旅客通过能力约 1677 万人次、年车辆通过能力约 43 万辆，港区面积4107 公顷。截至 2015 年，北海港已建成生产性泊位 60 个，其中万吨级以上泊位 13 个，已利用码头岸线长 8.41 千米，其中深水岸线 5.69 千米。

北海港域内航道主要有 4 条，分别为石步岭港区进港航道、铁山港区进港航道、海角老港区航道和侨港客运旅游港区航道。锚地有石步岭港区万吨级锚地、石步岭港区 2 万吨级锚地、石步岭港区 3 万~5 万吨级锚地、1 号避风锚地、2 号避风锚地、3 号避风锚地、铁山港区 1 万~5 万锚地、铁山港区 10 万吨级锚地等。

2. 港口水文气象

（1）防城港域

防城港域地处低纬度地区，属南亚热带季风气候区，冬短夏长，温暖湿润，日照充足，雨量充沛，干湿季节分明，盛行季风。年平均气温 22.2 摄氏度。降水集中在 6—9 月，年平均降水量为 2362.6 毫米，年最大降水量为 3111.9 毫米，其中以 8 月降水量最为集中，达 528.7 毫米。防城港季风盛行，冬季多偏北风，夏季多偏南风，春秋季节是南北风向转换季节。多年平均雾日为 22.2 天，最多年雾日为 36 天，最少年雾日为 8 天。雾多发生在冬末春初早晨，一般持续 2~3 小时，日出雾散。属正规全日潮型，平均潮位为 2.27 米。最高潮位为 5.54 米（1986 年 7 月 22 日），最低潮位为 -0.29 米（1990 年 11 月 12 日）。当全日分潮显著时，潮差大（最大潮差 ≥4.5 米），涨潮历时大于落潮历时，憩流时间短。类型以全日潮流为主，仅在小潮期间出现不正规半日潮流，潮流在海流中占主导地位。拦门沙以外开阔海域潮流具回转流性质，主流线与潮波传播方向一致，流速小。拦门沙以内受地形影响流速增大，基本上为往复流，航道东侧略为左旋、西侧为右旋，水力特性是涨潮历时长、落潮历时短、落潮流速大于涨潮流速。波浪主要由风浪、涌浪和混合浪组成。泥沙来源主要是防城河的输沙，年平均输沙量约 23.7 万吨，最大年输沙量 39 万吨，年输沙量不大。同时，防城湾海岸风化物侵蚀泥沙数量较小，湾内没有大的泥沙来源。此外，防城湾东西两侧的钦州湾和珍珠湾分别被企沙半岛和白龙半岛阻隔，两海湾的泥沙难以绕过半岛直接进入拦门沙地区。两半岛南部海岸波浪侵蚀的泥沙，主要补给防城湾口东西部位，对拦门沙地区的供给量甚微。由此可见，防城湾外也没有明显的泥沙流影响港区。综上所述，防城湾没有大的泥沙来源，泥沙补给不丰富。

（2）钦州港域

钦州港域属南亚热带海洋性气候，高温多雨，干湿季节明显，历年平均气温 21.9 摄氏度，钦州港域区雨量丰沛，多集中于夏季。其中 6—9 月的降雨量占全年雨量的 66.7%。当地季风显著，每年 5—8 月盛行偏南风，10 月至翌年 3 月盛行偏北风，4 月和 9 月为季风转换期。钦州港域区雾多发于春季（11 月至翌年 4 月），雾生成时间以 4—5 时为多，18 时以后出现次之。潮型为不正规全日潮，平均涨潮历时 10 小时 23 分，平均落潮历时 8 小时。钦州湾海区潮流以往复流为主，潮汐大小适中，潮流不大，属弱混合海潮。涨潮时，外海水流入海湾内，并通过河口上溯到内河去；落潮时，潮流流向偏南，内河上的海水和淡水流出海湾；钦州湾口外潮流旋转方向为顺时针，其余地区为逆时针。茅尾海内余流受径流控制，余流与湾顶不同，且流速稍大，洪水期表底层余流流速为 0.3 节左右，流向偏南；钦州湾沿岸的海浪主要由海面风产生的风浪和外海传递来的波浪组成，以风浪为主，多年平均风浪频率为97%。受海洋性季风气候的影响,由冬、夏季风所引起的海浪占主导地位,常浪向为 NNE 向和 SSW 向。冬季以偏北浪为主,夏季以西南偏南向浪为主;多年平均海浪周期为1.8秒,多年平均海浪最大周期为3.7秒左右,海浪周期随季节而变化,一般夏秋季大,冬春季小。

(3)北海港域

北海地区气象属亚热带海洋性季风气候,累年年平均气温22.6摄氏度。全年常风向为正北,次常风向为东南偏东,强风向为东南,最大风速29米/秒,次强风向为东南偏东,最大风速为21米/秒。每年5—9月为雨季,占全年降水量的78.7%,其中以8月降水量最多,10月至次年4月为旱,仅为全年降水量的21.3%。年平均雾日数13.2天,历年年最多雾日数24天(1966年、1969年),历年年最少雾日数4天(1977年)。潮汐属不正规日潮,由湾外海区的正规日潮(每天一涨一落)向湾内的不正规日潮过渡(大潮汛时每天一涨一落,小潮汛时每天两涨两落),平均潮差2.45米。潮流情况往复型潮流,涨潮流向北,落潮流向南,东槽平均落潮流速略大于西槽,而西槽平均涨潮流速略大于东槽。港域下表层基本为沙混淤泥,涨潮表底层相差甚小;铁山港区航道、港池开挖后的年回淤强度在0.2米以下,外航道需开挖部分的年回淤强度小于0.1米。

3.发展成就

(1)防城港域

1989年初,防城港被交通部列为全国19个枢纽港之一,其间越南边民涌入东兴等边境地区要求互市贸易、交换商品,拉开恢复边境贸易的序幕。1990年4月20日,广西首条定期集装箱航线防城港—香港在防城港试航成功。5月15日,在中国举办的第五届环太平洋港口讨论会上,防城港等19个枢纽港列入中国港口建设核心建设规划。2005年7月6日,防城港20万吨级矿石码头及配套航道工程投入正式运营,防城港成为全国第4个拥有20万吨级码头的港口。

20世纪90年代以来,随着我国加入世界贸易组织、国家西部大开发战略的实施和推进,以及近年来推动的泛珠江三角区域合作、中国-东盟自由贸易区建设、泛北部湾区域经济合作、"一带一路"倡议等,区域经济持续快速发展,防城港的建设明显加快并已形成一定规模,集约化程度有所提高,已形成公用码头为主体、企业专用码头为补充的格局,港口规模和服务范围得到长足发展,逐步成为防城港市乃至广西经济社会发展的重要依托和我国对东盟国家海上贸易的重要出海口。防城港的快速发展对推动防城港市和广西北部湾经济区开发开放、促进重大产业布局和临海工业发展起到了重要作用,为广西及西南地区经济社会发展和对外开放提供了有力保障,出海通道的区位优势进一步凸显,对外开放的支撑与带动作用日渐突出。

防城港吞吐量2011年完成9023.63万吨、2012年完成10058.44万吨、2013年完成

10560.5万吨、2014年完成11500.72万吨、2015年完成11503.58万吨,2011年引航1732艘次、2012年引航2276艘次、2013年引航2342艘次、2014年引航2669艘次、2015年引航2923艘次。

(2)钦州港域

近年来,在中央和自治区的关怀和大力支持下,钦州港域认真实施"建大港、兴产业、造新城、强科教、惠民生"发展方略,加快推进亿吨大港工程建设,走"政府主导,社会共建,市场运作,投资多元"的建港路子,从无到有,从小到大。截至2015年,钦州港域建成投产件杂货、散货、油气、滚装、集装箱功能等公用、工业泊位79个,其中10万吨级泊位8个、7万吨级10个、5万吨级9个、3万吨级4个,港口设计年吞吐能力10080万吨,其中集装箱设计年吞吐能力为233万TEU。建成泊位岸线总长14755米,其中万吨级以上岸线9891米。有北部湾港务集团、中石油、中石化、广西天盛、广西东油等码头经营企业29家。船舶进出钦州港域主要利用钦州港域东、西两航道、金鼓江航道和30万吨级航道。建成投入使用原油、成品油、液化气、化工储罐550万立方米,粮油储罐60万立方米,各种库场120万立方米。港口仓储业经营范围涉及粮食加工配送、沥青加工配送、油气配送运输、食品油配送、食糖储备配送等。集疏运条件:铁路,港内勒沟专用线、鹰岭、果子山专用线、大榄坪铁路支线经钦港线可通过南防线、钦北线、黎钦线等铁路与南昆、黔桂等全国铁路联网。公路,贵阳、重庆、成都、昆明和长沙等至钦州港域的高速公路、高等级干线公路均已贯通。航空,南宁和北海机场距钦州港域高速公路里程均约100千米。海运,钦州港域可与世界各港口通航,与90多个国家、地区的港口建立贸易往来。已开通至越南海防、泰国、马来西亚、西非、韩国仁川等国际集装箱航线以及至天津港、营口港的南北直航、厦门直航、广州南沙港、上海港和直航等内贸航线。截至2016年,钦州港域共开通运营内外贸集装箱班轮直航线29条,其中外贸17条、内贸12条,不断巩固发展钦州港域在环北部湾港口中的航线网络优势,为实现北部湾集装箱"干线港"目标奠定了基础。口岸服务:2010年11月国务院批准钦州口岸扩大开放,钦州港域已获批为汽车整车进口口岸。为港口涉外服务的海关、检验检疫、海事、边检、边防等配套齐全,通关快速,服务优良。商业贸易:2015年,钦州港域装卸、仓储等港口业务以及补给、维修等港口配套服务全面开放,一个投资、经营多元化的港口市场正在形成,大中型港口码头企业26家,体制涵盖国有、中外合资、民营、内联等多种形式。开港以来,钦州港域与90多个国家和地区建立贸易往来,从地方小港逐步发展成为一个以内外贸运输和临港工业为主,兼有国际中转、边境贸易、商贸、旅游、客运多功能,配套设施较齐全的港口。

钦州港域吞吐量2011年完成4716.2万吨、2012年完成5622万吨、2013年完成6035.2万吨、2014年完成6412.5万吨、2015年完成6510.2万吨,2011年引航1732艘次、2012年引航2276艘次、2013年引航2342艘次、2014年引航2669艘次、2015年引航

2923 艘次。

（3）北海港域

北海港是新中国成立之初广西沿海最重要的民用港口。1984 年北海市成为 14 个沿海开放城市之一,港口乘着改革开放春风借势发展。1987 年,在交通部和自治区政府的大力支持下,石步岭港区 2 个 1 万吨级泊位的建成,告别了北海没有万吨级深水泊位的历史,极大地促进了地方的改革开放和经济社会发展,带动了西南经济腹地的发展。在摸着石头过河的经济改革中,港口企业进行市场化改革过程中上市,由于各种原因,加之地方经济底子薄、体量小、市场化程度不高等原因,在 1997 年完成石步岭 1 个 2.5 万吨泊位和 1 个 3 万吨级泊位建设后,发展一度停滞。

2008 年,《广西北部湾经济区发展规划》通过国家批复,广西北部湾经济区建设上升为国家战略,伴随中央对广西实施面向东盟的国际大通道、西南中南地区开放发展新的战略支点、"一带一路"倡议有机衔接的重要门户"三大定位"战略,北海港的发展开始进入快车道。2009 年 12 月 30 日,铁山港正式开港,2 个 10 万吨级泊位开始正式运营,铁山港区成为北海港发展新的主战场。经过"十一五""十二五"和"十三五"前两年共 12 年的建设,北海港口建设项目方面共完成投资 150.3 亿元,新建万吨级以上泊位 8 个,其中 10 万吨级以上泊位 6 个,港口设计吞吐能力从 2005 年的 1218 万吨、2010 年的 1818 万吨提升到 2017 年的 3660 万吨,年平均增长率为 9.6%;港口吞吐量从 2005 年的 350 万吨、2010 年的 1250 万吨提升到 2017 年的 3168 万吨,年平均增长率为 20%;集装箱从 2005 年的 2.4 万 TEU、2010 年的 6.4 万 TEU 提升到 2017 年的 23 万 TEU,年平均增长率为 21%。

至今,北海港域已发展成为由铁山港西港区、铁山港东港区、石步岭港区 3 个枢纽港区和海角港点、侨港港点、涠洲岛港区等小港点、小港区组成的北部湾港重要港域,石步岭港区主要发展国际邮轮旅客运输体系;铁山港西港区和铁山港东港区主要发展集装箱运输、煤炭运输、矿石运输和油品运输。截至 2015 年,全港域共拥有泊位 60 个,其中万吨级以上泊位 13 个、万吨级以下泊位 31 个、1000 吨级以下泊位 15 个、1000 吨级以下非生产性泊位 1 个,泊位总长 7062 米,航道最大通航能力 10 万吨级(兼顾 26.6 万立方米 LNG 船);码头泊位年通过能力货物 3660 万吨、集装箱 5 万 TEU、滚装汽车 35 万辆、旅客 436 万人。

北海港吞吐量 2011 年完成 1590.75 万吨、2012 年完成 1757.43 万吨、2013 年完成 2077.77 万吨、2014 年完成 2275.56 万吨、2015 年完成 2468.25 万吨,2011 年引航 822 艘次、2012 年引航 857 艘次、2013 年引航 904 艘次、2014 年引航 1068 艘次、2015 年引航 1113 艘次。

北部湾港港区分布图如图 8-10-1 所示。

图 8-10-1　北部湾港港区分布图

(二)石步岭港区

1.港区综述

（1）港区建设和运营概况

石步岭港区规划发展旅游客运、兼顾客货滚装,建设港口支持系统,形成国际邮轮靠泊和配套服务区。规划岸线 7065 米,其中深水岸线 5377 米;布置 24 个 2000～225000 吨级生产性泊位,其中深水泊位 20 个;陆域面积 265.3 万平方米,陆域纵深 277～1246 米;年旅客通过能力约 800 万人次、年车辆通过能力约 8 万辆。

石步岭港区东北侧现有的石步岭港区一期工程(1 号、2 号泊位)、石步岭港区二期工程(3 号、4 号泊位)、石步岭港区三期工程 5 号泊位,岸线总长 1066 米,为 5 个 1 万～3.5 万吨级泊位,港区年吞吐能力 169 万吨。由广西北部湾国际港务集团控股的上市公司北部湾港股份有限公司下属北海分公司整体运营。港区吞吐量 2011 年523.43 万吨、2012 年553.27 万吨、2013 年 604.59 万吨、2014 年 608.94 万吨、2015 年 639.98 万吨。

（2）港区地理条件和集疏运概况

石步岭港区位于北海市西端,港区专线铁路于 1996 年开通,可通过钦北铁路的北海站连接全国铁路网。公路为通过城区市政道路(港区前为双向四车道,主干现为双向八车道,规划为港区集疏运专用高架双向六车道)连接广西公路网,港区货物主要通过铁路和公路两种方式进行集疏运。

2.港区工程项目

(1)北海港石步岭港区一期工程

项目于 1985 年 5 月开工,1986 年 11 月竣工验收 1 号泊位,1987 年 1 月竣工验收 2 号泊位。

项目建设规模为 2 个 1 万吨级件杂货泊位,其中经 2013 年 11 月 10 通过竣工验收的加固改造,2 个泊位可靠泊 3.5 万吨级船舶作业,岸线总长为 340 米。码头为顺岸式布局,采用重力式结构。码头前沿水深 9.5 米。后方陆域总面积 49.93 万平方米,堆场面积 3.21 万平方米,主要装卸设备为 15 吨门座式重机 4 台。经多年的设备投入,2015 年项目的 2 个泊位拥有 6 台 10 ~ 33 吨门座式重机。项目总投资约3100 万元,其中交通部投资 2100 万元,广西区政府投资 1000 万元。

工程由交通部水规院实行总承包,其中,上海航道局东方港湾开发公司承包水下挖方疏浚工程;交通部广州救捞局承挖基槽,安放沉箱的主体工程;冶金部第十九冶金建设公司承包预制大型钢筋混凝土沉箱;广西航务工程处承包引堤工程;交通部二航局承包码头空墙及堆场铺砌任务;铁道部岭南公司承包陆域回填和平整场地。此外,广西水电联营公司、广东湛江第三建筑公司等单位亦承包各种辅助设施。

项目的投产结束了北海没有深水泊位的历史,促进了北海市社会经济发展和改革开放。

(2)石步岭港区二期工程

项目于 1993 年 1 月开工,1994 年 12 月竣工验收。

项目建设依据:1992 年 8 月,广西壮族自治区计划委员会《关于北海港新港二期工程可行性研究报告的批复》(桂计能字〔1992〕488 号);1992 年 10 月,广西壮族自治区建设委员会《关于北海港新港区二期工程初步设计的批复》(桂建设字〔1992〕95 号);1992 年 7 月,广西壮族自治区环境保护局《关于北海港新港区二期工程环境影响保护书的批复》(桂环管字〔1992〕034 号)。

二期工程建设规模为 1 个 2 万吨级和 1 个 3.5 万吨级泊位(2013 年 11 月经加固改造,2 万吨级泊位可靠泊 5 万吨级船舶作业,3.5 万吨级泊位可靠泊 7 万吨级船舶作业),岸线总长 425 米。码头采用突堤式布局,重力式结构。码头前沿水深:2 万吨泊位为 10.8 米,3.5 万吨级泊位为 12 米。堆场面积 9654 平方米。项目总投资约 1.65 亿元,其中交通部补助 5500 万元,其余由北海市政府筹措解决。项目陆域总面积 49.93 万平方米。

建设单位为北海市港务局;初步设计、施工图设计单位交通部水运规划设计院;施工单位为水工部分为交通部第二港务工程局第一工程公司、有色金属十六冶工程公司、北海市建筑工程公司。

北海港二期工程投产后,给广西区和北海市带来巨大的社会效益。①北海市几个大的"八五"项目上马,要依赖于二期工程建成;②港口吞吐能力提高,货运量增加,提高了北海市的经济活力和招商引资能力;③西南三省货物进出,有赖于北海港吞吐。特别是在南昆线建成之后,二期工程的建成投产,极大地促进了西南地区的社会经济发展。

(3)石步岭港区三期工程

项目于 2011 年 7 月开工❶。

项目建设依据:2011 年 5 月,广西壮族自治区发展和改革委员会《关于北海港石步岭港区三期工程工程项目核准的批复》(桂发改交通〔2011〕678 号);2011 年 6 月,广西壮族自治区交通运输厅《关于北海港石步岭港区三期工程初步设计的批复》(桂交水运函〔2011〕498 号);2011 年 3 月,广西壮族自治区环境保护厅《北海港石步岭港区三期工程环境影响报告书》(桂环审〔2011〕52 号);2011 年 1 月,广西壮族自治区海洋局《北海港石步岭港区三期工程项目用海论证报告》(桂海函〔2011〕11 号);2012 年 9 月,交通运输部《北海港石步岭港区三期工程使用港口岸线》(交规划发〔2012〕456 号)。

项目建设规模为 2 万吨级、3 万吨级和 5 万吨级泊位各 1 个,其中 3 万吨级泊位水工结构按 5 万吨级预留。岸线总长 833 米。其布局方式为向东顺延原石步岭港区 1 万吨级 1 号泊位建设 1 个 2 万吨级 5 号泊位,而后向北以突堤方式建设 3 万吨级 6 号泊位和 5 万吨级 7 号泊位,3 个泊位全部采用重力式结构。码头前沿水深分别为:2 万吨级 5 号泊位 11.1 米,3 万吨级 6 号泊位和 5 万吨级 7 号泊位 14 米。后方陆域总面积 37.35 平方米,堆场面积 6900 立方米。5 号泊位拟配置 25 吨普通门座式重机 2 台,6 号、7 号泊位拟配置 45 吨多用途门座式重机 7 台。项目概算总投资 13.86 亿元,其中 35% 为业主自筹,65% 为银行贷款。总用海面积 49.93 公顷❷。

建设单位为北部湾港股份有限公司北海港分公司;初步设计编制单位为广西壮族自治区交通规划勘察设计研究院;施工图编制单位为广西壮族自治区交通规划勘察设计研究院;施工单位为中交第四航务工程局有限公司;监理单位为广西八桂工程监理咨询有限公司;质监单位为广西壮族自治区交通工程质量监督站。

(4)北海邮轮码头项目(石步岭港区邮 1 号、邮 2 号泊位)

项目于 2011 年 7 月开工建设,项目在建。

项目建设依据:2011 年 3 月,广西壮族自治区交通运输厅《关于北海邮轮码头工程初步设计的批复》(桂交水运函〔2011〕131 号);2010 年 7 月,广西壮族自治区环境保护厅《关于北海邮轮码头工程项目环境影响报告书的批复》(桂环管字〔2010〕83 号);2011 年

---

❶ 2018 年实施的《北部湾港口总体规划》已取消 6 号、7 号泊位的规划,6 号、7 号泊位不再建设。

❷ 用海类型为交通运输用海,用海方式为部分填海造地、部分港池用海,其中填海造地 37.35 公顷、港池用海 12.59 公顷。

3 月,广西壮族自治区人民政府《关于北海邮轮码头工程项目使用海域的批复》(桂政函〔2011〕101 号);2013 年 1 月,交通运输部《关于北海邮轮码头工程使用港口岸线的批复》(交规划发〔2013〕60 号);2010 年 12 月,广西壮族自治区发展和改革委员会《关于北海邮轮码头项目核准的批复》(桂发改交通〔2010〕1211 号)。

项目建设规模为 5 万总吨(泊位长度和水工结构均按靠泊 10 万总吨邮轮设计)和 2 万总吨邮轮泊位各 1 个。码头采用突堤式布局,码头结构形式为重力式沉箱结构,岸线总长 574 米,码头前沿水深 9.2 米。项目概算总投资 7.23 亿元,由业主自筹解决。项目总用海面积 101.13 公顷,用海类型为交通运输用海,用海方式为部分填海造地、部分非透水构筑物用海、部分港池用海、部分专用巷道和锚地用海,其中填海面积 40.74 公顷、非透水构筑物用海面积 1.06 公顷、港池用海面积 13.14 公顷、专用航道和锚地用海面积 46.19 公顷,后方陆域总面积 40.74 公顷。主要装卸设备包括轨道式登船桥 1 台,其他建设内容有护岸、陆域形成、客运中心、配套道路等配套设施。

建设单位为广西北部湾国际港务集团有限公司;初步设计编制单位为中交第二航务工程勘察设计院;码头水工、护岸施工单位为中国水产广州建港工程公司、中交第四航务工程局有限公司;监理单位为广西八桂监理咨询有限公司;质监单位为广西壮族自治区交通工程质量监督站。

(三)铁山港西港区

1. 港区综述

(1)港区建设和运营概况

铁山港西港区由啄罗作业区、北暮作业区、石头埠作业区和雷田作业区组成,远景预留发展北暮东岸线。其中啄罗作业区规划为液体散货、干散货和件杂货作业区,建设港口支持系统,主要为临港工业服务;北暮作业区规划为以干散货和集装箱为主、兼顾件杂货运输的作业区,主要为腹地物资中转运输服务;石头埠作业区规划为干散货、件杂货作业区,建设港口支持系统,并发展修造船产业,主要为临港工业服务;雷田作业区由雷田南岸线和雷田北作业区组成,雷田南岸线规划为远景预留发展港口岸线;雷田北作业区规划为固体危险品作业区。港区规划岸线 36426.2 米,其中深水岸线 30095.6 米,布置 120 个 2000 ~ 150000 吨级生产性泊位,其中深水泊位 100 个,陆域面积 3199.8 万平方米,年通过能力约 43000 万吨。

港区现有的万吨级以上泊位包括:啄罗作业区 LNG 接收站配套码头、北暮作业区 1 ~ 4 号泊位工程、石头埠作业区国投北部湾电厂码头、石头埠作业区神华国华广投北海能源基地码头 7 个泊位,岸线总长 2323 米。另有 3 个 5000 吨级油品泊位,7 个 50 ~ 500 吨级地方小型码头泊位。2015 年,港区吞吐能力 2669 万吨。

港区吞吐量2010年完成307.2万吨、2011年完成663.8万吨、2012年完成796万吨、2013年完成1061.3万吨、2014年完成1297.7万吨、2015年完成1390.2万吨。

(2)港区地理条件和集疏运概况

铁山港西港区位于北海市东部、铁山港湾西岸,港区主要通过北海至铁山港一级公路连接高速路网和通过玉林至铁山港铁路(2015年5月开通)进行疏港,玉林至铁山港高速公路正在施工中。截至2015年,码头前沿与玉林至铁山港铁路连接专用线的前期工作还在进行中。

2.港区工程项目

(1)国投北部湾发电有限公司北海电厂专用煤码头(石头埠作业区21号泊位)

项目于1996年10月开工建设,2004年12月试运行,2006年12月竣工验收。

项目建设依据:2004年6月22日,国家发展和改革委员会《印发国家发展改革委关于审批广西北海电厂一期工程可行性研究报告的请示的通知》(发改能源〔2004〕1174号)核准了项目;1995年6月,电力部电力规划总院《关于发送广西北海电厂一期工程初步设计审查会议纪要的通知》(电规发〔1995〕124号)批复了项目的初步设计;1997年6月,电力部电力规划总院《关于发送广西北海电厂煤码头及相关工程初步设计审查会议纪要的通知》(电规发〔1997〕78号)批复了电厂一期项目煤码头及相关水工工程的初步设计;2001年11月,国家环境保护总局《关于广西北海电厂(2×300兆瓦)环境影响报书重新审核意见的复函》(环审〔2001〕223号)、广西壮族自治区环境保护局《关于广西北海电厂(2×300兆瓦)环境影响报书审查意见的涵》(桂环管涵〔2001〕124号);2006年3月,北海市人民政府通过《建设用地批准书》(北海〔2006〕批字第00161)批复了项目用地;2002年7月,广西壮族自治区海洋局《关于对出具国北部湾发电有限公司建设北海电厂用海意见请示的复函》(桂海局函〔2002〕14号),2006年2月,国家海洋局《海域使用权证书》(国海证061100002号)。

项目建设规模为5万吨级煤码头1个,岸线总长520米。码头采用突堤式布局、重力式结构。前沿水深11.5米,后方堆场面积6万平方米,堆存容量40万吨。码头的主要装卸设备为1250吨/小时的连续卸船机2台、煤场安装卸煤能力分别为1500吨/小时和1800吨/小时的斗轮机各1台。电厂一期工程总用地面积94万平方米(预留二期用地)。一期工程总投资约24.5亿元,其中码头及堆场投资1.85亿元。

建设单位为国投北部湾发电有限公司(项目原为中港合资项目,2002年2月由国投电力控股股份有限公司接管);项目勘察设计单位为中交第四航务工程勘察设计院;施工单位为中港第四航务工程局;监理单位为南华建设监理所;质监单位为广西壮族自治区交通工程质量监督站。

项目自2005年投产以来,一直处于良好的营运状态。项目的投产,为北海电厂的发电用煤提供了保障,满足了北海市社会及经济发展的用电需求,促进了北海市铁山港工业园区的发展。2013—2015 年货物吞吐量分别为 140 万吨、134 万吨、110 万吨。

(2)北海铁山港区 1～4 号泊位工程(北暮作业区 1～4 号泊位)

项目 2007 年 5 月开工建设,2012 年 6 月,1 号和 2 号泊位竣工验收❶。

项目建设依据:2008 年 6 月,广西壮族自治区发展和改革委员会《北海铁山港区 1#－4#泊位工程可行性研究报告》(桂发改交通〔2008〕450 号);2009 年 12 月,广西壮族自治区交通运输厅《北海铁山港区 1#－4#泊位工程初步设计文件》(桂交水运基建函〔2009〕1059 号);2008 年 4 月,广西壮族自治区环境保护厅《北海铁山港区 1#－4#泊位工程环境影响报告书》(桂环管字〔2008〕72 号);2010 年 6 月,广西壮族自治区政府《关于北海铁山港区 3#4#码头泊位工程项目使用海域的批复》(桂政函〔2010〕160 号);2012 年 2 月,交通运输部《关于广西北海港铁山港区 1 至 4 号泊位工程使用港口岸线的批复》(交规划发〔2012〕704 号)。

工程建设 4 个 10 万级泊位(水工结构 15 万吨级),岸线总长 1306 米,设计年吞吐能力 1200 万吨,码头采用突堤式布局、重力式结构。码头前沿水深 18.1 米,后方堆场面积 48.01 万平方米,仓库面积 3.6 万平方米,堆存能力 112.4 万吨。主要装卸设备为 20 台门座式起重机。项目总投资 31.35 亿元,其中 35% 由业主自行解决,65% 通过银行贷款解决。用地总面积 395.7 万平方米。

建设单位为广西北部湾国际港务集团有限公司;初步设计编制单位为广西壮族自治区交通规划勘察设计研究院有限公司;1 号、2 号泊位施工图设计单位为广西壮族自治区交通规划勘察设计研究院有限公司;3 号、4 号泊位施工图设计单位为中交第二航务工程勘察设计院有限公司;施工单位为中交第四航务工程局有限公司;监理单位为广西八桂工程监理咨询有限公司;质监单位为广西壮族自治区交通工程质量安全监督站。

码头项目投产运营后,货物吞吐量增长明显,有效满足了铁山港区工商业的进出口及相关产业的发展需要,促使铁山港临港新材料千亿产业园建园。

(3)北海港铁山港区石头埠作业区 1 号、2 号泊位工程

项目于 2012 年 2 月开工建设,2015 年 5 月水工结构交工验收,后方配套设施在建。

项目建设依据:2011 年 12 月,广西壮族自治区发展和改革委员会《关于北海铁山港区石头埠作业区 1#、2#泊位工程项目核准的批复》(桂发改交通〔2011〕1662 号);2012 年 1 月,广西壮族自治区交通运输厅《关于北海港铁山港区石头埠作业区 1#、2#泊位工程初步设计的批复》(桂交行审〔2012〕1 号);2011 年 9 月,广西壮族自治区环境保护厅《北海

---

❶ 2019 年 6 月,3 号和 4 号泊位竣工验收。

港铁山港区石头埠作业区 1#、2#泊位工程环境影响报告书》(桂环审〔2011〕209 号);2011 年12 月,广西壮族自治区人民政府《北海市人民政府关于审批广西投资集团铁山港石头埠作业区 1#、2#泊位码头项目海域使用权的请示》(桂政函〔2011〕36 号);2012 年12 月,交通运输部《关于广西北海铁山港区石头埠作业区 1 号 2 号泊位工程使用港口岸线的批复》(交规划发〔2012〕772 号);2012 年 12 月,交通运输部《关于广西北海铁山港区石头埠作业区 1 号 2 号泊位工程使用港口岸线的批复》(交规划发〔2012〕772 号)。

项目建设规模为 2 个 10 万吨级通用泊位,岸线总长 590 米,设计年吞吐能力共904 万吨。码头采用突堤式布局、重力式结构。前沿水深 14.5 米。后方堆场面积 13.41 万平方米,堆存容量 69.5 万吨;仓库面积 3.00 万平方米,堆存容量 1.7 万吨。主要装卸设备为 40 吨门座式起重机 2 台、1800 吨/小时的连续卸船机 1 台和 1800 吨/小时的桥式抓斗卸船机 1 台。项目概算总投资 14.23 亿元,其中 35% 由业主自筹,65% 通过银行贷款解决。项目总填海面积 42.20 万平方米。

建设单位为神华国华广投(北海)发电有限责任公司(中国神华能源股份有限公司与广西投资集团有限公司按 52∶48 股比共同出资组建);施工单位为中交一航局第三工程有限公司、中交第四航务工程局有限公司;监理单位为厦门港湾咨询监理有限公司;质监单位为广西壮族自治区交通工程质量安全监督站。

由于外部地方铁路没有落实,项目正在进行设计优化,研究外部铁路建设方案。

(4)中石化广西液化天然气项目工程码头工程(啄罗作业区 4 号泊位)

项目于 2014 年 3 月开工建设,2015 年 10 月交工验收,2016 年 3 月试运行,2017 年 3 月竣工验收。

项目建设依据:2013 年 6 月,国家发展和改革委员会《关于广西液化天然气(LNG)项目核准的批复》(发改能源〔2013〕1192 号);2013 年 6 月,中国石油化工有限责任公司《关于广西液化天然气(LNG)项目可行性研究报告的批复》(石化股份计〔2013〕395 号);2013 年 10 月,交通运输部《关于广西液化天然气(LNG)项目码头及陆域形成工程初步设计的批复》(交水发〔2013〕610 号);2013 年 1 月,国家环境保护部《关于广西液化天然气(LNG)项目环境影响报告书的批复》(环审〔2013〕28 号);2012 年 11 月,国家海洋局《关于广西液化天然气(LNG)项目用海预审意见的函》(国海管字〔2012〕750 号);2013 年 4 月,交通运输部《关于广西液化天然气接收站项目配套码头工程的意见》(交函规划〔2013〕151 号)。

项目建设 26.6 万立方米 LNG 专用泊位 1 个、工作船泊位 2 个,岸线总长 496.2 米。码头采用突堤式布局、高桩式码头结构。前沿水深 14.7 米。项目总投资 12.40 亿元,由业主自筹解决。填海造地 48.23 万平方米。由于该码头为配套 LNG 接收站建设,码头面以上不属交通部门管理(2005 年拥有 16 万立方米混凝土储罐 4 个)。

建设单位为中石化北海液化天然气有限责任公司。EPC(设计采购施工总承包)单位为中交第二航务工程勘察设计院有限公司,疏浚施工单位为中铁港航局,码头主体结构和排水口工程由中交三航局负责,取水口工程由中交四航局负责,监理由广东国信工程监理有限公司负责,桩基检测及码头验证性检测工作由广西交通科学研究院负责。

项目投产惠及广西14个地市4700万人、大型工业企业11家、城市燃气经销商64家,每年将减排二氧化碳480万吨,是实实在在的惠民工程。

(四)涠洲岛港区

1.港区综述

(1)港区建设和运营概况

涠洲岛港区位于涠洲岛西北侧和南端,规划以客运、滚装功能为主,兼顾物资陆岛运输和油品作业,为当地生产生活及旅游客运服务。规划岸线3168米,其中深水岸线11米;布置16个500~60000吨级生产性泊位,其中深水泊位1个;陆域面积约23.7万平方米。

港区已建成万吨级以上泊位为1个60000吨级单点系泊泊位,码头岸线长11米。另有1个2000吨级油品泊位、1个5000吨级油品泊位和1个工作船泊位、2个2000吨级客运滚装泊位,以及海岛南部已建成的2个500吨级客运泊位,码头岸线长630米。

2011—2015年货物吞吐量分别为227.63万吨、242.52万吨、277.73万吨、282.99万吨、297.11万吨;2011—2015年北海至涠洲旅客吞吐量分别为99万人次、107.68万人次、164.98万人次、164.22万人次、202.64万人次。

(2)港区地理条件和集疏运概况

港区进港航道为天然航道,集疏运全部依赖陆岛交通航运。

2.港区工程项目

(1)涠洲终端单点泊位

项目于1997年7月开工,1998年9月竣工。

项目建设依据:1997年9月,国家计划委员会《关于审批涠洲12-1油田开发可行性报告的请示》(计交能〔1997〕1271号)。

项目位于涠洲岛西面大约2.9千米的海面上,项目建设6万吨级单点系泊泊位1个,是我国大陆第二套CALM系统。现状年吞吐能力216万吨,码头结构为浮筒式(悬链式锚腿系泊系统)。泊位前沿水深25米。项目总投资约2亿元,由业主自筹解决。

建设单位为隶属于中国海洋石油总公司的南海西部石油公司;设计单位为IMODCO INC.(瑞士);施工单位为IMODCO INC.(瑞士);监理单位为湛江立恒工程监理有限公

司;质监单位为湛江中海石油检测公司、北海市锅检所、中国特检院南宁办事处。

(2)涠洲岛客货码头工程

项目于2002年1月10开工建设,2005年8月31日对滚装泊位、港池掉头地2个单位港池进行交工验收,2008年6月25日对引堤护岸、客运泊位2个单位进行交工验收,2009年9月30日正式试运行,2014年8月1日取得区交通运输厅竣工验收证书。

项目建设依据:2000年8月,广西壮族自治区环境保护局《关于北海涠洲客货码头工程项目环境影响评价工作大纲的批复》(桂环管字〔2000〕67号);2000年10月,北海市发展计划委员会《关于对北海市交通局要求重新核发涠洲岛客货码头立项批文的函的批复》(北计能〔2000〕010号);2000年11月,北海市发展计划委员会《关于北海涠洲岛客货码头工程可行性研究报告的批复》(北计能〔2000〕011号);2000年12月,广西壮族自治区交通厅《关于北海涠洲岛客货码头初步设计和概算的批复》(交基建函〔2000〕1135号);2001年6月,广西壮族自治区交通厅《关于北海涠洲岛客货码头施工图设计和预算的批复》(交基建函〔2001〕552号);2001年11月,水运工程开工报告获得广西壮族自治区交通厅的批准。2002年11月4日,广西壮族自治区国土资源厅《关于广西北海涠洲岛客货码头海域使用可行性论证报告的批复》(桂国土资函〔2002〕340号);2002年11月,广西壮族自治区人民政府《关于北海市涠洲岛客货码头建设用地的批复》(桂政土批函〔2002〕226号)。

涠洲岛客货码头工程位于北海市涠洲岛高岭附近,涠洲岛南海油气码头东北侧。项目建设规模为滚装泊位和客运泊位各1个,客运泊位长度为120米,滚装泊位长度为50.9米,实体引堤长292.72米。码头顶高程+6.00米(北海当地理论深度基准面),前沿停泊地底高程-3.7米。分为引堤护岸、客运泊位、滚装泊位、港池掉头地4个单位工程。项目总投资为3358.35万元。

建设单位为北海市交通局;初步设计、施工图设计单位为广西壮族自治区交通规划勘察设计研究院;施工单位为中港一航三公司、广西区航务工程局;监理单位为广西八桂工程监理咨询有限公司;质监单位为广西壮族自治区交通工程质量监督站。

(五)金谷港区

1.港区综述

(1)港区建设和运营概况

金谷港区规划布置了勒沟作业区、果子山作业区、鹰岭作业区、金鼓江作业区,预留樟木环作业区。港区规划岸线15756米,其中深水岸线10596米;规划布置73个1000~100000吨级生产性泊位,其中深水泊位41个;金谷港区陆域广阔,作业区分散,总面积775万平方米。

金谷港区以煤炭、原油、成品油和各类液体化工产品运输为主的大型专业化港区,规划为石油及液体化工品转运基地,逐步发展成为我国主要的油品转运和临港加工产业基地,兼顾散杂货中转运输。

勒沟作业区位于勒沟泾西侧,规划为干散货、件杂货作业区,建设港口支持系统。规划岸线4839米,其中深水岸线2298米,布置24个1000～70000吨级泊位,陆域面积164万平方米。

作业区西侧自南向北布置3个5万～7万吨级泊位和7个1万～5万吨级泊位,岸线长2298米,北端规划190米港口支持系统岸线;勒沟泾内布置11个1000～5000吨级件杂货泊位,岸线长1549米,现有巨龙泊位南侧190米岸线规划为港口支持系统岸线;作业区北侧与樟木环作业区共用的港池内布置3个2000～5000吨级件杂货泊位,岸线长413米,西南端规划199米港口支持系统岸线。陆域纵深170～1000米,码头面高程6.3米。

截至2015年,勒沟作业区已建成钦州港2000吨级通用码头(勒沟作业区1号泊位),钦州港5000吨级件杂货码头(勒沟作业区2号泊位),广西海事局钦州海巡基地(勒沟作业区4号、5号泊位),中粮5万吨级散货泊位(勒沟作业区6号泊位),钦州港二期工程(勒沟作业区7号、8号泊位),钦州港一期工程(勒沟作业区9号、10号泊位),钧达散杂货码头(勒沟作业区11号、12号泊位),勒沟作业区13号、14号泊位,勒沟作业区天盛散杂货码头(勒沟作业区15号泊位)等工程,使用岸线总长约2978米,形成吞吐能力1420万吨。

果子山作业区位于勒沟泾东侧,西侧与鹰岭作业区相邻,规划为干散货、件杂货作业区。规划岸线2425米,其中深水岸线1213米,布置16个1000～100000吨级泊位,陆域面积162万平方米,年通过能力约1900万吨。

作业区西侧布置4个7万～10万吨级泊位,岸线长1213米;南端布置1个2000吨级泊位,岸线长113米;勒沟泾内布置11个1000～5000吨级件杂货泊位,岸线长1099米。陆域纵深215～1113米,码头面高程6.3米。

截至2015年,果子山作业区已建成中山码头(果子山作业区1～4号泊位)、丰隆3000吨级杂货码头(果子山作业区5号、6号泊位)、吉运千吨级散杂码头(果子山作业区7号泊位)、吉运千吨级散杂码头(果子山作业区8号、9号泊位)、渔业基地通用泊位一、二期工程(果子山作业区10号、11号泊位)、永鑫10万吨级散货码头(果子山作业区13号泊位)、天盛果子山作业区10万吨级散货码头(果子山作业区14号泊位)、天盛果子山作业区7万吨级散货码头(果子山作业区15号泊位)等工程,使用岸线总长约2017米。

鹰岭作业区位于金鼓江口西侧,规划为油品、液化气、化学品等液体危险品和煤炭作业区。规划岸线3577米,其中深水岸线3019米,布置10个2万～10万吨级泊位;非深水岸线 558 米,布置 4 个 3000～5000 吨级泊位。陆域面积 222 万平方米,陆域纵深 322～647 米,码头面高程 6.3 米。

截至 2015 年,鹰岭作业区已建成中石化 3 万吨级油气码头(鹰岭作业区 1 号泊位),广明万吨级油气码头,国星 5000 吨级液化气码头(鹰岭作业区 5 号泊位),东油沥青 5 万吨级油气码头(鹰岭作业区 6 号泊位),天盛 5 万吨级油气码头(鹰岭作业区 7 号泊位),中石油 10 万吨级原油码头(鹰岭作业区 8～11 号泊位),中石油广西石化 5 号、6 号液体散货泊位(鹰岭作业区 12 号、13 号泊位),钦州燃煤电厂 7 万吨级卸煤专用码头(鹰岭作业区 14 号泊位)等工程,使用岸线总长约 2666 米,形成吞吐能力 3328 万吨。

金鼓江作业区位于金鼓江西岸滨海公路以南,规划为液体危险品、干散货、件杂货作业区,建设港口支持系统。规划岸线 4915 米,其中深水岸线 4066 米,布置 19 个 3000～50000 吨级泊位,陆域面积 227 万平方米。

作业区自南向北布置 17 个 1 万～5 万吨级泊位和 2 个 3000～5000 吨级泊位,岸线长 4366 米;北部布置港口辅助配套区,规划 549 米港口支持系统岸线。作业区陆域纵深 151～580 米,码头面高程 6.3 米。

截至 2015 年,金鼓江作业区已建成恒荣件杂货码头(金鼓江作业区 5 号泊位),三枫 5000 吨级散杂货码头(一期)(金鼓江作业区 6 号泊位),三枫 5000 吨级散杂货码头扩建工程(二期)(金鼓江作业区 7 号泊位),金鼓江作业区 12 号、13 号泊位,国投钦州煤炭码头等工程。

樟木环作业区为规划预留作业区。

(2)港区地理条件和集疏运概况

金谷港区已有疏港铁路,从钦北铁路的钦州东站引出的钦港铁路支线接入金谷港区,港区铁路的勒沟铁路专用线和鹰岭铁路专用线已建成投入使用。勒沟铁路专用线承担勒沟作业区的铁路货运量,鹰岭铁路专用线承担果子山作业区、鹰岭分区和金鼓江作业区的铁路货运量。金谷港区现有疏港公路为钦州港大道。金谷工业区内规划有 6 条城市主干路、8 条城市次干路和 2 条高速道路,将港区与市区连接在一起,并通过北部湾大道、疏港高等级公路、钦州—六景高速公路、广西滨海公路等与其他周边城市连通。该港区的鹰岭作业区规划、建设有公共输油、气管廊。各作业区之间有公路连接。

2.港区工程项目

(1)钦州港一期工程(勒沟作业区 9 号、10 号泊位)

项目于 1992 年 11 月开工,1994 年 4 月试运行,1997 年 4 月竣工。

项目建设依据:1992 年 3 月,钦州地区计划委员会《关于请求批准广西钦州港两个万吨级散杂货码头工程项目立项的报告》(钦地计规字〔1992〕14 号);1992 年 4 月,广西壮族自治区计划委员会《关于对钦州港万吨级泊位项目建议书的批复》(桂计能字〔1992〕

184 号);1992 年 9 月,广西壮族自治区计划委员会《关于钦州港两个万吨级散杂货码头工程可行性研究评估报告的批复》(桂计能字〔1992〕684 号);1992 年 10 月,广西壮族自治区计划委员会《关于钦州港万吨级散杂货码头工程初步设计的批复》(桂计能字〔1992〕第 101 号);1992 年 10 月,广西壮族自治区建设委员会《关于钦州港万吨级散杂货码头工程概算的批复》(桂建设字〔1992〕104 号);1995 年 3 月,广西壮族自治区建设委员会《关于钦州港两个万吨级散杂货码头工程调整概算的批复》(桂建设字〔1995〕13 号)。

项目建设 2 个 1 万吨级散杂货泊位,码头岸线长度 360 米。项目设计年吞吐能力 90 万吨,码头水工结构为沉箱结构,码头前沿水深 9.8 米。堆场面积 6.28 万平方米,仓库面积 4339.82 平方米。项目总投资 1.57 亿元,其中基建资金拨款 6068 万元,银行贷款 3924 万元,地方自筹 5703 万元。项目用地 6.64 万平方米。

建设单位为广西钦州港经济开发区管理委员会(建成后移交钦州港务局,2005 年政企分开后,资产划入钦州市港口集团有限公司,后改制为广西北部湾国际港务集团有限公司);设计单位为交通部第三航务工程勘察设计院;施工单位为交通部第二航务工程局一公司;监理单位为交通部上海东华港湾工程建设监理所;质监单位为广西壮族自治区交通工程质量监督站。

(2)鹰岭作业区广明万吨级油码头项目

项目于 1996 年 2 月 23 日开工建设,1997 年 9 月 25 日试运行,2017 年 1 月竣工。

项目建设依据:1995 年 9 月 27 日月,钦州港区管理委员会《关于中外合资钦州广琏仓储有限公司在钦州港码头及陆域建设用地的选址意见》(钦港管发〔1995〕140 号);1995 年 10 月 10 日,钦州市计划委员会《工程可行性研究报告》(钦州市计规字〔1995〕14 号);1995 年 10 月 10 日,钦州市计划委员会《关于下达广西钦州广琏仓储有限公司中外合资建设鹰岭万吨级液化气码头仓储项目自筹基建计划的通知》(钦市计基字〔1995〕44 号);2001 年 7 月 17 日,通过钦州海事局《关于对广琏油码头复查验收意见的批复》(钦海危防字〔2001〕7 号);1997 年 2 月 20 日,广西壮族自治区环境保护局《关于钦州港万吨级码头项目环境影响报告书》(桂环然字〔1997〕4 号);2004 年 3 月 22 日,广西壮族自治区环保局《关于广西广明码头仓储有限公司万吨级油气码头竣工环境保护的验收意见》(桂环验定〔2004〕8 号)。

项目建设 1 个 1 万吨级油气码头泊位(码头设计靠泊能力 1 万吨级,码头水工结构容许最大靠泊能力 2 万吨级),码头泊位长 180 米,引桥段总长 178.36 米,设计年吞吐能力 45 万吨。码头结构形式为重力墩式结构,蝶形布置。码头面高程 + 8.0 米,前沿港池高程为 – 9.75 米,项目后方规划配套仓库面积 17.15 万平方米、库区 7600 立方米。主要装卸设备配置金属软管和无缝钢管。项目总投资约 6000 万元,资金来源为自筹。项目用地 6.68 万平方米,全部通过填海形成陆域。

建设单位为广西广明码头仓储有限公司;设计单位为广西壮族自治区交通规划勘察设计院;施工单位为广西航务工程局南宁市航务工程处;质监单位为广西壮族自治区交通工程质量监督站。

(3)中石化3万吨级油气码头(鹰岭作业区1号泊位)工程

项目于1997年7月24日开工建设,1999年7月试投产,2016年10月竣工。

项目建设依据:1997年7月,钦州市计划委员会《三万吨级油码头可行性研究报告的批复》(钦计钦字〔1997〕55号);1997年12月,广西壮族自治区环境保护局《关于深能钦州港三万吨级油气码头和液化气储备工程环境影响报告书的批复》(桂环然字〔1997〕46号);1997年1月,钦州市土地管理局《建设用地许可证》;1997年8月,钦州市林业局《关于钦州港域深圳市能源公司建设码头、油库、仓储征用林地的批复》;1889年7月,钦州市海洋局《国有海域使用权出征合同》(钦港海合字〔1998〕第001号),并取得海域使用证。

项目原为深圳能源钦州码头油库项目配套建设的1个3万吨级成品油泊位,泊位长262米,码头前沿设计底高程-12.3米。码头采用蝶形布置,重力墩式结构;后方配套1个8万立方米油库、1个0.8万立方米液化石油气库、以及油气库系统配套工程。中石化3万吨级油码头建设总投资5105.60万元,其中深圳能源总公司投资4900万元,贷款205.60万元;8万立方米油库建设总投资4980.76万元,其中深圳能源总公司投资4780万元,贷款200.76万元;0.8万立方米液化石油气库建设总投资5001.60万元,其中深圳能源总公司投资4800万元,贷款201.16万元;油气库系统配套工程建设总投资,5189.16万元,其中深圳能源总公司投资4980万元,贷款209.16万元。项目用地约22.8万平方米。

建设单位为深圳能源总公司;设计单位为广西壮族自治区交通规划勘察设计院、茂名石化公司设计院;施工单位为交通部第二航务工程局、广东省航务工程总公司;监理单位为交通部南华建设监理所、中国寰球化学工程公司北京京华昌工程建设监理有限责任公司;质监单位为钦州港质量监督站。

项目建成后,2002年9月通过100%股权收购方式,建设单位变更为广西钦州中石化石油液化气有限公司(隶属中石化总公司)。2016年10月,按老旧码头整治通过综合评估、检测完成项目竣工验收工作。

(4)钦州港二期工程(勒沟作业区7号、8号泊位工程)

项目于2001年3月开工,2003年4月试运行,2016年7月竣工。

项目建设依据:1998年6月,国家发展计划委员会《关于广西钦州港二期工程项目建议书的批复》(计交能〔1998〕1221号);2000年8月,国家发展和改革委员会《关于广西钦州港二期工程可行性研究报告的批复》(计基础〔2000〕1287号);2000年12月,交通部《关于钦州港二期工程初步设计的批复》(交水发〔2000〕672号);2000年4月,国家环境保护总局《关于广西钦州港二期工程建设项目环境影响报告书的批复》(环函〔2000〕147

号);2000 年 9 月,钦州港经济开发区规划建设局《建设用地规划许可证》(钦港用地
2000-087 号)。

项目建设 2 个 3 万吨级通用散杂货泊位,码头岸线长度 460 米。码头采用顺岸式重
力式结构,设计年吞吐能力 115 万吨,码头前沿水深 12.5 米,陆域纵深 668 米。堆场面积
11.5 万平方米,仓库面积 1.18 万平方米。项目总投资概算 3.08 亿元,为企业自筹。项目
陆域用地 30.73 万平方米。

建设单位为广西钦州港域经济开发区管理委员会,现移交广西北部湾国际港务集团
公司经营;设计单位为交通部第三航务工程勘察设计院;施工单位为中港第二航务工程
局;监理单位为北京京华工程建设监理事务所;质监单位为广西壮族自治区交通工程质量
监督站。

项目是钦州港务局建设的第二个码头,是钦州市第一个国家财政部担保利用科威特
政府贷款的项目。工程充分发挥了钦州港域的港口资源优势,有力促进了钦州地区的经
济发展,成为大西南地区最便捷的出海通道。

(5)天盛 5 万吨级油气码头工程(鹰岭作业区 7 号泊位)

项目于 2002 年 4 月 30 日开工建设,2005 年 10 月试运行,2016 年 10 月竣工。

项目建设依据:2001 年 4 月,钦州港经济技术开发区《关于广西天昌投资发展有限责
任公司配套专用油气码头工程可行性研究报告的批复》(钦港经发规字〔2001〕14 号);
2001 年 12 月,广西壮族自治区国土资源厅《关于广西天昌投资发展有限责任公司配套专
用油气码头工程海域使用可行性研究论证报告的批复》(桂国土资函〔2001〕629 号);
2001 年 3 月,钦州港经济技术开发区《关于广西天昌投资发展有限责任公司配套专用油
气码头工程项目建议书的批复》(钦港经发规字〔2001〕07 号)。2001 年 10 月,广西壮族
自治区环境保护局《关于钦州港广西天昌投资有限责任公司五万吨级油气码头及油气库
工程项目一期工程环境影响报告书的批复》(桂环管字〔2001〕152 号);2001 年 2 月,钦州
港经济技术开发区规划建设局《建设项目选址意见书》(钦港 2001-0605-028 号)、《建设
用地规划许可证》(钦港 2001-028 号)、《建设工程规划许可证》(钦港非工 2002-144 号);
2002 年 11 月,钦州市人民政府《国有土地使用证》。

项目建设 1 个 5 万吨级油气码头(码头设计靠泊能力 50000 吨级油气船舶),码头泊
位总长 300 米,设计年吞吐能力 120 万吨。码头水工结构形式为重力墩式,蝶形布置,码
头面高程 +8.5 米,码头前沿港池高程为 −14.2 米,油罐区约 30 万立方米。项目投资
9.6 亿元,通过企业自筹解决。码头后方陆域配套面积 17.5 万平方米,通过填海形成
陆域。

建设单位为广西天昌投资发展有限责任公司;设计单位为广西壮族自治区交通勘察
规划设计研究院;施工单位为中国水产广州建港工程公司;监理单位为广西八桂工程监理

咨询有限公司;质监单位为广西壮族自治区交通工程质量监督站。

项目投产以来以国际贸易、仓储、物流及经营液化石油气(LPG)、成品油(汽油/柴油)、化工产品(酒精)为主营业务,是大西南地区功能最齐全、设备最完善、最大的专业油气化工码头。随着广西沿海北部湾大力开放开发,以及中国-东盟自由贸易的建立,尤其为了开发大西南油气市场,公司在许多的地市包括南宁、柳州、玉林、百色、昆明、贺州等建立销售网络,为项目发展创造了有利条件。

(6)中粮油脂(钦州)有限公司 5 万吨级散货码头项目(勒沟作业区 6 号泊位工程)

项目于 2002 年 7 月正式开工建设,2011 年 3 月 16 日试投产,项目整体于 2015 年 11 月竣工。

项目建设依据:2011 年 4 月,广西壮族自治区发展和改革委会员《关于中粮油脂(钦州)有限公司 5 万吨级散货码头项目核准的批复》(桂发改交通〔2011〕312 号);2012 年 6 月,广西壮族自治区交通运输厅《关于中粮油脂(钦州)有限公司 5 万吨级散货码头工程初步设计的批复》(桂交水运函〔2012〕310 号);2012 年 11 月,钦州市港口管理局《关于中粮油脂(钦州)有限公司 5 万吨级散货码头工程一阶段施工图设计的批复》(钦市港局函〔2012〕219 号)。2011 年 2 月,广西壮族自治区环境保护厅《中粮油脂(钦州)有限公司 5 万吨级散货码头工程环境影响报告书的批复》(桂环审〔2011〕48 号);2009 年 12 月,钦州市人民政府《港口码头用地使用权》(钦国用〔2009〕第 D126 号);2011 年 7 月,钦州市人民政府批准中粮油脂(钦州)有限公司《海域使用权证书》(国海证 114520003 号)。

项目改建 1 个 5 万吨级散货码头泊位,岸线长 276 米(其中原红水河码头岸线长 230 米,借用北侧钦州海事基地码头岸线 46 米),纵深 30 米,设计年吞吐能力为 200 万吨。码头采用顺岸式重力式结构。码头前沿顶高程为 + 6.30 米,设计代表船型为 50000 吨级,散货船 223 米 × 32.3 米 × 12.8 米(总长 × 型宽 × 满载吃水),码头停泊水域宽度为 65 米,原底高程为 − 12.50 米,现已疏浚至 − 13.65 米(码头前沿 5 米范围内为 − 12.50 米),回旋水域布置在码头前沿 32.5 米处,直径 345 米,底高程为 − 11.0 米。粮食储藏筒仓容量为 12 万吨,无堆场。主要装卸配套设施包括 25 吨门座式重机及防风锚碇设施 3 台、1000 吨/小时带式输送机系统,以及配套的水电、消防、环保设备等。项目按 5 万吨级散货码头标准开工改建,工程投资 1.97 亿元,由企业自筹解决。项目填海面积 5.33 公顷,港池水域 1.20 公顷。码头用地不包括后方炼油厂区的面积。

建设单位为中粮油脂(钦州)有限公司;设计单位为广西壮族自治区交通勘察设计院、中交四航局港湾设计院;工程主体施工单位为中港第三航务工程局、中交四航岩土工程有限公司、广西新港湾工程有限公司;监理单位为南华建设监理所、山东港通工程管理咨询有限公司、包头北雷监理咨询有限公司;质监单位为广西壮族自治区交通工程质量安全监督站。

项目为中粮油脂(钦州)有限公司4000吨/天大豆蛋白饲料加工项目原料运输及货物出口海运的主要渠道。项目建成后保证了原料的供给、货物海运,确保中粮油脂(钦州)有限公司正常生产运行,使中粮油脂(钦州)有限公司成为我国西南地区最大的粮油生产、加工和储运综合基地,每年生产的高品质油脂产品,可满足当地和周边地区的需求,保证了公司生产原料和产业的进出港装卸。该码头自2011年3月试运行以来,码头基础结构稳定、设施设备运行良好,未发生过安全事故。

(7)东油沥青5万吨级油气码头(鹰岭作业区6号泊位)

项目于2003年4月29日开工,2004年7月27日试运行,2016年10月竣工。

项目建设依据:2001年4月,钦州港经济技术开发区经济发展局《关于广西钦州弘基油气股份有限公司配套专用油气码头工程可行性研究报告的批复》(钦港经发规字〔2001〕21号);2002年1月,广西壮族自治区环境保护局《关于钦州港广西钦州弘基油气股份有限公司五万吨级油气码头及油气库工程环境影响报告书的批复》(桂环管字〔2002〕12号);2000年4月,钦州市钦州港经济开发区《国有土地使用权出让合同》(钦港地宗合字2000-38号);2000年12月,钦州港经济开发区管理委员会《关于同意将国有土地使用权出让给广西钦州宏基油气股份有限公司使用的批复》(钦港管征〔2000〕15号);2001年4月,钦州港经济开发区规划建设局《项目建设规划用地许可证》(编号钦港2001-023号);2001年12月,广西壮族自治区国土资源厅《关于广西钦州弘基油气股份有限公司五万吨级油气码头及库区围填工程海域使用可行性论证报告的批复》(桂国土资函〔2001〕630号);2003年4月,钦州海事局《关于同意广西钦州弘基油气股份有限公司五万吨级油品专用码头岸线使用的批复》(钦海通航〔2003〕19号)。

2008年12月,钦州港进港航道扩建10万吨级航道工程竣工,具备了5万吨级船舶通航条件,故委托广西壮族自治区交通规划勘察设计研究院将港池按最新的5万吨油船标准进行重新设计,建设1个5万吨级油气码头泊位的港池(包括前沿停泊地、掉头地)。建设1个50000吨级油码头,泊位长300米,最大允许年吞吐量338万吨。停泊水域设计底高程为-14.2米,宽度为64.4米;掉头地设计底高程为-11.90米,掉头地直径458米。码头呈蝶形布置,泊位前沿走向113°~293°,码头布置3个靠船墩、4个系缆墩。油库存储能力30万立方米。项目建设总投资5亿元,由企业自筹解决。项目陆域用地18.05万平方米,通过填海形成陆域。

建设单位为广西东油沥青有限公司;设计单位为广西壮族自治区交通规划勘探设计院;施工单位为中港第四航务工程局;监理单位为南华建设监理所;质监单位为广西壮族自治区交通工程质量监督站、钦州港域建设工程质量监督站。

项目建设依据:2004年1月,钦州港经济技术开发区经济发展局《关于同意广西钦州弘基油气股份有限公司变更项目投资业主的批复》(钦港经发规字〔2002〕02号、钦港经发规字〔2004〕02号),将该公司5万吨专用油气码头项目变更至广西东油沥青有限公司名下;2013年3月,钦州市公安消防支队《关于广西钦州宏基油气股份有限公司五万吨级油气码头工程调整平面布置图》(钦公消审〔2003〕44号)。

项目投产以公司自产成品油的仓储及销售、原油中转为主营业务。根据市场需求,企业开启对外代仓储业务、代中石油广西石化分公司出口汽柴油装船业务。

(8)天盛7万吨级散货码头(果子山作业区15号泊位)

项目于2003年12月5日开工建设,2006年11月4日投入生产试运行,2017年8月竣工验收。

项目建设依据:2007年8月,钦州市港口管理局《广西天盛钦州港7万吨级散货码头工程施工图设计的批复》(钦市港局函〔2007〕156号);2006年11月,广西壮族自治区交通工程质量安全监督站《水运工程质量鉴定书》(2006-09号);2006年11月,钦州市港口管理局《关于同意天盛港务7万吨级煤炭码头投入试生产的批复》(钦市港局函〔2006〕103号);2016年8月,广西壮族自治区北部湾港口管理局钦州分局安全监管《港口码头工程安全验收评价报告备案表》(钦港安评〔2016〕0028号);2016年3月,钦州市安全生产监督管理局《天盛七万吨散货及10万吨散货码头工程职业病防护设施竣工验收审查》(钦安监管函〔2016〕9号);2016年5月,钦州市环境保护局《钦州港七万吨级散货码头工程竣工环保验收》(钦环验字〔2016〕23号);2003年11月,钦州港经济开发区《建设用地规划许可证》(钦港规地字第2003-215号);2004年1月,国家海洋局《海域使用权证书》(编号:450720040030)。

项目建设1个7万吨级散货码头泊位,岸线长289米,设计年吞吐能力为400万吨。码头后方堆场面积约为10万平方米,码头前沿设计底高程14.65米,码头平面蝶形布置,重力墩式结构,码头主要装卸设备配备3600吨/小时能力斗轮堆取料机2台、3600吨/小时能力皮带机系统1套、1250吨/小时卸船机1台,每小时可卸船能力为2000吨。项目投资4200万元,由企业自筹解决。项目用地24.26万平方米,由填海形成。

建设单位为广西天盛港务有限公司;设计施工总承包单位为广西壮族自治区交通规划勘察设计院;工程主体施工单位为中交四航局第三工程有限公司;监理单位为广西八桂工程监理咨询有限公司;质监单位为广西壮族自治区交通工程质量安全监督站。

(9)国投钦州燃煤电厂7万吨级卸煤专用码头(鹰岭作业区14号泊位)

项目于2005年8月22日开工建设,2007年7月25日试运行,2012年10月竣工。

项目建设依据:2007年9月,国家发展和改革委员会《关于广西钦州燃煤电厂配套建设码头工程核准的批复》(发改能源〔2007〕2282号);2006年7月,电力规划设计总院《关于钦州燃煤电厂2×600W机组工程初步设计的审查意见》(电规发电〔2006〕285号);

2004 年,广西壮族自治区国土资源厅《关于钦州燃煤电厂工程建设用地预审意见的复函》(国土资厅函〔2004〕621 号);2004 年 4 月,广西壮族自治区国土资源厅《关于钦州燃煤电厂 7 万吨级卸煤专用码头海域使用论证报告书的批复》(桂海局〔2004〕37 号)。2004 年 12 月,国家环境保护局《关于广西钦州燃煤电厂一期工程环境影响报告书审查意见的复函》(环审〔2004〕557 号)。2006 年 6 月,交通运输部办公厅《关于钦州燃煤电厂卸煤专用码头使用港口岸线的复函》(厅函规划〔2006〕122 号)。

项目为电厂配套工程,建设 1 个 7 万吨级泊位,距东主航道边线约 420 米,码头总长 306 米,码头面宽 25 米,顶面高程 +9.0 米。连接码头与岸线的引桥总长 435.94 米,宽 12 米,顶高程 +8.00 米,码头前沿设计底高程 14.7 米,设计年吞吐能力 820 万吨。码头为大跨度高桩梁板式结构,共 16 跨,桩基采用直径 1500 米的灌注型嵌岩桩,桩长为 24~46.5 毫米。码头为沉箱重力墩式结构,由 1 个长 277 米的靠船平台和 1 个系缆墩组成,共设有 10 个重力墩。港池为不规则多边形,连接码头与航道,港池总面积为 23.27 公顷,分为两部分,即码头前沿 65 米水域和直径 460 米回旋水域。该码头无专用堆场,煤炭直接输送到电厂仓库。项目投资概算 2.79 亿元,实际总投资 2.38 亿元(含取排水工程及港池疏浚)。码头后方与燃煤电厂连接,燃煤电厂占地 67.97 万平方米。

建设单位为国投钦州发电有限公司;设计单位为中交第四航务工程勘察设计院;施工单位为中港第一航务工程局;监理单位为南华建设监理所;质监单位为广西壮族自治区交通工程质量监督站。

广西国投钦州燃煤电厂 7 万吨级卸煤专用码头自运营以来,工程质量状况保持良好,结构安全稳定,卸船机及卸煤系统运行稳定。2008—2015 年,共计引航艘次 369 航次,总卸煤量 2021.7 万吨。

(10)中石油钦州 1000 万吨/年炼油项目 10 万吨级码头工程(鹰岭作业区 8~11 号泊位)

项目于 2007 年 5 月开工建设,2009 年 12 月码头开始试运行,2015 年 6 月竣工。

项目建设依据:2007 年 2 月,国家发展和改革委员会《关于广西钦州 1000 万吨/年炼油项目核准的批复》(发改工业〔2007〕315 号);2008 年 9 月,国家发展和改革委员会办公厅《关于广西钦州 1000 万吨/年炼油项目配套油品码头建设规模的复函》(发改办交运〔2008〕2020 号);2009 年 5 月,广西壮族自治区交通运输厅《关于广西钦州 1000 万吨/年炼油项目配套油品码头工程初步设计的批复》(交水发〔2009〕216 号);2009 年 9 月,钦州市港口管理局《关于广西钦州 1000 万吨/年炼油项目配套油品码头工程施工图设计的批复》(钦市港局函〔2009〕186 号)。2006 年 6 月,国家环境保护总局《关于中国石油广西石化公司加工 1000 万吨/年苏丹原油工程环境影响报告书的批复》(环审〔2006〕303 号);2017 年 6 月,广西壮族自治区国土资源厅核准;2007 年 5 月,广西石化公司 1000 万吨/年炼油工程10万吨级油码头工程海域使用论证报告书评审。

工程建设2个10万吨级原油卸船泊位（鹰岭作业区8号、9号泊位）、1个3000吨级（鹰岭作业区10号泊位）和1个5000吨级（鹰岭作业区11号泊位）成品油泊位及240米的引桥，同时预留1个3000吨级和1个5000吨级泊位（完成水工建设）；1号、2号泊位长度为609米，宽度为36米；其余5000吨级和3000吨级泊位各1个，共长296米；顶面高程为+8.0米，外档泊位码头前沿底高程为－15.2米，内档码头前沿底高程为－8.0（－7.1）米，码头设计年吞吐能力1924万吨。码头结构采用重力墩式结构，由40个1800吨的沉箱组成。墩台间用预应力矩形梁和预应力空心板简支连接，码头与接岸部分采用引桥连接，引桥长240米、宽13米，引桥的结构形式为大跨度高桩预应力箱形梁结构式，引桥基础采用29根直径为1500毫米的灌注桩，引桥共有11跨。预留1个3000吨级和1个5000吨级泊位单独立项。码头所接卸原油主要是以锚地过驳，即30万吨级母船将油品过驳至10万吨级子船后再靠泊至码头的形式接卸。码头呈L形布置，停泊水域宽86米，底高程－15.2米。油库存储能力30万立方米。项目总投资总投资约56549元，由企业自筹解决。项目用海面积23.86公顷。

建设单位为中国石油广西石化有限公司；设计单位为中交第四航务工程勘察设计院有限公司；施工单位为中交第四航务工程局有限公司、中国石油天然气第一建设公司；监理单位为中咨工程建设监理公司；质监单位为广西壮族自治区交通工程质量监督站。

2014年经过流程改造，码头原油泊位增加了出口成品油船的功能，于2015年6月初取得危险货物运营安全标准化一级达标证书。现码头接卸的船舶主要为10万吨级的原油船和5万吨级的出口成品油船。

自码头投用至今，每年吞吐量均在1000万吨以上，油品吞吐量居钦州港域首位。截至2015年5月，码头累计吞吐量突破9200万吨。

（11）三枫5000吨级散杂货码头工程（金鼓江作业区6号泊位）

项目于2008年8月开工，2010年11月15日投入试运行，2013年3月8日竣工。

项目建设依据：2008年1月，广西壮族自治区发展和改革委员会《关于钦州港三枫5000吨级散杂货码头项目核准的批复》（桂发改交通〔2008〕18号）；2008年8月，广西壮族自治区交通厅《关于钦州港三枫5000吨级散杂货码头工程初步设计的批复》（桂交基建函〔2008〕701号）；2008年5月，广西壮族自治区国土资源厅《钦州港三枫5000吨级散杂货码头工程海洋环境影响报告表》（桂国土资函〔2008〕391号）；2009年8月，钦州市建设规划委员会《建设用地规划许可证》（地字第450701200900025）；2008年8月，广西壮族自治区人民政府《关于钦州港三枫5000吨级散杂货码头项目使用海域的批复》（桂政函〔2008〕147号）；2008年3月，广西壮族自治区交通厅《关于钦州港三枫5000吨级散杂货码头使用港口非深水岸线的批复》（桂交计划函〔2008〕160号）。

项目建设 1 个 5000 吨级散杂货泊位,2012 年 7 月,经审批部门批准,调整为 1 万吨级,2017 年 4 月,经广西壮族自治区交通运输厅批准,同意减载靠泊 2 万吨级散、杂货船。码头岸线长 150 米,陆域纵深 530 米,码头设计年吞吐能力 105 万吨;码头为重力式结构,顺岸式布置。码头前沿水深 9.3 米,后方堆场 3 个,面积为 4.2 万平方米,配备 3 台 GZQ10 吨-25 米固定式起重机,堆场堆存能力约 100 万吨。项目实际投资完成额 8332.17 万元,其中 46% 为自筹、56% 为银行贷款。陆域面积为 7.94 万平方米。

建设单位为陆海集团有限公司;设计单位为中交广州水运工程设计研究院有限公司;施工单位为中交广州水运工程设计研究院有限公司、湖北宏鑫建设集团有限公司、钦州市西南建筑安装有限公司;监理单位为广西八桂工程监理咨询有限公司;质监单位为广西壮族自治区交通工程质量监督站。

2010 年 11 月,经钦州市港口管理局批准,并颁发《港口经营许可证》,投入试运营。项目结合二期工程整体运营。截至 2015 年 10 月,码头水域共有 213 艘货船安全靠离泊,其中 5000 吨级 72 艘、5000 吨级以下 141 艘,无搁浅、碰撞,运行状况良好。码头前沿 40 米作业区运行期间共装卸 49 万吨货物,门座式重机轨道无变形位移现象,面层无沉降或塌陷现象。后方堆场运行期间共堆存 9.88 万吨货物,面层六角块平整度均在标准控制范围内,堆场排水良好,交通畅通。

(12)天盛 10 万吨级散货码头工程(果子山作业区 14 号泊位)

项目于 2009 年 10 月 23 日正式开工建设,2011 年 6 月 21 日投入生产试运行。项目因堆场未完成交工验收,至 2019 年 12 月竣工验收手续未完成。

项目建设依据:2009 年 12 月,广东海事局《水上水下施工作业许可证》(桂海通航准字(2009)第 12 号);2008 年 9 月,广西壮族自治区发展和改革委员会《钦州港果子山区 10 万吨级散货码头项目核准的批复》(桂发改交通〔2008〕833 号);2010 年 5 月,钦州市港口管理局《关于天盛港务有限公司果子山作业区 10 万吨级散杂货码头(后方陆域工程)施工图设计的批复》(钦市港局函〔2010〕161 号)、《关于天盛港务有限公司果子山作业区 10 万吨级散杂货码头(码头水工程)施工图设计的批复》(钦市港局函〔2010〕62 号);2015 年 1 月,广西壮族自治区环境保护厅《钦州港果子作业区 10 万吨级散货码头环保竣工验收》(桂环验〔2015〕3 号);2007 年 9 月,钦州人民政府《国土使用证》(钦国用〔2007〕第 D065 号);2011 年,国家海洋局《海域使用权证书》(国海证 2011B45079100541/2011B45079100530);2008 年 6 月,钦州市港口管理局《广西天盛果子山 10 万吨级散货码头项目使用港口岸线的初步选址意见》(钦市港局函〔2008〕86 号)。

项目建设 1 个 10 万吨级散货泊位,岸线长 352 米。码头采用顺岸式重力式结构形式,码头前沿停泊水域宽度为 86 米,底高程 -15.30 米,船舶回旋圆直径取 500 米,回旋水域底高程取 -13.0 米,与 10 万吨级航道底高程相同。码头陆域占地总面积约 32.97 万平方米,陆域纵深775.76~800.56米,后方堆场面积约为13.2万平方米,堆存能力约800万吨。码头主要装卸设备配备3600吨/小时能力斗轮堆取料机5台、3600吨/小时能力皮带机系统2套、1250吨/小时卸船机1台和1500吨/小时卸船机3台,每小时可卸船能力为3000吨,10万吨货可在48小时内卸完。项目建设投资4.51亿元,由企业自筹解决。项目陆域面积约24.83万平方米,通过填海形成。

建设单位为广西天盛港务有限公司;设计施工总承包单位为广西壮族自治区交通规划勘察设计院;工程主体施工单位为中交四航局第三工程有限公司;监理单位为广西八桂工程监理咨询有限公司;质监单位为广西壮族自治区交通工程质量安全监督站。

(13)永鑫散货码头工程(果子山作业区13号泊位)

项目于2009年12月开工建设,2019年10月试运行。

项目建设依据:2008年10月,广西壮族自治区发展和改革委员会《关于钦州港永鑫散货码头项目核准的批复》(桂发改交通〔2008〕907号);2009年11月,广西壮族自治区交通运输厅《关于钦州港永鑫散货码头工程初步设计的批复》(桂交基建函〔2009〕962号);2008年7月,广西壮族自治区环境保护局《关于钦州港永鑫散货码头工程环境影响报告书的批复》(桂环管字〔2008〕211号);2011年2月,广西壮族自治区人民政府《海域使用权证书》(国海证114500011-1号、国海证114500011-2号);2011年6月,交通运输部《广西钦州永鑫散货码头工程使用港口深水岸线的批复》(交规划发〔2011〕303号)。

项目工程建设1个10万吨级公用散货码头泊位,码头项目原岸线长277米,设计年吞吐量为280万吨。码头为顺岸式重力式结构。码头面顶高程为6.30米,前沿底高程为-15.30米。原有面积27.68万平方米,2016年6月7日通过竞拍购买方式获得与原码头用地相邻的2.28万平方米铁路建设用地面积。码头区域堆场面积为9.24万平方米,铁路堆场1.23万平方米。项目初步设计的工程概算投资为4.89亿元(不含铁路走向调整后增加的投资),预计全部完工大约需要5亿元,由企业自筹解决。码头项目现有面积为29.96万平方米。

建设单位为广西钦州永鑫港务有限公司;设计单位广西壮族自治区交通规划勘测设计研究院;施工单位为中交四航局第三工程有限公司、广西建工集团第二建筑工程有限公司、广西壮族自治区航务工程处;监理单位为广西八桂工程监理咨询有限公司;质监单位为广西壮族自治区交通工程质量安全监督站。

根据铁路规划和规范要求,码头后方陆域施工图设计审查会议上专家组对项目装卸线布置以及装卸工艺等要求进行调整,并补充初步设计调整的审批手续,进一步完善项目总平、建设内容、规模及装卸工艺。在保持建设规模和功能的前提下,经对总平面布置、装卸工艺进行适当调整后,码头工程初步设计变更于2014年9月通过了广西壮族自治区交通运输厅的批复。

(14)三枫5000吨级散杂货码头扩建工程(二期)(金鼓江作业区7号泊位)

项目于2010年3月开工,2010年11月投入试运行,2013年3月8日竣工。

项目建设依据:2009年2月,广西壮族自治区发展和改革委员会《关于钦州港三枫5000吨级散杂货码头扩建工程(二期)项目核准的回复》(桂发改交通〔2009〕132号);2009年6月,广西壮族自治区交通运输厅《钦州港三枫5000吨级散杂货码头扩建工程(二期)初步设计的批复》(桂交基建函〔2009〕583号);2008年5月,广西壮族自治区国土资源厅《钦州港三枫5000吨级散杂货码头工程海洋环境影响报告表》(桂国土资函〔2008〕391号);2011年6月,钦州市建设规划委员会《建设用地规划许可证》(地字第450701201100253);2009年6月,广西壮族自治区人民政府《关于钦州港三枫5000吨级散杂货码头扩建工程(二期)项目使用海域的批复》(桂政函〔2009〕147号);2009年6月,广西壮族自治区交通运输厅《关于钦州港三枫5000吨级散杂货码头使用港口非深水岸线的批复》(桂交计划函〔2009〕236号)。

项目建设1个5000吨级散杂货泊位,2012年7月,经审批部门批准,调整为1万吨级,2017年4月,经广西壮族自治区交通运输厅批准,同意结合一期工程减载靠泊2万吨级散、杂货船。码头岸线长150米,陆域纵深520米;码头为重力式结构,顺岸式布置。码头前沿水深9.3米,后方堆场4个,面积为59014平方米,配备3台TQ10吨-28米低架门座式起重机,堆场堆存能力约100万吨。项目实际投资完成额6746.49万元,其中46%为自筹,56%为银行贷款。设计陆域面积为86456平方米,由填海形成。

建设单位为陆海集团有限公司;设计单位为中交广州水运工程设计研究院有限公司;施工单位为中交广州水运工程设计研究院有限公司、湖北宏鑫建设集团有限公司、钦州市西南建筑安装有限公司;监理单位为广西八桂工程监理咨询有限公司、广西雄起重工机械制造有限公司;质监单位为广西壮族自治区交通工程质量监督站。

2010年11月,经钦州港口管理局批准,并颁发《港口经营许可证》,投入试运营。项目结合一期工程整体运营。至2015年10月,码头水域共有213艘货船安全靠离泊,其中5000吨级72艘、5000吨级以下141艘,无搁浅、碰撞,运行状况良好。码头前沿40米作业区运行期间共装卸49万吨货物,门座式重机轨道无变形位移现象,面层无沉降或塌陷现象。后方堆场运行期间共堆存9.88万吨货物,面层六角块平整度均在标准控制范围内,堆场排水良好,交通畅通。其他附属配套运行良好。

(15)天盛勒沟作业区7万吨级散货码头(勒沟作业区15号泊位)

项目于2010年10月开工,2012年10月试运行,2013年3月交工验收。

项目建设依据:2010年7月,广西壮族自治区发展和改革委会员《钦州港勒沟作业区散杂货码头项目核准的批复》(桂发改交通〔2009〕18号);2010年12月,钦州市港口管理局《钦州港勒沟作业区散杂货码头工程施工图设计的批复》(钦市港局函〔2010〕162号);

2015年1月,《钦州港勒沟作业区散杂货码头工程竣工环保验收》(桂环验〔2015〕2号);2005年1月,钦州市国土资源局颁发土地证(钦国用2004第D087号、D089号);2009年7月,国家海洋局《海域使用权证书》(国海证094500003号);2008年7月,钦州市港口管理局《钦州港勒沟作业区7万吨散杂货码头项目使用港口岸线初步选址意见》(钦市港局函〔2008〕103号)。

项目建设1个7万吨级泊位(水工结构为10万吨级),岸线长295米;东侧建设2个5000吨级散货泊位及2个5000吨级杂货泊位,岸线长543.8米,码头设计吞吐能力为600万吨。码头平面布置采用顺岸式重力式结构形式,码头前沿水深15.7米,码头后方堆场面积约为18万平方米,可同时堆存40万吨散杂货物。主要装卸设备配置10万吨级码头配备40吨-33米门座式重机4台、1万吨级配备25吨-33米门座式重机4台、2000吨/小时能力皮带机系统1套。码头总投资约为5.46亿元(包括生产中控系统、监控系统、8台铲车、2台轮胎吊机等),资金由企业自筹。项目陆域面积22.18万平方米,通过填海形成。

建设单位为广西天益昌隆港务有限公司(原天盛港务有限公司);设计施工总承包单位为广西壮族自治区交通规划勘察设计院;工程主体施工单位为中交四航局第三工程有限公司;监理单位为广西八桂工程监理咨询有限公司;质监单位为广西壮族自治区交通工程质量安全监督站。

(16)金鼓江作业区国投煤炭码头工程

项目于2013年1月开工,2016年12月试运行,2018年1月4日竣工。

项目建设依据:2010年5月,交通运输部《钦州港国投煤炭码头工程可行性研究报告》;2012年9月,交通运输部《钦州港国投煤炭码头工程初步设计》(交水发〔2012〕482号);2011年4月,国家环境保护部《关于国投钦州煤炭码头工程环境影响报告书的批复》(环审〔2011〕92号);2012年3月,国家发展和改革委员会《关于国投钦州煤炭码头工程节能评估报告的审查意见》(发改办环资〔2012〕745号);2013年5月,国家海洋局印制钦州港域国投煤炭码头工程《海域使用权证书(填海造地)》(国海证2013A45070000431)。

项目新建1个5万吨级煤炭接卸泊位,改造现有1个7万吨级煤炭接卸泊位的工艺设备系统,以及生产生活配套设施,其中5万吨级煤炭接卸泊位长278米,停泊水域宽65米,可靠泊5000~70000吨级散货船,泊位配置2台桥式抓斗卸船机,单机额定能力1500吨/小时,轨距22米,卸船机跨下布置2皮带机,堆场面积27.35万平方米,堆存能力约1400万吨。7万吨级码头泊位经改造后,设计年通过能力由500万吨增加到720万吨。码头的平面布置及结构形式为顺岸式重力式结构,配套设施主要有堆场、办公楼、辅助建(构)筑物、供电、照明、通信、给排水消防、环保、监控、安全等,工艺设备有卸船机、堆取料机、皮带机水平运输系统、火车装车楼、铁路专用线。项目建设工期为3年,总投资14.86亿元,建设资金为企业自筹,其中自筹资本金30%、银行贷款70%。项目规划用地49.53万平方米,用海面积20.83公顷,其中建设填海造地4.74公顷、港池16.09公顷。

建设单位为国投钦州港域口有限公司;设计施工总承包单位为中交水运规划设计院有限公司;工程主体施工单位为中交第一航务工程局;监理单位为山东港通工程管理咨询有限公司;质监单位为广西壮族自治区交通工程质量安全监督站。

工程自试运营以来,国投钦州港域口有限公司致力打造区域一流港口运营商,不断优化生产组织,逐步提高作业效率,货物吞吐量稳步增长,区域地位和竞争力逐步提升,经济效益和社会效益显著,2017年完成货物接卸量183.62万吨。

(17)钧达散杂货码头工程(勒沟作业区11号、12号泊位)

项目于2013年3月开工建设,因建设单位内部调整原因,项目至2019年尚未建成。

项目建设依据:2008年8月,广西壮族自治区发展和改革委员会《关于钧达散货码头项目核准的批复》(桂发改交通〔2008〕746号);2012年10月,广西壮族自治区交通运输厅《关于钦州港钧达散杂货码头工程初步设计批复》(桂交基建函〔2010〕793号);2012年10月,钦州市港口管理局《关于钦州港钧达散杂码头工程施工图设计的批复》(钦市港局函〔2012〕166号);2010年8月,钦州海事局《关于广西钦州港钧达散杂货码头工程通航安全评估报告的批复》(钦海通航〔2010〕71号);2007年9月,广西壮族自治区国土资源厅《钦州港钧达散杂货码头工程海洋环境影响报告书》核准意见的函(桂国土资函〔2007〕738号);2010年6月,广西壮族自治区环境保护厅《关于钦州港钧达散杂货码头工程环境影响报告书的批复》(桂环管字〔2010〕66号)。

项目建设1个1万吨级和1个3万吨级(码头水工预留5万吨级)的散杂货泊位,钦州港钧达散杂货码头工程项目位于钦州港域勒沟作业区,北面与该作业区2个万吨级起步码头的南端相接,南面与该作业区外凸的南段岸线北端相连,形成过渡段性质码头岸线,偏角约132°,该码头岸线全长456.22米,泊位岸线总长445.46米。码头前沿底高程:1万吨级为-9.3米、3万吨级为-13.55米。钦州港域已有3万吨级进港航道经码头前方通过,航道有效底宽110~120米,底高程-8.9米。乘潮保证率约90%。码头3万吨级和1万吨级船舶掉头回旋圆直径分别为384米和292米,设计底高程分别为-8.9米和-6.6米,分别设在泊位前方水域。项目总投资22822.54万元,由企业自筹解决。码头陆域纵深北面360.2米、南面730米。项目用地12.8万平方米,通过填海形成陆域。

建设单位为广西钦州恒通货柜码头仓储有限公司;设计单位中交四航局港湾设计院;施工单位为中交第四航务工程局;监理单位为广西八桂工程监理咨询有限公司;质监单位为广西壮族自治区交通工程质量安全监督站。

(18)勒沟作业区13号、14号泊位工程

项目于2014年4月开工,2016年5月试运行,2018年9月竣工验收。

项目建设依据:2013年5月,广西壮族自治区发展和改革委员会《关于钦州港金谷港区勒沟作业区13#、14#泊位工程项目核准的批复》(桂发改交通〔2013〕585号);2013年7月,广西壮族自治区交通运输厅《关于钦州港金谷港区勒沟作业区13#、14#泊位工程初步设计的批复》(桂交行审〔2013〕118号);2012年6月,广西壮族自治区环境保护厅《关于钦州港三期工程环境影响报告书的批复》(桂环审〔2012〕133号);2014年11月,交通运输部《关于钦州港金谷港区勒沟作业区13号14号泊位工程使用港口岸线的批复》(交规划函〔2014〕967号);2011年11月,广西壮族自治区海洋局《关于钦州港三期工程用海预审的批复》(桂海函〔2011〕282号)。

码头布置2个5万吨级通用泊位(码头水工按靠泊7万吨级散货船预留建设),泊位总长500米,陆域纵深为322~557米,设计年吞吐量为480万吨;采用顺岸式布置,水工结构由25个圆筒构成,圆筒直径为18.6米、高度为18米,码头顶面高程为6.3米。码头前沿停泊水域宽64.6米,底高程-15.0米,掉头圆直径446米,底高程-11.50米。码头陆域面积21.6万平方米,其中堆场面积12.37万平方米。项目总投资5.95亿元,为企业自筹。码头港池面积3.25公顷,码头面积21.87万平方米。

建设单位为广西北部湾国际港务集团有限公司;勘察设计单位为广西壮族自治区交通规划勘察设计研究院;施工单位为中交第四航务工程局有限公司、中交第三航务工程局有限公司等;监理单位为山东港通工程管理咨询有限公司;质监单位为广西壮族自治区交通工程质量安全监督站。

项目的建成使用加快了钦州港域的建设,满足了港口吞吐量快速增长的需要,将钦州港域打造为亿吨级现代化大型港口,增强其港口核心竞争力并实现持续快速发展,同时推动了泛北部湾经济合作,促进了广西北部湾经济区的经济发展。

(19)金鼓江作业区12号、13号泊位工程

项目于2015年11月开工,先期建设13号泊位,截至2019年,13号泊位码头水工部分已建成,12号泊位尚未开工建设。

项目建设依据:2013年12月,广西壮族自治区发展和改革委员会《关于钦州港金谷港区金鼓江作业区12号、13号泊位工程项目核准的批复》(桂发改交通〔2013〕1645号);2015年5月,广西壮族自治区交通运输厅《关于钦州港金谷港区金鼓江作业区12号13号泊位工程初步设计的批复》(桂交行审〔2015〕44号)。2013年10月,广西壮族自治区环境保护厅《关于钦州港金谷港区金鼓江作业区12号13号泊位工程环境影响报告书的批复》(桂环审〔2013〕228号);2012年12月,广西壮族自治区海洋局《关于钦州港金谷港区金鼓江作业区12#、13#泊位工程(填海)海洋环境影响报告书核准意见的函》(桂海函

〔2012〕395 号〕;2012 年 8 月,广西壮族自治区海洋局《关于钦州港金谷港区金鼓江作业区 12#、13#泊位工程项目用海预审的批复》(桂海函〔2012〕245 号);2012 年 12 月,广西壮族自治区海洋局《钦州港金谷港区金鼓江作业区 12#、13#泊位工程海域使用论证报告书》(桂海函〔2012〕336 号);2014 年 10 月,交通运输部《关于钦州港金谷港区金鼓江作业区 12 号 13 号泊位工程使用港口岸线的批复》(交规划函〔2014〕816 号);2014 年 6 月,广西壮族自治区海洋局《关于钦州港金谷港区金鼓江作业区 12 号、13 号泊位工程使用海域的批复》(桂海函〔2014〕132 号);2012 年 3 月,钦州市港口管理局《关于钦州港金谷港区金鼓江作业区 12#、13#泊位工程使用港口岸线的初步选址意见》(钦市港局函〔2012〕29 号)。

项目建设 2 个 5 万吨级化工非危险品散杂货泊位,可靠泊 5 万吨级散杂货船,岸线总长约 508.5 米,码头水工结构为重力式结构,顺岸式布置。码头前沿设计底高程为 -13.75 米,陆域纵深 540 米。装卸设备为 1 台 25 吨多用途门座式重机、3 台 16 吨多用途门座式重机。项目总投资 9.55 亿元,由企业自筹解决。陆域填海面积 27.64 万平方米。

建设单位为钦州临海工业投资有限公司;设计单位为中交第二航务勘察设计院;水工施工单位为中港建设集团有限公司;监理单位为中交二航院工程咨询监理有限公司;质监单位为钦州市交通工程质量安全监督站。

2015 年 11 月,项目开工建设 13 号泊位码头水工结构。截至 2015 年,完成投资约 3 亿元,占项目总投资完成率的 31%。

(六)大榄坪港区

1.港区综述

(1)港区建设和运营概况

大榄坪港区由大榄坪作业区、大榄坪南作业区和大环作业区组成。规划岸线 20559 米,其中深水岸线 17050 米;布置 53 个 1 万 ~ 15 万吨级生产性泊位;陆域面积 1883 万平方米。

大榄坪港区要发展成为集装箱中转运输基地、现代综合物流服务中心。以国际集装箱运输为核心,推进保税港区建设,作为远期集装箱干线港的重要组成部分。

大榄坪作业区位于金鼓江东岸滨海公路以南,规划为干散货、件杂货作业区,建设港口支持系统。规划岸线 5752 米,其中深水岸线 3243 米,布置 13 个 5 万吨级泊位,陆域面积 457 万平方米,年通过能力约 1900 万吨。作业区南部布置 13 个 5 万吨级泊位,岸线长 3243 米;北部布置港口辅助配套区,规划 2509 米港口支持系统岸线。陆域纵深约 1200 米,码头面高程 6.3 米。

截至 2015 年,作业区辅助岸线内已建成的项目有北部湾海洋管理基地、北部湾航标养护基地,均为 3000 吨级以下的泊位。其余尚无港口项目建设。

大榄坪南作业区位于大榄坪作业区以南,作业区后方为国务院批准设立的面积为10平方公里的钦州保税港区。大榄坪南作业区规划主要承担集装箱的装卸任务,兼顾件杂货、油品和滚装。规划岸线6747米,布置20个2万~10万吨级泊位,陆域面积618万平方米,年通过能力约6500万吨。

作业区北部为钦州保税港区,自北向南布置2个5万吨级集装箱泊位和1个7万吨级滚装泊位,岸线长1041米;11个2万~10万吨级集装箱泊位,岸线长3461米,陆域纵深约1100米。作业区南部保留现有2个10万吨级油品泊位,在其两侧规划4个2万~7万吨级多用途泊位,岸线长2245米,陆域纵深744~1026米。码头面高程6.6~7.0米。南、北两部之间预留远期至老人沙通道的用地。

截至2015年,大榄坪南作业区已建成大榄坪南作业区北1~3号泊位工程、大榄坪南作业区1~8号泊位工程、大榄坪南作业区12号、13号泊位工程,使用岸线总长3950.5米,形成综合吞吐能力4103万吨。

大环作业区位于大榄坪南作业区以南,作业区中部布置突堤、南北两侧分别形成2个港池。规划为集装箱、件杂货和干散货作业区,建设港口支持系统。规划岸线8060米,其中深水岸线7060米,布置20个1万~15万吨级泊位,陆域面积808万平方米,年通过能力约5700万吨。

作业区北侧港池的东北侧布置港口辅助配套区,规划港口支持系统岸线1000米;东南侧布置4个3万~10万吨级多用途泊位,岸线长1368米。作业区南侧港池西北侧布置5个7万~15万吨级多用途泊位,岸线长1870米;东北侧布置3个1万~5万吨级多用途泊位、岸线长1000米;东南侧布置3个5万~15万吨级多用途泊位,岸线长845米。中部突堤端部顺岸布置5个10万~15万吨级多用途泊位,岸线长1977米。陆域纵深740~1155米,码头面高程7米。

作业区东侧布置集装箱办理站与临港物流区,满足港区铁路运输与临港物流发展的需要。

截至2015年,作业区尚未建设码头项目。

(2)港区地理条件和集疏运概况

大榄坪港区由金鼓江以东、三墩港区以西之间各作业区组成。港区规划布置大榄坪作业区、大榄坪南作业区和大环作业区。

大榄坪港区既有铁路为广西钦州临海园区地方铁路支线钦州港—大榄坪—保税港区段,大榄坪港区铁路集疏运通道拟从既有钦港支线引出。考虑到北部湾港集装箱干线港的建设需求,对大榄坪集装箱办理站总体规划提出"一港两场三作业区"的总体布局;大榄坪港区处于开发建设阶段,区内横向交通性主干路为滨海公路,纵向主干路为二号路和三墩公路,均已建成,二号路自滨海公路直通到保税区大门,三墩公路连接海洋工程及修造船区;中部主干路四号路已与第八大街联通。其余道路尚未修建或尚在施工中。大榄坪港区内规划有"四横三纵"的港区主干路网。横向主干道第八大街、大环中街、三墩南街,纵向主干道有二号路、四号路、三墩公路改线;规划二号路和四号路为主要的疏港专用通道,与规划的广西滨海公路和北部湾大道一并连接港区与市区,并通过疏港高等级公路、钦州—六景高速公路、广西滨海公路等与周边城市连通。远期四号路能力将达到饱和状态,为保证疏港交通顺畅,建议增加三墩公路延长线专用疏港通道。此外,现阶段四号路连接六景高速公路段尚未全封闭,建议远期全封闭或在四号路与三墩公路之间新增封闭疏港专用通道;大榄坪南作业区规划在空间上对管廊用地进行预留,主要沿三墩公路(调整后)外侧和三墩南街北侧预留50米宽的管廊通道,以满足未来三墩二期的液体散货向后方工业区疏运的需求。

2. 港区工程项目

(1)大榄坪南作业区1号、2号泊位工程

项目于2007年10月15日开工,2009年11月试运行,2016年5月竣工验收。

项目建设依据:2004年8月,广西壮族自治区发展和改革委员会《关于钦州港大榄坪1#散杂货泊位工程可行性研究报告的批复》(桂发改交通〔2004〕146号);2004年8月,广西壮族自治区发展和改革委员会《关于钦州港大榄坪2#散杂货泊位工程可行性研究报告的批复》(桂发改交通〔2004〕147号);2006年6月,广西壮族自治区交通厅《关于钦州港大榄坪1#散杂货泊位工程初步设计的批复》(交基建函〔2006〕493号)、《关于钦州港大榄坪2#散杂货泊位工程初步设计的批复》(交基建函〔2006〕492号);2009年11月,广西壮族自治区交通运输厅《关于钦州港大榄坪1#至2#泊位工程修编初步设计的批复》(交基建函〔2009〕945号);2004年9月,广西壮族自治区环境保护局《关于广西钦州港大榄坪1#散杂货泊位项目环境影响报告书的批复》(桂环管字〔2004〕309号)、《关于广西钦州港大榄坪2#散杂货泊位项目环境影响报告书的批复》(桂环管字〔2004〕308号);2005年12月,广西壮族自治区人民政府《关于同意钦州港大榄坪1#散杂货泊位项目使用海域的批复》(桂政函〔2005〕308号)、《关于同意钦州港大榄坪1#散杂货泊位项目使用海域的批复》(桂政函〔2005〕306号);2006年10月,交通部《关于钦州港东港区大榄坪南作业区1号泊位工程和2号泊位工程使用港口岸线的批复》(交规划发〔2006〕544号)。

项目建设2个7万吨级多用途泊位(岸线和码头水工结构按10万吨级建设),码头岸线长度767米,陆域纵深约1千米。码头水工结构采用重力式大圆筒薄壁结构。码头面高程为果子山高程6.6米,前沿停泊水域宽86米,设计底高程为-15.10米;掉头区直径500米,设计底高程为-13.0米。项目总投资13.73亿元,其中企业投入2.79亿元,银行贷款10.94亿元。项目用海面积114.48公顷,其中码头75.77公顷、港池水域38.71公顷。

建设单位为广西北部湾国际港务集团有限公司;设计单位为广西壮族自治区交通规划勘察设计研究院有限公司;施工单位为中交第四航务工程局有限公司、中交第一航务工程第五工程公司、中国水产广州建港工程公司;监理单位为广西八桂工程监理咨询有限公司;质监单位为广西壮族自治区交通工程质量监督站。

大榄坪作业区的起步码头,是钦州港域第一个具备专业化集装箱装卸设备的多用途码头,是钦州港保税港区的最关键的基础工程之一,项目的建成为钦州港快速发展奠定了坚实基础,对钦州港的发展具有里程碑式的意义。工程配备了当时北部湾最先进的集装箱装卸设备,能较好地装卸集装箱,大大地提高了钦州港作为大西南出海通的吞吐能力。

(2)大榄坪南作业区3号~8号泊位工程

项目于2009年8月开工,2011年11月试投产,2018年5月竣工验收。

项目建设依据:2009年9月,广西壮族自治区交通运输厅《钦州港钦州港域大榄坪3#-8#泊位工程初步设计的批复》(桂交基建函〔2009〕830号);2009年9月,广西壮族自治区交通运输厅《关于钦州港大榄坪3#-8#泊位工程初步设计的批复》(桂交基建函〔2009〕830号);2009年6月,广西壮族自治区环境保护局《关于钦州港大榄坪3-8号泊位工程环境影响报告书的批复》(桂环管字〔2009〕206号);2009年10月,广西壮族自治区人民政府《钦州港大榄坪大榄坪南作业区3#-8#泊位项目用海》(国海证094500026号、国海证094500027号、国海证094500028号);2013年3月,交通运输部《关于钦州港大榄坪港区大榄坪作业区3号至5号多用途泊位工程使用港口岸线的批复》(交规划发〔2013〕201号);2016年9月,交通运输部《关于钦州港大榄坪港区大榄坪南作业区6号至8号泊位工程使用港口岸线的批复》(交规划函〔2016〕570号)。

项目建设建设规模为6个7万吨级多用途泊位(码头水工结构按10万吨级建设),码头岸线长度1533米,陆域纵深约1007米。码头面高程为果子山高程6.6米,前沿停泊水域宽91.2米,设计底高程为-15.10米;掉头区直径572米,设计底高程为-13.0米,码头采用顺岸式布置,码头前沿配备6台65吨-65米集装箱岸桥、20台25吨-35米门座式重机。项目总投资21.69亿元,其中企业投入7.39亿元、银行贷款14.3亿元。项目用海面积219.68公顷,其中码头154.37公顷,港池掉头区水域65.31公顷。

建设单位为广西北部湾国际港务集团有限公司;设计单位为广西壮族自治区交通规划勘察设计研究院有限公司;施工单位为中交第四航务工程局有限公司、中交第一航务工程第五工程公司、中国水产广州建港工程公司;监理单位为广西八桂工程监理咨询有限公司;质监单位为广西壮族自治区交通工程质量监督站。

项目是大榄坪南作业区的重要码头,是钦州港保税港区的最关键的基础工程之一,为钦州保税港区港的快速发展奠定了坚实基础,提高了钦州港作为大西南出海通的吞吐能力,并成功拓展了集箱流通业务,大幅度地增加了钦州港和公司的货物流通量,项目的投产运营对钦州港的发展具有里程碑式的意义。

(3)大榄坪南作业区12号、13号泊位工程

项目于2009年10月开工,2014年1月22日竣工验收。

项目建设依据:2013年12月,广西壮族自治区发展和改革委员会《关于钦州港大榄坪港区大榄坪南作业区12号泊位工程项目核准的批复》(桂发改交通〔2013〕1643号);2013年12月,广西壮族自治区发展和改革委员会《关于钦州港大榄坪港区大榄坪南作业区13号泊位工程项目核准的批复》(桂发改交通〔2013〕1644号);2013年12月,广西壮族自治区交通运输厅《关于钦州港大榄坪港区大榄坪南作业区13#泊位工程初步设计的批复》(桂交行审〔2013〕176号);2013年12月,广西壮族自治区交通运输厅《关于钦州港大榄坪港区大榄坪南作业区12号泊位工程初步设计的批复》(桂交行审〔2013〕177号);2013年9月,广西壮族自治区环境保护厅《关于钦州港大榄坪港区大榄坪南作业区12号13号泊位工程环境影响报告书的批复》(桂环审字〔2013〕178号);2012年4月,国家海洋局《关于钦州港大榄坪12#、13#泊位工程项目用海预审意见的函》(国海管字〔2012〕227号);2015年2月,广西壮族自治区海洋局分别以国海证2015B45070001787号(47.16公顷)、国海证2015B45070001792号(23.11公顷)批复了海域使用证;2014年12月,交通运输部《关于钦州港大榄坪港区大榄坪南作业区12号泊位工程使用港口深水岸线的批复》(交规划函〔2014〕1110号);2015年12月,交通运输部《关于钦州港大榄坪港区大榄坪南作业区13号泊位工程使用港口深水岸线的批复》(交规划函〔2015〕912号)。

工程为2个10万吨级原油码头泊位。码头泊位总长609米。码头前沿底高程-15.6米,前沿停泊地宽度为86米,船舶掉头地底高程为-13.0米,船舶掉头地圆直径为492米。码头下部水工结构采用大直径薄壁圆筒结构,圆筒外径19.0米,壁厚0.38米,顶高程为3.00米,单个圆筒段宽度为20.25米,顺岸式重力式结构。主要装卸设备为:码头前沿泊位设置了4台16英寸输油臂2个,与输油臂相连,通过4根DN800管道与后方钦州中石油国际储备库相连。工程概算投资为:12号泊位概算投资5.73亿元、13号泊位3.69亿元,合计共9.42亿元。投资资金为企业自筹。项目用海面积23.11公顷。

建设单位为广西北部湾国际港务集团有限公司;施工单位为中交第四航务工程局有限公司、中交一航局第三工程有限公司、防城港中港建设工程有限责任公司;监理单位为广西八桂工程监理咨询有限公司、厦门港湾监理咨询有限公司、厦门港湾监理咨询有限公司;设计单位为广西壮族自治区交通规划勘察设计院;质监单位为广西壮族自治区交通工程质量安全监督站。

项目为 2 个 10 万吨级原油泊位,原为配套保税港区中石油原油储备库的码头项目,因中石油原油储备库原油进口通过鹰岭中石油码头解决,远期通过三墩 30 万吨级原油码头解决,该码头拟改建为多用途泊位。

由于钦州港域石化产业结构调整,钦州中石油国际储备库功能由原来为广西石化及其他炼化企业提供油源服务,调整为只承担原油战略储备及为钦州石化产业园服务。钦州中石油国际储备库功能调整后,已不再向周边地区出口原油,导致大榄坪南作业区 12 号、13 号泊位没有原油出口。根据上述情况变化,为盘活现有码头资产,同时满足钦州港域临港工业发展需要,计划将大榄坪南作业区 12 号、13 号泊位由 2 个 10 万吨级原油泊位改造为 2 个 10 万吨级多用途泊位。

(4)大榄坪南作业区北 1~3 号泊位工程

项目于 2012 年 6 月开工,2016 年 2 月试运行,2018 年 3 月 28 日竣工验收。

项目建设依据:2012 年 4 月,广西壮族自治区发展和改革委员会《关于钦州港大榄坪作业区北 1 号至 3 号泊位工程项目核准的批复》(桂发改交通〔2012〕372 号);2012 年 6 月,广西壮族自治区交通运输厅《关于钦州港大榄坪作业区北 1 号至 3 号泊位工程初步设计的批复》(桂交行审〔2012〕24 号);2012 年 3 月,广西壮族自治区环境保护局《关于钦州港大榄坪北 1 号至 3 号泊位工程环境影响报告书的批复》(桂环审〔2012〕32 号);2014 年 11 月,国家海洋局批复项目海域证(海域使用证号为 2014B45070003149);2014 年 10 月,交通运输部《关于钦州港大榄坪港区大榄坪南作业区北 1 号至北 3 号泊位工程使用港口深水岸线的批复》(交规划函〔2014〕878 号)。

项目建设 1 个 7 万吨级汽车滚装泊位,2 个 5 万吨级多用途泊位,岸线长 1041.43 米。码头为顺岸式重力式结构,北 1 号前沿水深 12.6 米,北 2 号、3 号泊位前沿水深 13.6 米。后方陆域堆场面积 30.50 万平方米,道路面积 12.73 万平方米。项目概算投资 15.84 亿元,实际投资 9.78 亿元,其中固定资产 6.59 亿元、无形资产 3.03 亿元、其他资产(可抵扣增值税)0.16 亿元,资金来源为企业自筹。用海面积 67.86 公顷,其中码头 60.62 公顷、港池水域 7.24 公顷。

建设单位为广西北部湾国际港务集团有限公司;设计单位为广西壮族自治区交通规划勘察设计研究院有限公司、中铁建港航局集团勘察设计院有限公司;施工单位为中交第四航务工程局有限公司、防城港中港建设工程有限责任公司、北海海湾工程建设有限公司;监理单位为广西八桂工程监理咨询有限公司;质监单位为广西壮族自治区交通工程质量安全监督站。

项目码头水工结构采用重力式大圆同薄壁结构,项目 1 号泊位为钦州港域第一个汽车滚装泊位。

(七)三墩港区

1.港区综述

(1)港区建设和运营概况

三墩港区由三墩东作业区和三墩西作业区组成。规划岸线 23415 米,其中深水岸线 20850 米;布置 66 个 3000～300000 吨级生产性泊位,其中深水泊位 55 个;陆域面积 2849 万平方米;年通过能力 28500 万吨。为改善港区内港池泊稳条件,需在港池南端口门处建设三墩东作业区防波堤和三墩西作业区防波堤。

三墩东作业区位于三墩以南、三墩扩区二期环抱式港池的东突堤,规划为以集装箱为主、兼顾件杂货和干散货运输的作业区,建设港口支持系统。规划岸线 8878 米,其中深水岸线 8013 米,布置 19 个 1 万～30 万吨级泊位,陆域面积 1913 万平方米,年通过能力约 8800 万吨。

截至 2015 年,尚未建设码头项目。

三墩西作业区位于三墩以南、三墩扩区二期环抱式港池的西突堤和港池北部,规划为以原油及制品、液化天然气等液体散货为主,兼顾件杂货和干散货运输的作业区,建设港口支持系统。规划岸线 14537 米,其中深水岸线 13176 米,布置 47 个 3000～300000 吨级泊位,陆域面积 936 万平方米。

作业区西北端向东挖入形成小港池布置港口辅助配套区,规划 500 米港口支持系统岸线;小港池外向南依次布置 11 个 3000～5000 吨级液体散货泊位、岸线长 861 米,2 个 5 万吨级液体散货泊位、岸线长 708 米,3 个 10 万吨级液体散货泊位、岸线长 1038 米,西突堤西侧岸线规划为预留港口岸线;西突堤东侧南部布置 9 个 15 万～30 万吨级液体散货泊位、岸线长 3269 米,北端布置 2 个 15 万吨级液化天然气泊位、岸线长 919 米;环抱式大港池的北部布置 6 个 10 万～20 万吨级液体散货泊位、岸线长 2376 米,其中通过引桥向南布置 2 个 30 万吨级原油泊位、岸线长 1092 米;东北部小港池西侧布置 7 个 3 万～10 万吨级液体散货泊位、岸线长 2488 米,北侧布置 5 个 5 万吨级通用泊位、岸线长 1286 米。陆域纵深 230～600 米,码头面高程 7.0 米。三墩西作业区北端向北至大环作业区南端的 3500 米岸线,为海洋工程及修造船等临港工业使用岸线。

截至 2015 年,三墩西作业区建设码头项目 1 个,为北部湾港钦州 30 万吨级油码头工程,建设单位为广西北部湾国际港务集团有限公司,码头北端距离三墩作业区约 4.94 千米,主要建设内容为 30 万吨级油码头及接岸栈桥工程。码头设计年吞吐量为 930 万吨,工期为 14 个月,总投资 26.6 亿元。截至 2015 年,码头水工及接岸栈桥主体已施工完成,上部装卸设备计划近期施工。

(2)港区地理条件和集疏运概况

三墩港区的铁路引自大榄坪港区,沿三墩公路(调整后)的延长线进入港区。继续向南延伸进入临港物流区,满足集装箱铁路运输的需求;三墩港区的公路主要依托大榄坪港区二号路、四号路和三墩公路(调整后)的延长线,形成三条纵向通道;结合作业区后方横向通道,构成横贯东西,纵贯南北的路网结构;由于三墩港区规模大且主要通过公路集疏运,为避免对港区公路交通造成拥堵,建议为三墩港区增加跨江通道——钦犀公路疏港通道,同时远期扩建钦犀公路,以满足集装箱干线港的集疏运需求;三墩港区的管道继续沿三墩南街延长线北侧预留50米宽管廊通道,以满足临港产业及液体散货码头向后方疏运的需要。

2.港区工程项目

北部湾港钦州30万吨级油码头工程(三墩港区西作业区)

工程于2010年9月开工,在建。

项目建设依据:2016年8月,广西壮族自治区发展和改革委员会《关于广西北部湾港钦州30万吨级油码头工程核准的批复》(桂发改交通〔2016〕988号);2018年7月,广西壮族自治区交通运输厅《关于广西北部湾港钦州30万吨级油码头工程初步设计批复》(桂交行审〔2018〕53号)2015年12月,广西壮族自治区环境保护厅《关于广西北部湾钦州30万吨油码头工程环境影响报告书的批复》(桂环审〔2015〕202号);2018年6月,交通运输部《关于钦州港大榄坪港区30万吨级原油码头工程使用港口岸线的批复》(交规划函〔2018〕272号),2016年7月,广西壮族自治区海洋局《关于广西北部湾港钦州30万吨级油码头工程项目用海预审的批复》(桂海函〔2016〕261号)。

工程位于三墩作业区以南约3千米海域,是钦州石化产业项目的重要配套工程,主要服务于钦州港域中石油1000万吨炼油厂、中石油国际储备库1000万立方米储备库等项目。项目建设规模为1个30万吨级原油泊位及3千米的接岸引桥。码头泊位总长546.3米。码头水工重力墩式结构,墩身采用预制薄壁大圆筒。码头由1个工作平台、2个靠船墩、6个系船墩和1个辅助区平台组成。掉头区底高程–21米,掉头圆直径835米。码头顶高程11.5米,停泊区宽120米,底高程–24.5米(当地果子山理论基准面)。项目主要通过管理输送油品,无后方堆场。项目总投资约25.66亿元,资金来源主要为企业自筹。项目用海面积82.84公顷,其中码头3.29公顷,港池69.73公顷。

建设单位为广西北部湾国际港务集团有限公司;设计单位为广西壮族自治区交通规划勘察设计研究院、中交第三航务设计院有限公司;施工单位为中交第四航务工程局有限公司;监理单位为广西八桂工程监理咨询有限公司;质监单位为广西壮族自治区交通工程质量安全监督站。

## （八）渔	港区

1. 港区综述

（1）港区建设和运营概况

渔	港区位于防城湾内的渔	半岛西南端,规划由第一作业区—第六作业区和马鞍岭作业区组成。至 2015 年,渔	港区已建成第一作业区、第二作业区和第三作业区,第四作业区、第五作业区和马鞍岭作业区正在建设。防城港现有的公用泊位、深水泊位及大型专业化泊位绝大部分集中在此港区,由防城港务集团有限公司经营。

港区现有生产性泊位 44 个,其中万吨级以上泊位 31 个,最大设计靠泊能力为 20 万吨级散货船,码头岸线长 9628 米,年通过能力 5480 万吨(其中集装箱通过能力 185 万 TEU)。渔	港区现已发展成为装卸各种散货、件杂货、集装箱、石油化工产品及其仓储、中转、联运的综合性港区。此外,港区已建有海关码头、拖轮工作船码头、海警码头、海洋维权执法基地码头和海事码头等非生产用泊位 18 个,岸线长 1165 米。

（2）港区地理条件和集疏运概况

渔	港区位于渔	半岛的南部,自西湾东岸现有海关码头往南往东至东湾西岸的渔洲坪南侧约 2 千米处,南部是围填形成的港口岸线。2015 年港区已建有渔	港区第一作业区、第二作业区和第三作业区,在建的第四作业区和第五作业区,是防城港最大的综合性港区。

渔	半岛南部岸线由于有白龙半岛和企沙半岛的掩护,风浪较小,岸线南端在极端高水位情况下,SSW 向 50 年一遇波浪 $H_{1\%}$ 为 4.62 米,泊稳条件较好;港池和航道可挖性好,夏淤冬冲,全年冲淤平衡,回淤量较少,年回淤强度不超过 0.4 米,水深长期稳定。岸线再往南处的水域宽阔,水深较大,基岩高程在 21.5 ~ 9.9 米之间,岩面埋深由北向南逐渐增大,具有较好的建设大型深水泊位条件。

渔	港区货物铁路集疏运主要经防城港火车站进入南防铁路。“十二五”期间广西沿海高速铁路建成通车,南防铁路形成三线规模,即既有线加上高标准新双线快速通道,运输能力尤其是旅客运输能力得到较大提升。

为适应防城港货物集疏运量快速增长的要求,规划在“十三五”期间南防铁路既有线增建二线,线路北接南宁东站,经钦州北站至防城港站,线路全长 172 千米,按国家 Ⅰ 级电气化铁路建设。此外,“十三五”期间将开展云桂沿边铁路(防城港至文山)的研究工作,广西区内线路长约 431.3 千米,拟按国家 Ⅰ 级单线铁路建设。其他临港工业所需货物通过专用管道、管带机及皮带机输送至厂区,建议城市规划预留管廊用地。此外,越南煤炭在港区通过小船转大船运输至东南沿海和东亚国家,以及外贸煤在港区通过大船转小船运输至东南沿海及东亚国家,水水中转亦已成为港区的集疏运方式。

2.港区工程项目

(1)防城港第八泊位粮食中转码头工程

项目于 1991 年 8 月开工,1992 年 12 月完工。

项目建设依据:1991 年 1 月,广西壮族自治区计划委员会《防城港新建第八泊位粮食中转码头工程设计任务书》(桂计能〔1991〕6 号);1991 年 3 月,广西壮族自治区建设委员会《关于防城港第八泊位粮食中转码头工程初步设计的批复》。

项目建设 1 个 3 万吨级多用途码头泊位。岸线总长 220 米。码头采用顺岸式布置,重力式圆筒、方块结构。码头前沿水深 11.4 米。项目后方堆场面积 4.96 万平方米。主要装卸设备配置 10 吨-30 米门座式起重机 1 台、16 吨-33 米门座式起重机 2 台。项目总投资 1400 万元,由政府投资。项目用地面积 4.96 万平方米。

建设单位为防城港建港指挥部;设计单位为广西壮族自治区交通设计院。

防城港第八泊位粮食中转码头自运营以来,经营状况良好,有效提升了防城港粮食和其他货物装卸能力。

(2)防城港 0 号泊位工程

项目于 1995 年 8 月开工,1996 年 8 月完工。

项目建设依据:1995 年 8 月,广西壮族自治区计划委员会批复广西壮族自治区交通厅《关于提请审批防城港 0#泊位工程项目建议书的请示》(桂计能字〔1995〕370 号)。

项目建设共 2 个泊位,包括 1 个 1 万吨级件杂货泊位和 1 个 1000 吨级件杂货泊位。岸线总长 201 米(其中 1 万吨级件杂货泊位岸线长度 134.99 米,1000 吨级件杂货泊位岸线长度 66.01 米)。1 万吨级件杂货泊位年吞吐能力 38 万吨,1000 吨级件杂货泊位年吞吐能力 15 万吨。码头采用顺岸式平面布局,结构形式为重力式圆筒。码头前沿水深 9.3 米。项目总投资 7552.3 万元,其中国家开发银行贷款 3776 万元,防城港和广西壮族自治区交通厅筹措 3776 万元。项目用地面积 2.98 万平方米。

建设单位为防城港建港指挥部(现为北部湾港防城港码头有限公司管理);施工单位为交通部第四航务工程局第三工程公司。

项目 1000 吨级件杂货泊位已不参与运营。

(3)广西防城港二期工程(9 号、10 号泊位)

项目于 1997 年 8 月开工,1999 年 10 月试运行,2012 年 2 月竣工。

项目建设依据:1995 年 5 月,国家计划委员会以《关于防城港二期项目建议书的批复》(计交能〔1995〕576 号)同意 9 号、10 号泊位工程立项;1996 年 9 月,国家计划委员会《印发国家计委关于审批广西防城港二期工程可行性研究报告的请示通知》(计交能〔1997〕1740 号);1997 年 1 月,交通部《关于防城港二期工程修改初步设计的批复》(基港字〔1997〕35 号)。

项目建设 2 个泊位,包括 1 个 2.5 万吨级集装箱泊位(码头水工结构容许靠泊能力为 5 万吨级)和 1 个 3 万吨级散货通用泊位,码头岸线总长 595.95 米,其中与中级泊位接头段长 56 米,9 号、10 号泊位岸线长 498 米,与 11 号泊位接头段为 41.95 米。码头采用顺岸式布置,结构形式为大圆筒重力式。码头前沿水深:9 号泊位为 13.9 米、10 号泊位为 12.9 米。码头后方堆场面积共 31.96 万平方米。主要装卸工艺为:集装箱泊位前沿采用岸壁集装箱起重机 2 台;堆场作业选用轮胎式龙门起重机 2 台,配以空箱叉车;水平运输采用集装箱牵引车加半挂车;拆装箱库作业小型低门架叉车、重箱叉车及普通叉车;铁路整箱及危险品箱作业采用集装箱正面吊;散货通用泊位前沿装卸船作业采用 16 吨-33 米普通门座式重机 6 台;出口煤炭及重晶石卸车作业采用卸车机;进口矿石装车采用单斗装载机;煤、重晶石及矿石水平运输采用皮带机。项目投资根据国家计划委员会计投资〔1997〕830 号文下达的投资计划,广西防城港二期工程计划投资 6.64 亿元,实际到位资金 5.13 亿元。经审计核定,项目实际完成投资总额 4.17 亿元,实际资金节余 9534.68 万元。项目已完成填海造陆,并办理了土地证,其中 9 号泊位面积 11.82 亿平方米(防港国用〔2006〕第 0320 号)、10 号泊位面积 20.14 亿平方米(防港国用〔2006〕第 0321 号)。

建设单位为防城港务集团(原防城港务局);设计单位为中交水运规划院(初步设计)、广西壮族自治区交通规划勘察设计院(施工图设计);施工单位中港四航局、中港一航局、中铁十二局一处;监理单位为广西八桂工程监理咨询有限公司;质监单位为广西壮族自治区交通工程质量监督站。

广西防城港二期集装箱专用码头、散货通用码头工程是国家"九五"期间的重点建设项目,也是利用亚洲开发银行贷款的项目。防城港 9 号、10 号泊位工程自 1999 年 11 月试投产运营后,防城港 2000 年吞吐量为 922 万吨,比 1999 年的 808 万吨增长了 114 万吨,有效地增加了防城港的货物吞吐量。特别是 10 号集装箱泊位,开辟了防城港集装箱货物的市场,短时间内有东南亚、东北亚、中东、澳洲的国际航线,以及防城港—河口/赤湾—全球集装箱公共快线,形成了以东南亚、东北亚近洋干线为核心,美欧中东远洋快线为重点的航线优势特色。内贸航线开通东北、华北干线和到黄埔、蛇口中转北方的支线。

项目的投产运营,提高了防城港作为大西南出海通道主门户的吞吐能力,并成功拓展了集装箱流通业务,大幅度地增加了防城港的货物流通量,为防城港快速发展奠定了坚实基础。

(4)防城港 11 号泊位工程

项目于 2000 年 6 月开工,2002 年 1 月试运行,2016 年 9 月竣工。

项目建设依据:2001 年 12 月,广西壮族自治区发展计划委员会《关于防城港 11#泊位工程可行性研究报告的批复》(桂计交通〔2001〕591号);2012年10月,广西壮族自治区交通运输厅《关于防城港第十一号泊位码头工程初步设计的批复》(桂交行审〔2012〕68号);2009年7月,广西壮族自治区环境保护局《关于防城港十一、十二泊位码头工程环境影响报告书的批复》(桂环管字〔2005〕68号);2001年9月,交通部《关于防城港11#泊位工程使用岸线的批复》(交规划发〔2001〕578号)。

项目建设1个1万吨级多用途泊位(码头水工结构容许靠泊能力5万吨级,码头设计靠泊能力5万吨级),岸线总长295米。码头为顺岸式布置,由工作平台、系缆墩等组成,结构形式为大圆筒重力墩。码头前沿水深为13.9米。项目后方堆场面积24.80亿平方米。主要装卸设备配置16吨-33米门座式重机8台。防城港11号泊位码头工程概算投资为2.05亿元,其中公司筹措6643万元,其余资金通过争取国家补助、申请银行贷款等渠道筹措解决。项目用地面积24.80亿平方米。

建设单位为北部湾港防城港码头有限公司(原为防城港北部湾港务有限公司);设计单位为广西壮族自治区交通规划勘察设计研究院、中铁建港航局集团勘察设计院有限公司、中铁四院集团南宁勘察设计院有限公司;施工单位为中交第四航务工程局有限公司、防城港中港建设工程有限责任公司、柳州铁路工程集团有限责任公司;监理单位为广西八桂工程监理咨询有限公司;质检单位为广西壮族自治区交通工程质量安全监督站。

防城港11号泊位工程自试投产运营后,有效地增加了防城港的货物吞吐量,形成了以进口粮食为主的进口散装粮食专用码头。试运行总体情况良好,达到了预期的效果。工程的投产运营,快速提高了防城港作为大西南出海通道主门户的吞吐能力,大幅度地增加了防城港的货物流通量。

(5)防城港20万吨级码头及配套航道工程

项目于2004年1月开工,2007年1月试运行,2012年8月竣工。

项目建设依据:2002年10月,广西壮族自治区发展计划委员会《防城港十五万吨级减载平台及航道工程可行性研究报告》(桂计交通〔2002〕546号);2003年1月,广西壮族自治区交通厅《防城港十五万吨级减载平台及其航道工程初步设计》(交基建函〔2003〕37号);2003年11月,广西壮族自治区发展计划委员会《关于将防城港15万吨级减载平台及航道工程调整为20万吨级码头及配套航道问题的复函》(桂计交通函〔2003〕554号);2011年9月,广西壮族自治区交通运输厅《防城港20万吨级及配套航道工程初步设计》(桂交水运函〔2011〕815号);2005年,广西壮族自治区环境保护局《关于防城港20万吨级码头及配套航道工程环境影响报告书的批复》(桂环管字〔2005〕65号)。

项目建设1个20万吨级散货泊位,岸线总长462米,项目设计货物年吞吐量1000万吨,三牙段航道长11.69千米。码头为顺岸式布置,由工作平台、靠船墩、系缆墩、引桥、综合房等组成,结构形式为大圆筒重力墩。码头面高程8.70米,前沿停泊地高程为－19.50米,外侧港池底高程为－16.0米,内侧港池底高程为－6.3米,掉头地高程为－11.0米。码头前沿水深19.8米。三牙航道长11.69千米,宽160米,底高程－16.0米。项目后方堆场面积为25.6万平方米。主要装卸设备配置1500吨/小时的桥式抓斗卸船机3台、40吨门座式重机4台,堆场布置3台堆取料机、1座装车楼。项目投资10.26亿元,其中交通部安排沿海港口建设项目港口建设费补助1.93亿元,一次性安排港口建设费1.93亿元用于防城港15万吨级深水航道和防波堤及护岸工程,其中安排航道工程1.48亿元、防波提及护岸工程0.45亿元,其余为银行贷款和企业自筹。项目(填海造地)用海面积49.84公顷,于2011年完成国有海域使用权证换发国有建设用地使用权证手续,并办理了土地证(防港国用〔2011〕第0429号)。

建设单位为防城港务集团有限公司;初步设计、施工图设计单位为广西壮族自治区交通规划勘察设计研究院;水工施工单位为中交第四航务工程局有限公司;监理单位为广西八桂工程监理咨询有限公司;质监单位为广西壮族自治区交通工程质量监督站。

根据工程的地质勘察情况,在满足安全、实用、美观和先进的前提下,积极开展优化设计工作,圆筒由吊装改为浮游出运方案,盖板由吊装改为现浇方案,具体内容为:圆筒外径不变,顶高程由2.20米提高至3.00米,设置钢筋混凝土简支底板;盖板与胸墙一起现浇。2009年11月,防城港进港航道进行了扩建,工程按20万吨级单向航道标准建设,航道全长17.34千米,航道有效宽度195米,航道底高程－17.9米,乘潮保证率为90%。2011年11月完工,2015年4月通过广西壮族自治区交通运输厅组织的竣工验收。

防城港20万吨级码头及配套航道工程有效地增加了防城港的货物吞吐量,形成了以铁矿、煤炭为主的大宗散货矿石专用码头。码头设计为两边均能靠船,开创了国内可直接"船到船"直装直卸作业的先河。工程投产运营后,快速提高了防城港作为大西南出海通道主门户的吞吐能力,大幅度地增加了防城港的货物流通量。2013—2015年期间,码头累计完成货物吞吐量3659.8万吨。

(6)防城港东湾液体化工码头工程

项目于2004年6月开工,2007年1月试运行,2012年7月竣工。

项目建设依据:2004年2月,防城港市发展计划委员会《关于防城港东湾液体化工码头项目建议书的批复》(防计发规字〔2004〕11号);2005年11月,防城港市发展和改革委员会《关于中外合资防城港东湾液体化工码头核准的批复》(防发改〔2005〕141号);2011年11月,防城港市港口建设管理办公室《防城港东湾液体化工码头工程初步设计》(防港办函复〔2011〕12号);2005年3月,广西壮族自治区环境保护厅《关于防城港东湾液体化工码头工程环境影响报告书的批复》(桂环管字〔2005〕66号);2008年7月,交通运输部

《关于防城港东湾液体化工码头工程使用港口岸线的批复》（交规划发〔2008〕166号）。

项目建设1个1万吨级液体化工码头泊位（水工预留发展为5万吨级码头设计），泊位总长度310米，设计年吞吐能力为156万吨。码头为敞开式，呈一字形，由水工建筑、引桥、卸油平台、靠船墩、系缆墩、人行桥、工作桥、给水消防工程、供电照明、通信、环保、7号墩变电所、控制室、值班室等组成，结构形式为重力式大圆筒。码头前沿水深14.1米，码头水工结构容许靠泊能力5万吨级。项目建设内容无堆场，不包括工艺设备，装卸设备均由后方仓储企业安装。项目资金核定总概算1.84亿元（其中码头水工工程及附属工程概算8655.31万元、3000吨级航道及回旋水域开挖工程概算6211.18万元、其他费用2747.43万元、预留费用798.45万元），资金全部由防城港务集团有限公司自筹。项目用海总面积为3.54公顷。

建设单位为防城港务集团有限公司；施工图设计单位为广西壮族自治区交通规划勘察设计研究院、吉林省石油化工设计研究院；施工单位为中港第四航务工程局、防城港中港建设工程有限公司；监理单位为广西八桂工程监理咨询有限公司；质监单位为广西壮族自治区交通工程质量监督站。

防城港东湾液体化工码头工程后方化工仓储区发展满足对液体化工品运输的需要，有效缓解了东湾液体化工品泊位能力不足。项目对我国西部开发、北部湾经济区的建设，满足区域对化工品的需求、实现化工原料出口贸易，具有重要的意义。

（7）防城港第13号泊位码头工程

项目于2004年11月开工，2007年1月试运行，2018年6月竣工验收。

项目建设依据：2004年8月，广西壮族自治区发展和改革委员会《关于防城港第十三号散货泊位工程可行性研究报告的批复》（桂发改交通〔2004〕124号）；2017年10月，广西壮族自治区交通厅《关于防城港十三号泊位码头工程初步设计批复》（桂交行审〔2017〕114号）。2005年3月，广西壮族自治区环境保护厅《防城港十三号泊位码头工程环境影响报告书》（桂环管字〔2005〕72号）；2008年7月，交通运输部《关于防城港港13至17号泊位工程使用港口岸线的批复》（交规划发〔2008〕188号）。

项目建设1个7万吨级散货码头泊位（码头水工结构容许靠泊能力7万吨级，码头设计靠泊能力为7万吨级），码头总长328.82米，设计年吞吐能力为390万吨。码头采用顺岸布置，重力式圆筒结构。码头前沿底高程-14.8米。项目后方堆场面积45.72万平方米。主要装卸设备配置码头前沿配置25吨-33米门座式重机7台，轨距10.5米；散货水平转运采用20吨自卸汽车方式。项目概算为3.31亿元，资金来源为企业自筹、银行贷款。用地面积13号、14号泊位共45.72万平方米，港池1.89万平方米。

建设单位为防城港务集团有限公司；设计单位为广西壮族自治区交通规划勘察设计研究院有限公司、中诚国际海洋工程勘察设计有限公司；施工单位为中交第四航务工程局有限公司、防城港中港建设工程有限公司;监理单位为广西八桂工程监理咨询有限公司;质监单位为广西壮族自治区交通工程质量监督站。

工程的投产运营,快速提高了防城港作为大西南出海通道主门户的吞吐能力,大幅度地增加了防城港的货物流通量,13号泊位码头配置卸率为700吨/小时的带斗门座式重机3台、25吨常规门座式重机2台,卸船效率每天3.6万吨,以及与之配套的输送机系统、粮食火车发放站、中央控制系统等,装火车效率每天1.5万吨。

(8)防城港第14号泊位码头工程

项目于2004年11月开工,2007年1月试运行,2018年6月竣工验收。

项目建设依据:2004年8月,广西壮族自治区发展和改革委员会《关于防城港第十四号散货泊位工程可行性研究报告的批复》(桂发改交通〔2004〕125号);2017年10月,广西壮族自治区交通运输厅《关于防城港十四号泊位码头工程初步设计批复》(桂交行审〔2017〕115号)。2005年3月,广西壮族自治区《防城港十四号泊位码头工程环境影响报告书》(桂环管字〔2005〕68号);2008年7月,交通运输部《关于防城港港13至17号泊位工程使用港口岸线的批复》(交规划发〔2008〕188号);2001年2月,防城港市城市规划局《建设用地规划许可证》(规地〔2001〕549、577号);2006年10月,广西壮族自治区人民政府《关于防城港散货泊位工程使用海域的批复》(桂政函〔2006〕182号)。

项目建设1个7万吨级散货码头泊位,码头总长253米,设计年吞吐能力为476万吨。码头采用顺岸式布置,码头结构为重力式圆筒,码头前沿水深14.80米。项目后方堆场面积13号、14号泊位共45.72万平方米,堆存容量为85313吨。主要装卸设备为码头前沿配置25吨-24米桥式抓斗卸船机2台,散货的水平转运采用皮带机;自动灌包机承担散货灌包作业,龙门式起重机、正面式起重机或叉车承担集装箱(或袋装)装火车或汽车作业。项目资金概算为3.66亿元,为企业自筹、银行贷款。项目用地用海情况为用地面积45.72万平方米、港池1.89公顷。

建设单位为防城港务集团有限公司;设计单位为广西壮族自治区交通规划勘察设计研究院有限公司、中诚国际海洋工程勘察设计有限公司等;施工单位为中交第四航务工程局有限公司、防城港中港建设工程有限公司等;监理单位为广西八桂工程监理咨询有限公司;质监单位为广西壮族自治区交通工程质量安全监督站。

防城港14号泊位是以硫黄、化肥为主的硫黄、化肥专用码头,14号泊位码头配置1000吨/小时的桥式卸船机2台,卸船效率最高每天2.4万吨,以及与之配套的皮带输送机系统、斗轮堆取料机、装箱楼、中央控制系统等,后方配套有集装箱装卸桥吊、集装箱堆场。工程的投产运营,快速提高了防城港作为大西南出海通道主门户的吞吐能力,大幅度地增加了防城港的货物流通量。

（9）防城港第 15 号泊位码头工程

项目于 2004 年 11 月开工，2007 年 1 月试运行，2018 年 6 月竣工验收。

项目建设依据：2004 年 8 月，广西壮族自治区发展和改革委员会《关于防城港第十五号散货泊位工程可行性研究报告的批复》（桂发改交通〔2004〕126 号）；2017 年 10 月，广西壮族自治区交通运输厅《关于防城港十五号泊位码头工程初步设计批复》（桂交行审〔2017〕116 号）。2005 年 3 月，广西壮族自治区环境保护局《防城港十五号泊位码头工程环境影响报告书》（桂环管字〔2005〕69 号）；2008 年 7 月，交通运输部《关于防城港港 13 至 17 号泊位工程使用港口岸线的批复》（交规划发〔2008〕188 号）；2007 年 4 月，防城港市建设规划委员会《建设项目选址意见书》（防港规选〔2007〕字第 001-003 号）同意防城港第 15 号 ~17 号泊位的用地规划选址；2005 年 12 月，广西壮族自治区人民政府《关于防城港第 15# – 17#泊位工程项目使用海域的批复》（桂政函〔2005〕321 号）。

项目建设 1 个 7 万吨级散货码头泊位，码头长 286.4 米，设计年吞吐能力为 459 万吨。码头平面布置方式为顺岸，重力式圆筒结构。码头前沿水深 14.80 米。项目后方堆场面积 15 号 ~17 号泊位共 45.72 万平方米。主要装卸设备为码头前沿配置 2000 吨/小时的卸船机 1 台和 25 吨-35 米的门座式重机 1 台，龙门式起重机、正面式起重机或叉车承担集装箱（或袋装）卸火车作业，散货进入坑道皮带机自动灌包机承担散货灌包作业，袋装货物由拖车运至码头前沿经门座式重机装船。项目资金概算为 4.11 亿元，为企业自筹、银行贷款。用地用海情况为 15 ~17 号泊位用地面积总计 47.38 万平方米，15 ~17 号泊位港池用海总计 5.07 公顷。

建设单位为防城港务集团有限公司；设计单位为广西壮族自治区交通规划勘察设计研究院有限公司、中诚国际海洋工程勘察设计有限公司；施工单位为中交第四航务工程局有限公司、防城港中港建设工程有限公司；监理单位为广西八桂工程监理咨询有限公司；质监单位为广西壮族自治区交通工程质量安全监督站。

防城港 15 号泊位是以硫黄、化肥为主的硫黄、化肥专用码头，14 号、15 号泊位码头配置卸率 500 吨/小时的桥式卸船机 2 台，卸船最高效率每天 2.4 万吨，以及与之配套的皮带输送机系统、斗轮堆取料机、装箱楼、中央控制系统等，后方配套有集装箱装卸桥式起重机、集装箱堆场。工程的投产运营，快速提高了防城港作为大西南出海通道主门户的吞吐能力，大幅度地增加了防城港的货物流通量。

（10）防城港第 16 号泊位码头工程

项目于 2004 年 11 月开工，2007 年 1 月试运行，2018 年 6 月竣工验收。

项目建设依据：2004 年 8 月，广西壮族自治区发展和改革委员会《关于防城港第十六号散货泊位工程可行性研究报告的批复》（桂发改交通〔2004〕127 号）；2017 年 12 月，广西壮族自治区交通运输厅《关于防城港十六号泊位码头工程初步设计批复》（桂交行审

〔2017〕141 号）；2005 年 3 月，广西壮族自治区环境保护局《防城港十六号泊位码头工程环境影响报告书》（桂环管字〔2005〕70 号）；2007 年 4 月，防城港市建设规划委员会《建设项目选址意见书》（防港规选〔2007〕字第 001- 003 号）同意防城港第 15 号~17 号泊位的用地规划选址；2008 年 7 月，交通运输部《关于防城港港 13 至 17 号泊位工程使用港口岸线的批复》（交规划发〔2008〕188 号）；2005 年 12 月，广西壮族自治区人民政府《关于防城港第 15# – 17#泊位工程项目使用海域的批复》（桂政函〔2005〕321 号）。

项目建设 1 个 5 万吨级散货码头，码头长 258.39 米，设计年吞吐能力为 329 万吨。码头平面布置方式为顺岸，重力式圆筒结构。码头前沿水深 13.80 米。项目后方堆场面积 15 号~17 号泊位共 45.72 万平方米，堆存容量为 81429 吨。主要装卸设备为码头前沿配置 25 吨-35 米门座式重机 7 台，轨距 10.5 米，堆场内采用挖掘机卸火车，皮带机系统转运，斗轮堆取料机堆、取，后方布置 2 轨铁路装卸线。项目概算为 3.54 亿元，资金来源为企业自筹、银行贷款。用地用海情况为 15 号~17 号泊位用地面积总计 47.38 万平方米，15 号~17 号泊位港池用海总计 5.07 公顷。

建设单位为防城港务集团有限公司；设计单位为广西壮族自治区交通规划勘察设计研究院有限公司、中诚国际海洋工程勘察设计有限公司等；施工单位为中交第四航务工程局有限公司、防城港中港建设工程有限公司等；监理单位为广西八桂工程监理咨询有限公司；质监单位为广西壮族自治区交通工程质量安全监督站。

防城港 16 号泊位是以重晶石、碎石为主的专用码头，16 号泊位码头配置有 25 吨常规门座式重机 8 台，卸船效率每天 4.4 万吨。工程的投产运营，快速提高了防城港作为大西南出海通道主门户的吞吐能力，大幅度地增加了防城港的货物流通量。

（11）防城港第 17 号泊位码头工程

项目于 2004 年 11 月开工，2007 年 1 月试运行，2018 年 6 月竣工验收。

项目建设依据：2004 年 8 月，广西壮族自治区发展和改革委员会《关于防城港第十七号散货泊位工程可行性研究报告的批复》（桂发改交通〔2004〕128 号）；2017 年 12 月，广西壮族自治区交通运输厅《关于防城港十七号泊位码头工程初步设计批复》（桂交行审〔2017〕140 号）；2005 年 3 月，广西壮族自治区环境保护局《防城港十七号泊位码头工程环境影响报告书》（桂环管字〔2005〕71 号）；2007 年 4 月，防城港市建设规划委员会《建设项目选址意见书》（防港规选〔2007〕字第 001-003 号）同意防城港第 15 号~17 号泊位的用地规划选址；2008 年 7 月，交通运输部《关于防城港港 13 至 17 号泊位工程使用港口岸线的批复》（交规划发〔2008〕188 号）；2005 年 12 月，广西壮族自治区人民政府《关于防城港第15# – 17#泊位工程项目使用海域的批复》（桂政函〔2005〕321 号）。

项目建设 1 个 5 万吨级散货码头（码头水工结构容许靠泊能力 5 万吨级，码头设计靠泊能力 5 万吨级），码头长 258.39 米，设计年吞吐能力为 317 万吨。码头平面布置采用顺岸式,结构为重力式圆筒。码头前沿水深13.80米。项目后方堆场面积15～17号泊位总计47.38万平方米,堆存容量为79167吨。主要装卸设备为码头前沿配置25吨-35米门座式重机5台、25吨-33米门座式重机2台,轨距10.5米,皮带机系统转运完成水平运输。项目概算为3.60亿元,资金来源为企业自筹、银行贷款。用地用海情况为15～17号泊位用地面积总计47.38万平方米,15～17号泊位港池用海总计5.07公顷。

筹建单位为防城港务集团有限公司;设计单位为广西壮族自治区交通规划勘察设计研究院有限公司、中诚国际海洋工程勘察设计有限公司等;施工单位为中交第四航务工程局有限公司、防城港中港建设工程有限公司等;监理单位为广西八桂工程监理咨询有限公司;质监单位为广西壮族自治区交通工程质量安全监督站。

防城港17号泊位是以铜精矿、锌精矿为主的有色金属矿为主的专用码头。17号泊位码头配置卸率为480吨/小时的门座式重机7台,卸船效率每天1.83万吨。工程的投产运营,快速提高了防城港作为大西南出海通道主门户的吞吐能力,大幅度地增加了防城港的货物流通量。

(12)防城港12号泊位工程

项目于2006年6月开工,2016年9月竣工。

项目建设依据:2003年4月,广西壮族自治区发展计划委员会《关于防城港12#泊位工程可行性研究报告的批复》(桂计交通〔2003〕160号);2012年10月,广西壮族自治区交通运输厅《关于防城港第十二号泊位码头工程初步设计的批复》(桂交行审〔2012〕69号);2009年7月,广西壮族自治区环境保护局《关于防城港十一、十二泊位码头工程环境影响报告书的批复》(桂环管字〔2005〕68号);2002年12月,交通部《关于防城港12#泊位工程使用岸线的批复》(交规划发〔2002〕161号)。

项目建设1个3万吨级多用途泊位(水工结构按5万级设计,预留发展为5万吨级散货泊位),12号泊位岸线长253米,项目设计货物年吞吐能力99万吨。码头为顺岸式布置,由工作平台、系缆墩等组成,结构形式为大圆筒重力墩。码头前沿水深14.1米,码头水工结构容许靠泊能力5万吨级。项目后方堆场面积为25.07万平方米。主要装卸设备为码头前沿配置25吨-33米门座式重机5台。防城港12号泊位码头工程概算投资为4.28亿元,其中项目资本金1.75亿元,申请交通部补助3820万元,其余由项目业主筹措,其余资金通过向银行贷款解决。12号泊位用地面积为25.07万平方米。

筹建单位为北部湾港防城港码头有限公司(后变更为防城港北部湾港务有限公司,现更名为北部湾港防城港码头有限公司);设计单位为广西壮族自治区交通规划勘察设计研究院、中铁建港航局集团勘察设计院有限公司、中铁四院集团南宁勘察设计院有限公司;施工单位为中交第四航务工程局有限公司、防城港中港建设工程有限责任公司、柳州铁路工程集团有限责任公司等;监理单位广西八桂工程监理咨询有限公司;质监单位为广西壮族自治区交通工程质量安全监督站。

防城港12号泊位工程自试投产运营后,有效地增加了防城港的货物吞吐量。

(13)防城港18～22号泊位码头工程

项目于2007年5月开工,2011年10月试运行,2016年8月竣工。

项目建设依据:2007年5月,广西壮族自治区环境保护局《关于防城港十八号泊位码头工程环境影响报告书的批复》(桂环管字〔2007〕179号)、《关于防城港十九号泊位码头工程环境影响报告书的批复》(桂环管字〔2007〕180号)、《关于防城港二十号泊位码头工程环境影响报告书的批复》(桂环管字〔2007〕181号)、《关于防城港二十一号泊位码头工程环境影响报告书的批复》(桂环管字〔2007〕182号)、《关于防城港二十二号泊位码头工程环境影响报告书的批复》(桂环管字〔2007〕183号);2013年8月,广西壮族自治区环境保护厅《防城港第十八号泊位码头工程变更环境影响报告书的批复》(桂环审〔2013〕189号)、《防城港第十九号泊位码头工程变更环境影响报告书的批复》(桂环审〔2013〕190号)、《防城港第二十号泊位码头工程变更环境影响报告书的批复》(桂环审〔2013〕191号)、《防城港第二十一号泊位码头工程变更环境影响报告书的批复》(桂环审〔2013〕192号)、《防城港第二十二号泊位码头工程变更环境影响报告书的批复》(桂环审〔2013〕193号);2009年9月,广西壮族自治区人民政府《关于防城港十八号泊位码头工程项目使用海域的批复》(桂政函〔2009〕312号)、《关于防城港十九号二十号泊位码头工程项目使用海域的批复》(桂政函〔2009〕313号)、《关于防城港二十一号二十二号泊位码头工程项目使用海域的批复》(桂政函〔2009〕311号);2013年7月,交通运输部《关于防城港18#～22#泊位工程使用港口岸线的批复》(交规划发〔2013〕457号);2007年4月,防城港市建设规划委员会《建设项目选址意见书》(防港规选〔2007〕字第004-008号)同意防城港18～22号泊位的用地规划选址。

项目建造1个7万吨级和4个10万吨级散货码头泊位,其中10万吨级码头水工结构按靠泊15万吨级船舶设计和建设,码头岸线总长1556.02米,设计货物设计年吞吐能力745万吨。18号泊位长度为265米(包括17号泊位延长段),19～22号泊位长度均为319米,22号泊位长度为334.02米,5个泊位码头长度合计为1556.02米,结构形式为重力式圆筒结构。18号泊位码头前沿停泊宽度为65米,底高程为-14.8米;19～22号泊位码头前沿停泊宽度为90.2米,底高程为-18.5米。码头前沿水深:18号泊位为-15.5米,19～22号泊为-18.8米。项目后方堆场面积98.68万平方米,堆存容量:18号泊位为集装箱2282TEU、钢材23572吨;19号泊位为粮食69643吨、件杂货28571吨;20号泊位为件杂货27887吨、钢材30423吨;21号泊位为非金属矿石112500吨、化肥12858吨;22号泊位为煤炭112500吨、非金属矿12858吨。总投资11.35亿元,其中18号泊位项目总概算为2.88亿元,19号泊位项目总概算为3.32亿元,20号泊位项目总概算为3.20亿元,21号泊位项目总概算为2.94亿元,22号泊位项目总概算为3.16亿元,均为企业自筹、银行贷款。项目使用权面积98.68万平方米,于2011年完成国有土地使用权证换发国有建设用地使用权证手续,并办理了土地证。

筹建单位为防城港北部湾港务有限公司;初步设计、施工图设计单位为广西壮族自治区交通规划勘察设计研究院;水工施工单位为中交第四航务工程局有限公司;监理单位为广西八桂工程监理咨询有限公司;质监单位为广西壮族自治区交通工程质量监督站。

防城港18~22号泊位工程自试投产运营后,有效增加了防城港的货物吞吐量,形成了以铁矿、煤炭为主的大宗散货矿石专用码头,从2011年11月试运行开始至2016年4月,货物吞吐量总量为6042.64万吨,历史最大靠泊21万吨级船舶,装火车3168.93万吨,装火车组10584.5列。码头配置卸率为1500吨/小时的桥式卸船机5台,卸船效率每天13.8万吨,以及与之配套的输送机系统、斗轮堆取料机、装车楼、中央控制系统等,装火车效率每天7.2万吨。

(14)防城港渔澫港区第四作业区402号泊位工程

项目于2011年12月开工,2014年3月试运行,2018年10月竣工验收。

项目建设依据:2014年10月,广西壮族自治区发展和改革委员会《关于防城港渔澫港区第四作业区402号泊位工程项目核准的批复》(桂发改交通〔2014〕1272号);2014年11月,广西壮族自治区交通运输厅《关于防城港渔澫港区第四作业区402号泊位工程初步设计的批复》(桂交行审〔2014〕87号);2014年12月,防城港市港口建设管理办公室《关于防城港渔澫港区第四作业区402号泊位码头水工工程施工图设计的批复》(防港办函复〔2014〕13号);2017年3月,广西壮族自治区北部湾港口管理局《关于防城港渔澫港区第四作业区402号泊位后方陆域工程施工图设计的批复》(北港防分函〔2017〕16号)。2013年2月,广西壮族自治区环境保护厅《关于防城港402号泊位工程环境影响报告书的批复》(桂环审〔2013〕52号);2012年4月,防城港市住房和城乡建设委员会《关于重新出具防城港402号泊位码头工程项目建设用地规划选址意见的复函》(防住建函〔2012〕462号);2015年1月,广西壮族自治区海洋局《关于防城港渔澫港区第四作业区402号泊位工程使用海域的批复》(桂海函〔2015〕20号);2014年10月,交通运输部《关于防城港渔澫港区第四作业区402号泊位工程使用港口岸线的批复》(交规划函〔2014〕815号)。

项目建设1个20万吨级散货泊位,岸线长357米,设计货物年吞吐量524万吨。码头为顺岸式布置,由工作平台、靠船墩、系缆墩等组成,结构形式为大圆筒重力墩。码头前沿水深19.5米。项目后方堆场面积20.52万平方米,堆存容量为:桉树片4.44万吨、煤炭9.49万吨。主要装卸设备为码头前沿装卸作业采用8台旋转式卸料机。项目总概算为11.02亿元，资金来源为银行贷款、企业自筹。项目（填海造地）用海面积1.42公顷，港池用海面积3.77公顷。

建设单位为防城港务集团有限公司；设计单位为广西壮族自治区交通规划勘察设计研究院、中铁建港航局集团勘察设计院有限公司；施工单位为中交第四航务工程局有限公司、防城港中港建设工程有限责任公司、中太基础工程有限公司；监理单位为中交二航院工程咨询监理有限公司、广西八桂工程监理咨询有限公司；质监单位为广西壮族自治区交通工程质量安全监督站。

防城港渔澫港区第四作业区402号泊位工程是广西壮族自治区层面统筹推进的重点建设项目之一，自试投产运营后，有效增加了防城港的货物吞吐量，形成了以铁矿、煤炭为主的大宗散货码头，从2014年12月试运行开始至2016年12月，一共操作散货船舶187艘次，货物吞吐量总量为2052.67万吨，历史最大靠泊21万吨级船舶。码头配置6台MQ40吨-43米门座式重机、2台MQ25吨-38米门座式重机，每小时装卸效率达2.4万吨，卸船效率每天6.67万吨。

（15）防城港3号~8号泊位码头结构加固改造工程

项目于2013年9月开工，2014年10月开始试运行，2015年6月竣工。

项目建设依据：2012年12月，广西壮族自治区交通运输厅《关于防城港3#~8#泊位码头结构加固改造工程方案的批复》（桂交水运函〔2012〕908号）；2013年7月，防城港市港口建设管理办公室《关于防城港3#~8#泊位码头结构加固改造工程施工图设计的批复》（防港办函复〔2013〕5号）。

项目岸线总长1150米，泊位数6个。泊位类型为件杂货、散货，设计吨级为：防城港3号、4号、5号泊位50000载重吨减载，6号、7号、8号泊位70000载重吨减载。码头平面布局和结构形式为：3号、4号、5号、6号、7号泊位为重力式方块，8号泊位为重力式圆筒、方块。码头前沿水深为：3号、4号、5号泊位9.6米，6号、7号泊位10.6米，8号泊位11.4米。码头设计靠泊能力为：防城港3号、4号、5号泊位1万吨级，6号、7号2万吨级，8号泊位3万吨级。项目资金批复的核定概算为3号泊位745.04万元、4号泊位752.96万元、5号泊位752.46万元、6号泊位635.28万元、7号泊位563.04万元、8号泊位489.72万元。

建设单位为防城港务集团有限公司；设计单位为广西壮族自治区交通规划勘察设计研究院；施工单位为天津航道局有限公司；监理单位为中交二航院工程咨询监理有限公司；质监单位为广西壮族自治区交通工程质量安全监督站。

防城港3~8号泊位码头结构加固改造工程投入运营后，快速提高了防城港作为大西南出海通道主门户的吞吐能力，大幅度地增加了防城港的货物流通量。

(16)防城港马鞍岭 1 号、2 号旅游码头工程

项目于 2014 年 4 月开工,2017 年完成水工部分交工验收,但因后方陆域部分至 2019 年仍未建设,无法完成竣工验收。

2013 年 6 月,广西壮族自治区发展和改革委员会《关于马鞍岭 1、2 号旅游码头工程项目核准的批复》(桂发改交通〔2013〕708 号);2013 年 10 月,广西壮族自治区交通运输厅《关于防城港马鞍岭 1、2 号旅游码头工程初步设计的批复》(桂交行审〔2013〕149 号);2014 年 4 月,防城港市港口建设管理办公室《关于防城港马鞍岭 1、2 号旅游码头工程(水工工程)施工图设计的批复》(防港办函复〔2014〕6 号)。2012 年 7 月,广西壮族自治区环境保护厅《关于防城港旅游码头一期工程环境影响报告书的批复》(桂环审〔2012〕152 号);2013 年 12 月,广西壮族自治区人民政府《关于防城港马鞍岭 1 号和 2 号旅游码头工程使用海域的批复》(桂政函〔2013〕250 号);2013 年 5 月,交通运输部《关于防城港马鞍岭 1 号 2 号旅游客运码头工程使用港口岸线的批复》(交规划发〔2013〕339 号)。

项目建设 2 个 3 万吨级客运泊位(码头水工结构容许靠泊能力为 3 万吨级),岸线长 496 米,设计年客运吞吐量 100 万人次、货物吞吐量 8 万吨。码头为顺岸式布置,采用大圆筒重力墩结构形式。码头面高程 +6.00 米,前沿停泊地高程为 −9.4 米,回旋水域底高程取 −8.3 米。码头前沿水深 9.4 米。主要装卸设备为:码头前沿上下客采用移动式登船桥方式,每个码头各配置 1 台移动式登船桥。项目总概算为 6.70 亿元,资金来源为企业自筹、银行贷款。项目(填海造地)用海面积 28.89 公顷,港池用海面积 3.39 公顷。

建设单位为防城港务集团有限公司;设计单位为中交四航局港湾工程设计院有限公司;施工单位为中交第四航务工程局有限公司;监理单位为中交二航院工程咨询监理有限公司;质监单位为广西壮族自治区交通工程质量安全监督站。

(17)防城港渔澫港区第五作业区 513 号～516 号泊位工程

项目于 2014 年 5 月开工,2019 年完成水工部分交工验收,但因陆域建设尚未完工,无法完成竣工验收。

项目建设依据:2013 年 5 月,广西壮族自治区发展和改革委员会《关于防城港渔澫港区第五作业区 513 −516 号泊位工程项目核准的批复》(桂发改交通〔2013〕587 号);2013 年 8 月,广西壮族自治区交通运输厅《关于防城港渔澫港区第五作业区 513 −516 号泊位工程初步设计的批复》(桂交行审〔2013〕129 号);2013 年 12 月,防城港市港口建设管理办公室《关于防城港渔澫港区第五作业区 513 −516 号泊位码头水工工程施工图设计的批复》(防港办函复〔2013〕9 号);2012 年 6 月,广西壮族自治区环境保护厅《关于防城港东湾 513 −516 号泊位工程环境影响报告书的批复》(桂环审〔2012〕132 号);2013 年 6 月,防城港市住房和城乡建设委员会《关于调整防城港渔澫港区第五作业区 513 −516 号泊位工程项目建设用地界限地址的函》(防住建函〔2013〕704 号);2015 年 1 月,广西壮族自治

区人民政府《关于防城港渔港港区第五作业区 513－516 号泊位工程使用海域的批复》(桂政函〔2013〕223 号);2013 年 9 月,交通运输部《关于防城港渔港港区第五作业区 513 号至 516 号泊位工程使用港口岸线的批复》(交规划发〔2013〕552 号)。

项目建设 1 个 3 万吨级多用途泊位和 3 个 3 万吨级通用泊位,岸线长 931 米,设计货物年吞吐量 320 万吨。码头为顺岸式布置,由工作平台、靠船墩、系缆墩等组成,采用大圆筒重力墩的结构形式。码头面高程 +6.00 米,前沿停泊地高程为 -12.7 米。码头前沿水深 12.7 米。堆场面积为 50 万平方米,堆存容量为集装箱重箱 354TEU、空箱 217TEU。主要装卸设备为 513 号泊位前沿配置 45 吨多用途门座式重机 2 台,514 号～516 号泊位前沿配置 45 吨多用途门座式重机 6 台,码头前沿装卸作业采用 45 吨多用途门座式重机 8 台。项目总概算为 13.00 亿元,资金来源为企业自筹、银行贷款。项目(填海造地)用海面积 8.84 公顷,港池用海面积 6.69 公顷。

建设单位为防城港务集团有限公司;项目设计单位为中交四航局港湾工程设计院有限公司、中交第四航务工程勘察设计院有限公司;施工单位为中交第四航务工程局有限公司;监理单位为广西八桂工程监理咨询有限公司;质监单位为广西壮族自治区交通工程质量安全监督站。

(九)企沙港区

1.港区综述

(1)港区建设和运营概况

企沙港区位于防城港企沙半岛东南部,自北向南由潭油作业区、云约江作业区、赤沙作业区和企沙南作业区组成。现有广西钢铁(集团)有限公司、中电广西防城港电力有限公司等的码头泊位,正在加快开发建设赤沙作业区和云约江作业区。港区现有生产性泊位 28 个,其中万吨级以上泊位 4 个,最大设计靠泊能力为 20 万吨级散货船,码头岸线长 2774 米,年通过能力为 2617 万吨;港区主要经营干散货和件杂货业务。根据规划将以大宗干散货和杂货、液体化工品转运为主的大型综合性港区,兼顾为临港工业服务,其中企沙港区内规划的企沙南作业区主要承接污染较大的大宗干散货中转运输,潭油作业区、云约江作业区和赤沙作业区主要服务于其邻近的临港工业企业。

(2)港区地理条件和集疏运概况

企沙半岛西岸线位于防城湾东湾东侧,自风流岭江南岸的中路往南至炮台,自然岸线曲折蜿蜒,有风流岭江和云约江等小河流入。岸线前水域宽阔,自然水深较浅,距岸 1～3 千米有暗埠江深槽,水深 5～13 米,南端与 -5 米等深线连接;港池和航道具可挖性,夏淤冬冲,全年基本冲淤平衡,水域含沙量小,年淤积量不大;陆域多为低丘,平坦开阔,开发程度较低,易填海造陆。企沙半岛西岸线的北段、风流岭江口南岸的潭油往南至潭头段岸线,前沿自然水深较浅;风浪较小,在极端高水位情况下,潭头处 SSW 向 50 年一遇波浪 $H_1\%$ 为 3.42 米;基岩埋藏较深,适宜建设 1 万 ~ 5 万吨级泊位。企沙半岛西岸线的中段、云约江口岸线,大墩嘴以西岸线前沿水深较大,而东侧岸线前沿水深较浅;岸线掩护条件较好,风浪较小,在极端高水位情况下,西侧防城港电厂码头处 SSW 向 50 年一遇波浪 $H_1\%$ 为 3.55 米;岩面埋深呈现由西向东逐渐减少之势,可见大墩嘴以西岸线适宜建设万吨级以上泊位,而东侧岸线适宜建设万吨级以下泊位。企沙半岛西岸线的南段、赤沙防城港电厂码头往南至炮台段岸线,前沿水域宽阔,自然水深较浅;风浪不大,在极端高水位情况下,炮台处 SSW 向 50 年一遇波浪 $H_1\%$ 为 4.14 米;基岩埋藏较深,适宜建设 1 万 ~ 5 万吨级泊位。炮台以南水深较大,基岩埋藏较深,具有较好的建设大型深水泊位条件。企沙半岛南岸线位于企沙半岛南部,炮台往西至天堂角,呈 W ~ E 走向。岸线前沿水域宽阔,水深较大, -5 米等深线距岸 0.5 ~ 2.3 千米, -10 米等深线距岸 4 ~ 5 千米;由于岸线直面北部湾,掩护条件较差,风浪较大,泊稳条件较差;陆域地势平坦,利用空间较大。企沙半岛南岸线适宜通过向南吹填形成深水港口岸线,建设大型深水泊位。由于码头离岸较远、风浪较大,岸线利用需要选择合理的布置方案来提高岸线的泊稳条件。

铁路企沙支线(一线)正在建设,线路于南防线防城港北站接轨,出站后与南防线并行下穿南防高速公路,以左偏曲线与南防线分开跨沙潭江,过公车镇北侧,经公车、皇城坳、光坡至线路终点云约,线路全长 19.5 千米。全线共有防城港北、皇城坳以及云约 3 个车站。规划企沙南作业区专用线由云约站南端引出,向南至金川公司厂区东侧约 500 米处设企沙南调车场,规划企沙南调车场设 20 股道。

企沙港区主要疏港道路有企沙大道(红线宽度 70 米)和赤沙大道(红线宽度 60 米)。规划未来企沙港区货物主要通过城市规划的疏港一级公路、快速路和主干道集疏运。

2. 港区工程项目

(1)广西防城港电厂一期工程卸煤码头及航道工程

项目于 2005 年 12 月开工,2007 年 4 月试运行,2008 年 4 月竣工。

项目建设依据:2005 年 3 月,国家发展和改革委员会《关于广西防城港电厂一期工程核准的批复》(发改能源〔2005〕356 号);2006 年 12 月,广西壮族自治区交通厅《关于广西防城港电厂一期工程卸煤码头及航道工程初步设计的批复》(交基建函〔2006〕1023 号);2004 年 10 月,国家环境保护总局《关于广西防城港电厂一期工程环境影响报告书审查意见的复函》(环审〔2004〕393 号);2006 年,吹沙填海部分更换为国有土地使用证(防港国用〔2006〕字第 0044 号);2006 年 3 月,广西壮族自治区海洋局《海域使用权证书》(国海证 064500205 号);2006 年 7 月,防城港市交通局《关于确认防城港电厂码头岸线坐标确认的复函》(防交函〔2006〕67 号)。

项目建设 1 个 7 万吨级煤码头,码头水工结构容许靠泊能力 10.0 万吨级,码头总长 350 米,年吞吐能力 600 万吨。港池停泊地宽 86 米,底高程 – 15.2 米;航道 7 万吨级,长 5.12 千米,底宽 165 米,底高程 – 9.7 米,码头采用引桥式平面布局,重力式结构形式。码头前沿水深 15.5 米,建设电厂专用航道 5.12 千米,航道底宽 165 米,航道设计底高程 – 9.7 米。项目后方堆场面积约 4.1 万平方米,堆煤约 50 万立方米,主要装卸设备为码头上配置 2 台桥式抓斗卸船机,额定卸船效率 1500 吨/小时,轨距 24 米,外伸距 39 米;码头前沿配置 2 路带式输送机(其中 1 路预留)。项目总投资 5.66 亿元,均为企业自筹。工程填海造地 28.48 公顷。

建设单位为中电广西防城港电力有限公司;勘察设计单位为中交第四航务工程勘察设计院有限公司;施工单位为中交第四航务工程局有限公司、卸船机厂家为上海振华重工(集团)股份有限公司;监理单位为西北电力工程监理有限责任公司;质监单位为广西壮族自治区交通工程质量安全监督站。

(2)防城港钢铁基地专用码头工程

项目于 2010 年 12 月开工,2016 年 3 月试运行。

项目建设依据:2012 年 5 月,国家发展和改革委员会《关于广西防城港钢铁基地项目核准的批复》(发改产业〔2012〕1508 号);2015 年 6 月,交通运输部《关于防城港钢铁基地项目专用码头工程初步设计的批复》(交水函〔2015〕457 号);2008 年 11 月,环境保护部《关于武汉钢铁(集团)公司防城港钢铁项目环境影响报告书的批复》(环审〔2008〕438 号);2015 年 1 月,国家海洋局印制广西钢铁集团有限公司防城港钢铁基地项目《海域使用权证书》(国海证 2015A45060200077 号);2015 年 1 月,交通运输部以《关于防城港钢铁基地项目专用码头工程使用港口岸线的批复》批复岸线(交规划函〔2015〕48 号)。

项目工程计划建设 14 个生产性泊位,包括 20 万吨级铁矿石泊位 2 个(水工结构按靠泊 25 万吨级散货船设计)、10 万吨级煤炭泊位 1 个、5 万吨级钢材泊位 1 个、2 万吨级件杂货泊位 2 个(水工结构按靠泊 5 万吨级散货船设计)、1 万吨级件杂货泊位 6 个(水工结构按靠泊 5 万吨级散货船设计)、1 万吨级散货泊位 2 个(水工结构按靠泊 5 万吨级散货船设计)。码头总长度 3166 米。支线航道按 5 万吨级设计,航道宽度 194.00 米,航道设计底高程 – 12.10 米。工程概算总投资为 39.51 亿元,2015 年已建成 1 个 20 万吨级铁矿石泊位和 1 个 5 万吨级钢材泊位。其中 20 万吨级铁矿石泊位总投资 9.99 亿元,5 万吨级钢材泊位总投资 1.16 亿元,全部为企业自筹。专用码头工程是在钢铁基地陆域形成基础上开展建设工作,陆域形成填海造地约 905 公顷。

项目建成 20 万吨级泊位与引桥呈 T 形连续布置,已建成 5 万吨级泊位顺岸布置于钢铁基地项目陆域西侧。20 万吨级泊位顶面高程 10.00 米(以当地理论最低潮面为基准面,下同),5 万吨级码头顶面高程 7.20 米;20 万吨级码头前沿停泊水域宽度为 100 米,前

沿设计底高程为 - 22.40 米;5 万吨级码头停泊水域宽度为 64.6 米,底高程为 - 14.3 米(近期已建成停泊水域宽度为 50.4 米,底高程为 - 11.4 米)。20 万吨级矿石泊位码头卸船作业采用 3 台桥式抓斗卸船机,水平运输采用皮带机。5 万吨级钢材泊位码头装卸采用 2 台门座式重机,重件装卸采用 1 台桅杆吊,水平运输采用汽车。20 万吨级矿石泊位采用圆沉箱墩式结构,引桥采用高桩梁板结构,基桩采用灌注桩;5 万吨级泊位采用重力式沉箱结构。码头后方原料场面积为 105 万平方米,原料场总堆存容量 271 万吨。

建设单位广西钢铁集团有限公司;设计单位为中交第二航务工程勘察设计院有限公司;施工单位为中交第二航务工程局有限公司、葛洲坝集团第五工程有限公司;监理单位为广西八桂工程监理咨询有限公司;质监单位为广西壮族自治区交通工程质量监督站。

2016 年 3 月,2 个 1 万吨级件杂货泊位(水工结构 5 万吨级)正式开工,预计 2019 年中旬建成投入试运行;其余 10 个泊位尚未开工建设。

(3)防城港云约江南作业区 1 号泊位码头工程

项目于 2012 年 5 月开工,2017 年 5 月试运行,2018 年 4 月竣工。

项目建设依据:2012 年 2 月,广西壮族自治区发展和改革委员会《关于防城港云约江南作业区 1 号至 4 号泊位工程项目核准的批复》(桂发改交通〔2012〕195 号);2012 年 3 月,广西壮族自治区交通运输厅《关于防城港云约江南作业区 1 号至 4 号泊位工程初步设计的批复》(桂交行审〔2012〕9 号);2011 年 12 月,广西壮族自治区环境保护厅《关于防城港云约江南作业区 1 号至 4 号泊位工程环境影响报告书的批复》(桂环审〔2011〕292 号);2012 年 3 月,广西壮族自治区人民政府《关于防城港云约江南作业区 1 号至 4 号泊位码头工程使用海域的批复》(桂政函〔2012〕38 号);2016 年 7 月,交通运输部《关于防城港港企沙港区云约江作业区 1 号泊位工程使用港口岸线的批复》(交规划函〔2016〕458 号)。

项目建设 1 个 7 万吨级散货泊位,岸线长 278 米,设计货物年吞吐量 300 万吨,码头为顺岸式布置,由工作平台、系缆墩等组成,结构形式为大圆筒重力墩。码头面高程 + 6.00 米,前沿停泊地高程 - 15.10 米,回旋水域底高程 - 9.70 米。项目后方堆场面积为:铜矿 9384 平方米、红土矿 10205 平方米、煤炭 22976 平方米。堆存容量为:铜矿 24507 吨、红土矿 16338 吨、煤炭 81690 吨。主要装卸设备为码头前沿装卸作业采用 40 吨门座式重机 7 台。1 号 ~ 4 号泊位工程核定概算为 9.46 亿元,其中 1 号泊位概算为 5.91 亿元;资金来源为企业自筹、银行贷款。项目 1 号 ~ 4 号泊位(填海造地)用海面积 22.31 公顷,港池用海面积 4.13 公顷。

建设单位为防城港云约江码头有限公司,防城港云约江南作业区 1 号泊位工程建设单位原为防城港务集团有限公司(简称港务集团),2013 年 4 月,港务集团成立控股子公司——防城港云约江码头有限公司,负责云约江码头的建设与运营;设计单位为广西壮族自治区交通规划勘察设计研究院、中诚国际海洋工程勘察设计有限公司;施工单位为中交第四航务工程局有限公司、防城港中港建设工程有限责任公司;监理单位为广西八桂工程监理咨询有限公司;质监单位为广西壮族自治区交通工程质量安全监督站。

防城港云约江南作业区1号泊位工程自试投产运营后,有效增加了防城港的货物吞吐量,形成了以散货、件杂货为主码头,从2013年11月试运行开始,至2015年12月,货物吞量总量为272.4万吨(2013—2017年货物吞吐总量603.9万吨)。工程的投产运营,快速提高了防城港作为大西南出海通道主门户的吞吐能力,大幅度地增加了防城港的货物流通量。

(4)广西防城港电厂二期扩建工程码头配套工程

项目于2015年5月开工,2017年3月试运行,2018年2月竣工。

项目建设依据:2014年5月,国家发展和改革委员会《关于广西防城港电厂二期扩建工程项目核准的批复》(发改能源〔2014〕900号);2014年12月,交通运输部《关于广西防城港电厂二期扩建项目配套码头工程初步设计的批复》(交水函〔2014〕1067号);2015年5月,防城港市港口建设管理办公室《关于广西防城港电厂二期扩建项目配套码头工程施工图设计的批复》(防港办函复〔2015〕1号)。2013年7月,环境保护部《关于广西防城港电厂二期扩建工程环境影响报告书的批复》(环审〔2013〕193号);2015年7月,国家海洋局《海域使用权证书》(国海管字〔2015〕29号);2015年11月,交通运输部《港口岸线使用证》(交港海岸〔2015〕第81号)。

项目为电厂二期配套码头工程,其南侧紧邻电厂一期码头。建设1个7万吨级煤炭码头泊位(码头设计靠泊能力7.0万吨级,码头水工结构容许靠泊能力10.0万吨级),码头岸线长327.4米、宽29米,顶高程与一期码头统一取为+8.5米,前沿设计底高程为−15.7米;二期与一期码头之间采用过渡桥进行连接,桥长47.4米、宽7米。为便于日常维护,沿一期码头工程已建引桥北侧加建总长446.6米、宽4.5~6米接陆引桥。码头采用引桥式平面布局,重力式结构形式。码头前沿水深16.0米。堆场面积约2万平方米,堆煤约20万立方米。总概算4.33亿元,资金来源为企业自筹。透水构筑物用海面积1.04公顷,港池用海面积41.25公顷。

建设单位为中电广西防城港电力有限公司;勘察设计单位为中交第四航务工程勘察设计院有限公司;施工单位为中交第四航务工程局有限公司;监理单位为厦门港湾咨询监理有限公司;质监单位为广西壮族自治区交通工程质量安全监督站。

(十)港口配套的航道工程项目

(1)防城港5万吨级进港航道工程

项目于2003年1月23日开工,2005年完工。

项目建设依据:2001 年,广西壮族自治区发展计划委员会《关于防城港 5 万吨级进港航道项目可行性研究报告的批复》(桂计交通〔2001〕592 号);2002 年,广西壮族自治区交通厅《关于防城港五万吨级进港航道项目初步设计的批复》(交基建函〔2002〕625 号)。

航道全长 15.67 千米,西贤段牛头段底宽 125 米;底高程 – 11.0 米,三牙段底宽 140 米,底高程 – 14.5 米;减载平台掉头圆直径 600 米,底高程 – 11.0 米。主要建设内容为航道、减载平台掉头地疏浚,吹填砂。总概算投资 24380 万元。

建设单位防城港务集团有限公司;设计单位为广西壮族自治区交通规划勘察设计研究院;施工单位为天津航道局;监理单位为广西八桂工程监理咨询有限公司;质监单位为广西壮族自治区交通工程质量安全监督站。

航道建成运营后,可确保 12 万吨级船舶乘潮进出港口,大大提高了防城港的运输效率,降低航运成本,提高防城港的竞争力。

(2)防城港东湾 10 万吨级航道一期工程

项目于 2008 年 5 月开工,2009 年 1 月完工,2012 年 10 月交工。

项目建设依据:2008 年 3 月,广西壮族自治区发展和改革委员会《关于防城港东湾 10 万吨级航道一期工程可行性研究报告的批复》(桂发改交通〔2008〕169 号);2011 年 4 月 29 日,广西壮族自治区交通运输厅《关于防城港东湾 10 万吨级航道一期工程初步设计的批复》(桂交水运函〔2011〕272 号);2011 年 8 月,防城港市港口建设管理办公室《关于防城港东湾 10 万吨级航道一期工程施工图设计的批复》(防港办函复〔2011〕1 号);2009 年 4 月,广西壮族自治区海洋局《关于防城港东湾 10 万吨级航道一期工程海洋环境影响报告书核准意见的函》(桂海函〔2009〕55 号);2008 年 1 月,广西壮族自治区环境保护局《关于防城港东湾 10 万吨级航道一期工程环境影响报告书的批复》(桂环管字〔2008〕59 号);2009 年 11 月 5 日,广西壮族自治区海事局《关于防城港西湾航道、18 – 22 号泊位码头等 6 项工程通航安全评估报告审批意见的函》(桂海通航函〔2009〕146 号);2009 年 3 月 10 日,广西壮族自治区海洋局《防城港东湾 10 万吨级航道一期工程项目海域使用论证报告书》的函(桂海函〔2009〕30 号)。

防城港东湾 10 万吨级一期航道工程位于防城港东湾,设计范围包括 10 万吨级航道(K0 +000 ~ K1 +537.96),长 1.54 千米;5 万吨级航道(K1 +537.96 ~ K2 +991.47),长 1.45 千米。航道轴线与电厂航道轴线一致。工程主要建设内容为航道疏浚、导助航设施。航道设计底高程:考虑乘潮水位后,10 万吨级航道底高程取 – 13.0 米,5 万吨级航道底高程取 – 11.4 米。5 万吨级、10 万吨级航道设计底宽均取 160 米。航道边坡:覆盖层设计边坡取 1:5,岩石设计边坡 1:1。项目核定概算 2.29 亿元。

建设单位为防城港务集团有限公司;设计单位为广西壮族自治区交通规划勘察设计研究院;监理单位为广西八桂工程监理咨询有限公司;施工单位为中交广州航道局有限公

司;质监单位为广西壮族自治区交通工程质量安全监督站。

航道建成运营情况良好,未发生重大船舶碰撞事故。为东湾港区提供了有力的通航条件,保证了第四作业区码头大型船舶靠离港使用作业要求。

(3)防城港西湾航道工程

项目于 2007 年 2 月开工,2008 年 6 月完工,2014 年 10 月竣工。

项目建设依据:2006 年 11 月,广西壮族自治区发展和改革委员会《防城港西湾航道项目可行性研究报告》(桂发改交通〔2006〕715 号);2008 年 12 月,广西壮族自治区交通厅《防城港西湾航道项目初步设计》(桂交基建函〔2008〕943 号);2011 年 5 月,广西壮族自治区交通运输厅《防城港西湾航道一期工程施工图设计》。2009 年 9 月,广西壮族自治区海洋局《关于〈防城港西湾航道工程项目海洋环境影响报告书〉核准意见的函》(桂海函〔2009〕56 号);2009 年 11 月,广西壮族自治区海事局《关于防城港西湾航道、18#—22#泊位码头等 6 项工程通航安全评估报告审批意见的函》(桂海通航函〔2009〕146 号);2007 年 5 月 24 日,广西壮族自治区环境保护局《关于防城港西湾航道工程环境影响报告书的批复》(桂环管字〔2007〕184 号);2009 年 3 月 10 日,广西壮族自治区海洋局《关于确认〈防城港西湾航道工程海域使用论证报告书〉的函》(桂海函〔2009〕29 号)。

工程航道全长约 5.2 千米,其中西贤航道及 19 号～22 号泊位前的牛头航道,长约 3.7 千米航段按 10 万吨级航道标准设计,航道设计底高程为 - 13.5 米,底宽 140 米;13 号～18 号泊位前的牛头航道,长约 1.5 千米航段按 7 万吨级航道标准设计,航道设计底高程为 - 12.5 米,底宽为 130 米。项目核定工程概算总金额为 42275.87 万元,项目属广西壮族自治区第二期沿海基础设施建设大会战的项目,按规定广西壮族自治区补助总投资的 40%(批复的概算),其余资金由项目业主筹措解决。

建设单位为防城港务集团有限公司;设计单位为广西壮族自治区交通规划勘察设计研究院;监理单位为广西八桂工程监理咨询有限公司;施工单位为中交广州航道局有限公司;质监单位为广西壮族自治区交通工程质量安全监督站。

项目防城港西湾航道的浚深拓宽,是完善防城港第二港区建设、充分发挥泊位通过能力的需要,是启动第三港区开发建设的前提条件,是发展壮大防城港、充分发挥防城港区位优势、积极推进中国西部大开发战略实施的需要。

(4)防城港 20 万吨级进港航道工程

项目于 2009 年 11 月开工,2011 年 11 月完工,2011 年 12 月竣工。

项目建设依据:2009 年 5 月,广西壮族自治区发展和改革委员会《防城港 20 万吨级进港航道工程可行性研究报告》(桂发改交通〔2009〕380 号);2009 年 10 月,广西壮族自治区交通运输厅《防城港 20 万吨级进港航道工程初步设计》(桂交基建函〔2009〕900 号);2010 年 2 月,广西壮族自治区交通运输厅《防城港 20 万吨级进港航道工程施工图设计》(桂交基建函〔2010〕78 号)。2009 年 4 月,广西壮族自治区环境保护局《关于防城港 20 万吨级进港航道工程环境影响报告书的批复》(桂环管字〔2009〕91 号);2009 年 2 月,广西壮族自治区海洋局《关于防城港 20 万吨级进港航道工程项目用海预审的批复》(桂海函〔2009〕21 号);2010 年 3 月 17 日,广西壮族自治区人民政府《关于防城港 20 万吨级进港航道工程项目海域使用的批复》(桂政函〔2010〕54 号),同意防城港 20 万吨级进港航道工程项目使用防城港渔澫半岛南面海域 369.50 公顷,用海类型为交通运输用海,用海方式为专用航道、锚地及其他开放式用海。2010 年 4 月 8 日,广西壮族自治区交通运输厅审查通过防城港 20 万吨级进港航道工程开工备案。

项目在原有 15 万吨级进港航道基础上拓宽浚深扩建为 20 万吨级进港航道,航道全长 17.34 千米,航道有效宽度 195 米,底高程 -17.9 米(当地理论深度基准面),乘潮水位 2.98 米,乘潮保证率为 90%,工程概算 10.56 亿元。项目用海情况:防城港渔澫半岛南面海域 369.50 公顷,用海类型为交通运输用海,用海方式为专用航道、锚地及其他开放式用海。工程实际完成投资 5.38 亿元。防城港 20 万吨级进港航道工程专项建设资金预算安排 5.26 亿元,累计到位 5.04 亿元,占预算安排的 95.82%,其中:交通运输部计划安排补助拨款 3.10 亿元,实际到位 2.88 亿元;自治区计划安排补助拨款 2.18 亿元,实际到位 2.16 亿元。

建设单位为防城港务集团有限公司;勘察单位为广西壮族自治区交通规划勘察设计研究院;设计单位为广西壮族自治区交通规划勘察设计研究院;监理单位为华海达(北京)工程管理咨询有限公司;施工单位为中交天津航道局有限公司;质监单位为广西壮族自治区交通工程质量监督站。

随着远洋船舶大型化发展,逐步形成了 20 万吨级以上大型船舶运输的格局。防城港以大宗散货运输为主,已形成具有运输组织、中转换装、临港工业等多功能的现代化港口。20 万吨级进港航道的建成,提高了防城港口综合竞争力,对搞好大型铁矿石接卸港的建设,保障西部地区钢铁工业原材料的供应,降低运输成本,促进西部地区钢铁工业的发展有着十分重大的意义。航道竣工后运行良好,未发生重大船舶安全事故。

第十一节　海　南　省

一、综述

(一)基本省情

海南省,简称琼,位于中国最南端,北以琼州海峡与广东省为界,西临北部湾与越南相对,东濒南海与台湾地区相望,东南和南边在南海中与菲律宾、文莱和马来西亚为邻。海南省全省陆地(主要包括海南岛和西沙、中沙、南沙群岛)总面积3.54万平方公里(其中海南岛陆地面积3.39万平方公里),海域面积约200万平方公里。海南于1988年4月建省办经济特区,是中国最年轻的省份、最大的经济特区和七大重点旅游区之一。海南省2015年全省年末常住人口910.82万人,城镇人口比重为55.12%。截至2015年9月,海南省共辖4个地级市,分别是海口市、三亚市、三沙市、儋州市;15个省直辖县级行政单位,包括5个县级市、4个县、6个自治县,分别是五指山市、文昌市、琼海市、万宁市、东方市、定安县、屯安县、澄迈县、临高县、白沙黎族自治县、昌江黎族自治县、乐东黎族自治县、陵水黎族自治县、保亭黎族苗族自治县、琼中苗族黎族自治县。

海南省四面环海,是一个岛屿海洋大省,拥有地理、生态方面独特优势,自古以来就是海上丝绸之路的必经之地和重要中继港、避风港,更是21世纪海上丝绸之路的重要节点。海南岛形似一个呈东北至西南向的椭圆形大雪梨,是我国仅次于台湾岛的第二大岛,南沙群岛的曾母暗沙是我国最南端的领土。海南岛位于亚洲、太平洋的交接带,居日本至新加坡的中段,是沟通太平洋、印度洋两大水系的海上交通要道,区位优势独特。海南省海岸线总长1944.35千米,拥有五个天然深水良港,距离欧亚国际海运主航道仅111.12千米左右。海南背靠祖国大陆,与广东雷州半岛相隔的琼州海峡宽约33.34千米。

2015年,党中央、国务院印发《丝绸之路经济带和海上丝绸之路战略规划》。海南省部分重要事项已经列入"一带一路"倡议,提出:支持海南建设南海资源开发服务保障基地和海上救援基地;加大海南国际旅游岛开发开放力度;把海口、三亚列为海上合作战略支点;强化三亚国际门户机场功能;充分发挥博鳌亚洲论坛平台作用。自此,海南走上了改革开放更加广阔的道路。

(二)综合运输

经过改革开放和建省、办经济特区的建设后,海南交通发生了翻天覆地的变化,取得了巨大的成就,实现了"飞机纵横翱翔、公路四通八达、火车跨海通行、邮轮畅游世界",一个由航空、海运、公路、高铁搭建起的安全、高效、便捷、绿色的现代立体交通网络已基本形成。

公路:海南是海洋与岛屿省份,海南岛内交通以公路为主。1988年刚建省时,海南岛公路通车总里程12816千米,而且大部分为等外公路。改革开放和建省后,海南公路建设进入迅猛的发展阶段,建设的规模、速度和质量稳步提升。截至2015年,公路通车总里程达到26860千米,相比"十一五"末增加5624千米。其中,高速公路803千米,占总里程的3%,形成了环岛高速和南北中线、东西横线的高速公路网;普通国省干线公路2729千米,占总里程的10%,覆盖了全省所有市县;农村公路23329千米,占总里程的87%。路网密度由"十一五"末的 62.7 千米/百平方公里提高到 79.0 千米/百平方公里。形成了以高速公路为主骨架、国省道为主干线、县乡村道支干相连、贯通东西南北、覆盖全岛的公路网格局。

铁路:2015 年海南有铁路正线 1195 千米,营运里程 1172 千米。由粤海铁路、海南环岛铁路及既有的叉河至三亚改线铁路组成。其中粤海铁路全长 345 千米,由湛海线 139 千米、叉海线 172 千米及跨海火车轮渡 33.3 千米组成,2004 年 12 月 5 日首趟跨海列车(海口—广州)K408/K407 开行,标志着海南人民追寻了百年的坐火车出岛的梦想变成了现实。其中海南环岛铁路全长 653 千米,由海南东环城际铁路、308 千米和海南西环快速铁路 345 千米组成,两环合并为海南环岛铁路。东环铁路于 2010 年 12 月 30 日开通运营,西环铁路于 2015 年 12 月 30 日开通运营,并开通环岛运营路线。叉河至三亚改线铁路长 197 千米,连通粤海铁路海叉线——起于 2007 年 4 月开通运营,并与大陆国家铁路网联通。2018 年海南有快速铁路东环线、西环线、环岛线运营,有进出岛列车:海口—郑州、海口—上海支站、三亚—北京西站、海口—长春、海口—西安、海口—哈尔滨 6 趟旅客列车运营。2015 年,铁路货运量达 792 万吨,货物周转量达 1691 万人,旅客周转量达 344013 万人公里。

海运:海南是典型的岛屿经济,进出岛交通是全省经济社会发展的命脉,特殊的地理条件决定了海运是海南对外经济联系的主要运输方式,进出岛 99% 以上的货运量和 30% 左右的客运量是通过港口来完成的。1988 年 7 月,刚组建不久的海南省交通厅坚持全方位开放水运市场。经过改革开放和建省办经济特区 30 多年的努力,海南形成了北有海口港、西有洋浦港和八所港、南有三亚港、东有清澜港的"四方五港"分布格局。建立起一支由入驻海南的国家大型水运企业带头的多种类、多层次、多功能,沿海、近洋、远洋运输相结合的初具规模的船队,航运船队国内航线可到达沿海、珠江三角洲及长江中下游各港口,还开通了海南至广州、香港、湛江、北海集装箱航线,国际航线到达远东、东南亚、非洲和欧洲等国家和地区,和世界 24 个国家和地区经常有航运业务往来,与俄罗斯、日本、韩国、东南亚各国往来密切。海南已开通 29 条内外贸集装箱航线,陆续开通三亚—菲律宾、海口—越南国际邮轮航线,着力推进构建"泛南海旅游经济合作圈"大力发展邮轮旅游,深化与"一带一路"沿线国家,尤其是东南亚国家密切经贸和旅游往来。

海南是我国最早接待国际邮轮停靠的省份之一。2006 年 11 月,我国第一个 8 万吨级的邮轮码头——三亚凤凰岛国际邮轮码头投入使用,结束了海南不能停靠国际邮轮的历史,成为国际高端豪华邮轮定期停靠的码头。

洋浦港是海南西北部工业走廊出海通道的重要出海口,是自然条件较好的深水港区,也是区域性重要港口、国家一类对外开放口岸。2007 年 9 月 24 日,国务院正式批准在洋浦设立我国第四个保税港区,洋浦成为环北部湾经济圈和我国南方形成的一个新的对外开放平台,是连接我国和东南亚、中东的枢纽。

　　航空:改革开放中的海南航空事业,实现了跨越发展。南边三亚凤凰国际机场已于1994年7月1日正式通航;1999年5月25日,北部的海口美兰国际机场建成并通航。从1988年仅有10条航线,年旅客吞吐量仅27万人次,到2015年开辟560条国际国内空中航线。民航旅客量达2516万人次,实现历史性跨越,海南位于航空大省行列。2016年,海口美兰机场旅客吞吐量1616.79万人次,安全起降11.68万架次,同比分别增长16.70%、14.32%;三亚凤凰机场旅客吞吐量1619万人次,安全起降10.8万架次,同比分别增长8.4%、6.8%,年客流量排名全国第18位,顺利实现了通航以来的第22个安全年。

(三)港口概况

　　海南省港口发展历史可追溯到宋、元时期,海南岛沿海港湾众多,1000年来大、中、小港口一直在海南经济社会发展中发挥着重要的作用。1950年海南岛解放,海南沿海原有的海口、三亚、八所等港口破败不堪,国家重视海南港口建设,1952年交通部投资92万元重建海口港,修复秀英栈桥码头,新建了2个500吨级重力式泊位;1956年交通部投资重修八所港,修筑北防波堤、码头、疏浚航道,挖深港池,恢复第一台装矿机生产,后又加以改造,使原5000吨级泊位改造达到万吨级,并在港口南侧新建一座5000吨级散杂货码头;1959年海口港新建3个200吨级西驳运码头,1964年再建2个500吨级的东驳运码头;1966年,三亚港在修复的基础上扩建1座1500吨级码头,开挖1条试验航道。到20世纪60年代末,海南岛3个沿海港口已初具规模。当时,海南仍属广东省辖的1个行政区,处于海防边陲岛屿,海南自身经济落后、发展缓慢,投入海南港口建设资金有限,沿海3个主要港口基本上是修复、改建、扩建阶段,满足了海南不发达的经济需要。

　　20世纪70年代初,周恩来总理提出"三年改变港口面貌",海南港口建设有所推进,工程项目逐年增加。1973—1974年,海口港自筹资金改建西驳运码头,扩建3个3000吨级泊位,年通过能力50万吨。1975—1980年,三亚港建设2个5000吨级泊位,八所港也对库场和装矿设备进行了改造。三大港口基本实现机械化装卸生产。海口新港扩建于1974年动工兴建,1980年全面竣工投产。沿海中小港口也进行一些改造和建设。

　　1978年党的十一届三中全会确定了改革开放的总方针,为加强海南港口的建设和管理,1984年1月1日,交通部组建了交通部海南港务管理局,作为交通部派出机构,管理部属海口、三亚、八所3个港口。至1993年,交通部先后投资4.51亿元,加大海南港口建设。1988年4月,海南建省办经济特区,海南港口进入快速发展新时期。海南省政府、交通部和港口企业加大对港口的投资,港口发展加快推进。到1990年末,海南省共有商港

20 个，对外开放的口岸有海口、八所、三亚、洋浦、马村等港口，辟为货物进口装卸点（即二级口岸）的有海口新港等 11 个。全省港口自然岸线 61 千米，码头岸线 6409 延米，有泊位 107 个，其中有生产泊位 96 个（万吨级深水泊位 6 个）。港口年综合吞吐能力为 922 万吨（不含马村电厂煤码头吞吐能力），1990 年全省港口货物吞吐量达 929 万吨。

1994 年 4 月，海南港口体制深改革，海南港务管理局撤销，原海南港务局所属海口、三亚、八所、洋浦等港口下放地方政府管理，原海南省海运总公司隶属的白马井港、清澜港、新村港、铺前港、博鳌港和原海南港务局管理的乌场港先后移交当地市县管理。1997 年 6 月 20 日，国家交通投资公司入股投资洋浦港务局，洋浦港改制，成立国投洋浦港务有限公司，先后投资建设洋浦港二期、三期工程。到 2000 年末，海南省港口共拥有泊位 76 个，其中万吨级泊位 16 个、5000 吨级泊位 6 个，港口吞吐能力达 1748 万吨。

2001 年 12 月 11 日，我国加入世界贸易组织，国民经济和对外贸易发展形势向好。2003 年 4 月 10 日，胡锦涛总书记视察广东省湛江港，对港口发展作出了要"发挥优势，抓住发展机遇，理清发展思路"的重要指示。2004 年 2 月，海南省交通厅委托中交水运规划设计院开展《海南省港口布局规划》修编工作，对全省港口岸线重新梳理，统一规划，制定港口发展战略。2008 年 11 月，《海南省港口布局规划》（简称 08 版《布局规划》）获海南省政府批复。根据 08 版《布局规划》，全省港口布局为琼北有海口港、琼西有洋浦港和八所港、琼南有三亚港、琼东有龙湾港，并有清澜港、金牌港、乌场港、铺前港、新村港等一批地方中小型港口作为补充的格局。

2004 年 9 月，海南省委、省政府决定，对海口港集团公司、海南海运总公司进行资产重组、资源整合，对海口港、海口新港和马村港三港实行统一规划、统一建设、统一经营、统一管理，优化配置港口资源。2005 年 1 月 1 日，琼北三港合并后的海南港航控股有限公司正式成立。2005—2015 年，港航控股公司按照海口城市发展规划和《海口港总体规划》的要求，对各港区的功能逐步进行了调整，加紧规划和建设，努力把海口港建设成为国家沿海主枢纽港、集装箱干线港，形成综合型多功能港口。2011 年 11 月底，原海口新港停止生产作业，汽车客货滚装和货运业务全部向秀英港区搬迁，港区土地进行城市化改造；2013 年 12 月 25 日，海口港马村港区扩建二期工程建成投产，秀英港区的散货功能逐步向马村港区搬迁；2015 年 12 月 25 日，海口港新海港区汽车客货滚装码头一期工程建成投产，秀英港区的部分汽车客货滚装业务向新海港区搬迁。

2005 年 4 月，为适应经济体制改革的发展，中国海洋石油总公司出资重组八所港务有限公司，重组后的海南八所港务有限责任公司成立。改造扩建八所、洋浦港，使之成为工业港口群，能够满足东方化工、洋浦石化、纸浆等产品，为西部工业走廊提供原、材料运输需求。从 2005 年起，三亚市实施"三港分离"，即把三亚港的客运、货运及渔业功能分建，建设了南山货运港区，老港区建设了国际邮轮码头并改造成客运泊位。

(四)港口发展成就

自 1978 年至 2015 年,海南省共进行了 53 个水运工程建设项目,其中海口港 18 个、洋浦港 12 个、八所港 6 个、三亚港 6 个、清澜港 6 个、昌江核电 1 个、乐东西南电厂 1 个、金牌港 2 个、琼海龙湾港 1 个。建成生产泊位 118 个,其中海口港 42 个、洋浦港 39 个、八所港 11 个、三亚港 13 个、清澜港 6 个、昌江核电 1 个、西南电厂 1 个、金牌港 4 个、龙湾港 1 个。据不完全统计,总共投资约 250 亿元以上。这些投资建设完善了海南港口的布局,实现码头深水化,健全了各种专业码头,除港口运输功能外,形成了临港工业、港口物流、港口仓储、港口电子商务等现代化港口功能,为海南建省办大特区、建设国际旅游岛以及发展具有中国特色的自由贸易港做出了贡献,提供了保障。

"十二五"期,全省新增万吨级以上生产性泊位 16 个,新增年通过能力 5695 万吨。至 2015 年,全省港口共有 129 个泊位,其中生产性泊位 122 个,其中万吨级以上深水泊位 50 个。2015 年,全省实际港口货物吞吐量完成 15356.8 万吨,其中外贸 2966 万吨、集装箱完成 154.3 万 TEU、旅客吞吐量 1328 万人、滚装汽车完成 342 万标辆。

海南省沿海港口基本情况见表 8-11-1。

二、海口港

(一)港口概况

1. 港口综述

海口港位于海南岛北部的海岸线上,以海南省的省会城市——海口市为港口服务核心,港口规划岸线西起澄迈湾的玉包角,经澄迈湾沿岸,至澄迈角,到海口湾沿岸,经海口港区,至原秀英港东侧市政排水沟,全长 82.3 千米,其中港口规划岸线 25.3 千米。含马村港区、新海港区和秀英港区。海口港是全国沿海 25 个枢纽港之一,属国家一类开放口岸,是海南岛与大陆交通联系的咽喉,是海南省能源物资、原材料、土特产品和外贸物资运输的重要港口。

早在宋元时期,海口港已是海南岛对外贸易的重要口岸。第二次鸦片战争结束后,英、法两国强迫清政府与之签订了不平等的《天津条约》,将琼州(海口)辟为全国沿海十大开放商埠港之一。海南岛解放初,海口港秀英码头、海关码头、长堤路码头多为战火破坏。海南岛解放后,秀英港区和海甸港区进行了修复和扩建。1988 年海南建省以来,海南建立了全国最大的经济特区,在大规模扩建老港区的同时,又在马村开辟一个新港区,建设多家业主码头,海口港逐渐发展成一个初具规模的现代化港口。

表 8-11-1

海南省沿海港口基本情况表

港口名称	港口岸线		2015年港口生产用泊位				其中:1978—2015年建成的生产用泊位				2015年港口货物和旅客吞吐量						
	港口规划岸线	其中:2015年前已建成岸线	生产用泊位数	其中万吨级及以上	生产用泊位总长	其中万吨级及以上	生产用泊位数	其中万吨级及以上	生产用泊位总长	其中万吨级及以上	货物吞吐量	其中:外贸货物吞吐量	集装箱	滚装车辆 数量	滚装车辆 质量	旅客	其中:国际旅客
	千米	千米	个	个	米	米	个	个	米	米	万吨	万吨	万TEU	万标辆	万吨	万人	万人
规模以上港口 海口港	28.58	16.58	51	15	6858	3263	20	13	3947	2645	9204.21	343.61	127.13	342.4	4645.3	1317.98	4.0
规模以上港口 洋浦港	34.4	19.3	39	23	7955	5862	32	23	7679	6972	3901.38	2261.53	27.16	—	—	—	—
规模以上港口 八所港	6.1	2.98	10	9	2053	2013	7	6	1582	1542	1767.39	356.99	0.00	—	—	—	—
规模以下港口 三亚港	47.6	4.5	13	3	2490	1086	10	3	1460	1086	402.49	0.12	—	—	—	10.34	—
规模以下港口 清澜港	9.5	1.10	4	—	310	—	4	—	4	310	43.7	4.21	—	—	—	—	—
合计	126.18	44.46	117	50	19666	12224	73	45	14672	12555	15319.17	2966.46	154.29	342.4	4645.3	1328.32	4.0

根据 2008 年交通运输部和海南省政府联合批复的《海口港总体规划》,秀英港区以集装箱、商品汽车滚装运输和客运为主,兼顾大型邮轮停靠;新海港区将建成为海南省过海铁路轮渡和汽车客货滚装运输的专用作业区;马村港区将建成海口港的综合性中心港区,以大中型集装箱运输及大宗散杂货运输为主。2011 年,原海甸港区(海口新港)根据规划进行了调整,该港区的汽车滚装和货运功能已全部搬迁。海口港经过多年的发展建设,已建成了一个初具规模的多功能的综合性港口。

2. 港口水文气象

海口港地处低纬度热带北缘,属于热带海洋气候,年平均温度为 24 摄氏度,每年 4 ~ 10 月是热带风暴、台风活跃的季节,以 8 ~ 9 月为最多;5 ~ 10 月为雨季,9 月为降雨高峰期,年平均降水量为 1615.9 毫米,月平均降雨量近 250 毫米;冬半年盛行偏北风,夏半年盛行偏南风,常风向为 NE 向,频率为 15%,次常风向为 ENE 向、SSE 向,频率分别为 11% 和 10%,强风向为 N 向,最大风速超过 25 米/秒,极大风速大于 40 米/秒;冬春两季有雾,多在清晨至 9 时之间,年平均雾日约 32.6 天,能见度小于 1 千米的大雾年平均为 8.1 天。

海口港区潮汐属于不规则全日潮,最高潮位 4.25 米,最低潮位 -0.25 米,平均高潮位 2.03 米,平均低潮位 0.93 米,平均潮位 1.51 米,平均潮差 1.10 米。由于琼州海峡是介于南海的不正规半日潮和北部湾的正规全日潮的过渡段,琼州海峡潮汐复杂,潮汐类型自东向西变化:铺前湾为不正规半日潮、秀英为不正规全日潮、马村为正规全日潮,平均潮差自东向西逐渐增大。琼州海峡潮流具有较明显的东西向往复流性质。涨潮流以东流为主,落潮流以西流为主。流速存在明显的横向梯度变化,以中央深槽最大,向两岸递减。海峡中部潮流流速一般为 2 米/秒左右,最大可达 3.6 米/秒左右。波浪以风浪为主,涌浪较少,涌浪出现频率为 16% 左右,常浪向为 NNE 向,频率为 28%,其次为 NE 向、N 向,频率分别为 18%、11%、3.5%。

海口湾为一浅水湾,湾口朝北,白沙门至后海间湾口宽约 13 千米,湾顶纵深约 5 千米,湾内水深除西侧后海附近有 6 ~ 7 米水深外,均为 5 米等深线以浅的浅滩水域,坡度平缓。海口湾东部为南渡江河口三角洲,河口西侧美丽沙沙坝向西南延伸,直迫海甸溪出海口。海湾东部、中部为淤泥质浅滩;西部为湛江组台地陡坎和水下沙堤,海底为沙质滩、槽。

澄迈湾在海口湾西面,湾口朝北,湾口东端有澄迈(天尾)角和西端的玉包角两岬角控制,湾口宽 23 千米,纵深 11 千米,湾内大部水深 10 ~ 23 米。自然岸线长约 34.6 千米。湾顶由马村玄武岩岬角凸出,并把内湾分为东部的东水港和西部的花场港两个次级湾。澄迈角(天尾角)至马村东为沙质海岸,岸线长约 20.4 千米;玉包角至马村西为沙质海岸(间基岩),岸线长约 14.2 千米。

3.发展成就

1978—2015 年海口港水运工程建设项目共 18 个,建设各种泊位 42 个,总投资约 50 亿元,是海南省和海口市全面建成小康社会、实现现代化的重要依托,是优化生产力布局、推进海南经济特区发展的重要支撑,是海南省和海口市扩大对外开放、参与经济全球的战略资源。海口港发展已经初步具备装卸储存、中转换装、多式联运、运输组织、通信信息、现代物流、临海工业、综合服务、旅游客运等多种功能。

至 2015 年,海口港集装箱航线方面,已开通海口至南沙、厦门、上海、营口等 23 条内贸干支线,并在海口至香港航线基础上,陆续开通了海口至越南、印度尼西亚、泰国、菲律宾、柬埔寨等 6 条直达班轮外贸航线,同时创新开展了海口内外贸同船运输业务。琼州海峡客滚运输航线主要包括海口至广东海安、广西北海 2 条航线,是海南进出岛的物流和人员往来主要运输途径,也是海南经济发展的重要交通要道,每年有大量的旅客、汽车车辆及瓜果菜农副产品和轻工业品进出岛,90%以上的岛民生活物资要从琼州海峡运输进岛,通过琼州海峡轮渡进出海南的人员也占到进出岛人流量的 1/3。运输船舶由 30～40 客位的 4 艘木帆船,到 1955 年的 7 艘小船,其中有由"华生"轮 50 吨货轮改装载客;1956 年较大吨位的载 430 人"金星"客轮参加运营,之后有"光华"轮(200 多客位)、"红叶"轮(256 个客位)先后投入运营。1966 年载客 400 多位的新建"粤民 410"运营,1968 年开始有"粤民 411"汽车渡船运行,之后有多艘客船、汽车渡船运营。1985 年快速双体客船"琼州一号"(291 客位)加入航线,当年旅客达 24.5 万人,汽车达 88206 辆。改革开放后,海峡两岸港口设施建设加快,运输市场开放,形成多家水运企业竞争的局面。2004 年粤海铁路轮渡投入运营。2015 年海峡轮渡运营船舶 53 艘,其中抗风 8 级的 41 艘,仅海南海峡航运股份有限公司更新旧船造新船,投入万吨级"五指山""鹦歌岭"等 9 艘客滚船。2013—2017 年,海口港还靠泊国际邮轮,共接待 9 艘 252 航次大型国际邮轮到访,出入境旅客 17.9 万人次。

海口港马村港区的海南国盛马村油库经海关批准于 2007 年成功设立保税仓库,填补了海南保税油供油供应业务的空白,先后与国际知名的丽星邮轮和国内著名的渤海邮轮、钻石邮轮等公司进行了密切合作,展现海南国盛作为海南省唯一保税油供应企业的应有形象。至 1996 年投入使用以来,吞吐量逐年上升,2015 年超过 60 万吨,年销售油品近 10 万吨,确保了海南及北部湾地区海陆客户的用油需求,为地方经济发展做出了贡献。

马村港区深南 LNG 码头的建设推进了国际旅游岛建设发展的战略目标和总体要求,改善海南省汽车燃料消费结构和大气环境质量,为煤气发电厂煤改气,琼州海峡船舶油改气提供基础,为气化琼州海峡做好准备。2014 年 11 月,顺利接卸第一艘靠泊 LNG 储备库配套码头的 LNG 船"诺捷创新"号,标志着 LNG 储备库配套码头具备接卸 LNG 船的能力。2015 年 6 月,成功接卸 LNG 船"AMAN HAKATA"号,这是第一艘从马来西亚

BINTULU 装货过来的船舶,属于国际贸易,标志着国际航线的成功开通,具有里程碑式的意义。2014 年接卸 LNG 船 2 艘次,卸船量 8475.2 吨;2015 年接卸 LNG 船 6 艘次,卸船量 29994.68吨;累计 8 艘次,累计卸船量 38469.88 吨。

海口港港区分布图如图 8-11-1 所示。

海口港基本情况(沿海)见表 8-11-2。

图 8-11-1　海口港港区分布图

(二)秀英港区

1.港区综述

(1)港区建设和运营概况

20 世纪 50 年代进行秀英港修复工程,建成 2 个 500 吨级泊位的重力式码头(即现在的 4 号、5 号泊位),之后又建了 3 个 200 吨级泊位的西驳岸码头(即 1 号~3 号泊位,后来改

表 8-11-2

海口港基本情况表(沿海)

序号	港区名称	港口岸线		2015 年港口生产用泊位					其中:1978—2015 年建成的生产用泊位					2015 年港口货物和旅客吞吐量							
		港口规划岸线	其中:2015 年前已建成岸线	生产用泊位数	其中:万吨级及以上	生产用泊位总长	其中:万吨级及以上		生产用泊位数	其中:万吨级及以上	生产用泊位总长	其中:万吨级及以上		货物吞吐量	其中:外贸货物吞吐量	集装箱	滚装车辆		旅客	其中:国际航线旅客
																	数量	质量		
		千米	千米	个	个	米	米		个	个	米	米		万吨	万吨	万 TEU	万辆	万吨	万人	万人
1	秀英港区	6.2	6.2	21	6	2537	1290		4	4	820	820		6157.27	129.05	127.13	—	—	794.19	4.0
2	新海港区	2.38	2.38	1	1	168	168		1	1	168	168		2052.6	—	—	—	—	523.79	—
3	马村港区	20.0	8.00	29	8	4153	1805		15	8	2957	1657		994.34	214.56	—	—	—	—	—
	合计	28.58	16.58	51	15	6858	3263		20	13	3947	2645		9204.21	343.61	127.13	342.4	4645.3	1317.98	4.0

造），秀英港区成为海口港的中心港区，1962年3月经国务院批准为对外开放的一类口岸。1966年8月建成东驳岸码头2个500吨级泊位（7号、8号），港口年通过能力达18.9万吨；1970年开辟天尾港，没有成功；1974年4月自筹建20米的轮渡码头，可靠泊1000吨级船1艘（3号泊位），1975年3000吨级客运码头竣工（6号泊位）；1980年接长东驳岸码头117米，改造西驳岸码头（4号、5号泊位1000吨级），扩建3个3000吨级客运码头（9号、10号、11号泊位）；1986年12月，2个5000吨级泊位（12号、13号）工程竣工，港口年通过力提升到170万吨。1993年，建成海口港一期深水泊位工程2个万吨级泊位（即14号、15号泊位）。2009年9月，新建2个3万吨集装箱泊位（水工结构为5万吨级），其中西侧1个泊位兼靠国际邮轮（16号、17号泊位），竣工验收交付使用。2008—2014年，由于海甸港区港口功能调整，秀英港区承接了海口新港的货运业务及海峡轮渡业务；为弥补轮渡码头能力的不足，秀英港区先后将11号泊位和16号泊位改造成轮渡泊位，增加了9组斜坡码头，海峡轮渡运输能力有较大提升，但相应也减少了件杂货吞吐能力。根据发展规划，随着新海港区、马村港区逐步建成投产，秀英港区轮渡、散件杂货和集装箱等货运功能将逐步西迁至马村港区。2015年，秀英港区现有生产泊位21个，其中，万吨级以上泊位6个，年吞吐能力为件杂货176万吨、集装箱120万TEU、旅客523万人次、滚装车辆140万辆。

海口港区航道位于琼州海峡南部海口湾顶中部水域，自海口港池口门至湾口−9米等深线处，方向北偏东；航行标识有1对海岸导标、16座灯浮及2座防波堤灯柱导航。航道长5.7千米，宽100米，水深8.7米。1990年3月，经交通部批准，动工兴建海口港两个万吨级泊位一期工程，其配套工程中的航道延长至6999米，二期航道中心线不变，对称拓宽至155米，浚深至12.4米。

海口港是海南省最北部的港口，具有良好的集疏运条件。其与距广东的海安港18海里，地处经海南省综合运输网的中心。海口港的集疏运方式主要有水运、公路、铁路和管道，海南省的公路干线东、西线高速公路及海榆中线国道均在这里汇聚，再经海峡轮渡与大陆及我国西南地区公路网相通；粤海铁路通道的完工投入使用，已将海南省的铁路与全国的铁路网连成一体，使海南省与大陆的联系更为密切。海口港区位于我国南海，处于太平洋和印度洋中间地带，紧靠环球洲际航线，经水路至广州约324海里、至湛江约83海里、至香港约306海里、至北海约119海里，至越南的海防约220海里、至新加坡约1300海里；海口港后方的海口美兰机场距海口港秀英港区仅20千米，已开辟了众多至全国各地的航线。可以看出，海口港的地理位势优越独特，水、陆、空交通方便、发达，集疏运条件优越。

（2）港区地理条件和集疏运概况

秀英港区所在的海口湾是一淤积型海湾，水体平均含沙量为0.19千克/立方米（最大含沙量为0.51千克/立方米），等深线还在向外推移，淤积速度东部海区仍大于西部海区。

秀英港区主体由填海形成,形成一个反 F 形的平面布置形态,近年来受周边项目和台风等影响,航道淤积严重。

秀英港区疏港道路的连接线为丘海大道,为双向六车道的城市快速道路,宽 30 米,南接南海大道、西线高速公路等。秀英港区航道为 5 万吨级航道,航道长 6.4 千米,宽 140 米,底高程 −13.1 米,走向为 163°08′34″ ~ 343°08′34″。

2.港区工程项目

(1)海口港一期 2 个万吨级深水泊位扩建工程

项目于 1990 年 6 月开工,1992 年 4 月 5 日完工,1993 年 3 月竣工验收。

项目建设依据:1987 年,交通部计划统计局《关于补充进行海口港扩建两个万吨级泊位预可行性研究工作的通知》(计统长字(87)182 号);1988 年 2 月,交通部《关于印发对海口港深水港区选址可行性研究报告的审查意见的通知》(交计字〔1988〕110 号),随后,交通部《关于同意海口港两个万吨级通用泊位护建工程项目建议书的复函》(交函计字〔1988〕128 号)。1988 年 9 月,交通部《关于〈海口港两个万吨级通用泊位扩建工程设计计划任务书〉的批复》(交计字〔1988〕548 号)。1988 年 11 月,交通部《关于海口港两个万吨级通用泊位扩建工程初步设计的批复》(交基字〔1988〕668 号)。1989 年 11 月,海口市国土规划管理局批准用地。1989 年 12 月 23 日,国家交通投资公司与海南港务局签订投资包干合同。1989 年,国家交通投资公司《关于对海口港两个万吨级通用泊位扩建工程开工报告的批复》(〔1989〕交投综字 58 号)。1990 年,交通部《关于同意海口港两个万吨级通用泊位扩建工开工的批复》((90)交工字 142 号)。

项目建设 2 个 1 万吨级通用泊位(重力式双肋扶壁式结构)及相应港口配套设施,设计年吞吐能力 80 万吨。码头岸线长 391.92 米,码头泊位前沿水深 10.2 米。过渡段长 80.5 米,其中 27.9 米前沿水深 7.0 米、52.6 米前沿水深 4.0 米;防波堤为重力式空心方块结构长 100 米。堆场面积 5 万平方米,堆场堆存能力 3.9 万吨,仓库面积 3000 平方米,主要装卸设备配置 21 台港口起重机械。项目总投资 9984 万元,资金来源为国家交通投资经营基金。1993—1995 年,海口港利用第三批日元贷款 25.89 亿日元,为海口港一期工程采购了多用途门座式重机、正面吊等机械设备。项目填海面积 103 公顷,港池用海约 7.3 公顷。

建设单位为海南港务管理局;设计单位为中交第四航务工程勘察设计院有限公司;施工单位为中交天津航道局有限公司、中交第一航务工程局三公司;监督工作由海南港务局建港指挥部承担。

项目于 1992 年底投产,结束了海口港长期以来没有深水泊位的历史,改善了海口港长久以来万吨级以上船舶需海上过驳作业的状况,大大缩短了船舶在港停时,提高了作业效率和经济效益,减少了社会物流成本和安全隐患,极大地促进了区域经济的发展。

（2）海口港二期深水泊位工程

项目于 2006 年 8 月开工,2008 年 12 月—2010 年 3 月试运行,2010 年 8 月竣工。

项目建设依据:2001 年,交通部《关于对海口港二期工程项目建议书意见的函》(交函规划〔2001〕367 号)。2003 年,国家发展和改革委员会《印发国家计委关于审批海口港二期工程项目建议书的请示的通知》(发改交运〔2003〕193 号)。2004 年,国家发展和改革委员会委托中国国际咨询公司对项目工可进行审查,并出具评估报告(咨通〔2004〕586 号)。2005 年,国家发展和改革委员会批复工程可行性研究报告(发改交运〔2005〕926 号);2006 年,交通部批复初步设计(交水发〔2006〕228 号),2008 年,海南省交通厅批复项目施工图设计(琼交函〔2008〕312 号)。2004 年,国家环境保护总局环评(环审〔2004〕209 号)。2005 年,海口市规划局出具项目规划意见(市规函〔2005〕02 号)。2005 年,国家海洋局出具项目环保核准意见(国海环字〔2005〕97 号)。2005 年,国土资源部出具项目用地预审意见(国土预审字〔2005〕34 号)。2006 年,海口市规划局出具《建设项目选址意见书》(市规址字第〔2006〕056 号)。

工程接一期 2 个 2 万吨级泊位北侧,建东西走向的第二横突堤,使港区呈反 F 形布局。在突堤由东向西布置建设 2 个 3 万吨级(水工结构 5 万吨级)集装箱泊位及相应港口配套设施,其中西侧泊位兼靠国际邮轮。设计年吞吐能力为集装箱 45 万 TEU、国际旅客 10 万人次。采用重力式大沉箱结构,码头岸线长 590 米,过渡段长 196 米(含拆除旧防波堤 20 米),直立式南护岸长 170 米,东护岸、北护岸以及西护岸结构为斜坡式抛石结构,斜坡式护岸长 2815 米,码头泊位前沿底高程 –12.6 米(秀英理论最低潮面为基准面),航道底高程 –12.3 米。堆场面积 10.75 万平方米,堆场堆存能力 1.5 万 TEU;仓库面积 7700 平方米,仓库堆存能力 3900 吨。主要装卸设备配置集装箱装卸桥 2 台、13 台轨道式集装箱门式起重机,以及其他港口流动机械。项目总投资 8.83 亿元,资金来源为政府补贴 0.9 亿元、企业自筹 1.6 亿元、银行贷款 6.33 亿元。项目用海面积 134.10 公顷,其中填海 89.65 公顷、港池用海 44.45 公顷。

建设单位为海南港航控股有限公司;设计单位为中交第二航务工程勘察设计院有限公司;施工单位为中交天津航道局有限公司、中交第四航务工程局有限公司;监理单位为中交水规院京华工程监理有限公司;质检单位为海南省交通工程质量监督管理局。

项目于 2009 年底投入试运行,作为北部湾区域第一个专业化集装箱码头,极大地促进了区域集装箱运输的发展,集装箱吞吐量迅速增长,始终领先于北部湾其他港口,其中内贸中转箱量占 40% 左右,奠定了海口港北部湾中心枢纽地位。此后,由于吞吐量远超设计能力,进行了扩能改造,增加设备,扩大堆场面积。

2007 年海南省为了发展旅游业,在中央政策支持下,推进邮轮经济发展。随着国际邮轮造访海南岛航次增加,海口市政府推动,2008 年海口港提出将二期 2 个深水泊位中西端 1 个泊位改造兼靠国际邮轮泊位,增加旅客联检设施国际客运中心 5000 平方米,码头前沿浚深至 12.4 米,可靠泊 5 万吨级邮轮,2009 年投入使用。

(三)马村港区

1.港区综述

(1)港区建设和运营概况

马村港是隋唐和北宋时期海南岛西北部最早的琼雷渡海埠头。1978 年改革开放后该港区以货主码头为主,1987 年 1 月海口电厂建成 1 座 2 万吨级泊位的卸煤码头及 1 座 1000 吨级泊位工作船码头,还建成 1 条 5000 米×80 米的进出港航道,从而成为 20 世纪 80 年代海南岛唯一的卸煤专业港口。1989 年,海南裕环厂建成 1 座卸水泥码头;1990 年,中国石化公司建成 1 座卸油气专用码头;1992 年,马村港务公司建成 1 座 3.5 万吨级泊位散货码头;1993 年,国盛船务公司建成 1 座燃料装卸专用码头;2006 年马村华能电厂扩建了 1 个 5 万吨级煤码头。为适应海口市城市规划中港口功能调整,2007 年底,海南港航控股有限公司开工建设马村港区扩建一期工程,后转让给中海油作为其南海油气开发保障基地码头,2013 年底,马村港区扩建二期工程投入试生产❶。

马村港区是海口港在建中的综合性中心港区,功能以集装箱运输、大宗散货、件杂货和液体散货为主,同时兼顾滚装危险品运输南海开发后勤保障功能,是海南发展临港产业,对接服务国家"一带一路",深度参与国际经济合作,深化对外开放的重要依托。2015 年,马村港区有生产泊位 29 个,泊位总长 4153 米,其中深水泊位 8 个,泊位长 1805 米。

(2)港区地理条件和集疏运概况

马村港区位于澄迈湾顶、马枭湾口,规划西自玉包角东至东水村,可利用岸线 20 千米,已开发岸线 4 千米。马村花场湾口门水深零米左右,口内最深处约为 −7.9 米,最大流速约 1.0 米/秒。湾内有花场水和白莲水汇入,源小流短,泥沙来源不多。湾外深槽长约 4 千米,宽 500 ~ 1000 米,水深 6 ~ 7 米,深槽基本稳定。由于海洋动力作用较强,无明显淤积问题。

2015 年马村港区有进港主航道总长约 19.3 千米,其中港外连接中水道航段长约 14.4 千米,宽 1000 米,水深 12 ~ 50 米,走向为 0° ~ 180°。港内 LNG 码头至马村 3.5 万吨级泊位之间的主航道长 2.1 千米,宽 120 米,水深 10 ~ 12 米,走向为 58°30′20″ ~ 238°30′ 20″;马村 3.5 万吨级泊位至马村港区扩建二期之间的主航道长 2.8 千米,宽 120 米,水深 10.5 米,走向为 70°28′57″ ~ 250°28′57″。

马村港区位于琼州海峡西部南岸,水路运输非常方便。疏港道路主要依托澄迈县老

---

❶ 2017 年底,马村港区扩建三期散货码头工程投入试生产。

城地区"一纵四横"的主干路网,与西线高速公路、南海大道等集疏运通道衔接。其中,"一纵",即金马大道,建设标准为双向四车道;"四横",即西线高速公路、南一环路、南二环路和工业大道,西线高速公路建设标准为双向四车道,南一环路建设标准双向四车道、南二环路建设标准双向六车道,工业大道建设标准双向六车道。2003年粤海铁路通道建成投产,粤海铁路南港及海口站位于澄迈湾东部,新海村以南沿岸,与马村港属同一个湾域。西环铁路由南港火车轮渡码头自北向南向西南方向绕过港区,有港口铁路专用线规划在案。通过海口市绕城高速公路可直达海口美兰国际机场。中石化油气码头与美兰机场之间建立了管道运输油系统,每年输送达十几万吨,未来马村工业区的南海油田基地有机会利用管道输送。

2.港区工程项目

(1)海口电厂二期专用煤码头工程

项目于1986年4月15日开工,1988年1月试运行,1991年2月竣工。

海口电厂二期专用煤码头工程当时称马村港,马村港位于琼州海峡西部南侧的澄迈马村湾,澄迈县马村镇马村岸线,相距澄迈县老城镇12千米,距海口市向西39千米,被划为海口市城市规划组团之一,是未来的海口市工业区,有1条工业大道与海榆西线相接。马村港从1989年始被批准对外籍船舶开放,当年即有外国油轮到港。

马村港煤专用码头,属海口电厂燃料部兼管,主要为海口电厂运输发电用煤和油。建有2万吨级煤炭泊位1个和5千吨工作船泊位1个,煤炭泊位全长230米,工作船泊位长100米,防波堤长494米,码头前沿水深10.6米,港池直径240米,码头结构为重力式混凝土方块。生产仓库(干煤棚)15898.67平方米,堆场5700平方米,港作船2艘,其中拖轮1艘。门座式重机(10吨)4台,固定吊(60吨)1台;另外,码头上设有500米长卸油管,从码头前沿到油罐。港区内还有油罐7个,总容积15200立方米,为海口电厂一期工程的燃油发电机组供油用。

进港航道位于港区西北,长7千米,航道宽80米,航道中心线方位为南北向;低潮时航道深9.4米,乘潮时通航船舶为2万吨级。非专用锚地在港池外南部,长200米,宽100米,水深9.0米,底质为淤泥。

建设单位为海南电力公司;设计单位为广东省航运规划院;施工单位为交通部四航局三公司;由海南电力公司监管工程。

海口电厂配套专用码头的投产解决了马村海口电厂二期工程投产的煤炭燃料供应问题,1990年完成吞吐量29.24万吨,其中煤炭23.72万吨、石油5.33万吨、钢材1000吨。

(2)马村港3.5万吨级散杂泊位码头工程

项目于1991年11月10日开工,1994年12月18日竣工验收。

项目建设依据:1989年6月,海南省政府批准立项。1989年8月2日,海南省交通厅

《关于报送"海南省马村 3.5 万吨级散杂码头工程项目建议书"》(琼交规〔1989〕238号);1989 年 8 月,海南省经济计划厅《马村港 3.5 万吨级散杂码头工程项目建议书》。1989 年 10 月 14 日,海南省交通厅批转了工程可行性研究报告评审意见,海南省经济计划厅批复了项目工程设计任务书。1990 年 11 月,水规院完成了项目修改初步设计,1991 年 3 月 29 日,海南省交通厅对修改初步设计给予批复。1991 年,项目列入国家交通投资公司年度计划。

建设 3.5 万吨级散杂泊位 1 个,码头长 280 米;斜坡式护岸 130 米;人工航道宽度由 80 米拓宽至 140 米,水深由 9.4 米浚深至 9.9 米,人工航道长度为 700 米。初步设计工程概算 5809.37 万元。码头为空心方块结构。新建煤炭堆场总面积为 1.57 万平方米,道路总面积为 2.13 万平方米,生产辅助生产、辅助生活建筑总面积为 4406 平方米。煤炭堆场和码头前沿的面层结构均采用 300 号混凝土六角块铺砌,其垫层分别为 40 厘米和 30 厘米。道路和停车场等其他铺面面层结构均采用厚 6 厘米的中粒式沥青混凝土面层、厚 6 厘米的贯入式沥青碎石和厚 20 米的泥灰结碎石。配置装卸机械和港作车辆等设备。新建港外公路约为 1 千米,生活福利建筑面积为 5100 平方米。此外,还新建港外供电、通信、给排水等配套设施。

建设单位开始时由海南省交通厅成立海南省马村港建港指挥部主办项目实施。交通部第四航务工程局中标,承担项目施工任务。1992 年项目移交海南港务局负责组织实施。

项目在建省初期建成,初步缓解了海口港深水泊位需求问题。但因远离海口港直接管理,又是简易投产,泊位没能发挥更大作用。2010 年 4 月,泊位由中海油收购,并与马村港扩建一期项目共同服务于南海油气田开发,达到了物尽其用的目的。

(3)海南裕环水泥厂专用码头工程(新兴港)

项目于 1994 年 8 月开工,1995 年建成运营。

项目建设依据:1989 年 5 月,海南省经济计划厅《关于合资兴建裕环水泥粉磨厂项目的批复》;1990 年 7 月,海南省交通厅批复码头工程的可行性研究报告。1990 年,海南省交通厅批复码头工程初步设计(琼交规〔1990〕233 号)。1990 年 8 月,海南省环境资源厅《关于海南裕环水泥厂及专用码头工程环境评价大纲的批复》(琼环建〔1990〕37 号);1989 年 5 月,澄迈县人民政府《关于要求批准征用 200 亩土地兴建水泥厂请示》(澄府函〔1989〕56 号);1991 年 11 月,澄迈县海洋局《海域使用许可证》(澄海管证 No.3 号);1989 年 9 月,海南省交通厅《关于对海南四环房地产公司开发包金湾口岸线的批复》(琼交规〔1989〕287 号)。

该码头工程为 1 个 2 万吨级散货专用泊位,码头结构为重力式大直径筋混凝土圆筒结构,码头岸线长 253 米,码头前沿水深 10.8 米。码头平面布局为东西顺岸走向,项目总投资 9800 万元,资金来源于企业自有资金。项目港口填海造地面积 3.5 公顷,用海面积 9.65 公顷。

建设单位为新兴港务有限公司;设计单位为四航设计院;施工单位为四航局三公司。

项目由于新加坡方撤资,改由中方自投,码头功能由专用水泥泊位转变为公用码头通用散杂货泊位。自 1995 年投入生产经营,主要为老城开发区及西部工业走廊服务。从历年的货物吞吐量可以看出,对当地的经济发展起到了很好的推动作用,不仅解决了当地人的部分就业问题,还带动了相关产业的发展。

(4)华能海口电厂"大代小"技改工程配套新建码头工程

项目于 2005 年 1 月开工,2006 年 8 月试运行,2007 年 11 月竣工验收。

项目建设依据:2004 年 6 月,海南省交通厅《华能海口电厂大代小技改工程配套新建煤码头工程初步设计》;2005 年,国家发展和改革委员会核准华能海口电厂"大代小"技改工程项目。2006 年 5 月,海南省交通厅《华能海口电厂大代小技改工程配套新建煤码头工程竣工图》。

项目建有 1 个 3.5 万吨级煤炭专用码头。码头顺岸布置,长 230 米,宽 23.5 米,高程 7.0 米,采用沉箱重力式水工结构,泊位前沿底高程 - 13.0 米。码头前方水域设掉头区,掉头区圆直径 380 米,底高程 - 11.4 米,外侧设长 850 米支航道与海口电厂老厂码头主航道相接,航道有效宽度 120 米,底高程 - 11.4 米。后方陆域设有干煤棚和露天煤场各 1 个,干煤棚储煤量为 10 万吨,露天煤场储煤量约为 2 万吨。项目主要装卸设备配置带斗门座式重机 3 台、推机 3 台、推耙机 3 台、装载机 2 台。工程概算投资 2.26 亿元,由企业自筹。

建设单位为华能海南发电股份有限公司;设计单位为中交水运规划设计院有限公司、河北省电力勘测设计研究院;施工单位为中港第四航务工程局、南京港口机械厂;监理单位为南华建设监理所;质监单位为海南省交通工程质量监督站。

项目投产后,华能海口电厂加强对码头卸煤设备、系缆桩、护舷、航标、灯塔等设备设施的管理,定期维护检修;加强对港池航道的检测及疏浚;同时加强码头安保工作,全方位保障到港船舶的靠离泊安全。由于管理重视、措施到位,没有发生过因港方问题影响靠离泊的情况,没有发生过安保问题,码头运营情况良好。

(5)海口港马村港区扩建一期工程

工程于 2007 年 12 月开工,2010 年 4 月项目移交中海油海南西部油田海南码头有限公司,2010 年 7 月主体完工,2012 年中海油开始进行码头功能调整等变更工程。

项目建设依据:2007 年 6 月 21 日,海南省发展和改革委员会和交通厅联合举办了可行性研究报告和项目申请报告的专家评审会,通过评审。9 月,海南省发展和改革委员会批复了工程可行性研究报告。在各前期工作程序完备的情况下,12 月 20 日举行了码头工程及配套工程开工仪式。2008年7月,交通运输部批复了马村港区扩建一期工程使用港口岸线。

马村港区位于海口市以西,澄迈湾顶部,花场湾潟湖外,属海南省澄迈县境地,东距海口市约32千米。港区紧邻老城工业区。马村港区岸线总长18千米,处于海口港的最西端。其港区东部从马村岬角至美当湾的东湾口6千米岸线,现有多家公司企业建设各自专用码头,岸线基本开发完毕。而马村港区西侧的花场湾(从马村岬角到林诗岛)尚未进行开发建设。花场湾外水域开敞,水深较深,后方陆域高差不大,坡度较小,大多为林地、旱地和荒地,是良好的港口建设用地,发展空间大,适合建设大型综合型港区。另外,港区后方与海南省西线高速公路和铁路线相距很近,具有便利的交通条件,可形成港口集疏运快速通道。马村地区供水、供电、通信等一应具备,为马村港区港口开发建设提供了良好的外部条件。

马村港区扩建一期工程建设2万吨级散杂货泊位5个,设计年吞吐量265万吨,以及5000吨级工作船泊位1个。码头采用重力式沉箱结构,码头岸线长1295.5米,码头面高程5米,码头前沿水深11.1米。护岸1754.3米,防波堤260米。总投资估算9.10亿元,资金来源于地方政府投资。

建设单位为海南港航控股有限公司;设计单位为中交水运规划设计院有限公司;施工单位为中交第四船务工程局有限公司、中交天津航道局有限公司;监理单位为中交水规院京华工程监理有限公司;质监单位为海南省交通工程质量监督管理局。

项目选定新的港区发展,扩大了海口港作为枢纽港的规模和能力。项目的建成,推动了港口管理体制改革的深化和南海油气开发。经海南省政府批准,项目成功转让给中国海洋石油南海西部公司,解决了南海油气田开发后方基地问题。也因此,推动了马村港后续的二、三期扩建工程。

(6)海口港马村港区扩建二期工程

项目于2011年5月开工,2013年12月试运行,2016年竣工。

项目建设依据:2007年12月,海南省发展和改革委员会《关于核准海口港马村港区扩建二期工程的函》(琼发改交能函〔2007〕1416号)。2009年中交水运规划设计院有限公司完成《海口港马村港区扩建二期工程可行性研究报告》,2010年3月海南省咨询投资公司对工程可行性研究报告进行评估,并提出专家评估意见。2010年4月,中交水运规划设计院有限公司修订工程可行性研究报告提交报批稿。2010年7月21日,海南省交通运输厅对工程初步设计给予批复。2010年11月,海南省发展和改革委员会《关于重新核准海口港马村港区扩建二期工程项目的函》(琼发改审批函〔2010〕2320号)。2010年11月,海南省交通运输厅《关于海口港马村港区扩建二期的初步设计》(琼交运函〔2010〕887号)。2007年,海南省国土环境资源厅《关于海口港马村港区扩建二期工程环境影响报告书的批复》（琼土环资监字〔2007〕105 号）。2010 年 4 月,海南省国土环境资源厅《关于海口港马村港区扩建二期工程环境影响报告书（补充修订本）的批复》（琼土环资审字〔2010〕118 号）。2011 年 12 月,海南省海洋与渔业厅《关于海口港马村港区扩建二期工程海洋环境影响报告书的批复》（琼海渔函〔2011〕510 号）。2011 年 12 月,海南省住房和城乡建设厅出具建设项目选址意见书（选字第 460000201100031 号）;2016 年 12 月,澄迈县住房和城乡建设局出具建设用地规划许可证（地字第 4690012016039 号）。2012 年 10 月,海南省海洋与渔业厅《关于海口港马村港区扩建二期工程项目用海的批复》（琼海渔函〔2012〕484 号）。

工程陆域位于马村扩建一期工程陆域的西侧,与一期工程背靠背建设。突堤宽 400 米,长 1028.1 米,呈平行四边形状,总面积为 46.66 万平方米。项目建设 4 个 2 万吨级泊位（水工结构按 5 万吨级设计）通用散杂货泊位,码头岸线长 752 米,依次为 6～9 号泊位,码头前沿水深 11.1 米;直立过渡段兼 3 个 5000 吨级通用泊位（水工结构为 0.5 万～1 万吨级）,岸线长 429.1 米,工作船泊位岸线长 132.1 米,过渡段泊位及工作船码头前沿水深为 8.4 米。各泊位由北向南依次布置:工作船泊位、过渡段及 6～9 号泊位。水工结构均采用重力式沉箱结构。

航道按 2 万吨级杂货船乘潮单向航道设计,航道有效宽度为 120 米,底高程为 -10.5 米,从防波堤堤头水域至航道入口由两段航道组成,航道总长为 2350 米,方向分别为 0°～180° 和 70°33′40″～250°33′40″,在口门处航道宽 170 米。船舶回旋水域布置在泊位正前方。2 万吨级散杂货船回旋圆直径为 332 米,底高程为 -10.5 米;过渡段泊位船舶回旋圆直径为 248 米,底高程为 -8.4 米。锚地利用现有 3.5 万吨级通用泊位到港船舶的 1 号、2 号锚地。

港区陆域总面积为 46.66 万平方米,港外道路 1014 米,设计年吞吐量为 350 万吨。堆场面积 1.38 万平方米;仓库面积 2.4 万平方米,筒仓容量 3 吨。主要装卸设备配置 2 台堆料机、11 台港口门座式重机、12 台皮带输送机、24 台其他港口起重机械。项目总投资 16.74 亿元,资金来源于地方政府投资。项目用海面积 45.19 公顷,非透水构筑物用海面积 2.73 公顷,港池用海面积 42.52 公顷。

建设单位为海南港航控股有限公司;设计单位为中交水运规划设计院有限公司;施工单位为中交第四航务工程局有限公司;监理单位为广州华申建设工程管理有限公司、北京水规院京华工程管理有限公司;质监单位为海南省交通工程质量监督管理局。

自马村港区扩建一期工程等转让给中海油南海油西部公司作为海南基地后,海口港的中心港区建设任务落在马村港区扩建二期工程上,工程的建成是海口港巩固海南港口主导地位和国家枢纽港地位的重要标志。2014 年投产后当年即达产,2017 年完成港口吞吐量 585 万吨,实现了秀英港区约 60% 的散杂货转移业务。

（7）中海油南海西部油田海南码头项目（一期工程）

项目于2012年3月开工，2014年3月试运行，2016年3月竣工。

项目建设依据：2011年，海南省交通运输厅递交《关于对核准中海油南海西部油田海南码头项目的意见》（琼交运函〔2011〕35号），海南省发展和改革委员会核准一期工程立项（琼发改审批函〔2011〕526号）。2011年12月，一期工程初步设计通过海南省交通运输厅批准。2007年，海南省住房和城乡建设厅《建议项目选址意见书》（琼建规址字第〔2007〕04号）；2007年，海南省国土环境资源厅《关于马村港区扩建一期二期工程建设项目用地预审的意见》（琼土环资耕字〔2007〕30号）；2011年，海南省国土环境资源厅《关于南海西部油田海南码头项目工程环境影响报告书的批复》（琼土环资审字〔2011〕19号）；2008年，海南省海洋与渔业厅《关于对〈海口港马村港区扩建一期工程海洋环境影响报告书〉的批复》（琼海渔函〔2008〕30号）；2011年，海南省工业信息化厅《海南省固定资产投资项目节能审查决定书》（琼工信能审〔2011〕11号）。

一期工程位于海南省澄迈湾湾顶的老城镇马村花场湾海域，后方陆域纵深为300～465米，呈L形布置。一期工程内容包括码头泊位功能调整，地基处理（场地平整和碾压122108平方米）、建设道路、港区停车棚43419.36平方米；仓库地坪15619.69平方米；储油罐场地4077.44平方米；办公区道路、停车场3664.04平方米；建筑周边区域21046.76平方米；办公区广场5041.19平方米；水工改造（护舷安装共76套）及排水系统工程。项目总投资3.54亿元，由企业自筹。

中海石油（中国）有限公司（简称中海油）于2010年4月收购海南港航控股有限公司马村港区现有3.5万吨级码头和扩建一期1～5号泊位码头，收购的码头岸线总长1530.6米，规划陆域纵深300～465米，总面积约65.5万平方米（以实际交工测量为准），在收购的光板码头基础上，按照油气产能规划及使用需求，分3期进行码头地面配套设施的建设。项目将建成南海西部油田高度现代化的、功能齐全的勘探、开发、生产后勤支持中心基地，功能包括：海上作业船（供应船、物探船、钻井船、钻井平台）的靠泊和物资供应，船舶维修、钻具和管材检修、管材物资堆存、油品装卸等。

项目岸线使用布置方面，中海油将沿岸线依次布置2个油品泊位（220米）、2个灰浆泊位（15.68米）、8个件杂货装卸泊位（678.8米）和1个船舶维修泊位（79.84米）共计13个泊位，并布置港口支持系统岸线87米和钻井平台维修区（136.76米）。在陆域设施建设方面，中海油将在码头后方陆域相应布置油罐区5000立方米柴油罐4个、储罐容量1.7万立方米、灰浆装置区建筑面积7686平方米和堆场建筑面积17.54万平方米、仓库建筑面积1.50万平方米、料棚建筑面积1.18万平方米等装卸作业区以及辅助区建筑面积1.09万平方米等功能区域。项目陆域用地578800平方米。项目总投资约6.03亿元（不含收购资金11.8亿元），其中工程费用4.51亿元，其他费用1.13亿元，预留费用0.39亿元。资金来源全部为企业自筹。

建设单位为海南中海石油码头有限公司;设计单位为广东省航运规划设计院;施工单位为海南第四建设工程有限公司、河南省第一建筑工程集团有限责任公司、海南弘原电气工程有限公司、广东省石油化工建设集团公司、中海工程建设总局、中海油信息科技有限公司;监理单位为广州粤科工程建设监理咨询有限公司、河南卓越工程管理有限公司。

项目是中海油南海西部油田开发的后方基地一期工程,各期工程陆续完成后保障了南海西部油气田开发的后方服务,同时也为海南发展油气化工工业服务,是海南省港口管理体制改革深化的又一个范例。

(8)海南中油深南 LNG 储备库项目配套码头工程

项目于 2012 年 7 月开工,2014 年 10 月试运行,2016 年 3 月竣工验收。

项目建设依据:2012 年 4 月,海南省交通运输厅《关于海南中油深南液化天然气储备库项目配套码头工程可行性研究报告的批复》(琼交运函〔2012〕227 号)。2012 年 5 月,海南省发展和改革委员会《关于海南中油深南 LNG 储备库及配套码头项目核准的批复》(琼发改委〔2012〕823 号)。2012 年 9 月,海南省交通运输厅《关于海南中油深南液化天然气储备库项目配套码头工程初步设计的批复》(琼交审〈工程〉〔2012〕14 号)。2012 年 12 月,海南省交通运输厅《关于海南中油 LNG 储备库项目配事码头工程施工图设计的批复》(琼交审〈工程〉〔2012〕17 号)。2006 年 12 月,澄迈县建设局《建设用地规划许可证》(〔2006〕332 号)。2011 年 11 月,澄迈县国土环境资源局《关于海南中油深南 LNG 储备库项目环境影响报告的批复》(〔2011〕184 号)。2012 年 7 月,海南省港航管理局《关于海南中油 LNG 储备库及配套码头工程建设使用非深水岸线使用的批复》(琼港航发〔2012〕106 号)。2012 年 10 月,澄迈县海洋与渔业局批复项目用海(国海证 2012D46902700605)。

项目建设 1 个 2 万立方米 LNG 泊位(水工结构按可靠泊 4 万立方米 LNG 船舶设计)及引桥、护岸、土堤工程,以及建设相应的码头照明、通信等配套生产设施。码头采用蝶字形布置,高桩梁板式结构,由 1 座工作平台、2 座靠船墩和 4 座系缆墩组成,码头长度为240 米,前沿水深 9.1 米。码头通过 1 座引桥和土堤与后方 LNG 储备库相连,引桥长260.1 米,宽 15 米。土堤长 78.8 米,宽 20 米。近期接卸 LNG 60 万立方米,远期接卸 LNG200 万立方米。一期已建设 2 座 2×10^4 立方米的 LNG 单容储罐,每年周转量 60 万立方米(LNG 液态容积),二期预计增加建设 2 座 8×10^4 立方米的混凝土全容储罐。主要机械设备有卸船臂、登船梯、快速脱缆钩等,软件系统有 DCS 系统、SGS 系统、辅助靠泊和环境监测系统等。项目总用地面积为 28.7 万平方米,海域使用面积为 17.73 公顷。水工工程投资 1.72 亿元,项目资本金为总投资的 51.7%,其余资金通过银行贷款及其他方式解决。

建设单位为海南中油深南能源有限公司;设计单位为中交第三航务工程勘察设计院有限公司;施工单位为上海三航奔腾建设工程有限公司、中铁十六局集团有限公司;监理单位为天津天科工程监理咨询事务所;质监单位为海南省交通工程质量监督管理局。

马村港区深南 LNG 码头的建设推进了国际旅游岛建设发展,改善了海南省汽车燃料消费结构和大气环境质量,为煤气发电厂煤改气、琼州海峡船舶油改气提供基础,为气化琼州海峡做好准备。2014 年 11 月顺利接卸第一艘靠泊 LNG 储备库配套码头的 LNG 船"诺捷创新"号,标志着 LNG 储备库配套码头具备接卸 LNG 船的能力。2015 年 6 月成功接卸 LNG 船"AMAN HAKATA"号,这是第一艘从马来西亚 BINTULU 装货过来的船舶,属于国际贸易,标志着国际航线的成功开通,具有里程碑的意义。

(四)新海港区

1. 港区综述

(1)港区建设和运营概况

新海港区位于澄迈湾东部湾口,澄迈角以南的浅湾——新海湾,规划港口岸线 2.38 千米。该港区是海口港琼州海峡轮渡专业港区,功能以汽车、火车轮渡为主,预留高速铁路过海功能,同时多元化发展高速客滚船、直升机、水上飞机等多种跨海峡运输方式,是海南对接内陆的陆岛运输中心和综合交通枢纽。

海口管道燃气股份有限公司在新海村西北侧于 2004 年建成投产 1 个 5000 吨级离岸重力墩式油气码头,2018 年海口市政府调整城市规划收回了油气项目的土地和海域使用权,用于实施海口港汽车客货滚装码头。1989 年—1998 年 8 月,粤海铁路通道项目完成前期工作,工程开工。2003 年 1 月,粤海铁路通道跨海轮渡开通,其南港工程交付使用。2012 年 3 月,海口港新海港区汽车客货滚装码头一期起步工程开工,2015 年 12 月竣工投产。至此,新海港区的基本功能初步形成。2015 年港口统计仅粤海铁路南港码头一项,2 万吨级火车客货滚装泊位 1 个,泊位长 168 米。该码头开通粤海铁路南港至北港航线,由粤海铁火车万吨级渡轮承运。

(2)港区地理条件和集疏运概况

新海港区位于澄迈角以南的浅湾——新海湾,该湾呈微凹形岸线,港区处于较直段。澄迈角是向海突出的基岩海岸,岸滩由砾石和礁石构成,水深浅于 2 米,向外呈 NE～SW 向礁石分布,是控制岸线稳定和消浪的基点。新海岸线在自然情况下基本稳定。该港区受琼州海峡潮流影响较大。地形地貌自陆向海依次为:海成一级阶地—海归陆—水下岸坡。港区为沙质海岸,沿岸输沙对港区回淤影响甚微。

粤海铁路通道南港口门外开挖 940 米人工航道,水深 7.7 米,全长 5.5 海里。汽车轮渡码头人工航道342米,底高程−6.9米,底宽105米,至口门外与南港航道接通。

新海港区水路有至海安、北海航线,2015年有营运船舶53艘。陆路有市政道路网与城市连通,而且城市快速干道直达港区,并有公共汽车班车线路进港。粤海铁路南港是粤海铁路通道的组成部分,环岛快速铁路有海口城市支线与粤海铁路接轨,铁路运输非常方便。

2. 港区工程项目

(1)粤海铁路轮渡南港工程

工程于1998年8月开工,2003年1月火车轮渡开通南港运营,2004年3月粤海铁路通道全部竣工。

项目建设依据:粤海铁路通道工程于1989年开始进行项目前期工作,1992年国家计划委员会批准了项目立项,1995年6月交通部水运规划设计院《琼州海峡铁路轮渡南岸、北岸海港码头工程可行性研究报告》,同年10月铁二院《海南铁路通道琼州海峡铁路轮渡可行性研究总报告》。1998年8月,国务院批准了粤海铁路通道项目的可行性研究报告。

粤海铁路南港工程位于海南岛北部澄迈角西侧,澄迈湾东部,新海村以南沿岸。港区水域由双环抱防波堤围成。北防波堤紧邻新海村,自岸边斜交岸线以N85°—265°走向,向西伸再折向西南与岸线平行,全长1483.9米。在港池南侧建792.3米南防波堤,南北防波堤在水深6米处形成口门有效宽度为120米的,口门朝向西南。在北防波堤内侧布置阶梯式码头泊位,2万吨级火车轮渡泊位长216.44米(统计为168米),检修泊位长219.24米,工作船泊位长40米,预留泊位1个。码头前沿水深7.3米,掉头区直径480米,水深7.7米,口门外开挖940米人工航道,走向N75°—255°道,航道底高程−7.7米。航道两侧设灯浮,口门防波堤上设灯桩。附设待渡场、长768.00米,铁路栈桥1座、长95.35米(设计载重量80吨),汽车高架桥1座、长150.42米(设计载重量55吨),人行天桥1座、长36.6米。停车场面积0.3万平方米,停车数量160标准车位。项目陆域用地面积114020万平方米。粤海铁路通道整体项目总投资5.04亿元,由铁道部、海南省、广东省三方投资,其中铁道部投资3.76万元,地方政府投资1.28亿元。

建设单位为粤海铁路有限责任公司;南港设计单位为水规院;施工单位为中港二航局、中港四航局、广东省航道局;质监单位为海南省交通工程质量监督管理局。

(2)海口港新海港区汽车客货滚装码头一期工程

项目于2012年3月开工,2014年5月试运行,2017年7月竣工验收。

项目建设依据:2007年,海南省交通厅批复工程可行性研究报告(琼交函〔2007〕549号)。2011年,海南省交通运输厅《关于口港新海区汽车客货滚装码头一期工程初步设计批复》(琼交运函〔2011〕320号);2014年,海南省交通运输厅出具项目工程可行性研究报告调整意见(琼交运函〔2014〕311号)。2015年,海南省交通运输厅批复调整后的项目初步设计(琼交审(工程)〔2015〕4号)。2015年,海南省生态环境保护厅批复环评(琼环函〔2015〕1282号)。2015年,海南省海洋与渔业厅批复海洋环评(琼海便函〔2015〕1061号);2016年,海南国土资源厅以琼国土资耕字〔2016〕26号文出具项目用地预审意见。2013年,海南省海洋与渔业厅通过项目海域使用报告,出具对项目用海的预审意见(琼海函〔2013〕570号)。

工程建设9个3000总吨客货滚装泊位、1个5000总吨客货滚装泊位(10个泊位结构均按10000总吨客货滚装泊位进行设计,水域部分按5000总吨客货滚装船进行设计)。码头主体采用重力式沉箱结构,码头岸线长486米,顺岸一字形由南向北顺次布置,前沿水深6.9米(结构预留底高程-7.5米,1万吨级船舶用),码头前沿通航水域宽173米,回旋圆直径272米。航道人工开挖长342米,航道底宽105米,水深7.8米,边坡1∶7。在口门附近为人工航道边界,口门外与粤海铁路南港航道接通。还有配套综合枢纽站工程,5条供船侧靠的突堤长162米,宽10米;护岸东、南、北三段共1131.61米,防波堤长1776.97米不设置待泊锚地。工程设备有升降桥共10台,设待渡场2.52万平方米,车位393个。项目总投资25.17亿元,资金来源于企业自筹。项目用海面积116.24公顷,其中填海面积38.23公顷、港池面积77.79公顷。

建设单位为海南港航控股有限公司;设计单位为中交第二航务勘察设计院有限公司;施工单位为中交第四航务工程局有限公司(水工施工)、中王帝印建筑工程集团有限公司(电气施工)、海口港信通科技有限公司(信息化施工);监理单位为广州港工程管理有限公司(水工施工监理)、厦门港湾咨询监理有限公司(电气及信息化施工监理);质监单位为海南省交通工程质量监督管理局。

项目于2015年底投入试运行,新海港区客货滚装码头近期将逐渐承接秀英港区、海甸港区海峡滚装运输功能的转移,未来将发展成为琼州海峡客货滚装运输的专业化、规模化、集约化、现代化港区,发展成为海峡运输的主通道。投产期间最大月车辆约9万车次,进出港旅客约43万人次,减缓了秀英港的交通压力,缓解了节假日海口市秀英区交通拥堵问题。

(3)海口港新海港区汽车客货滚装码头二期工程

项目于2015年12月开工,2017年1月试运行。

项目建设依据:2014年,海口市秀英区发展和改革委员会《关于海口港新海港区汽车客货滚装码头二期工程项目准予备案的通知》;2015年,海南省发展和改革委员会批复工程可行性研究报告(琼发改审批备〔2015〕1490号);2016年,海南省交通运输厅批复初步设计(琼交运审批〔2016〕5号);2015年,海南省生态环境保护厅批复环评(琼环函〔2015〕1492号)。2015年,海口市规划局《建设项目选址意见书》(选字第(建筑类)

460100201500019 号);2015 年,交通运输部《关于海口港新海港区客货滚装码头二期工程使用港口岸线的批复》(交规划函〔2015〕941 号);2016 年,《海域使用权证》(国海证2016C46010000265);2017 年,海南省国土资源厅出具用地预审意见(琼国土资函〔2017〕1461 号)。

项目建设 8 个 10000 总吨客货滚装泊位。码头设计吞吐量为旅客 600 万人次、停车场面积 3.72 万平方米、汽车 100 万辆次。进港航道宽度按 10000 吨级客货滚装船双向通航设计,进港宽度为 222 米,设计底高程为 -6.9 米,回旋水域布置于码头正前方,宽度为254 米。主要建设内容包括:码头、防波堤、护岸、水域疏浚、陆域回填、地基处理、登船工艺、辅助建筑物及配套水电设施。项目批复的总概算金额为 9.10 亿元,资金来源于 PPP(政府和社会资本合作)资金。项目用海面积 116.24 公顷,其中填海面积 38.23 公顷,港池面积 77.79 公顷。

建设单位为海南港航控股有限公司;设计单位为中交二航院;咨询单位为中交水规院;施工单位为中交四航局;监理单位为京华工程管理有限公司;质监单位为海南省交通工程质量监督管理局。

项目于 2017 年底投入试运行,新海港区客货滚装码头近期将逐渐承接秀英港区、海甸港区海峡滚装运输功能的转移,未来将发展成为琼州海峡客货滚装运输的专业化、规模化、集约化、现代化港区,发展成为海峡运输的主通道。

三、洋浦港

(一)港口概况

1.港口综述

洋浦港位于海南岛的西北部,儋州市及洋浦经济开发区辖属海岸线上,规划岸线东起后水湾的涌潮村,西至儋州市的海头港,处于海南省西部工业园集群的中间地带,规划实施岸线全长约 45.3 千米,其范围内近岸水深、不淤、避风条件优良。

洋浦港是在改革开放开发海南的大趋势下,海南新开发建设的综合性公共港。1975 年 1 月,为了响应国家"三年建港"的号召和推进中央关于"加速开发海南"的指示,当时海南行政区革命委员会建港领导小组制定了《洋浦港建设规划(草案)》。1983 年,党中央和国务院决定加快海南岛的开发建设,交通部率先支持海南开发洋浦港。随着海南建省办特区,1987 年洋浦港首个泊位开工,1990 年的洋浦港一期起步工程竣工投产,洋浦港务管理局诞生。1991 年 12 月,国务院批准洋浦港为国家一类开放口岸。1998—2005 年洋浦港二期工程完工,2005—2008 年洋浦港三期工程交工。至此,洋浦开发区的对外开放大门才完全打开,随后一批大型工业企业及其配套专用码头纷纷落地:

洋浦经济开发区,"一港三基地",洋浦保税港区,海南自由贸易区先行试验区、中国特色自由贸易港。

根据 2015 年 1 月 30 日海南省人民政府批复的《洋浦港总体规划》,洋浦港是海南省地区性重要港口,是海南省国际旅游岛建设和经济社会发展以及对外开放的重要支撑,是海南省积极参与中国-东盟自由贸易区建设和环北部湾区域经济合作的重要口岸,是海南省发展临港工业的重要依托,是洋浦经济开发区发展的重要基础。洋浦港将以能源、原材料等大宗散货和集装箱运输为主,逐步发展成为现代化的综合性港口。洋浦港由洋浦港区、神头港区、后水湾港区(远景发展预留港区)3 个区组成。洋浦港区是为公共码头服务的综合性港区,以集装箱、通用件杂货为主,发展国内国际航线和现代物流业;神头港区主要为临港工业服务,以大宗散、液货运输为主,逐步发展成为大型能源货物储藏中转基地港区;后水湾港区为预留远景发展港区。

2. 港口水文气象

洋浦港地区为热带季风海洋性气候,受海洋影响,冬季干燥少雨,夏季湿润多雨,热带气旋影响较频。年平均气温为 24.7 摄氏度。年平均风速为 3.6 米/秒。常风向为 ENE 向,频率为 22.3%;次常风向为 NE 向,频率为 18.10%。年平均降水量为 1113.8 毫米,年最大降水量 1434.9 毫米,年最小降水量 739.0 毫米。年平均雾日数为 34.8 天(其中重雾 16 天),年最多雾日 69 天,最少雾日 14 天。5 年观测期间受台风影响共 16 次,平均每年 3.2 次,最多为 6 次(1978 年)。

洋浦湾的潮汐属规则全日潮型,据 3 年潮位观测资料统计,最高潮位为 4.06 米(1976 年 11 月 25 日),平均高潮位为 2.76 米;最低潮位为 0.24 米(1979 年 12 月 23 日),平均潮位为 1.91 米;平均潮差 1.81 米。常浪向为 SW 向,频率为 5.91%(3 号测点)和 6.37%(4 号测点);次常浪向为 WSW 向,频率为 2.6%(3 号测点)和 2.72%(4 号测点)。强浪向为 SSE 向和 SW 向,实测最大波高为 2.8 米。潮流,洋浦湾内为往复流,流速方向基本顺等深线走向。湾内实测落潮最大流速 1.05 米/秒,涨潮最大流速 0.98 米/秒,出现在新英湾口。一般落流大于涨流,表层略大于底层。涨落潮流与低、高潮时不同步,涨流起始时间比低潮时间滞后 1~5 小时,落流起始时间比高潮时间提前,且底层流比表层流提前,即某时段同一垂线上可以出现反向流。当潮位达到平均潮位附近时,表、底层流向趋于一致,流速增大。

3. 发展成就

21 世纪初,洋浦港建设进入快速发展期。2006 年,中石化海南炼化厂配套码头建成投入使用,海南金海浆纸厂配套码头建成投入使用;2009 年,海南国际旅游岛建设上升为国家战略,海南洋浦 30 万吨级原油码头及配套储运设施工程、小铲滩起步工程、海南液化天然气（LNG）站线项目配套码头工程、中石化海南炼化配套码头（6号~8号）泊位工程、洋浦莲花山临港石化物流园码头工程等12个建设项目先后建成投用。

截至2015年，洋浦港已开发利用港口岸线约19.30千米，形成洋浦港区、神头港区，建成生产性泊位39个，其中深水泊位23个，总吞吐能力散货件杂货7894.4万吨、集装箱11万TEU、88万吨。2015年港口实际吞吐量为3901.38万吨，集装箱17.83万TEU。

洋浦港港区分布图如图8-11-2所示。

洋浦港基本情况（沿海）见表8-11-3。

图8-11-2　洋浦港港区分布图

表 8-11-3

洋浦港基本情况表（沿海）

序号	港区名称	港口规划岸线	港口岸线 其中：2015年前已建成岸线	2015年港口生产用泊位 生产用泊位数	其中：万吨级及以上	生产用泊位总长	其中：万吨级及以上	其中：1978—2015年建成的生产用泊位 生产用泊位数	其中：万吨级及以上	生产用泊位总长	其中：万吨级及以上	2015年港口货物和旅客吞吐量 货物吞吐量	其中：外贸货物吞吐量	集装箱	滚装车辆 数量	质量	旅客	其中：国际航线旅客
		千米	千米	个	个	米	米	个	个	米	米	万吨	万吨	万TEU	万辆	万吨	万人	万人
1	神头港区	22.8	13.1	24	15	6083	4376	24	15	6083	4376	3092.69	2090.75	—	—	—	—	—
2	洋浦港区	11.6	6.2	15	8	1872	1596	8	8	1596	1596	808.69	170.78	27.16	—	—	—	—
	合计	34.4	19.3	39	23	7955	5862	32	23	7679	6972	3901.38	2261.53	27.16	0.00	0.00	0.00	0.00

（二）洋浦港区

1.港区综述

（1）港区建设和运营概况

洋浦港区主要为洋浦经济开发区和腹地的物资运输服务,以发展集装箱运输为主,近期以集装箱支线为主,逐步发展干线运输,并发展环北部湾地区的集装箱中转基地和港口航运综合服务基地港区。洋浦老港作业区为洋浦港起步区,1987—2008年洋浦港一期、二期、三期完成,2016年洋浦港区5万吨级深水航道工程交工,2017年小铲作业区起步工程竣工交付使用。1978—2015年,该港区建成生产性泊位8个,其中集装箱11万TEU。1978—2015年,洋浦港区共进行水运工程项目建设5项,建成生产泊位11个,其中小铲作业区3个泊位未计入2015年统计。2015年完成货物吞吐量为808.8万吨,集装箱27.16万TEU。

（2）港区地理条件和集疏运情况

洋浦港区位于洋浦半岛南部,洋浦经济开发区南侧,洋浦湾北岸水域。港区岸线西起洋浦鼻内侧灯塔石根部,东至新英湾口北炮台,规划港口岸线长约5.6千米。港区北面和西面为陆岸。

洋浦港陆路的货运流向主要为洋浦经济开发区和海南省其他各市县,少量可达广东、广西等地区。公路运输距离均属公路运输的合理经济运距范围之内。开发区内已按规划建成了四通八达的市政道路,建设了洋浦大桥,东南部经白马井镇至高速公路仅6千米,东部疏港公路至高速公路为28千米。

洋浦开发区管道运输主要有天然气管道,从东方1—1天然气管道铺设至洋浦,供应洋浦经济开发区工厂和居民使用;以及中石化海南炼化从30万吨级原油码头铺设到厂区内的原油管道和从厂区铺设到成品油码头的成品油管道。另外,还有国投洋浦港工作船码头装卸的棕榈油管道等。未来随着洋浦开发区石化产业的发展,洋浦港通过管道运输的方式还将有较大的发展。

2.港区工程项目

（1）洋浦港一期起步工程

项目于1987年1月开工,1991年1月通过交通部验收,开港运行。

项目建设依据:1983年,交通部批准进行工程可行性研究;1984年,交通部召开工程可行性研究论证会,通过了工程可行性研究报告。1984年,国家计划委员会批复交通部报送的《洋浦港第一期工程设计任务书》(计交〔1984〕2486号)。1985年4月,交通部《关于洋浦港口建工程初步设计审查意见的批复》。

工程建设 1 个 2 万吨级多用途泊位、1 个 2 万吨级通用泊位、1 个 3000 吨级工作船泊位,岸线总长为 544 米,其中多用途泊位长 250 米、通用泊位长 184 米,码头前沿宽 33 米,前沿水深 10.8 米;工作船舶位长 100 米,前沿宽 3.2 米,前沿水深 6.5 米,码头面高程+5.5 米;码头结构为重力式实心方块。码头前沿护岸长 90 米;堆场面积 46555 平方米,仓库面积 11595 平方米,工程实际征地 1178486 平方米。配备装卸设备有 1 台 40 吨门座式重机、3 台 10 吨门座式重机、2 台跨运车、2 台集装箱拖车、4 台集装箱平板车、2 台 3 吨集装箱叉车、10 台牵引车、28 台 5~10 吨平板车、14 台 5 吨叉车、8 台 16 吨轮胎吊、2 台推扒机、7 台单斗车、2 台 50 吨汽车地磅、2 台活动皮带机、1 台 50 吨汽车式起重机、1 台 25 吨轮胎式起重机。项目实际投资 1.64 亿元,其中中央经营资金 6300 万元,拨款 115.73 万元,拨改贷 1279.95 万元,地方政府投资 1395.68 万元,企业自有资金 6371.32 万元,建设银行贷款 1500 万元,其他银行贷款 858 万元。

建设单位为海南港务局;初步设计单位为交通部水运规划设计院,施工图设计单位为交通部二航设计院;施工单位为交通部四航局、广州航道局;质监单位为海南港务局洋浦港建港指挥部及基建处。

洋浦港一期工程竣工投产后,2002 年以前货物吞吐量一直在 50 万吨左右,较长期处于亏损状态。2002 年以后,随着洋浦开发区建设的推进和腹地内经济的增长,港口货物吞吐量呈稳步增长态势,2003 年首次突破 100 万吨,2004 年突破 200 万吨。项目是洋浦港、洋浦经济开发区的起步项目,项目的建成,为洋浦开发区开展对外开放、招商引资创造了条件。

(2)洋浦港二期工程

项目于 1998 年 4 月开工,2005 年 1 月试运行,2006 年 11 月竣工验收。

项目建设依据:1988 年开始前期工作,1990 年国家计划委员会委托中国国际工程咨询公司对《洋浦港二期工程项目建议书》进行评估,同年 8 月国家计划委员会批复工程立项,1992 年,交通部《洋浦港二期工程可行性研究报告审查意见》。1994 年 2 月,经国务院批准,国家计划委员会《关于洋浦港二期工程可行性研究报告的批复》(计交通〔1993〕2583 号);1994 年 6 月,交通部《关于印发洋浦港二期工程初步设计审查意见的通知》(交函计〔1994〕327 号);1992 年 4 月,海南省环境资源厅《洋浦港二期工程环境影响评价大纲》(琼环资函字〔1992〕41 号);1993 年 3 月,国家环境保护局《关于海南洋浦港二期工程环境影响报告书批复》(环监〔1993〕167 号);1996 年 4 月,洋浦经济开发区规划建设土地局《洋浦港二期工程海域使用的申请》(浦建字〔1996〕010 号);1999 年 3 月,儋州人民政府《关于洋浦港二期工程使用海域的批复》(儋府函〔1999〕28 号)。

工程建设 2 个 2 万吨级通用泊位、1 个 2 万吨级集装箱泊位,码头总长为 577 米,码头为重力式小沉箱结构;前沿设计底高程为 -12.3 米。掉头区和航道利用一期工程原有的掉头区(直径400米)和航道(设计海底高程为-9.2米),锚地利用洋浦港现有锚地。堆场和道路面层主要采用现浇混凝土大板结构和预制混凝土六角块结构。主要装卸设备有1台50吨-45米多用途集装箱装卸桥、9台门座式起重机(1台41吨轮胎龙门起重机,以及集装箱牵引车、叉车、正面式起重机和1艘2648千瓦消防拖轮等设备)。作业区陆域纵深940米,面积38.3万平方米。项目总投资为5.27亿元,其中外币33.72亿日元(2005年折合人民币2.32亿元)、交通部下达工程项目资本金5010万元,企业自有资金3870万元,政策性银行贷款2.07亿元。

建设单位为国投洋浦港有限公司;设计单位为中交第二航务工程勘察设计院;施工单位为广州航道局、广东省航务工程总公司、中港一航局、电白二建公司、一航三公司、中色二十三冶、湛江市建筑工程集团公司海南公司、上海振华、上海港机厂、漳州诺尔、CVS公司;监理单位为南华建设监理所、广州港水运监理所、上海东华建设监理所;质监单位为海南省交通工程质量监督站。

建设项目投产后,结束了海南没有集装箱专用泊位的历史。从2005年1月28日投入试运行以来,港口生产设施、设备完好,符合设计和使用要求。

(3)洋浦港三期工程

项目于2005年12月开工,2008年5月14日投产,2009年8月竣工验收。

项目建设依据:2004年开始前期工作,2005年3月中交第二航务工程勘察设计院编制完成《国投洋浦港三期工程工程可行性研究报告》;2005年4月,洋浦管理局和海南省交通厅批准洋浦港三期工程的立项(浦局〔2005〕40号、琼交函〔2005〕268号);2005年12月,根据交通部的批复,海南省交通厅批复洋浦港三期工程初步设计(琼交函〔2005〕900号);2006年4月,海南省海洋与渔业厅批复《国投洋浦港三期工程环境影响报告书》(琼海渔函〔2006〕82号);2006年6月,海南省国土环境资源厅批复《国投洋浦港三期工程环境影响报告书》(琼土环资监字〔2006〕39号);2006年5月,海南省海洋与渔业厅批复项目用海申请;2006年6月,海南省海洋与渔业厅颁发《海域使用权证书》(国海证064600046号);2005年12月,交通部批复洋浦港三期工程使用岸线(交规划发〔2005〕615号)。

工程建设3个2万吨级通用散货泊位(码头结构均按5万吨级散货泊位设计)。码头岸线总长度607米,码头结构为重力式大沉箱结构,码头顶面高程为+5.5米,码头前沿设计底高程为-13.5米。回旋水域呈椭圆形布置,短轴长为328米,长轴长为410米,设计底高程为-9.3米。停泊水域宽度为65米,设计底高程为-13.5米。航道和锚地利用洋浦港现有航道和现有锚地。堆场和道路面层主要采用现浇混凝土大板结构和铺砌预制混凝土六角块结构。堆场道路面积为18万平方米,陆域用地21.98万平方米,填海造地3.67万平方米。主要装卸设备有1台45吨-40米型多用途集装箱装卸桥、6台MQ2533

型门座式重机、2台C80/6型集装箱空箱堆高机、3台WA380-3MAX型单斗装载机、5台PC130-7型挖掘机、2台60-5FD80型叉车、4台电子汽车衡(其中3台SCS-120Z型,1台SCS-150Z型)等设备。项目总投资为3.84亿元,其中国投交通公司资本金1.01亿元、海南省发展控股有限公司资本金3000万元、银行贷款2.53亿元,竣工验收时完成投资3.06亿元。

建设单位为国投洋浦港有限公司;设计单位为中交第二航务工程勘察设计院有限公司;施工单位为中国水产广州建港工程公司;监理单位有中交水规院京华监理有限公司和海南容德工程咨询监理有限公司;质监单位为海南省交通工程质量监督站。

工程建成后,洋浦港的年吞吐能力提高到1000万吨,有利推动了海南西部地区工业园区的物流产业发展。2008年11月4日,外轮"西坝传统"号载着46702吨红土镍矿成功靠泊6号泊位,这是三期工程投入试运行后第一次靠泊5万吨级船舶,标志着洋浦港三期工程码头基础设施已满足5万吨级货轮的靠泊要求。2010年港口典型航线有洋浦—蛇口、黄埔—洋浦—上海—天津、湛江—洋浦—黄埔、钦州—洋浦、洋浦—香港、海防—洋浦等。

(4)洋浦港区深水航道及岸滩整治工程

项目于2009年12月5日开工,2014年9月23日完工,2016年9月27日交工。

项目建设依据:受洋浦开发建设控股有限公司委托,中交四航院于2008年6月对工程区域进行了水深地形测量,编制了测量技术报告和相关图纸,于2008年6月承担了项目的地质勘察任务。2009年3月2日,海南省发展和改革委员会《关于洋港区深水航道及岸滩整治工程项目核准批复》。随后,《关于开展洋港区深水航道及岸滩整治工程项目前期工作的复函》(浦经函〔2009〕3号)、《海南省海洋与渔业厅关于对洋浦港区深水航道及岸滩整治工程项目的意见》《关于对洋浦港区深水航道及岸滩整治工程海洋环境影响报告书的审核意见》(琼海渔函〔2009〕13号)、《海南省交通厅关于洋浦港区深水航道及岸滩整治工程项目的意见》(琼交函〔2009〕9号)等文件相继下达。2009年11月27日,海南省交通运输厅《关于洋浦港区五万吨级深水航道工程初步设计批复》。2010年10月25日,海南省交通运输厅组织《洋浦港区5万吨级深水航道工程施工图设计评审》,12月16日对施工设计给予批复。

工程地点位于洋浦港区小铲滩和南沙滩附近,疏浚航道12.8千米,填海造地使小铲滩吹填形成陆域面积394.5万平方米,护岸长10479.7米,分隔围堰长2923米,吹填2866万立方米,港区深水航道按10万吨级规模建设。分两期实施,一期航道建设规模按5万吨级设计,二期航道建设10万吨级建设。项目投资估算约49.10亿元,其中项目资本金为18.17亿元(由企业自筹),项目资本金占项目总投资的比例为37%,其中借用银行贷款30.93亿元,贷款本息由海南省洋浦开发建设控股有限公司负责偿还。工程用海面积为1140公顷,其中填海面积780公顷。

一期航道工程按5万吨级集装箱船和5万吨级散杂货船满载不乘潮单向通航的标准进行设计,起点位于洋浦港1号锚地东边线,终点位于洋浦港三期回旋水域,工程航道的有效宽度为150米,底宽145米,底高程-14.4米,边坡1:6。航道长约11.32千米,起点 A 位于大铲礁北侧,终点 D 位于国投洋浦港三期码头回旋水域,分为外段、中段和里段。

航道外段(AB 段)位于小铲礁和大铲礁之间的水域,航道轴线采取东西走向布置。航道外端的起点 A 位于大铲礁北侧,终点 B 位于小铲礁南侧,方位角为94°45′37″~274°15′37″,航道中段的夹角为49°。航道外段导助航设施按海南海事局批复执行。

航道中段(BC 段),轴线保持原有航道轴线走向不变,两侧进行对称拓宽、浚深。航道起点 B 位于小铲滩南侧,终点 C 位于洋浦电厂前方,方位角为45°27′21″~225°27′21″,与航道里段的夹角为45°,中段和外段全长9.82千米。

航道里段(CD 段)长1.5千米,轴线平行于国投洋浦港三期码头。航道起点 C 位于洋浦电厂前方,终点 D 地位于国投洋浦港三期码头回旋水域,并与三期码头前沿线成45°相接,方向角为90°~270°。洋浦港区5万吨级深水航道工程初步设计总概算为46696.52万元。

项目的实施,为扩大洋浦港服务规模,为洋浦保税港的不断发展和对外开放招商引资提供了建设公共码头条件。该项目仅是深水航道疏浚工程的第一期,通过实用验证取得经验后,再进行第二期10万吨级船舶通航的航道工程可行性研究和设计施工,所以没有进行项目投资决算。

(5)洋浦港区小铲滩作业区起步工程

项目于2012年4月开工,2016年9月试运行,2017年9月竣工验收。

项目建设依据:2011年10月,海南省交通运输厅《关于洋浦港洋浦港区小铲滩作业区起步工程可行性研究报告的意见》(琼交运函〔2011〕1943号)。2011年11月,海南省交通运输厅《关于洋浦港洋浦港区小铲滩作业区起步工程初步设计的批复》(琼交申(工程)〔2011〕26号);2012年2月,海南省交通运输厅《关于增加洋浦港洋浦港区小铲滩作业区起步工程初步设计内容的批复》(琼交运函〔2012〕69号);2013年9月,海南省交通运输厅《关于调整洋浦港区小铲滩作业区起步工程初步设计的批复》(琼交运函〔2013〕837号)。2011年10月,海南省国土环境资源厅《关于海南杨洋浦港区小铲滩作业区起步工程环境影响报告书的批复》(琼土环资审字〔2011〕408号);2012年3月,海南省住房和城乡建设厅《用地规划许可证》(地字第2012-003号);2012年4月,洋浦经济开发区规划建设土地局《建设工程规划许可证》(建字第2012-010号);2012年7月,儋州市海洋与渔业局《关于海南省洋浦开发建设控股有限公司项目用海的批复》(儋海渔〔2012〕151号);

2012 年 8 月，儋州市人民政府《海域使用权证书》（国海证 2012D46900300554）；2012 年 9 月，交通运输部《关于洋浦港小铲滩作业区起步工程使用港口岸线的批复》（交规划发〔2012〕479 号）；2013 年 11 月，交通运输部《港口岸线使用证》（交港海岸〔2013〕13 号）；2014 年 4 月，海南海事局《关于同意对〈海南洋浦港区小铲滩作业区起步工程船舶污染海洋环境风险评估报告〉备案的函》（琼海事函〔2014〕28 号）。

项目位于小铲滩回填造地及附近海域。工程建设 3 个 5 万吨级多用途泊位（水工结构按靠泊 15 万吨级集装箱船设计，远期可发展为 2 个 10 万吨级集装箱泊）及相应港口配套设施。码头岸线长为 782 米，码头设计底高程为 - 18.0 米，近期按 5 万吨级（- 14.4 米）疏浚，前沿停泊水域设计的高程为 - 14.4 米，宽 65 米，回旋水域圆直径 590 米，底高程 - 14.4 米。航道利用 5 万吨级深水航道。主要装卸设备有 2 台门座式重机、4 台集装箱起重机、8 台轮胎式集装箱门式起重机、47 台其他港口流动器械。码头综合年通过能力为集装箱 62 万 TEU、件杂货 90 万吨。项目占地面积约 69 万平方米，其中 20.5 万平方米为填海造地，48.5 万平方米利用已吹填陆域。项目估算总投资 22.98 亿元，其中项目资本金 6.98 亿元（自筹资金），其余 16 亿元为银行贷款，工程实际投资 22.03 亿元。

建设单位为海南省洋浦开发建设控股有限公司；设计单位为中交第四航务工程勘察设计院有限公司；施工单位为中交一航局第二工程有限公司（码头工程、生产区和辅建区工程）、海南威特送变电工程有限公司（变配电采购及安装工程）、海口量子网络科技有限公司（智能化信息系统采购及安装工程）、青岛海西重机有限责任公司（配套起重设备采购）、海南红扬汽车销售服务有限公司（平板车及半挂车采购）、三一集团有限公司（正面吊采购）、广西南宁海斯德工程机械有限公司（叉车采购）；质监单位为海南省交通工程质量监督站、海南省锅炉压力容器与特种设备检测所。

小铲滩起步工程试运行期间，靠泊的最小船只为 1000 吨级集装箱船舶，最大船只为 50000 吨级船舶。航道及港池通航条件良好，风浪较小，船舶共靠泊 501 艘次。靠离泊情况正常。

小铲滩起步工程的投产，扩大了洋浦港公共码头服务能力，同时为进一步在新作业区扩大港口建设提供了经验。

（三）神头港区

1. 港区综述

（1）港区建设和运营概况

神头港区位于洋浦半岛西部盐丁—神尖角—干冲北沿海一带，是为临港工业服务的深水港区。先后建有中石化海南炼化厂、海南金海浆纸厂、中海石油海南天然气有限公司,以及海南逸盛石化有限公司等业主专用码头,国投孚宝洋浦罐区码头有限公司建设油品公用码头。该港区 2015 年已建成 26 个泊位,其中生产性泊位 24 个,生产泊位总延长6083 米,其中万吨级以上的深水泊位 15 个,码头总长 4376 米,2015 年神头港区完成货物吞吐量 3092.69 万吨。

（2）港区地理条件和集疏运概况

神头港区前沿水域开敞,水深条件优越,后方陆域平坦开阔,用地充裕,可用深水岸线长,规划岸线长约 22.80 千米,自然条件极佳。港区海岸线比较平直,有沙滩分布,南部"神头"附近表现为犬牙交错状,并在局部显现陡崖。

洋浦港至儋州（那大）60 千米,至东方市 124 千米,至海口市 137 千米,在海口经海峡轮渡与西南各省公路网连接。洋浦港与粤海铁路通道由规划中的支线铁路连接,将来可接入全国铁路网。

2. 港区工程项目

（1）海南金海浆纸业有限公司专用码头（一、二期）

项目于 2004 年 3 月开工,2006 年 3 月一期完工,2007 年 4 月一期试运行;2007 年12 月二期完工,2008 年 4 月交工验收,正式运营。

项目建设依据:工程于 2004 年 3 月开始进行前期工作。2005 年 10 月,海南省交通厅《关于批复洋浦港金海浆纸业有限公司专用码头工程使用港口岸线的函》（琼交函〔2005〕800 号）。2006 年 1 月,海南省交通厅《关于海南金海浆纸业有限公司专用码头初步设计的批复》（琼交函〔2006〕66 号）。2006 年 6 月,海南省交通厅《关于金海浆纸专用码头航道修改初步设计方案的批复》（琼交函〔2006〕491 号）。2006 年 8 月,海南省交通厅《关于金海浆纸专用码头内港池初步设计方案变更的批复》（琼交函〔2006〕709 号）。2004 年 6月,海南省人民政府《海域使用权证书》（国海证 04460050 号）。2005 年 8 月,交通部《关于海南洋浦港金海浆纸业有限公司专用码头工程使用港口岸线的批复》（交规划发〔2005〕384 号）。2006 年 1 月,海南省国土环境资源厅《关于海南金海浆纸业有限公司专用码头项目环境影响报告书的批复》（琼土环资监字〔2006〕3 号）。2006 年 4 月,海南海事局《关于对海南金海浆纸业有限公司专用码头工程助航标志配布的复函》（琼海事函字〔2006〕27 号）。

项目共建 8 个泊位,其中一期工程建 1 个 2 万吨级散货泊位、1 个 2 万吨级通用泊位、3 个 5000 吨级通用泊位和 1 个工作船泊位;二期工程建 1 个 5 万吨级木片专用泊位、1 个3.5 万吨级散货泊位。码头整体呈倒 F 形布置,外突堤外侧为木片码头,内侧为综合码头,港池向南开口;码头均采用重力式沉箱结构。5 万吨级木片专用泊位前沿水深为12.47 米,3.5 万吨级散货泊位前沿水深为 12.47 米,2 万吨级散货泊位和 2 万吨级通用泊位前沿水深为 11.17 米,3 个 5000 吨级通用泊位前沿柱深为 6.67 米。码头岸线总长 2359.3 米,防波堤和引堤的长 1795.4 米。进港航道与海南炼化码头共用,锚地用洋浦港 2 号锚地。一期工程主要装卸设备有 6 台 16 吨门座式起重机、2 台带斗、16 吨门座式起重机、1 台门 40 吨座起重机、固定皮带机 6 套。二期工程主要装卸设备有 3 台门 16 吨门座式重机、皮带输送机 2 套等,两期还有消防、环保、监控等配套设施。项目用海面积共 55.24 公顷,其中,改变海域属性用海面积 9.03 公顷,排他性用海面积 46.21 公顷。两期项目建设总投资 7.03 亿元,其中银行借款 1.14 亿元,企业法人资本 5.89 亿元。

建设单位为海南金海浆纸业有限公司;设计单位为中交水运规划设计院等;施工单位为中海工程建设总局(宁波分局)、大连重工起重集团有限公司(门座式重机制造)、大连大起集团安装公司(门座式重机安装)、中煤国际工程集团南京设计研究院(木片输送带设计、制造、安装)、海南港湾建筑工程公司(港池、航道疏浚)、洋浦虎威实业有限公司(路灯安装)、洋浦天海实业有限公司(路灯安装)、儋州电业输变电工程公司(码头电缆敷设)、南通建工集团有限公司海南分公司(照明设备维护)、海南恒信成威实业有限公司(CCTV 监控系统安装)、湖南省工业设备安装公司(电气设备安装);监理单位为南京港湾工程建设监理事务所有限公司;质监单位为海南省交通工程质量监督站。

(2)海南炼油项目配套码头工程

项目于 2004 年 6 月开工,2006 年 5 月试运行,2008 年 6 月竣工。

项目建设依据:2004 年 3 月,海南省交通厅《关于海南炼油续建项目配套码头工程可行性研究报告的审批意见》(琼交函〔2004〕168 号);2007 年 2 月,交通部《关于海南炼化续建项目专用码头初步设计的批复》(交水发〔2007〕43 号)。2004 年 6 月,国家环境保护总局《关于海南实华炼油化工有限公司海南炼化续建项目环境影响报告书审批意见的复函》(环审〔2004〕224 号);2004 年 8 月 26 日,国家安全生产监督总局《关于海南实华炼油化工有限公司〈海南炼化续建项目安全预评价报告〉予以备案的函》。2004 年 9 月,项目获得《海域使用权证书》(国海证 044600086,用海面积 71.97 公顷)。

工程是海南炼化 800 万吨炼油项目的配套码头工程,共建 5 个油品泊位,其中 1 个 30 万吨级原油泊位、1 个 10 万吨级成品油泊位、3 个 5000 吨级成品油化工泊位。采用钢管桩基础,钢筋混凝土墩台,钢引桥及人引桥结构,码头离岸 2369 米,由 1802 米钢引桥和 567 米引堤接岸;码头前沿水深 23.2 米,码头长度 490 米,可靠泊 5 万 ~30 万吨级原油船舶。10 万吨级成品油泊位也采用与原油泊位同样的结构,码头前沿水深 16.9 米,泊位长度 350 米;3 个 5000 吨级成品油化工泊位采用重力式沉箱与实心方块结构,码头前沿水深 7.8 米,长度分别为 149 米、148 米、307.5 米。主要装卸设备有 15 台输油臂及消防设备。项目陆域用地面积 19922.03 万平方米。项目实际完成总投资 9.20 亿元,资金来源全部为企业自筹。

建设单位为中国石化海南炼油化工有限公司(建设时期名称为海南实华炼油化工有限公司);设计单位为中交第四航务勘察设计院;施工单位为EPC单位中交第四航务勘察设计院;施工单位为中港第一航务工程局第二工程公司、中港第二航务工程局、广东中海工程建设总局、中铁集团武汉桥机有限公司与广州打捞局联合体、珠海市和航疏浚工程有限公司、中国水产广州建港工程公司、陕西省设备安装工程公司、海南安新消防有限公司、海南盛华消防有限公司等;监理单位为茂名石化工程建设监理公司;质监单位为海南省交通工程质量监督站和石油化工工程质量监督总站。

项目投产后,运行良好,达到设计指标,满足了生产需要。码头承担了海南炼化最主要的原料进厂和产品出厂,保证了海南炼化的正常生产,取得了良好的经济社会效益。生产的主要原料原油全部通过原油码头进厂。

(3)海南液化天然气LNG站线项目配套码头工程

项目于2008年8月开工,2014年7月试运行,2016年12月竣工验收。

项目建设依据:2007年9月28日,海南省交通厅对洋浦天然气加工利用基地陆域形成初步设计进行审查。2008年,海南省交通厅《关于海南洋浦天然气加工利用基地陆域形成工程开工备案申请的批复》(琼交审水运〔2008〕011号);2010年4月16日,海南省交通运输厅《关于海南LNG项目专用码头申请使用岸线的复函》(琼交运函〔2010〕223号)称,经请示交通运输部,可在国家发展和改革委员会批准项目时,出具行业意见;2011年12月29日,交通运输部《关于海南液化天然气(LNG)站线项目港口工程初步设计的批复》(交水发〔2011〕795号);2012年,海南省交通运输厅《关于海南液化天然气(LNG)站线项目港口工程施工图设计的批复》(琼交审(工程)〔2012〕12号)。

工程位于洋浦港神头港区,北侧为炼化厂30万吨原油码头,南侧为金海浆纸码头。工程新建1个26.7万立方米液化天然气(LNG)船舶泊位、1个3000吨级工作船舶位及相关配套设施工程。LNG码头呈T形布置,长度为390米,由1个工作平台、4个靠船墩和8个系统墩组成。码头工作平台顶高程为13.0米,码头前沿水深14.3米,码头工作平台与靠船墩、系缆墩之间通过人行桥连接。工作平台等采用钢管柱基础,上部采用高桩墩台结构。LNG码头通过引桥与后方陆域衔接,引桥长度为456米,宽度为15米,引桥设补偿平台3座,顶高程为13.0米,工作码头布置在接收站陆域西护岸的中北部,泊位长度为140米,顶高程为8.0米,设计底高程为-7.5米,采用沉箱结构,现浇胸墙。回旋水域设计底高程为-14.3米,呈圆形布置,直径为865米。陆域南侧、西侧布置护岸工程,总长度为1447米;陆域东北侧布置排水明渠(兼护岸)工程,总长度为833米。填海形成陆域面积57.2万平方米。工程竣工决算为5.95亿元。

建设单位为中海石油海南天然气有限公司;设计单位为中交第四航务工程勘察设计院有限公司;施工单位为渤海石油航务建筑工程有限责任公司、中铁港航局集团有限公司;监理单位为大连港口建设监理咨询有限公司、广州华申建设工程管理有限公司;质监单位为海南省交通工程质量监督管理局。

截至 2015 年,海南 LNG 装卸码头已经接卸过世界最大的 LNG 运输船——Q-MAX 船型(26.7 万立方米)。该工程是海南省最大的 LNG 接收码头,有效满足了海南省对清洁能源的需求。

(4)洋浦莲花山临港石化物流园区码头工程

项目于 2011 年 5 月开工,2013 年 6 月完工,2015 年 9 月交工验收,2015 年 10 月试运行,2016 年 5 月竣工验收。

项目建设依据:2012 年 2 月,海南省交通运输厅《关于洋浦莲花山临港石化物流园区码头工程可行性研究报告的意见》(琼交运函〔2012〕106 号);2012 年 4 月,海南省发展和改革委员会《关于海南逸盛洋浦莲花山临港石化物流园区码头工程核准的批复》(琼发改审批〔2012〕698 号);2015 年 6 月,海南省交通运输厅《关于海南逸盛洋浦莲花山临港石化物流园区码头工程初步设计的批复》(琼交审(工程)〔2015〕16 号);2011 年 7 月,海南省国土环境资源厅《关于洋浦莲花山临港石化物流园码头项目用地预审意见的复函》(琼土环资函〔2011〕1051 号);2012 年 8 月,儋州市海洋与渔业局《关于海南逸盛石化有限公司洋浦莲花山临港石化物流园码头工程项目用海的批复》(儋海渔〔2012〕171 号);2013 年 4 月,海南海事局《关于海南逸盛石化有限公司洋浦莲花山临港石化物流园码头船舶污染海洋环境风险评估报告的审查意见》(琼海事函〔2013〕34 号);2015 年 1 月,海南省国土环境资源厅《关于批复洋浦莲花山临港石化物流园码头工程项目环境影响报告书(修编)的函》(琼环函〔2015〕24 号)。2015 年 5 月,交通运输部《关于洋浦港海南逸盛洋浦莲花山临港石化物流园区码头工程使用港口岸线的批复》(交规划函〔2015〕379 号)。

项目顺岸布置 4 个泊位及相关配套设施,其中 1 个 2 万吨级液体化工泊位(1 号泊位)、1 个 1 万吨级液体化工泊位(2 号泊位),结构均按 5 万吨级设计,高桩梁板式结构;1 号和 2 号泊位全长 362 米,码头顶面高程 9.0 米,前沿停泊水域底高程 -14.1 米,回旋圆直径 320 米,设计底高程 -11.1 米。2 个 1 万吨级杂货泊位(3 号和 4 号泊位),可兼靠 3 艘 5000 级杂货船,3 号泊位长 284 米,4 号泊位长 176 米,前沿停泊水域的高程 -9.6 米,回旋圆直径 292 米,设计底高程 -10.0 米。码头结构均为沉箱重力式。进港航道通航等级为 2 万吨级单向航道,利用现有航道,不另设置。项目填海造地 9375 平方米。主要装卸设备有 4 台门座式重机、5 台输油臂、54 台其他流动机械。项目实际完成投资 4.56 亿元,全部为企业自筹。

建设单位为海南逸盛石化有限公司;施工单位为中交四航局第三工程有限公司、福建省工业设备安装有限公司;设计单位为中交第四航务工程勘察设计院有限公司;监理单位为广州南华工程管理有限公司；检测单位为苏交科集团股份有限公司；质监单位为海南省交通工程质量监督管理局、海南省锅炉压力容器与特种设备检验所。

（5）海南省洋浦港油品码头及配套储运设施工程

项目于2012年2月开工，2015年8月试运行，2016年9月竣工。

项目建设依据：2009年12月，交通运输部批复项目申请报告（交函规划〔2009〕391号）；2011年12月，交通运输部批复初步设计（交水发〔2011〕747号）；2012年10月，海南省交通运输厅批复项目施工图设计（琼交审（工程）〔2012〕15号）。2010年4月，国家环境保护部批复环境影响报告书（环审〔2010〕122号）；2011年3月，儋州市人民政府《国有土地使用证》（儋国用〔2011〕第70号）；2013年6月，海南省交通工程质量监督管理局颁发工程质量监督登记书（琼交质监〔2013〕6号）；2013年7月，国家海洋局批复项目用海（国海管字〔2013〕466号）；2013年8月，交通运输部《港口岸线使用证》（交港海岸〔2013〕8号）。

工程建设1个30万吨级和1个5万吨级油码头泊位及引桥、引堤、横堤、120万立方米原油储罐和12万立方米成品油储罐及配套设施。30万吨级泊位为离岸蝶形布置、桩基结构，码头前沿水深24.3米；5万吨级泊位顺岸布置，沉箱结构，码头岸线总长810米。主要装卸设备有14台输油臂、10台离心泵。项目决算总投资29.11亿元，其中企业资本金10.19亿元、银行贷款18.92亿元。项目用地53.35万平方米，用海14928.19公顷。

建设单位为国投孚宝洋浦罐区码头有限公司；设计单位为中交水运规划设计院有限公司、赛鼎工程有限公司；施工单位为中交第四航务工程局有限公司（水工工程）、中石化南京工程有限公司（储罐主体工程）、中建安装工程有限公司（码头工艺工程）、北京燕华工程建设有限公司（罐区管廊工程）、中国化学工程第七建设有限公司（罐区公用工程）；监理单位为天津中北港湾工程建设监理有限公司、上海金申工程建设监理有限公司；质监单位为海南省交通工程质量监督管理局、化学工业工程质量监督总站。

工程获2011年度中国水运建设行业协会一等奖，2012年中国工程咨询协会工程咨询二等奖，2014年度交通运输部水运工程工法二级，2017年度中国水运建设行业协会和中国交通建设集团工程设计奖，2015—2017年度中国工程建设焊接协会、中国安装协会和中国交通建设集团工程质量奖。2014年6月1日取得滑板水垫组合出运工艺实用新型专利，专利名称：一种滑动台车，专利号：ZL201320893115.9。

项目于2015年8月19日投产试运行，标志着国投集团在响应国家能源发展规划，参与国家原油储备体系建设方面迈出了实质性步伐，同时也为公司拓展港口业务范围打下坚实基础，带动了国内油品物流业发展，为海南省经济社会的协调发展等方面发挥重要的促进作用。

(6)海南金海浆纸业有限公司码头扩建工程(三、四期)

项目于2013年10月开工。

项目建设依据:2010年9月6日,海南省交通运输厅《关于海南金海浆纸业有限公司码头扩建工程项目的意见》(琼交运函〔2010〕616号)。2012年4月24日,洋浦经济开发区经济发展局《海南金海浆纸业有限公司码头扩建工程(三、四期)项目核准的批复》(浦项核〔2012〕12号)。2012年10月15日,洋浦经济开发区经济发展局批复《海南金海浆纸业有限公司码头扩建工程(三、四期)初步设计》(浦经字〔2012〕225号、226号)。2013年5月8日,洋浦经济开发区经济发展局批复《海南金海浆纸业有限公司码头扩建工程(三、四期)施工图设计》(浦经字〔2013〕90号、95号)。2010年9月30日,洋浦经济开发区规划建设土地局《关于海南金海浆纸业有限公司码头扩建工程项目用地预审的复函》(浦建函〔2010〕171号)。2012年2月1日,洋浦经济开发区规划建设土地局《海南金海浆纸业有限公司码头扩建工程项目规划意见的函》(浦建函〔2012〕20号)。2012年6月18日,海南省港航管理局《关于海南金海浆纸业有限公司码头扩建工程(三期)使用非深水岸线的批复》(琼港发〔2012〕99号)。2012年12月17日,交通运输部《关于进海南金海浆纸业有限公司码头扩建工程(四期)使用港口岸线的批复》(交规划发〔2012〕731号)。2012年12月20日,海南省海洋与渔业厅批复三期工程《海域使用权证书》(非透水构筑物和港池证号:国海证2012B46900301000号),其中非透水构筑物21.84公顷,港池9.06公顷;四期工程《海域使用证书》(填海造地证号:国海证2012B46900300993号,非透水性构筑物和港池证号:国海证2012B46900301000号),填海造地面积6.13公顷。2013年2月6日,洋浦经济开发区规划建设土地局《关于金海浆纸码头扩建工程陆域用地有关问题的复函》(浦建函〔2013〕45号)。2013年11月25日,交通运输部颁发《港口岸线使用证》(交港海岸2013第14号)。

三期工程布置在第三港池防波堤根部,顺岸,建3个5000吨级散杂货泊位,码头岸线长459.1米,码头前沿水深7.8米,码头结构为重力沉箱式。四期工程布置在第一港池引堤内侧,建1个5万吨级散杂货泊位(结构按5万吨级设计)、1个5万吨级木片泊位,码头岸线长560米,码头前沿水深13.0米,码头为沉箱结构。9号泊位延长工程,原二期工程防波堤头预留了63米缺口,本次工程把缺口补齐,使原8号、9号483米泊位延长至546米岸线,可同时靠1个5万吨级散杂货和1个3.5万吨级散货船。三期工程投资4.09亿元,四期工程投资5.52亿元,其中30%为企业自筹,70%为银行借款。

建设单位为海南金海浆纸业有限公司;设计单位为中交水运规划设计院有限公司,施工图设计单位为中交水运规划设计院有限公司;施工单位为中交一航局第二工程有限公司等;监理单位为广州粤科工程建设监理咨询有限公司;质监单位为洋浦经济开发区交通运输和海洋局。

(7)中石化(香港)洋浦油库码头

项目于2015年7月开工。

项目建设依据:2010年8月,业主提出建配套码头工程的申请,同年9月海南省交通运输厅对项目工程可行性研究报告批复,同意项目建设规模。2011年11月,交通运输部《关于海南洋浦港中石化(香港)有限公司洋浦成品油保税库项目配套码头工程申请报告的意见》送国家发展和改革委员会,表示同意项目码头工程建设。2013年3月,国家发展和改革委员会核准洋浦成品油保税库项目配套码头工程项目(发改基础〔2013〕615号);2013年10月,交通运输部批复海南洋浦港中石化(香港)洋浦成品油保税库项目配套码头工程初步设计(交水发〔2013〕641号)。2012年6月,国家环境保护部环境影响评价司批复中石化(香港)有限公司洋浦成品油保税库项目配套码头工程环境影响报告书(环审〔2012〕150号);2012年12月,洋浦规划建设土地局批复中石化(香港)洋浦成品油保税库项目配套码头选址初步意见(浦建函〔2012〕330号);2014年3月,国家海洋局批复南省洋浦港成品油保税库配套码头项目用海(国海管字〔2014〕114号);2015年11月,交通运输部颁发《港口岸线使用证》(交港海岸〔2015〕77号)。

配套码头工程位于洋浦港神头港区,建设1个10万吨油品级泊位(1号泊位)、2个5万吨级油品泊位(2号、3号泊位)、1个10万吨级油品泊位(4号泊位);1~3号泊位顺岸布置在库区护岸前沿,4号泊位布置在南防波堤根部。泊位码头都由工作平台、靠船墩、系缆墩、引桥和人行桥组成;1号泊位长度306米,引桥长度76.5米,宽11米;2号、3号泊位长度均为281米,引桥均为长度77.5米,宽11米;4号泊位长度181米,引桥长度34.5米,宽11米。管廊段防波堤长40米,顶宽9.5米。1号泊位工作平台顶面高程为8.83米,靠船墩、系缆墩顶面高程为7.33米,引桥顶面高程从8.83米过渡到8.33米;码头前沿停泊水域宽为86米,设计底高程为-15.87米;回旋水域直径为492米,设计底高程为-15.0米。2~4号泊位工作平台顶面高程为8.33米,靠船墩、系缆墩顶面高程均为7.33米,引桥顶面高程均为8.33米;码头前沿停泊水域宽均为65米,设计底高程均为-13.87米;3个泊位共用回旋水域,回旋水域直径为458米,设计底高程为-12.9米。码头采用重力式沉箱结构,沉箱上部采用现浇钢筋混凝土及预制梁板结构。配套设施主要有装卸臂16台、油气回收臂4台。船舶进出港主要利用洋浦港现有航道连接段航道设计底高程为-15米,宽度为250米。锚地使用洋浦港11号锚地和5号锚地。该码头项目用海面积31.80公顷,南防波堤用海面积13.78公顷。码头工程概算14.03亿元。

建设单位为中石化(香港)海南石油有限公司;项目管理单位为中石化第四建设有限公司;设计单位为中交水规院;施工单位为中交第三航务工程勘察设计院有限公司、中铁港航局集团有限公司、中交第四航务工程局有限公司、江苏启安建设集团有限公司;监理单位为广东国信工程监理有限公司;质监单位为海南省交通工程质量监督管理局。

四、八所港

(一)港口概况

1.港口综述

八所港位于海南岛西南部,是海南具有综合功能、以服务石化工业为重点的公用港口。八所港始建于 20 世纪 40 年代日军侵华时期,日本发现石碌铁矿南矿床,为了掠夺石碌矿山的铁矿,就近修建了大型港口和铁路。至海南解放时,港口因战争、自然灾害和人为破坏已经破败不堪,荒废不能使用。中华人民共和国建设需要石碌铁矿,1957 年恢复和扩建了八所港;之后港口进了多次修复改造,形成了 2 个万吨级矿石专用泊位、4 条装矿生产线。1986 年进行了防波堤改造工程,扩大了港池,增加 2 个万吨级散杂货光板码头(其中矿石 350 万吨、散杂货 65 万吨)。2005 年八所港重组,成立由中海石油化学股份有限公司控股的子公司——海南八所港务有限责任公司。港口企业与石油化工企业紧密结合,港口焕发新的生机。2007 年为了解决化工危险品运输的问题,开辟了新港区,建成了 1 万吨级和 5000 吨级液体化工泊位各 1 个,年通过能力达 255 万吨。2010 年老港区 1~4 号泊位钢板桩码头超过安全运行年限,港口进行了改造工程,升级为 3 个 3.5 万吨级和 1 个 2 万吨级散杂货泊位。2012 年将 1 个 2 万吨级杂货泊位改造成 3 个滚装泊位。2015 年为配合海南精细化工项目,改造新港区,新建 5 万吨级石化泊位和改造 1 个 1 万吨级石化泊位。此外,华能东方电厂配套码头工程于 2011 年 4 月建成投产 5 万吨级煤码头泊位 1 个。

根据《八所港总体规划》,八所港是海南省西部的重要工业港口,是以出口铁矿石、化肥、钢铁、木材、盐、轻工医药产品、化工原料和农林牧渔业产品,进口煤炭、石油等大宗散货、液体货和件杂货为主,内外贸结合的综合性港口。根据东方市城市功能的定位以及八所港的地位、性质和作用,确定八所港应具备如下功能:装卸储存功能、多式联运功能、运输组织功能、生产生活服务功能、发展临海工业的功能。八所港全港分为 3 个港区:老港区称鱼鳞洲港区,新港区称罗带河港区,规划新辟 1 个高排港区,位于罗带河港区以南、小洲塘以南高排村附近。老港区是公共服务港区,以散杂货为主,在现有设施基础上,主要服务于石碌铁矿石的外运和城市需要的物资运输。鱼鳞洲港区是今后八所港发展综合运输的主体港区,以服务腹地内大宗类物资运输、发展集装箱运输为主。新港区是工业和危险品港区,适应临港工业需要,以服务石油化工、电力等临港工业和油气危险品运输为主。高排港区为预留发展港区,为未来临港工业发展的专用码头港区。

八所港老港区航道为东西向,口门至航道进口灯浮1560米,设计底高程-9米,宽120米,乘潮水深10.2~11.2米,满载通航最大船舶吨级乘潮为18000吨。老港区如果再扩建,将按规划进行航道改扩建。有3个锚地,位于老港区的西北向,分别为1号锚地、2号锚地和3号锚地,其中1号和2号锚地为引航、检疫锚地位。1号锚地位于以19°07′12″N,108°36′12″E为中心,半径0.5海里的圆形范围内,水深7~10.6米,底质为泥。2号锚地位于以19°07′12″N,108°35′12″E为中心,半径0.5海里的圆形范围内,水深8~11.2米,底质为泥。3号锚地位于以19°07′12″,108°33′42″E为中心,半径1海里的圆形范围内,水深10米以上,底质为泥。

新港区石油化工危险品航道长约2.5千米,底宽140米,底高程-12.5米(乘潮)。

2. 港口水文气象

八所历年最高气温36.5摄氏度(1992年6月26日),历史最低气温5摄氏度,历年平均气温24.7摄氏度。海南岛沿海地区降水量充沛,但相对来说,八所的降水量是最少的。其降水量6—9月最多,历年平均降水量为1009.1毫米,历年最大降水量为1528.8毫米,历年最小降水量为275.4毫米,历年平均降水日期为87.4天,一次连续最大降水量为447.9毫米(1996年9月20~21日)。该地区的年平均风速为4.4米/秒;年常风向为NE向,频率占23%;次常风向为S向,频率占13%;强风向不定,主要是由台风的强弱、路径和冬季大风控制。该区季风性气候明显,9月至次年3月为冬季风系,盛行NE偏N风,4~8月为夏季风系,盛行偏SE和SW风。雾日主要出现于冬、春两季,该地区雾日较少,平均每年为4天,5—10月无雾。年平均相对湿度为80%。

八所海区潮汐性质数6.39,属正规日潮型。潮位特征值(1965—1982年):最高潮位3.46米,最低潮位-0.21米,平均高潮位2.28米,平均低潮位0.8米,平均海平面1.45米,最大潮差3.4米,平均潮差1.48米。海区外海位于海南岛西北部近岸区,其S沿W至N面向北部湾,NNE~NE面向墩头湾,其他向为海南岛陆岸。该海区的潮流为正规日潮流,潮流流向以往复流为主,流向规律性较好。极端高潮水位(50年一遇)3.53米,极端低潮水位(50年一遇)-0.33米。落潮流速大于涨潮流速。落潮平均流速0.62米/秒,流向204度,涨潮平均流速0.36米/秒,流向5度。最大落潮流速1.05米/秒,最大涨潮流速0.60米/秒。最大流速出现在高潮前后3小时左右。

港口所在海区以风浪为主。夏半年(4—8月),常波向为SW向、SSW向,频率分别为16.62%、13.84%。冬半年(9月至次年3月),常波向为NW向、N向和NNW向,频率分别为12.15%、11.30%和10.87%。强浪向为偏N向。大的波浪主要由台风产生,实测最大波高为6.0米,出现于1971年10月8日,波向为NNW向。1985年和1989年,N向分别出现4.4米和5.4米的大浪。年平均波高为0.8米。

3.发展成就

八所港是琼西地区重要的工业港口之一,港口的建设促进了东方市工业园区的发展,同时对周边市县的经济发展起到了较大的推动作用。1958年9月26日,国务院批准八所港对外开放。2007年新建新港区(化工品作业区),开港时当年完成吞吐量约为140万吨甲醇。为了适应东方市和海南经济快速增长,满足腹地经济发展对公共码头的需求,2008年八所港老港区对1~4号泊位进行改造。2011年,6号滚装船泊位建设项目改造后提高了水路交通运输防护能力,改善了港口安全生产条件,能够更好地适应经济发展的需要。新港区1号、2号泊位建设满足了中海化学Ⅰ、Ⅱ期140万吨甲醇运输的需要。新港区DCC项目建设主要满足了东方石化425万吨原油和化工品进出港运输的需要。

据2015年统计,八所港共有11个泊位,其中生产性泊位10个,生产性深水泊位9个,码头总长度2053米;非生产泊位1个,码头长度170米。其中铁矿石泊位2个(3.5万吨级)、通用散货泊位2个(其中1个2万吨级、1个3.5万吨级)、通用件杂货泊位2个(2万吨级)、液体化工品泊位3个(其中1个5万吨级、1个1万吨级、1个5000吨级)、煤炭泊位1个(5万吨级),此外,还有1000吨级工作船舶泊位1个。2015年全港总通过能力2044万吨,当年全港货物吞吐量实际完成1767万吨,主要货类包括煤炭、石油天然气、金属矿石、矿物性建材、非金属矿石、化学肥料、化工原料等。

八所港港区分布图如图8-11-3所示。八所港基本情况(沿海)见表8-11-4。

(二)老港区(鱼鳞洲港区)

1.港区综述

(1)港区建设和运营概况

1991年,八所港老港区经过了多次修复与扩建,拥有万吨级以上泊位6个。2005年4月17日,海南省国有资产监督管理委员会和中海石油化学股份有限公司重组八所港,成立中海石油化学股份有限公司的控股子公司——海南八所港务有限责任公司,并加快港口基础设施建设。2008年投入1.31亿元对第一装卸区(老港区)1~4号泊位进行升级改造,将原1万吨级的1号、2号(矿石泊位)和4号(散货泊位)泊位改造为3个3.5万吨级(其中2个矿石泊位、1个散货泊位);将原1万吨级的3号散货泊位改造为1个2万吨级泊位,港池口门拓宽为190米;2008年12月开工建设,2010年9月完成交工验收,2012年1月完成竣工验收并正式投入使用;2011年投入0.21亿元对第一装卸区(老港区)原6号杂货泊位进行改造,满足3000吨级滚装船靠泊的功能要求,同时不影响原有2万吨级杂货泊位的使用功能,2011年9月开工建设,2012年5月完成交工验收,2014年5月完成竣工验收并正式投入使用。

2015 年港区有泊位共 6 个,其中 3 个 3.5 万吨级泊位(1 号、2 号和 4 号)、3 个 2 万吨级泊位(3 号、5 号和 6 号),1 个 3000 吨级滚装泊位位于 6 号泊位内,未计入 2015 年统计。港池回旋水域直径 380 米,水深 11 米。

图 8-11-3　八所港港区分布图

2015 年港区完成的主要货物吞吐量共 818.8 万吨,其中金属矿石 203.6 万吨、其他物资 615.2 万吨。

(2)港区地理条件和集疏运概况

该港区位于海南省东方市西部北黎湾的南端,面临北部湾。湾内有大片的浅滩。

表 8-11-4

八所港基本情况表(沿海)

序号	港区名称	港口岸线		2015 年港口生产用泊位				其中:1978—2015 年建成的生产用泊位				2015 年港口货物和旅客吞吐量							
		港口规划岸线	其中:2015 年前已建成岸线	生产用泊位数	其中:万吨级及以上	生产用泊位总长	其中:万吨级及以上	生产用泊位数	其中:万吨级及以上	生产用泊位总长	其中:万吨级及以上	货物吞吐量	其中:外贸货物吞吐量	集装箱	滚装车辆		旅客	其中:国际航线旅客
															数量	质量		
		千米	千米	个	个	米	米	个	个	米	米	万吨	万吨	万 TEU	万辆	万吨	万人	万人
1	老港区	1.4	1.0	6	6	1294	1294	4	4	1223	1223	818.8	85.84	0.00	—	—	—	—
2	新港区	4.7	0.98	3	2	490	450	2	1	90	50	549.83	—	—	—	—	—	—
3	(华能东方电厂煤码头作业区)	—	1.0	1	1	269	269	1	1	269	269	398.76	271.15	—	—	—	—	—
	合计	6.10	2.98	10	9	2053	2013	7	6	1582	1542	1767.39	356.99	0.00	—	—	—	—

注:1. 本表按《二〇一五年全国交通运输统计资料汇编》和《八所港生产统计报表》调整。
2. 本表未反映八所港 5 个泊位改造性情况。

八所老港区集疏运方式历年来变化不大，由水运、公路和铁路组成，其中铁矿、化肥、水泥、盐等物资出口由公铁集运后以水运为主。煤炭、石油制品、矿建材料等水运进口后，由公路疏至所需地。由于海南公路网发达，铁路网也通过粤海铁路与大陆铁路网连通，所以港区集疏运方便、快捷。公路集疏运量占 35.5%，铁路占 14.5%，水路占 50%。港区公路至海口 262 千米、三亚 173 千米，高速公路至海口 210 千米、三亚 162 千米。有铁路矿石专用线进港，铁路专用线长 1824 米，其中卸矿线 502 米。

2. 港区工程项目

（1）八所港防波堤改造工程

项目于 1988 年 1 月开工，1990 年完工，1991 年 10 月竣工验收。

项目建设依据：1985 年 9 月，交通部《关于发送八所港防波堤改造工程可行性研究报告审查意见的通知》（交函计字〔1985〕227 号）；1986 年 11 月，交通部《关于八所港防波堤改造工程初步设计的批复》（交基字〔1986〕870 号）。

项目建设 2 个重力式 2 万吨级光板码头泊位，前沿水深 10 米，总长度 400 米，码头为大型空心方块结构；工作船码头 1 座，前沿水深 4 米，总长度 170 米，为沉箱墩式结构；西堤刀把段，总长度 48 米，沉箱直立式结构；西堤封头段，总长度 150 米，为斜坡抛石结构；新建西防波堤，总长度 546 米，为斜坡抛石结构；延建北防波堤 241.3 米，为沉箱直立式结构；港池和掉头区挖方 57.5 万立方米；陆域挖填方 26.8 万立方米；拆除旧西堤 510 米。堆场面积 20719 平方米；仓库面积 9000 平方米；主要装卸设备配置包括 4 台门座式重机、4 台轮胎起重机、5 台 2.7 立方米单斗装载机、2 台 100HP 推土机。共计征用土地 95867 平方米。项目总投资 8543 万元，资金来源为企业投资 7703 万元、银行贷款 840 万元。

建设单位为海南港务管理局；设计单位为交通部四航院；施工单位为交通部四航局三公司。

工程是在工地新建预制场，由于当时大型起重设备周转不及，为了保证工期，决定采用水垫出运方案。水垫出运的原理是利用胶囊小孔喷出的水，在地面与胶囊之间形成一层水膜，以减少摩擦力。水垫出运近 500 吨重件在交通部内还没有先例，开创了我国交通系统水垫出运重件的先河，解决了工地预制场在缺乏大型超重设备的情况下，出运大型混凝土预制构件的重大技术难题。

项目竣工验收投产后，由于没有配套投资，一直以光板码头进行生产，未能达到设计通过能力。1996 年 10 月，海南富岛化工有限公司的化肥厂投产（年产合成氨 30 万吨、大颗粒尿素 52 万吨），租用 2 个光板码头出运化肥。1997 年化肥出口 37.4 万吨，其中外贸 1.4 万吨、内贸 36 万吨。2005 年八所港由中海油控股重组后，投资光板码头的配套设施。2015 年八所全港（含原光板码头泊位）化工原料及制品吞吐量达 148.4 万吨，其中出港 140.7 万吨、内外贸 0.5 万吨。

(2)八所港老港区1~4号泊位改造工程

项目于2008年12月开工,2010年10月试运行,2011年9月交工验收,2012年1月投产。

项目建设依据:2006年2月,海南省交通厅《关于八所港老港区1#—4#泊位改造工程所需深水岸线批复》(琼交函〔2006〕121号);2007年11月,海南省发展和改革委员会《关于核准八所港老港区1#—4#泊位改造工程项目的批复》(琼发改交能〔2007〕1305号);2008年3月,海南省交通厅批复《八所港老港区1#—4#泊位改造工程初步设计》(琼交函〔2008〕143号);2008年4月,海南省交通厅《关于对八所港老港区1#—4#泊位改造工程项目施工图设计的批复》(琼交函〔2008〕349号);2008年5月,海南省发展和改革委员会《关于重新核准八所港老港区1#—4#泊位改造工程项目的批复》(琼发改交能〔2008〕503号)。

项目位于八所港老港区内,工程项目为将原1.5万吨级1号、2号矿石泊位改造成2个3.5万吨级矿石泊位;将原1万吨级3号、4号散货泊位分别改造成1个2万吨级散货泊位和1个3.5万吨级散货泊位。3.5万吨级泊位和2万吨级泊位码头前沿水深分别为12.0米和9.0米,同时港池回旋水域及航道浚深到11.0米。改造工程1号泊位222.7米,2号泊位238.7米,3号泊位206.6米,4号泊位242.6米,口门由原146米拓宽为190米,口门拓宽处钢管桩共沉桩79根,其中北堤46根,西堤刀把段33根。改造工程钢板桩沉桩1635根,安钢拉杆72套,杆钢拉杆231套。墩台钻孔灌注桩24根,1号、2号泊位灌注桩253根。浇筑混凝土锚碇墙296.97米。

码头岸线总长1430米(占用自然岸线960米)。堆场面积14400平方米。主要装卸机械有Zk1500装船机2台、门座式重机10座、轮胎式起重机8台。工程总投资13121.3万元。

建设单位为海南八所港务有限责任公司;设计单位为中交四航局港湾工程设计院有限公司;施工单位为渤海石油航务建筑工程有限责任公司(1~4号泊位改造工程)、中交广州航道局有限公司(疏浚工程);监理单位为广州南华工程管理有限公司;质监单位为海南交通工程质量监督管理局。

原1~4号泊位的钢板桩基运行超过15年,2006年没能通过码头靠泊能力核查,主管部门要求进行技术改造。项目的完成使老港区1~4号泊位顺利通过了码头靠泊能力核查,确保了货运泊位焕发新生,安全运行。

(3)八所港杂货码头滚装泊位建设工程

项目于2011年9月26日开工,2012年5月17日交工验收。

项目建设依据:2008年12月12日,东方市发展和改革局批准工程项目立项。2009年,海南省发展和改革委员会《关于八所港杂货码头滚装泊位建设工程项目立项的批复》(琼发改审批〔2009〕1588号)。2010年,海南省发展和改革委员会《关于批复八所港杂货码头滚装泊位建设工程可行性研究报告的函》(琼发改审批函〔2010〕397 号)。项目于 2010 年 1 月完成工程的初步设计报告编制。2011 年 1 月,海南省发展和改革委员会委托海南省建设项目规划研究院对初步设计概算进行审查,并于 2011 年 2 月批准项目的初步设计与概算。2010 年 12 月 6 日,海南省交通运输厅组织专家对初步设计(修订版)进行审查并形成专家组意见,2011 年 2 月 21 日,海南省交通运输厅批准八所港杂货码头滚装泊位建设工程项目初步设计(琼交运函〔2011〕120 号)。2011 年 3 月 23 日,海南省交通运输厅组织专家对八所港杂货码头滚装泊位建设工程项目施工图设计进行审查并形成专家组意见。2011 年 4 月 22 日,海南省交通运输厅批准八所港杂货码头滚装泊位建设工程项目施工图设计(琼交运函〔2011〕324 号)。

项目建设位于八所港老港区内,靠近 6 号泊位北段 30 段,分别设 3 个宽均为 9 米的斜坡槽口,一级斜坡槽口前沿高程 +1.0 米,斜坡坡比 1∶13;二级斜坡槽口前沿高程 +2.0 米,斜坡坡比 1∶13;三级斜坡槽口前沿高程 +3.0 米,斜坡坡比 1∶13。滚装船停泊水域长度 180 米,设计底高程为 -6.6 米。港池回旋水域直径为 380 米,底高程和航道设计底高程一致,均为 -11.0 米,航道宽度为 120 米,原 6 号泊位前沿停泊水域 -10.0 米,均满足滚装船设计要求。码头原 6 号泊位 200 米经过改造建设可以停靠 3000 吨级滚装船兼顾 2 万吨级杂货船,水工建筑物类型为重力式结构。在原码头主体结构的基础上新建 30 米混凝土门座式重机轨道梁,轨道梁长 300 米。陆域面积约 22814 平方米(其中后方预制场面积 8640 平方米)。

堆场面积 13870 平方米,堆存容量 2.08 万吨。项目总投资 2092.59 万元,资金来源为企业自筹 892.59 万元。实际完成投资 2101.8 万元。

建设单位为海南八所港务有限责任公司;设计单位为中交四航局港湾工程设计院有限公司;施工单位为中交第二航务工程局有限公司;监理单位为广西八桂工程监理咨询有限公司;质监单位为海南交通工程质量监督管理局。

项目的完成解决了八所港滚装船舶靠泊作业的泊位问题。

(三)新港区(罗带河港区)

1. 港区综述

(1)港区建设和运营概况

随着海南经济发展和东方工业园区的建设,八所港面临着新的发展机遇。1996 年 10 月,中海油在东方市投资建成富岛大化肥厂,为东方市工业园奠基。2005 年 4 月 17 日,海南省国有资产监督管理委员会和中海石油化学股份有限公司重组八所港,成立中海石油化学股份有限公司的控股子公司——海南八所港务有限责任公司。重组后,2005 年投入 2.44 亿元在八所港新港区(化工危险品作业区)新建 1 万吨级和 5 千吨级液体化工品泊位各 1 个,2005 年 6 月开工建设,2007 年 5 月完成交工验收,2007 年 12 月完成竣工验收并正式投入使用;2008 年 2 月华能东方电厂煤码头工程开工,2009 年 4 月煤码头开港首航,2011 年 6 月正式对外启用。2011 年投入 3.43 亿元在新港区(化工品作业区)建设 1 座 5 万吨级石化码头,2011 年 12 月开工建设,2013 年 7 月完成交工验收,2015 年 7 月完成竣工验收并正式投入使用。截至 2015 年,八所港新港区共有生产泊位 4 个,其中万吨级以上的泊位 3 个。2015 年新港区货物吞吐量 948.59 万吨,其中石油化工泊位吞吐量 549.83 万吨,电厂煤炭泊位煤炭吞吐量 398.76 万吨。

(2)港区地理条件和集疏运概况

新港区位于东方市西部沿海,鱼鳞洲以南罗带河口以南至通天河河口港口规划岸的北段,西邻富岛化肥厂。港区由外向南分布化工及油气危险品以及 DCC 作业区、东方电厂煤码头作业区。

八所港新港区的集疏运方式有水路、公路、铁路及管道。煤炭运输,主要是八所—秦皇岛、八所—黄骅港、八所—天津港、八所—防城港及八所—越南航线。化工原料及制品主要是开通八所至华南、华东沿海各港航线,外贸主要流向东南亚。与港口发展有着密切关联的内陆交通干线有八所铁路、环岛高速公路、海榆西线公路等。八所铁路东北通向昌江县境内的石碌铁矿,往南直达三亚市,进港有专用线;公路国道干线经八所镇东部通过,有至海口、三亚、通什、琼海、万宁 5 条对外公路,市域内的各村镇公路基本成网,港区对外有 4 条疏港公路相联系。这些交通通道可沟通八所港与海南各主要城市的联系,连接广大腹地,构成了八所港四通八达的内陆集疏运网络系统。

2. 港区工程项目

(1)八所港新港区化工危险品码头工程

项目于 2005 年 6 月开工,2006 年 12 月试运行,2007 年 12 月竣工验收。

项目建设依据:2004 年 12 月 6 日,海南省建设厅《关于八所港新港区工程建设项目规划选址的复函》(琼建规函〔2004〕304 号)。2005 年 6 月 7 日,交通部《关于八所港新港区液体化工码头工程使用岸线的批复》(交规划发〔2005〕232 号)。2005 年 8 月 24 日,海南省发展和改革委员会《关于八所港新港区化工危险品码头工程可行性研究报告的批复》(琼发改能源〔2015〕1236 号)。2007 年 12 月 7 日,海南省交通厅《关于八所港新港区化工危险品码头工程项目初步设计的批复》(琼交函〔2007〕744 号)。2004 年 12 月 21 日,东方市人民政府《关于八所港新港区工程建设项目规划选址的复函》(东府函〔2004〕132 号)。2004 年 12 月 30 日,东方市国土环境资源局《关于中海石油化学有限公司海南八所港新港区工程用地的预审意见》(东土环资〔2004〕173 号)。2005 年 1 月 27 日,海南省海洋与渔业厅《关于对八所港新港区工程环境影响报告书的批复》(琼海渔函〔2005〕9 号)。2005 年 2 月 3 日,海南省国土环境资源厅《关于对八所港新港区工程环境影响报告书的批复》(琼土环资监字[2005]16号)。2005年3月8日,海南省海洋与渔业厅《关于对八所港新港区化工危险品码头工程项目海域使用论证的批复》(琼海渔函[2005]41号)。

工程建设液体化工1万吨级和5000吨级泊位各1个,1万吨级泊位码头长168米,5000吨级泊位码头长149米,码头前沿水深8.9米。新建长度为1700米航道,底高程为-8.9米,进港航道宽100米,走向为96°~276°,与外海-9米水深衔接。总投资2.44亿元,全部为企业自筹。

建设单位为海南八所港务有限责任公司;设计单位为中交第四航务工程勘察设计院;施工单位为渤海石油航务建设工程公司、中交广州航道局有限公司;监理单位为北京京华工程建设监理事务所;质监单位为海南交通工程质量监督管理局。

新港区化工及油气危险品码头工程的建成,解决了八所港为东方化工城服务的问题,保持了安全距离。同时解决了石油化工业扩大再生产的配套港口设施问题。

(2)海南华能东方电厂新建工程项目配套煤码头工程

项目于2008年2月开工,2009年4月试运行,2011年4月竣工验收。

项目建设依据:2006年8月29日,海南省发展和改革委员会《关于西部电厂工程项目选址问题的复函》(琼发改交能函[2006]1729号)同意选定东方市小洲塘作为电厂厂址。2007年7月5日,国家发展和改革委员会办公厅《关于同意华能海南西部电厂新建工程开展前期工作的函》(发改办能源[2007]1569号)。2008年9月16日,国家发展和改革委员会《关于海南华能东方电厂新建工程项目核准的批复》。配套码头工程于2006年开始进行前期工作。2006年8月16日,海南省交通厅《关于海南西部电厂码头选址意见的复函》(琼交函[2006]698号)。2006年8月23日,海南省交通厅《关于海南西部电厂煤码头选址方案意见的函》(琼交函[2006]723号)。2006年8月29日,海南省海洋与渔业厅《关于对华能海南发电股份有限公司西部电厂预选厂址2意见的函》(琼海渔函[2006]238号)。2006年12月25日,海南省国土资源厅《关于华能海南西部电厂2×300兆瓦工程环境影响评价执行标准的复函》(琼土环资函[2006]813号)。2007年1月24日,《华能东方电厂2×350兆瓦工程项目征地协议书》。2007年10月23日,《关于华能海南东方电厂项目建设用地预审意见的复函》(国土资预审字[2007]261号)。2008年3月2日,在海南省安全生产监督管理局备案(备案编号:APBG-004-08)。2008年3月27日,环境保护部《关于华能海南东方电厂工程(2×350兆瓦超临界机组)环境影响报告书的批复》(环审[2008]41号)。2008年4月10日,《华能海南东方电厂一期工程可行性研究报告的审查意见》(电规发电[2008]135号)。2008年5月4日,海南省建设厅《建设项目选址意见书》(选字第460000200800006号)。2009年4月9日,东方市海洋与渔业局《海域使用权证书》(国海证094600178号)。2009年6月17日,交通运输部《关于海南华能东方电厂新建工程项目配套码头工程初步设计的批复》(交水发[2009]287号)。2009

年 8 月 16 日，《水上水下施工作业许可证》（八所海事准字〔2009〕第 93 号）。2009 年 9 月 30 日，海南省交通运输厅《关于华能东方电厂 4 35 兆瓦机组工程配套码头工程施工图设计技术审查咨询报告的批复》（琼交运函〔2009〕1423 号）。交通运输部水运司于 2010 年 3 月 10 日批复同意开工备案。

建设专用 5 万吨级煤炭泊位 1 个以及相应的码头生产、辅助生产和生活设施等。码头泊位长度 269 米，码头结构形式为重力式大沉箱结构，码头前沿底高程 -13.8 米，引堤长 879.27 米，防波堤长 1073.66 米。停泊水域宽度 64.6 米，回旋水域直径 450 米，底高程 -13.6 米。设计年吞吐量 305 万吨，经验收核定为 300 万吨。进港航道为人工开挖航道，航道按照 5 万吨级建设，走向为 270°～90°，底宽 150 米，底高程 -13.6 米，长度约 5000 米，边坡 1：4。新建 1 个锚地，在新港区航道西侧新建其专用锚地，采用单锚系泊，水域半径 400 米，水深在 17 米以上。码头工程实际完成为 5.18 亿元，由企业自筹。

建设单位为华能海南发电股份有限公司；设计单位为中交水运规划设计院有限公司；施工单位为中交第四航务工程局有限公司、中交广州航道局、葛洲坝集团第五工程有限公司；监理单位为广州南华工程管理有限公司；质监单位为海南省交通工程质量监督管理局。

（3）八所港新港区 DCC 项目码头配套扩改工程

项目于 2011 年 12 月开工，2013 年 9 月试运行，2015 年 7 月竣工验收。

项目建设依据：2008 年 11 月，海南省发展和改革委员会《关于八所港新港区 DCC 项目码头配套扩工程项目核准的批复》（琼发改审批〔2008〕1783 号）；2009 年 4 月，海南省交通厅、海南省发展和改革委员会《关于八所港新港区 DCC 项目码头配套扩工程建设规模及概算调整的复函》（琼发改交能函〔2009〕487 号）；2010 年 4 月，海南省交通运输厅《关于八所港新港区 DCC 项目码头扩改工程初步设计的批复》（琼交审（工程）〔2010〕05 号）；2011 年 5 月，海南省交通运输厅、海南省发展和改革委员会《关于同意调整八所港新港区 DCC 项目码头配套扩工程建设规模及投资估算的函》（琼发改审批函〔2011〕807 号）；2011 年 6 月，海南省交通运输厅《关于调整八所港新港区 DCC 项目码头配套扩工程初步设计的批复》（琼交审（工程）〔2011〕05 号）；2004 年 12 月，海南省建设厅《关于八所港新港区工程建设项目规划选址的复函》（琼建规函〔2004〕304 号）；2009 年 11 月，交通运输部《关于八所港新港区 DCC 项目配套码头扩工程使用岸线的批复》（交规划发〔2009〕608 号）；2012 年 1 月，交通运输部《关于延长八所港新港区中海化学海南精细化工项目配套码头扩工程使用港口岸线批复有效期的函》（交函规划〔2012〕4 号）；2012 年 10 月 16 日，海南省海洋与渔业厅《关于八所港新港区 DCC 项目码头配套扩改工程项目用海的批复》（琼海渔函〔2012〕483 号）；2014 年 11 月 26 日，海南省国土环境资源厅《码头工程环境影响评价的批复》（琼土环资函〔2014〕2295 号）。

工程位于八所港新港区北防波堤内侧，新港区距离八所港老港区约 4.5 千米，在罗带河入海口以南,南临华能东方电厂码头。新建 5 万吨级石化码头、改造原有 1 万吨级码头各 1 个。码头结构为高桩梁板式结构,码头桩台由桩基、桩帽、上部梁板结构组成。可同时靠泊 1 艘 5 万吨级油船和 1 艘 2000 吨级化学品船,兼顾同时靠泊 1 艘 5000 吨级和 2 艘 3000 吨级化学品船,或同时靠泊 2 艘 2 万吨级油船。码头总长 400 米,宽 25 米,码头顶高程 5.5 米。其中 5 万吨级泊位长 279 米,码头前沿水深 13.4 米,回旋水域 400 米,底高程 −12.2 米;2000 吨级泊位长 121 米(水工结构按 5 万吨级船舶设计),码头前沿与回旋水域底高程均为 −10.5 米。5 万吨级航道总长 4650 米,进港航道有效宽度 180 米,设计底宽176 米,口门处航道有效宽度 229 米,边坡 1∶5,设计底高程 −13.0 米,与外海 −13.0 米自然水深衔接。锚地利用八所港已有的锚地。主要装卸设备配置 2 台 12 英寸电液动装卸臂、4 台 10 英寸电液动装卸臂;6 台 8 英寸手动装卸臂;1 台 8 英寸/3 英寸手动装卸臂,6 台 6 英寸手动装卸臂。项目总投资 3.43 亿元,资金来源为银行贷款 1.80 亿万元、企业自筹 1.63 亿万元。

建设单位为八所港务有限责任公司;设计单位为中交第四航务工程勘察设计院;施工单位为中交一航局第二工程有限公司、中交天津航道局有限公司;监理单位为广西八桂工程监理咨询有限公司;质监单位为海南交通工程质量监督管理局。

2017 年 11 月 16 日,中交一航局第二工程有限公司、中交天津航道局有限公司、广西八桂工程监理咨询有限公司荣获中国水运建设行业协会颁发的 2017 年度水运交通优质工程奖。

五、三亚港

(一)港口概况

1. 港口综述

三亚港位于海南省南端的三亚市,东南与西沙群岛隔海相望。三亚港经济腹地包括三亚市、陵水县、万宁市、乐东、保亭县、五指山市,是我国东南沿海对外开放黄金海岸线上南端的对外贸易重要口岸,是中国通向世界的门户之一,也是海南省南部地区的交通枢纽。

三亚港是海南省南部地区最重要的港口和货物集散地,但由于腹地经济长期以来主要以农业为主,港口建设缓慢。1950 年海南解放后,三亚港于 1966 年才进行第一次扩建,新建 1500 吨级泊位 1 个,并开发了三亚港第一条航道(在此之前为天然航道),1975 年三亚港再次扩建,新建 2 个 5000 吨级泊位和 2 个 3000 吨级泊位。此后,三亚港口建设处于停滞状态,在 20 年的时间里未进行任何港口码头建设,到 20 世纪 90 年代,随着三亚凤凰机场和崖 13-1 海上油气田开发建设,在三亚西部建设了凤凰机场红塘岭油码头和崖 13-1 终端码头 2 个企业码头。同时,三亚港务局一直在争取新建深水泊位。1990 年 1 月,海南省交通厅批复了三亚港白排国际客运深水码头,自此开始工程前期工作。随着海南旅游业的发展需要,2006 年 11 月三亚港白排国际客运 1 个 8 万吨级泊位建成,11 月 9 日美国嘉年华邮轮公司的"爱兰歌娜"号首航停靠该泊位,完成试运行。2007 年,海南省政府提出三亚市应完善国际邮轮停靠地设施,于是三亚港白排国际客运深水码头改称三亚凤凰岛国际邮轮港一期工程。2010 年 5 月,三亚凤凰岛国际邮轮港二期工程开始了工程前期工作。

三亚港老港区位于三亚市区,是一个集货运、渔业、客运为一体的综合性港口。进入 21 世以来,随着海南省和三亚市社会经济的发展,三亚市的航运、旅游和渔业也得到了较大的发展。2005 年 12 月,三亚市政府启动"三港分离"工程,以国际客运港、南山货运港和港门中心渔港建设为重点,集约化发展港口和航运业,建设海南海上客运、货运中心和琼南渔业集散基地。2006 年 3 月,南山港区货运码头工程开工,2017 年 2 月竣工验收,建成 1 个万吨级通用泊位(结构按 2 万吨级设计);2013 年 4 月,南山港区 1 个 3000 吨级滚装泊位工程开工(结构按 1 万吨级设计)。

根据《三亚港总体规划》,三亚港将以服务国际邮轮旅游、水上客运交通为特色,兼顾发展区域件杂货、机场航空及腹地用油运输服务,并为南繁基地建设和深海科研提供港口运输保障。三亚港由三亚港区、红塘港区和南山港区组成。

三亚港区由三亚老港区和凤凰岛邮轮客运码头区组成,随着老港区货运功能向南山港区转移,主要以服务国际邮轮及旅游客运为主。红塘港区由海南石油太平洋有限责任公司专用码头和新机场配套码头区组成,作为新机场配套服务港区,主要保障机场民航用油和腹地成品油运输,并预留客运码头发展空间。

南山港区承接三亚老港区货运功能搬迁,逐步发展成为三亚港的综合性港区,并为三亚南繁基地和深海科研基地建设提供港口运输保障。

2.港口水文气象

三亚市地处海南岛南端,东邻陵水县,北依保亭县,西毗乐东县,南临浩瀚的南中国海,属于热带海洋性季风气候,冬季多东北向风,夏季多偏西南向风。由于海洋调节,水气丰富,空气湿润。年平均气温 25.59 摄氏度,最高气温出现在 6 月,月平均最高气温为 28.5 摄氏度,极端最高气温为 36.0 摄氏度。最低气温出现在 1 月,月平均最低气温为 20.9 摄氏度,极端最低气温为 2.0 摄氏度。年平均降水量为 1254.7 毫米,降水多集中在 5—10 月的雨季,该 6 个月的降水量占全年总量的 91.7%。11 月至翌年 4 月为旱季,降水较少。年平均降水日数为 112.4 天,5—10 月的平均月降水日数为 10 天,其中 8 月最多为 18.5 天。出现降水≥50 毫米暴雨的年平均日数为 5.6 天。三亚市年平均风速为 1.85 米/秒。常风向为 E 向,频率为 29.63%;次常风向为 ES 向和 ESE 向,频率分别为 9.24% 和 8.69%。强风向为 NW 向,最大风速 283 米/秒;次强风向为 E 向,最大风速分别为 24.5 米/秒。三亚海区每年 4—11 月,常受西北太平洋和南海台风、热带低压的袭击或影响。当台风进入珠江口至西沙群岛南部范围以内时,都可影响海南岛,出现大风暴雨。据统计,在三亚地区登陆和影响的热带气旋有 49 个,年平均 2.5 个,最多年为 6 个。在三亚和陵水登陆的台风对三亚海区有强烈影响,平均每年为 0.5 个,每次影响过程 1~2 天。历年来,台风引起的最大风速都在 19 米/秒风速以上。

三亚港海区属不正规日潮性质。一个月中日潮约占 14 天,半日潮约占 11 天。当台风在榆林附近登陆时,或从南侧海面掠过时,在该海区可产生增水,一般增水 0.8 米左右,最大可达 1.2 米。三亚海区的潮流为不规则全日潮流,基本呈往复流,一般涨潮流速大于落潮流速,中层流速略大于底层流速,深水处流速大于近岸浅水处流速。三亚市海区以风浪为主,年出现频率为 82%,涌浪的年出现频率为 41%,涌浪向以 S 向浪为主。年平均波高为 0.7 米,6—8 月和 3 月平均波高偏大,其中 8 月最大,为 1.0 米。年平均周期为 4.0 秒,8 月最大,月平均为 4.3 秒。最大波高(H_1%)9.0 米,次强浪向为 NE 向、S 向、SSW 向,最大波高均为 7.0 米,出现大于 3 米波高的有 6 天,大于 1.4 米波高的有 90 天,主要在 1—7 月。当海面出现 8 级以上大风时,足以产生大浪。三亚港属设计地震分组第一组,抗震设防烈度为 6 度。

3.发展成就

1978—2015 年,三亚港共开工建设有 7 个项目,即三亚港二期扩建 5000 及 3000 吨级泊位工程、三亚港红塘岭港区油口码头工程、三亚港南山港区崖 13-1 天然气田终端基地码头工程、三亚港三亚港区凤凰岛国际邮轮港一期工程和二期工程、南山港区货运码头工程、南山港区滚装码头工程。

据统计,2015 年三亚港共有生产泊位 13 个,其中万吨级泊位 2 个,码头岸线总长 2490 米,其中万吨级码头岸线 710 米。2015 年货物吞吐量 402.49 万吨、旅客吞吐量 10.30 万人。

三亚港基本情况(沿海)见表 8-11-5。

(二)三亚港区

1.港区综述

(1)港区建设和运营概况

三亚港区主要由三部分组成:三亚港务局码头(三亚老港区)、凤凰岛国际邮轮码头、救捞码头。

三亚港务局码头(三亚老港区)位于三亚河入海口处,主要以煤炭、木材等散杂货运输为主,兼为渔业生产服务,拥有 2 个 5000 吨级、2 个 3000 吨级杂货泊位,1 个 1500 吨级杂货泊位,2 个 500 吨级工作船泊位。

表 8-11-5

三亚港基本情况表（沿海）

序号	港区名称	港口岸线		2015年港口生产用泊位				其中:1978—2015年建成的生产用泊位				2015年港口货物和旅客吞吐量						
		港口规划岸线	其中:2015年前已建成岸线	生产用泊位数	其中:万吨级及以上	生产用泊位总长	其中:万吨级及以上	生产用泊位数	其中:万吨级及以上	生产用泊位总长	其中:万吨级及以上	货物吞吐量	其中:外贸货物吞吐量	集装箱	滚装车辆		旅客	其中:国际航线旅客
															数量	质量		
		千米	千米	个	个	米	米	个	个	米	米	万吨	万吨	万TEU	万辆	万吨	万人	万人
1	三亚港区	31.9	3.0	9	2	1572	802	6	2	542	802	327.35	0.12	—	—	—	10.34	—
2	南山港区	15.7	2.2	4	1	918	278	4	1	918	278	75.14	—	—	—	—	—	—
	合计	47.6	4.5	13	3	2490	1086	10	3	1460	1086	402.49	0.12	—	—	—	10.34	0.00

凤凰岛国际邮轮码头位于三亚湾白排礁,由三亚凤凰岛发展有限公司投资建设。2015年已建成1个8万吨邮轮泊位、2个15万吨邮轮泊位。凤凰岛国际邮轮码头于2006年11月9日正式建成通航。

三亚河口外东侧,建有救捞码头1座。

(2)港区地理条件和集疏运概况

三亚港区位于三亚湾。三亚湾为一开敞型海湾,湾口自南山角至鹿回头长约32千米,湾的最大纵深约19千米。

三亚港陆路至海口约300千米,至东方市约169千米,距离三亚凤凰国际机场约30千米。水路至海口港约228海里,至八所港约135海里,至洋浦港约174海里,至西沙群岛约180海里,至广州港约480海里,至香港约310海里,至新加坡约1300海里。

三亚市所辖海岸线总长261.72千米,海湾众多,且以开阔的海湾为主,海岸线曲折绵长,沿海大小港湾18个,自西向东分布的主要港湾有崖州湾、红塘湾、三亚湾、榆林湾、亚龙湾和海棠湾。

三亚港包括三亚港区(位于三亚湾)、红塘港区(位于红塘湾)和南山港区(位于崖州湾),港口规划占用岸线12.94千米,占三亚市全部岸线的4.9%。

至2015年,海南省的交通运输已形成水运、公路、铁路、民航等各种运输方式相互协调、岛内外联系密切、四通八达的综合运输体系。海南环线高速公路在三亚市过境,设多处立交与城市道路互通。环岛高铁在三亚市设重点站,通过铁路可以与国铁联网。三亚凤凰国际机场就在三亚市区,有多条国际国内航线开通。市内道路交通发达,与港口车站航站联系密切。

2.港区工程项目

(1)三亚国际客运港码头工程(即凤凰岛一期码头工程)

项目于2002年11月开工,2003年11月竣工。

三亚国际客运港码头位于三亚湾白排礁水域,人工岛的西南岸线,客运港由跨海大桥、人工岛、码头3部分组成,人工岛与码头平台之间由一座长30米、宽6米的引桥相连,项目建设1个8万吨级邮轮泊位,码头岸线总长370米,前沿水深9.4米,靠船平台长130米、宽12米。码头为重力墩式结构,采用圆形钢筋混凝土沉箱结构,靠船平台共设5个重力墩外径为10.5米,高11.6米。墩台之间为18.8米,跨钢筋混凝土预应力箱梁。港池、航道及回旋水域底高程-10.0米,项目总投资1300万元,为企业自筹。吹填人工岛面积36.5万平方米。

建设单位为三亚众城国际客运旅业有限公司;设计单位为中交第四航务工程勘察设计院;施工单位为中港第二航务工程局;监理单位为海南中外建工程监理有限公司;质监单位为海南省交通工程质量监督站。

（2）三亚凤凰岛国际邮轮港二期工程

项目于 2014 年 4 月开工,2015 年 9 月试运行,2018 年 5 月竣工验收。

项目建设依据:2011 年 10 月,海南省交通运输厅《关于三亚凤凰岛国际邮轮港二期工程项目工程可行性研究报告的意见》(琼交运函〔2011〕934 号);2011 年 1 月,三亚市人民政府《关于开展三亚凤凰岛国际邮轮港二期工程筹建工作的函》(三府函〔2011〕52 号);2011 年 10 月,海南省交通运输厅《关于三亚凤凰岛国际邮轮港二期工程项目工程可行性研究报告的意见》(琼交运函〔2011〕934 号);2012 年 9 月,海南省发展和改革委员会《关于三亚凤凰岛国际邮轮港二期工程核准的批复》(琼发改审批〔2012〕1878 号);2012 年 11 月,海南省发展和改革委员会《关于同意三亚凤凰岛国际邮轮港二期工程分阶段实施的批复》(琼发改交能〔2012〕2384 号);2013 年 8 月,海南省交通运输厅《关于三亚凤凰岛国际邮轮港二期工程初步设计的批复》(琼交审(工程)〔2013〕16 号)。2011 年 12 月,海南海事局《关于三亚凤凰岛国际邮轮港二期工程项目海域使用意见的复函》(琼海事函字〔2011〕119 号);2012 年 5 月,海南省海洋与渔业厅《关于三亚凤凰岛国际邮轮港二期工程项目用海的批复》(琼海渔函〔2012〕213 号);2012 年 6 月,海南省海洋与渔业厅《关于三亚凤凰岛国际邮轮港二期工程海洋环境影响报告书的批复》(琼海渔函〔2012〕239 号);2012 年 7 月,海南省国土环境资源厅《关于批复三亚凤凰岛国际邮轮港二期工程环境影响报告书的函》(琼土环资函〔2012〕1226 号);2012 年 11 月,海南海事局《关于同意三亚凤凰岛国际邮轮港二期工程通航安全评估报告备案的函》(琼通航评估字〔2012〕15 号);2013 年 4 月,交通运输部《关于三亚凤凰岛国际邮轮港二期工程 3 号 4 号泊位使用港口深水岸线的批复》(交规划发〔2013〕261 号);2014 年 3 月,海南省交通工程质量监督管理局《水运工程质量监督通知书》(监督登记编号〔2014〕第 16 号)。

项目新建人工岛面积约 47.9 万平方米。在人工岛南侧布置邮轮码头。已建成 2 个 15 万吨级邮轮泊位(3 号、4 号邮轮泊位),形成可停靠 2 艘 22.5 万吨级邮轮泊位(预留 5 号、6 号邮轮泊位)。码头前沿停泊水域设计底高程为 - 11.6 米,码头平台宽 25 米,码头顶高程 + 5.0 米。码头采用重力式沉箱结构,3 号、4 号码头港口深水岸线批复长度为 831 米,建成 3 号、4 号码头工程岸线长 830.28 米,码头结构按靠泊 22.5 万总吨邮轮设计和施工,港池、航道以及回旋水域设计底高程为 - 11.9 米。停车场面积 10246.0 万平方米,停车数量为 80 标准车位。项目总投资 2.26 亿元,其中企业自有资金 12.66 亿元、银行贷款 10 亿元。

建设单位为三亚凤凰岛国际邮轮港发展有限公司;设计单位为中交第四航务工程勘察设计院有限公司;施工单位为中交天津航道局有限公司;监理单位为广西八桂工程监理咨询有限公司;质监单位为海南省交通工程质量监督管理局。

2015—2017 年,在项目试运行期间,安全接待靠泊码头的国际邮轮有 15 艘,出入境旅客 73544 人次。其中美国加勒比邮轮公司 13.8 万吨"海洋航行者"号邮轮停靠 3 号泊位共 8 艘次,出入境旅客 51835 人次;16.9 万吨"海洋赞礼"号邮轮停靠 1 艘次,出入境旅客 8191 人次;挪威邮轮公司 9.2 万吨"诺唯真之星"号邮轮 2 艘次,出入境旅客 7508 人次;香港星梦邮轮公司 15.1 万吨"云顶梦"号 1 艘次,出入境旅客 6010 人次。

(三)南山港区

1. 港区综述

(1)港区建设和运营概况

南山港区现建有南山港区一期货运码头工程、南山滚装码头工程和中英合资的 BP 公司崖 13-1 天然气终端基地码头。

南山港区一期货运码头工程为三亚港货运码头搬迁还建工程,主要为解决三亚港区生产、发展与三亚城市发展日益突出的矛盾问题而建。南山滚装码头工程为南山港区配套码头,建 1 个 3000 吨级滚装船泊位。中英合资的 BP 公司崖 13-1 天然气终端基地码头位于南山港区西侧,为 5000 吨级,主要用于为海洋油气开采工程运输生产物资。

(2)港区地理条件和集疏运概况

南山港区位于崖洲湾东部,南山港区距西线高速公路约 3.2 千米,截至 2015 年,南山港区连接西线高速公路的疏港路已经修通,为双向四车道。

2. 港区工程项目

(1)三亚港南山港区一期工程

项目于 2006 年 3 月开工,2014 年 1 月试运行,2018 年 5 月 31 日竣工。

项目建设依据:2005 年 5 月 30 日,海南省发展和改革委员会批复中交第二航务工程勘察设计院编制的《三亚港货运码头搬迁与南山港区一期工程可行性研究报告》(发改能源〔2005〕696 号)。2005 年 8 月 1 日,海南省交通厅《关于三亚港南山港区一期工程规划的批复》(琼交函〔2005〕587 号)。2005 年 9 月 1 日,海南省交通厅批复中交第四航务工程勘察设计院编制的《三亚港货运码头搬迁和南山港区一期工程初步设计文件》(琼交函〔2005〕675 号)。2006 年 5 月 9 日,海南海事局《关于三亚港南山港区货运码头通航水域岸线安全使用许可证的批复》(琼海通航字〔2006〕13 号)。2006 年 6 月 19 日,交通部《关于三亚港南山港区通用泊位工程使用港口岸线的批复》(交规划发〔2006〕283 号)。2009 年 5 月 18 日,海南省海洋与渔业厅颁发了南山港一期工程《海域使用权证》(094600378 号、094600379 号)。

南山港通过人工围海填筑,形成呈东西走向的半岛式陆域,码头面顶高程为 +4.0 米。岸线总长 264.3 米,在这个人工半岛的西端北侧,建成 1 万吨级通用泊位,码头结构按照 2 万吨级设计,另外东端设 30 米的过渡段,可满足 1 艘 2 万吨级的货船(减载)和 1 艘工作船舶停靠。码头区纵深大部分为 400 米,引堤长约 845 米、主体部分宽约 215 米。西南护岸 1488 米,北护岸 1354 米。填海面积 37.64 公顷,形成陆域面积 29.65 万平方米,开放性港池用海 32.83 公顷。设计年吞吐能力 65 万吨,工程为政府投资,造价为 43.57 亿元。南山港一期货运码头航道,航道东北走向,底宽 100 米,长 1838 米,底高程－10.1 米。南山港区锚地位于南护岸南侧约 100 米,为天然锚地,半径 1 海里,底质为泥沙。

货运码头有散货堆场面积 13600 平方米,堆场容量 2.38 万吨;杂货堆场面积 8490 平方米,堆场容量 5943 吨;仓库面积 2286 平方米,仓库容量 1486 吨。港区道路平面呈环形布置,辅助生产区与码头区由港内道路连接,港内道路与进港道路连接,并与国家等级公路连接。进港道路长 1230 米(路基宽度 21.5 米),其余港区道路宽均为 15 米。车辆可直接进入库场装卸。库场备有各种装卸机械。码头前沿采用 1 台 16 吨-33 米门座式重机和 1 台 40 吨-33 米多用途门座式重机。港区备有港作船舶,总功率为 1500 千瓦。港内设有综合楼区(设有办公室、食堂、停车场、球场等)、维修间材料库、流动机械库、给水调节站、污水处理站、消防站、加油站、大车停车场、地磅、门卫及大门等。港区内设有 1 座变电所及发电机房、前方办公及候工楼,港口装卸实现机械化和半机械化。南山港码头设有自动控制系统(包括变电站综合自动化系统、照明控制系统和装卸机械自动控制系统)和生产作业实时处理系统,以及包括设备管理系统、客户关系管理系统等在内的系统平台,并要求保障码头生产作业的连续性(7×24 小时运作)、高效性和高可靠性,配备有线电话通信、港区调度通信、港区管道和线路、船岸通信。

建设单位为三亚南山货运港经营管理有限公司;设计单位为中交第四航务工程勘察设计院有限公司;施工单位为中交一航局第二工程有限公司、长江重庆航道局、中海建设总局、海南省第二建筑工程公司;监理单位为广州南华工程管理有限公司、海南容德工程咨询监理有限公司;质监单位为海南省交通工程质量监督管理局。

2016 年 10 月 11 日,三亚市发展和改革委员会批准项目建设单位由三亚城市投资建设有限公司变更为三亚南山货运港经营管理有限公司。

(2)三亚南山滚装码头工程

项目于 2013 年 4 月开工,2014 年 12 月竣工。

项目建设依据:2009 年 11 月 25 日,三亚市国土环境资源局批复海南环境科技经济发展公司编制的《三亚南山滚装码头工程环境影响(附水环境与生态环境影响)专项报告》(三土环资监〔2009〕957 号)。2009 年 11 月 2 日,三亚市建设规划局同意批复《关于南山港滚装码头工程的意见函》(三规建函〔2009〕543 号)。2011 年 9 月 21 日,海南省港航管理局同意《关于三亚市南山滚装码头建设使用港口岸线的批复》(琼港航发〔2011〕114)。

2012 年 9 月 5 日,海南省发展和改革委员会批复中交第四航务工程勘察设计院编制的《三亚市南山港滚装码头工程可行性研究报告》(琼发改审批〔2012〕1654 号)。2013 年 5 月 14 日,海南省发展和改革委员会批复中交第四航务工程勘察设计院编制的《三亚市南山滚装码头工程初步设计》(琼发改审批〔2003〕871 号)。

项目建设 1 个 3000 吨级滚装泊位,水工结构按 1 万吨级预留设计,设计靠泊 300 吨级登陆舰和 300 总吨客滚船,兼靠 3000 吨级杂货船。工程采用 L 形布置形式,码头总长 195 米,其中顺岸方向长 150 米,顶靠段长 45 米,设置 4 级固定岸坡道。码头面高程 4.73 米,前沿停泊水域底高程 -7.7 米,结构设计底高程 -10.1 米,回旋水域回旋圆直径 240 米。码头陆域主要由前方作业地带和后方件杂货堆场组成,布置 30360 平方米堆场。项目总投资为 16498.68 万元,资金来源为财政资金 6000 万元、企业投资 9298.68 万元。项目填海造地形成陆域面积 1.5 万平方米,开放性港池用海 6.34 公顷。

建设单位为三亚城市投资建设有限公司;设计单位为中交第四航务工程勘察设计院有限公司;施工单位为中交水运规划设计院有限公司、中交一航局第二工程有限公司、莱芜市天达电力建设工程有限公司;监理单位为广州港工程管理有限公司;质监单位为海南省交通工程质量监督管理局。

(四)红塘港区

1. 港区综述

(1)港区建设和运营概况

2010 年《三亚港总体规划》将港区划到三亚南山港区。但区位具体条件分析,应列为单独港区。红塘岭油品码头位于三亚,距海口港 222 海里,距广东省海安、湛江、广州 3 个港口分别为 234 海里、250 海里、480 海里,距广西北海港 300 海里,水路畅通。

(2)港区地理条件和集疏运概况

红塘港区位于三亚湾西部,三亚南山文化旅游区的东侧,海南西环铁路从港区北侧不到 10 千米距离穿过,铁路运输也方便。

2. 港区工程项目

三亚红塘岭(港)油品码头工程

项目于 1993 年 1 月开工,1995 年完工,2002 年 4 月竣工。

1991 年 7 月,三亚凤凰村民用机场工程开工建设。为解决机场用油品供应,国务院批准机场专用卸油码头工程——红塘岭(港)油品码头工程。

工程原名"凤凰村民用机场专用卸油码头工程",定名海南石油太平洋有限责任公司红塘岭(港)油品码头工程。工程于 1989 年开始前期工作,同年 5 月 21 日由海南省建设厅主持召开了三亚凤凰村民用机场专用卸油码头工程可行性研究评估会议。工程始建于1993年1月。1995年、1996年受到两次台风袭击，造成一定程度损坏。2001年6月—2002年3月，对码头进行了修复加固。2002年4月17日，工程竣工验收。

红塘岭（港）油品码头设计为2万吨级1个泊位，码头长度275米，宽11米，重力式沉箱结构，大平台长度70米，引桥长度383米，码头前沿水深10.5米（设计－12.1米）。在深水码头两端原设计2个400吨级成品油泊位（供渔船加油），2015年2个400吨级泊位停用。

码头工程陆域部分储备油库占地39200.20平方米（588亩），拥有4座5000立方米成品油储油罐。建有油泵棚1座，设航煤泵4台、汽油泵2台、柴油泵3台；建有汽柴油加油站1座，有2个汽柴装油台，可进行汽、柴油批发业务。内部电源采用从三亚天涯变电站设10千伏高压专用输电线路至库区，供水为公司自建水源地及净化系统，还有办公楼、宿舍楼生产、生活等辅助设施。

港池在自然水域呈梯形，长60米，宽100米，港池面积37000平方米，水深10.5米，不能避台风。进出港航道1条，全长2.5海里，宽250米，水深10.5米，1万吨级船舶可自由进出，2万吨级船舶需乘潮进出港。设锚地1处，以18°16′23.2″N，109°1551.6″E为中心，半径1海里，底质为泥沙。

红塘港有输油臂4台，最大输油能力为每小时900立方米，日输油能力为21600立方米。

海南石油太平洋有限责任公司利用红塘港仓储基地对三亚地区成品油市场开展经营。主要经营汽油、柴油，负责对三亚市、五指山市、乐东县、陵水县、保亭县五市县的汽、柴油供应。2011年，共销售成品油32.46万吨，销售总额23.8亿元。卸油码头2011年实际吞吐量为50万吨。几年来码头年接卸汽油约20万吨，航空煤油约40万吨，柴油约18万吨。担负为三亚凤凰国际机场提供航空煤油转输任务及海南南部区域石油供需。